LE KORAN

Paris. — Imp. de P.-A. BOURDIER et Cᵉ, rue des Poitevins, 6.

LE KORAN

TRADUCTION NOUVELLE

FAITE SUR LE TEXTE ARABE

PAR

M. KASIMIRSKI

Interprète de la Légation Française en Perse

NOUVELLE ÉDITION

ENTIÈREMENT REVUE ET CORRIGÉE ; AUGMENTÉE DE NOTES,
COMMENTAIRES ET D'UN INDEX

PARIS

CHARPENTIER, LIBRAIRE-ÉDITEUR

28, QUAI DE L'ÉCOLE

—

1865

NOTICE BIOGRAPHIQUE

SUR

MAHOMET.

Le Koran est un assemblage informe et incohérent de préceptes moraux, religieux, civils et politiques, mêlés d'exhortations, de promesses et de menaces relatives à la vie future, et de récits empruntés avec plus ou moins de fidélité à l'antiquité biblique, aux traditions arabes, et même à l'histoire des premiers siècles du christianisme. On y trouve aussi des allusions à des événements contemporains, aux efforts que la nouvelle religion faisait pour conquérir l'ascendant sur le culte idolâtre et aux luttes qu'elle avait à soutenir; mais ces allusions sont toujours conçues en des termes tellement généraux et vagues, que leur sens et leur portée nous échapperait souvent, si nous n'avions pas pour guides les commentateurs du Koran et les récits historiques sur l'établissement de l'islam (islamisme).

Trois personnages contemporains de Mahomet sont seulement nommés en passant dans le Koran; Mahomet lui-même n'est mentionné que par manière d'apostrophe que Dieu est censé lui adresser; et il s'ensuit que le Koran ne nous offre presque pas de renseignements sur la vie et sur la personne du prophète des Arabes. Cette particularité est du reste conforme au caractère universellement reconnu du Koran; c'est la parole de Dieu révélée à Mahomet, transmise par sa bouche au peuple arabe. En citant un passage du Koran, un musulman ne dit jamais : Mahomet l'a dit; mais : Dieu, le Très-Haut l'a dit; et il ne fallait pas s'attendre que Dieu révélât aux concitoyens de Mahomet des détails sur sa famille, sur son origine et sur les incidents de sa vie[1]. Ce silence du Koran est amplement compensé par la tradi-

---

[1] Toutes les fois donc que l'on rencontre les mots : *Mahomet a dit*, ou *le plus véridique des hommes a dit*, il ne s'agit plus d'un passage du Koran, mais des paroles de Mahomet conservées par la tradition.

tion. Les compagnons du prophète (les *Ashab*), ses auxiliaires (les *Ansar*), les sectateurs du prophète qui s'étaient expatriés pour la cause du nouveau culte (les *Mouhadjirs*), tous ceux qui ont suivi Mahomet (les *Tabi'*, au pluriel *Tabi'in*), et ceux qui ont succédé à ces derniers s'étaient fait un devoir de conserver religieusement et de transmettre à leurs descendants les détails souvent les plus insignifiants de la vie de leur apôtre, législateur et chef spirituel et temporel. Ces détails ont passé dans les premiers livres d'histoire composés par les musulmans, et forment jusqu'à ce jour la partie intégrante et indispensable de toute histoire universelle, et à plus forte raison de toute histoire des Arabes. On comprend facilement qu'à la faveur de l'exaltation religieuse, au milieu d'un peuple généralement illettré et isolé du reste du monde, aient dû se glisser des récits douteux et des traditions apocryphes; que la fiction et le merveilleux entrent pour une certaine part dans l'histoire de la mission de Mahomet, comme dans l'histoire de beaucoup d'autres cultes. Toutefois, l'histoire de la mission de Mahomet se laisse peut-être plus facilement qu'aucune autre religion de l'Orient, dépouiller de cet alliage de fiction et de merveilleux devant lequel un musulman seul croit devoir s'arrêter avec respect. Dépouillée de ce caractère sacré, la naissance comme la propagation de l'islamisme n'en est pas moins un des faits les plus extraordinaires dans les annales de l'humanité.

Il ne sera pas inutile de remarquer que la grande presqu'île de l'Arabie n'a pas été de tout temps habitée par un peuple de la même race et de la même langue. Les auteurs arabes distinguent trois races différentes qui se sont succédé en Arabie, et qui toutes ont été appelées arabes. La première race est désignée par le nom d'Arabes *el-Ariba*, Arabes pur sang, Arabes pour ainsi dire aborigènes ou primitifs; cette race comprend les peuples éteints ou exterminés longtemps avant Mahomet ; ce sont les Adites, les Thémoudites, les Amalika ou Amalécites, les peuplades de Tasm et de Djadis, issues d'après les historiens arabes de Sem ou de Cham, fils de Noé. La seconde race est celle des Arabes *Moutéarriba* (Arabes qui se sont faits Arabes); on les regarde comme issus de Kaktan ou de Yaktan, fils d'Heber; ils se sont d'abord établis dans l'Yémen (Arabie Heureuse), d'où ils se sont répandus dans toutes les parties de l'Arabie, en envoyant des colonies, et tantôt en se mêlant aux tribus primitives, tantôt en se substituant à elles dans la possession exclusive des différentes contrées. Les Himyarites appartiennent à ces Arabes *Moutéarriba*, ou, comme M. Caussin de Perceval les appelle, Arabes secondaires [1]. La troisième race est celle des Arabes *Mousta'riba*

---

[1] *Essai sur l'histoire des Arabes*, I, p. 7.

(Arabes assimilés aux Arabes); ce sont les descendants d'Ismaël, fils d'Abraham ; ils se sont établis dans le Hedjaz (Arabie Déserte), et se sont successivement répandus dans toutes les autres parties de l'Arabie ; ce sont les Arabes tertiaires ou Ismaélites. C'est à cette race qu'appartiennent les Arabes établis depuis un temps immémorial autour de la Mecque, et en particulier la famille des Koreïchites, au sein de laquelle naquit Mahomet. Bien que les Arabes aient de tout temps apporté le plus grand soin à conserver leur généalogie, tous les efforts des historiens arabes ont été infructueux pour établir la descendance directe depuis Ismaël jusqu'à Mahomet, à travers l'espace d'une vingtaine de siècles; mais on s'accorde généralement sur sa généalogie jusqu'à Adnan, qui passe pour un descendant d'Ismaël. En comptant trente-trois ans par génération, on arrive à fixer l'époque d'Adnan à environ cent trente ans avant Jésus-Christ, en sorte qu'il ne resterait que quelques noms mentionnés par les historiens pour remplir tout le temps écoulé entre Ismaël, fils d'Abraham, et Adnan, personnage si voisin de notre ère.

Quelque grande que soit cette lacune, rien n'autorise à révoquer en doute la généalogie de Mahomet ; deux considérations semblent plutôt militer en sa faveur. Ce sont d'abord plusieurs passages de la Bible, depuis les livres de Moïse jusqu'aux prophètes [1], qui s'accordent à regarder les Arabes de l'Arabie Déserte (du Hedjaz et de la Mecque) comme des Ismaélites, et ensuite la vénération que les tribus arabes ont conservée pour la mémoire d'Abraham. En effet, selon la tradition antérieure à Mahomet, le fameux temple de la Caaba, but des pèlerinages des Arabes, et beaucoup plus ancien que la ville de la Mecque même, aurait été construit par Abraham pendant son séjour en Arabie; un endroit dans le clos de ce temple porte jusqu'à ce jour le nom de la station d'Abraham; et enfin, dans ce même temple devenu une sorte de panthéon des Arabes, on voyait du temps de Mahomet une figure représentant Abraham, jadis fondateur du culte unitaire, placé à côté des divinités arabes ou des saints du christianisme. Fondée ou non, très-ancienne ou très-rapprochée du temps de l'islam, cette filiation de Mahomet joue un rôle important dans sa mission, et elle n'aura pas peu contribué à son succès. Au commencement surtout de son apostolat, lorsqu'il s'agissait de détacher les Arabes du culte des idoles, Mahomet puisait un grand appui pour la religion qu'il prêchait dans l'exemple d'Abraham, et la plaçait pour ainsi dire sous les auspices d'un personnage dont la mémoire était universellement vénérée parmi ses compatriotes.

La ville de la Mecque n'a été construite que dans le cinquième

---

[1] Genèse, XXXVII ; Juges, VI, VIII ; Isaïe, XXI ; Ézéchiel, XXVII.

siècle de notre ère¹, mais la vallée de la Mecque était depuis les temps les plus reculés le séjour des tribus arabes qui se groupaient aux environs du temple de la Caaba, dont ils se disputaient la garde et l'intendance comme un honneur et un titre à la suprématie. Vers l'an 200 de notre ère, un des descendants d'Adnan, nommé Fihr, et surnommé el-Koreïch, devint le père de la fameuse tribu des Koreïchites, qui acquit dans la suite une grande influence à la Mecque. Kossaï, un de ses descendants à la cinquième génération, parvint non-seulement à supplanter les Khozaa, autre tribu arabe, dans l'intendance de la Mecque, mais encore, pour assurer à perpétuité ces importantes fonctions à sa famille, il persuada aux Koreïchites de bâtir à l'entour de la Caaba une ville dont les différentes parties seraient occupées par les membres de la grande tribu Koreïchite. Kossaï éleva pour lui-même une maison plus imposante que les autres, et y fixa le siége du conseil, *nadwa*, auquel tous les Koreïchites avaient entrée, et où les affaires se traitaient en public. C'était dans cet hôtel du conseil (*Dar-ennadwa*) que les Koreïchites recevaient des mains de Kossaï le drapeau, quand ils allaient faire la guerre à une autre tribu. Sur l'avis de Kossaï, les Koreïchites consentirent à s'imposer une taxe, *rifada* (secours), qu'ils payaient à l'époque du pèlerinage à Kossaï, et que celui-ci employait à fournir gratuitement des vivres aux pèlerins pauvres pendant trois jours qu'ils passaient à Mina, à quelque distance de la Mecque. L'autorité de Kossaï s'accrut encore lorsqu'il parvint à réunir dans sa personne quelques autres charges qui se rattachaient au service de la Caaba; ces charges étaient *sikaïa*, l'administration des eaux et leur distribution, *hidjaba*, la garde de la Caaba et le service de ce temple; à ces fonctions on doit ajouter la *rifada*, perception de la taxe des secours, la *liwa*, droit d'attacher une coiffe d'étoffe blanche à l'étendard des Koreïchites allant à la guerre, et la *nadwa*, conseil, c'est-à-dire la présidence de l'assemblée des Koreïchites; quelques fonctions moins importantes furent abandonnées par Kossaï à d'autres tribus arabes². On voit par ce qui précède qu'environ deux cents ans avant Mahomet (vers l'an 440 de J.-C.), les Koreïchites étaient non-seulement en possession d'une autorité régulièrement constituée à la Mecque, mais encore que leur influence et leur considération s'étendaient au dehors; que, grâce à l'affluence de pèlerins au temple antique de la Caaba, le nom de Koreïchites était connu dans toutes les parties de l'Arabie. Ils avaient en même temps acquis une certaine aisance et même des richesses considérables par le commerce qu'ils faisaient des produits de l'Arabie Heureuse (l'Yémen), en Syrie, en Mésopotamie et en Égypte, d'où ils rap-

---

[1] Caussin de Perceval, *Essai sur l'histoire des Arabes*, I, p. 236.
[2] Caussin de Perceval, I, p. 237-240.

portaient, en échange, des étoffes, des grains et d'autres objets [1].

Kossaï eut quatre fils, Abdeddar, Abdelozza, Abd et Abdmenaf ; nous ne parlerons que de ce dernier, parce qu'il est l'aïeul en ligne directe de Mahomet. Abdmenaf fut également père de quatre fils : Abdchams, Nowfal, Hachim et Mottalib. Hachim, qui se trouva être le plus riche de tous ses frères, et par conséquent le plus capable de subvenir aux besoins des pèlerins et d'administrer les affaires de la Mecque, se trouva revêtu des fonctions les plus importantes de la communauté ; ce fut lui qui établit parmi les Koreïchites l'usage d'envoyer chaque année deux caravanes, l'une en hiver dans l'Yémen, l'autre en été en Syrie ; ce fut encore lui qui le premier distribua aux Koreïchites pauvres une espèce de soupe nommée *tharid*, composée de bouillon et de pain émietté, et c'est à cause de cela que son nom primitif Amr fut changé en celui de *hachim* l'émietteur. Le nom de *hachimites* est appliqué à toute la ligne collatérale ascendante de Mahomet.

Cheïba, fils de Hachim, fut appelé aussi Abdelmottalib, parce qu'il avait été adopté par son oncle Mottallib ; il succéda à son père à la Mecque dans les charges les plus importantes, celles de *sikaïa* et de *rifada*. Sa générosité et la noblesse de sa conduite lui avaient concilié l'estime générale ; mais ces qualités ne lui paraissaient pas compenser aux yeux de ses compatriotes le désavantage de n'avoir qu'un seul fils, car les Arabes comme les Israélites attachaient le plus grand prix à une nombreuse postérité mâle. Ce sentiment était tellement enraciné chez les Arabes, qu'Abdelmottalib eut à essuyer un jour de la part d'un de ses compatriotes des insultes pour n'avoir eu qu'un seul fils. Dans son dépit, il fit serment que si Dieu lui accordait dix enfants mâles, il lui en immolerait un devant la Caaba. Le vœu d'Abdelmottalib fut exaucé. Depuis la naissance de son premier fils (an 528 de J.-C.) jusqu'à l'an 569 de J.-C., il eut douze fils et six filles. Un jour, décidé à remplir son serment, il rassembla les dix plus âgés de ses fils ; et leur fit part du serment qu'il avait fait jadis ; chacun d'eux se résigna à être la victime, et l'on se rendit à la Caaba devant l'idole Hobal pour tirer au sort. Le sort tomba sur Abdallah, celui que son père aimait le plus. Le sacrifice allait être accompli dans un lieu destiné à l'immolation des victimes, lorsque des Koreïchites accourent, arrêtent le bras d'Abdelmottalib, et lui conseillent de consulter une devineresse qui se trouvait à Khaïbar, ville fortifiée, habitée par des juifs. La devine-

---

[1] Les lexicographes arabes ne sont pas d'accord sur la signification du mot *koreïch* ; il y a au moins six explications différentes de ce nom, toutes sont plus ou moins forcées. A en juger par la forme grammaticale, *koreïch* est le diminutif de *karch*, qui signifie une espèce de poisson très-vorace qui dévore d'autres poissons ; ce n'a donc été d'abord qu'un sobriquet devenu dans la suite le nom de toute une famille issue de Fihr Koreïch.

resse demanda quelle était l'amende qui se payait pour un meurtre, et comme on lui répondit que l'amende était de dix chameaux, elle leur dit de placer Abdallah d'un côté, et de l'autre dix chameaux, ensuite de consulter le sort, et s'il tombait sur Abdallah, de recommencer, en ajoutant le même nombre de chameaux, jusqu'à ce que le sort se décidât contre les chameaux. Abdelmottalib se conforma à la décision de la devineresse, et comme le sort fut dix fois contraire à Abdallah, son père ne racheta son serment qu'au prix de cent chameaux. Depuis ce temps le prix du sang humain fut fixé parmi les Arabes à cent chameaux. Immédiatement après cet événement, Abdelmottalib maria Abdallah à Amina, fille de Wahb, un des descendants d'Abdmenaf. C'est de ce mariage que naquit Mahomet[1].

L'année de la naissance de Mahomet ne se laisse pas facilement fixer. Trois données servent cependant à la déterminer, au moins approximativement. D'après la tradition, Mahomet aurait dit : « Je suis né sous le règne du Roi juste. » Ce roi juste est le célèbre Kesra Anouchirvan (Cosroës le Grand), qui a régné quarante-sept ans et huit mois, et si l'on admet avec un historien arabe (Ibn el-Athir) que Mahomet naquit sept ans et huit mois avant la mort d'Anouchirvan, l'année de sa naissance tomberait dans l'année 570 de J.-C. D'un autre côté, la naissance de Mahomet tombe, selon la tradition, dans l'année de l'expédition du roi éthiopien Abraha contre la Mecque (voy. chap. CV du Koran, note), expédition qui se termina par la destruction complète de l'armée d'Abraha ; mais les historiens arabes s'accordent si peu sur l'année de cette expédition, que la naissance de Mahomet tomberait sur la 34e ou sur la 40e, ou sur la 41e, ou sur la 42e année du règne de Kesra Anouchirvan. C'est encore une opinion généralement reçue que Mahomet est mort en 632 de J.-C., âgé de soixante-trois ans, ce qui reporterait l'année de sa naissance à l'année 569 de J.-C. ; et ici se présente une nouvelle question, celle de savoir si le chiffre de ces soixante-trois années a été énoncé approximativement en années lunaires usitées chez les Arabes, ou bien en tenant compte de l'intercalation introduite, en 413 de J.-C[2].

La piété musulmane ne faillit pas à ce penchant inné qui nous fait entourer le berceau des hommes extraordinaires du prestige de miracles, et de phénomènes surnaturels ; elle en accueille volon-

---

[1] Le nom *Mahomet* s'éloigne un peu de la véritable orthographe arabe. C'est *Mohammed* (le glorifié) qu'on devrait dire ; les Turcs prononcent *Méhémet*, quand il est question d'un personnage vivant du nom de Mohammed, c'est au contraire l'usage en français de se servir de la forme *Mohammed*, lorsqu'on parle des Arabes vivants qui portent ce même nom.

[2] M. Caussin de Perceval, qui s'est livré à une discussion très-détaillée sur cette question, fixe la naissance de Mahomet au 29 août 570 de J.-C. Voy. l'*Essai sur l'histoire des Arabes*, I, p. 268-283.

tiers les récits, sans en discuter ni la source ni le fondement ; elle les propage et les érige en croyance. Selon ces récits, qu'on ne saurait passer sous silence, car ils sont toujours présents à l'esprit d'un musulman, le monde entier s'émut au moment où naquit le futur prophète des Arabes. Le palais des Cosroës, à Ctésiphon, s'ébranla, et quatorze de ses tours s'écroulèrent ; le feu sacré des pyrées s'éteignit malgré la surveillance incessante des mages ; le lac de Sawa se dessécha, le grand moubed des Perses rêva l'envahissement de la Perse par les chameaux et les chevaux arabes, et Amina raconta à son beau-père que pendant sa grossesse elle avait rêvé qu'une lumière extraordinaire se répandait de son sein pour illuminer le monde ; enfin, Abdelmottalib, en venant un jour voir son petit-fils, s'aperçut avec étonnement qu'il était né circoncis. L'enfant, nommé Mohammed par son grand-père (et il fut le premier qui porta ce nom parmi les Arabes), fut confié par sa mère à une nourrice bédouine, Halima, qui l'emporta au milieu de sa tribu dans le désert. Au bout de deux ans il fut sevré, mais sa présence dans la famille de Halima avait paru lui valoir tant de bonheur et d'abondance, qu'elle demanda à Amina de lui laisser élever l'enfant. La tradition raconte que celui-ci était sujet à une maladie dont on ne pouvait pas se rendre compte, mais qu'on attribuait à l'action du démon[1]. Mahomet, en racontant plus tard à ses disciples un accident qui avait causé à sa nourrice une grande frayeur, disait que dans son enfance, lorsqu'il jouait avec ses jeunes camarades dans la plaine, deux hommes vêtus de blanc, qui étaient des anges, le renversèrent par terre, lui ouvrirent la poitrine et en retirèrent le cœur pour le laver et le purifier.

Un chapitre du Koran (ch. XCIV) commence en effet par des mots qui peuvent se traduire ainsi : *N'ouvrons-nous pas, (ne dilatons-nous pas) ta poitrine ;* ou bien par : *N'avons-nous pas ouvert ta poitrine.* Et pendant que certains commentateurs n'y voient qu'une expression figurée d'un cœur disposé par Dieu pour recevoir la sagesse et la révélation, d'autres veulent y voir une allusion à l'événement rapporté par la tradition, d'après laquelle le cœur de Mahomet aurait été réellement lavé et purifié par les anges, et serait devenu ainsi dès l'enfance un vase d'élection. Ce n'est pas, du reste, le seul passage du Koran où une expression figurée ou hyperbolique ait acquis d'après la tradition une interprétation forcée, et un sens surnaturel et merveilleux (Voy. ch. XVII, LIV). A l'âge de six ans, Mahomet perdit sa mère et fut recueilli par son grand-père Abdelmottalib, qui eut pour lui la tendresse d'un père ; trois ans après, cet appui vint à manquer à Mahomet, lorsque Abdelmottalib mourut âgé de plus de quatre-vingts ans.

[1] Cette maladie pouvait être l'épilepsie. En effet, le vulgaire en Orient croit que les épileptiques sont possédés du démon.

Ce fut Abou-Talib, son oncle, qui se chargea de lui, et l'emmena plus tard avec lui en Syrie, où la caravane des Koreïchites portait des produits de l'Arabie. Arrivés à Bosra, ils y firent rencontre d'un moine arabe chrétien, nommé par les Arabes Bahira, et par les chrétiens *Djirdjis* (Georges) ou *Serdjis* (Sergius). Bahira fut, dit-on, frappé de l'extérieur de Mahomet, sut lire dans sa physionomie ses destinées futures, et prenant congé de la caravane arabe, recommanda à Abou-Talib de veiller sur Mahomet et de le prémunir contre les artifices des juifs qui attenteraient à sa vie, s'ils parvenaient à découvrir comment lui Bahira avait découvert dans ce jeune homme *le sceau de la prophétie*. Ce sceau de la prophétie était, dit-on, un signe entre les épaules que Mahomet avait comme tous les autres prophètes et comme tous ses aïeux de la race d'Ismaël, mais beaucoup plus prononcé qu'eux tous.

C'est à son retour de ce voyage que Mahomet, âgé de quatorze ans, prit part à la seconde des guerres connues parmi les Arabes sous le nom de guerres d'*el-fidjar*, ou de la violation du mois sacré, du crime, guerres que la tribu des Koreïchites soutenait contre la tribu des Benou-Hawazin ; mais selon le récit de Mahomet lui-même, conservé par la tradition, sa part dans cette seconde guerre se bornait à ramasser les flèches lancées par les ennemis pour les remettre à ses oncles, engagés plus activement dans le combat. La tradition n'a conservé aucun fait important de la vie de Mahomet, pendant les dix années qui s'écoulèrent depuis cet incident ; tout ce que l'on sait, c'est que le jeune Koreïchite sut par sa conduite, sa tenue, son intelligence et son caractère sérieux porté à la méditation et à la solitude, se concilier l'estime et le respect de ses concitoyens.

A l'âge de vingt-cinq ans, il se chargea d'un voyage commercial en Syrie pour le compte d'une riche veuve, Khadidja, fille de Khowaïlid, issu comme Mahomet de Kossaï, dont il a été parlé plus haut. Mahomet s'acquitta de sa mission avec un succès qui disposa Khadidja en sa faveur ; et cette disposition favorable s'accrut encore, lorsque l'esclave de Khadidja qui avait accompagné Mahomet en Syrie, lui raconta qu'il avait vu un jour, pendant la route, deux anges protégeant Mahomet de leurs ailes contre l'ardeur du soleil. Khadidja offrit donc sa main à Mahomet, et bien qu'elle eût à cette époque entre trente et quarante ans, âge plus que mûr pour une femme arabe, Mahomet s'empressa d'accepter la proposition. Selon l'usage des Arabes, c'est le mari qui apporte à la femme qu'il épouse la dot, *sadak ;* Mahomet offrit à ce titre vingt chameaux à Khadidja ; le repas de noces, auquel prirent part les parents du mari et de la femme, fut splendide et joyeux, accompagné de danses et de musique ; deux chameaux furent égorgés pour les nombreux convives. Mahomet eut d'abord de Khadidja un fils qu'il nomma *el-Kacim*, et il fut depuis ce temps appelé Aboulkacim (père d'el-Kacim) ; il eut encore deux autres fils qui moururent tous en bas âge et quatre filles. Dans l'année même de son mariage avec Khadidja, Mahomet entra dans une association qui venait de se former parmi les Koreïchites pour la protection des étrangers ou des Mecquois faibles contre les injustices des Koreïchites plus puissants, et il se fit toujours gloire d'avoir appartenu à cette société qui se conserva même après l'établissement de l'islamisme[1]. Nous avons déjà dit que Mahomet avait su dès sa jeunesse se concilier l'estime générale; sa probité connue le fit appeler *el-Emin*, le loyal, le sûr, le fidèle. Une circonstance fortuite qui se présenta lorsqu'il était âgé de trente-cinq ans, lui donna encore plus de relief aux yeux de ses concitoyens. En 605 de J.-C., les Koreïchites résolurent de rebâtir le temple de la Caaba, détruit en partie par l'incendie quelques années auparavant. La vénération pour cette relique de l'antiquité ismaélite inspira une ardeur extraordinaire à toutes les branches de la tribu Koreïchite, mais en même temps elle excita une jalousie mutuelle. Lorsque les travaux de la construction furent avancés jusqu'à la hauteur où devait être placée la pierre noire, objet d'une vénération particulière, toutes les branches des Koreïchites se disputèrent l'honneur de cette tâche ; les hommes des deux branches de la tribu, résolues de soutenir leurs prétentions contre toutes les autres, plongèrent leurs mains dans un vase rempli de sang, et jurèrent de mourir plutôt que de céder. Les travaux furent suspendus, et une assemblée fut convoquée dans l'intérieur même du temple pour aviser aux moyens de détourner la guerre civile devenue imminente. Un Koreïchite âgé proposa tout à coup de prendre pour arbitre la première personne qui entrerait dans l'enceinte où l'assemblée se tenait; on tomba d'accord, et lorsque tous les regards sont fixés sur l'entrée, *el-Emin* (Mahomet), paraît et est pris pour arbitre ; il fait étendre par terre un manteau, choisit quatre personnages les plus considérables des quatre branches principales de la tribu, et fait tenir à chacun un bout du manteau sur lequel reposait la pierre ; dès qu'elle est soulevée à la hauteur convenable, Mahomet la prend de ses propres mains pour l'encadrer dans le mur, et ainsi, en conciliant les prétentions des rivaux, se ménage une part considérable dans l'œuvre. Peu de temps après, Mahomet perdit tous les enfants mâles qu'il avait eus de Khadidja, et comme la disette qui se faisait alors sentir à la Mecque pesait sur les personnes moins aisées chargées d'une famille nombreuse, il se chargea du jeune Ali, fils d'Abou-Talib, son oncle. Ali fut depuis ce temps son compagnon inséparable et fidèle, son sectateur le plus dévoué, il remplissait souvent les fonctions de secrétaire

---

[1] Voyez quelques détails intéressants sur cette société, dans Caussin de Perceval, *Essai*, etc., I, 352-355.

auprès de lui, il épousa plus tard sa fille Fatima, et enfin fut proclamé khalife.

Ce n'est qu'à l'âge de quarante ans que Mahomet se sentit appelé à prêcher aux Arabes une religion nouvelle. De son temps la race arabe ne formait pas une seule nation ; les Perses et les Romains exerçaient une souveraineté, en grande partie nominale, sur les tribus arabes les plus rapprochées des provinces de la Perse et de l'Empire romain ; les Arabes du désert vivaient dans une indépendance complète, et sans aucun centre d'autorité nationale. Ils ne professaient pas non plus tous la même religion ; la religion chrétienne s'était répandue parmi les Arabes des villes ; quelques tribus également établies dans les villes professaient la religion de Moïse, telles étaient les tribus de Koraïza, de Nadhir habitant à Yathrib (Médine) et à Khaïber ; mais l'immense majorité des Arabes était vouée à l'idolâtrie. La Caaba, qui, comme nous l'avons vu, passait pour avoir été jadis le séjour d'Abraham et du culte unitaire, était devenu le centre de tous les Arabes idolâtres ; chaque tribu avait une divinité, une idole particulière qu'elle adorait ; mais, de même que le paganisme romain accordait dans son panthéon une place à tous les cultes et se montrait disposé à y admettre Jésus-Christ, de même les Arabes étaient très-tolérants à l'égard des divinités de n'importe quelle origine, pourvu qu'on respectât le culte des siennes, et qu'on ne touchât pas aux usages ni aux superstitions qui avaient passé dans les mœurs. Chez un peuple nomade, isolé du reste du monde par sa position géographique et presque sauvage, les connaissances et les arts des États plus avancés dans la civilisation ne se propageaient qu'avec difficulté à la faveur des relations commerciales avec l'Empire romain et avec la Perse, relations très-restreintes comme les produits qu'il pouvait offrir et les besoins qu'il avait à satisfaire.

L'Écriture ancienne des Himyarites (de l'Yémen) était presque perdue, celle des Hébreux et des Syriens ne s'adressait qu'aux Arabes chrétiens ou juifs, et celle qui est connue sous le nom de *Djezm* et qui fut introduite à la Mecque peu de temps avant la naissance de Mahomet, n'était connue que d'un petit nombre. Les Arabes du désert ne connaissaient donc d'autre occupation que la guerre, d'autre histoire que celle de leurs généalogies, ils ne se souciaient que de leurs troupeaux de brebis et de chameaux, ils ne cultivaient pas d'autres arts que la poésie et leur langue, souple, surtout très-riche, et fixée, on dirait dès sa naissance, d'après des règles très-précises. Les jeux de hasard, l'usage souvent immodéré du vin, la polygamie commune d'ailleurs à tous les peuples de race sémitique, les mariages réputés ailleurs incestes, les commerces de galanterie, les vengeances personnelles dégénérant souvent en guerres acharnées entre les tribus entières, l'usage d'enterrer les filles vivantes pour se débarrasser d'autant de bouches inutiles en temps de disette, le brigandage et la rapine s'alliant souvent à l'hospitalité et à un dehors de générosité; tels étaient les passions et les usages des Arabes du temps de Mahomet. A cette époque rien n'entraînait la société arabe ainsi constituée à une action au dehors. Dans de tels moments de calme, la société a plus de loisir pour se replier sur elle-même; le christianisme et le judaïsme comptaient peu de prosélytes, mais ils se produisaient librement et se discutaient précisément à la faveur de l'indifférence religieuse ou du scepticisme qui y était plus répandu qu'on ne le pense. C'est de ce travail intérieur d'une société païenne qu'a pu naître le pressentiment d'une transformation prochaine que quelques auteurs signalent du temps de Mahomet, mais qui ne nous semble ni particulier à cette époque, ni suffisamment prouvé. Mahomet ne fut pas seul frappé de l'état moral déplorable des Arabes; mais il fut le seul qui se sentit la résolution et surtout la vocation d'y apporter un changement. Si l'on s'en rapporte à la tradition puisée dans son propre récit, cette résolution se révéla en lui comme un trait soudain de lumière. Sérieux et porté naturellement à la méditation, il errait souvent dans les ravins voisins de la Mecque, dominé déjà sans doute par l'idée que Dieu lui parlerait du sein d'une montagne, comme à Moïse, dont il avait entendu parler pendant son voyage en Syrie, ou dans ses entretiens avec les juifs et les chrétiens, ou avec un Arabe versé dans les Écritures, Waraka, fils de Nowfal, cousin de Khadidja [1]. Jusque-là il pouvait être de bonne foi.

Il avait l'habitude de passer dans la retraite le mois de ramadhan sur la montagne de Hira, voisine de la Mecque. Une nuit (ce fut en décembre ou en janvier de l'an 611 de J.-C.), Khadidja, ne le trouvant pas à côté d'elle, envoya des domestiques à sa recherche. Mahomet revint cependant et lui raconta ceci : « Je dormais pro-
» fondément, lorsqu'un ange m'apparut en songe, il tenait à la
» main une pièce d'étoffe de soie couverte de caractères d'écri-
» ture ; il me la présenta en disant : *Lis*. Que lirai-je? lui deman-
» dai-je. Il m'enveloppa de cette étoffe et répéta : *Lis*. Je ré-
» pétai ma demande : *Que lirai-je?* Il répondit : *Lis : Au nom
» du Dieu qui a créé toute chose, qui a créé l'homme de sang
» coagulé, lis, par le nom de ton Seigneur qui est généreux,
» c'est lui qui a enseigné l'Écriture, il a appris à l'homme ce
» qu'il ne savait pas* [2]. Je prononçai ces mots après l'ange, et il
» s'éloigna ; je m'éveillai, et je sortis pour aller sur le penchant
» de la montagne. Là j'entendis au-dessus de ma tête une voix
» qui disait : *O Mohammed, tu es l'envoyé de Dieu et je suis
» Gabriel*. Je levai les yeux et j'aperçus l'ange; je demeurai

---
[1] Waraka passe pour avoir traduit en arabe une partie des Évangiles.
[2] Ces mots se trouvent au commencement du chapitre XCVI. Les versets qui suivent n'ont aucun rapport avec cette première révélation.

» immobile, les regards fixés sur lui, jusqu'à ce qu'il disparut. »

Khadidja fut émue de ce récit, et en fit part à Waraka, dont nous avons parlé plus haut. Depuis ce temps, Mahomet, rentré à la Mecque, recevait sans cesse des révélations de Dieu par l'entremise de l'ange Gabriel (Djebreïl). La première chose que l'ange lui enseigna fut la prière précédée d'ablutions. Mahomet l'enseigna à son tour à Khadidja, qui fut ainsi la première prosélyte de l'islam ; son second adepte fut Ali, fils d'Abou-Talib, puis Zeïd, son fils adoptif, qui est le seul sectateur de Mahomet dont il soit fait mention dans le Koran [1]. On cite ensuite Abdelcaaba, surnommé *el-Atik* (le noble), homme très-respecté parmi les Koreïchites, à cause de sa connaissance des générations arabes ; il était investi d'une magistrature criminelle chargée de prononcer dans les cas de meurtres et d'amendes, et on s'adressait à lui pour l'interprétation des songes ; en embrassant le nouveau culte à peine ébauché, Abdelcaaba (serviteur de la Caaba) prit le nom d'Abdallah (serviteur de Dieu), et plus tard, lorsqu'il donna sa fille Aïcha à Mahomet, il prit le nom d'Aboubekr (père de la Vierge) ; c'est le même qui fut ensuite le premier khalife ou successeur de Mahomet. Les premières conversions au nouveau culte, dont le point le plus saillant et toujours essentiel était l'unité absolue de Dieu, et qui tendait à l'abolition de l'idolatrie [2], se faisaient en secret, et pendant trois ans la mission de Mahomet ne fut connue que de ses adeptes. C'est l'historien le plus accrédité de la mission de Mahomet qui le dit ; cette circonstance mérite d'être remarquée ; elle explique en partie la différence très-frappante qui existe entre les derniers chapitres du Koran, tous fort analogues quant au style, à celui que Mahomet raconte avoir été révélé le premier, et les chapitres qui figurent les premiers dans la rédaction actuelle du Koran. Ceux-là portent l'empreinte d'une exaltation religieuse qui s'épanche dans le vague et ne s'attache à rien de positif, les chapitres longs viennent d'un homme aux prises avec les adversaires de son culte, d'un missionnaire parlant devant le peuple, d'un législateur.

C'est sur l'ordre positif de Dieu que Mahomet commença à prêcher ouvertement sa religion. Ses premières prédications n'excitèrent d'abord que des plaisanteries et des rires ; sa persévérance, son importunité, sa hardiesse à prêcher sous la Caaba la destruction des idoles, donnèrent lieu bientôt de la part des Arabes à des insultes contre lesquelles il fut cependant protégé par ses oncles, bien qu'ils n'eussent pas encore embrassé l'islam. Mahomet eut à essuyer des attaques et des voies de fait ; quelquefois on le mena-

---

[1] Les deux autres personnages nommés dans le Koran, Abou-Djahl et Abou-Lahab, étaient des ennemis acharnés du nouveau culte.
[2] Les Arabes idolâtres reconnaissaient aussi *le Dieu* (Allah), mais adoraient en même temps d'autres divinités.

çait de mort, quelquefois la foule ameutée le poursuivait par des cris, par des huées, on le traitait de menteur, d'imposteur, de fou, de possédé. C'est à un de ces incidents de sa mission que se rapporte le chapitre LXXIV, qui lui fut révélé pour le consoler des outrages et l'encourager à continuer son œuvre. Le nombre de ses partisans ne fit que grossir pendant le pèlerinage de la Mecque, lorsque les pèlerins accourus de tous les points de l'Arabie, et qui ne pouvaient pas ignorer ses prédications, en reportaient le récit dans leurs foyers. C'est de cette manière que se recruta à Yathrib (Médine) le nombre de ses partisans, qui lui furent bientôt d'un si grand secours. Par suite des conversions secrètes et des prédications ouvertes, souvent une seule famille se trouvait partagée en deux partis religieux. C'est alors que les outrages prodigués au détracteur des dieux se changèrent en une haine implacable et violente. Cependant, comme un acte de violence commis sur Mahomet aurait infailliblement conduit à l'effusion du sang, quelques Koreïchites tentèrent une dernière démarche auprès de lui pour lui persuader de quitter la Mecque ou de cesser ses prédications ; on lui offrit des richesses, des honneurs dans sa ville natale, et enfin on s'engagea à faire venir les médecins les plus habiles pour le guérir de sa maladie, si en effet sa conduite était l'effet d'une hallucination ou d'une influence du démon. Pour toute réponse, Mahomet se mit à réciter à ses interlocuteurs le chapitre HA-MIM. *Voici la révélation qui vient du clément, du miséricordieux*, etc., chapitre XLI. N'ayant pas réussi à le convaincre, les Koreïchites lui demandèrent d'obtenir au moins de Dieu quelques miracles en faveur de la Mecque. Mahomet répondit qu'il n'avait pour mission que de prêcher le culte unitaire et d'appeler les hommes à la vérité, et qu'il ne lui était pas donné de faire des miracles.

Impatientés par ces réponses, les Koreïchites l'accusaient de n'être que l'écho de quelques chrétiens[1], et il ne manquait pas de gens à la Mecque pour qui ces prétendues révélations du ciel n'étaient qu'un tissu incohérent de contes bien inférieurs pour le fond et pour la forme aux livres religieux et même aux compositions historiques ou poétiques des autres peuples[2]. Selon les historiens de Mahomet, les Koreïchites envoyèrent auprès des rabbins de Yathrib (Médine) une députation pour leur dépeindre Mahomet, leur donner la substance de sa religion et pour leur demander ce qu'ils en pensaient. Les rabbins répondirent : « Demandez-lui qu'est-ce que certaines gens des siècles passés dont l'a-

[1] Il y avait en effet à la Mecque un orfèvre chrétien nommé *Djebr*, chez qui Mahomet allait souvent.
[2] Il y avait surtout à la Mecque un Koreïchite nommé Nadhr, qui avait beaucoup voyagé et qui établissait souvent entre les prédications de Mahomet et les récits historiques des Perses une comparaison tout à fait défavorable aux premières.

venture est une merveille? Qu'est-ce que l'homme qui a atteint les bornes de la terre à l'orient et à l'occident? Qu'est-ce que l'âme? S'il répond de telle et de telle manière, il est réellement un prophète, sinon il est un imposteur. » Les députés, de retour à la Mecque, posèrent à Mahomet les trois questions; il promit de répondre le lendemain, mais comme il avait oublié d'ajouter *s'il plaît à Dieu*, Dieu l'en punit et lui fit attendre quinze jours la révélation. Enfin, au bout de ce temps, il répondit par les histoires des Sept dormants et d'Alexandre le Grand, (chapitre XVIII). Quant à la question relative à l'âme, il répondit fort à propos que Dieu seul savait ce que c'était[1]. C'est ce triomphe de Mahomet sur les incrédules, disent ses historiens, qui mit le comble au dépit des Koreïchites, et ils défendirent à tout le monde d'écouter les prédications du prophète. Les mesures de rigueur prises contre les sectateurs du nouveau culte forcèrent bientôt (ce fut dans la cinquième année depuis la mission de Mahomet, 615 de J.-C.) un certain nombre d'entre eux à quitter la Mecque et à se réfugier en Abyssinie. Là, ils furent reçus avec bienveillance par le roi d'Abyssinie, qui était chrétien. Une seconde émigration suivit bientôt la première; ces deux émigrations ne se montaient en tout qu'à cent quinze personnes des deux sexes. Les Koreïchites envoyèrent en Abyssinie une députation pour demander l'extradition de ces émigrés; mais le roi d'Abyssinie s'y refusa en s'exprimant avec éloge sur leur conduite et en des termes qui d'après les récits des musulmans pouvaient passer pour une preuve de son penchant secret pour l'islam.

Le parti du nouveau culte fut inopinément renforcé à cette époque par l'accession d'un homme qui a acquis depuis une grande célébrité dans les annales mahométanes, et qui contribua plus que tout autre à sa propagation. Ce fut Omar, fils de Khattab, très-hostile d'abord comme son père à Mahomet, et redoutable aux musulmans à cause de son courage et de sa violence. L'islam avait trouvé accès dans sa famille, surtout auprès des femmes; sa sœur Fatima était du nombre, mais la crainte de son frère l'engageait à ne lire le Koran qu'à la dérobée. Un jour Omar la surprend dans cette lecture, et emporté par la colère la blesse; mais s'adoucissant tout à coup à la vue du sang de sa sœur, il se fait montrer quelques feuillets épars du Koran; il est saisi d'admiration et d'attendrissement et se rend aussitôt auprès de Mahomet pour faire entre ses mains la profession de foi musulmane. Tous ces succès irritaient profondément la masse des Koreïchites contre deux branches de la tribu, celle de Hachim et celle des Mottalib, qui, à cause de leur parenté avec Mahomet, lui offraient un puissant appui. Une ligue contre ces deux branches est formée dans le but de les exclure de toutes les relations civiles et com-

[1] Voy. chap. XVII, 87.

merciales ; cette espèce d'excommunication fut confirmée par un acte écrit sur parchemin et déposé dans la Caaba. Cette mesure inspira aux deux branches excommuniées des inquiétudes sérieuses pour leur sécurité, aussi résolurent-elles de se concentrer sur un seul point de la Mecque, au lieu d'habiter comme jusqu'alors les maisons disséminées. Ceci se passait dans la septième année de la mission de Mahomet.

Cet état d'hostilité dans les familles koreïchites, musulmanes et non musulmanes, se prolongea jusqu'à la dixième année de la mission ; alors on résolut d'amener une réconciliation, mais un jour, pendant qu'on délibérait sur cette affaire, Abou-Talib, oncle de Mahomet, se présenta et annonça aux Koreïchites idolâtres que Mahomet venait d'apprendre par une révélation que Dieu avait livré aux vers l'acte de la ligue déposé à la Caaba. On s'y rendit et on trouva, disent les historiens, le parchemin rongé tout entier par les vers, à l'exception des mots « en ton nom, ô Dieu, » qui se trouvaient en tête. L'acte se trouvant annulé, la ligue fut dissoute, et les familles excommuniées reprirent à la Mecque leurs anciennes demeures. Il ne paraît pas cependant que ces prétendues preuves de la mission divine de Mahomet aient frappé les idolâtres au point de leur faire embrasser l'islam. Mahomet, toujours rebuté dans sa ville natale, se rendit à Taïf, ville rivale de la Mecque ; mais ses prédications y rencontrèrent tout autant d'opposition, d'insultes et de haine. Mahomet retourna à la Mecque et mit plus de réserve dans sa conduite ; il ne prêcha plus en public et s'abstint d'insulter et de railler les idoles. Son séjour à la Mecque devenait de plus en plus insupportable, surtout lorsque par la mort d'Abou-Talib[1] et de Khadidja, en 619 ou 620 de J.-C., il se trouva privé de leur appui. Il importait beaucoup à Mahomet, dans une situation aussi précaire, de trouver quelque autre ville qui pût être un centre pour son action. Il le trouva à Yathrib. Cette ville était habitée principalement par deux tribus arabes idolâtres et deux tribus juives.

Les Arabes, entendant souvent parler les juifs de l'apparition prochaine d'un prophète qui soumettrait le monde à son empire, ce qui probablement chez les juifs exprimait l'attente du Messie, se trouvèrent prédisposés à accueillir avec faveur les récits des prédications tenues par Mahomet à la Mecque. Le pèlerinage de la Mecque les mit facilement en rapport avec Mahomet, et, à la suite de quelques conversions partielles des Arabes de Yathrib, le nouveau culte y compta bientôt de nombreux sectateurs. Dans la onzième année de sa mission, douze personnages venus de Yath-

---

[1] Abou-Talib protégeait son neveu à cause des liens du sang, car il était idolâtre, et ne se convertit à l'islam qu'à son lit de mort ; on doute même de sa conversion. Khadidja porte chez les musulmans le surnom de *ommoul-mouminin*, mère des croyants.

rib eurent avec Mahomet sur le mont Akaba, colline voisine de la Mecque, une conférence dans laquelle il leur exposa les points cardinaux de sa religion et les exhorta à la suivre. Cette conférence est connue sous le nom de *premier serment d'Akaba*, parce que ces douze personnages y jurèrent de suivre les préceptes inculqués par Mahomet. A cette époque de sa mission, il ne demandait pas encore à ses adeptes de s'armer pour la défense de sa religion, mais ils ne tardèrent pas à s'y engager, et voici comment : dans l'année suivante, la douzième de la mission, (622 de J.-C.), une caravane des habitants de Yathrib se rendit à la Mecque, elle était composée de musulmans et d'idolâtres. A la faveur de la nuit, lorsque les idolâtres étaient plongés dans le sommeil, les musulmans eurent une conférence secrète avec Mahomet, et là ils promirent de le soutenir, de lui donner asile et l'engagèrent même à venir s'établir parmi eux. « Si nous nous faisons tuer pour toi, lui demandèrent-ils, quelle sera notre récompense ? — Le paradis ! répondit Mahomet. — Mais si nous t'aidons au succès de ton entreprise, ne nous quitteras-tu pas pour retourner à la Mecque ? — Jamais ! je vivrai et je mourrai avec vous ! » répondit-il, et en signe de serment on se donna mutuellement la main. On sait que Mahomet resta fidèle à sa promesse. Ce fut *le second, le grand serment d'Akâba*. Le premier, qui n'engageait pas à s'armer pour l'islam, fut depuis appelé *le serment des femmes*. Le pacte conclu avec les Arabes de Yathrib, de quelque mystère qu'on eût cherché à l'entourer, fut connu des Koreïchites ; ils résolurent de se débarrasser de Mahomet. Dans la prévision de mesures violentes, Mahomet engagea beaucoup de musulmans mecquois à émigrer à Yathrib. Ces musulmans sont connus sous le nom de *mouhadjirs* (émigrés); enfin, Mahomet lui-même, en trompant la vigilance de ses ennemis, qui épiaient tous ses pas, quitta la Mecque dans la première moitié de juin 622 de J.-C.[1] Cette fuite, *hidjret*, dont nous avons fait *hégire*, est l'ère des mahométans ; mais elle n'a été instituée que dix-sept ans plus tard, sous le khalife Omar. Dans sa fuite, Mahomet fut accompagné par Aboubekr ; poursuivis dans toutes les directions par un parti de Koreïchites, les deux fugitifs se réfugièrent dans une grotte du mont Thour, situé à trois mille au sud de la Mecque ; déjà les Koreïchites qui les poursuivaient se disposaient à y pénétrer, lorsqu'ils s'aperçurent qu'à l'entrée de la caverne une colombe avait déposé ses œufs et une araignée avait étendu sa toile ; ils en conclurent que personne ne pouvait avoir pénétré récemment dans la grotte, et s'éloignèrent[2]. Ma-

---

[1] Mahomet, prévenu d'un complot tramé contre sa vie, sortit de chez lui par une porte de derrière, en laissant son neveu Ali dans son lit.

[2] Quelque minutieux ou futiles que puissent paraître ces détails et d'autres pareils, nous avons cru devoir les reproduire dans cette notice, parce qu'ils con-

homet prit après quelques détours, au nord de la Mecque, la route de Yathrib, où il arriva au commencement de juillet 622, après avoir posé la première pierre de la première mosquée musulmane à Koba, village situé à deux milles d'Yathrib.

Aussitôt après son arrivée à Yathrib, il commença la construction d'une mosquée et fixa son séjour dans cette ville, qui, à partir de cette époque, commença à s'appeler *Medinet-en-nabi* (ville du prophète) ou *el-Médineh* (la ville) Médine. Les deux tribus arabes de Yathrib, réconciliées par l'islam après des années de haine et de guerre, reçurent le nom des *ansar* (aides, auxiliaires), en sorte que les partisans de Mahomet à cette époque-là étaient les *mouhadjirs* (les émigrés de la Mecque) et les *ansar* (de Médine), tous compris sous le nom général des *ashab* (compagnons).

Les musulmans qui venaient ainsi s'établir à Médine ne furent pas à la merci des habitants; pour que leur sécurité fût mieux garantie, on conclut une convention qui déterminait leurs rapports mutuels et leurs droits.

En vertu de cette convention, les Koreïchites venus de la Mecque et les Arabes de Médine ne devaient désormais faire qu'une seule et même nation; un musulman ne devait pas tuer un musulman pour venger la mort d'un infidèle, ni prendre le parti d'un infidèle contre un musulman; les hommes riches et puissants devaient respecter les faibles; aucun parti de fidèles ne devait conclure la paix séparément avec les infidèles; les juifs alliés des musulmans devaient être à l'abri de toute insulte ou vexation, et pouvaient professer librement leur culte; mais ils devaient se joindre aux musulmans pour défendre Médine contre toute aggression ou contribuer aux frais de guerre; enfin, une clause statuait que toute contestation qui pourrait surgir entre ceux qui concluaient le pacte serait déférée à la décision de Dieu et de Mahomet. Pour prévenir toute espèce de rivalité entre les Ansar et les Mouhadjirs, Mahomet institua une espèce de fraternité dans laquelle chacun des Ansar était joint à un Mouhadjir. A cette époque-là beaucoup d'institutions religieuses et de préceptes qui se trouvent dans le Koran n'étaient pas encore fixés; ainsi, par exemple, au lieu de se tourner pendant la prière du côté de la Caaba, au sud, on se tournait du côté de Jérusalem, au nord. L'*edhan* ou l'*izan*, l'appel à la prière, ne fut établi qu'après quelques mois de séjour à Médine; mais il y avait déjà une certaine organisation qui pour s'affermir avait besoin de la sanction de la victoire. Elle ne tarda pas à venir en aide à l'œuvre de Mahomet. On était au mois de ramadhan 624 de J.-C., et de la deuxième année de l'hégire. Il avait appris qu'une caravane de

---

stituent pour ainsi dire la mythologie musulmane, et qu'ils ont passé dans la littérature des peuples mahométan

Koreïchites retournait de Syrie à la Mecque, entre Médine et la mer ; il prit la résolution de l'attaquer, mais le chef de la caravane, informé des desseins de Mahomet, envoya en toute hâte à la Mecque pour demander des secours ; les Mecquois allèrent au secours de la caravane, ils étaient environ mille hommes et cent chevaux. Mahomet n'avait avec lui que trois cent quatorze hommes n'ayant pour monture que soixante-dix chameaux, c'est-à-dire un chameau pour trois, quatre ou cinq personnes qui montaient le chameau tour à tour; il n'y avait dans cette troupe que trois chevaux, dont les noms ont été conservés, ainsi que les détails les plus minutieux de cette entreprise. Malgré l'infériorité du nombre, Mahomet attaqua les Koreïchites à Bedr et les mit en déroute après un engagement assez chaud de quelques heures. Ce combat eut lieu le 16 de ramadhan de la deuxième année de l'hégire. Les musulmans, étonnés de leur victoire, l'attribuèrent au secours des anges qu'ils disaient avoir vu combattre contre les idolâtres, et Mahomet dit expressément dans le Koran (III, 119, et VIII, 9) que Dieu avait envoyé à son secours trois mille anges. Au commencement du combat, Mahomet se tenait dans une cabane et adressait des prières ferventes à Dieu ; mais dès que l'action devint générale il en sortit, et, se mêlant aux combattants, lança sur les ennemis une poignée de sable. Ce trait est compté parmi les miracles opérés par Mahomet.

La caravane, informée des mouvements de Mahomet, évita Bedr et se rapprocha de la mer, continua sa route vers la Mecque ; et Mahomet, n'espérant plus l'atteindre, rentra à Médine avec des prisonniers Koreïchites et les dépouilles de l'armée ; à part l'exécution prompte et sommaire de quelques Koreïchites qui avaient autrefois insulté Mahomet et tourné sa mission en ridicule, tous les autres prisonniers n'eurent qu'à se louer de l'humanité des musulmans. Ces prisonniers furent rachetés par les Mecquois au bout de six semaines. Les Mecquois, loin de se décourager par la défaite de Bedr, résolurent de la venger, et consacrèrent la moitié du gain réalisé par la caravane sauvée à l'équipement des troupes ; en même temps ils envoyèrent des émissaires pour exciter les tribus arabes à la guerre contre Mahomet. Ils eurent bientôt réuni trois mille combattants, parmi lesquels il y en eut un certain nombre qui emmenèrent leurs femmes chargées de frapper sur des tambours de basques, de chanter des chants en l'honneur des guerriers tués à Bedr, et d'animer par leur présence l'ardeur de leurs maris. L'armée Koreïchite s'avança d'abord vers Médine, puis la dépassa pour prendre position au nord-est de cette ville, auprès du mont Ohod.

Mahomed sortit de Médine à la tête de mille hommes pour attaquer les Koreïchites ; les musulmans puisaient leur confiance dans le souvenir du succès de Bedr, les Koreïchites dans leur nombre et dans leur haine ; leur chef avait emporté avec lui deux idoles pour animer le courage de ses troupes. Le combat fut très-acharné ; déjà Mahomet se croyait vainqueur, lorsqu'une partie de ses troupes, en poursuivant l'ennemi en fuite, se jeta sur les bagages pour les piller ; les Koreïchites se rallient et chargent les musulmans. Mahomet est renversé dans un ravin et reçoit un coup de pierre qui lui casse une dent ; néanmoins il crie à ses compagnons : « Qui donnera sa vie pour moi ? Celui qui mêle son sang avec le mien ne sera pas atteint par le feu de l'enfer. » Il est secouru, mais quelques-uns de ses plus braves compagnons sont tués, et les musulmans se retirent dans un défilé où les Koreïchites ne les poursuivent plus. La journée d'Ohod est perdue, on se donne de part et d'autre rendez-vous pour l'année suivante à Bedr. Dans le Koran, Mahomet a eu soin d'attribuer la défaite d'Ohod à la trop grande confiance des musulmans dans leur nombre, et à l'avidité avec laquelle ils s'étaient jetés sur le butin. C'est dans cette occasion que Mahomet défendit de transporter les morts du champ de bataille pour les enterrer ailleurs, il défendit même de laver leur sang, en disant que les martyrs paraîtront au jour de la résurrection avec leurs blessures saignantes et exhalant l'odeur du musc ; il recommanda seulement une prière sur les corps des morts. Ce serait excéder les limites de cette notice biographique, que de raconter en détail les expéditions, les courses et les combats que Mahomet eut à soutenir contre les idolâtres et contre les juifs dans les années qui suivirent les combats de Bedr et d'Ohod. Nous nous bornerons à un récit très-succinct de ces luttes. Les Koreïchites ne se présentèrent pas l'année 4 de l'hégire au rendez-vous de Bedr donné l'année précédente ; mais en revanche il se forma contre Mahomet une coalition de tribus arabes et juives, principalement à l'instigation des juifs de Médine formant la tribu de Koraïza. Cette coalition aboutit au siège de Médine, et comme les musulmans creusèrent aux trois côtés de Médine un fossé, cette guerre est connue sous le nom de la *guerre du fossé*. Cet événement eut lieu dans la cinquième année de l'hégire (627 de J.-C.), et c'est à cette coalition que se rapporte le chapitre du Koran intitulé *Al-ahzab*, les confédérés (XXXIII). Plusieurs combats eurent lieu sur ce fossé entre les assiégeants et les assiégés ; le siège dura environ un mois, mais la jalousie suscitée parmi les juifs et les Arabes, par des amis secrets de Mahomet qui se trouvaient dans le camp ennemi, ne tarda pas à amener la dissolution de la coalition qui comptait dix mille hommes, et le siège fut levé. Mahomet alla à la tête de trois mille hommes se venger sur les juifs de la tribu de Koraïza et les assiégea dans leurs forts ; les Koraïza, privés de vivres, se rendirent au bout de quelque temps à discrétion. Mahomet fit égorger tous les chefs et partagea entre les musulmans leurs femmes, leurs enfants et toutes leurs propriétés mobilières et immobilières. Dans la sixième année de l'hégire, Mahomet entreprit tant en personne que par ses lieutenants plusieurs expéditions contre diverses tribus arabes qu'il soumit d'abord ; elles embrassèrent sans peine l'islam. C'est à cette époque qu'on rapporte un trait d'humanité de Mahomet envers les Koreïchites idolâtres. Des tribus nouvellement converties ayant refusé d'approvisionner la Mecque, souffrant alors de la disette, Mahomet leva cette prohibition. C'est aussi à la suite d'une de ces expéditions, de celle contre les Mostalik, qu'eut lieu l'aventure d'Aïcha, femme de Mahomet, accusée par la rumeur publique d'avoir eu des relations coupables avec un jeune musulman. La révélation contenue dans le chapitre XXIV est consacrée non-seulement à laver Aïcha des calomnies répandues contre elle, mais encore à régler à l'avenir la procédure relative aux cas d'adultère. Dans la sixième année de l'hégire, Mahomet et les musulmans qui n'avaient pas fait depuis leur fuite de la Mecque le pèlerinage du temple sacré, regardaient comme un devoir de s'en acquitter. Mahomet en envoya demander la permission aux Koreïchites protestant de ses intentions pacifiques, soit qu'il n'eût réellement pas d'autres intentions, soit qu'en accomplissant ce pèlerinage à la tête des musulmans, auxquels des Arabes idolâtres seraient venus se joindre, il comptât profiter de quelque incident favorable pour s'emparer de la Mecque. Mais les Koreïchites ne se laissèrent pas facilement persuader d'accorder cette permission, et toutes les démarches que fit Mahomet aboutirent seulement à la conclusion d'une convention qui pouvait être regardée comme une défaite morale. Cette convention portait : 1° une trêve de dix ans sera fidèlement observée entre les musulmans et les Koreïchites ; 2° tout individu qui abandonnerait les Koreïchites pour passer à Mahomet sans la permission de ses chefs, sera rendu aux Koreïchites ; 3° ceux qui passeraient du parti de Mahomet à celui des Koreïchites, ne seraient pas rendus ; 4° les tribus arabes seront libres de s'allier aux Koreïchites ou aux musulmans ; 5° Mahomet et les siens quitteront sur-le-champ le voisinage de la Mecque ; 6° l'année prochaine ils pourront visiter la Caaba, mais ils n'y séjourneront que trois jours et ne porteront avec eux que leurs sabres qu'ils ne tireront pas du fourreau. Cette convention irrita les musulmans, mais Mahomet fit observer surtout, à propos des articles 2 et 3, que Dieu n'abandonnerait pas ceux qui seraient livrés aux Koreïchites, et quant à ceux qui passeraient aux idolâtres, la défection ouverte de quelques faux frères serait plutôt un bien qu'un mal. Cette convention eut lieu à Hodaïbiïa.

Mahomet dut renoncer cette année-là au pèlerinage de la Mecque, et même lorsque quelques instants après la conclusion de la convention, un Koreïchite vint embrasser l'islam et fut réclamé par ses chefs, Mahomet s'empressa de le livrer, au grand mécontentement des musulmans; mais il se prévalut du silence de la convention au sujet des femmes, lorsque plusieurs femmes après avoir quitté la Mecque vinrent dans son camp embrasser l'islam, et il ne les rendit pas à leurs maris qui venaient les réclamer. Cette même année (sixième de l'hégire), Mahomet envoya un ambassadeur au roi de Perse pour l'engager à embrasser son culte. La lettre qu'il envoya à Cosroës commençait par ces mots : Mohammed, fils d'Abdallah, envoyé de Dieu à Kesra (Cosroës), roi de Perse. On conçoit avec quel mépris elle dut être reçue par les Perses, qui regardaient tous les Arabes comme un peuple grossier et barbare, et en partie soumis à la domination de la Perse. Le roi des rois déchira la lettre de Mahomet ; celui-ci l'ayant appris s'écria : « Que Dieu mette en pièces son empire ! » Et cette malédiction fut interprétée comme un présage certain de la chute prochaine de la monarchie persane. Elle ne se réalisa cependant que dans la dix-huitième année de l'hégire, sous le khalifat d'Omar.

D'après les historiens musulmans, les ambassades envoyées par Mahomet au roi d'Abyssinie et au gouverneur de l'Égypte, furent accueillies avec respect. L'année VII de l'hégire fut marquée par une victoire importante, celle sur les juifs de Khaïbar, ville protégée par plusieurs forts et située à trois ou quatre journées de marche de Médine, au milieu d'un pays très-fertile. Mahomet se mit en marche vers Khaïbar, à la tête de quatorze cents hommes dont deux cents cavaliers ; le siége dura environ douze jours ; les musulmans y éprouvèrent une résistance vigoureuse ; mais après plusieurs combats acharnés, dans lesquels se distingua Ali, gendre de Mahomet, tous les forts furent enlevés l'un après l'autre, et la puissance des juifs de Khaïbar fut anéantie. Mais comme ils tenaient à leur pays, ils en conservèrent la possession, non plus comme propriétaires, mais comme fermiers des musulmans, en vertu d'une convention conclue avec Mahomet. Cette défaite des juifs inspira à une juive, femme de Mahomet, le désir de venger ses compatriotes ; elle lui fit avaler un morceau de brebis qui était empoisonné, et ce ne fut qu'avec peine qu'il échappa à la mort. La conquête de Khaïbar fut suivie de celle de Fadak, bourg dépendant de Khaïbar ; Fadak devint la propriété particulière de Mahomet, et passa à sa fille Fatima, mariée à Ali. Les juifs de Wadi-l-kora subirent le même sort, et ceux de Taïma, sur les confins de la Syrie, jugèrent prudent de prévenir une destruction inévitable, et envoyèrent faire leur soumission à Mahomet. C'est dans cette même année que le nouveau prophète envoya un ambassadeur auprès de l'empereur Héraclius, qui se trouvait alors en Syrie, au retour de sa campagne de Perse. Héraclius accueillit, dit-on, avec distinction l'envoyé musulman ; mais les ambassades que Mahomet envoya auprès de deux princes arabes ghassanides, feudataires de l'empereur romain, furent reçues avec indignation et mépris ; dans ses lettres, Mahomet les conviait à embrasser l'islam.

A la fin de la septième année de l'hégire (629 de J.-C.), époque du pèlerinage de la Mecque, fixée par la convention conclue l'année précédente avec les Koreïchites, Mahomet put enfin accomplir le vœu de la visite des lieux saints, et il l'accomplit pacifiquement. Entouré de ses disciples, à pied et le sabre au côté, il entra à la Mecque monté lui-même sur sa chamelle Koswa, au milieu d'un nombreux concours d'idolâtres ; il s'acquitta de tous les actes de dévotion, non-seulement de ceux qui étaient établis par l'usage immémorial et qui n'avaient aucun caractère païen, mais encore de ceux qu'il venait d'établir lui-même en sa qualité d'apôtre ; les sept tours autour de la Caaba, les sept courses entre les collines de Safa et de Merwa, l'immolation des victimes dans la vallée de Mina, et la prière musulmane annoncée par son crieur particulier, tout cela se passa pacifiquement et en ordre ; mais les Koreïchites insistèrent sur son départ immédiat après les trois jours de séjour stipulé par la convention, et ne voulurent pas même accepter l'invitation à un repas que Mahomet désirait leur offrir avant son départ.

A la suite de ce voyage pacifique qui ne fit que grandir Mahomet dans la considération des Arabes, et contribua beaucoup à des conversions nombreuses et importantes, le prophète des Arabes, entouré déjà du prestige d'un souverain, entreprit une expédition contre l'Empire romain, ou plutôt contre les princes arabes ghassanides tributaires de Rome, et appuyés par des troupes romaines ; une armée musulmane, forte de trois mille hommes et commandée par son affranchi Zeïd, se rendit à Mouta, bourgade située sur l'extrémité sud-est de la Syrie, et là elle eut à soutenir des combats sanglants contre des Arabes et des Romains fort supérieurs en nombre. L'issue de cette guerre fut fatale aux musulmans. Après avoir perdu successivement deux généraux en chef, ils furent obligés de rentrer à Médine. Cependant cet échec n'affaiblit pas la puissance de Mahomet ; et plusieurs tribus bédouines s'empressèrent d'embrasser l'islam et de se ranger sous sa bannière ; de ce nombre fut la tribu d'Abs, à laquelle avait appartenu le fameux héros Antara. Mahomet, en recevant les députés de cette tribu, leur dit que le guerrier bédouin qu'il eût le plus désiré de voir était Antara, mort depuis quelques années. Pour couronner tous ces succès en Arabie, il ne manquait plus à Mahomet que de se rendre maître de la Mecque. L'occasion favorable s'en présenta dans l'année 8 de l'hégire, lorsque la tribu de Khozaa, alliée de Mahomet dans la convention signée à Hodaïbiïa deux ans auparavant, fut attaquée par la tribu de Doïl, alliée des Mecquois et par les Mecquois eux-mêmes. Mahomet, se voyant dégagé de toutes ses obligations, résolut aussitôt de tirer le meilleur parti de cette rupture, aussi repoussa-t-il les ouvertures des Koreïchites pour une satisfaction et un accommodement. Il partit de Médine le 10 de ramadhan de l'an 8 de l'hégire (630 de J.-C.), à la tête des Ansar et des Mouhadjir, mais auxquels les tribus nouvellement converties à l'islam vinrent se joindre sur la route. Cette armée se montait, selon les historiens de Mahomet, à dix mille hommes. Dix jours après, l'armée musulmane entrait dans la ville sainte, sans rencontrer de défense et sans éprouver beaucoup de résistance, tant les mouvements avaient été prompts et tenus secrets; toutefois, une troupe de Koreïchites qui attaqua l'avant-garde musulmane à l'entrée de la Mecque fut taillée en pièces, et l'arrivée prompte de Mahomet sur la scène du carnage put seule épargner un grand nombre de victimes innocentes. Dix-sept personnes d'entre les Mecquois furent exceptées de l'amnistie, et Mahomet autorisa à les tuer, fussent-elles sous les tentures qui recouvraient la Caaba. Mahomet se rendit aussitôt à ce temple, en fit sept fois le tour, et toucha avec respect la pierre noire avec son *mihdjan* ou bâton recourbé par un bout; il demanda ensuite la clef du temple et pénétra dans l'intérieur. Il y vit des images, des figures d'anges peintes sur les murailles, une colombe de bois suspendue au plafond, empruntée peut-être aux emblèmes chrétiens, une figure qu'on disait être celle d'Abraham, tenant à la main les flèches à l'aide desquelles les Arabes avaient coutume de consulter le sort. Trois cent soixante idoles étaient réunies dans le temple; à mesure que Mahomet passait devant elles, il levait son *mihdjan*, et à ce signal on les brisait sur-le-champ, pendant qu'il prononçait ces paroles: « La vérité parut et le mensonge s'évanouit. » A midi, son crieur particulier, nommé Belal, monta au haut de la Caaba et proclama l'heure de la prière.

Le même jour, toute la population de la Mecque fut avertie de se rendre à la colline de Safa pour reconnaître le prophète et lui prêter serment d'obéissance, *bi'at, bi'a*, qui consistait en ce que chacun devait donner la main à Mahomet; Omar fut dans cette occasion le représentant de Mahomet, il tendait la main à chacun des assistants, pendant que Mahomet se tenait assis sur un siège élevé; après les hommes, les femmes furent admises à prêter aussi serment; elles promettaient de ne commettre ni larcin, ni adultère, ni fornication, ni infanticide, et de ne se rendre coupable d'aucun mensonge ni de médisance.

Mahomet resta environ quinze jours à la Mecque, et pendant ce temps il fit détruire dans les environs les idoles et les temples des idolâtres, et envoya des détachements de cavalerie pour appeler à l'islam les habitants des contrées voisines. Bien qu'il eût recommandé à ses troupes de ne faire usage de leurs armes que dans le cas d'extrême nécessité, quelques chefs ne se conformèrent pas cependant à cette recommandation et commirent des massacres que Mahomet se vit forcé de désavouer et de condamner. Une seule tribu, très-puissante et depuis longtemps rivale des Koreïchites, refusa de se soumettre et marcha contre la Mecque. Mahomet en sortit à la tête d'une armée imposante, et la vue de ces forces inspira une telle confiance aux musulmans, qu'ils se crurent invincibles. Cette confiance est blâmée dans le Koran (IX, 25) ; effectivement, lorsque les musulmans entrèrent dans une vallée étroite et arrivèrent à Honaïn, situé à dix milles de la Mecque, ils se virent assaillis par les Hawazin avec une telle violence, que le désordre se mit bientôt dans leurs rangs, et ce ne fut qu'après des efforts inouïs que Mahomet parvint à arrêter les fuyards et à les rallier de nouveau. Il ordonne à sa mule blanche Doldol de se coucher, lance comme à la bataille de Bedr une poignée de sable fin sur l'ennemi, et par ce miracle, disent les historiens, il assure la victoire ; l'ennemi est mis en déroute et se retire à Taïf, ville située à l'est de la Mecque, entourée d'un pays très-fertile, enrichie par le commerce et protégée par des murailles. Le siége de cette ville se prolongeant, Mahomet voulut d'abord détruire toutes les vignes des environs, il y renonça ensuite sur les instances des Arabes d'alentour ; mais il fit annoncer en même temps que tout esclave qui passerait de Taïf dans le camp musulman serait libre. Malgré une défection considérable qui s'ensuivit, la ville tint bon, et Mahomet jugea à propos de lever le siége, après vingt jours d'efforts inutiles pour la réduire. Cet insuccès fut compensé par la soumission d'autres tribus.

Lorsque Mahomet retourna à Médine, il laissa à la Mecque un lieutenant chargé de présider aux fêtes et aux cérémonies du pèlerinage, et, ce qui est assez digne de remarque, les Arabes idolâtres qui y arrivaient ne furent pas exclus de ces cérémonies ; mais, l'année suivante, Mahomet fit cesser cet usage et proclama l'exclusion absolue des idolâtres, en leur accordant un délai de quatre mois pour se convertir.

L'année 9 de l'hégire (631 de J.-C.) vit s'accomplir la conversion et la soumission de quelques autres tribus tant païennes que chrétiennes ; ces dernières, après une dispute soutenue par Mahomet lui-même avec des évêques, des chrétiens de Nedjran, dispute dans laquelle les chrétiens s'avouèrent vaincus, disent les historiens musulmans. C'est encore à la fin de cette même année que Mahomet, ayant appris la marche d'une armée romaine contre les musulmans, fit un appel général à tous les fidèles et réunit une armée forte de trente mille hommes, qu'il conduisit à Tabouk, sur les frontières de la Syrie ; on reconnut que la nouvelle de l'approche des Romains était fausse, mais la présence d'une armée aussi considérable eut pour résultat la soumission d'Aïla, ville commerçante située sur la Mer Rouge, et de quelques autres places voisines de Tabouk. La ville de Taïf, qui l'année précédente avait résisté aux attaques de Mahomet, se soumit également cette année, qui fut appelée *année des députations* à cause des députations qui se succédaient sans cesse pour offrir à Mahomet l'adhésion des villes et des tribus.

L'année suivante, 10ᵉ de l'hégire (631 de J.-C.), le nombre de conversions et de soumissions ne fit que s'accroître ; restreintes jusqu'ici au Hedjaz et aux contrées du nord de l'Arabie, elles s'étendirent alors aux provinces méridionales et à celles de l'est; c'est ainsi que le Hadramaut, l'Yémen et le Nedjd reconnurent le culte d'un seul Dieu et en même temps la mission prophétique de Mahomet, et il est à remarquer que le prophète des Arabes ne se contentait pas de la profession du culte unitaire, s'il n'avait pas pour corollaire la reconnaissance de sa mission. Il n'y a pas d'autre dieu que Dieu (Allah) et Mahomet est l'envoyé de Dieu ; c'était la formule consacrée, les deux témoignages (*chehadetein*) indispensables pour être regardé comme musulman, *mouslim* (homme résigné à la volonté de Dieu).

L'œuvre de Mahomet était enfin accomplie, après vingt ans d'efforts persévérants dont la première moitié ne semblait promettre que des mécomptes, et ne lui avait valu que des railleries, des insultes et la haine. Pour consacrer le succès de son œuvre, Mahomet annonça, dans la dixième année de l'hégire, son intention de faire un pèlerinage solennel à la Mecque, et aussitôt de tous les côtés de l'Arabie on accourut à Médine pour l'accompagner dans cet acte de dévotion traditionnelle ; le cortége se montait selon les uns à quatre-vingt-dix mille, selon d'autres à cent quatorze mille hommes. Arrivé à la Mecque, il accomplit toutes les cérémonies consacrées par l'usage, dit la prière et se rendit le lendemain au mont Arafat, où il prononça une allocution qui fut ensuite répétée par un Koreïchite doué d'une voix retentissante, afin que la multitude rassemblée sur le penchant de la colline pût l'entendre. Cette allocution, que la tradition a conservée, résumait les principaux préceptes contenus dans le Koran ; elle inculquait la justice, l'humanité, la bienveillance, la fraternité entre tous les musulmans, les bons procédés envers les femmes, la probité dans les relations de la vie civile ; elle condamnait l'embolisme [1]. « Je vous laisse, disait enfin Mahomet, une loi qui vous préservera de l'erreur, une loi claire et positive, un livre envoyé d'en haut. » Il termina en criant : « O mon Dieu ! ai-je rempli ma mission ? » Et toutes les voix répondirent : « Oui, tu l'as remplie. »

Le lendemain, jour des sacrifices, Mahomet immola de sa main soixante-trois chameaux et donna la liberté à soixante-trois esclaves, ce nombre étant précisément égal aux années de son âge, compté en mois lunaires dont il venait de recommander la conservation. Il se fit ensuite raser la tête (car pendant le pèlerinage il n'est pas permis de se raser la tête ni de se couper les ongles); les personnes les plus rapprochées se partageaient les cheveux coupés. Le pèlerinage dont nous venons de parler s'appelle le

---

[1] Ou l'intercalation des jours pour corriger les mois lunaires.

pèlerinage d'adieu. Mahomet avait fait pressentir dans son allocution du mont Arafat qu'il ne lui serait peut-être pas donné de revoir la Mecque. Effectivement, peu de temps après son retour à Médine, il tomba malade. Cette indisposition, bien qu'elle affaiblit ses forces physiques, n'altéra en rien ses facultés intellectuelles; il conçut le projet d'une nouvelle expédition contre les provinces romaines, et désigna même le chef des troupes Ouçama, fils de son affranchi Zeïd, qui devait conduire cette expédition. Vers cette époque un orage surgissait dans l'Arabie même. Trois hommes se déclarèrent en même temps dans trois différentes provinces, prophètes des Arabes, l'un était Tolaïka, dans le Nedjd, l'autre Moçaïlama, dans l'Yémama, et le troisième Aïhala, nommé aussi el-Aswad (le noir) de la tribu d'Ans (el-Ansi), dans l'Yémen. Ces prophètes, qui ne pouvaient être regardés par les musulmans que comme de faux prophètes, avaient déjà fait quelques progrès parmi les tribus nouvellement converties, mais éloignées de Médine; et Moçaïlama adressa même à Mahomet une lettre dans laquelle il lui proposait de partager avec lui le pouvoir, tous deux étant également prophètes et envoyés de Dieu. Mahomet répondit à ce message par ces mots : « Mohammed, envoyé de Dieu, à Moçaïlama l'imposteur. Salut à ceux qui suivent la voie droite[1]. La terre appartient à Dieu, il en donne la possession à qui il lui plaît. Ceux-là seuls prospèrent qui craignent le Seigneur. » Les termes de cette réponse faisaient entendre que Mahomet allait remettre au sort des armes de décider à qui devait appartenir le pouvoir; en attendant il envoya des ordres à ses généraux pour contenir les progrès des imposteurs; mais il ne connut que la défaite d'Elaswad, assassiné par un de ses propres lieutenants; car la fièvre qui l'avait quitté revint au bout de peu de temps, et affaiblit bientôt toutes ses forces. Se sentant de plus en plus mal, il s'installa dans le logement d'Aïcha, sa femme, et donna des instructions très-précises sur la manière dont il voulait être enterré.

« Quand vous m'aurez lavé et enseveli, disait-il à ses parents, vous me poserez sur ce lit au bord de ma tombe, qui sera creusée dans cette chambre même, à la place où je suis, puis vous me laisserez seul et vous attendrez que l'ange Gabriel et tous les anges du ciel aient prié sur moi, vous rentrerez ensuite pour prier sur moi, d'abord ma famille et ensuite tous les musulmans. » Malgré sa faiblesse extrême, il se rendit encore, s'appuyant sur ses deux cousins, à la Mosquée, et là, monté sur la chaire (minber), il fit aux musulmans l'allocution suivante : « O musulmans, si j'ai frappé quelqu'un d'entre vous, voici mon dos, qu'il me frappe; si quelqu'un a été offensé par moi, qu'il me rende of-

---

[1] Il est à remarquer que les princes musulmans commencent par cette formule de salut les lettres qu'ils adressent aux princes non musulmans.

fense pour offense ; si j'ai ravi à quelqu'un son bien, qu'il le reprenne, qu'on ne craigne pas de s'attirer par là ma haine, la haine n'est pas dans ma nature. » Un individu vint lui réclamer trois dirhems; Mahomet les lui restitua aussitôt en disant : « Mieux vaut la honte en ce monde que dans l'autre. » Quelques jours après, se sentant trop faible pour quitter le lit, il dit tout à coup aux assistants dans un moment voisin du délire : « Qu'on m'apporte de l'encre et du papier, je vais vous donner un écrit qui vous préservera à jamais de l'erreur. » Mais Omar empêcha qu'on n'exécutât cet ordre. « Le prophète est en délire, dit-il. N'avons-nous pas le Koran pour nous guider? » Pendant qu'on disputait s'il fallait se conformer aux ordres d'un moribond, Mahomet dit aux assistants : « Retirez-vous, il ne convient pas de disputer ainsi en présence de l'envoyé de Dieu. » Il reparut encore une fois dans la Mosquée, avec laquelle sa chambre communiquait, et recommanda cette fois-ci de suivre le Koran comme un guide infaillible au milieu des épreuves qui attendaient les musulmans. Ces conseils furent prononcés d'une voix puissante et sonore qui semblait indiquer un retour de forces ; toutefois, ce ne fut que le dernier éclat d'une lumière qui allait bientôt s'éteindre. Rentré dans son appartement, il demeura pendant quelques heures affaissé après avoir prononcé des mots entrecoupés : « Mon Dieu... oui... avec le compagnon d'en haut (l'ange Gabriel). » Il expira sur les genoux d'Aïcha, le 13 rabi, 1er de l'année II de l'hégire (le 8 juin, 632 de J.-C.), qui était un lundi. Son tombeau est donc à Médine, qui a reçu à cause de cela l'épithète de *monewwereh*, l'illuminée. La nouvelle de sa mort se répandit bientôt à Médine et y jeta une consternation générale ; les uns ne voulaient pas y croire, d'autres étaient déjà disposés à retourner à l'idolâtrie ; mais la résolution d'Aboubekr survenue promptement étouffa le désordre en germe et fixa pour toujours les destinées de l'islam. On voit par ce qu'on vient de dire que Mahomet n'avait désigné aucun successeur[1]. A l'époque de sa mort il ne laissa aucun enfant mâle ; il épousa en tout quinze femmes, et eut commerce avec douze d'entre elles. A l'exception de Marie la Copte, d'abord sa concubine, ensuite sa femme, dont il eut un fils, Ibrahim, qui mourut avant lui ; il eut tous les autres enfants de Khadidja, sa première femme, ce furent les quatre garçons Kacim, Taiib, Tahir, Abdallah, et quatre filles : Fatima, mariée à Ali, Rokaïa et Omm Kolthoum, mariées toutes les deux à Othman, plus tard khalife, ainsi que Zeïnab (Zénobie). Parmi celles de ses

---

[1] Il serait inutile de discuter ici la valeur des arguments que les chiites produisent en faveur d'Ali, gendre de Mahomet, arguments tirés de plusieurs passages du Koran et de la tradition. Tous ces arguments sont donnés fort longuement dans un exposé de la doctrine chiite intitulé « Hakkoul-yakin » (la vécité certaine), ouvrage persan composé vers 1696 de notre ère, par Mohammed-Bakir, fils de Mohammed-Taki, et imprimé à Ispahan.

femmes qui ont acquis quelque célébrité, sont Khadidja, fille de Khowaïlid; Aïcha, fille d'Aboubekr; Hafsa, fille d'Omar; Omm Habiba, fille d'Abou-Sofian, un des Koreïchites puissants; Safia la juive; Zeïnab, fille de Djahch, mariée d'abord à son affranchi Zeïd (Voy. le chap. XXXIII, au sujet de ce mariage). Neuf de ces femmes survécurent à Mahomet; mais comme il avait interdit aux musulmans de les épouser après sa mort (XXXIII, 53), aucune d'elles ne se remaria. Ce nombre de femmes est en contradiction flagrante avec le précepte du Koran, qui défend aux musulmans d'avoir à la fois plus de quatre femmes légitimement mariées (chap. IV); mais c'était une prérogative que Mahomet revendiquait, en sa qualité de chef spirituel et de prophète.

Mahomet avait, dit-on, déclaré devant Aboubekr qu'à la mort d'un prophète tout ce qu'il possédait devait retourner à la nation, à l'État; c'est sans doute de cette parole qu'on se prévalut à sa mort, pour assigner à ses femmes une pension sur le trésor public, et pour priver sa fille Fatima de la propriété de Fadak, bourg conquis sur les juifs. En vertu des préceptes du Koran, le chef de l'État, le pontife, avait droit au cinquième du butin pris sur l'ennemi; Mahomet, après l'avoir prélevé à la suite de toute expédition heureuse, en appliquait une grande partie à secourir des indigents, des veuves et des orphelins; sa vie sobre et simple, une activité incessante ne l'entraînaient pas à des dépenses excessives, mais l'entretien d'un grand nombre de femmes, dont chacune occupait une maison ou un logement à part, absorbait ses ressources.

Il avait vingt-deux chevaux, deux ânes *Ofair* et *Ya'four*; cinq mules dont la plus connue, la blanche, se nommait *Doldol*; quatre chamelles qu'il montait, et dont la plus connue était *Koswa* (à l'oreille coupée); vingt autres chamelles à lait; cent brebis et quelques chèvres. De neuf sabres, le plus célèbre et qui passa ensuite à Ali s'appelait *dhoulfikar*, c'était un sabre à deux lames divergentes vers la pointe; trois lances, trois arcs, sept cuirasses, trois boucliers, un étendart (*liwa*) blanc, et un autre noir appelé *okab* (aigle noir), c'est le même, dit-on, que l'on a conservé jusqu'à nos jours à Constantinople sous le nom de *sandjak cherif* (drapeau illustre). Un manteau (*borda*), qui est conservé à Constantinople sous le nom de *kherkaï cherifch*, est, dit-on, le même que Mahomet donna au poëte Ca'b qui avait écrit son panégyrique. Le turban vert devint plus tard le signe distinctif de ses descendants issus de sa fille Fatima, le turban noir fut celui de la ligne collatérale issue de son oncle Abbas, aïeul des Abassides. Quant à son extérieur, Mahomet était de taille moyenne, son corps bien formé et robuste; il avait les yeux noirs, les cheveux noirs et plats, le nez aquilin, les joues unies et colorées, les dents un peu écartées; malgré son âge avancé, à peine lui voyait-on quelques cheveux blancs, il avait, du reste, l'habitude de les teindre, en noir, selon l'usage des Arabes, de se colorer les ongles avec le henna, et de mettre du collyre (*kohl*) sur ses paupières ; il aimait à se mirer dans un miroir ou dans un vase rempli d'eau pour ajuster son turban. Quant à ses goûts, on cite de lui ces paroles : « Les choses que j'aime le plus au monde, ce sont les femmes et les parfums, mais ce qui me réconforte l'âme, c'est la prière. » Son extérieur avantageux était du reste rehaussé par une grande expression de bonté et d'affabilité. Il ne quittait jamais le premier celui qui l'abordait, et ne retirait pas la main avant que celui qui la lui serrait n'eût retiré la sienne ; il s'adresse dans le chapitre LXXX un reproche sévère pour avoir reçu avec humeur un homme pauvre, toutefois il eut soin de se prémunir contre les importunités et la grossièreté de ses concitoyens, par des passages du Koran qui enseignent les règles de la politesse. Préoccupé avant tout du but principal, il savait supporter avec patience les injures et les insultes et n'éprouvait aucun plaisir à satisfaire sa vengeance personnelle, lorsque le succès de sa cause la rendait inutile. Après la prise de la Mecque, on lui amena un de ses ennemis les plus acharnés, il garda le silence et finit par lui pardonner. « J'ai gardé le silence, dit-il à ses compagnons, dans l'attente que quelqu'un se levât et tuât cet homme. — Nous attendions un signe de toi, prophète ! — Il ne sied pas au prophète de faire des signes d'intelligence qui seraient une trahison, répondit-il. » C'était en quelque sorte enseigner comment on devait interpréter le silence du prophète vis-à-vis d'un ennemi. La tradition a conservé plusieurs traits de la vie de Mahomet qui le peignent comme un homme très-doux, très-humain, très-bienveillant pour ceux qui lui étaient dévoués. Il ressentait cependant vivement les satires de quelques poëtes idolâtres, et chargea quelques-uns de ceux qui avaient embrassé son parti de leur répondre ; les plus renommés de ces poëtes dévoués à Mahomet sont Hassan, fils de Thabit, et Ca'b, fils de Zohaïr. Quant à lui-même, il était tellement étranger à la poésie, qu'on cite de lui des exemples, où, en répétant les vers d'un autre poëte, il transposait les mots de manière à détruire et la mesure et la rime. Le jugement qu'il porte, dans le Koran, sur les poëtes en général (chap. XXVI), font croire qu'il était tout aussi disposé à s'en passer, dans son empire musulman, que Platon l'était à les chasser de sa république. Il faut reconnaître en même temps que l'exaltation religieuse produite par l'entraînement du nouveau culte a comprimé tout à coup les élans poétiques du paganisme. Un célèbre poëte arabe, Lebid, cessa de composer des vers dès qu'il fut devenu musulman, et les poëtes panégyristes de Mahomet ne peuvent lutter avec les Amrilkaïs, les Chanfara, les Tarafa.

Il est difficile de dire si Mahomet savait lire et écrire ; le passage du Koran où l'ange Gabriel lui dit : « Lis. — Et sa réponse : Et que lirai-je ? » ferait croire qu'il savait lire ; quand peu de jours avant sa mort il demandait de l'encre et une plume pour consigner ses dernières volontés, cela semble autoriser à croire qu'il savait écrire ; dans tous les cas, il se servait volontiers de ses secrétaires qui écrivaient sous sa dictée, c'étaient Ali, Othman, Zeïd, Obaï, Moawia. Quant à l'instruction, telle qu'elle pouvait exister à cette époque-là parmi les juifs et les chrétiens, il n'en avait évidemment pas, et il ne possédait des Écritures qu'une connaissance fragmentaire, telle qu'on la puise dans des entretiens, et par des ouï-dire. De là vient que quelques récits bibliques reproduits dans le Koran sont défigurés, confus, et que le faux et l'apocryphe y sont presque toujours à côté du vrai et de l'authentique. Mahomet reconnaît, du reste, lui-même qu'il est un prophète illettré, *ommi*, envoyé vers les illettrés, probablement pour mieux faire ressortir son caractère d'homme inspiré d'en haut. Quelques auteurs musulmans cependant prétendent que le mot *ommi* (maternel, tel qu'on est quand on est sorti du sein de sa mère, ignorant, illettré) appliqué à Mahomet, signifie originaire de la Mecque qui s'appelle *Ommoul-koura*, Mère des cités [1]. Les aveux réitérés que Mahomet fait de son manque d'instruction et de son ignorance de l'avenir n'ont pas empêché ses compagnons, et à plus forte raison les générations successives, de lui attribuer le don de lire dans l'avenir et d'opérer des miracles. L'exaltation religieuse, le zèle pour la propagation d'un culte qui avait déjà conquis du terrain, très-souvent la fraude pieuse s'adressant à l'ignorance et à la crédulité, ont fait de Mahomet l'auteur d'un millier de prodiges [2]. On ne s'arrêta pas même là. Lorsque, par une pente naturelle d'un culte livré à ses développements, la discussion et la controverse s'ouvrirent sur les dogmes, lorsque ce

---

[1] Cette explication du mot *ommi* est donnée dans l'ouvrage persan intitulé « Hakkoul-yakin. »

[2] Voici quelques-uns des miracles opérés par Mahomet ou des qualités miraculeuses qui lui sont propres : Une fois il a fendu la lune en deux au vu de tout le monde ; sur sa demande Dieu a fait rebrousser chemin au soleil, afin qu'Ali pût s'acquitter de la prière de l'après-midi qu'il avait manquée, parce que le prophète s'était endormi sur ses genoux, et qu'Ali ne voulait pas le réveiller ; toutes les fois que le prophète marchait à côté de quelque autre personne, Mahomet, quoique de taille moyenne, paraissait toujours la dépasser de toute la tête ; son visage était toujours resplendissant de lumière, et lorsqu'il tenait ses doigts devant son visage, ils brillaient comme des flambeaux de la lumière empruntée à son visage ; on a souvent entendu les pierres, les arbres et les plantes saluer Mahomet et s'incliner devant lui ; des animaux tels que les gazelles, les loups, les lézards, parlaient à Mahomet, et le chevreau rôti en entier lui adressait aussi la parole ; il avait un pouvoir absolu sur les démons qui le redoutaient et croyaient à son apostolat. Il a rendu la vue à des aveugles, il a guéri des malades et même ressuscité des morts ; il a fait un jour descendre une table toute dressée pour Ali et sa famille, qui avaient faim ; il a prédit que sa postérité issue de Fatima serait la victime des injustices et des persécutions, et que les Ommaïades régneraient mille mois, et c'est ce qui s'est réalisé, etc. Voy. aussi la note du chap. XVII, 1, sur le voyage miraculeux de Mahomet aux cieux.

culte mahométan fut mis en contact avec le christianisme et le judaïsme, on arriva à affirmer que le Koran, révélation directe de Dieu et sa parole, était une chose coéternelle à Dieu, que le Koran n'était pas créé ; ce qui évidemment résulte de la confusion du mot *kelamoullah*, parole de Dieu, prise pour le Verbe de Dieu.

Le Koran tel que nous le possédons est la reproduction aussi fidèle que possible de l'exemplaire original qui avait été confié par le premier khalife Aboubekr à la garde de Hafsa, fille d'Omar et veuve de Mahomet. Dans une bataille sanglante livrée à Akraba, au faux prophète Moçaïlama, dans l'année même de la mort de Mahomet, plus de six cents compagnons (*Ashab*) de Mahomet furent tués ; dans ce nombre se trouvaient des *kourra*, lecteurs du Koran, et des *hamalatoul Kor'an* (porteurs du Koran), qui savaient le livre sacré par cœur, non-seulement pour l'avoir lu, mais pour l'avoir entendu de la bouche de Mahomet. Dans la crainte que le livre sacré ne se perdît, Aboubekr nomma une assemblée composée des *kourra*, et des *ashab* survivants les plus instruits qui recueillirent tous les fragments du livre et en formèrent un ensemble. Cette réunion de portions éparses du Koran porte évidemment les traces d'une main autre que celle de Mahomet ; l'ordre chronologique des révélations n'y est nullement observé ; les chapitres postérieurs se rapportent au commencement de la mission de Mahomet (Voy. ch. XCVI, CXI.). Il y en a d'autres dont l'époque est fixée par les événements même auxquels il y est fait allusion, chap. IX, XXXIII ; le passage V, 5, où Mahomet parle de l'achèvement de sa mission, est rapporté au pèlerinage d'adieu qui eut lieu l'année même de sa mort. Il semblerait donc que le Koran n'existait pas du temps de Mahomet comme livre, comme un tout, et cependant Mahomet lui-même le nomme ainsi (II, 21, IX, 65, 87, 125, 128 ; XXIV, 1 ; XLVII, 22) ; et dans le ch. X, 12, il est parlé du Koran et des chapitres comme d'un tout et d'une partie, ce qui ferait supposer que Mahomet y avait déjà introduit quelque ordre. Ce n'est pas ici le lieu de s'étendre dans l'appréciation de la valeur du Koran soit comme système religieux, soit comme code sacré, source de toute législation chez les mahométans, soit enfin comme production de l'esprit qui puisse entrer en parallèle avec les Écritures de l'Ancien ou du Nouveau-Testament, ou avec les livres sacrés des autres peuples. Selon les Arabes musulmans, c'est, sous le rapport du langage, l'œuvre la plus belle qu'il y ait jamais eu ; mais cette thèse n'a pas manqué de trouver des contradicteurs : les Wahabites, secte née dans le siècle passé, ont résolument affirmé qu'on pouvait créer quelque chose de plus parfait. Résumons en peu de mots les principes fondamentaux de l'islam : unité absolue de Dieu, point de Trinité, point de Fils de Dieu ; le Saint-Esprit, c'est l'ange Gabriel ; les anges sont des messagers de Dieu, et ils mourront un jour comme toutes les autres créatures pour être ressuscités au jour du jugement dernier; sans la croyance en un Dieu unique, et à la vie future, point de salut; les peines de l'enfer peuvent ne pas être éternelles si Dieu le veut; le Koran admet un purgatoire; les délices du paradis sont réservées aux croyants qui ont en même temps pratiqué le bien; ces délices sont dépeintes sous des traits grossiers et sensuels, mais les plus attrayants sans doute pour un peuple vivant comme les Arabes, et situé comme ils l'étaient et le sont encore; en effet, la promesse de cours d'eau, de jardins, de verdure, d'une douce fraîcheur, de femmes sans vieillesse, devait paraître un comble de bonheur pour des hommes brûlés par le soleil, entourés de plaines ou de montagnes arides, manquant souvent d'eau, et ne trouvant dans l'autre moitié du genre humain qu'une très-courte époque de plaisir, parce qu'ils ne voyaient et ne trouvaient dans les femmes rien qui les élevât au-dessus des brutes. Il est cependant digne de remarque que les premiers temps de l'islam offrent des exemples d'une grande pureté de mœurs, d'une chasteté, d'un ascétisme, d'un spiritualisme qu'on ne s'attendrait pas à trouver chez un peuple bercé de promesses du paradis mahométan, soit que la piété ait voulut mériter ces récompenses par une vie de privations, soit que les bons instincts de la nature humaine se soient chargés eux-mêmes d'épurer une religion qui s'adressait d'abord aux sympathies du vulgaire. Selon le Koran, Dieu gouverne le monde, il a réglé toutes les choses d'avance; mais il exauce l'homme, son serviteur; la prière a son efficacité; mais c'est un dogme postérieur, que l'intercession de Mahomet au jugement dernier sera également admise. Quant au culte extérieur, cinq choses constituent l'islam; la prière, le jeûne, l'aumône, le pèlerinage de la Mecque, et la guerre sainte ou, pour prendre le mot *djihad* dans son sens le plus adouci, la propagande religieuse. La morale du Koran consacre tous les préceptes moraux des autres peuples, mais elle ne s'étend pas en termes aussi positifs que le christianisme à toute la race humaine. Si le succès prodigieux et rapide de l'islam, le nombre de ses sectateurs répandus sur tout le globe, la puissance et l'éclat, les sacrifices et les martyrs, étaient le critérium de la vérité d'une religion, l'islam serait la religion vraie, car il a eu tout cela. Quand on réfléchit que le peuple arabe, du temps de Mahomet, se trouvait en contact continuel avec le christianisme et le judaïsme, et que ces deux religions, si puissantes dans le reste du monde, n'ont fait que peu de progrès au sein de l'Arabie, on est forcément conduit à en conclure que le culte formulé par Mahomet était le seul qui s'adaptât le mieux au caractère de ce peuple inaccessible à toute autre action civilisatrice. On a vu, du reste, par le résumé de la vie de Mahomet, que le triomphe de sa mission ne fut assuré que lorsque les révélations célestes reçurent par un heureux concours de circonstances l'appui efficace du bras séculier. — Le Koran, comme livre sacré et source de toute science, a donné naissance à une littérature très-étendue, ainsi qu'à des commentaires dont les principaux sont ceux de Zamakhschari, de Djelaleddin, de Beïdhawi, de Yahia, de Feïzi. Il n'a commencé à être connu en Europe que vers la moitié du seizième siècle, par une traduction de Bibliander, traduction qui mérite à peine ce nom, tant elle s'écarte du texte arabe. La première bonne traduction, celle qui a servi de base à toutes les autres, est celle de Marracci. Hinckelmann a donné le texte arabe en 1696, in-4°. Une belle édition du Koran a été donnée à Saint-Pétersbourg, par ordre de l'impératrice Catherine; mais elle est très-rare. Depuis on en a publié à Casan deux éditions, une in-fol et une in-4°. M. Fluegel en a donné, en 1834, à Leipsick, une édition stéréotypée. On a en outre des traductions en français, en anglais et en allemand. La première traduction française du Koran a été donnée par Du Ryer, à Amsterdam, 1770, en 2 vol. in-8°. Savary, auteur d'un Voyage en Égypte, en a fait une évidemment sur la traduction latine de Marracci. Elle a été reproduite, avec un résumé des préceptes de l'islamisme, par M. Garcin de Tassy; M. Gunther Wahl, orientaliste allemand, a donné sa traduction en 1820, in-8°. M. Uhleman a publié une nouvelle traduction du Koran en allemand, avec des notes. Georges Sale a publié, en 1734, in-4° une traduction du Koran en anglais, qui a été réimprimée en 2 vol. in-8°, à Londres, 1836, avec les versets numérotés. La traduction de Sale est sans contredit la meilleure, la plus fidèle et la plus utile, à cause des notes puisées dans les commentateurs arabes. Quant aux ouvrages qui traitent de la vie de Mahomet, outre les notices mises en tête de presque toutes les traductions, on connaît la Vie de Mahomet par Prideaux, 1697, in-8°, en anglais; la Vie de Mahomet, tirée d'Aboulfeda, et traduite en latin par Gagnier, Oxford, 1723, in-fol; la Vie de Mahomet, compilation des auteurs mahométans, par Gagnier, Amsterdam, 1732, 2 vol. in-8° : l'auteur y entre dans tous les détails relatifs à la vie de Mahomet; la Vie de Mahomet, par Boulainvilliers, Londres, 1730, et Amsterdam, 1831 : Gagnier critique avec beaucoup d'amertume et avec raison cet ouvrage, en tête de sa Vie de Mahomet; l'Histoire de la vie de Mahomet, par Turpin, 1773, 3 vol. in-12 : la Vie de Mahomet, par Aboulfeda, se trouve au commencement des *Annales moslemici* de cet auteur, traduites par Reiske. C'est cette partie du grand ouvrage d'Aboulfeda que M. Noël Desvergers a donnée en 1837, in-8°, à Paris, sous le titre de : *Vie de Mohammed*, texte, traduction et notes. C'est en même temps la meilleure et la plus correcte de toutes. On trouve des détails curieux sur l'islam dans l'ouvrage de M. Reinaud, membre de l'Institut, publié en 1828, sous le titre de : *Monuments arabes, persans et turcs, du ca-*

binet du duc de Blacas, etc., 2 vol. in-8°. M. Garcin de Tassy et Mirza Kazem Beg ont donné dans le Journal Asiatique des articles curieux sur un chapitre inédit du Koran (Journ. As., année 1841). Un savant allemand, M. Gustave Weil, a publié une Vie de Mahomet en allemand (Mohammed der Prophet. Stuttgart 1841). Le commentaire de Beïdhawi sur le Koran ne pouvait trouver un meilleur éditeur que M. Fleischer, connu non-seulement par sa profonde connaissance de la langue arabe, mais encore par une sagacité et une critique rares. Le Beïdhawi de M. Fleischer, texte arabe, a été publié à Leipsick en 1846-48, en 2 vol. in-4°. M. Flügel, connu par ses nombreux travaux, a rendu aux orientalistes un grand service par ses *Concordantiæ Corani arabicæ, Lipsiæ,* 1842, 1 vol. in-4°. Mais l'ouvrage que nous recommanderons surtout est celui de M. Caussin de Perceval, l'Essai sur l'histoire des Arabes, 3 vol. in-8°, Paris, 1848-50, non-seulement parce que cet ouvrage est le plus accessible au public en général, mais encore parce qu'il résume tout ce que nous savons jusqu'ici sur l'histoire de l'Arabie avant Mahomet et pendant sa mission. La notice qu'on vient de lire est un résumé très-imparfait de l'ouvrage de M. de Perceval. Ceux qui désireraient étudier la jurisprudence musulmane et suivre les principes du droit mahométan dans ses développements, peuvent consulter les articles de MM. Worms et Ducaurroy dans le Journal Asiatique, ainsi que le Précis de la législation musulmane de Khalil Ibn Ishak, traduit par M. le docteur Perron et publié dans l'*Exploration de l'Algérie.*

LE KORAN

LE KORAN[1].

CHAPITRE PREMIER [2].

Donné à la Mecque. — 7 versets.

Au nom du Dieu clément et miséricordieux [3].

1. Louange à Dieu, maître de l'univers [4],
2. Le clément, le miséricordieux,
3. Souverain au jour de la rétribution [5].
4. C'est toi que nous adorons, c'est toi dont nous implorons le secours.

---

[1] Le mot *Koran* ou *Kour'an* veut dire lecture. Avec l'article *al*, la lecture ; livre, le livre par excellence. Le Koran est appelé encore *el kitâb*, le livre ; *kitab-oullah*, livre de Dieu ; *kelimet-oullah*, parole de Dieu ; *el tenzil*, livre descendu d'en-haut ; *el dhikr*, admonition ; *el forkan*, distinction (entre le licite et l'illicite, le bon et le mauvais) ; *el mos'haf*, le volume (*codex* par excellence).

[2] Le premier chapitre est appelé *fatihat ol kitâb*, chapitre qui ouvre le livre, ou simplement *el fatiha* ; on l'appelle aussi : *el sourat el ouafiyè*, le chapitre qui complète tous les autres ; *el sourat el kafiyè*, le chapitre suffisant, c'est-à-dire qui tient lieu des autres ; *el sourat el hamd*, ou *el choukr*, ou *el doua*, le chapitre de la louange et des actions de grâces et de la prière ; *el sourat el chafiyè*, le chapitre qui guérit ; *el chefa*, le remède ; *aças*, la base ; *sourat el kenz*, chapitre du trésor. On l'appelle encore *sab'ol meçani*, les sept (versets) répétés ; car les musulmans les récitent plus souvent que les autres, et en font une prière à laquelle ils attribuent des vertus merveilleuses. On le nomme enfin *omm'oul Kour'an*, mère du Koran ; *omm'ol kitâb*, mère du livre ; il ne faut pas confondre l'acception que ce dernier nom a ici avec celles des autres passages du Koran que nous ferons remarquer en leur lieu. Voyez entre autres, chap. III, 5, et chapitre XLIII, 3.

[3] En arabe, *bismillahi'rrahmani'rrahim*. Cette invocation se lit en tête de tous les chapitres du Koran, le chapitre IX seul excepté. Le mot *rahman* est appliqué à Dieu comme embrassant dans sa miséricorde tous les êtres, sans distinction aucune ; *rahim*, au contraire, veut dire miséricordieux, dans un sens plus restreint, envers les bons, les fidèles, ceux qui méritent sa grâce. Bien que la traduction donnée ici ne rende pas la nuance qui existe entre ces deux mots arabes, nous l'avons conservée comme étant généralement adoptée.

[4] Le mot *alemin* qui se trouve dans le texte a été traduit diversement. La collation de différents passages où se trouve ce mot nous permet de le traduire tantôt par univers, tantôt par tous, tout le monde, les humains.

[5] Arbitre suprême et absolu au jour du jugement dernier, parce que ce jour-là donnera pour séjour éternel, aux uns le paradis, et aux autres l'enfer.

5. Dirige-nous dans le sentier droit [1],
6. Dans le sentier de ceux que tu as comblés de tes bienfaits [2],
7. Non pas de ceux qui ont encouru ta colère, ni de ceux qui s'égarent [3].

CHAPITRE II.

LA VACHE [4].

Donné à Médine. — 286 versets.

Au nom du Dieu clément et miséricordieux.

1. A. L. M. [5] Voici le livre sur lequel il n'y a point de doute; c'est la *direction* de ceux qui craignent le Seigneur;
2. De ceux qui croient aux choses cachées [6], qui observent exactement la prière, et font des largesses des biens que nous leur dispensons;
3. De ceux qui croient aux révélations envoyées d'en-haut à toi et avant toi [7]; de ceux qui croient avec certitude à la vie future.
4. Eux seuls seront conduits par leur Seigneur, eux seuls seront bienheureux.
5. Pour les infidèles, il leur est égal que tu les avertisses ou non : ils ne croiront pas.

[1] Le sentier droit est l'*islam*, l'islamisme.

[2] On entend par les mots : *ceux que tu as comblés*, etc., les prophètes et les envoyés de Dieu.

[3] Les commentateurs appliquent les mots : *qui ont encouru ta colère*, aux juifs, et les mots : *qui s'égarent*, aux chrétiens. En général, Mahomet traite avec beaucoup plus de douceur les chrétiens que les juifs. Voy. ch. V, vers. 85-87.
Après le dernier verset de ce chapitre, il faut dire *amin* (amen); c'est la *sonna* (usage) fondée sur ces paroles de Mahomet : « Gabriel m'a appris à dire amen chaque fois que j'aurais achevé de réciter la fatiha. »

[4] Ce chapitre a été intitulé *la Vache*, parce que, entre autres choses, il y est question de la vache que Moïse avait ordonné aux Israélites d'immoler. Voy. le verset 63.

[5] Un grand nombre de chapitres du Koran portent, soit pour titre, soit au premier verset, des lettres isolées, dont la signification et la valeur sont inconnues.

[6] Par les *choses cachées* on entend le paradis et l'enfer, les récompenses et les peines de l'autre monde, la résurrection et tout ce qui, en matière de religion, échappe à l'évidence des sens. Le mot arabe du texte : *el ghaïb*, se prend souvent dans le sens de *monde invisible*, opposé au *chehadet*, *monde visible*.

[7] Avant Mahomet, d'autres prophètes avaient reçu la révélation, indépendamment d'un grand nombre de prophètes chargés d'une mission spéciale. C'est surtout à Moïse, à David et à Jésus-Christ, que Mahomet fait ici allusion.

6. Dieu a apposé un sceau sur leurs cœurs et sur leurs oreilles ; leurs yeux sont couverts d'un bandeau, et le châtiment cruel les attend.

7. Il est des hommes qui disent : Nous croyons en Dieu et au jour dernier ; et cependant ils ne sont pas du nombre des croyants.

8. Ils cherchent à tromper Dieu et ceux qui croient ; mais ils ne tromperont qu'eux-mêmes, et ils ne le comprennent pas.

9. Une infirmité siège dans leurs cœurs [1], et Dieu ne fera que l'accroître ; un châtiment douloureux leur est réservé, parce qu'ils ont traité les prophètes [2] de menteurs.

10. Lorsqu'on leur dit : Ne commettez point de désordres sur la terre [3], ils répondent : Loin de là, nous y introduisons le bon ordre.

11. Hélas ! ils commettent des désordres, mais ils ne le comprennent pas.

12. Lorsqu'on leur dit : Croyez, croyez ainsi que croient tant d'autres, ils répondent : Croirons-nous comme croient les sots ? Hélas ! ce sont eux-mêmes qui sont des sots ? mais ils ne le sentent pas.

13. S'ils rencontrent des croyants, ils disent : Nous sommes croyants ; mais dès qu'ils ont rejoint en secret leurs tentateurs [4], ils disent : Nous sommes avec vous, et nous nous rions de ceux-là.

14. Dieu se rira d'eux ; il les fera persister longtemps dans leur rébellion, errant incertains çà et là.

15. Ce sont eux qui ont acheté l'erreur avec la *monnaie* de la vérité ; mais leur marché ne leur a point profité ; ils ne sont plus dirigés *dans la droite voie*.

16. Ils ressemblent à celui qui a allumé du feu : lorsque le feu a jeté sa clarté sur les objets d'alentour, et que Dieu l'a enlevée

---

[1] Partout dans le Koran, par les hommes dont le cœur est atteint d'une infirmité, Mahomet entend les hypocrites, les hommes d'une foi douteuse et chancelante.

[2] Nous traduisons indistinctement par *prophète* ou *envoyé* ou *messager*, le mot arabe *reçoul*, messager. La distinction qu'on établit quelquefois à cet égard est expliquée au chap. XIX, 42, note.

[3] Littéralement : *ne corrompez pas sur la terre ;* mots par lesquels on entend les crimes tels que les brigandages, les violences, la débauche et l'idolâtrie. Pour faire mieux ressortir le contraste entre cette phrase et celle qui termine le verset, il faudrait traduire cette dernière : *loin de là, nous corrigeons.*

[4] Le texte porte : *quand ils sont à l'écart avec leurs Satans*. Le mot *chéitan*, Satan, ne se dit pas seulement en arabe de Satan, diable (diabolus), mais de tout homme ou de tout être qui convie au mal. Dans ce verset, on doit entendre par les tentateurs les chrétiens et les juifs, hostiles à la mission de Mahomet, et cherchant à en détourner les Arabes idolâtres et les nouveaux convertis.

soudain, laissant les hommes dans les ténèbres, ils ne sauraient voir.

17. Sourds, muets et aveugles, ils ne peuvent plus revenir sur leurs pas [1].

18. *Ils ressemblent à ceux qui*, lorsqu'un nuage gros de ténèbres, de tonnerre et d'éclairs, fond du haut des cieux, se bouchent les oreilles avec leurs doigts à cause du fracas du tonnerre et par crainte de la mort, pendant que le Seigneur enveloppe de tous côtés les infidèles.

19. Peu s'en faut que l'éclair ne les prive de la vue; lorsque l'éclair brille, ils marchent à sa clarté, et lorsqu'il les plonge dans les ténèbres, ils s'arrêtent. Si Dieu voulait, il leur ôterait la vue et l'ouïe, car il est tout-puissant. O hommes [2]! adorez votre Seigneur, celui qui vous a créés, vous et ceux qui vous ont précédés. Craignez-moi.

20. C'est Dieu qui vous a donné la terre pour lit et qui a élevé les cieux comme un édifice *au-dessus de vos têtes;* c'est lui qui fait descendre l'eau des cieux, qui par elle fait germer les fruits destinés à vous nourrir. Ne donnez donc point d'associés à Dieu. Vous le savez.

21. Si vous avez des doutes sur le livre que nous avons envoyé à notre serviteur, produisez un chapitre au moins pareil à ceux qu'il renferme, et appelez, si vous êtes sincères, vos témoins, *ceux que vous invoquez à côté de Dieu* [3].

---

[1] Les commentateurs donnent à ces mots le sens de : *ils ne se convertiront point.*

[2] Lorsqu'un prédicateur, dans la mosquée, ou un orateur arabe, harangue le peuple, il se sert, dans son allocution, des mots : ô hommes! c'est-à-dire, ô vous qui m'écoutez. De même, dans le Koran, ces mots ne s'adressent pas à tous les hommes, aux mortels, mais aux Mecquois, ou aux Médinois, que prêchait Mahomet. C'est le caractère propre à tous les discours tenus par Mahomet et à toutes ses institutions et préceptes, d'avoir une application actuelle et restreinte aux peuples de l'Arabie, sans embrasser les autres peuples, le genre humain. Les commentateurs font observer cependant que les mots : *ô hommes!* s'appliquent plus particulièrement aux Mecquois, tandis que les Médinois sont interpellés par les mots : ô croyants, ô vous qui croyez. Les habitants de la ville de Mahomet persévéraient dans l'idolâtrie lorsque les Médinois avaient déjà accueilli chez eux le nouveau prophète.

[3] Les mots : *min douni-'llahi,* sont traduits ordinairement par : *à l'exclusion de Dieu.* Cependant *min douni* est une locution adverbiale qui exprime qu'avant de parvenir à tel objet, on en rencontre un autre sur son chemin ; ainsi, dans ce passage, et dans les passages analogues du Koran, elle veut dire que dans le culte idolâtre il y avait, entre les hommes et le Dieu unique, des êtres, des divi-

22. Mais si vous ne le faites pas, et *à coup sûr* vous ne le ferez pas, redoutez le feu préparé pour les infidèles, *le feu* dont les hommes et les pierres [1] seront l'aliment.

23. Annonce à ceux qui croient et qui pratiquent les bonnes œuvres, qu'ils auront pour demeure des jardins arrosés de courants d'eau. Chaque fois qu'ils prendront quelque nourriture des fruits de ces jardins, ils s'écrieront : Voilà les fruits dont nous nous nourrissions autrefois [2]; mais ils n'en auront que l'apparence [3]. Là, ils trouveront des femmes exemptes de toute souillure, et ils y demeureront éternellement.

24. Dieu ne rougit pas d'offrir en parabole, soit un moucheron, soit quelque autre objet plus relevé [4]. Les croyants savent que c'est la vérité qui leur vient de leur Seigneur; mais les infidèles disent : Qu'est-ce donc que Dieu a voulu nous dire en nous offrant cela comme sujet de comparaison ? Par de telles paraboles, il égare les uns et dirige les autres. — Non, il n'y aura d'égarés que les méchants,

25. *Les méchants,* qui brisent le pacte du Seigneur conclu antérieurement, qui séparent ce que Dieu avait ordonné de conserver uni, qui commettent des désordres sur la terre : ceux-là sont des malheureux [5].

26. Comment pouvez-vous être ingrats envers Dieu, vous qui étiez morts et à qui il a rendu la vie, *envers Dieu* qui vous fera mourir, qui plus tard vous fera revivre de nouveau, et auprès duquel vous retournerez un jour ?

27. C'est lui qui a créé pour vous tout ce qui est sur la terre; *cette œuvre terminée,* il se porta avec fermeté vers le ciel et en

---

nités intermédiaires. Mahomet n'accuse pas les Arabes d'adorer des divinités exclusivement et absolument, mais de mêler au culte de Dieu celui d'autres divinités. De même les païens de l'antiquité classique consentaient volontiers à placer le Dieu des chrétiens parmi les divinités de l'Olympe, mais non pas à sacrifier entièrement leur polythéisme. C'est ce qui résulte de beaucoup de passages du Koran, où les idolâtres sont réputés reconnaître l'action du Dieu suprême.

[1] Les pierres, c'est-à-dire les statues en pierre des fausses divinités.
[2] C'est-à-dire dans l'autre monde, sur la terre.
[3] C'est-à-dire que ces fruits seront d'un goût bien plus exquis que ceux de la terre, quoique semblables en apparence à ces derniers, et ce, pour causer aux bienheureux une surprise agréable.
[4] Les Arabes faisaient un reproche à Mahomet de mêler aux enseignements graves et sérieux des paraboles tirées de choses viles, comme des insectes, de parler de l'abeille, de l'araignée et de la fourmi. Mahomet répond ici à ce reproche.
[5] Le mot du texte *el khaçiram* veut dire proprement ceux qui perdent à quelque marché, à quelque spéculation; déçus, frustrés dans leurs calculs.

forma avec toute la perfection sept cieux, lui qui s'entend en toutes choses [1].

28. Lorsque Dieu dit aux anges : Je vais établir un vicaire sur la terre, les anges répondirent : Vas-tu placer sur la terre un être qui y commettra des désordres et répandra le sang, pendant que nous célébrons tes louanges et te glorifions et proclamons sans cesse ta sainteté ? — Je sais, répondit le Seigneur, ce que vous ne savez pas.

29. Dieu apprit à Adam les noms de tous les êtres ; puis, les amenant devant les anges, il leur dit : Nommez-les-moi, si vous êtes sincères.

30. Loué soit ton nom! répondirent les anges ; nous ne possédons d'autre science que celle que tu nous as enseignée ; tu es le savant, le sage.

31. Dieu dit à Adam : Apprends-leur les noms de tous les êtres ; et lorsqu'il (Adam) l'eut fait, le Seigneur dit : Ne vous ai-je pas dit que je connais le secret des cieux et de la terre, ce que vous produisez au grand jour et ce que vous cachez ?

32. Lorsque nous ordonnâmes aux anges d'adorer Adam, ils l'adorèrent tous, excepté Éblis ; celui-ci s'y refusa et s'enfla d'orgueil, et il fut du nombre des ingrats [2].

33. Nous [3] dîmes à Adam : Habite le jardin avec ton épouse ; nourrissez-vous abondamment de ses fruits, de quelque côté du jardin qu'ils se trouvent ; seulement n'approchez pas de l'arbre que voici, de peur que vous ne deveniez coupables.

34. Satan a fait glisser leur pied, et les a fait bannir du lieu où ils se trouvaient. Nous leur dîmes alors : Descendez de ce lieu ; ennemis les uns des autres [4], la terre vous servira de demeure et d'usufruit temporaires.

35. Adam apprit de son Seigneur des paroles *de prière ;* Dieu

---

[1] Le ciel ne formait d'abord qu'un tout ; Dieu l'a partagé en sept cieux posés les uns au-dessus des autres, comme les pellicules de l'oignon.

[2] On peut aussi traduire : *du nombre des infidèles,* car en arabe le mot *kafir* signifie proprement celui qui enduit et recouvre la surface d'un objet avec quelque chose pour faire disparaître une écriture, etc. ; de là l'ingrat et l'infidèle, l'homme qui efface de son souvenir les bienfaits de Dieu.

[3] Dans le verset précédent, c'est Mahomet qui raconte lui-même ou répète les paroles de l'ange Gabriel ; dans celui-ci, c'est Dieu qui est censé parler lui-même. Ce changement subit de narrateur se reproduit à chaque instant dans le Koran, non-seulement dans les différents versets, mais dans la même période. Le lecteur jugera par là du désordre que ces changements de personnes jettent dans les phrases ; le traducteur a cru devoir respecter à cet égard la contexture de l'original.

[4] C'est-à-dire hommes et démons.

revint à lui ; il aime à revenir *à l'homme qui se repent ;* il est le miséricordieux.

36. Nous leur dîmes : Sortez du paradis tous tant que vous êtes ; un livre destiné à vous diriger vous viendra de ma part ; la crainte n'atteindra jamais ceux qui le suivront, et ils ne seront point affligés.

37. Mais ceux qui ne croiront pas, qui traiteront nos signes [1] de mensonge, seront livrés au feu éternel.

38. Ô enfants d'Israël ! souvenez-vous des bienfaits dont je vous ai comblés ; soyez fidèles à mon alliance, et je serai fidèle à la vôtre ; révérez-moi, et croyez au livre que j'ai envoyé pour corroborer vos Écritures ; ne soyez pas les premiers à lui refuser votre croyance ; n'allez point acheter avec mes signes un objet de nulle valeur. Craignez-moi.

39. Ne revêtez pas la vérité de la robe du mensonge ; ne cachez point la vérité [2] quand vous la connaissez.

40. Acquittez-vous exactement de la prière, faites l'aumône, et courbez-vous avec ceux qui se courbent *devant moi* [3].

41. Commanderez-vous les bonnes actions aux autres pendant que vous vous oublierez vous-mêmes ? Vous lisez cependant le livre [4] ; ne comprendrez-vous donc jamais ?

42. Appelez à votre aide la patience et la prière ; la prière est une charge, mais non pas pour les humbles,

43. Qui pensent qu'un jour ils reverront leur Seigneur et qu'ils retourneront auprès de lui.

---

[1] Le mot arabe *aïè* signifie *signe*, mais surtout un signe d'avertissement du ciel, et par conséquent *miracle, prodige ;* il signifie en outre *verset du Koran,* chaque verset étant la parole de Dieu, et regardé comme un *miracle* et un *avertissement.* Pour nous rapprocher autant que possible du texte arabe, nous avons conservé partout l'expression de *signe ;* et c'est à cause de cela qu'on trouvera dans cette traduction les mots : *réciter* ou *relire les signes de Dieu,* c'est-à-dire les versets du Koran révélés à Mahomet.

[2] Mahomet reproche aux juifs, et souvent aux chrétiens, d'altérer le sens des Écritures pour en ôter ou éluder les passages dans lesquels la venue de Mahomet a dû être prédite selon lui.

[3] Les commentateurs ajoutent : de la prière musulmane, l'aumône musulmane, et c'est pour éviter toute équivoque, qu'il est dit : Courbez-vous, etc., car les génuflexions (*rik'at*) sont particulières aux musulmans.

[4] Le livre, pris absolument, veut dire : tout livre révélé, les Écritures : le Pentateuque, en parlant aux juifs ; l'Évangile, en parlant aux chrétiens ; il s'applique aussi au Koran. Nous ferons observer, à ce sujet, que, dans ses prédications, Mahomet distingue les idolâtres ou les ignorants de ceux qui ont, à quelque époque que ce soit, reçu des livres sacrés ; ces derniers sont appelés : famille du livre, gens des Écritures.

44. O enfants d'Israël ! souvenez-vous des bienfaits dont je vous ai comblés, souvenez-vous que je vous ai élevés au-dessus de tous les humains.

45. Redoutez le jour où une âme ne satisfera point en quoi que ce soit pour une autre âme, où aucune intercession ne sera acceptée de sa part, où aucune compensation ne sera reçue d'elle ; où les méchants ne seront point secourus.

46. *Souvenez-vous du jour* où nous vous avons délivrés de la famille de Pharaon qui vous infligeait de cruels supplices ; on immolait vos fils et l'on n'épargnait que vos filles [1]. C'était une rude épreuve de la part de votre Seigneur.

47. *Souvenez-vous du jour* où nous avons fendu la mer pour vous ; où nous vous avons sauvés, et noyé Pharaon sous vos yeux.

48. *Du jour* où nous formions notre alliance avec Moïse pendant quarante nuits ; vous avez pris, pendant son absence, un veau pour objet de votre adoration, et vous avez agi iniquement.

49. Nous vous pardonnâmes ensuite, afin que vous nous soyez reconnaissants.

50. Nous donnâmes à Moïse le livre et la distinction [2], afin que vous soyez dirigés dans la droite voie.

51. Moïse dit à son peuple : Vous avez agi iniquement envers vous-mêmes en adorant le veau. Revenez à votre Créateur, ou bien donnez-vous la mort ; ceci vous servira mieux auprès de lui. Il reviendra à vous (*il vous pardonnera*), car il aime à revenir vers *celui qui se repent :* il est miséricordieux.

52. *Souvenez-vous du jour* où vous dîtes à Moïse : O Moïse, nous ne t'accorderons aucune créance que nous n'ayons vu Dieu clairement. Le feu du ciel vous frappa pendant que vous y portiez vos regards.

---

[1] Cette phrase se retrouve textuellement toutes les fois qu'il s'agit des persécutions que les Israélites éprouvaient en Égypte ; on dirait que Mahomet cherche à la mettre en relief. Si l'on se rappelle que les Arabes idolâtres regardaient comme une calamité la naissance d'une fille, il faudra convenir qu'on ne pouvait jeter plus de défaveur sur un prince idolâtre et impie (dont Pharaon est le type), qu'en insistant sur cette espèce de préférence donnée aux filles sur les garçons.

[2] La distinction : *el-forkan*, s'applique ici au Pentateuque comme, dans d'autres passages, au Koran. Ce mot désigne tout livre de révélation divine en tant qu'il distingue le licite de l'illicite. On peut dire que, dans chaque livre divin, la partie qui traite des usages, des aliments, etc., s'appelle *el-forkan* (distinction), de même que la partie dogmatique *al-houda* (direction).

CHAPITRE II.

53. Nous vous ressuscitâmes après votre mort, afin que vous soyez reconnaissants [1].

54. Nous fîmes planer un nuage sur vos têtes, et nous vous envoyâmes la manne et les cailles, en vous disant : Mangez des mets délicieux que nous vous avons accordés. Ce n'est pas à nous qu'ils avaient fait du mal, c'est à eux-mêmes.

55. *Souvenez-vous du jour* où nous dîmes *aux Israélites :* Entrez dans cette ville, jouissez des biens qui s'y trouvent, au gré de vos désirs ; mais, en entrant dans la ville, prosternez-vous, et dites : Indulgence, ô Seigneur ! et il vous pardonnera vos péchés. Certes, nous comblerons les bons de nos faveurs.

56. Mais les méchants d'entre eux substituèrent à la parole qui leur avait été indiquée, une autre [2] parole, et nous fîmes descendre du ciel un châtiment comme rétribution de leur perfidie.

57. Moïse demanda à Dieu de l'eau pour désaltérer son peuple, et nous lui dîmes : Frappe le rocher de ta baguette. Tout d'un coup jaillirent douze sources, et chaque tribu connut aussitôt le lieu où elle devait se désaltérer. Nous dîmes *aux enfants d'Israël :* Mangez et buvez des biens que Dieu vous dispense, et n'agissez pas avec violence en vous livrant à toutes sortes de désordres dans ce pays.

58. C'est alors que vous dîtes : O Moïse ! nous ne pouvons supporter plus longtemps une seule et même nourriture ; prie ton Seigneur qu'il fasse pousser pour nous de ces produits de la terre, des légumes, des concombres, des lentilles, de l'ail et des oignons. Moïse vous répondit : Voulez-vous échanger ce qui est bon contre ce qui est mauvais ? Eh bien ! rentrez en Égypte, vous y trouverez ce que vous demandez. Et l'avilissement et la pauvreté s'étendirent sur eux, et ils s'attirèrent la colère de Dieu, parce qu'ils ne croyaient point à ses signes et mettaient injustement à mort leurs prophètes [3]. Voilà quelle fut la rétribution de leur révolte et de leurs violences.

---

[1] D'après les commentateurs, il doit être question ici de soixante-dix hommes d'entre les Israélites, qui, non contents d'entendre Moïse s'entretenir avec Dieu, désiraient le voir de leurs propres yeux. Ils ont été d'abord tués par la foudre et ressuscités ensuite à la prière de Moïse.

[2] On croit qu'il s'agit dans ce verset de l'entrée des Israélites dans la ville de Jéricho. Au lieu de prononcer le mot *hettat*, absoute, indulgence, comme cela leur avait été recommandé, les Juifs y auraient substitué le mot *habbat*, grain (d'orge), et se seraient conduits avec indécence. Il serait superflu de relever l'anachronisme que commet l'auteur du Koran, ou plutôt ses commentateurs, en mêlant le nom de Moïse aux événements arrivés depuis sa mort, tels que la prise de Jéricho.

[3] Ce passage, ainsi que le verset 59, chap. XXVI, où les Israélites sont censés

59. Certes, ceux qui croient, et ceux qui suivent la religion juive, et les chrétiens, et les sabéens, *en un mot* quiconque croit en Dieu et au jour dernier et qui aura fait le bien : tous ceux-là recevront une récompense de leur Seigneur ; la crainte ne descendra point sur eux, et ils ne seront point affligés [1].

60. *Souvenez-vous du jour* où nous acceptâmes votre alliance et où nous élevâmes au-dessus de vos têtes le mont Sinaï [2], nous dîmes alors : Recevez avec fermeté *les lois* que nous vous donnons, et souvenez-vous de ce qu'elles contiennent. Peut-être craindrez-vous Dieu.

61. Mais vous vous en êtes éloignés dans la suite, et, n'était la grâce de Dieu et sa miséricorde, vous auriez été du nombre des malheureux. Vous avez déjà su qui étaient ceux qui avaient violé le sabbat et à qui nous dîmes : Soyez *changés en* singes refoulés *vers le rivage de la mer* [3] !

retourner en Égypte, est un de ces anachronismes dont le Koran fourmille, et qui établissent parfaitement l'extrême ignorance du prophète arabe.

[1] On a voulu conclure des paroles de ce verset que les hommes de toute religion, pourvu qu'elle renferme ces trois choses, l'unité de Dieu, la vie future et la pratique des bonnes œuvres, peuvent être sauvés d'après le Koran. Quelques commentateurs, embarrassés de cette latitude de sens, ont soutenu que Mahomet entendait par là que tout homme qui devient croyant (musulman) et qui pratique la vertu sera sauvé, n'importe la religion à laquelle il aura appartenu. Cette interprétation est vicieuse d'abord quant à la lettre, parce que les mots : *ceux qui croient*, sont suivis de la conjonction *et* ; il y a donc disjonction des croyants (musulmans) et des juifs, chrétiens et sabéens ; elle est vicieuse quant au sens, parce qu'il était superflu, surtout au commencement de la mission, de dire que la religion dans laquelle on était né n'empêchait point le salut. Quel que soit, du reste, le véritable sens du verset qui nous occupe, le sentiment général des docteurs musulmans est qu'il a été abrogé par le verset 79 du chap. III, et par d'autres passages du Koran où la croyance en Dieu, en la vie future et en la mission de Mahomet, est regardée comme indispensable pour le salut. L'importance de ce passage nous a forcé de le traduire aussi littéralement que possible. Nous ferons observer en passant que les sabéens, dont il est question dans ce verset, étaient une secte chrétienne, et nullement les sabéens adorateurs des astres, par conséquent polythéistes, et comme tels, exclus virtuellement de toute indulgence supposée dans ce verset ; au lieu de sabéens, il vaudrait mieux dire sabéites. Comp. V, 73.

[2] Cette phrase n'est évidemment qu'une métaphore qui ne choquerait dans aucune langue européenne ; cependant les commentateurs prennent ces mots à la lettre, et disent que les Israélites se refusant obstinément à recevoir la loi, Dieu, pour les effrayer, arracha le mont Sinaï de ses racines, et le tint suspendu sur leurs têtes.

[3] Ceci doit se rapporter à la transgression du sabbat, commise par les Juifs de la ville Aïla, sur les bords de la mer Rouge, sous le règne de David. Une quan-

62. Et nous les fîmes servir d'exemples terribles à leurs contemporains, à leurs descendants, et d'avertissement à tous ceux qui craignent.

63. *Souvenez-vous du jour* où Moïse dit à son peuple : Dieu vous ordonne d'immoler une vache ; les Israélites s'écrièrent : Est-ce que tu te moques de nous [1] ? — Que Dieu me préserve, dit-il, d'être du nombre des insensés ! — Prie ton Seigneur, répondirent les Israélites, de nous expliquer clairement quelle doit être cette vache. — Dieu veut, dit-il, que ce ne soit ni une vache vieille ni une génisse, mais qu'elle soit d'un âge moyen. Faites donc ce qui vous est ordonné.

64. *Les Israélites ajoutèrent* : Prie ton Seigneur de nous expliquer clairement quelle doit être sa couleur. — Dieu veut, leur dit Moïse, qu'elle soit d'un jaune très-prononcé, d'une couleur qui réjouisse l'œil de quiconque la verra.

65. Prie ton Seigneur de nous expliquer clairement quelle doit être cette vache, car nous trouvons bien des vaches qui se ressemblent, et nous ne serons bien dirigés *dans notre choix* que si Dieu le veut.

66. — Dieu vous dit, *reprit Moïse*, que ce ne soit pas une vache fatiguée par le labourage ou l'arrosement des champs, mais une vache dont le mâle n'aura jamais approché ; qu'elle soit sans aucune tache. — Maintenant, dit le peuple, tu nous as dit la vérité. — Ils immolèrent la vache, et cependant peu s'en fallut qu'ils ne l'eussent point fait.

67. Rappelez-vous ce meurtre qui a été commis sur un homme d'entre vous ; ce meurtre était l'objet de vos disputes. Dieu fit voir au grand jour ce que vous cachiez [2].

---

tité infime de poissons, disent les commentateurs, s'approchaient du rivage, et y restaient toute la journée du sabbat, comme pour tenter les habitants. Ceux-ci, ne pouvant résister à la tentation, prenaient le poisson, malgré les avertissements des hommes pieux, rigides observateurs du sabbat. David, ajoute-t-on, maudit les transgresseurs et les fit métamorphoser en singes.

[1] Les Juifs demandaient à Moïse de découvrir un meurtrier (voyez plus bas, verset 67). Comme moyen d'y parvenir, Moïse ordonna d'immoler une vache, ce qui en apparence n'avait aucun rapport avec le meurtre.

[2] Moïse avait établi le sacrifice de la vache et l'emploi de ses cendres comme expiation et purification d'un homme qui aurait touché un cadavre. Voy. *Numeri*, chap. IX. L'auteur du Koran, puisant on ne sait à quelles sources, refait l'histoire de cette disposition de Moïse à sa manière. Voici, d'après les commentateurs du Koran, le récit qui sert de base aux versets 63-69 : Un homme pieux parmi les Israélites avait une génisse et un enfant mâle ; il conduisit la génisse dans le désert et l'abandonna à la sauvegarde de Dieu jusqu'à l'époque où son

68. Nous ordonnâmes de frapper le mort avec un des membres de la vache; c'est ainsi que Dieu ressuscite les morts et fait briller à vos yeux ses miracles; peut-être finirez-vous par comprendre.

69. Vos cœurs se sont endurcis depuis; ils sont comme des rochers, et plus durs encore, car des rochers coulent des torrents; les rochers se fendent et font jaillir l'eau; il y en a qui s'affaissent par la crainte de Dieu, et certes Dieu n'est pas inattentif à vos actions.

70. Désirez-vous maintenant, *ô musulmans!* qu'ils (*les Israélites de ce temps-ci*) deviennent croyants pour vous (*pour vous plaire*)? Un certain nombre d'entre eux cependant obéissaient à la parole de Dieu, mais par la suite ils l'altérèrent après l'avoir comprise, et ils le savaient bien.

71. S'ils rencontrent les fidèles, ils disent: Nous croyons; mais, aussitôt qu'ils se voient seuls entre eux, ils disent: Raconterez-vous aux musulmans ce que Dieu vous a révélé, afin qu'ils s'en fassent un argument contre vous devant votre Seigneur? Ne comprenez-vous pas *à quoi cela aboutit?*

72. Ignorent-ils donc que le Très-Haut sait ce qu'ils cachent comme ce qu'ils produisent au grand jour?

fils deviendrait majeur. Peu de temps après, l'homme pieux mourut, laissant son fils avec sa mère. La mère du jeune homme, se trouvant quelques années après dans la gêne, l'envoya à la recherche de la vache, unique bien qui leur restât. La vache, jusqu'alors sauvage et ne se laissant saisir par personne, suivit sans résistance le jeune homme. Celui-ci, conformément au désir de sa mère, conduisit la vache au marché pour la vendre et en retirer quelque argent. Un inconnu, c'était l'ange de Dieu, offrit d'abord six, puis douze dinars au jeune homme, à condition de ne point consulter la mère sur la valeur du marché. Le jeune homme cependant raconta la chose à sa mère, qui, de son côté, croyant voir dans l'insistance de l'inconnu une intervention du ciel, recommanda à son fils de retourner au marché, et de consulter l'inconnu, qui ne manquerait pas de se présenter de nouveau, sur le meilleur emploi à faire de la vache. Alors l'ange révéla au jeune homme qu'il devait garder sa vache, car avant peu un événement qui arriverait chez les Juifs lui fournirait l'occasion de la vendre pour la quantité d'or que pourrait contenir sa peau. En effet, quelque temps après, un riche Israélite, nommé Hamiel, fut tué par un de ses parents qui convoitait sa femme ou ses richesses. L'auteur du crime était inconnu, et des hommes innocents furent inquiétés par des accusations injustes. Pour lever le doute et tirer les Juifs de la perplexité où ils étaient, Dieu ordonna à Moïse de chercher une vache ayant tous les signes indiqués par la révélation, de l'égorger, et de frapper le cadavre de Hamiel avec l'un de ses membres. Le cadavre frappé ainsi se leva, révéla le nom de son meurtrier, et mourut une seconde fois. Pour obtenir la vache en question, les Juifs durent, quoique à contre-cœur, donner au jeune homme la somme qu'il demandait.

73. Parmi eux les hommes du commun ne connaissent pas le livre (le Pentateuque), mais seulement les contes mensongers, et ils n'ont que des idées vagues. Malheur à ceux qui, écrivant le livre de leurs mains *corruptrices*, disent : Voilà ce qui vient de Dieu, pour en retirer un bénéfice infime ! Malheur à eux, à cause de ce que leurs mains ont écrit, et à cause du gain qu'ils en retirent[1] !

74. Ils disent : Si le feu nous atteint, ce ne sera que pour un petit nombre de jours[2]. Dis-leur : En avez-vous reçu de Dieu un engagement qu'il ne révoquera jamais, ou bien dites-vous *simplement* au sujet de Dieu ce que vous ne savez pas?

75. Bien loin de là : ceux qui n'ont pour tout gain que leurs mauvaises actions, ceux que leurs péchés enveloppent de toutes parts, ceux-là seront voués au feu, et ils y demeureront éternellement.

76. Mais ceux qui ont cru et fait le bien, ceux-là seront en possession du paradis et y séjourneront éternellement.

77. Quand nous reçûmes l'alliance des enfants d'Israël, nous leur dîmes : N'adorez qu'un seul Dieu ; tenez une belle conduite envers vos pères et mères, envers vos proches, envers les orphelins et les pauvres ; n'ayez que des paroles de bonté pour tous les hommes ; acquittez-vous exactement de la prière ; donnez l'aumône. Excepté un petit nombre, vous vous êtes montrés récalcitrants, et vous êtes détournés de nos commandements.

78. Quand nous stipulâmes avec vous que vous ne verseriez point le sang de vos frères, et que vous ne vous banniriez point réciproquement de votre pays, vous y donnâtes votre assentiment, et vous en fûtes vous-mêmes témoins.

79. Malgré cela vous commettiez des meurtres entre vous, vous chassiez une partie d'entre vous de votre pays, vous vous prêtiez une assistance mutuelle pour les accabler d'injures et d'oppression ; mais s'il vous vient des captifs (*de vos compatriotes*), vous les rachetez[3]. Or il vous était d'abord défendu de les chasser de

---

[1] Mahomet reproche ici aux juifs d'altérer les copies des Écritures dans le but d'en retrancher tous les passages où la mission du prophète arabe a été prédite.

[2] Selon les commentateurs, les juifs pensaient qu'ils ne resteraient dans l'enfer que quarante jours, tout juste le temps égal à celui pendant lequel ils ont adoré le veau d'or.

[3] Ils obéissaient ainsi à la loi sur ce point en la violant sur tant d'autres. Ceci s'applique aux juifs contemporains de Mahomet. Voici comment les commentateurs expliquent ces mots. La tribu juive de Koreïdha était alliée à la tribu arabe d'Aus, et la tribu juive de Nachie était alliée à la tribu arabe de Khaz-

leur pays. Croirez-vous donc à une partie de votre livre, et en rejetterez-vous une autre? et quelle sera la récompense de ceux qui agissent de la sorte? L'ignominie dans ce monde, et au jour de la résurrection ils seront refoulés vers le plus cruel des châtiments. Et certes Dieu n'est pas inattentif à vos actions.

80. Ceux qui achètent la vie de ce monde au prix de la vie future n'éprouveront aucun soulagement dans le châtiment *qui les attend* et ne seront point secourus.

81. Nous avons donné le livre de la loi à Moïse, et nous l'avons fait suivre par d'autres envoyés; nous avons accordé à Jésus, fils de Marie, des signes manifestes (*de sa mission*) et nous l'avons fortifié par l'esprit de la sainteté [1]. Toutes les fois qu'un envoyé (du Seigneur) vous a apporté une révélation qui ne flattait pas vos passions, vous vous êtes enflés d'orgueil; vous avez traité les uns de menteurs et vous en avez assassiné d'autres.

82. Mais ils disent : Nos cœurs sont incirconcis [2]. — Oui, certes, Dieu les a maudits à cause de leur incrédulité. Oh! que le nombre des croyants est petit!

83. Quand ils reçurent de la part de Dieu un livre confirmant leurs Écritures, — auparavant ils priaient Dieu de leur accorder la victoire sur les infidèles, — ce livre qui leur avait été prédit, ils ont refusé d'y ajouter foi. Que la malédiction de Dieu atteigne les infidèles!

84. C'est un vil prix que celui pour lequel ils se sont vendus eux-mêmes. Ils ne croient point à ce qui est envoyé d'en haut, par jalousie, parce que Dieu a, par l'effet de sa grâce, envoyé un livre à celui d'entre ses serviteurs qu'il a voulu. Ils s'attirent de la part de Dieu colère sur colère. Un châtiment ignominieux est préparé aux infidèles.

85. Lorsqu'on leur dit : Croyez à ce que Dieu a envoyé d'en haut, ils répondent : Nous croyons à ce qui nous a été envoyé d'en haut à nous; et ils ne croient pas à ce qui est venu depuis : et cependant ce livre confirme leurs Écritures. Dis-leur : Pourquoi

---

redj. Ces deux tribus arabes s'étant déclaré la guerre, les tribus juives coururent chacune au secours de son alliée. Lorsque des juifs devenaient captifs de leurs ennemis, les autres juifs se cotisaient pour les racheter.

[1] Par l'esprit de la sainteté, le Saint-Esprit, Mahomet entend toujours l'ange Gabriel qui, selon lui, accompagnait constamment Jésus, fils de Marie, de même que plus tard il apportait la révélation à Mahomet.

[2] Il est presque superflu de faire observer que cette expression usitée dans la Bible signifie : Nos cœurs sont endurcis, inaccessibles à la raison.

donc avez-vous tué les envoyés du Seigneur, si vous aviez la foi ?

86. Moïse était venu au milieu de vous avec des signes manifestes, et en son absence vous avez pris le veau *d'or* pour l'objet de votre adoration. N'avez-vous donc pas agi avec iniquité ?

87. Lorsque nous eûmes accepté votre alliance et élevé au-dessus de vos têtes le mont Sinaï, nous fîmes entendre ces paroles : Recevez nos lois avec une ferme résolution *de les observer*, et écoutez-les. Ils répondirent : Nous avons entendu, mais nous n'obéirons pas ; et leurs cœurs étaient encore abreuvés du culte du veau, ingrats qu'ils étaient. Dis-leur : Détestables suggestions que celles que vous inspire votre croyance, si vous en avez une !

88. Dis-leur : S'il est vrai qu'un séjour éternel, à l'exclusion du reste des hommes, vous soit réservé auprès de Dieu, *comme vous le prétendez, vous, juifs*, osez désirer la mort si vous êtes sincères *dans ce que vous avancez*.

89. Mais non. Ils ne la demanderont jamais, à cause des œuvres de leurs mains, et Dieu connaît les pervers.

90. Tu les trouveras plus avides de vivre que tous les autres hommes, que les idolâtres même ; tel d'entre eux désire vivre mille ans ; mais il ne saura rien changer au supplice, par cela seulement qu'il aura vécu de longues années, car Dieu voit leurs actions.

91. Dis : Qui se déclarera l'ennemi de Gabriel [1] ? C'est lui, qui, par la permission de Dieu, a déposé sur ton cœur le livre destiné à confirmer les livres sacrés venus avant lui pour servir de direction et annoncer d'heureuses nouvelles aux croyants.

92. Celui qui sera l'ennemi du Seigneur, de ses anges, de ses envoyés, de Gabriel et de Michel, *aura Dieu pour ennemi*, car Dieu hait les infidèles.

93. Car nous t'avons envoyé des signes manifestes ; les pervers seuls refuseront d'y croire.

94. Toutes les fois qu'ils prennent un engagement, s'en trouvera-t-il parmi eux qui le mettront de côté ? Oui, la plupart d'entre eux ne croient pas.

95. Lorsque l'apôtre vint au milieu d'eux de la part de Dieu, confirmant leurs livres sacrés, une partie d'entre ceux qui ont reçu les Écritures jetèrent derrière leur dos le livre de Dieu, comme s'ils ne le connaissaient pas.

96. Ils suivent ce que les démons avaient imaginé sur le pouvoir

---

[1] Ceci s'adresse aux juifs, qui regardaient l'ange Gabriel comme leur ennemi, parce que c'était par son ministère que Dieu leur annonçait toutes les calamités et exécutait ses arrêts.

de Salomon [1] ; mais ce n'est pas Salomon qui fut infidèle, ce sont les démons. Ils enseignent aux hommes la magie et la science qui était descendue d'en haut sur les deux anges de Babel, Harout et Marout [2]. Ceux-ci n'instruisaient personne dans leur art sans dire : Nous sommes la tentation, prends garde de ?avenir infidèle. Les hommes apprenaient d'eux les moyens de semer la désunion entre l'homme et sa femme : mais les anges ne faisaient du mal à qui que ce soit sans la permission de Dieu ; cependant les hommes apprenaient ce qui leur était nuisible, et non pas ce qui pouvait leur être utile, et ils savaient que celui qui avait acheté cet art était déshérité de toute part dans la vie future. Vil prix que celui pour lequel ils se sont livrés eux-mêmes. Ah ! s'ils l'eussent su !

97. Ah ! s'ils avaient cru et s'ils avaient craint *Dieu !* la récompense de la part de Dieu eût mieux valu. Ah ! s'ils l'eussent su !

98. O vous qui croyez ! ne vous servez pas du mot *raïna* (observez-nous), dites *ondhorna* (regardez-nous [3]). Obéissez à cet ordre. Un châtiment douloureux attend les infidèles.

99. Ceux qui possèdent les Écritures, ainsi que les idolâtres, ne veulent pas qu'une faveur quelconque descende sur vous de la part

---

[1] Les démons, disent les commentateurs, avaient enfoui sous le trône de Salomon des livres de magie, et répandirent après sa mort le bruit qu'on n'avait qu'à chercher sous le trône les livres contenant la science par laquelle Salomon s'était soumis les hommes, les génies et les vents. Voyez sur Salomon, chap. XXVII, XXXIV et XXXVIII.

[2] L'histoire de ces deux anges paraît être empruntée aux traditions talmudiques. Voici ce qu'en disent les commentateurs : Les anges déploraient en présence de Dieu la méchanceté des hommes, malgré l'envoi réitéré des prophètes. Dieu leur ordonna de choisir deux d'entre eux pour juger les hommes. Harout et Marout furent ces deux juges, et ils s'acquittèrent scrupuleusement de leur charge, jusqu'au moment où une femme d'une rare beauté (on l'appelle Zohra, mot que l'on traduit communément par Vénus) leur apparut, invoquant leur autorité contre son mari. Les deux anges, épris de ses charmes, voulurent la séduire ; mais elle disparut en un clin d'œil, et les anges, revenant au ciel, se virent l'entrée défendue. Grâce à l'intervention d'un bienheureux, Dieu leur donna le choix entre les peines de ce monde et celles de l'enfer, qu'ils savaient être éternelles. Ils choisirent donc les tourments de ce monde ; c'est ainsi qu'ils restent à Babylone, suspendus entre le ciel et la terre. Tel est le résumé le plus accrédité des commentateurs sur ce passage, bien qu'il serve peu à l'expliquer. D'autres docteurs pensent que Harout et Marout n'étaient que des magiciens enseignant la magie aux hommes. Des commentateurs ajoutent que c'étaient deux hommes qu'on appelait anges à cause de leur extérieur séduisant.

[3] Mahomet veut substituer, dans la salutation, le mot *ondhor* à celui de *raï*, que les juifs employaient à dessein comme ayant les mêmes lettres radicales que le verbe *roua*, expression de mauvaise augure qui veut dire : être malheureux.

de votre Seigneur ; mais Dieu honore particulièrement de grâces celui qu'il veut ; or il est le maître de grandes faveurs.

100. Nous n'abrogerons aucun verset de ce livre, ni n'en ferons effacer un seul de ta mémoire sans le remplacer par un autre ; meilleur ou pareil. Ne sais-tu pas que Dieu est tout-puissant ?[1]

101. Ne sais-tu pas que l'empire du ciel et de la terre appartient à Dieu, et que vous n'avez d'autre protecteur ni de défenseur que lui ?

102. Voudriez-vous demander à votre prophète (à Mohammed) ce qu'on demandait à Moïse[2] autrefois. *Sachez donc que* celui qui échange la foi contre l'incrédulité, celui-là quitte le beau milieu du chemin.

103. Beaucoup d'entre ceux qui possèdent les Écritures désireraient vous ramener à l'infidélité après que vous avez déjà cru, (c'est par pure jalousie), et après que la vérité s'est montrée clairement à leurs yeux. Pardonnez-leur ; passez outre, jusqu'à ce que Dieu fasse surgir une de ses œuvres[3].

104. Acquittez-vous avec exactitude de la prière, faites l'aumône ; le bien que vous aurez fait, vous le retrouverez auprès de Dieu, qui voit vos actions.

105. Ils disent : Les juifs ou les chrétiens seuls entreront dans le paradis. Mais ce ne sont que leurs désirs. Dis-leur : Où sont vos preuves ? apportez-les si vous êtes sincères.

106. *Non;* c'est plutôt celui qui se sera livré entièrement[4] à

---

[1] Voyez sur les abrogations dans le Koran la notice sur Mahomet, placée en tête de cette traduction.

[2] De leur faire voir Dieu.

[3] Mot à mot jusqu'à ce que Dieu vienne avec son ordre *ou* avec son affaire, car le mot *amr*, qui signifie *ordre, arrêt, commandement,* s'emploie tout aussi souvent dans le sens de *chose, affaire, événement;* la chose ou l'affaire de Dieu, c'est quelque événement marquant, un fait providentiel qui change la face des choses. C'est l'acception la plus fréquente de ce mot dans le Koran, bien que dans certains passages ces deux sens se confondent, puisque tout commandement n'a lieu que d'après un ordre de Dieu.

[4] Le texte porte : celui qui se fera *mouslim* (musulman). Ce mot veut dire : résigné à la volonté de Dieu, qui s'est livré entièrement à Dieu. Nous ferons observer, en passant, que les mahométans établissent une distinction entre *mouslim,* musulman, et *moumin,* croyant. Le premier se rapporte au culte extérieur, aux pratiques religieuses établies par Mahomet ; le dernier implique la foi vive et sincère. Pour citer un exemple, les Persans (les Chiites), dans leur haine contre les Turcs (Sunnites), veulent bien reconnaître qu'ils sont *mouslimin* (musulmans), mais ils ne sauraient leur accorder le nom de *mouminin* (vrais croyants).

Dieu et qui aura pratiqué le bien, qui trouvera sa récompense auprès de son Seigneur; la crainte ne l'atteindra pas, et il ne sera point affligé.

107. Les juifs disent : Les chrétiens ne s'appuient sur rien ; les chrétiens, *de leur côté*, disent : Les juifs ne s'appuient sur rien ; et cependant *les uns et les autres* ils lisent les Écritures ; ceux qui ne connaissent rien [1] tiennent un langage pareil. Au jour de la résurrection, Dieu prononcera entre eux sur l'objet de la dispute.

108. Qui est plus injuste que ceux qui empêchent que le nom de Dieu retentisse dans les temples, et qui travaillent à leur ruine? Ils ne devraient y entrer qu'en tremblant. L'ignominie sera leur partage dans ce monde, et un châtiment cruel leur est préparé dans l'autre.

109. A Dieu appartiennent le levant et le couchant; de quelque côté que vous vous tourniez, vous rencontrerez sa face [2]. Dieu est immense et il sait tout.

110. Ils disent : Dieu a un fils. Par sa gloire, *non* [3]; *dites plutôt que* : Tout ce qui est dans les cieux et sur la terre lui appartient, et tout lui obéit.

111. Unique dans les cieux et sur la terre, dès qu'il a résolu quelque chose, il dit : Sois, et elle est.

112. Ceux qui ne connaissent rien disent : Pourquoi donc Dieu ne nous adresse-t-il pas au moins la parole, pourquoi un signe *du ciel* ne nous apparaît-il pas? Ainsi parlaient leurs pères; leur langage et leurs cœurs se ressemblent. Nous avons fait éclater assez de signes pour ceux qui ont la foi.

113. Nous t'avons envoyé avec la vérité et nous t'avons chargé d'annoncer et d'avertir. L'on ne te demandera aucun compte de ceux qui seront précipités dans l'enfer.

114. Les juifs et les chrétiens ne t'approuveront que quand tu

---

[1] Par ces mots : *ceux qui ne connaissent, ceux qui ne savent rien*, Mahomet entend les Arabes idolâtres, comme n'ayant jusqu'alors reçu aucune révélation, aucun livre sacré, par opposition aux juifs et aux chrétiens, qui possédaient les Écritures.

[2] Ce verset se trouve abrogé par le verset 139 du même chapitre. Le temple de la Ka'ba, à la Mecque, a été définitivement désigné comme le point vers lequel les musulmans doivent se tourner en priant.

[3] Toutes les fois que Mahomet cite ces paroles : Dieu a un fils, des enfants, des filles, etc., qui expriment selon lui la croyance des chrétiens et des Arabes idolâtres, il s'empresse d'ajouter *sobhanahou*, par sa gloire, c'est-à-dire loin de sa gloire ce blasphème.

auras embrassé leur religion. Dis-leur : **La direction qui vient de Dieu est seule véritable**; si tu te rendais à leurs désirs, après avoir reçu la science [1], tu ne trouverais en Dieu ni protection ni secours.

115. Ceux à qui nous avons donné le Livre (*les Écritures*), et qui le lisent comme il convient de le lire, ceux-là croient en lui; mais ceux qui n'y ajoutent pas foi seront voués à la perdition.

116. O enfants d'Israël! souvenez-vous des bienfaits dont je vous ai comblés; souvenez-vous que je vous ai élevés au-dessus de tous les humains.

117. Redoutez le jour où une âme ne satisfera point pour une autre âme, où aucun équivalent ne sera accepté d'elle, où aucune intercession ne servira à rien, où ils (*les infidèles*) ne seront point secourus.

118. Lorsque Dieu éprouvait Abraham par certaines paroles, et que celui-ci eut accompli ses ordres, Dieu lui dit : Je t'établirai l'imam des peuples [2]. — Choisis-en aussi dans ma famille, dit Abraham. — Mon alliance, reprit le Seigneur, ne comprendra point les méchants.

119. Nous établîmes la maison sainte [3] pour être la retraite et l'asile des hommes, et nous dîmes : Prenez la station d'Abraham pour oratoire. Nous recommandâmes à Abraham et à Ismaël ceci : Rendez pure ma maison pour ceux qui viendront en faire le tour, pour ceux qui y viendront vaquer à la prière, faire des génuflexions et des prostrations [4].

120. Alors Abraham dit à Dieu : Seigneur, accorde la sécurité à cette contrée, et la nourriture de tes fruits à ceux qui croiront en Dieu et au jour dernier. Je l'accorderai aux infidèles aussi,

---

[1] C'est-à-dire, après la révélation du Koran.

[2] C'est-à-dire, chef spirituel, chargé de diriger les hommes dans l'accomplissement des œuvres de dévotion, de présider aux prières, etc.

[3] C'est le temple de la Ka'ba (à la Mecque) dont la fondation est attribuée à Abraham, aidé par son fils Ismaël. Ce temple a subi de nombreux changements; mais on montre encore aujourd'hui l'endroit où Abraham se tenait en travaillant à la construction de la charpente du temple; cet endroit est appelé *place* ou *station d'Abraham*. Au nombre des cérémonies religieuses pratiquées pendant le pèlerinage de la Mecque, était celle de faire sept fois le tour de la Ka'ba : cette pratique s'était conservée parmi les Arabes idolâtres. Mahomet l'a conservée comme une cérémonie religieuse datant de l'époque de l'établissement du culte unitaire par Abraham.

[4] Par les mots : *vaquer à la prière,* il faut entendre ici un acte déterminé de dévotion qui consiste à se tenir assis ou à genoux dans une mosquée pendant des heures ou même des journées entières. Cela s'appelle *itikaf*.

mais ils n'en jouiront qu'un espace de temps borné; ensuite je les refoulerai vers le châtiment du feu. Quelle affreuse route que la leur !

121. Lorsque Abraham et Ismaël eurent élevé les fondements de la maison, ils s'écrièrent : Agrée-la, ô notre Seigneur, car tu entends et connais tout.

122. Fais, ô notre Seigneur, que nous soyons résignés à ta volonté (musulmans), que notre postérité soit un peuple résigné à ta volonté (musulman) [1]; enseigne-nous les rites sacrés, et daigne jeter tes regards sur nous, car tu aimes à agréer la pénitence et tu es miséricordieux.

123. Suscite au milieu d'eux un envoyé pris parmi eux, afin qu'il leur lise le récit de tes miracles [2], leur enseigne le Livre [3] et la sagesse, et qu'il les rende purs.

124. Et qui aura de l'aversion pour la religion d'Abraham, si ce n'est celui qui se ravale sottement soi-même? Nous l'avons élu dans ce monde, et il sera dans l'autre au nombre des justes.

125. Lorsque Dieu dit à Abraham : Abandonne-toi à moi, il répondit : Je m'abandonne au Dieu maître de l'univers.

126. Abraham recommanda cette croyance à ses enfants, et Jacob en fit autant; *il leur dit :* O mes enfants! Dieu vous a choisi une religion, ne mourez pas que vous ne soyez musulmans (résignés à Dieu).

127. Étiez-vous présents lorsque Jacob fut près de mourir et lorsqu'il demanda à ses enfants : Qu'adorerez-vous après ma mort? Ils répondirent : Nous adorerons ton Dieu, le Dieu de tes pères, Abraham, Ismaël et Isaac, le Dieu unique, et nous nous livrons à lui (nous sommes musulmans).

128. Cette génération a passé, elle a emporté avec elle le prix de ses œuvres; vous recevrez aussi celui des vôtres, et on ne vous demandera point compte de ce que d'autres ont fait.

129. On vous dit : Soyez juifs ou chrétiens, et vous serez sur

---

[1] Voy. ci-dessus la note du verset 109. Mahomet, en mettant dans la bouche d'Abraham le mot *mouslim* (musulman), qui littéralement veut dire *livré à Dieu, résigné à la volonté de Dieu*, veut rattacher sa religion au culte primitif, au culte d'Abraham. C'est en même temps la religion naturelle de l'homme, selon lui. La tradition attribue à Mahomet ces paroles : « Tout homme naît musulman; ce sont ses parents qui le rendent juif, chrétien ou mage (adorateur du feu). »

[2] Mot à mot, qui leur lise tes signes. Le mot *signe* étant applicable aux versets d'un livre divin, on peut lui adjoindre le mot *lire*.

[3] C'est-à-dire, le code sacré.

CHAPITRE II.

le bon chemin. Répondez-leur : Nous sommes plutôt de la religion d'Abraham, vrai croyant, et qui n'était point du nombre des idolâtres.

130. Dites : Nous croyons en Dieu et à ce qui a été envoyé d'en haut à nous, à Abraham et à Ismaël, à Isaac, à Jacob, aux douze tribus; *nous croyons* aux livres qui ont été donnés à Moïse et à Jésus, aux livres accordés aux prophètes par le Seigneur ; nous ne mettons point de différence entre eux; et nous nous abandonnons à Dieu.

131. S'ils (*les juifs et les chrétiens*) adoptent votre croyance, ils sont dans le chemin droit; s'ils s'en éloignent, ils font une scission avec nous ; mais Dieu vous suffit, il entend et sait tout.

132. C'est là le baptême de Dieu ; et qui peut mieux donner le baptême que Dieu [1] ? C'est lui que nous adorons.

133. Dis-leur : Disputerez-vous avec nous au sujet de ce Dieu qui est notre Seigneur et le vôtre? Nous avons nos actions, et vous avez les vôtres. Nous sommes sincères envers Dieu.

134. Direz-vous qu'Abraham, Ismaël, Isaac, Jacob et les douze tribus, étaient juifs ou chrétiens ? Dis-leur : Qui donc est plus savant, de Dieu ou de vous? Et qui est plus coupable que celui qui cache le témoignage dont Dieu l'a fait le dépositaire ? Mais Dieu n'est point inattentif à ce que vous faites.

135. Ces générations ont disparu. Elles ont emporté le prix de leurs œuvres, de même que vous emporterez celui des vôtres. On ne vous demandera point compte de ce qu'elles ont fait.

136. Les insensés parmi les hommes demanderont : Qu'est-ce qui les a détournés de leur *Kebla* [2], de celle qu'ils avaient d'abord adoptée? Réponds-leur : L'Orient et l'Occident appartiennent au Seigneur ; il conduit ceux qu'il veut dans le droit chemin.

137. C'est ainsi que nous avons fait de vous, ô *Arabes!* une

---

[1] Par baptême, les commentateurs entendent la religion que Dieu établit pour les hommes en les créant, et dont les marques subsistent dans l'homme, de même que les traces de l'eau sur les vêtements du baptisé. Cette interprétation est loin d'être satisfaisante. Mahomet n'a-t-il pas plutôt employé ce mot en vue des chrétiens, pour dire que c'est sa religion qui était une vraie renaissance qu'ils devaient adopter ? Nous ferons observer, en passant, que le mot dont se sert ici Mahomet, *sebgha*, signifie littéralement la même chose que baptême, proprement : immersion ; mais que les chrétiens se servent aujourd'hui du mot *ta'mid* (confirmation).

[2] Dans ce verset Mahomet fait allusion aux non musulmans qui, en voyant les musulmans se tourner tantôt d'un côté du ciel, tantôt de l'autre en faisant la prière, ne pouvaient pas s'expliquer ce changement.

nation intermédiaire[1], afin que vous soyez témoins vis-à-vis de tous les hommes, et que l'Apôtre soit témoin par rapport à vous.

138. Nous n'avons établi la précédente *Kebla* que pour distinguer celui d'entre vous qui aura suivi le prophète de celui qui s'en détourne[1]. Ce changement est une gêne, mais non pas pour ceux que Dieu dirige. Ce n'est pas Dieu qui laissera *le fruit de* votre foi[2], car il est plein de bonté et de miséricorde pour les hommes.

139. Nous t'avons vu tourner ton visage de tous les côtés du ciel ; nous voulons que tu le tournes *dorénavant* vers une région dans laquelle tu te complairas. Tourne-le donc vers la plage de l'oratoire sacré[3]. En quelque lieu que vous soyez, tournez-vous vers cette plage. Ceux qui ont reçu les Écritures savent que c'est la vérité qui vient du Seigneur, et Dieu n'est point inattentif à leurs actions.

140. Quand même tu ferais en présence de ceux qui ont reçu les Écritures toutes sortes de miracles, ils n'adopteraient pas ta *Kebla* (direction dans la prière). Toi, tu n'adopteras pas non plus la leur. Parmi eux-mêmes, les uns ne suivent point la *Kebla* des autres[4]. Si, après la science que tu as reçue, tu suivais leurs désirs, tu serais du nombre des impies.

141. Ceux qui ont reçu les Écritures connaissent l'Apôtre comme ils connaissent leurs propres enfants[5] ; mais la plupart cachent la vérité qu'ils connaissent.

142. La vérité vient de ton Seigneur. Ne sois donc pas de ceux qui doutent.

143. Chacun a une plage du ciel vers laquelle il se tourne en priant. Vous, faites le bien à l'envi les uns des autres, partout où vous êtes. Dieu vous rassemblera tous un jour, car il est tout-puissant.

144. De quelque lieu que tu sortes, tourne ton visage vers l'oratoire sacré. C'est la vérité qui vient de ton Seigneur, et Dieu n'est point inattentif à vos actions.

---

[1] Selon les commentateurs, cela veut dire que les Arabes ne donnent dans aucun excès, et que chez eux les vices des autres peuples sont mitigés par une modération innée. Cette explication est loin d'être satisfaisante.

[2] C'est-à-dire : ceux qui, avant l'établissement définitif de la *Kebla* de la Mecque, se tournaient, en priant, du côté de Jérusalem, ne seront pas pour cela frustrés de leur récompense au ciel.

[3] L'oratoire sacré est la traduction littérale de *mesdjid elharam*, c'est l'enceinte du temple de la Ka'ba, à la Mecque.

[4] Les juifs et les chrétiens qui ne suivent pas la Kebla les uns des autres.

[5] C'est-à-dire qu'au fond ils sont convaincus de la vérité de sa mission.

145. De quelque lieu que tu sortes, tourne ton visage vers l'oratoire sacré. En quelque lieu que vous soyez, tournez vos visages de ce côté-là, afin que les hommes n'aient aucun prétexte de dispute contre vous. Quant aux impies, ne les craignez point; mais craignez-moi, afin que j'accomplisse mes bienfaits pour vous, et que vous soyez dans la droite voie.

146. C'est ainsi que nous avons envoyé vers vous un apôtre pris parmi vous, qui vous lira nos enseignements, qui vous rendra purs et vous apprendra le Livre (le Koran) et la sagesse, qui vous apprendra ce que vous ignoriez.

147. Souvenez-vous de moi, et je me souviendrai de vous; rendez des actions de grâces, et ne soyez pas infidèles [1].

148. O vous qui avez cru! cherchez le secours dans la patience et dans la prière. Dieu est avec les patients.

149. Ne dites pas que ceux qui sont tués dans la voie de Dieu sont des morts [2]. Non, ils sont vivants; mais vous ne le comprenez pas.

150. Nous vous éprouverons par la terreur et par la faim, par les pertes dans vos biens et dans vos hommes, dans vos récoltes. *Mais toi, ô Mohammed*, annonce d'heureuses nouvelles à ceux qui souffrent avec patience;

151. A ceux qui, lorsqu'un malheur les atteint, s'écrient : Nous sommes à Dieu, et nous retournerons à lui [3].

152. Les bénédictions du Seigneur et sa miséricorde s'étendront sur eux. Ils seront dirigés dans la droite voie.

153. Safa et Merwa [4] sont des monuments de Dieu; celui qui fait le pèlerinage de la Mecque ou visite *en détail* les lieux saints, ne commet aucun péché, s'il fait le tour de ces deux collines. Celui qui aura fait une bonne œuvre de son propre mouvement

---

[1] Ou *ne soyez pas ingrats*, car le mot traduit généralement par *infidèle*, signifie *ingrat*, proprement *qui efface le souvenir des bienfaits reçus*.

[2] C'est l'expression consacrée pour dire : *pour la cause de Dieu*.

[3] Les mahométans se conforment scrupuleusement à cette recommandation. Toutes les fois qu'un grand malheur leur arrive, ils s'écrient avec calme et résignation : « Nous sommes à Dieu, et nous retournerons à lui. » C'est ainsi que les juifs ont coutume de s'écrier avec Job, quand ils éprouvent quelque perte : Dieu l'a donné, Dieu l'a ôté, que le nom de Dieu soit loué. »

[4] *Safa* et *Merwa*, collines sur le territoire de la Mecque. Comme les Arabes idolâtres y pratiquaient certaines cérémonies de leur culte, les musulmans hésitaient à y aller. Mahomet lève leurs scrupules en disant que ces collines sont des monuments de Dieu. Le mot que nous traduisons par monuments s'applique ordinairement dans le Koran à tout lieu ou signe soit naturel soit artificiel qui est l'objet de certains rites.

recevra une récompense, car Dieu est reconnaissant et sait tout.

154. Ceux qui dérobent à la connaissance des autres les signes évidents et la vraie direction, depuis que nous les avons fait connaître aux hommes dans le Livre (le Pentateuque), seront maudits de Dieu et de tous ceux qui savent maudire.

155. Ceux qui reviennent à moi, qui se corrigent et font connaître la vérité aux autres, à ceux-là je reviendrai aussi ; car j'aime à revenir au *pécheur converti,* et je suis miséricordieux.

156. Ceux qui mourront infidèles, sur ceux-là, la malédiction de Dieu, des anges et de tous les hommes !

157. Ils en seront éternellement couverts ; leurs tourments ne s'adouciront point, et Dieu ne tournera point vers eux ses regards.

158. Votre Dieu est le Dieu unique ; il n'y en a point d'autre, il est le Clément et le Miséricordieux.

159. Certes, dans la création des cieux et de la terre, dans la succession alternative des jours et des nuits, dans les vaisseaux qui voguent à travers la mer pour apporter aux hommes des choses utiles, dans cette eau que Dieu fait descendre du ciel et avec laquelle il rend la vie à la terre morte naguère, et où il a disséminé des animaux de toute espèce, dans les variations des vents et dans les nuages astreints au service entre le ciel et la terre, dans tout cela il y a certes des avertissements pour tous ceux qui ont de l'intelligence.

160. Il est des hommes qui placent à côté de Dieu des associés qu'ils aiment à l'égal de Dieu ; mais ceux qui croient aiment Dieu par-dessus tout. Oh ! les impies reconnaîtront, au moment du châtiment, qu'il n'y a d'autre puissance que celle de Dieu, et que Dieu est terrible dans ses châtiments.

161. Lorsque les chefs [1] seront séparés de ceux qui les suivaient, lorsqu'ils verront le châtiment, et que tous les liens qui les unissaient seront rompus,

162. Ceux qui suivaient *leurs chefs* s'écrieront : Ah ! si nous pouvions retourner *sur la terre,* nous les fuirions comme ils nous fuient maintenant [2]. C'est ainsi que Dieu leur fera voir leurs œuvres. Ils pousseront des soupirs de regret, mais ils ne sortiront point du feu.

163. O hommes [3] ! nourrissez-vous de tous les fruits licites et

---

[1] Mot à mot : ceux qui ont été suivis.
[2] Mot à mot : *nous en serions libres, nous romprions avec eux comme,* etc.
[3] Voyez, sur la valeur de cette allocution, la note du v. 19.

bons. Ne marchez point sur les traces de Satan, car il est votre ennemi déclaré.

164. Il vous ordonne le mal et les turpitudes; il vous apprend à dire de Dieu ce que vous ne savez pas.

165. Lorsqu'on leur dit : Suivez la loi que Dieu vous a envoyée, ils répondent : Nous suivons les usages de nos pères. Mais est-ce que leurs pères n'étaient pas des gens qui n'entendaient rien, et qui n'étaient point dans la droite voie?

166. Les infidèles ressemblent à celui qui crie à un homme qui n'entend que le son de la voix et le cri (sans distinguer les paroles). Sourds, muets, aveugles, ils ne comprennent rien.

167. O croyants! nourrissez-vous des mets délicieux que nous vous accordons, et rendez grâce à Dieu, si vous êtes ses adorateurs.

168. Il vous est interdit de manger les animaux morts, le sang, la chair de porc, et tout animal sur lequel on aura invoqué un autre nom que celui de Dieu. Celui qui le ferait, contraint par la nécessité, et non comme rebelle et transgresseur, ne sera pas coupable. Dieu est indulgent et miséricordieux.

169. Ceux qui cachent aux hommes des parties du livre envoyé d'en haut, et achètent par là un objet d'une valeur infime, remplissent de feu leurs entrailles. Dieu ne leur adressera pas la parole au jour de la résurrection et ne les absoudra pas. Un supplice douloureux les attend.

170. Ceux-là sont des hommes qui échangent la *vraie* direction contre l'égarement, et le pardon de Dieu contre ses châtiments; comment supporteront-ils le feu?

171. Ils y seront condamnés, parce que Dieu a envoyé un livre vrai, et que ceux qui disputent à son sujet forment une scission qui les met bien loin de la vérité.

172. La piété ne consiste point à tourner vos visages du côté du levant ou du couchant. Pieux est celui qui croit en Dieu et au jour dernier, aux anges et au Livre, aux prophètes, qui, pour l'amour de Dieu donne de son avoir à ses proches, aux orphelins, aux pauvres, aux voyageurs et à ceux qui demandent; qui rachète les captifs, qui observe la prière, qui fait l'aumône, remplit les engagements qu'il contracte, qui est patient dans l'adversité, dans les temps durs et dans les temps de violences. Ceux-là sont justes et craignent le Seigneur.

173. O croyants! la peine du talion vous est prescrite pour le meurtre. Un homme libre pour un homme libre, un esclave pour

un esclave, et une femme pour une femme [1]. Celui auquel une remise de cette peine (du talion) sera faite par son frère [2] doit être traité avec humanité, et il doit à son tour s'acquitter généreusement *envers celui qui lui fait une remise* [3].

174. C'est un adoucissement [4] de la part de votre Seigneur et une faveur de sa miséricorde ; mais quiconque se rendra coupable encore une fois d'un crime pareil sera livré à un châtiment douloureux.

175. Dans la loi du talion est votre vie [5], ô hommes doués d'intelligence! Peut-être finirez-vous par craindre Dieu.

176. Il vous est prescrit que lorsqu'un d'entre vous est près de mourir, il doit laisser par testament quelque bien à ses père et mère et à ses proches d'une manière généreuse. C'est un devoir pour ceux qui craignent Dieu.

177. Celui qui, après avoir entendu les dispositions du testateur *au moment de sa mort*, les aura altérées, commet un crime [6]. Dieu voit et entend tout.

178. Celui qui, craignant une erreur ou une injustice de la part du testateur, aura réglé *comme il convient les droits des héritiers*, n'est point coupable. Dieu est indulgent et miséricordieux.

179. O croyants! le jeûne vous est prescrit, de même qu'il a été prescrit à ceux qui vous ont précédés. Craignez le Seigneur.

180. *Le jeûne ne durera que* pendant peu de jours. Mais celui qui est malade ou en voyage (*et qui n'aura pas pu accomplir le jeûne dans le temps prescrit*) jeûnera dans la suite un nombre de jours égal Ceux qui, pouvant supporter le jeûne, le rompront, donneront à titre d'expiation la nourriture d'un pauvre. Quiconque accomplit volontairement une œuvre de dévotion en retire

---

[1] Le Koran, en général, est très-bref dans ses dispositions législatives tant civiles que pénales. La *Sonna* ou la tradition a dû y suppléer de bonne heure. C'est ainsi qu'en développant le sens de ce verset, on applique la loi du talion à l'homme meurtrier d'une femme. Dans l'application de la peine, on a encore égard à la religion du coupable : un esclave croyant n'est pas puni de mort pour le meurtre d'un homme libre, mais infidèle.

[2] Par frère, il faut entendre ici un autre homme, un Arabe, surtout un croyant.

[3] C'est là, d'après les commentateurs, le sens de ce passage très-concis.

[4] A la rigueur de la loi du talion.

[5] Cela veut dire que la crainte des représailles contient les hommes, et les éloigne du meurtre.

[6] Le texte porte : *son crime retombe sur ceux qui les dénaturent*, c'est-à-dire qu'on ne saurait faire un reproche au testateur des dispositions défavorables, qu'on lui attribue, mais bien à celui qui les a altérées en les rapportant.

un avantage. Avant tout, il est bien que vous observiez le jeûne si vous connaissez la loi.

181. La lune de Ramadan, dans laquelle le Koran est descendu d'en haut pour servir de direction aux hommes, d'explication claire *des préceptes*, et de distinction *entre le bien et le mal*, c'est le temps qu'il faut jeûner. Quiconque aura aperçu cette lune se disposera aussitôt à jeûner. Celui qui sera malade ou en voyage jeûnera dans la suite un nombre de jours égal. Dieu veut votre aise, il ne veut pas votre gêne. Il veut seulement que vous accomplissiez le nombre voulu, et que vous le glorifiiez de ce qu'il vous dirige dans la droite voie ; il veut que vous soyez reconnaissants.

182. Lorsque mes serviteurs te parleront de moi, je serai près d'eux, j'exaucerai la prière du suppliant qui m'implore ; mais qu'ils m'écoutent, qu'ils croient en moi, afin qu'ils marchent droit.

183. Il vous est permis de vous approcher de vos femmes dans la nuit du jeûne. Elles sont votre vêtement et vous êtes le leur [1]. Dieu sait bien que vous vous trompez vous-mêmes [2]. Il est revenu à vous et vous a pardonné. Voyez vos femmes dans le désir de recueillir les fruits qui vous sont réservés. Il vous est permis de manger et de boire jusqu'au moment où vous pourrez déjà distinguer un fil blanc d'un fil noir. A partir de ce moment, observez strictement le jeûne jusqu'à la nuit. Pendant ce temps n'ayez aucun commerce avec vos femmes ; passez-le plutôt en actes de dévotion dans les mosquées. Telles sont les limites de Dieu [3]. N'en approchez point, de peur de les franchir. C'est ainsi que Dieu développe ses signes [4] aux hommes, afin qu'ils le craignent.

184. Ne dévorez pas entre vous vos richesses *en les dépensant* en choses vaines [5] ; ne les portez pas non plus aux juges dans le but de consumer injustement le bien d'autrui. Vous le savez.

---

[1] Selon les commentateurs, cette expression signifie : *vous vous rendez des services mutuels ;* ou bien : *vous cachez les secrets les uns des autres ;* ou bien : *en vous embrassant vous êtes comme un vêtement l'un pour l'autre.*

[2] Mot à mot : *que vous agissez en traîtres envers vous-mêmes,* c'est-à-dire *que vous finissez toujours par éluder les préceptes.*

[3] Limites de Dieu, c'est-à-dire limites, barrières que Dieu a posées autour de sa loi : de là le mot limite, en arabe *hadd*, pluriel *hodoud*, se prend pour prescription de la loi ; cette expression rappelle celle de *sepes legis*, appliquée aux lois de Moïse.

[4] Ou versets du Koran.

[5] Ceci s'applique aux jeux de hasard, aux gageures, aux cadeaux à l'aide desquels on corrompt les juges.

185. Ils t'interrogeront sur les nouvelles lunes. Dis-leur : Ce sont les époques fixées pour l'*utilité* de tous les hommes et pour *marquer* le pèlerinage de la Mecque. La piété ne consiste pas en ce que vous rentriez dans vos maisons par une ouverture pratiquée par derrière [1], elle consiste dans la crainte de Dieu. Entrez donc dans vos maisons par les portes d'entrée, et craignez Dieu. — Vous serez heureux.

186. Combattez dans la voie de Dieu [2] contre ceux qui vous feront la guerre. Mais ne commettez point d'injustice en les attaquant les premiers, car Dieu n'aime point les injustes.

187. Tuez-les partout où vous les trouverez, et chassez-les d'où ils vous auront chassés. La tentation de l'idolâtrie est pire que le carnage à la guerre. Ne leur livrez point de combat auprès de l'oratoire sacré, à moins qu'ils ne vous y attaquent. S'ils le font, tuez-les. Telle est la récompense des infidèles.

188. S'ils mettent un terme à ce qu'ils font, certes Dieu est indulgent et miséricordieux.

189. Combattez-les jusqu'à ce que vous n'ayez point à craindre la tentation, et que tout culte soit celui du Dieu unique. S'ils mettent un terme à leurs actions, alors plus d'hostilités, si ce n'est contre les méchants.

190. Le mois sacré pour le mois sacré, et les lieux sacrés sous *la sauvegarde* des représailles [3]. Si quelqu'un vous opprime, op-

[1] Lorsque les Arabes revenaient du pèlerinage de la Mecque, ils se croyaient sanctifiés; et, regardant comme profane la porte par laquelle ils entraient d'habitude dans leurs maisons, ils en faisaient ouvrir une du côté opposé. Mahomet condamne cet usage.

[2] Combattre dans la voie, dans le sentier de Dieu, est une expression consacrée pour dire : faire la guerre sainte pour la cause de Dieu. Les commandements renfermés dans les versets 186-190 sont des dispositions de circonstance; elles s'appliquent aux idolâtres de la Mecque, ainsi que les mots *oratoire sacré, tentation de l'idolâtrie*, le font voir. A cette époque, Mahomet n'était pas encore maître de la Mecque, et sa position lui prescrivait de se tenir sur la défensive : la guerre d'agression y est donc condamnée formellement. Il ne faut pas cependant conclure que ces commandements sont capables d'enchaîner la foi, la fidélité des musulmans. Les mots : *tuez-les partout où vous les trouverez, et chassez-les d'où ils vous auront chassés*, ainsi que ces autres : *jusqu'à ce que tout culte soit celui du Dieu unique*, laissent une telle latitude, qu'il n'est pas étonnant que l'islamisme se soit toujours cru libre de tout engagement envers les peuples d'une autre religion, lorsque ses forces ou les circonstances favorables lui ont permis de ressaisir les pays échappés à sa domination.

[3] C'est-à-dire que, si vous êtes attaqués dans un des mois sacrés ou dans les enceintes sacrées, il vous est permis d'user de représailles dans ces mêmes mois et ces mêmes lieux.

primez-le comme il vous a opprimé. Craignez le Seigneur, et apprenez qu'il est avec ceux qui le craignent.

191. Dépensez votre avoir dans la voie de Dieu, et ne vous précipitez pas de vos propres mains dans l'abîme. Faites le bien, car Dieu aiment ceux qui font le bien.

192. Accomplissez le pèlerinage *de la Mecque* et la visite *des lieux saints* [1]; si vous en êtes empêchés étant cernés par les ennemis, envoyez-y quelque offrande. Ne rasez point vos têtes jusqu'à ce que l'offrande soit parvenue à l'endroit où l'on doit l'immoler. Celui qui serait malade, ou que quelque indisposition obligerait à se raser, sera tenu de satisfaire par le jeûne, par l'aumône ou par quelque offrande. Lorsque vous n'avez rien à craindre de vos ennemis, celui qui se contente d'accomplir la visite *des lieux saints* et remet le pèlerinage à une autre époque, fera une offrande; s'il n'en a pas les moyens, trois jours de jeûne en seront une expiation pendant le pèlerinage même, et sept après le retour : dix jours en tout. Cette expiation est imposée à celui dont la famille ne se trouvera pas présente à l'oratoire sacré. Priez Dieu, et sachez qu'il est terrible dans ses châtiments.

193. Le pèlerinage se fera dans les mois que vous connaissez [2]. Celui qui l'entreprendra devra s'abstenir des femmes, des transgressions des préceptes, et de rixes. Le bien que vous ferez sera connu de Dieu. Prenez des provisions pour le voyage. La meilleure provision cependant est la piété. Craignez-moi donc, ô hommes doués de sens !

194. Ce n'est point un crime de demander des faveurs à votre Seigneur [3]. Lorsque vous revenez en foule du mont Arafat, souvenez-vous du Seigneur près du monument sacré [4]; souvenez-vous

---

[1] Le pèlerinage, *elhadjdj*, doit être accomplie dans les trois mois *chewwal, dhoul-kadeh* et *dhoul-hidjdjeh*, et que pour le faire on doit se revêtir du manteau de pèlerin, s'abstenir de la chasse, des femmes, ne point se raser la tête. La visite du temple, *elomra*, n'entraîne pas ces pratiques.

[2] Ce sont les mots *chewwal, dhoul-kadeh* et *dhoul-hidjdjeh*.

[3] Selon les commentateurs, ces mots d'un sens si général veulent dire : Il vous est permis de demander l'accroissement de votre avoir par le commerce même pendant que vous venez en pèlerins à la Mecque. Les Arabes idolâtres qui faisaient aussi le pèlerinage de la Mecque, exerçaient le trafic dans les marchés voisins d'Okadh, de Medjionna, etc. Depuis la venue de Mahomet, les musulmans s'abstenaient du commerce pendant le pèlerinage, craignant que ce ne fût un péché. Mahomet le leur permit pour ne pas priver beaucoup d'entre eux du seul moyen de vivre qu'ils eussent.

[4] C'est le nom d'une montagne où Mahomet s'étant retiré un jour pour prier, son visage devint tout rayonnant.

3.

de lui, parce qu'il vous a dirigés dans la droite voie, vous qui étiez naguère dans l'égarement.

195. Faites ensuite des processions dans les lieux où les autres les font. Implorez le pardon de Dieu, car il est indulgent et miséricordieux.

196. Lorsque vous aurez terminé vos cérémonies, gardez le souvenir de Dieu comme vous gardez celui de vos pères, et même plus vif encore. Il est des hommes qui disent : Seigneur, donne-nous notre portion de biens dans ce monde. Ceux-ci n'auront point de part dans la vie future.

197. Il en est d'autres qui disent : Seigneur, assigne-nous une belle part dans ce monde et une belle part dans l'autre, et préserve-nous du châtiment du feu.

198. Ceux-ci auront la part qu'ils auront méritée. Dieu est prompt dans ses comptes.

199. Rappelez le nom de Dieu pendant ces jours comptés [1]. Celui qui aura hâté le *départ de la vallée de Mina* ne sera point coupable ; celui qui l'aura retardé ne le sera pas non plus, si toutefois il craint Dieu. Craignez donc Dieu, et apprenez que vous serez un jour rassemblés devant lui.

200. Tel homme plaira par la manière dont il te parlera de la vie de ce monde ; il prendra Dieu à témoin des pensées de son cœur. Il est le plus acharné de tes adversaires.

201. A peine t'a-t-il quitté, qu'il parcourt le pays, y propage le désordre, cause des dégâts dans les campagnes et parmi les bestiaux. Dieu n'aime point le désordre.

202. Si on lui dit : Crains Dieu, l'orgueil du crime s'empare de lui ; mais la géhenne lui suffira *un jour* [2]. Quel affreux lieu de repos !

203. Tel autre s'est vendu soi-même pour faire une action agréable à Dieu [3]. Dieu est plein de bonté pour ses serviteurs.

204. O croyants ! entrez tous dans la vraie religion ; ne marchez pas sur les traces de Satan ; il est votre ennemi déclaré.

205. Si vous tombez dans le péché après avoir reçu les signes évidents [4], sachez que Dieu est puissant et sage.

---

[1] Les mots du texte sont : *Souvenez-vous de Dieu ;* ces mots peuvent se prendre tantôt dans un sens très-général et tantôt dans le sens de : Rappelez le nom de Dieu, priez Dieu, faites des actes de dévotion ; c'est le contexte qui sert à préciser le sens.

[2] Le personnage auquel il est fait allusion ici s'appelait Akhnas ben Choraïk.

[3] C'est un nommé Sohaïb qui, persécuté par les idolâtres, se sauva pour aller rejoindre Mahomet, laissant tout son avoir entre les mains des infidèles.

[4] Les versets du Koran.

206. Les infidèles attendent-ils que Dieu vienne à eux dans les ténèbres d'épais nuages, accompagné de ses anges et que tout soit consommé? Certes, toutes choses retournent à Dieu.

207. Demande aux enfants d'Israël combien de signes évidents nous avons fait éclater à leurs yeux. Celui qui fera changer les faveurs que Dieu lui avait accordées *apprendra que* Dieu est terrible dans ses châtiments [1].

208. La vie de ce monde est pour ceux qui ne croient pas et qui se moquent des croyants. Ceux qui craignent Dieu seront au-dessus d'eux au jour de la résurrection. Dieu nourrit ceux qu'il veut sans leur compter ses bienfaits.

209. Les hommes formaient autrefois une seule nation. Dieu envoya les prophètes chargés d'annoncer et d'avertir. Il leur donna le Livre (*le Pentateuque ou l'Évangile*) contenant la vérité, pour prononcer entre les hommes sur l'objet de leurs disputes. Or, les hommes ne se mirent à disputer que par jalousie les uns contre les autres, et après que les signes évidents leur furent donnés à tous. Dieu fut le guide des hommes qui crurent vers le vrai *sens* de ce qui était devenu l'objet de disputes avec la permission de Dieu, car il dirige ceux qu'il veut vers le chemin droit.

210. Croyez-vous entrer dans le paradis sans avoir éprouvé les maux qu'ont éprouvés ceux qui vous ont précédés? Les malheurs et les calamités les atteignirent ; ils furent ballottés par l'adversité au point que le prophète et ceux qui croyaient avec lui s'écrièrent : Quand donc arrivera le secours de Dieu? — Le secours du Seigneur n'est-il pas proche?

211. Ils t'interrogeront comment il faut faire l'aumône. Dis-leur : Il faut secourir les parents, les proches, les orphelins, les pauvres, les voyageurs. Le bien que vous ferez sera connu de Dieu.

212. On vous a prescrit la guerre, et vous l'avez prise en aversion.

213. Il se peut que vous ayez de l'aversion pour ce qui vous est avantageux, et que vous aimiez ce qui vous est nuisible. Dieu le sait ; mais vous, vous ne le savez pas.

214. Ils t'interrogeront sur le mois sacré, sur la guerre dans ce mois. Dis-leur : La guerre dans ce mois est un péché grave ; mais se détourner de la voie de Dieu [2], ne point croire en lui et à l'ora-

---

[1] Par les faveurs de Dieu il faut entendre ici les versets du Koran. Mahomet annonce le châtiment éternel à ceux qui dénaturent ou altèrent ses versets.

[2] C'est-à-dire éviter de combattre pour la cause de Dieu

toire sacré, chasser de son enceinte ceux qui l'habitent, est *un péché* encore plus grave. La tentation *de l'idolâtrie* est pire que le carnage ¹. Les infidèles ne cesseront point de vous faire la guerre tant qu'ils ne vous auront pas fait renoncer à votre religion, s'ils le peuvent. Mais ceux d'entre vous qui renonceront à leur religion et mourront en état d'infidélité, ceux-là sont les hommes dont les œuvres seront en pure perte dans cette vie et dans l'autre : ce sont les hommes voués au feu, et ils y demeureront éternellement.

215. Ceux qui abandonnent leur pays et combattent dans le sentier de Dieu peuvent espérer sa miséricorde, car il est indulgent et miséricordieux.

216. Ils t'interrogeront sur le vin et le jeu. Dis-leur : Dans l'un comme dans l'autre il y a du mal et des avantages pour les hommes, mais le mal l'emporte sur les avantages *qu'ils procurent*. Ils t'interrogeront aussi sur ce qu'ils doivent dépenser en largesses.

217. Réponds-leur : Donnez votre superflu. C'est ainsi que Dieu vous explique ses signes ², afin que vous méditiez

218. Sur ce monde et sur l'autre. Ils t'interrogeront sur les orphelins. Dis-leur : Leur faire du bien est une belle action.

219. Dès que vous vous mêlez à eux, ils sont vos frères : Dieu sait distinguer celui qui fait le mal de celui qui fait le bien ³. Il peut vous affliger s'il le veut, car il est puissant et sage.

220. N'épousez point les femmes idolâtres tant qu'elles n'auront pas cru. Une esclave croyante vaut mieux qu'une femme libre idolâtre, quand même celle-ci vous plairait davantage. Ne donnez point vos filles aux idolâtres tant qu'ils n'auront pas cru. Un esclave croyant vaut mieux qu'un incrédule libre, quand même il vous plairait davantage.

221. Les infidèles vous appellent au feu, et Dieu vous invite au paradis et au pardon s'il le veut; il explique ses enseignements aux hommes, afin qu'ils les méditent.

222. Ils t'interrogeront sur les règles des femmes. Dis-leur : C'est un inconvénient. Séparez-vous de vos épouses pendant ce temps, et n'en approchez que lorsqu'elles seront purifiées. Lorsqu'elles seront purifiées, voyez-les comme Dieu vous l'a ordonné.

¹ Le mot tentation signifie aussi désordre, anarchie, et ce dernier sens peut être fort bien ici à sa place ; mais en adoptant avec les commentateurs le sens de *tentation*, il faut ajouter *de l'idolâtrie*.

² Ou versets du Koran.

³ Mot à mot : celui qui corrompt d'avec celui qui améliore.

Il aime ceux qui se repentent, il aime ceux qui cherchent à se conserver purs.

223. Vos femmes sont votre champ. Allez à votre champ comme vous voudrez [1], mais faites auparavant quelque chose en faveur de vos âmes [2]. Craignez Dieu, et sachez qu'un jour vous serez en sa présence. *Et toi, ô Mohammed!* annonce aux croyants d'heureuses nouvelles.

224. Ne prenez pas Dieu pour point de mire quand vous jurez d'être vertueux, de craindre Dieu, et d'établir la concorde parmi les hommes. Il sait et entend tout [3].

225. Dieu ne vous punira point pour une méprise dans vos serments; il vous punira pour les œuvres de vos cœurs. Il est clément et miséricordieux.

226. Ceux qui s'abstiennent de leurs femmes auront un délai de quatre mois *pour réfléchir et ne pas se séparer à la légère de leurs femmes*. Si pendant ce temps-là ils reviennent à elles, Dieu est indulgent et miséricordieux.

227. Si le divorce est fermement résolu, Dieu sait et entend tout.

228. Les femmes répudiées laisseront écouler le temps de trois menstrues avant de se remarier. Elles ne doivent point cacher ce que Dieu a créé dans leur sein, si elles croient en Dieu et au jour dernier. Il est plus équitable que les maris les reprennent quand elles sont dans cet état, s'ils désirent le bien. Les femmes à l'égard de leurs maris, et ceux-ci à l'égard de leurs femmes, doivent se conduire honnêtement. Les maris ont le pas sur leurs femmes [4]. Dieu est puissant et sage.

229. La répudiation peut se faire deux fois [5]. Gardez-vous votre

---

[1] Voici comment les commentateurs entendent ce passage : « Venite ad agrum vestrum quomodocunque volueritis, id est stando, sedendo, jacendo à parte anteriori seu posteriori. Judæi enim dicebant : Qui coierit cum uxore sua in vase quidem anteriori, sed à parte postica, procreabit filium sagaciorem et ingeniosiorem. »

[2] Par ces mots, Mahomet recommande aux croyants de faire quelque acte de dévotion ou de charité avant de voir leurs femmes.

[3] Prendre Dieu pour point de mire, veut dire l'invoquer et se servir de son nom. Les commentateurs cependant pensent qu'il faut lire : Quand vous jurez de n'être point justes, vertueux, etc. ; car, disent-ils, les Arabes idolâtres avaient coutume de jurer qu'ils ne feront pas telle bonne action. Mahomet a, du reste, recommandé de rétracter son serment toutes les fois qu'on croit faire mieux en ne le tenant pas.

[4] Mot à mot : *ont un degré au-dessus*, c'est-à-dire leur sont supérieurs. Voy. IV, 38.

[5] Sans entraîner d'autre conséquence que de reprendre simplement sa femme.

femme, traitez-la honnêtement; la renvoyez-vous, renvoyez-la avec générosité. Il ne vous est pas permis de vous approprier ce que vous leur avez donné, à moins que vous ne craigniez de ne point observer les limites de Dieu (*en vivant avec elles*) [1]. Si vous craignez de ne point les observer, il ne résultera aucun péché pour aucun de vous, de tout ce que la femme fera pour se racheter. Telles sont les limites posées par Dieu [2]. Ne les franchissez pas; car qui franchit les limites de Dieu est injuste.

230. Si un mari répudie sa femme trois fois, il ne lui est permis de la reprendre que lorsqu'elle aura épousé un autre mari, et lorsque celui-ci l'aura répudiée à son tour. Il ne résultera aucun péché pour aucun des deux, s'ils se réconcilient, croyant pouvoir observer les limites de Dieu. Telles sont les limites que Dieu pose clairement aux hommes qui entendent.

231. Lorsque vous répudiez une femme et que le moment de la renvoyer est venu, gardez-la en la traitant honnêtement, ou renvoyez-la avec générosité. Ne la retenez point par force pour exercer quelque injustice envers elle; celui qui agit ainsi, agit contre lui-même. Ne vous jouez pas des enseignements de Dieu, et souvenez-vous des bienfaits de Dieu, du Livre et de la sagesse qu'il a fait descendre sur vous et par lesquels il vous donne des avertissements. Craignez-le, et sachez qu'il connaît tout.

232. Lorsque vous répudiez vos femmes et qu'elles auront attendu le temps fixé, ne les empêchez pas de renouer les liens du mariage avec leurs maris, si les deux époux conviennent de ce qu'ils croient honnête. Cet avis est donné à ceux d'entre vous qui croient en Dieu et au jour dernier : cela est plus digne et plus décent [3]. Dieu sait tout, et vous ne savez pas.

233. Les mères répudiées allaiteront leurs enfants deux ans complets, si le père veut que le temps soit complet. Le père de l'enfant est tenu de pourvoir à la nourriture et aux vêtements de la femme d'une manière honnête. Que personne ne soit chargé au delà de ses facultés : que la mère ne soit pas lésée dans ses intérêts à cause de son enfant, ni le père non plus. L'héritier du père est tenu aux mêmes devoirs. Si les époux préfèrent sevrer l'enfant (avant le terme) de consentement volontaire et après s'être consultés mutuellement, cela n'implique aucun péché. Si vous préférez

---

[1] C'est-à-dire : si vous avez une aversion prononcée pour votre femme, il vaut mieux se séparer d'elle qu'offenser Dieu par les mauvais traitements et l'injustice.

[2] Au sujet de l'expression *limites de Dieu*, voyez ci-dessus, verset 183, note 2.

[3] Les deux adjectifs rendus ici par *digne* et *décent*, signifient proprement *pur* et *propre*.

mettre vos enfants en nourrice, il n'y aura aucun mal à cela, pourvu que vous payiez ce que vous avez promis. Craignez Dieu, et sachez qu'il voit tout.

234. Si ceux qui meurent laissent des femmes, elles doivent attendre quatre mois et dix jours. Ce terme expiré, vous ne serez point responsables de la manière dont elles disposeront honnêtement d'elles-mêmes. Dieu est instruit de ce que vous faites.

235. Il n'y aura aucun mal à ce que vous fassiez ouvertement les propositions de mariage à ces femmes [1], ou que vous en gardiez l'intention secrète dans vos cœurs. Dieu sait bien que vous y penseriez; mais ne leur faites point de promesses en secret, et ne leur tenez qu'un langage honnête.

236. Ne décidez des liens du mariage que quand le temps prescrit sera accompli; sachez que Dieu connaît ce qui est dans vos cœurs; sachez qu'il est indulgent et miséricordieux.

237. Il n'y a aucun péché à répudier une femme avec laquelle vous n'aurez point cohabité [2], ou à qui vous n'aurez pas assigné le dot. Donnez-leur le nécessaire (l'homme aisé selon ses facultés, l'homme pauvre selon les siennes) d'une manière honnête et ainsi qu'il convient à ceux qui pratiquent le bien.

238. Si vous répudiez une femme avant la cohabitation, mais après la fixation de la dot, elle en gardera la moitié, à moins que la femme ne se désiste (de sa moitié), ou bien que celui qui de sa main a lié le nœud du mariage ne se désiste de tout. Se désister est plus proche de la piété. N'oubliez pas la générosité dans vos rapports entre vous. Dieu voit ce que vous faites.

239. Observez *avec soin les heures des* prières et la prière du milieu [3], et levez-vous *à la prière* pénétrés de dévotion.

240. Si vous craignez quelque danger, vous pouvez prier debout ou à cheval. Quand vous êtes en toute sécurité, pensez de nouveau à Dieu, car il vous a enseigné ce que vous ne saviez pas.

241. Ceux d'entre vous qui mourront laissant après eux leurs femmes, assigneront à celles-ci un legs destiné à leur entretien pendant une année, et sans qu'elles soient obligées de quitter la maison. Si elles la quittent d'elles-mêmes, il ne saurait résulter aucun péché pour vous de la manière dont elles disposeront honnêtement d'elles-mêmes. Dieu est puissant et sage.

---

[1] Pendant ces quatre mois et dix jours.
[2] Mot à mot : *que vous n'aurez pas touchée.*
   On ne sait pas ce que c'était que la prière du milieu. Quelques commentateurs croient que c'est la prière de l'après-midi.

242. Un entretien honnête est dû aux femmes répudiées ; c'est un devoir à la charge de ceux qui craignent Dieu.

243. C'est ainsi que Dieu vous explique ses signes, afin que vous réfléchissiez.

244. N'as-tu pas remarqué ceux qui, au nombre de plusieurs mille, sortirent de leur pays par crainte de la mort? Dieu leur a dit : Mourez. Puis il les a rendus à la vie, car Dieu est plein de bonté pour les hommes ; mais la plupart ne le remercient point de ses bienfaits [1].

245. Combattez dans le sentier de Dieu, et sachez que Dieu entend et sait tout.

246. Qui veut faire un prêt magnifique à Dieu? Dieu le multipliera à l'infini, car Dieu restreint ou étend ses faveurs *à son gré*, et vous retournerez tous à lui.

247. Rappelle-toi l'assemblée des enfants d'Israël après la mort de Moïse, lorsqu'ils dirent à un de leurs prophètes : Créez-nous un roi, et nous combattrons dans le sentier de Dieu. — Et lorsqu'on vous le commandera, leur répondit-il, ne vous y refuserez-vous pas? — Et pourquoi ne combattrions-nous pas dans le sentier de Dieu, dirent-ils, nous qui avons été chassés de notre pays et séparés de nos enfants? Cependant, lorsqu'on leur ordonna de marcher, ils changèrent d'avis, un petit nombre excepté. Mais Dieu connaît les méchants.

248. Le prophète leur dit : Dieu a choisi Talout (*Saül*) pour être votre roi. — Comment, reprirent les Israélites, aurait-il le pouvoir sur nous? nous en sommes plus dignes que lui ; il n'a pas même l'avantage des richesses. Le prophète reprit : Dieu l'a choisi pour vous commander, il lui a accordé beaucoup de science et une grande force physique. Dieu donne le pouvoir à qui il veut. Il est immense et savant.

249. Le prophète leur dit : En signe de son pouvoir viendra l'arche *d'alliance*. Dans elle vous aurez *un gage* de sécurité de votre Seigneur ; elle renfermera quelques reliques de la famille

---

[1] Selon les commentateurs, il s'agit ici de quelques milliers de juifs qui, soit pour fuir la peste, soit pour se soustraire au service militaire, avaient abandonné leur pays. Dieu les fit mourir pour les en punir, et les rendit ensuite à la vie sur les prières d'Ézéchiel. Cependant les ressuscités conservèrent un teint livide et cadavéreux, et leurs habits devinrent noirs comme de la poix, signes qui, dit-on, se perpétuèrent dans leur postérité. Dans cette version on reconnaît une trace du passage d'Ézéchiel, chap. XXXVII.

de Moïse et d'Aaron[1] ; les anges la porteront. Cela vous servira de signe si vous êtes croyants.

250. Lorsque Talout partit avec ses soldats, il leur dit : Dieu va vous éprouver par une rivière. Celui qui s'y désaltérera ne sera point des miens ; celui qui s'en abstiendra (sauf à en puiser dans le creux de la main) comptera parmi les miens. Excepté un petit nombre, tous les autres y burent *à leur soif*. Lorsque le roi et les croyants qui le suivaient eurent traversé la rivière, les autres s'écrièrent : Nous n'avons point de force aujourd'hui contre Djalout (*Goliath*) et ses soldats ; mais ceux qui crurent qu'au jour dernier ils verraient la face de Dieu dirent alors : Oh ! combien de fois, par la permission de Dieu, une troupe nombreuse fut vaincue par une petite troupe ! Dieu est avec les persévérants.

251. Et lorsqu'ils s'avancèrent *sur le champ de bataille* contre Djalout et son armée, ils s'écrièrent : Seigneur ! accorde-nous la constance, affermis nos pas, et donne-nous la victoire sur ce peuple infidèle.

252. Et ils le mirent en fuite avec la permission de Dieu. David tua Djalout ; Dieu lui donna le Livre[2] et la sagesse ; il lui apprit ce qu'il voulut. Si Dieu ne contenait les nations les unes par les autres, certes la terre serait corrompue. Mais Dieu est bienfaisant envers l'univers.

253. Tels sont les enseignements de Dieu. Nous te les révélons parce que tu es du nombre des envoyés.

254. Nous élevâmes les prophètes les uns au-dessus des autres. Les plus élevés sont ceux à qui Dieu a parlé. Nous avons envoyé Jésus, fils de Marie, accompagné de signes évidents, et nous l'avons fortifié par l'esprit de la sainteté[3]. Si Dieu avait voulu, ceux qui sont venus après eux et après l'apparition des miracles ne se seraient point entre-tués. Mais ils se mirent à disputer ; les uns crurent ; d'autres furent incrédules. Si Dieu l'avait voulu, ils ne se seraient point entre-tués ; mais Dieu fait ce qu'il veut.

255. O croyants ! donnez l'aumône des biens que nous vous avons départis, avant que le jour vienne où il n'y aura plus ni contrats, ni amitié, ni intercession. Les infidèles sont les méchants.

---

[1] L'arche contenait, suivant les docteurs musulmans, les souliers et la baguette de Moïse, la mitre d'Aaron, un vase plein de manne, et les débris des deux tables de la loi.

[2] C'est le livre des Psaumes. Il faut remarquer que Mahomet ne reconnaît que quatre livres divins : ce sont le Pentateuque, les Psaumes, l'Évangile et le Koran ; les autres livres envoyés aux prophètes ont été, selon lui, perdus.

[3] Par l'esprit de la sainteté, Mahomet entend l'*ange Gabriel*.

256. Dieu est le seul Dieu ; il n'y a point d'autre Dieu que lui, le Vivant, l'Immuable. Ni l'assoupissement ni le sommeil n'ont de prise sur lui. Tout ce qui est dans les cieux et sur la terre lui appartient. Qui peut intercéder auprès de lui sans sa permission? Il connaît ce qui est devant eux et ce qui est derrière eux, et les hommes n'embrassent de sa science que ce qu'il a voulu leur apprendre. Son trône s'étend sur les cieux et sur la terre, et leur garde ne lui coûte aucune peine [1]. Il est le Très-Haut, le Grand [2].

257. Point de contrainte en religion. La vraie route se distingue assez de l'erreur [3]. Celui qui ne croira pas à Thagout [4] et croira en Dieu aura saisi une anse solide et à l'abri de toute brisure. Dieu entend et connaît tout.

258. Dieu est le patron de ceux qui croient; il les fera passer des ténèbres à la lumière.

259. Quant aux infidèles, ils n'ont pas d'autres patrons que Thagout. Il les conduira de la lumière dans les ténèbres; ils seront voués aux flammes, où ils demeureront éternellement.

260. N'as-tu rien entendu dire de celui [5] qui disputa avec Abraham au sujet du Dieu qui lui donna la royauté? Abraham avait dit: Mon Seigneur est celui qui donne la vie et la mort. — C'est moi, répondit l'autre, qui donne la vie et la mort. — Puisque Dieu, reprit Abraham, amène le soleil de l'orient; fais-le venir de l'occident. L'infidèle resta confondu. Dieu ne dirige point les pervers.

261. Ou bien n'as-tu pas entendu parler de celui qui, passant un jour près d'une ville ruinée et affaissée, s'écria : Comment Dieu fera-t-il revivre cette ville morte? Dieu fit mourir cet homme, et il resta ainsi pendant cent ans; puis il le ressuscita, et lui demanda : Combien de temps as-tu demeuré ici? — Un jour, ou quelques heures seulement, répondit le voyageur. — Non, reprit Dieu, tu es resté ici durant cent ans. Regarde ta nourriture et ta boisson; elles ne sont pas encore gâtées; et puis regarde ton âne, *il n'en reste que des os*. Nous avons voulu faire de lui un signe pour les hommes. Vois comment nous redressons les ossements et les

---

[1] Le trône, *korsi*, qui est au-dessus du ciel et de la terre, est le trône de justice, le tribunal de Dieu ; celui qui est désigné par le nom d'*arch*, est le trône de la majesté divine, et bien au-dessus des cieux.

[2] Tout ce verset est récité comme prière ; on le porte même au bras en guise d'amulette. On l'appelle *verset du trône*.

[3] Ce passage s'adressait à ceux des musulmans qui voulaient forcer leurs enfants, demeurés idolâtres, à embrasser l'islam.

[4] Thagout est le nom d'une idole.

[5] Ce doit être Nemrod.

couvrons ensuite de chair. *A la vue de ce prodige*, cet homme s'écria : Je reconnais que Dieu est tout-puissant[1].

262. Lorsque Abraham dit à Dieu : Seigneur, fais-moi voir comment tu ressuscites les morts, Dieu lui dit : Ne crois-tu point encore ? — Je crois, reprit Abraham ; mais *je voudrais* que mon cœur fut parfaitement rassuré. Dieu lui dit alors : Prends quatre oiseaux et coupe-les en morceaux ; disperse leurs membres sur la cime des montagnes, appelle-les ensuite : ils viendront à toi ; et sache que Dieu est puissant et sage.

263. Ceux qui dépensent leurs richesses dans le sentier de Dieu ressemblent à un grain qui produit sept épis et dont chacun donne cent grains. Dieu donnera le double à celui qu'il veut. Il est immense et savant.

264. Ceux qui dépensent leurs richesses dans le sentier de Dieu, et qui ne font point suivre leurs largesses de reproches ni de mauvais procédés, auront une récompense auprès de leur Seigneur ; la crainte ne descendra point sur eux, et ils ne seront point affligés.

265. Une parole honnête, le pardon *des offenses*, valent mieux qu'une aumône qu'aura suivie la peine *causée à celui qui la reçoit*. Dieu est riche et clément.

266. O croyants ! ne rendez point vaines vos aumônes par les reproches ou les mauvais procédés, comme agit celui qui fait des largesses par ostentation, qui ne croit point en Dieu et au jour dernier. Il ressemble à une colline rocailleuse couverte *d'un peu de terre* ; qu'une averse tombe sur cette colline, elle n'y laissera qu'un rocher. De pareils hommes n'auront aucun profit de leurs œuvres ; car Dieu ne dirige point les infidèles.

267. Ceux qui dépensent leur avoir dans le désir de plaire à Dieu, et pour l'affermissement de leurs âmes, ressemblent à un jardin planté sur un côteau arrosé par une pluie abondante, et dont les fruits ont été portés au double. Si une pluie n'y tombe pas, ce sera la rosée. Dieu voit ce que vous faites.

268. Quelqu'un de vous voudrait-il avoir un jardin planté de palmiers et de vignes, arrosé par des courants d'eau, riche en toute espèce de fruits, et qu'au milieu de ces jouissances la vieillesse le surprenne, qu'il ait des enfants en bas âge, et qu'un tourbillon gros de flammes consume ce jardin ? C'est ainsi que Dieu

---

[1] L'homme pour l'enseignement duquel Dieu a fait ce miracle, est, suivant les musulmans, Ozaïr ou Esdras, qui, passant près des ruines de Jérusalem, détruite par Nabuchodonosor, doutait qu'il fût possible de rebâtir cette ville.

vous explique ses enseignements; peut-être les méditerez-vous.

269. O croyants! faites l'aumône des meilleures choses que vous avez acquises, des fruits que nous avons fait sortir pour vous de la terre. Ne distribuez pas en largesses la partie la plus vile de vos biens;

270. Telle que vous ne la recevriez pas vous-mêmes, à moins d'une connivence avec celui qui vous l'offrirait. Sachez que Dieu est riche et comblé de gloire.

271. Satan vous menace de la pauvreté[1] et vous commande les turpitudes; Dieu vous promet son pardon et ses bienfaits, et certes Dieu est immense et savant.

272. Il donne la sagesse à qui il veut; et quiconque a obtenu la sagesse a obtenu un bien immense: mais il n'y a que les hommes doués de sens qui y songent.

273. Quelle que soit l'aumône que vous ferez, quel que soit le vœu que vous formerez, Dieu les connaîtra. Les méchants n'auront aucune assistance. Faites-vous l'aumône au grand jour? c'est louable; la faites-vous secrètement et secourez-vous les pauvres? cela vous profitera encore davantage. Une telle conduite fera effacer vos péchés. Dieu est instruit de ce que vous faites.

274. Tu n'es point chargé, *ô Mohammed!* de diriger les infidèles. C'est Dieu qui dirige ceux qu'il veut. Tout ce que vous aurez distribué en largesses tournera à votre avantage; tout ce que vous aurez distribué dans le désir de contempler la face de Dieu[2] vous sera payé, et vous ne serez point traités injustement. Il est parmi vous des pauvres qui, occupés uniquement à combattre dans le sentier de Dieu, n'ont pas les moyens de courir le pays *pour s'enrichir par le commerce;* celui qui ne le sait pas, les croit riches à cause de leur tenue réservée[3]; tu les reconnaîtras à leurs marques[4]; ils n'importunent point les hommes par leurs demandes. Tout ce que vous aurez donné à ces hommes, Dieu le saura.

275. Ceux qui feront l'aumône le jour ou la nuit, en secret ou en public, en recevront la récompense de Dieu. La crainte ne descendra point sur eux, et ils ne seront point affligés.

---

[1] C'est-à-dire, Satan vous dissuade d'être généreux, en vous faisant craindre la pauvreté qui serait la conséquence de vos largesses.

[2] C'est-à-dire, non pas en vue de ce monde, mais en vue de la récompense de l'autre.

[3] On les croirait riches ou au moins aisés, car ils ne sont pas importuns et insolents comme les mendiants.

[4] A leur mise humble et leurs vêtements usés.

276. Ceux qui avalent le produit de l'usure se lèveront au jour de la résurrection comme celui que Satan a souillé de son contact. Et cela parce qu'ils disent : L'usure est la même chose que la vente. Dieu a permis la vente, il a interdit l'usure. Celui à qui parviendra cet avertissement du Seigneur, et qui mettra un terme à cette iniquité, obtiendra le pardon du passé ; son sort dépendra alors de Dieu. Ceux qui retourneront à l'usure seront livrés au feu, où ils demeureront éternellement.

277. Dieu anéantit l'usure et multiplie avec usure *le prix des aumônes*. Dieu hait tout homme incrédule et criminel. Ceux qui croient et pratiquent les bonnes œuvres, qui observent la prière et donnent l'aumône, recevront une récompense de leur Seigneur ; la crainte ne descendra point sur eux, et ils ne seront point affligés.

278. O croyants ! craignez Dieu et abandonnez ce qui vous reste encore de l'usure[1], si vous êtes fidèles.

279. Si vous ne le faites pas, attendez-vous à la guerre de la part de Dieu et de son envoyé. Si vous vous repentez, votre capital vous reste encore. Ne lésez personne, et vous ne serez point lésés.

280. Si votre débiteur éprouve de la gêne, attendez qu'il soit plus à son aise. Si vous lui remettez sa dette, ce sera plus méritoire pour vous, si vous le savez.

281. Craignez le jour où vous retournerez à Dieu, où toute âme sera rétribuée selon ses œuvres ; nul n'y sera lésé.

282. O vous qui croyez ! lorsque vous contractez une dette payable à une époque fixée, mettez-le par écrit. Qu'un écrivain la mette fidèlement par écrit. Que l'écrivain ne refuse point d'écrire selon la science que Dieu lui a enseignée ; qu'il écrive, et que le débiteur dicte ; qu'il craigne son Seigneur, et n'en ôte pas la moindre chose. Si le débiteur ne jouit pas de ses facultés, s'il est des faibles *de ce monde*, ou s'il n'est pas en état de dicter lui-même, que son patron (ou *son ami*) dicte fidèlement pour lui. Appelez deux témoins choisis parmi vous ; si vous ne trouvez pas deux hommes, appelez en un seul et deux femmes parmi les personnes habiles à témoigner, afin que, si l'une oublie, l'autre puisse rappeler le fait. Les témoins ne doivent pas refuser de faire leurs dépositions toutes les fois qu'ils en seront requis. Ne dédaignez point de mettre par écrit une dette, qu'elle soit petite ou grande, en indiquant le terme du payement. Ce procédé est plus juste devant

---

[1] C'est-à-dire, faites remise entière de ce que vos débiteurs vous devront à titre d'intérêt.

Dieu, mieux accommodé au témoignage, et plus propre à ôter toute espèce de doute, à moins que la marchandise ne soit là devant vous, et que vous vous la passiez de main en main : alors il ne saurait y avoir de péché si vous ne mettez pas la transaction par écrit. Appelez des témoins dans vos transactions, et ne faites violence ni à l'écrivain ni au témoin ; si vous le faites, vous commettez un crime. Craignez Dieu : c'est lui qui vous instruit, et il est instruit de toutes choses.

283. Si vous êtes en voyage, et que vous ne trouviez pas d'écrivain, il y a lieu à un nantissement. Mais si l'un confie à l'autre un objet, que celui à qui le gage est confié le restitue intact; qu'il craigne Dieu, son Seigneur. Ne refusez point de rendre témoignage; quiconque le refuse a le cœur corrompu. Mais Dieu connaît vos actions.

284. Tout ce qui est dans les cieux et sur la terre appartient à Dieu ; que vous produisiez vos actions au grand jour ou que vous les cachiez, il vous en demandera compte; il pardonnera à qui il voudra, et punira celui qu'il voudra. Dieu est tout-puissant.

285. Le prophète croit en ce que le Seigneur lui a envoyé. Les fidèles croient en Dieu, à ses anges, à ses livres et à ses envoyés. Ils disent : Nous ne faisons pas de différence entre les envoyés de Dieu [1]. Nous avons entendu et nous obéissons. Pardonne-nous nos péchés, ô Seigneur! nous reviendrons tous à toi.

286. Dieu n'imposera à aucune âme un fardeau *qui soit* au-dessus de ses forces. Ce qu'elle aura fait sera allégué pour elle ou contre elle. Seigneur, ne nous punis pas des fautes commises par oubli ou par erreur. Seigneur, ne nous impose pas le fardeau que tu avais imposé à ceux qui ont vécu avant nous. Seigneur, ne nous charge pas de ce que nous ne pouvons supporter. Efface nos péchés, pardonne-les-nous, aie pitié de nous; tu es notre Seigneur. Donne-nous la victoire sur les infidèles.

---

[1] Ce passage est en contradiction avec le verset 254 du même chapitre, ainsi qu'avec le sens de plusieurs versets du chapitre XIX. Voyez la note du verset 42, chap. XIX.

CHAPITRE III.

LA FAMILLE D'IMRAN [1].

Donné à Médine. — 200 versets.

Au nom du Dieu clément et miséricordieux.

1. ÉLIF. LAM. MIM.[2]. Dieu. Il n'y a point d'autre dieu que lui, le Vivant, l'Immuable.

2. Il t'a envoyé en toute vérité le Livre qui confirme ce qui l'a précédé ; il a fait descendre d'en haut le Pentateuque et l'Évangile pour servir de direction aux hommes. Il a fait descendre la Distinction [3].

3. Ceux qui ne croiront point aux signes de Dieu, éprouveront un châtiment terrible. Dieu est puissant, vindicatif.

4. Rien de ce qui est dans les cieux et sur la terre ne lui est caché. C'est lui qui vous forme comme il lui plaît dans le sein de vos mères. Il n'y a point d'autre Dieu que lui. Il est le Puissant, le Sage.

5. C'est lui qui t'a envoyé le Livre de sa part. Il s'y trouve des versets immuables, qui sont *comme* la mère du Livre, et d'autres qui sont métaphoriques [4]. Ceux dont le cœur dévie de la vraie route courent après les métaphores, par envie du désordre et par envie de l'interprétation ; mais il n'y a que Dieu qui en connaisse l'interprétation. Les hommes d'une science solide diront : Nous croyons en ce livre, tout ce qu'il renferme vient de notre Seigneur. *Oui*, il n'y a que les hommes doués d'intelligence qui réfléchissent.

6. Seigneur ! ne permets point à nos cœurs de dévier de la droite voie, quand tu nous y as dirigés une fois. Accorde-nous ta miséricorde, car tu es le dispensateur suprême.

7. Seigneur ! tu rassembleras le genre humain dans le jour au

---

[1] Voyez sur ce nom le verset 30, note.
[2] Voyez, au sujet de ces lettres, la note 2 du chapitre II.
[3] *La distinction* est un des titres du Koran, en ce sens qu'il sert à distinguer le bien du mal, le licite de l'illicite.
[4] Il ne faut pas confondre l'acception des mots *mère du Livre*, employés ici dans le sens de *base, fondement*, avec les deux autres, l'une appliquée au premier chapitre du Koran, l'autre au prototype du Koran conservé au ciel et appelé aussi **Livre évident**.

sujet duquel il n'y a point de doute. Certes, Dieu ne manque point à ses promesses.

8. Pour les infidèles, leurs richesses ni leurs enfants ne sauraient leur servir nullement comme équivalent de Dieu ; ils seront l'aliment du feu.

9. Tel a été le sort des gens de Pharaon [1] et de ceux qui l'ont précédé. Ils ont traité nos signes de mensonges. Dieu les a saisis pour leurs péchés, et il est terrible dans ses châtiments.

10. Dis aux incrédules : Bientôt vous serez vaincus et rassemblés dans la géhenne. Quel affreux séjour !

11. Dans ces deux troupes qui en vinrent aux mains, l'une combattant dans la voie de Dieu, l'autre infidèle, il y avait un signe pour vous. Les infidèles semblaient voir de leurs yeux deux fois autant d'*ennemis* [2] ; mais c'est Dieu qui appuyait de son secours celui qu'il voulait. Certes il y avait dans ceci un avertissement pour les hommes clairvoyants.

12. L'amour des plaisirs, tels que les femmes, les enfants, les trésors entassés d'or et d'argent, les chevaux portant des marques imprimées [3], les troupeaux, les campagnes, tout cela paraît beau aux hommes, mais ce ne sont que des jouissances temporaires de ce monde ; mais la belle retraite est auprès de Dieu.

13. Dis : Puis-je annoncer à ceux qui craignent quelque chose qui vaille mieux ? Chez leur Seigneur ils trouveront des jardins arrosés par des cours d'eau, où ils demeureront éternellement ; des femmes exemptes de toute souillure, et la satisfaction de Dieu. Dieu regarde ses serviteurs.

14. Tel sera le sort de ceux qui disent : Seigneur, nous avons cru ; pardonne-nous nos péchés et préserve-nous de la peine du feu ;

15. De ceux qui ont été patients, véridiques, soumis, charita-

---

[1] Le mot *ahl*, que l'on traduit ordinairement par *famille*, se prend dans le sens plus général de *peuple*, de *partisans de...*, *gens de...*

[2] Il s'agit du combat de Bedr, premier engagement qu'eut Mahomet avec les idolâtres, en l'année II de l'hégire, c'est-à-dire depuis sa fuite de la Mecque. Les forces de Mahomet montaient à trois cent quatre-vingt-dix hommes ; celles des idolâtres à un mille environ. Le premier combat fut entièrement à l'avantage du prophète. Le miracle dont il est parlé dans ce verset consiste en ce que Mahomet prit une poignée de poussière, et la lança aux yeux de ses ennemis, qui furent mis en déroute ; et en ce que les musulmans parurent aux idolâtres deux fois plus nombreux qu'eux parce que Dieu avait envoyé mille, et puis trois mille anges, conduits par l'ange Gabriel monté sur son cheval *Hiazoun*.

[3] C'est-à-dire, chevaux d'élite, ceux que l'on garde avec soin et que l'on marque de son chiffre.

bles, et implorant le pardon de Dieu à chaque lever de l'aurore.

16. Dieu est lui-même témoin de ce qu'il n'y a point d'autre dieu que lui; les anges et les hommes doués de science et de droiture répètent : Il n'y a point d'autre dieu que lui, le Puissant, le Sage.

17. La religion de Dieu est l'Islam [1]. Ceux qui suivent les Écritures ne se sont divisés entre eux que lorsqu'ils ont reçu la science [2], et par jalousie. Celui qui refusera de croire aux signes de Dieu éprouvera combien il est prompt à demander compte des actions humaines.

18. Dis à ceux qui disputeront avec toi : Je me suis abandonné entièrement à Dieu, ainsi que ceux qui me suivent.

19. Dis à ceux qui ont reçu les Écritures et aux ignorants [3] : Vous livrez-vous à Dieu [4]? S'ils le font, ils seront sur la droite voie; s'ils tergiversent, tu n'es chargé que de la prédication. Dieu voit ses serviteurs.

20. Annonce à ceux qui ne croient pas aux signes de Dieu, qui tuent leurs prophètes contre toute justice et tous ceux d'entre eux qui leur prêchent la justice, à ceux-là annonce leur un châtiment douloureux.

21. A ceux dont les œuvres en ce monde et dans l'autre ont été en pure perte et qui n'auront point de défenseurs.

22. N'as-tu pas vu ceux qui ont reçu une portion des Écritures (les juifs) recourir au Livre de Dieu, pour qu'il prononce dans leurs différends, et puis une partie d'entre eux tergiverser et s'éloigner?

23. C'est qu'ils se sont dit : Le feu ne nous atteindra que pendant un petit nombre de jours. Leurs mensonges les rendent aveugles sur leurs croyances [5].

24. Que sera-ce lorsque nous vous rassemblerons dans ce jour

---

[1] *Islam*, dont on a fait à tort *islamisme*, signifie la résignation à la volonté de Dieu.

[2] C'est-à-dire que la science ou la révélation a fait surgir des disputes entre eux.

[3] Par les ignorants, Mahomet entend les Arabes idolâtres. Le mot arabe n'est pas cependant ici celui dont le Koran se sert habituellement en parlant des idolâtres; c'est le mot *ommiin*, les gens du peuple. Or *ommi* (illettré) s'applique sans défaveur à Mahomet lui-même.

[4] On a dit plus haut que cette expression est identique avec celle d'être, de se faire musulman; nous la traduirons tantôt par *s'abandonner*, tantôt par *se livrer*, tantôt par *se résigner* à la volonté de Dieu.

[5] Voyez chapitre II, verset 74 et note.

au sujet duquel il n'y a point de doute, le jour où toute âme recevra le prix de ses œuvres et où personne ne sera lésé ?

25. Dis : Seigneur, le pouvoir est entre tes mains : tu le donnes à qui tu veux, et tu l'ôtes à qui il te plaît ; tu élèves qui tu veux, et tu abaisses qui tu veux. Le bien est entre tes mains, car tu es tout-puissant.

26. Tu fais entrer la nuit dans le jour et le jour dans la nuit, tu fais sortir la vie de la mort et la mort de la vie. Tu accordes la nourriture à qui tu veux sans compte ni mesure.

27. Que les croyants ne prennent point pour amis (*ou* alliés *ou* patrons) des infidèles plutôt que des croyants. Ceux qui le feraient ne doivent rien espérer de la part de Dieu, à moins que vous n'ayez à craindre quelque chose de leur côté. Dieu vous avertit de le craindre ; car c'est auprès de lui que vous retournerez. Dis-leur : Soit que vous cachiez ce qui est dans vos cœurs, soit que vous le produisiez au grand jour, Dieu le saura. Il connaît ce qui est dans les cieux et sur la terre, il est tout-puissant.

28. Le jour où toute âme retrouvera devant elle le bien qu'elle a fait et le mal qu'elle a commis, ce jour-là elle désirera qu'un espace immense la sépare de ses mauvaises actions. Dieu vous avertit qu'il faut le craindre, car il est bienveillant pour ses serviteurs.

29. Dis-leur : Si vous aimez Dieu, suivez-moi ; il vous aimera, il vous pardonnera vos péchés ; il est indulgent et miséricordieux. Obéissez à Dieu et au prophète ; mais si vous tergiversez, sachez que Dieu n'aime point les infidèles.

30. Dieu a choisi de préférence à tous les humains Adam et Noé, la famille d'Abraham et celle d'Imran [1]. Ces familles sont sorties les unes des autres. Dieu sait et entend tout.

31. *Souviens-toi du jour* où l'épouse d'Imran adressa cette prière à Dieu : Seigneur, je t'ai consacré ce qui est dans mon sein, il t'appartiendra entièrement [2] ; agrée-le, car tu entends et connais tout. Lorsqu'elle eut enfanté, elle dit : Seigneur, j'ai mis au monde une fille (Dieu savait bien ce qu'elle avait mis au monde :

---

[1] La famille d'Imran peut s'entendre selon les commentateurs soit de la famille de Moïse et d'Aaron, fils d'Imran, de la tribu de Lévi ; soit de la famille de Jésus fils de Marie, fille d'Imran, fils de Mathan, fils d'Éléazar, etc., issu de la tribu de Juda. La femme d'Imran est Hanna (Anne).

[2] Mot à mot : *écrit pour toi*, comme en vertu d'un engagement par écrit, dans le sens de : *libre de toute préoccupation mondaine et appartenant exclusivement à Dieu.*

le garçon n'est pas comme la fille ¹), et je l'ai nommée Mariam (Marie); je la mets sous ta protection, elle et sa postérité, afin que tu les préserves des ruses de Satan le Lapidé ².

32. Le Seigneur fit le plus bel accueil *à la femme d'Imran;* or il lui avait fait produire une belle créature ³. Zacharie eut soin de l'enfant; toutes les fois qu'il allait visiter Marie dans sa cellule, il trouvait de la nourriture auprès d'elle ⁴. O Marie! d'où vous vient cette nourriture? — Elle me vient de Dieu, répondit-elle, car Dieu nourrit abondamment ceux qu'il veut, et ne leur compte pas les morceaux.

33. Et ici Zacharie se mit à prier Dieu. Seigneur, accorde-moi une postérité bénie; tu aimes à exaucer les prières des suppliants. Ses anges l'appelèrent pendant qu'il priait dans le sanctuaire.

34. Dieu t'annonce la naissance de Yahia (saint Jean), qui confirmera la vérité du Verbe de Dieu; il sera grand ⁵, chaste, un prophète du nombre des justes.

35. Seigneur, d'où me viendra cet enfant? demanda Zacharie; la vieillesse m'a atteint, et ma femme est stérile. L'ange lui répondit : C'est ainsi que Dieu fait ce qu'il veut.

36. Zacharie dit : Seigneur, donne-moi un signe comme gage de ta promesse. — Il dit : Voici le signe : pendant trois jours tu ne parleras aux hommes que par des signes. Prononce sans cesse le nom de Dieu, et célèbre ses louanges le soir et le matin.

37. Les anges dirent à Marie : Dieu t'a choisie, il t'a rendue exempte de toute souillure, il t'a élue parmi toutes les femmes de l'univers.

38. O Marie! sois pieuse envers ton Seigneur; prosterne-toi et fléchis le genou devant lui avec ceux qui fléchissent le genou ⁶.

39. Tels sont les récits inconnus jusqu'ici à toi, *ô Mohammed!*

¹ C'est-à-dire que le garçon pouvait s'acquitter des cérémonies religieuses comme prêtre.

² C'est l'épithète donnée constamment à *Satan,* parce que, dit la tradition, Abraham assaillit un jour à coups de pierres le diable qui voulait le tenter.

³ Le texte est trop vague pour qu'on puisse préciser à qui se rapporte le pronom lui; il est plus simple de le rapporter à la mère de Marie.

⁴ Zacharie, en se retirant, avait soin de fermer toutes les sept portes du temple; il n'en trouvait pas moins, à chaque visite, des fruits d'été en hiver, et de fruits d'hiver en été, disent les commentateurs.

⁵ Le mot dont se sert ici le Koran est *séïd,* seigneur, prince, cid, sidi.

⁶ Se prosterner la face contre terre et fléchir le genou, sont des actes qui font partie de la manière de prier des musulmans. Mahomet, pour rattacher son culte à celui des justes de l'Ancien Testament, emploie à dessein ces expressions

que nous te révélons. Tu n'étais pas parmi eux lorsqu'ils jetaient leurs chalumeaux à qui aurait soin de Marie ; tu n'étais pas parmi eux quand ils disputaient [1].

40. *Un jour* les anges dirent à Marie : Dieu t'annonce son Verbe. Il se nommera le Messie, Jésus fils de Marie, illustre dans ce monde et dans l'autre, et un des familiers de Dieu ;

41. Car il parlera aux humains, enfant au berceau et homme fait, et il sera du nombre des justes.

42. Seigneur, répondit Marie, comment aurais-je un fils ? aucun homme ne m'a touchée. — C'est ainsi, reprit l'ange, que Dieu crée ce qu'il veut. Il dit : Sois, et il est.

43. Il lui enseignera le Livre et la sagesse, le Pentateuque et l'Évangile. Jésus sera son envoyé auprès des enfants d'Israël. Il leur dira : Je viens vers vous, accompagné des signes du Seigneur ; je formerai de boue la figure d'un oiseau, je soufflerai sur lui, et par la permission de Dieu l'oiseau sera vivant ; je guérirai l'aveugle de naissance et le lépreux ; je ressusciterai les morts par la permission de Dieu ; je vous dirai ce que vous aurez mangé et ce que vous aurez caché dans vos maisons. Tous ces faits seront autant de signes pour vous, si vous êtes croyants.

44. Je viens pour confirmer le Pentateuque, que vous avez reçu avant moi ; je vous permettrai l'usage de certaines choses qui vous avaient été interdites. Je viens avec des signes de la part de votre Seigneur. Craignez-le et obéissez-moi. Il est mon Seigneur et le vôtre. Adorez-le : c'est le sentier droit.

45. Mais dès que Jésus s'aperçut de leur infidélité, il s'écria : Qui sera mon auxiliaire *pour conduire les hommes* vers Dieu ? — C'est nous, répondirent les disciples *de Jésus* qui serons les auxiliaires de Dieu. Nous croyons en Dieu, et tu témoigneras que nous nous abandonnons à sa volonté.

46. Seigneur, nous croyons à ce que tu nous envoies, et nous suivons l'apôtre. Inscris-nous au nombre de ceux qui rendent témoignage.

47. Les juifs imaginèrent des artifices contre Jésus. Dieu en imagina contre eux ; et certes Dieu est le plus habile.

48. Certes, c'est moi qui te fais subir la mort [2], et c'est moi qui

---

[1] Les prêtres se disputaient à qui aurait soin de Marie. On finit par s'en remettre à la décision du sort. Tous donc, et ils étaient vingt-cinq, jetèrent des roseaux couverts d'inscriptions tirées de la loi dans les eaux du Jourdain. Le roseau de Zacharie ayant surnagé seul, ce fut à lui qu'échut le soin de Marie.

[2] Le texte porte ici : *inni motewaffika*. Ce mot s'emploie dans le sens de *faire subir la mort*, en parlant de Dieu qui appelle et reçoit auprès de lui les hommes

t'élève à moi, qui te délivre des infidèles, qui place ceux qui te suivront au-dessus de ceux qui ne croient pas, jusqu'au jour de la résurrection. Vous retournerez tous à moi, et je jugerai entre vous au sujet de vos différends.

49. Je punirai les infidèles d'un châtiment cruel dans ce monde et dans l'autre. Ils ne trouveront nulle part de secours.

50. Ceux qui croient et font le bien, Dieu leur donnera la récompense, car il n'aime pas les injustes.

51. Voilà les enseignements et les sages avertissements que nous te récitons.

52. Jésus est aux yeux de Dieu ce qu'est Adam. Dieu le forma de poussière, puis il dit : Sois ; et il fut.

53. Ces paroles sont la vérité qui vient de ton Seigneur. Garde-toi d'en douter.

54. A ceux qui disputeront avec toi à ce sujet, depuis que tu en as reçu la connaissance parfaite, réponds : Venez, appelons nos enfants et les vôtres, nos femmes et les vôtres, venons nous et vous, et puis adjurons le Seigneur chacun de notre côté, et appelons sa malédiction sur les menteurs [1].

à l'expiration du terme de leur vie. Les commentateurs, embarrassés de ce passage, qui est en contradiction avec l'opinion que Jésus-Christ n'est pas mort, mais que Dieu mit à sa place un autre individu, pensent que ce mot, quoique placé le premier dans le texte, doit, quant au sens, suivre les autres dans cet ordre : *Je t'élèverai à moi, et à la fin je te ferai mourir tout comme les autres hommes.* Quelques commentateurs croient que Jésus était réellement mort avant son *assomption* pendant trois heures seulement, mais non point crucifié par les Juifs. On peut cependant expliquer ce passage des deux manières suivantes. Le mot *motewaffi* veut dire littéralement, en parlant de Dieu, celui qui *reçoit chez soi*, sous-entendu *à l'expiration du terme de la vie*, par conséquent, appliqué aux hommes en général, *qui fait mourir;* mais il n'implique pas rigoureusement et littéralement l'idée de la mort. La seconde manière d'interpréter ce passage est celle-ci : En supposant que le mot *motewaffi* ne puisse jamais être employé qu'avec l'idée de faire mourir, le mot n'étant pas au futur mais au participe (ainsi que nous l'avons traduit pour être plus près du texte), Mahomet aurait eu soin d'établir ici que Jésus-Christ est homme, qu'il n'est pas immortel, que sa vie est au pouvoir de Dieu, et alors il lui importait peu si les mots se suivaient dans l'ordre des temps ou non.

[1] Ce passage fait allusion à la dispute que les chrétiens du Nedjran (pays de l'Arabie), ayant à leur tête leur évêque Abou-Hareth, avaient engagée avec Mahomet au sujet de la Passion de Jésus-Christ. On se donna rendez-vous le lendemain. Mahomet amena sa fille Fatima, son gendre Ali avec leurs deux fils Hassan et Houssein. Les commentateurs disent que lorsque les chrétiens, arrivés à l'endroit convenu, virent Mahomet agenouillé prier Dieu avec ferveur, ils perdirent contenance, renoncèrent à la dispute qui pouvait entraîner leur défaite, et

55. Ce que je vous prêche est la vérité même. Il n'y a point d'autres dieux que Dieu; il est le Puissant, le Sage.

56. S'ils tergiversent, certes Dieu connaît les méchants.

57. Dis *aux Juifs et aux Chrétiens :* O gens des Ecritures! venez entendre un seul mot; que tout soit égal entre nous et vous; *convenons* que nous n'adorerons que le Dieu unique, et que nous ne lui associerons quoi que ce soit, et que nous ne chercherons pas les uns parmi les autres des seigneurs à côté de Dieu. S'ils s'y refusent, dites-leur : Vous êtes témoins vous-mêmes que nous nous résignons entièrement à la volonté de Dieu.

58. O vous qui avez reçu les Ecritures! pourquoi disputez-vous au sujet d'Abraham? Le Pentateuque et l'Evangile n'ont été envoyés d'en haut que longtemps après lui. Ne le comprendrez-vous donc jamais?

59. Vous qui disputez des choses dont vous êtes instruits, pourquoi cherchez-vous à disputer sur celles dont vous n'avez aucune connaissance? Dieu sait, mais vous, vous ne savez pas.

60. Abraham n'était ni juif ni chrétien; il était pieux et résigné à la volonté de Dieu, et il n'étai pas du nombre des idolâtres.

61. Ceux qui tiennent le plus de la croyance d'Abraham sont ceux qui le suivent. Tel est le prophète (*Mohammed*) et les croyants. Dieu est le protecteur des fidèles.

62. Une partie de ceux qui ont reçu les Ecritures désireraient vous égarer; mais ils n'égarent qu'eux-mêmes, et ils ne le sentent pas.

63. O vous qui avez reçu les Ecritures! pourquoi ne croyez-vous pas aux signes du Seigneur quand vous en avez été témoins?

64. O vous qui avez reçu les Ecritures! pourquoi revêtez-vous la vérité de la robe du mensonge? pourquoi la cachez-vous, vous qui la connaissez?

65. Une partie de ceux qui ont reçu les Ecritures ont dit. Croyez au Livre envoyé aux croyants (mahométans) le matin, et rejetez leur croyance le soir; de cette manière ils abandonneront leur religion.

66. N'ajoutez foi qu'à ceux qui suivent votre religion. Dis-leur :

---

se retirèrent, en s'engageant à devenir tributaires de Mahomet. Le passage en question, connu sous le nom de *mobaheleh*, d'une grande importance chez tous les musulmans, l'est encore plus particulièrement chez les chiites (partisans d'Ali), parce que Mahomet, ayant amené Fatima, Ali, Hassan et Houssein, emploie les mots *nos âmes et les vôtres* (que nous avons traduits par nous et vous), ce qui sert à établir l'intime union et *l'inséparabilité* de Mahomet et de sa famille.

CHAPITRE III.

La vraie direction est celle qui vient de Dieu; elle consiste en ce que les autres participent à la révélation qui vous a d'abord été donnée. Disputeront-ils avec vous devant le Seigneur? Dis-leur : Les faveurs sont dans les mains de Dieu; il les accorde à qui il veut. Il est immense et savant.

67. Il accordera sa miséricorde à qui il voudra. Il est maître de faveurs immenses.

68. Parmi ceux qui ont reçu les Ecritures, il y en a à qui tu peux confier un talent[1], et qui te le rendront intact; il y en a d'autres qui ne te restitueront pas le dépôt d'un dinar, si tu ne les y contrains.

69. Ils agissent ainsi parce qu'ils disent : Nous ne sommes tenus à rien envers les ignorants[2]. Ils prêtent sciemment un mensonge à Dieu.

70. Celui qui remplit ses engagements et craint Dieu, saura que Dieu aime ceux qui le craignent.

71. Ceux qui pour le pacte avec Dieu et pour leurs serments achètent *un objet de* valeur infime, n'auront aucune part dans la vie future. Dieu ne leur adressera pas une seule parole, il ne jettera pas un seul regard sur eux au jour de la résurrection, il ne les absoudra pas; un châtiment douloureux leur est destiné.

72. Quelques-uns d'entre eux torturent les paroles des Ecritures avec leurs langues, pour vous faire croire que ce qu'ils disent s'y trouve réellement. Non, ceci ne fait point partie des Ecritures. Ils disent : Ceci vient de Dieu. Non, cela ne vient point de Dieu. Ils disent des mensonges sur Dieu, et ils le savent.

73. Convient-il que l'homme à qui Dieu a donné le Livre et la sagesse et le don de prophétie, dise aux hommes : Soyez mes adorateurs en même temps que ceux de Dieu[3]? Non, soyez les adorateurs de Dieu, puisque vous connaissez le Livre et que vous l'étudiez.

74. Dieu ne vous commande de prendre ni les anges ni les prophètes pour maîtres[4]. Vous ordonnerait-il de vous faire incrédules

---

[1] Nous traduisons par talent le mot arabe *kintar*, qui valait mille dinars ou pièces d'or.
[2] Par *les ignorants* on entend les Arabes idolâtres. Le verset s'adresse aux juifs, qui passaient pour être de mauvaise foi dans leurs rapports avec les hommes d'une autre religion.
[3] Mahomet parle ici des chrétiens, qui, d'après lui, prêtent à Jésus, fils de Marie, simple mortel, un langage que, comme prophète et sincère adorateur de Dieu, il n'aurait jamais pu tenir.
[4] C'est-à-dire, de les adorer et de les appeler *rabb*, maître, seigneur, ce qui n'est dû qu'à Dieu seul.

après que vous avez résolu d'être résignés à la volonté de Dieu (*musulmans*).

75. Lorsque Dieu reçut le pacte des prophètes, il leur dit : Voici le Livre et la sagesse que je vous donne. Un prophète viendra un jour confirmer ce que vous recevez. Croyez en lui et aidez-le de tout votre pouvoir. Y consentez-vous et acceptez-vous le pacte à cette condition? Ils répondirent : Nous y consentons. — Soyez donc témoins, reprit le Seigneur, et moi je suis aussi un des témoins comme vous.

76. Quiconque, après cet engagement, chercherait à s'y soustraire, serait du nombre des pervers.

77. Désirent-ils une autre religion que celle de Dieu, pendant que tout ce qui est dans les cieux et sur la terre se soumet à ses ordres de gré ou de force, et que tout doit un jour retourner à lui?

78. Dis : Nous croyons en Dieu, à ce qu'il nous a envoyé, à ce qu'il a révélé à Abraham, Ismaël, Jacob, et aux douze tribus ; nous croyons aux livres saints que Moïse, Jésus et les prophètes ont reçus du ciel ; nous ne mettons aucune différence entre eux, nous sommes résignés à la volonté de Dieu (*nous sommes musulmans.*)

79. Quiconque désire un autre culte que la résignation à la volonté de Dieu (*islam*), ce culte ne sera point reçu de lui, et il sera dans l'autre monde du nombre des malheureux.

80. Comment Dieu dirigerait-il dans le sentier droit ceux qui, après avoir cru et rendu témoignage à la vérité de l'apôtre, après avoir été témoins des signes, retournent à l'infidélité? Dieu ne conduit point les pervers.

81. Leur récompense sera la malédiction de Dieu, des anges et de tous les hommes.

82. Ils en seront éternellement couverts. Leur supplice ne s'adoucira point, et Dieu ne jettera pas un seul regard sur eux.

83. Il n'en sera pas de même de ceux qui reviendront au Seigneur par leur repentir et qui feront le bien, car Dieu est indulgent et miséricordieux.

84. Ceux qui redeviennent infidèles après avoir cru, et qui ne font ensuite qu'accroître leur infidélité, le repentir de ceux-là ne sera point accueilli, et ils resteront dans l'égarement.

85. Pour ceux qui sont infidèles et meurent infidèles, autant d'or que la terre en peut contenir ne saurait les racheter du châtiment cruel. Ils n'auront point de défenseur.

86. Vous n'atteindrez à la piété *parfaite* que lorsque vous au-

rez fait l'aumône de ce que vous chérissez le plus. Tout ce que vous aurez donné, Dieu le saura.

87. Toute nourriture était permise aux enfants d'Israël, excepté celle qu'Israël (Jacob) s'était interdite [1] lui-même, avant que le Pentateuque fût venu. Dis-leur : Apportez le Pentateuque, et lisez si vous êtes sincères.

88. Quiconque forge des mensonges sur le compte de Dieu, est du nombre des injustes.

89. Dis-leur : Dieu ne dit que la vérité. Suivez donc la religion d'Abraham, qui était pieux et n'associait point d'autres êtres à Dieu.

90. Le premier temple qui ait été fondé parmi les hommes est celui de Becca [2]. *Il a été fondé pour être* béni et *pour servir de* direction aux humains.

91. Vous y verrez des traces de miracles évidents. Là est la station d'Abraham [3]. Quiconque entre dans son enceinte est à l'abri de tout danger. En faire le pèlerinage, est un devoir envers Dieu pour quiconque est en état de le faire.

92. Quant aux infidèles, *qu'importe?* Dieu peut se passer de l'univers entier.

93. Dis à ceux qui ont reçu les Ecritures : Pourquoi refusez-vous de croire aux signes de Dieu? Il est témoin de vos actions.

94. Dis-leur : O vous qui avez reçu les Ecritures! pourquoi repoussez-vous les croyants du sentier de Dieu? Vous voudriez le rendre tortueux, et cependant vous le connaissez. Mais Dieu n'est point inattentif à ce que vous faites.

95. O croyants! si vous écoutez quelques-uns d'entre ceux qui ont reçu les Ecritures, ils vous feront devenir infidèles.

96. Mais comment pourriez-vous redevenir infidèles, lorsqu'on vous récite les signes de Dieu, lorsque son envoyé est au milieu de vous? Celui qui s'attache fortement à Dieu sera dirigé dans la droite voie.

97. O croyants! craignez Dieu comme il mérite d'être craint, et ne mourez pas sans vous être résignés à la volonté de Dieu (*sans devenir musulmans*).

98. Attachez-vous tous fortement à Dieu et ne vous séparez jamais de lui; et souvenez-vous de ses bienfaits lorsque, ennemis que

---

[1] Jacob se serait interdit la chair de chameau, qu'il aimait cependant.
[2] *Becca* est le nom de la Mecque.
[3] Sur la station d'Abraham, voyez chapitre II, verset 119.

vous étiez, il a réuni vos cœurs, et que par les effets de sa grâce vous êtes tous devenus un peuple de frères.

99. Vous étiez au bord de l'abîme du feu, et il vous en a retirés. C'est ainsi qu'il vous fait voir ses signes, afin que vous ayez un guide ;

100. Afin que vous deveniez un peuple appelant les autres au bien, ordonnant les bonnes actions et défendant les mauvaises. Les hommes qui agiront ainsi seront bienheureux.

101. Ne soyez point comme ceux qui, après avoir été témoins de signes évidents, se sont divisés et se sont livrés aux disputes ; car ceux-là éprouveront un châtiment cruel.

102. Au jour de la résurrection il y aura des visages blancs et des visages noirs. Dieu dira à ces derniers : N'est-ce pas vous qui, après avoir cru, devîntes infidèles ? Allez goûter le châtiment pour prix de votre infidélité.

103. Ceux dont les visages seront blancs éprouveront la miséricorde de Dieu et en jouiront éternellement.

104. Voilà les signes de Dieu que nous te récitons en toute vérité, car Dieu ne veut pas le mal des humains.

105. A lui appartient tout ce qui est dans les cieux et sur la terre, et tout retournera à lui.

106. Vous êtes le peuple le plus excellent qui ait jamais surgi parmi les hommes ; vous ordonnez ce qui est bon et défendez ce qui est mauvais, et vous croyez en Dieu. Si les hommes qui ont reçu les Ecritures voulaient croire, cela ne tournerait qu'à leur avantage ; mais quelques-uns d'entre eux croient, tandis que la plupart sont pervers.

107. Ils ne sauraient vous causer que des dommages insignifiants. S'ils s'avisent de vous faire la guerre, ils tourneront bientôt le dos et ne seront point secourus.

108. Partout où ils s'arrêteront, l'opprobre s'étendra comme une tente au-dessus de leurs têtes, s'ils ne cherchent pas une alliance avec Dieu ou avec les hommes. Ils s'attireront la colère de Dieu, et la misère s'étendra *encore* comme une tente au-dessus de leurs têtes. Cela aura lieu parce qu'ils ont refusé de croire aux signes de Dieu, qu'ils tuaient injustement les prophètes : ce sera le prix de leur rébellion et de leurs iniquités.

109. Tous ceux qui ont reçu les Ecritures ne se ressemblent pas. Il en est dont le cœur est droit ; ils passent des nuits entières à réciter les enseignements de Dieu et à l'adorer.

110. Ils croient en Dieu et au jour dernier ; ils ordonnent le

bien et défendent le mal; ils courent vers les bonnes œuvres à l'envi les uns des autres, et ils sont vertueux.

111. Quelque bien que vous fassiez, vous ne serez point frustrés de la récompense. Dieu connaît ceux qui le craignent.

112. Quant aux infidèles, leurs richesses et leurs enfants ne leur serviront nullement comme un équivalent de Dieu; ils seront livrés au feu et y demeureront éternellement.

113. Les aumônes qu'ils font dans ce monde seront comme un vent glacial qui souffle sur les campagnes des injustes et les détruit. Ce n'est point Dieu qui les traitera iniquement, ils ont été iniques envers eux-mêmes.

114. O croyants! ne formez de liaisons intimes qu'entre vous; les infidèles ne manqueraient pas de vous corrompre : ils désirent votre perte. Leur haine perce dans leurs paroles; mais ce que leurs cœurs recèlent est pire encore. Nous vous en avons déjà fait voir des preuves évidentes, si toutefois vous savez comprendre.

115. Vous les aimez, et ils ne vous aiment point. Vous croyez au livre entier; lorsqu'ils vous rencontrent, ils disent : Nous avons cru; mais à peine vous ont-ils quittés, qu'enflammés de colère, ils se mordent les doigts. Dis-leur : Mourez dans votre colère; Dieu connaît le fond de vos cœurs.

116. Le bien qui vous arrive les afflige; qu'il vous arrive un malheur, ils sont remplis de joie. Mais si vous avez de la patience et la crainte de Dieu, leurs artifices ne pourront vous nuire, car Dieu embrasse *de sa science* toutes leurs actions.

117. *Rappelle-toi* le jour où tu as quitté ta maison le matin afin de préparer aux fidèles un camp pour combattre, et Dieu écoutait et savait tout.

118. *Rappelle-toi* le jour où deux troupes de votre armée perdaient courage, et que Dieu fut leur protecteur. Que les croyants mettent donc leur confiance en Dieu.

119. Dieu vous a secourus à la journée de Bedr, où vous étiez bien faibles. Craignez donc Dieu, et rendez-lui des actions de grâces.

120. Alors, *toi, ô Mohammed!* tu disais aux fidèles : Ne vous suffit-il pas que Dieu vous secoure de trois mille anges descendus du ciel?

121. Certes, *ce nombre suffit;* mais si vous avez de la persévérance, si vous craignez Dieu et que les ennemis viennent tout à coup à fondre sur vous, il vous portera secours avec cinq mille hommes tout équipés[1].

---

[1] Le mot arabe dont se sert ici le Koran en parlant des anges est le même dont

122. Dieu vous l'apprend comme une heureuse nouvelle, afin que vos cœurs se rassurent ; or la victoire ne vient que du Dieu puissant et sage. *Dieu vous apprend* qu'il taillera en pièces les infidèles, qu'il les culbutera, qu'ils seront renversés, *défaits* sans ressource.

123. Ce n'est pas toi que cela regarde, soit que Dieu leur pardonne ou qu'il les châtie ; ce sont des méchants.

124. A Dieu appartient tout ce qui est dans les cieux et sur la terre : il pardonne à qui il veut et châtie celui qu'il veut. Il est indulgent et miséricordieux.

125. O croyants ! ne vous livrez pas à l'usure en portant la somme au double, et toujours au double. Craignez le Seigneur, et vous serez heureux.

126. Craignez le feu préparé pour les infidèles ; obéissez à Dieu et au prophète, afin d'obtenir la miséricorde de Dieu.

127. Efforcez-vous de mériter l'indulgence du Seigneur et la possession du paradis, vaste comme les cieux et la terre [1], et destiné à ceux qui craignent Dieu ;

128. A ceux qui font l'aumône dans l'aisance comme dans la gêne, qui savent maîtriser leur colère, et qui pardonnent aux hommes *qui les offensent*. Certes Dieu aime ceux qui agissent avec bonté.

129. Ceux qui, après avoir commis une action malhonnête ou une iniquité, se souviennent aussitôt du Seigneur, lui demandent pardon de leurs péchés (car quel autre que Dieu a le droit de pardonner?), et ne persévèrent point dans les péchés qu'ils reconnaissent,

130. Tous ceux-là éprouveront l'indulgence du Seigneur, et habiteront éternellement des jardins arrosés par des cours d'eau. Qu'elle est belle la récompense de ceux qui ont des *bonnes* œuvres !

131. Avant vous il y eut des châtiments infligés aux méchants. Parcourez la terre, et voyez quelle a été la fin de ceux qui traitaient d'imposteurs les envoyés de Dieu.

132. Ce livre-ci est une déclaration adressée aux hommes ; il sert de guide et d'avertissement à ceux qui craignent.

133. Ne perdez point courage, ne vous affligez point, vous serez victorieux si vous êtes croyants.

134. Si les blessures ous atteignent, eh! n'en ont-elles pas

---

il s'est servi plus haut en parlant de chevaux *marqués, portant une empreinte.* Les commentateurs disent que cette cavalerie céleste porte, comme les chevaux, des marques d'enrôlement.

[1] Le paradis réservé aux croyants est vaste comme le ciel et la terre.

atteint bien d'autres? Nous alternons les revers et les succès parmi les hommes, afin que Dieu connaisse les croyants, qu'il choisisse parmi vous ses témoins [1] (il hait les méchants);

135. Afin d'éprouver les croyants et de détruire les infidèles.

136. Croyez-vous entrer dans le paradis avant que Dieu sache qui sont ceux d'entre vous qui ont combattu et persévéré?

137. Vous désiriez la mort avant qu'elle se fût présentée [2] : vous l'avez vue, vous l'avez envisagée, et vous avez fléchi.

138. Mohammed n'est qu'un envoyé. D'autres envoyés l'ont précédé. S'il mourait ou s'il était tué, retourneriez-vous en arrière? [3] Celui qui retournerait en arrière ne saurait nuire à Dieu, et Dieu récompense ceux qui lui rendent des actions de grâces.

139. L'âme vivante ne meurt qu'avec la permission de Dieu, d'après le Livre [4] qui fixe le terme de la vie. Celui qui désire la récompense de ce monde, nous la lui accorderons; nous accorderons aussi celle de la vie future à celui qui la désirera, et nous récompenserons ceux qui sont reconnaissants.

140. Plus d'un prophète a eu à combattre un ennemi suivi de troupes innombrables, et cependant ces prophètes ne se sont point laissé abattre par les revers essuyés dans la voie de Dieu; ils n'ont point faibli *dans leur foi,* ils ne se sont point soumis lâchement *à l'ennemi.* Certes Dieu aime ceux qui persévèrent.

141. Ils se bornaient à dire : Seigneur, pardonne-nous nos fautes, les écarts dont nous nous sommes rendus coupables dans notre mission; raffermis nos pas, et prête-nous ton assistance contre les infidèles. Dieu leur accorda la récompense de ce monde et une belle part dans l'autre, car Dieu aime ceux qui font le bien.

142. O croyants! si vous écoutez les infidèles, ils vous feront revenir à vos erreurs, et vous retomberez dans la perdition.

143. Dieu est votre protecteur. Qui mieux que lui peut vous secourir?

144. Nous jetterons l'épouvante dans le cœur des idolâtres,

---

[1] *Témoins* est employé ici dans le sens de *martyrs.*

[2] Beaucoup de musulmans, voyant la victoire de Bedr, regrettaient de n'avoir pas été du nombre des combattants; ils furent découragés à la vue des forces supérieures des idolâtres au combat d'Ohod; et c'est cette lâcheté que Mahomet leur reproche ici.

[3] C'est-à-dire, apostasieriez-vous? On avait répandu le bruit de la mort de Mahomet au combat d'Ohod. Les idolâtres engageaient les musulmans à revenir à leur culte, puisque le prophète était tué.

[4] Le livre évident, le livre éternel des arrêts de Dieu, où la destinée de chaque être est fixée d'avance.

parce qu'ils ont associé à Dieu des divinités, sans que Dieu leur ait donné aucun pouvoir à ce sujet; le feu sera leur demeure. Qu'il est affreux le séjour des impies!

145. Dieu a déjà accompli ses promesses, lorsque, avec sa permission, vous avez anéanti vos ennemis; mais votre courage a fléchi, et vous avez disputé dans l'affaire *que vous savez* [1]; vous avez désobéi après que le *Prophète* vous eut fait entrevoir ce que vous désiriez [2].

146. Une partie d'entre vous désiraient les biens de ce monde; les autres désiraient la vie future. Dieu vous a fait prendre la fuite devant vos ennemis pour vous éprouver; mais il vous a pardonné ensuite, parce qu'il est plein de générosité pour les croyants.

147. *Souvenez-vous* qu'alors vous preniez la fuite en désordre, et vous ne vous attendiez pas les uns les autres, pendant que le prophète sur vos derrières vous appelait *au combat*. Dieu vous a fait éprouver affliction sur affliction, afin que vous ne ressentiez plus de chagrin à cause du butin qui vous échappa et du malheur qui vous atteignit. Dieu est instruit de toutes vos actions.

148. Ensuite Dieu fit descendre la sécurité et le sommeil sur une partie d'entre vous. Quant à une autre partie d'entre vous, leurs passions les portèrent à des pensées injustes contre Dieu, à des pensées de l'ignorance [3]. Ceux-là disaient : Que gagnons-nous à toute cette affaire? Réponds-leur : Toute affaire dépend de Dieu. Ils cachaient au fond de leurs âmes ce qu'ils ne te manifestaient pas. Ils disaient : Si nous avions dû obtenir quelque avantage de toute cette affaire, certes nous n'aurions pas été défaits ici. Dis-leur : Quand vous seriez restés dans vos maisons, ceux dont le trépas était écrit là-haut seraient venus succomber à ce même endroit, afin que le Seigneur éprouvât ce que vous cachiez dans vos seins, et débrouillât ce qui était au fond de vos cœurs. Dieu connaît ce que les cœurs recèlent.

149. Ceux qui se retirèrent le jour de la rencontre des deux armées furent séduits par Satan, en punition de quelque faute qu'ils avaient commise. Dieu leur a pardonné, parce qu'il est indulgent et clément.

---

[1] Il s'agit ici du combat d'Ohod, où les musulmans furent battus par les idolâtres. Par les biens de ce monde, il faut entendre ici le butin. Une partie des musulmans, ayant repoussé les idolâtres, s'élancèrent avec avidité, et contre les ordres de Mahomet, après le butin, ce qui compromit le succès de la journée.

[2] C'est-à-dire, la victoire et le butin.

[3] C'est-à-dire, des pensées telles qu'elles germent naturellement chez les idolâtres.

CHAPITRE III.

150. O croyants! ne ressemblez pas aux infidèles qui disent à leurs frères, quand ceux-ci voyagent dans le pays ou quand ils vont à la guerre : S'ils étaient restés avec nous, ils ne seraient pas morts, ils n'auraient pas été tués. Dieu a voulu que ce qui est arrivé jetât dans leurs cœurs d'amers regrets. Dieu donne la vie et la mort, et il voit vos actions.

151. Si vous mourez ou si vous êtes tués en combattant dans le sentier de Dieu, l'indulgence et la miséricorde de Dieu vous attendent. Ceci vaut mieux que les richesses que vous amassez.

152. Que vous mouriez *de mort naturelle* ou que vous soyez tués, Dieu vous rassemblera au jour dernier.

153. Tu leur as dépeint la miséricorde de Dieu douce et facile, ô *Mohammed!* Si tu avais été plus sévère et plus dur, ils se seraient séparés de toi. Aie donc de l'indulgence pour eux, prie Dieu de leur pardonner, conseille-les dans leurs affaires, et, lorsque tu entreprends quelque chose, mets ta confiance en Dieu, car il aime ceux qui ont mis en lui leur confiance.

154. Si Dieu vient à votre secours, qui est-ce qui pourra vous vaincre? S'il vous abandonne, qui est-ce qui pourra vous secourir? C'est en Dieu seul que les croyants mettent leur confiance.

155. Ce n'est pas le prophète qui vous tromperait. Celui qui trompe, paraîtra avec sa tromperie au jour de la résurrection [1]. Alors toute âme recevra le prix de ses œuvres, et personne ne sera traité avec injustice.

156. Pensez-vous que celui qui aura suivi la volonté de Dieu sera traité comme celui qui a mérité sa colère, et dont la demeure sera le feu? Quelle détestable route que cette route-là!

157. Ils occuperont des degrés différents auprès de Dieu. Il voit vos actions.

158. Dieu a déjà fait éclater sa bienfaisance pour les fidèles, en leur envoyant un apôtre d'entre eux pour leur réciter ses enseignements, les rendre purs et les instruire dans le Livre (*le Koran*) et dans la sagesse, eux qui étaient naguère dans un égarement manifeste.

159. Lorsqu'un revers vous a atteints pour la première fois (et

---

[1] Après le combat de Bedr, ou, comme d'autres pensent, à celui d'Ohod, une partie des musulmans craignaient que Mahomet, s'emparant de la meilleure portion du butin, n'en laissât que très-peu à ses soldats ; on tenait là-dessus des propos malveillants. Mahomet répond à ces accusations. Selon la tradition, tout homme qui aura trompé dans ce monde son prochain, paraîtra au jour de la résurrection, portant sur ses épaules les objets qu'il aura obtenus par fraude, et sera couvert de honte.

vous aviez précédemment fait éprouver à vos ennemis le double de vos malheurs), vous avez dit : D'où nous vient cette disgrâce? Réponds-leur : De vous-mêmes. Dieu est tout-puissant.

160. Le revers que vous avez éprouvé le jour où les deux armées se sont rencontrées, eut lieu par la volonté de Dieu, afin qu'il distinguât les fidèles des hypocrites. Quand on leur cria : Avancez, combattez dans le sentier de Dieu, repoussez l'ennemi, ils répondirent : Si nous savions combattre, nous vous suivrions. Ce jour-là ils étaient plus près de l'infidélité que de la foi.

161. Ils prononçaient de leurs lèvres ce qui n'était point dans leurs cœurs ; mais Dieu connaît ce qu'ils cachent.

162. A ceux qui, restés dans leurs foyers, disent : Si nos frères nous avaient écoutés, ils n'auraient pas été tués, réponds : Mettez-vous donc à l'abri de la mort si vous êtes véridiques.

163. Ne croyez pas que ceux qui ont succombé en combattant dans le sentier de Dieu soient morts : ils vivent auprès de Dieu, et reçoivent de lui leur nourriture.

164. Remplis de joie à cause des bienfaits dont Dieu les a comblés, ils se réjouissent de ce que ceux qui marchent sur leurs traces, et qui ne les ont pas encore atteints, seront à l'abri des frayeurs et des peines.

165. Ils se réjouissent à cause des bienfaits de Dieu et de sa générosité, de ce qu'il ne laisse point périr la récompense des fidèles.

166. Ceux qui après le revers (*essuyé à Ohod*) obéissent à Dieu et au prophète, qui font le bien et craignent le Seigneur, ceux-là recevront une récompense magnifique.

167. Ceux qui, lorsqu'on leur annonce que les ennemis se réunissent et qu'ils sont à craindre, ne font qu'accroître leur foi et disent : Dieu nous suffit, c'est un excellent protecteur,

168. Ceux-là retournent comblés de grâces de Dieu; aucun malheur ne les atteint; ils ont suivi la volonté de Dieu, dont la libéralité est infinie.

169. Souvent Satan intimide ses adhérents; ne le craignez point, mais craignez-moi, si vous êtes croyants.

170. Que ceux qui courent à pas précipités vers l'incrédulité ne te causent point d'affliction; ils ne sauraient causer le moindre dommage à Dieu. Dieu leur refusera toute part dans la vie future; un châtiment terrible seul leur est réservé.

171. Ceux qui achètent l'infidélité au prix de leur foi ne sauraient causer aucun dommage à Dieu. Un châtiment douloureux les attend.

172. Que les infidèles ne s'imaginent point que, si nous leur accordons une longue vie, c'est un bien. Nous la leur accordons longue pour qu'ils multiplient leurs iniquités. Un châtiment avilissant les attend.

173. Dieu ne saurait laisser les croyants dans l'état où vous êtes ; il séparera le mauvais d'avec le bon.

174. Dieu ne saurait vous dévoiler les choses cachées [1]. Il choisit les envoyés qu'il lui plaît pour les leur confier. Croyez donc en Dieu et à ses envoyés ; si vous croyez, et si vous craignez, vous recevrez une récompense généreuse.

175. Que les hommes avares des biens que Dieu leur dispense dans sa générosité ne s'imaginent point que cela leur profitera ; loin de là, cela leur portera malheur.

176. Les biens dont ils sont avares seront attachés à leur cou, en guise de collier, au jour de la résurrection [2]. L'héritage des cieux et de la terre appartient à Dieu ; il est instruit de toutes vos actions.

177. Il a entendu les paroles de ceux qui disaient : Dieu est pauvre, et nous sommes riches [3]. Nous tiendrons compte de leurs paroles et du sang des prophètes tués injustement, et nous leur dirons : Subissez le châtiment du feu,

178. Pour prix des œuvres de vos mains ; car Dieu n'est pas injuste envers ses serviteurs.

179. A ceux qui disent : Dieu nous a promis que nous ne serons tenus de croire à un prophète, que lorsque ce prophète présentera une offrande que le feu du ciel consumera aussitôt.

180. Réponds : Il vous est venu avant moi des prophètes qui ont fait des miracles, et même celui dont vous parlez ; pourquoi donc les avez-vous tués ? *dites-le*, si vous êtes véridiques [4].

181. S'ils te traitent d'imposteur, ô *Mohammed !* les apôtres

---

[1] Quelques hommes défiaient Mahomet de distinguer les vrais croyants des hypocrites.

[2] Mahomet reproche ici à quelques Arabes le peu d'empressement à payer les contributions. Les avares, avait-il déclaré, porteront au jour du jugement un serpent en guise de collier.

[3] Mahomet avait engagé, par une lettre, les juifs de Kaïnoka à embrasser l'islam ; entre autres il s'était servi de cette expression métaphorique : *Faites à Dieu un prêt généreux*. Les juifs, toujours portés à tourner en ridicule les paroles du prophète arabe, s'écriaient : « Dieu est donc bien pauvre, puisqu'il faut lui faire un prêt. » C'est à cette occasion que fut révélé le verset 177.

[4] C'est aux juifs que s'adresse ce verset : ils croyaient, disent les commentateurs, que la preuve la plus évidente de la mission prophétique, c'était d'amener du ciel le feu qui consume les sacrifices. Jésus-Christ et Mahomet seraient les

envoyés avant toi ont été traités de même, bien qu'ils eussent opéré des miracles et apporté le livre des Psaumes et le Livre qui éclaire [1].

182. Toute âme goûtera *le breuvage de* la mort [2]. Vous recevrez vos récompenses au jour de la résurrection. Celui qui aura évité le feu et qui entrera dans le paradis, celui-là sera bienheureux, car la vie d'ici-bas n'est qu'une jouissance trompeuse.

183. Vous serez éprouvés dans vos biens et dans vos personnes. Vous entendrez de la part de ceux qui ont reçu les Écritures et de la part des idolâtres des choses dures; mais prenez patience et craignez Dieu : ceci est dans l'ordre des choses [3].

184. Dieu a stipulé avec les juifs qu'ils auront à expliquer le Pentateuque aux hommes, et qu'ils ne le cacheront pas. Ils l'ont jeté par-dessus leurs épaules et l'ont vendu pour un vil prix. Vilaine marchandise que celle qu'ils ont reçue en retour!

185. Ne pensez pas que ceux qui se réjouissent de leurs œuvres, ou qui veulent être loués de ce qu'ils n'ont point fait, soient à l'abri des châtiments. Un châtiment douloureux les attend.

186. Le royaume des cieux et de la terre est à Dieu; Dieu a le pouvoir sur toutes choses.

187. Dans la création des cieux et de la terre, dans l'alternation des nuits et des jours, il y a sans doute des signes pour les hommes doués d'intelligence,

188. Qui, debout, assis, couchés, pensent à Dieu et méditent sur la création des cieux et de la terre. Seigneur, disent-ils, tu n'as point créé tout cela en vain. Par ta gloire, *non* [4]. Préserve-nous de la peine du feu.

189. Seigneur, celui que tu jetteras dans le feu sera couvert d'ignominie. Les pervers n'obtiendront aucun secours.

190. Seigneur, nous avons entendu l'homme qui appelait ; il nous appelait à la foi, il *nous* criait : Croyez en Dieu, et nous avons cru.

---

seuls qui n'eussent pas fait le miracle en question. Quant aux prophètes qui l'auraient fait, et dont parle le verset 180, on ne sait sur quel fondement les commentateurs citent Zacharie et saint Jean-Baptiste.

[1] Par le livre qui éclaire, Mahomet entend l'Évangile.

[2] Mot à mot : *toute âme goûtera la mort*.

[3] Ces derniers mots sont susceptibles d'un autre sens ; on peut les traduire ainsi : Ceci, une telle conduite, est de la fermeté nécessaire dans les choses *de ce monde*.

[4] Par ta gloire, *sobhanaka*. Cette expression suit ordinairement les opinions erronées ou un blasphème proféré contre Dieu. Voy. chap. II, verset 110, note.

191. Seigneur, pardonne-nous nos fautes, efface nos péchés, et fais que nous mourions dans la voie des justes.

192. Seigneur, accorde-nous ce que tu nous as promis par tes apôtres, et ne nous afflige pas au jour de la résurrection ; certes, tu ne manques point à tes promesses.

193. Dieu les exauce et leur dit : Il ne sera point perdu une seule œuvre d'aucun d'entre vous, ni homme, ni femme. Les femmes sont issues des hommes.

194. J'effacerai les péchés de ceux qui auront émigré ou auront été chassés de leur pays, qui auront souffert dans mon sentier (*pour ma cause*), qui auront combattu et succombé. Je les introduirai dans les jardins arrosés de courants d'eau.

195. C'est la récompense de Dieu ; et certes Dieu dispose de magnifiques récompenses.

196. Que la prospérité des infidèles (*qui sont à la Mecque*) ne t'éblouisse point [1]. C'est une jouissance de courte durée. Leur demeure sera le feu. Quel affreux lieu de repos !

197. Mais ceux qui craignent le Seigneur habiteront les jardins arrosés par des cours d'eau ; ils y demeureront éternellement. Telle sera la réception qu'ils trouveront chez Dieu ; et certes tout ce qui vient de Dieu vaut mieux pour les justes.

198. Parmi les juifs et les chrétiens, il y en a qui croient en Dieu et aux livres envoyés à vous et à eux, qui s'humilient devant Dieu, et ne vendent point ses enseignements pour un vil prix.

199. Ils trouveront leur récompense auprès de Dieu, qui est prompt à régler les comptes [2].

200. O croyants! soyez patients; luttez de patience les uns avec les autres; soyez fermes et craignez Dieu. Vous serez heureux.

CHAPITRE IV.

LES FEMMES.

Donné à Médine. — 175 versets.

Au nom du Dieu clément et miséricordieux.

1. O hommes! craignez votre Seigneur, qui vous a créés tous

---

[1] Mot à mot, leurs mouvements en tous sens, leurs allées et venues. Voy. XL, 4.
[2] Cette expression, qui n'est qu'une métaphore, est ridiculement interprétée par les commentateurs. Dieu réglera promptement le compte des hommes, disent-ils ; car dans la moitié d'une journée il aura jugé tout le genre humain.

d'un seul individu; il créa de lui sa compagne, et puis de ces deux êtres il fit sortir tant d'hommes et de femmes. Craignez le Seigneur au nom duquel vous vous faites des demandes mutuelles [1], et *respectez* les entrailles *qui vous ont portés;* certes Dieu vous observe.

2. Restituez aux orphelins *devenus majeurs* leurs biens; ne substituez pas le mauvais (*de vos biens*) au bon (*qui leur appartenait*). Ne consumez pas leur héritage *en le confondant* avec le vôtre; c'est un crime énorme.

3. Si vous craignez de n'être pas équitables envers les orphelins, n'épousez, parmi les femmes qui vous plaisent, que deux, trois ou quatre. Si vous craignez encore d'être injustes, n'en épousez qu'une seule ou une esclave [2]. Cette conduite vous aidera à ne pas être injustes. Assignez librement à vos femmes leurs dots [3], et, s'il leur plaît de vous en abandonner quelque chose de plein gré, jouissez-en commodément et à votre aise.

4. Ne confiez pas aux ineptes [4] les biens que Dieu a confiés à vos soins comme un fonds; *mais, les gérant vous-mêmes*, fournissez-leur sur ce fonds la nourriture et les vêtements, et tenez-leur toujours un langage doux et honnête.

5. Éprouvez les facultés intellectuelles des orphelins jusqu'à l'âge où ils pourront se marier, et si vous leur trouvez un jugement sain, alors remettez-leur leur fortune. Gardez-vous de la consumer par la prodigalité, et ne vous hâtez pas *de la leur confier.*

6. *Seulement*, parce qu'ils ont grandi; que le tuteur riche s'abstienne de toucher au bien de ses pupilles. Celui qui est pauvre ne doit en user qu'avec discrétion.

7. Au moment où vous leur remettez leurs biens, faites-vous

---

[1] Car les Arabes avaient coutume de dire, en demandant quelque chose : « Au nom de Dieu, faites ou dites-moi quelque chose. »

[2] Il y a dans le texte : *Ce que vos mains droites ont acquis*, expression consacrée pour désigner une esclave achetée à prix d'argent, ou une captive prise à la guerre.

[3] Il est nécessaire de faire observer ici (et cette observation s'appliquera à tous les passages analogues du Koran) que le mot *sadouka*, traduit ordinairement par dot, est l'argent ou les objets de prix que l'homme donne aux parents de la femme qu'il épouse. Ce n'est donc pas la femme qui apporte quelque chose à son mari, mais le mari qui apporte une dot.

[4] Le mot ineptes s'applique ici aux orphelins mineurs capables de faire un mauvais usage de leur héritage et de le gaspiller par la légèreté propre au jeune âge.

assister par des témoins. Dieu vous tiendra compte de vos actions, et cela vous suffit.

8. Les hommes doivent avoir une portion des biens laissés par leurs pères et mères et leurs proches; les femmes doivent aussi avoir une portion de ce que laissent leurs pères et mères et leurs proches. Que l'héritage soit considérable ou de peu de valeur, une portion déterminée leur est due.

9. Lorsque les parents, les orphelins et les pauvres sont présents au partage, faites-leur en avoir quelque chose, et tenez-leur toujours un langage doux et honnête.

10. Que ceux qui craignent de laisser après eux des enfants faibles *par leur bas-âge songent à ce qu'ils font eux-mêmes;* qu'ils craignent Dieu et aient une parole droite [1].

11. Ceux qui dévorent iniquement l'héritage des orphelins introduisent le feu dans leurs entrailles, et seront un jour consumés par les flammes ardentes.

12. Dieu vous commande, dans le partage de vos biens entre vos enfants, de donner au garçon la portion de deux filles; s'il n'y a que des filles, et qu'elles soient plus de deux, elles auront les deux tiers de ce que *le père* laisse; s'il n'y en a qu'une seule, elle recevra la moitié. Les père et mère *du défunt* auront chacun le sixième de ce que *l'homme* laisse, s'il a laissé un enfant; s'il n'en laisse aucun et que ses ascendants lui succèdent, la mère aura un tiers; s'il laisse des frères, la mère aura un sixième, après que les legs et les dettes du testateur auront été acquittés. Vous ne savez pas qui de vos parents ou de vos enfants vous sont plus utiles. Telle est la loi de Dieu. Il est savant et sage.

13. A vous *hommes* la moitié de ce que laissent vos épouses, si elles n'ont pas d'enfants; et si elles en laissent, vous aurez le quart, après les legs qu'elles auront faits et les dettes payées.

14. Elles (*les femmes vos épouses*), auront le quart de ce que vous (*leurs maris*) laissez, après les legs que vous aurez faits et les dettes payées, si vous n'avez pas d'enfants; et si vous avez des enfants, elles auront le huitième *de la succession* après les legs que vous aurez faits et les dettes payées.

15. Si un homme hérite d'un parent éloigné ou d'une parente éloignée, et qu'il ait un frère ou une sœur, il doit à chacun des deux un sixième de la succession; s'ils sont plusieurs, ils con-

---

[1] Cette phrase elliptique signifie : En vous occupant des enfants laissés par d'autres, ayez toujours présent à votre pensée le sort de vos propres enfants, et agissez comme vous voudriez qu'on agit à l'égard des vôtres.

courront au tiers de la succession, les legs et les dettes prélevés,

16. Sans porter préjudice *à qui que ce soit.* C'est ce que Dieu vous recommande. Il est savant et clément.

17. Tels sont les commandements de Dieu. Ceux qui écouteront Dieu et son envoyé seront introduits dans les jardins arrosés par des courants d'eau ; ils y demeureront éternellement. C'est un bonheur immense.

18. Celui qui désobéira à Dieu et à son envoyé, et qui transgressera les commandements [1] de Dieu, sera précipité dans le feu, où il restera éternellement, livré à un châtiment ignominieux.

19. Si vos femmes commettent l'action infâme [2], appelez quatre témoins. Si leurs témoignages se réunissent contre elles, enfermez-les dans des maisons jusqu'à ce que la mort les enlève ou que Dieu leur procure quelque moyen de salut.

20. Si deux individus parmi vous commettent une action infâme, faites-leur du mal à tous deux [3] ; mais s'ils se repentent et se corrigent, laissez-les tranquilles, car Dieu aime à pardonner, il est miséricordieux.

21. Dieu lui-même se charge de revenir (*de pardonner*) à ceux qui ont péché par ignorance, et qui se repentent aussitôt. Dieu leur pardonne, car il est savant et sage.

22. Le repentir n'est d'aucune utilité à celui qui commet constamment les mauvaises actions, et qui s'écrie, à l'approche de la mort : Je me repens. Il n'est d'aucune utilité à ceux qui meurent infidèles. Nous avons préparé pour ceux-ci un châtiment douloureux.

23. O croyants! il ne vous est pas permis de vous constituer héritiers de vos femmes contre leur gré, ni de les empêcher de se marier (quand vous les avez répudiées), afin de leur ravir une portion de ce que vous leur avez donné, à moins qu'elles ne soient coupables d'une action infâme manifeste. Soyez bons dans vos

---

[1] Proprement, les limites que Dieu a établies.

[2] Il s'agit de la fornication aussi bien que de l'adultère ; car le mot *femmes* (*niça*) n'a pas ici rigoureusement le sens d'*épouse;* le mot particulièrement appliqué à l'adultère est *zina*. Dans les commencements de l'islamisme, on murait la femme coupable, peine qui ne résulte cependant pas du texte du Koran. On y a substitué plus tard, pour une personne libre (non mariée), le fouet et le bannissement. Quant à l'adultère, la tradition, qui prescrit la lapidation, a renchéri sur les dispositions du Koran contenues dans le chapitre XXIV.

[3] On croit qu'il s'agit, dans ce passage, du crime de sodomie ; et les mots *faites-leur du mal* sont interprétés par les commentateurs par : réprimandez-les publiquement, ou soufflétez-les avec leurs pantoufles.

procédés à leur égard. Si parmi vos femmes il y en a pour qui vous avez de l'éloignement, il se peut que vous ayez de l'éloignement pour une chose dans laquelle Dieu ait déposé un bien immense.

24. Si vous désirez changer une femme contre une autre [1], et que vous ayez donné à l'une d'elle cent dinars, ne lui en ôtez rien. Voudriez-vous les lui arracher par une injustice et une iniquité évidentes?

25. Et comment voudriez-vous les leur ôter, lorsque l'un et l'autre vous avez été unis intimement, et que vos femmes ont reçu vos serments solennels?

26. N'épousez pas les femmes qui ont été les épouses de vos pères; c'est une turpitude, c'est une abomination et un mauvais usage : toutefois laissez subsister ce qui est déjà accompli.

27. Il vous est interdit d'épouser vos mères, vos filles, vos sœurs, vos tantes paternelles et maternelles; vos nièces (filles de vos frères ou de vos sœurs); vos nourrices [2], vos sœurs de lait, les mères de vos femmes, les filles confiées à votre tutelle et issues de femmes avec lesquelles vous auriez cohabité. Mais, si vous n'avez pas cohabité avec elles, il n'y a aucun crime à les épouser. N'épousez pas non plus les filles de vos fils que vous avez engendrés, ni deux sœurs. Si le fait est accompli [3], Dieu sera indulgent et miséricordieux.

28. Il vous est défendu d'épouser des femmes mariées, excepté celles qui seraient tombées entre vos mains comme esclaves : c'est la loi de Dieu à votre égard. Il vous est permis, du reste, d'aller au delà si vous désirez y employer vos biens; mais toujours vivant avec réserve et sans vous livrer à la débauche. Donnez à celle avec laquelle vous avez cohabité la dot promise; ceci est obligatoire. Il n'y a aucun crime de faire des conventions en sus de ce que la loi prescrit. Dieu est savant et sage.

29. Celui qui ne sera pas assez riche pour épouser des femmes honnêtes [4] et croyantes, prendra des esclaves croyantes. Dieu con-

---

[1] C'est-à-dire, si vous répudiez une femme pour en épouser une autre, n'ôtez pas à la femme que vous répudiez les cent dinars de dot qu'elle a reçus de vous.

[2] Mot à mot : vos mères qui vous ont allaités. Et le commentateur dit à cette occasion : Dieu a assimilé l'allaitement à la parenté au point d'appeler la nourrice mère.

[3] On ne devait pas toucher à ce qui était un fait accompli, et donner à la loi une force rétroactive.

[4] Le mot arabe *mohsanat* signifie proprement *femmes gardées*, c'est-à-dire

naît votre foi [1]. Vous venez tous les uns des autres (et d'Adam, le père commun). N'épousez les esclaves qu'avec la permission de leurs maîtres. Dotez-les équitablement. Qu'elles soient chastes, qu'elles évitent la débauche, et qu'elles n'aient point d'amants [2].

30. Si après le mariage elles commettent l'adultère, qu'on leur inflige la moitié de la peine prononcée contre les femmes libres [3]. Cette loi est établie en faveur de celui qui craint de pécher en restant célibataire. Mais si vous vous absteniez, cela serait plus méritoire. Dieu est indulgent et miséricordieux.

31. Dieu veut vous expliquer clairement ses volontés et vous guider dans le chemin de ceux qui vous ont précédés. Il agréera votre repentir, car il est savant et sage.

32. Dieu veut agréer votre repentir; mais ceux qui suivent leurs passions veulent vous entraîner dans une pente rapide. Dieu veut vous rendre son joug léger, car l'homme a été créé faible.

33. O croyants! ne consumez pas vos biens entre vous en choses vaines, à moins que ce ne soit un marché conclu à l'amiable [4]; ne vous tuez pas entre vous [5]. Dieu certes est miséricordieux envers vous.

---

celles qui sont sous l'autorité d'un mari et sont très-réservées dans leurs manières; femmes de bonne maison, de condition libre.

[1] C'est-à-dire, contentez-vous de la profession de foi de celles que vous épousez, sans écouter leurs consciences.

[2] Voy. chap. V, 7.

[3] Ce passage prouve que la peine de l'adultère n'était point la mort; autrement il ne serait pas question de la moitié de la peine.

[4] C'est-à-dire, ne vous enlevez pas les uns aux autres ce que chacun possède, par les jeux de hasard, par l'usure et autres gains illicites; mais vous pouvez avoir le bien d'autrui légitimement, c'est-à-dire par le trafic, par le commerce.

[5] Le sens de ce passage est incertain, et le vague résulte de l'emploi différent que peut avoir le mot *nafs* (personne, individu, âme, soi-même), en sorte qu'on peut tout aussi bien traduire ne tuez pas vous-mêmes, vos personnes, les uns les autres, ne vous entretuez pas, ou bien ne vous tuez pas vous-mêmes, ne commettez pas le suicide. Les commentateurs ne savent pas eux-mêmes dans quel sens il faut prendre ces mots; cela peut signifier, disent-ils, ne vous jetez pas vous-même dans la mort comme les Hindous idolâtres, ou bien ne vous tuez pas entre vous, musulmans, car vous ne faites qu'un seul, et pour ainsi dire une seule âme (*nafs*). On rencontre, il est vrai, souvent en arabe l'expression *la taktol nafsak*, ne tue pas ton âme, c'est-à-dire, ne te tue pas (à force de te livrer à la douleur, etc.); mais le mot *nafs*, mis au pluriel, jette du vague; il en serait de même en français, si on se contentait de dire: « Ne vous tuez pas. » Le commencement du verset est dirigé contre la convoitise et l'enlèvement illicite du bien d'autrui, et le législateur a pu ajouter en passant la défense du meurtre. D'un autre côté, les mots à la fin du verset: « Dieu est miséricordieux

34. Quiconque agira ainsi par iniquité et méchanceté, nous le ferons consumer par le feu. Certes, cela sera facile à Dieu.

35. Si vous savez éviter les grands péchés qu'on vous a défendu de commettre, nous effacerons vos fautes, et nous vous procurerons une entrée honorable (dans le paradis).

36. Ne convoitez pas les biens par lesquels Dieu vous a élevés les uns au-dessus des autres. Les hommes auront chacun la portion qu'ils auront gagnée, et les femmes la portion qu'elles auront gagnée. C'est à Dieu que vous demanderez ses dons. Il a la connaissance de toutes choses.

37. Nous avons désigné à chacun les héritiers qui doivent recueillir la succession laissée par les père et mère, par les parents, et par ceux avec lesquels vous avez formé un pacte. Rendez à chacun la portion qui lui est due, car Dieu est témoin de toutes vos actions.

38. Les hommes sont supérieurs aux femmes à cause des qualités par lesquelles Dieu a élevé ceux-là au-dessus de celles-ci, et parce que les hommes emploient leurs biens pour doter les femmes. Les femmes vertueuses sont obéissantes et soumises : elles conservent soigneusement pendant l'absence de leurs maris ce que Dieu a ordonné de conserver intact [1]. Vous réprimanderez celles dont vous aurez à craindre la désobéissance ; vous les reléguerez dans des lits à part, vous les battrez ; mais, dès qu'elles vous obéissent, ne leur cherchez point querelle. Dieu est élevé et grand.

39. Si vous craignez une scission entre les deux époux, appelez un arbitre de la famille du mari et un autre choisi dans celle de la femme. Si les deux époux désirent la réconciliation, Dieu les fera vivre en bonne intelligence, car il est savant et instruit de tout.

40. Adorez Dieu et ne lui associez rien [2]. Témoignez de la bonté à vos pères et mères, à vos parents, aux orphelins, aux pauvres, aux clients qui vous sont liés par le sang et aux clients étrangers, à vos compagnons, aux voyageurs et à vos esclaves. Dieu n'aime pas l'homme présomptueux et glorieux.

41. *Il n'aime pas* ceux qui sont avares et qui recommandent l'avarice aux autres et cachent soigneusement ce que Dieu leur a donné par l'effet de sa faveur. Nous avons préparé aux infidèles une peine ignominieuse.

envers vous, » sembleraient indiquer qu'il s'agit de la défense du suicide. Comp. IV, 69, où l'on se sert de cette expression.

[1] C'est-à-dire, leurs personnes et l'avoir de leurs maris.
[2] D'autres dieux ou objets d'adoration.

42. *Il n'aime pas* ceux qui font l'aumône par ostentation et qui ne croient point en Dieu et au jour dernier. Quiconque a Satan pour compagnon, celui-là a un mauvais compagnon.

43. Qu'auraient-ils perdu à croire en Dieu et au jour dernier, à faire l'aumône des biens que Dieu leur a accordés, quand Dieu connaît les actions de l'homme?

44. Dieu ne fera tort à qui que ce soit, pas même du poids d'un atome; une bonne action, il la payera double, et accordera une récompense généreuse.

45. Que feront les méchants, lorsque nous rassemblerons contre eux les témoins de toutes les nations, lorsque nous invoquerons contre eux ton propre témoignage, ô *Mohammed!* Dans ce jour terrible, les infidèles et ceux qui ont été rebelles au prophète aimeraient mieux que la terre fût à leur niveau et *les dérobât à la vue de tous.* Mais ils ne sauront cacher la chose à Dieu.

46. O croyants! ne priez point lorsque vous êtes ivres : attendez que vous puissiez comprendre *les paroles* que vous prononcez. Ne priez point quand vous êtes souillés : attendez que vous ayez fait vos ablutions, à moins que vous ne soyez en voyage. Si vous êtes malades ou en voyage, si vous venez de satisfaire vos besoins naturels, ou si vous avez eu commerce avec une femme, frottez-vous le visage et les mains avec de la menue poussière à défaut d'eau [1]. Dieu est indulgent et miséricordieux.

47. N'avez-vous pas remarqué ceux qui ont reçu une portion des Ecritures? ils vendent l'erreur et voudraient vous faire quitter le droit chemin; mais le Seigneur connaît vos ennemis. Il vous suffit d'avoir Dieu pour patron, il vous suffit d'avoir Dieu pour aide.

48. Parmi les juifs, il y en a qui déplacent les paroles de leurs Ecritures, et qui disent : Nous avons entendu, mais nous ne voulons pas obéir. Ecoute ce que tu n'as jamais entendu jusqu'ici, et examine-nous (*ra'ina* [2]). Ils embrouillent leurs paroles avec leurs langues, et calomnient la vraie religion.

49. Que ne disent-ils plutôt : Nous avons entendu et nous obéirons? Ecoute-nous et jette un regard sur nous. Ce langage leur serait bien plus profitable et serait plus loyal. Mais Dieu les a maudits à cause de leur infidélité, et il n'y a parmi eux qu'un petit nombre de croyants [3].

50. Vous qui avez reçu des Ecritures, croyez à ce que Dieu a

---

[1] Cette espèce de purification s'appelle *teïemmoum.*

[2] Voyez, au sujet de ce mot, le chapitre II, verset 98.

[3] C'est-à-dire qu'il n'y a qu'un petit nombre d'hommes dans la race juive qui aient embrassé la religion de Mahomet.

CHAPITRE IV.

fait descendre du ciel pour confirmer vos livres sacrés, avant que nous effacions les traits de nos visages et que nous les tournions du côté opposé[1]. Croyez avant que nous vous maudissions, comme nous avons maudit ceux qui violaient le sabbat[2]; l'ordre de Dieu fut aussitôt accompli.

51. Dieu ne pardonnera point qu'on lui associe *d'autres dieux*; il pardonnera les autres péchés[3] à qui il voudra, car celui qui associe à Dieu d'autres créatures commet un crime énorme.

52. Vous les avez vus, ces hommes, comme ils cherchaient à se justifier. Mais Dieu ne justifiera que ceux qu'il voudra, et *les hommes* ne seront pas lésés du volume d'un brin[4].

53. Ne vois-tu pas comme ils forgent des mensonges au sujet de Dieu? Cela suffit pour en faire un crime manifeste.

54. N'as-tu pas remarqué ceux qui, après avoir reçu une partie des Ecritures, croient au Djibt et au Thagout[5], et qui disent aux infidèles qu'ils suivent une route plus vraie que les croyants?

55. Ce sont eux que Dieu a couverts de sa malédiction. Or celui que Dieu a maudit ne trouvera pas de protecteur.

56. Auront-ils quelque part dans l'empire du monde, eux qui ne donneraient pas un brin du creux du noyau de dattes[6]?

57. Envieront-ils les bienfaits que Dieu a accordés à d'autres? Nous avons cependant donné à la lignée d'Abraham les Ecritures, la sagesse et un grand royaume.

58. Parmi eux, les uns croient au prophète, les autres s'en éloignent. Mais le feu de la géhenne suffit *à leur châtiment.*

59. Ceux qui refuseront de croire à nos signes, nous les approcherons du feu ardent. Aussitôt que leur peau sera consumée par le feu, nous les revêtirons d'une autre, pour leur faire goûter le supplice. Dieu est puissant et sage.

60. Ceux qui croiront et feront le bien seront introduits dans

---

[1] Voy. chap. II, 61.

[2] C'est la traduction littérale du texte. On explique ce passage de deux manières : les réprouvés auront le cou tordu, en sorte que ce qui était devant sera derrière ; ou bien, les traits, la bouche, le nez, seront effacés et rendus plats et unis comme l'est le derrière de la tête.

[3] Mot à mot : il pardonnera ce qui est en deçà, c'est-à-dire le péché d'idolâtrie est le plus grand des péchés capitaux.

[4] Le mot que nous traduisons par brin, signifie proprement le brin de crasse roulé que l'on enlève sur la main ou entre les doigts, ou le brin dans le creux d'un noyau de datte.

[5] Noms des divinités ou des temples des Arabes idolâtres.

[6] Ce verset s'applique aux juifs, qui espèrent avoir un jour à la venue du Messie l'empire du monde.

les jardins arrosés de courants d'eau; ils y demeureront éternellement; ils y trouveront des femmes exemptes de toute souillure, et des ombrages délicieux.

61. Dieu vous commande de rendre le dépôt à qui il appartient, et de juger vos semblables avec équité. C'est une belle action que celle que Dieu vous recommande. Il entend et voit tout.

62. O croyants! obéissez à Dieu, obéissez à l'apôtre et à ceux d'entre vous qui exercent l'autorité. Portez vos différends devant Dieu [1] et devant l'apôtre, si vous croyez en Dieu et au jour dernier. Ceci est le mieux, c'est la meilleure issue *du débat*.

63. N'as-tu pas vu ceux qui prétendent croire aux livres envoyés à toi et avant toi, demander d'être jugés devant Thagout, bien qu'il leur fût défendu de croire en lui [2]? Mais Satan veut les faire dévier bien loin de la vérité.

64. Si on leur dit: Revenez au livre descendu d'en haut et à l'apôtre, hypocrites qu'ils sont, tu les verras se détourner et s'éloigner.

65. Que feront-ils, lorsque, pour prix des œuvres de leurs propres mains, une grande calamité s'appesantira sur eux? Ils viendront vers toi, et jureront par Dieu qu'ils ne désiraient que le bien et la concorde.

66. Dieu sait bien ce qui est au fond de leurs cœurs. Romps avec eux; fais-leur entendre des admonitions sévères et des paroles qui pénètrent leurs âmes.

67. Nous avons envoyé des apôtres, afin qu'on leur obéît. Si ceux qui ont commis des iniquités reviennent à toi, s'ils demandent à Dieu la rémission de leurs péchés, et que le prophète intercède pour eux, ils trouveront Dieu clément et prêt à accueillir leur repentir.

68. J'en jure par ton Dieu, ils ne seront point croyants jusqu'à ce qu'ils t'aient établi juge de leurs différends. Ensuite, ne trouvant eux-mêmes rien à redire à ce que tu auras décidé, ils s'y soumettront parfaitement.

69. Si nous leur avions prescrit de se donner la mort à eux-mêmes ou d'abandonner leur pays, peu d'entre eux l'auraient fait. Cependant, s'ils avaient exécuté les ordres de Dieu, cela aurait été plus profitable pour eux et plus propre à raffermir leur foi.

[1] C'est-à-dire, consultez le Koran, qui est la parole de Dieu.
[2] Ce passage doit se rapporter à une décision de Mahomet prononcée dans un procès entre un juif et un musulman. Ce dernier, se croyant lésé, refusa de s'y soumettre, et voulut porter le différend devant un autre tribunal. Omar, plus tard calife, lui trancha la tête, et termina ainsi le débat.

70. Nous les aurions récompensés magnifiquement, et nous les aurions guidés vers un chemin droit.

71. Ceux qui obéiront à Dieu et à l'apôtre entreront dans la société des prophètes, des justes, des martyrs, des hommes vertueux que Dieu a comblés de ses bienfaits. Quelle belle association que la leur !

72. Telle est la libéralité de Dieu. Sa science suffit à tout.

73. O croyants ! prenez vos précautions à la guerre, et avancez, soit par détachements, soit en masse.

74. Il y aura parmi vous tel qui se traînera lentement à votre suite. Si vous éprouvez des revers, il dira : Dieu m'a témoigné une grâce particulière, en ce que je n'ai point assisté au combat.

75. S'il vous arrive une faveur de Dieu, *qui vous donne la victoire*, il dira (comme si aucune amitié n'existait entre vous et lui) : Plût à Dieu que j'eusse combattu avec eux ! j'aurais emporté un riche butin.

76. Que ceux qui sacrifient la vie d'ici-bas à la vie future combattent dans la voie de Dieu ; qu'ils succombent ou qu'ils soient vainqueurs, nous leur donnerons une récompense généreuse.

77. Et pourquoi ne combattriez-vous pas dans le sentier du Seigneur, quand les faibles, les femmes, les enfants, s'écrient : Seigneur, tire-nous de cette ville aux habitants oppresseurs, envoie-nous un défenseur de ta part, donne-nous un protecteur !

78. Les croyants combattent dans le sentier de Dieu, et les infidèles dans le chemin de Thagout. Combattez donc les suppôts de Satan, et certes les stratagèmes de Satan seront impuissants.

79. Vous avez remarqué ceux à qui on a dit : Reposez-vous des combats pendant quelque temps [1], vaquez à la prière et faites l'aumône ; lorsque ensuite on leur eut ordonné de combattre, la plupart d'entre eux, craignant les hommes autant ou plus que Dieu même, se sont écriés : Seigneur, pourquoi nous ordonnes-tu la guerre ? pourquoi ne nous donnes-tu pas quelque répit jusqu'à un temps prochain [2] ? Réponds-leur : La jouissance de la vie d'ici-bas est peu de chose ; la vie future est le vrai bien pour ceux qui craignent Dieu. Là on ne vous trompera pas d'un seul brin.

80. En quelque lieu que vous soyez, la mort vous atteindra ; elle vous atteindrait dans des tours élevées. S'il leur arrive quelque bonheur, ils disent : Cela vient de Dieu. Essuient-ils quelque disgrâce, ils s'écrient : Cela vient de toi, ô Mohammed [3] ! Dis-leur :

---

[1] Mot à mot : retirez vos mains, c'est-à-dire ne touchez à aucun travail.

[2] C'est-à-dire, pourquoi ne prolonges-tu pas la trêve qui nous permet de vivre ?

[3] C'est ainsi que les juifs attribuaient la cherté des vivres à Mahomet, lorsqu'il

Tout vient de Dieu. Qu'a-t-il donc, ce peuple, qu'il est si loin de comprendre?

81. S'il t'arrive quelque bien, il t'arrive de Dieu. Le mal vient de toi [1]. Et toi, Mohammed, nous t'avons envoyé vers les hommes avec la mission de prophète. Le témoignage de Dieu est suffisant.

82. Celui qui obéit au Prophète obéit à Dieu. Nous ne t'avons pas envoyé pour être le gardien de ceux qui se détournent de toi.

83. Ils disent devant toi : Nous obéissons. Sortis de ta présence, la plupart d'entre eux couvent dans la nuit des desseins contraires à leurs paroles ; mais Dieu met par écrit leurs machinations. Eloigne-toi d'eux, et mets ta confiance en Dieu. Il te suffira de l'avoir pour défenseur.

84. N'examinent-ils pas attentivement le Koran ? Si tout autre que Dieu en était auteur, n'y trouveraient-ils pas une foule de contradictions?

85. Reçoivent-ils une nouvelle qui leur inspire de la sécurité, ou telle autre qui les alarme, ils la divulguent aussitôt. S'ils l'annonçaient au prophète ou à leurs chefs, ceux qui désireraient la savoir l'apprendraient de la bouche de ces derniers. Si la grâce de Dieu et sa miséricorde ne veillaient sur vous, vous suivriez Satan, *tous* à l'exception d'un petit nombre.

86. Combats dans le sentier de Dieu, et n'impose des charges difficiles qu'à toi-même. Excite les croyants au combat. Dieu peut arrêter la violence des infidèles, il est plus fort qu'eux, et ses châtiments sont plus terribles.

87. Celui dont l'intercession aura un but louable en recueillera le fruit ; celui qui intercédera dans un mauvais but en recevra sa part. Dieu observe tout.

88. Si quelqu'un vous salue, rendez-lui le salut plus honnête encore, ou au moins rendez le salut. Dieu compte tout.

89. Dieu est le seul Dieu. Il vous rassemblera au jour de la résurrection. Il n'y a point de doute là-dessus. Et qui est plus vrai dans ses paroles que Dieu?

90. Pourquoi êtes-vous divisés en deux partis au sujet des hypocrites [2] ? Dieu les a refoulés parmi les infidèles pour prix de leur

---

alla à Médine, ce qui s'explique fort naturellement par l'affluence des gens qui étaient à sa suite.

[1] Pour concilier ces mots avec ceux du verset précédent, les commentateurs font observer que tout mal vient des hommes par suite de leurs péchés.

[2] Ceci se rapporte à ceux qui demandèrent à Mahomet d'être congédiés avant d'arriver à Médine, et qui continuèrent à cheminer de journée en journée jusqu'à ce qu'ils rencontrèrent des idolâtres. Les musulmans étaient partagés d'avis,

action. Voulez-vous conduire ceux que Dieu a égarés? Tu ne trouveras point de sentier pour celui que Dieu égare.

91. Ils ont voulu vous rendre infidèles comme eux, afin que vous soyez tous égaux. Ne formez point de liaisons avec eux jusqu'à ce qu'ils aient quitté leur pays pour la cause du Seigneur. S'ils retournent *réellement et d'une manière avouée* à l'infidélité, saisissez-les et mettez-les à mort partout où vous les trouverez. Ne cherchez parmi eux ni protecteur ni ami ;

92. Excepté ceux qui chercheraient un asile chez vos alliés, et ceux qui sont forcés de vous faire la guerre ou de la faire à leur propre tribu. Si Dieu avait voulu, il leur aurait donné l'avantage sur vous, et ils vous combattraient sans cesse. S'ils cessent de porter les armes contre vous, et s'ils vous offrent la paix, Dieu vous défend de les attaquer.

93. Vous en trouverez d'autres qui chercheront à gagner également votre confiance et celle de leur nation. Chaque fois qu'ils retourneront au désordre, ils seront défaits. S'ils ne se mettent pas à l'écart, s'ils ne vous offrent pas la paix et ne s'abstiennent pas de vous combattre, saisissez-les et mettez-les à mort partout où vous les trouverez. Nous vous donnons sur eux un pouvoir absolu.

94. Pourquoi un croyant tuerait-il un autre croyant, sauf si c'est involontairement? Celui qui en tuera un involontairement sera tenu d'affranchir un esclave croyant et de payer à la famille du mort le prix du sang fixé par la loi, à moins que la famille ne fasse convertir cette somme en aumône. Pour la mort d'un croyant d'une nation ennemie, on donnera la liberté à un esclave croyant. Pour la mort d'un individu d'une nation alliée, on affranchira un esclave croyant, et on payera à la famille du mort la somme prescrite. Celui qui ne trouvera pas d'esclave à racheter jeûnera deux mois de suite. Voilà les expiations établies par Dieu le savant, le sage.

95. Celui qui tuera un croyant volontairement aura l'enfer pour récompense; il y demeurera éternellement. Dieu, irrité contre lui, le maudira et le condamnera à un supplice terrible.

96. O croyants! lorsque vous entrez en campagne pour la guerre sainte, informez-vous avec exactitude; ne dites pas à celui que vous rencontrerez et qui vous adressera le salut : Tu n'es pas un croyant; *ne le dites pas* par convoitise des biens accidentels de

---

et ne savaient pas, si ces hommes devaient être regardés comme des hypocrites et des infidèles, ou comme des fidèles que le hasard avait jetés au milieu des infidèles.

ce monde ¹. Dieu possède des richesses infinies. Telle a été votre conduite passée. Le ciel vous l'a pardonnée. Informez-vous donc avec exactitude avant d'agir. Dieu est instruit de toutes vos actions.

97. Les fidèles qui resteront dans leurs foyers sans y être contraints par la nécessité ne seront pas traités comme ceux qui combattront dans le sentier de Dieu, avec le sacrifice de leurs biens et de leurs personnes. Dieu a assigné à ceux-ci un rang plus élevé qu'à ceux-là ; il a fait de belles promesses à tous ; mais il a destiné aux combattants une récompense plus grande qu'à ceux qui restent dans leurs foyers ;

98. Des degrés plus élevés auprès de lui, l'indulgence et la miséricorde. Certes Dieu est indulgent et miséricordieux.

99. Les anges, en ôtant la vie à ceux qui avaient agi iniquement envers eux-mêmes, leur demandèrent : Qu'avez-vous fait ? Ils répondirent : Nous étions les faibles de la terre ². Les anges leur dirent : La terre de Dieu n'est-elle pas assez vaste ? Ne pouviez-vous pas, en abandonnant votre pays, chercher un asile quelque part ? C'est pourquoi l'enfer sera leur demeure. Quelle détestable route que la leur !

100. Les faibles d'entre les hommes et d'entre les femmes, et les enfants incapables d'imaginer une ruse *pour se soustraire à l'infidélité*, ni de se diriger dans leur route, ceux-là obtiendront peut-être le pardon de Dieu, qui est indulgent et miséricordieux.

101. Celui qui abandonnera son pays pour la cause de Dieu trouvera sur la terre d'autres hommes forcés d'en faire autant, et des ressources abondantes. Pour celui qui aura quitté son pays pour embrasser la cause de Dieu, et que la mort viendra surprendre, son salaire sera à la charge de Dieu, et Dieu est indulgent et miséricordieux.

102. Quand vous entrez en campagne, il n'y aura aucun péché d'abréger vos prières, si vous craignez que les infidèles ne vous surprennent : les infidèles sont vos ennemis déclarés.

103. Lorsque tu seras au milieu de tes troupes et que tu feras

---

¹ Il arrivait souvent que les mahométans rencontraient dans leurs courses des hommes qu'ils ne connaissaient pas et les tuaient. Les agresseurs, pour se disculper, disaient que c'étaient des infidèles ; en réalité, c'était pour les dépouiller, qu'ils les traitaient d'infidèles.

² Ce verset s'applique à ces Arabes qui, après avoir embrassé l'islam à la Mecque, n'émigrèrent pas lorsqu'il fallait émigrer pour rompre avec les idolâtres, et qui conservèrent des relations avec eux. Les anges dont il est parlé ici sont les deux anges qui examinent les morts dans leurs tombeaux.

accomplir la prière, qu'une partie prenne les armes et prie; lorsqu'elle aura fait les adorations[1], qu'elle se retire, et qu'une autre partie de l'armée, qui n'a pas encore fait la prière, lui succède. Qu'ils prennent leurs sûretés et soient sous les armes. Les infidèles voudraient bien que vous ne songeassiez pas à vos armes et à vos bagages, afin de fondre d'un seul coup sur vous. Si la pluie vous incommode, ou si vous êtes malades, ce ne sera point un péché de déposer vos armes; toutefois prenez vos sûretés. Dieu prépare aux infidèles un supplice ignominieux.

104. La prière terminée, pensez encore à Dieu, debout, assis ou couchés. Aussitôt que vous vous voyez en sûreté, accomplissez la prière. La prière est pour les croyants une obligation attachée à certaines heures fixes.

105. Ne vous ralentissez point dans la poursuite des ennemis. Si vous souffrez, ils souffriront comme vous; mais vous devez espérer de Dieu ce qu'ils ne sauraient espérer. Dieu est sage et savant.

106. Nous t'avons, ô *Mohammed!* envoyé le Livre contenant la vérité, afin que tu juges entre les hommes d'après ce que Dieu t'a fait connaître. N'entre point en dispute avec les perfides, et implore le pardon de Dieu. Il est indulgent et miséricordieux.

107. Ne dispute pas avec nous en faveur de ceux qui ont agi perfidement envers eux-mêmes. Dieu n'aime pas l'homme perfide et criminel.

108. Ils peuvent dérober leurs plans aux regards des hommes, mais ils ne les déroberont pas à ceux de Dieu. Il est présent à leurs côtés, quand dans la nuit ils tiennent des discours qui lui déplaisent. Il embrasse de sa science tout ce qu'ils font.

109. Ah! vous disputez avec moi en leur faveur dans ce monde. Qui disputera avec Dieu en leur faveur au jour de la résurrection? qui sera leur patron?

110. Quiconque aura commis une mauvaise action, on aura agi iniquement envers sa propre âme, mais implorera ensuite le pardon de Dieu, le trouvera indulgent et miséricordieux.

111. Celui qui commet un péché, le commet à son détriment. Dieu est savant et sage.

112. Celui qui commet une faute (involontaire) ou un péché, et puis les rejette sur un homme innocent, se charge d'une calomnie et d'un péché manifeste.

---

[1] La prière mahométane se compose de génuflexions, *rik'a*, et d'adorations, *soudjoud*, qui consistent à se prosterner face contre terre.

113. N'était la grâce de Dieu et sa miséricorde envers toi, une partie d'entre ceux qui avaient résolu de t'égarer auraient réussi; mais ils n'ont égaré qu'eux-mêmes et n'ont pu te nuire [1]. Dieu a fait descendre sur toi le Livre et la sagesse; il t'a appris ce que tu ne savais pas. La grâce de Dieu a été grande envers toi.

114. Rien de bon n'entre dans la plupart de leurs entretiens secrets. Mais celui qui recommande l'aumône ou une bonne action, ou la concorde entre les hommes, s'il le fait par le désir de plaire à Dieu, recevra certainement de nous une récompense magnifique.

115. Celui qui fera scission avec le prophète depuis que la vraie direction lui a apparu, celui qui suivra une autre route que celle des croyants, à celui-là nous tournerons le dos, de même qu'il nous l'a tourné à nous, et nous l'approcherons du feu de la géhenne. Quel affreux dénouement!

116. Ce que Dieu ne pardonnera pas, c'est qu'on lui associe d'autres divinités; il pardonnera tout le reste à qui il voudra, car quiconque lui associe d'autres dieux est sur une fausse route bien éloignée *de la vraie.*

117. Ils invoquent les divinités femelles plutôt que Dieu [2]; plutôt que Dieu, ils invoquent Satan le rebelle.

118. Que la malédiction de Dieu soit sur lui. Il a dit : Je m'empare d'une certaine portion de tes serviteurs; je les égarerai, je leur inspirerai des désirs, je leur ordonnerai de couper les oreilles de certains animaux, je leur ordonnerai d'altérer la création de Dieu [3]. Quiconque prend Satan pour patron plutôt que Dieu, celui-là est perdu d'une perte évidente.

119. Il leur fait des promesses et leur inspire des désirs; mais Satan ne promet que pour aveugler.

120. Ceux-là auront la géhenne pour demeure, et ils ne lui trouveront point d'issue.

121. Pour ceux qui croient et pratiquent les bonnes œuvres, nous les introduirons dans les jardins arrosés de courants d'eau;

---

[1] Ceci doit se rapporter à un vol commis par un des fils d'un compagnon de Mahomet, vol dont le prophète aurait voulu rejeter la culpabilité sur un juif. Mahomet était déjà sur le point de donner gain de cause à son coreligionnaire, lorsque les versets 112 et 113 lui furent révélés.

[2] Les Arabes adoraient *Lat, Ozza* et *Menat*, qu'ils croyaient être filles de Dieu.

[3] Mahomet s'élève ici contre certaines coutumes des Arabes idolâtres. Les commentateurs pensent que par les mots : *je leur ordonnerai de changer, d'altérer la création de Dieu,* Mahomet a voulu condamner la castration des esclaves, les marques imprimées sur leurs visages et leurs corps, la coutume d'affiler les dents, et le crime contre nature, tant parmi les hommes que parmi les femmes.

ils y resteront éternellement, en vertu d'une promesse vraie de Dieu. Et qui est plus vrai dans ses paroles que Dieu?

122. Cela ne saurait être selon votre fantaisie, ni selon la fantaisie des hommes des Écritures. Quiconque aura fait le mal sera rétribué par le mal, et ne trouvera aucun patron ni aucune assistance contre Dieu.

123. Hommes ou femmes, ceux qui pratiqueront les bonnes œuvres, et qui seront en même temps croyants, entreront dans le paradis et ne seront fraudés du plus petit brin de récompense.

124. Qui professe une plus belle religion que celui qui s'est abandonné tout entier à Dieu, qui fait le bien et suit la croyance d'Abraham en toute sincérité? Dieu a pris Abraham pour ami.

125. A Dieu appartient tout ce qui est dans les cieux et sur la terre. Il environne tout.

126. Ils te consulteront au sujet des femmes. Dis-leur : Dieu vous a instruits là-dessus; on vous lit dans le Livre (le Koran) des préceptes relatifs aux orphelines, à qui vous ne donnez pas ce qu'on vous a prescrit, et que vous refusez d'épouser [1]. Il vous instruit relativement aux enfants faibles [2]; il vous prescrit d'agir en toute équité avec les orphelins. Vous ne ferez aucune bonne action qui soit inconnue de Dieu.

127. Si une femme craint la violence de son mari ou son aversion pour elle, il n'y a pas de mal à s'arranger [3]; la paix est un grand bien. Les âmes des hommes sont livrées à l'avarice; si vous êtes bienfaisants et si vous craignez Dieu, il sera instruit de vos actions.

128. Vous ne pourrez jamais traiter également toutes vos femmes, quand même vous le désireriez ardemment. Gardez-vous donc de suivre entièrement la pente, et d'en laisser une comme en suspens [4]; mais si vous êtes généreux et si vous craignez Dieu, il est indulgent et miséricordieux.

129. Si les deux époux se séparent, Dieu est assez riche pour

---

[1] Le sens du texte est ici très-douteux, à cause de la particule *an* qui, surtout dans le Koran, s'emploie pour l'affirmative comme pour la négative. On peut donc traduire : *à qui vous ne donnez pas... et que vous refusez d'épouser*, ou bien : *à qui vous ne donnez pas... et que vous voulez épouser*.

[2] Aux enfants sans protection ou en bas âge.

[3] C'est-à-dire la femme peut abandonner à son mari la dot entière, ou une portion, pour se le concilier.

[4] L'homme qui a plus d'une femme ne doit pas se laisser tellement entraîner par son amour pour l'une qu'il néglige tout à fait l'autre. A ce sujet, Mahomet a dit : « Celui qui a deux femmes et penche entièrement pour l'une d'elles, paraîtra au jour de la résurrection avec des fesses inégales. »

compenser à l'un et à l'autre leur séparation [1]. Il est immense et sage.

130. A lui appartient ce qui est dans les cieux et sur la terre. Nous avons déjà recommandé à ceux qui ont reçu les Écritures avant vous, ainsi qu'à vous-mêmes, de craindre Dieu et de n'être point incrédules. Si vous l'êtes, sachez que tout ce qui est dans les cieux et sur la terre lui appartient. Il est riche et plein de gloire.

131. A lui appartient tout ce qui est dans les cieux et sur la terre. Le patronage de Dieu suffit.

132. O hommes! s'il veut, il peut vous faire disparaître et créer d'autres hommes à votre place. Certes, Dieu est assez puissant pour le faire.

133. Quelqu'un désire-t-il la récompense de ce monde? La récompense de ce monde, comme celle de l'autre, est auprès de Dieu. Il entend et voit tout.

134. O croyants! soyez stricts observateurs de la justice quand vous témoignez devant Dieu, dussiez-vous témoigner contre vous-mêmes, contre vos parents, contre vos proches, vis-à-vis du riche ou du pauvre. Dieu est plus près que vous du riche et du pauvre. Ne suivez point vos passions, de peur de dévier. Si vous refusez votre témoignage, si vous vous abstenez, sachez que Dieu est instruit de ce que vous faites.

135. O croyants! croyez en Dieu, en son apôtre, au Livre qu'il lui a envoyé, aux Écritures descendues avant lui. Celui qui ne croit pas en Dieu, en ses anges, à ses livres, à ses apôtres et au jour dernier, est dans un égarement lointain.

136. Ceux qui crurent et retournèrent à l'infidélité, puis crurent de nouveau, et ensuite redevinrent infidèles et puis accrurent leur infidélité, Dieu ne pardonnera pas à ceux-là, il ne les conduira pas dans le chemin droit.

137. Annonce aux hypocrites un supplice douloureux;

138. A ces hypocrites qui cherchent leurs amis parmi les infidèles plutôt que parmi les croyants : est-ce pour en acquérir de l'honneur? L'honneur tout entier appartient à Dieu.

139. On vous a déjà révélé dans le Koran que, lorsque vous êtes là pour écouter les signes de Dieu, on n'y croit pas; on les prend en dérision. Gardez-vous donc de vous asseoir avec les infidèles, jusqu'à ce qu'ils parlent sur un autre sujet; autrement vous deviendriez leurs semblables. Dieu réunira ensemble les hypocrites et les infidèles dans la géhenne.

---

[1] C'est-à-dire, il fera trouver au mari une femme qui lui plaira mieux, et à la femme un autre mari qui remplacera la perte de celui qui l'a répudiée.

140. Ce sont ceux qui attendent les événements. Si Dieu vous accorde la victoire, ils disent : Ne sommes-nous pas avec vous? Si ce sont les infidèles qui ont du succès, ils disent à ceux-ci : N'avions-nous pas le dessus, et ne vous avons-nous pas protégés contre les croyants? Dieu jugera entre vous au jour de la résurrection. Il ne donnera pas aux infidèles l'avantage sur les croyants.

141. Les hypocrites cherchent à tromper Dieu; c'est Dieu qui les trompera le premier. Quand ils se disposent à faire la prière, ils le font avec nonchalance; ils en font étalage devant les hommes, mais ils ne pensent que très-peu à Dieu,

142. Flottant entre l'un et l'autre, n'appartenant ni à ceux-ci ni à ceux-là. Mais celui que Dieu égare ne trouvera pas la route.

143. O croyants! ne prenez point d'amis parmi les infidèles plutôt que parmi les croyants. Voulez-vous fournir à Dieu un argument contre vous, un argument irréfragable?

144. Les hypocrites seront au plus bas degré du feu, et tu ne leur verras pas de protecteur.

145. Mais ceux qui se seront convertis et corrigés, qui se seront fermement attachés à Dieu et montrés sincères dans leur foi, seront de nouveau avec les croyants. Or, Dieu décernera aux croyants une récompense magnifique.

146. Pourquoi Dieu vous infligerait-il le châtiment, si vous êtes reconnaissants et si vous avez cru? Dieu est reconnaissant et il sait tout.

147. Dieu n'aime point que l'on divulgue le mal, à moins qu'on ne soit victime de l'oppression. Dieu entend et sait tout.

148. Soit que vous divulguiez le bien ou que vous le cachiez, soit que vous pardonniez le mal, Dieu est indulgent et puissant.

149. Ceux qui ne croient pas en Dieu et à ses apôtres, ceux qui veulent séparer Dieu de ses apôtres, qui disent : Nous croyons aux uns, mais nous ne croyons pas aux autres (ils cherchent à prendre un terme moyen),

150. Ceux-là sont véritablement infidèles. Nous avons préparé pour les infidèles un supplice ignominieux.

151. Ceux qui croient en Dieu et en ses apôtres, et ne mettent point de distinction entre aucun d'eux, obtiendront leur récompense. Dieu est indulgent et miséricordieux.

152. Les hommes des Écritures te demanderont de leur faire descendre un livre du ciel. Ils avaient demandé à Moïse quelque chose de plus, ils lui disaient : Fais-nous voir Dieu distinctement; mais une tempête terrible fondit sur eux en punition de leur méchanceté. Puis ils prirent pour l'objet de leur adoration le veau,

bien que des signes évidents leur fussent déjà venus. Mais nous leur pardonnâmes, et nous avons donné à Moïse des preuves évidentes.

153. Nous élevâmes au-dessus de leurs têtes le mont Sinaï pour gage de notre alliance, et nous leur dîmes : Entrez dans la porte de la ville en vous prosternant *devant le Seigneur;* ne transgressez point le sabbat. Nous avons conclu avec eux un pacte solennel.

154. Mais ils ont violé leur pacte, ils ont nié les signes de Dieu, ils ont mis injustement à mort les prophètes, ils ont dit : Nos cœurs sont incirconcis. Oui, Dieu a mis le sceau sur leurs cœurs. Ils sont infidèles ; il n'y en a qu'un petit nombre qui croient.

155. Ils n'ont point cru à *Jésus ;* ils ont inventé contre Marie un mensonge atroce.

156. Ils disent : Nous avons mis à mort le Messie, Jésus fils de Marie, l'envoyé de Dieu. Non, ils ne l'ont point tué, ils ne l'ont point crucifié ; un homme qui lui ressemblait fut mis à sa place, et ceux qui disputaient là-dessus ont été eux-mêmes dans le doute. Ils ne le savaient pas de science certaine, ils ne faisaient que suivre une opinion. Ils ne l'ont point tué réellement. Dieu l'a élevé à lui, et Dieu est puissant et sage.

157. Il n'y aura pas un seul homme, parmi ceux qui ont eu foi dans les Écritures, qui ne croie en lui avant sa mort [1]. Au jour de la résurrection, il (Jésus) témoignera contre eux.

158. Pour prix de leur méchanceté, et parce qu'ils détournent les autres du sentier de Dieu, nous leur avons interdit des aliments délicieux qui leur avaient été d'abord permis.

159. Parce qu'ils exercent l'usure qui leur a été défendue, parce qu'ils dévorent le bien des autres en choses vaines [2], nous avons préparé aux infidèles un châtiment douloureux.

160. Mais les hommes de science solide parmi eux [3], ainsi que les croyants qui croient à ce qui a été révélé à toi et avant toi, ceux qui observent la prière, qui font l'aumône, qui croient en Dieu et au jour dernier, à tous ceux-là nous accorderons une récompense magnifique.

[1] Il y a dans le texte un vague occasionné par l'emploi du pronom relatif, *avant sa mort.* Les uns pensent que Mahomet a voulu dire que tout chrétien ou juif interrogé à son agonie par l'ange avouera qu'il croit à Jésus. D'autres pensent que le pronom se rapporte à Jésus, qui doit encore revenir sur la terre pour tuer l'antechrist et mourir. Alors tout l'univers croira en lui.

[2] En cadeaux destinés à corrompre les juges ou à d'autres usages.

[3] Ceci se rapporte à quelques juifs versés dans les Écritures et amis de Mahomet, quoique n'ayant point embrassé sa nouvelle religion.

161. Nous t'avons donné la révélation, comme nous l'avions donnée à Noé et aux prophètes qui ont vécu après lui. Nous l'avons donnée à Abraham, à Ismaël, à Isaac et à Jacob, aux douze tribus, à Jésus, à Job, à Jonas, à Aaron, à Salomon, et nous avons donné les psaumes à David.

162. Il y eut des envoyés que nous t'avons déjà fait connaître précédemment ; il y en eut dont nous ne te parlerons pas. Dieu a adressé réellement la parole à Moïse.

163. Il y eut des envoyés chargés d'annoncer et d'avertir, afin que les hommes n'aient aucune excuse devant Dieu après la mission des apôtres. Dieu est puissant et sage.

164. Dieu lui-même est témoin de ce qu'il t'a envoyé dans sa science ; les anges en sont témoins. Mais Dieu est un témoin suffisant.

165. Ceux qui ne croient pas, qui détournent les autres du sentier de Dieu, sont dans une fausse route bien éloignée *de la vraie.*

166. Ceux qui ne croient pas et agissent avec iniquité, Dieu ne leur pardonnera pas, il ne leur montrera pas le chemin ;

167. Si ce n'est le chemin de la géhenne, où ils demeureront éternellement ; ce qui est facile à Dieu.

168. O hommes ! un apôtre vous apporte la vérité de la part de votre Seigneur. Croyez donc ; ceci vous sera plus avantageux : mais, si vous restez incrédules, tout ce qui est dans les cieux et sur la terre lui appartient, *et il peut se passer de vous.* Il est savant et sage.

169. O vous qui avez reçu les Écritures ! dans votre religion, ne dépassez pas la juste mesure[1], ne dites de Dieu que ce qui est vrai. Le Messie, Jésus, fils de Marie, est l'apôtre de Dieu et son verbe qu'il jeta dans Marie ; il est un esprit venant de Dieu. Croyez donc en Dieu et à ses apôtres, et ne dites point : Il y a trinité. Cessez de le faire. Ceci vous sera plus avantageux ; car Dieu est unique. Gloire à lui ; comment aurait-il un fils ? A lui appartient tout ce qui est dans les cieux et sur la terre. Son patronage suffit ; il suffit d'avoir Dieu pour patron.

170. Le Messie ne dédaigne pas d'être le serviteur de Dieu, pas plus que les anges qui approchent Dieu.

171. Quant à ceux qui dédaignent d'adorer Dieu, qui s'enflent d'orgueil, Dieu les rassemblera tous devant lui.

172. Ceux qui croient et pratiquent les bonnes œuvres, Dieu

---

* Cela veut dire : Vous, juifs, ne refusez pas de croire à la mission de Jésus, et vous, chrétiens, ne le regardez pas comme Dieu ; renfermez-vous dans le vrai.

leur payera exactement leur salaire : il l'accroîtra même du trésor de sa grâce; mais il fera subir un châtiment terrible aux dédaigneux et aux orgueilleux.

173. Ils ne trouveront ni patron ni protecteur contre Dieu.

174. O hommes! une preuve vous est venue de votre Seigneur. Nous avons fait descendre pour vous une lumière évidente. Dieu fera entrer dans le giron de sa miséricorde et de sa grâce ceux qui croient en lui et s'attachent fermement à lui; il les dirigera vers le sentier droit.

175. Ils te consulteront. Dis-leur : Dieu vous instruit au sujet des parents éloignés. Si un homme meurt sans enfants, et s'il a une sœur, celle-ci aura la moitié de ce qu'il laissera. Lui aussi sera son héritier, si elle n'a aucun enfant. S'il y a deux sœurs, elles auront deux tiers de ce que l'homme aura laissé; s'il laisse des frères et des sœurs, le fils aura la portion de deux filles. Dieu vous l'explique clairement, de peur que vous ne vous égariez. Dieu sait toutes choses.

CHAPITRE V.

LA TABLE [1].

Donné à Médine. — 120 versets.

Au nom du Dieu clément et miséricordieux.

1. O croyants! soyez fidèles à vos engagements. Il vous est permis de vous nourrir *de la chair* des bestiaux *qui composent* vos troupeaux [2]; mais ne mangez pas des choses au sujet desquelles on vous a fait *une défense dans les versets suivants du Koran*, ni du gibier qu'il ne vous est pas permis de tuer à la chasse, pendant que vous êtes revêtus du vêtement du pèlerinage [3]. Dieu décide comme il lui plaît.

2. O croyants! gardez-vous de violer le mois sacré; *respectez* les offrandes [4] et les ornements *que l'on suspend aux victimes*. Res-

---

[1] Le titre de cette sourate lui vient du miracle opéré par Jésus-Christ, qui, à la prière des Apôtres, fit descendre du ciel une table couverte de mets. Versets 122 et suiv. On l'appelle encore *'okoud*, engagements, mot qui se trouve au verset 1.

[2] Comme les animaux de race bovine, les chameaux et les moutons.

[3] C'est-à-dire, ne vous livrez pas à la chasse étant revêtus de l'*ihram*.

[4] Par offrande, on entend ici la brebis que l'on mène en sacrifice à la Mecque, et au cou de laquelle on suspend des guirlandes de fleurs.

pectez ceux qui se pressent à la maison de Dieu pour y chercher la grâce et la satisfaction de leur Seigneur.

3. Quand vous êtes rendus à l'état profane [1], vous pouvez vous livrer à la chasse. Que le ressentiment contre ceux qui cherchaient à vous repousser de l'oratoire sacré ne vous porte pas à des actions injustes. Aidez-vous *plutôt* mutuellement à pratiquer le bien et la piété ; mais ne vous aidez point dans le mal et dans l'injustice, et craignez Dieu, car ses châtiments sont terribles.

4. Les animaux morts, le sang, la chair de porc, tout ce qui a été tué sous l'invocation d'un autre nom que celui de Dieu [2]; les animaux suffoqués, assommés, tués par quelque chute ou d'un coup de corne; ceux qui ont été entamés par une bête féroce, à moins que vous ne les ayez purifiés *par une saignée;* ce qui a été immolé aux autels des idoles ; tout cela vous est défendu. Ne vous les partagez pas en consultant les flèches, car ceci est une impiété aujourd'hui [3]. Le désespoir attend ceux qui ont renié votre religion ; ne les craignez point, craignez-moi.

5. Aujourd'hui [4] j'ai parfait votre religion et mis le comble à mes bienfaits pour vous. Il m'a plu de vous donner l'islam pour religion. Celui qui cédant à la nécessité de la faim, et sans dessein de mal faire, aura transgressé nos dispositions [5], celui-là sera absous, car Dieu est indulgent et miséricordieux.

6. Ils te demanderont ce qui leur est permis. Réponds-leur : Les choses bonnes vous sont permises. La proie des animaux de chasse que vous aurez dressés à la manière des chiens, d'après la science que vous avez reçue de Dieu, vous est permise. Mangez

---

[1] C'est-à-dire, quand vous n'êtes plus revêtus de l'*ihram*, vêtement du pèlerinage, et en tenue du pèlerinage de la Mecque.

[2] Les Arabes, en tuant le gibier à la chasse, invoquaient les noms de leurs divinités. Mahomet ordonne en ce cas d'invoquer le nom de Dieu par la formule *bismillah* (au nom de Dieu).

[3] Les Arabes idolâtres avaient coutume de se partager un chameau égorgé en tirant au sort à qui appartiendrait telle ou telle partie de l'animal ; cela se faisait au moyen de flèches sans fer et non empennées, conservées au nombre de sept dans le temple de la Caaba.

[4] Selon les commentateurs sonnites, le mot *aujourd'hui*, employé dans ces versets, s'applique non pas à tel ou tel jour précis, mais à tout le temps de la mission de Mahomet. Il en est autrement des chiites, partisans d'Ali, gendre de Mahomet. Ils soutiennent que ces versets ont été révélés le jour où Mahomet a mis la dernière main à son apostolat et à la législation de son peuple, en investissant son gendre Ali des fonctions de l'imamat auprès de l'étang de Khom, et en le nommant son successeur.

[5] Relatives aux aliments défendus.

ce qu'ils vous auront procuré en invoquant le nom de Dieu. Craignez-le, car il est prompt à faire rendre compte.

7. Aujourd'hui on vous a permis tout ce qui est bon[1]; la nourriture de ceux qui ont reçu les Ecritures est licite pour vous, et la vôtre l'est également pour eux[2]. Il vous est permis d'épouser les filles honnêtes des croyants et de ceux qui ont reçu les Ecritures avant vous[3], pourvu que vous leur donniez leur récompense. Vivez chastement avec elles, en vous gardant de la débauche et sans prendre de concubines[4]. Celui qui trahira sa foi perdra le fruit de ses bonnes œuvres, et sera dans l'autre monde au nombre des malheureux.

8. O croyants! quand vous vous disposez à faire la prière, lavez-vous le visage et les mains jusqu'au coude; essuyez-vous la tête et les pieds jusqu'aux talons.

9. Purifiez-vous après la cohabitation avec vos épouses; mais lorsque vous êtes malades ou en voyage, lorsque vous venez de satisfaire vos besoins naturels, et lorsque vous aurez eu commerce avec une femme, si vous ne trouvez pas d'eau, frottez-vous le visage et les mains avec du sable fin et pur[5]. Dieu ne veut vous imposer aucune charge; mais il veut vous rendre purs et mettre le comble à ses bienfaits, afin que vous lui soyez reconnaissants.

10. Souvenez-vous donc de ses bienfaits, et du pacte qu'il a conclu avec vous, quand vous prononçâtes *ces mots :* Nous avons entendu et nous obéirons. Craignez Dieu, car il connaît l'intérieur de vos cœurs.

11. O vous qui croyez! soyez fermes et justes témoins devant Dieu; que la haine ne vous entraîne point à vous écarter de la droite ligne. Soyez justes : la justice tient de près à la piété. Craignez Dieu, parce qu'il connaît vos actions.

12. Dieu a fait des promesses à ceux qui croient et pratiquent

---

[1] Le mot du texte *taïïbat* a un sens aussi général que le mot *bon;* il faut entendre ici par bon ce qui est pur et n'est pas nuisible à la santé.

[2] On pourrait dire que Mahomet n'avait aucun droit de prononcer sur ce qu'il est permis de manger aux non musulmans; aussi faut-il comprendre ces mots dans le sens suivant : Vous et les juifs et les chrétiens avez des préceptes communs au sujet de la nourriture.

[3] Ce sont les mariages mixtes entre les musulmans et les femmes chrétiennes et juives; les femmes idolâtres sont exclues de cette permission.

[4] Ces préceptes donnés aux hommes sont conçus à peu près dans les mêmes termes que ceux qui concernent les femmes. Voy. IV, 29. Le mot *khidn*, pl. *akhdan*, employé dans le texte, signifie *amant* et *maîtresse*.

[5] Cette ablution avec du sable fin à défaut d'eau s'appelle *teïemmoum*.

les bonnes œuvres; le pardon et une récompense magnifique sont à eux.

13. Ceux qui ne croient pas, et qui traitent nos signes de mensonges, ceux-là seront voués au feu.

14. O croyants! souvenez-vous des bienfaits du Seigneur. Lorsque quelques hommes avaient résolu de porter leurs bras sur vous, c'est Dieu qui repoussa leurs bras [1]. Craignez Dieu; que les vrais croyants ne mettent donc de confiance qu'en lui.

15. Dieu accepta l'alliance des enfants d'Israël. Nous suscitâmes du milieu d'eux douze chefs et Dieu dit [2] : Je serai avec vous. Si vous vous acquittez exactement de la prière, si vous faites l'aumône, si vous ajoutez foi à mes envoyés, si vous les aidez et si vous faites à Dieu un prêt généreux, j'expierai vos offenses et vous introduirai dans les jardins arrosés de courants d'eau. Celui qui, après ces avertissements, refuse de croire, celui-là quitte le beau milieu de la voie.

16. Mais comme ils ont violé le pacte conclu, nous les avons maudits. Nous avons endurci leurs cœurs. Ils déplacent les paroles des Ecritures et oublient une partie de ce qui leur fut enseigné. Tu ne cesseras de découvrir quelque perfidie de leur part; sauf un petit nombre, *tous en sont coupables;* mais pardonne-leur et passe outre, car Dieu aime ceux qui agissent noblement.

17. Nous avons aussi accepté l'alliance de ceux qui disent : Nous sommes chrétiens; mais ceux-là aussi ont oublié une partie de ce qui leur fut enseigné [3]. Nous avons suscité au milieu d'eux l'inimitié et la haine, qui doivent durer jusqu'au jour de la résurrection. Dieu leur apprendra ce qu'ils ont fait.

18. O vous qui avez reçu les Ecritures! notre envoyé vous en a indiqué beaucoup de passages que vous cachiez, et il a passé

---

[1] Ce passage doit se rapporter à une tentative d'assassinat sur la personne de Mahomet. Il y a différentes versions là-dessus. D'après l'une, Mahomet ayant un jour ôté ses armes, et les ayant suspendues sur un arbre pendant que sa suite était à quelque distance de lui, un Arabe du désert fondit sur lui, et, tenant le sabre nu sur sa tête, lui dit : « Qui est-ce qui m'empêche de te tuer ? — C'est Dieu, » répondit Mahomet. Sur ce, l'ange Gabriel ôta le sabre des mains de l'Arabe. Mahomet le saisit et demanda à son tour à l'Arabe : « Qui est-ce qui m'empêche de te tuer ? — Personne, » reprit l'Arabe, et il embrassa l'islam.

[2] C'est Dieu qui parle. Le changement des pronoms *nous* et *il* est trop fréquent dans le Koran, pour que nous soyons obligés d'en faire l'observation chaque fois qu'il se présente.

[3] Le plus grave reproche que Mahomet adresse aux chrétiens, c'est d'avoir interpolé ou altéré les Écritures, dans le but d'en ôter toute allusion à sa venue.

outre sur beaucoup d'autres. La lumière vous est venue de Dieu, ainsi que ce Livre évident par lequel Dieu guidera ceux qui suivent sa volonté dans les sentiers du salut. Il les fera passer des ténèbres à la lumière par sa volonté, et les dirigera dans la droite voie.

19. Ceux qui disent que Dieu c'est le Messie, fils de Marie, sont des infidèles. Réponds-leur : Qui pourrait, de quelque manière que ce soit, empêcher Dieu s'il voulait anéantir le Messie, fils de Marie, et sa mère, et tous les êtres de la terre?

20. A Dieu appartient la souveraineté des cieux et de la terre, et de l'espace qui les sépare. Il crée ce qu'il veut, et il peut tout.

21. Nous sommes les fils de Dieu et ses amis chéris, disent les juifs et les chrétiens. Réponds-leur : Pourquoi donc vous punit-il de vos péchés? Vous n'êtes qu'une portion des hommes qu'il a créés ; il pardonne ou châtie à son gré. A lui appartient la souveraineté des cieux, de la terre, et de tout ce qui est entre eux. Il est le terme où tout aboutira un jour.

22. O vous qui avez reçu les Ecritures! notre envoyé va vous éclairer sur la cessation des prophètes, afin que vous ne disiez plus : Il ne nous vient plus d'annonciateur, d'avertisseur. Le voilà au milieu de vous, cet annonciateur, cet avertisseur, et Dieu est puissant sur toute chose.

23. Lorsque Moïse dit aux Israélites : Souvenez-vous des bienfaits que vous avez reçus de Dieu ; il a suscité des prophètes dans votre sein, il vous a donné des rois, il vous a accordé des faveurs qu'il n'avait jamais accordées à aucune autre nation.

24. Entre, ô mon peuple ! dans la terre sainte que Dieu t'a destinée ; ne vous tournez pas en arrière, de peur que vous ne marchiez à votre perte.

25. Ce pays, répondirent les Israélites, est habité par des hommes puissants. Tant qu'ils l'occuperont, nous n'y entrerons point. S'ils en sortent, nous en prendrons possession.

26. Présentez-vous à la porte de la ville, dirent deux hommes craignant le Seigneur et favorisés de ses grâces : vous ne serez pas plus tôt entrés que vous serez vainqueurs. Mettez votre confiance en Dieu si vous êtes fidèles.

27. O Moïse, dit le peuple, nous n'y pénétrerons point tant que le peuple qui l'habite n'en sera pas sorti. Va avec ton Dieu, et combattez tous deux. Nous demeurerons ici.

28. Seigneur, s'écria Moïse, je n'ai de pouvoir que sur moi et sur mon frère ; prononce entre nous et ce peuple d'impies.

29. Alors le Seigneur dit : Cette terre leur sera interdite pen-

dant quarante ans. Ils erreront dans le désert ; et toi, cesse de te tourmenter à cause de ce peuple d'impies.

30. Raconte-leur l'histoire telle qu'elle est de ceux des fils d'Adam qui présentèrent leurs offrandes [1]. L'offrande de l'un fut acceptée, celle de l'autre fut rejetée. Ce dernier dit à son frère : Je vais te tuer. — Dieu, répondit l'autre, ne reçoit des offrandes que des hommes qui le craignent.

31. Quand même tu étendrais ta main sur moi pour me tuer, je n'étendrais pas la mienne pour t'ôter la vie, car je crains Dieu, le maître de l'univers.

32. J'aime mieux que toi seul en sortes, chargé de mes péchés et des tiens, et que tu sois voué au feu, récompense des pervers.

33. Et son âme (*sa passion*) l'entraîna au meurtre de son frère : il le tua et fut au nombre des perdus.

34. Dieu envoya un corbeau qui grattait la terre pour lui montrer comment il devait cacher le crime commis sur son frère. Malheureux que je suis ! *s'écria le meurtrier*, suis-je devenu débile au point de ne pas pouvoir, comme ce corbeau, cacher le crime commis sur mon frère [2] ? Caïn était déjà au nombre des repentants.

35. C'est pourquoi nous avons écrit cette loi pour les enfants d'Israël : Celui qui aura tué un homme sans que celui-ci ait tué un homme ou semé le désordre dans le pays [3], sera regardé comme le meurtrier du genre humain ; et celui qui aura rendu la vie à un homme sera regardé comme s'il avait rendu la vie à tout le genre humain.

36. Nos envoyés ont paru au milieu d'eux accompagnés de signes évidents ; mais, même après l'apparition de ces signes, la plupart des hommes commettaient des excès.

37. Voici quelle sera la récompense de ceux qui font la guerre à Dieu et à son envoyé, et qui emploient toutes leurs forces à commettre des désordres sur la terre : vous les mettrez à mort ou vous leur ferez subir le supplice de la croix ; vous leur coupe-

---

[1] C'est l'histoire de Caïn et d'Abel. Les mahométans appellent le premier *Kabil*, et le dernier *Habil*, mais ces deux noms ne se trouvent nulle part dans le Koran ; c'est la tradition qui y supplée.

[2] Un corbeau, disent les commentateurs, en avait tué un autre et l'enterra en grattant la terre.

[3] Le mot *feçad* du texte, que nous traduisons par *désordre*, signifie proprement *corruption* ; il s'applique aux violences, aux brigandages commis sur les grands chemins et à la propagation de l'idolâtrie, qui est la corruption du culte simple d'un seul Dieu ; le verset en question prescrit par conséquent la mort de l'idolâtre.

rez les mains et les pieds alternés ; ils seront chassés de leur pays ¹. L'ignominie les couvrira dans ce monde, et un châtiment cruel les attend dans l'autre.

38. Sauf ceux qui se seront repentis avant que vous les ayez en votre pouvoir, car sachez que Dieu est indulgent et miséricordieux.

39. O croyants! craignez Dieu ; efforcez-vous de mériter un accès auprès de lui ; combattez pour sa religion, et vous serez heureux.

40. Quand les infidèles posséderaient deux fois autant de richesses que la terre en contient, et les offriraient pour se racheter du supplice au jour de la résurrection, leurs offres ne seraient point acceptées. Un châtiment cruel les attend.

41. Ils voudraient sortir du feu, mais ils n'en sortiront jamais. Le châtiment qui leur est réservé est éternel.

42. Quant à un voleur et à une voleuse, vous leur couperez les mains comme rétribution de l'œuvre de leurs mains ; comme châtiment venant de Dieu ; or Dieu est puissant et sage.

43. Quiconque se sera repenti de ses iniquités et se sera corrigé, Dieu accueillera son repentir ; car il est indulgent et miséricordieux.

44. Ignores-tu que Dieu est le souverain des cieux et de la terre? Il punit qui il veut, et pardonne à qui il veut ; il est tout-puissant.

45. O prophète! ne t'afflige pas à cause de ceux qui courent à l'envi les uns des autres vers l'infidélité, ni à cause de ceux dont les bouches disent : Nous croyons, tandis que leurs cœurs ne croient pas ; ni à cause des juifs qui, prêtant avidement l'oreille aux mensonges et aux discours des autres, ne viennent jamais entendre les tiens. Ils déplacent les paroles *de l'Ecriture* et disent ensuite : Si on vous les donne ainsi, prenez-les ; sinon, prenez garde ². Qui est-ce qui pourra préserver de l'erreur celui que Dieu voudra égarer ? Ceux dont Dieu n'aura point purifié le cœur seront couverts d'opprobre dans ce monde, et souffriront dans l'autre un châtiment terrible.

---

¹ La *sonna* ou la tradition supplée au vague et à l'énonciation par trop générale des peines. Ainsi on punit le meurtrier de la peine de mort. Si le meurtrier a en outre commis un vol, dépouillé un autre en brigand, il sera crucifié. Celui qui dépouille sans tuer, aura la main droite et le pied gauche coupés ; les attaques contre les voyageurs doivent être punies du bannissement. Quant au vol, on ne doit couper la main (au poignet) que lorsque la valeur de l'objet volé dépasse quatre dinars (environ cinquante francs).

² C'est-à-dire, si Mahomet vous donne le texte de l'Écriture tel que nous vous le donnons, adoptez-le ; sinon, non.

46. Ils prêtent avidement l'oreille aux mensonges, ils dévorent avec avidité ce qui est illicite [1]. S'ils ont recours à ton jugement, prononce entre eux ou abstiens-toi. Si tu t'abstiens, ils ne pourront te nuire; mais, si tu te charges de juger, juge-les avec équité, car Dieu aime ceux qui jugent avec équité.

47. Mais comment te prendraient-ils pour arbitre? Ils ont cependant le Pentateuque, où sont renfermés les préceptes du Seigneur, mais ils s'en sont éloignés et ne croient pas.

48. Nous avons fait descendre le Pentateuque; il contient la direction *de la bonne voie* et la lumière. Les prophètes, vrais croyants résignés à la volonté de Dieu, devaient juger les juifs selon ce livre; les docteurs et les prêtres devaient juger selon les parties du livre de Dieu, dont ils avaient la garde; ils étaient *comme* témoins *de la loi vis-à-vis des juifs*. O juifs! ne craignez point les hommes; craignez-moi, et ne donnez pas mes signes en échange d'un prix infime. Ceux qui ne jugeront pas conformément à la vérité que Dieu a fait descendre d'en haut sont infidèles.

49. Dans ce code nous avons prescrit aux juifs: âme pour âme, œil pour œil, nez pour nez, oreille pour oreille, dent pour dent. Les blessures seront punies par la loi du talion. Celui qui, recevant le prix de la peine, le changera en aumône, fera bien; cela lui servira d'expiation de ses péchés [2]. Ceux qui ne jugeront pas d'après les livres que nous avons fait descendre d'en haut sont infidèles.

50. Sur les pas des autres prophètes nous avons envoyé Jésus, fils de Marie, pour confirmer le Pentateuque. Nous lui avons donné l'Evangile, qui contient la direction et la lumière; il confirme le Pentateuque; l'Evangile contient aussi la direction et l'avertissement pour ceux qui craignent Dieu.

51. Les gens de l'Evangile jugeront selon l'Evangile. Ceux qui ne jugeront pas d'après un livre de Dieu sont infidèles.

52. Nous t'avons envoyé le Livre contenant la vérité, lequel confirme les Ecritures qui l'ont précédé, et les met à l'abri de toute altération. Juge entre eux tous selon les commandements de Dieu, et garde-toi, en suivant leurs désirs, de t'éloigner de ce qui t'a été donné spécialement. Nous avons assigné à chacun de vous un sentier, un chemin frayé [3].

---

[1] Se livrent aux gains illicites, à la corruption, à la malversation.

[2] Ce passage est susceptible d'une autre interprétation, savoir: celui qui donne des aumônes après avoir blessé quelqu'un, obtiendra l'expiation de ses péchés; la traduction exprime plutôt le sens que les mots du texte arabe.

[3] Le mot que nous traduisons par sentier, est proprement le sentier qui conduit à un abreuvoir; au figuré ce mot se dit de la règle de conduite de la loi.

53. Si Dieu l'avait voulu, il aurait fait de vous tous un seul peuple ; mais il a voulu éprouver votre fidélité à observer ce qu'il vous a donné. Courez à l'envi les uns des autres vers les bonnes actions ; vous retournerez tous à Dieu ; il vous éclaircira lui-même la matière de vos disputes.

54. Prononce entre eux selon les commandements descendus d'en haut, n'écoute pas leurs vœux, et tiens-toi sur tes gardes, de peur qu'ils ne t'éloignent de certains commandements qui te furent donnés d'en haut. S'ils s'éloignent, sache que c'est pour quelques péchés que Dieu veut les punir ; et certes le nombre des pervers est considérable.

55. Est-ce le jugement de l'ignorance qu'ils désirent [1] ? Cependant, quel meilleur juge que Dieu peuvent trouver ceux qui croient fermement?

56. O croyants! ne prenez point pour amis les juifs et les chrétiens ; ils sont amis les uns des autres. Celui qui les prendra pour amis finira par leur ressembler, et Dieu ne sera point le guide des pervers.

57. Tu verras ceux dont le cœur est atteint d'une infirmité courir à qui mieux mieux auprès des infidèles, et leur dire : Nous craignons que les vicissitudes du sort ne nous atteignent. — *Qu'en savent-ils?* Peut-être que Dieu viendra avec la victoire ou fera éclater quelque événement, et il se peut qu'alors ces hommes se repentent de leurs pensées secrètes.

58. Les fidèles diront alors : Sont-ce là ceux qui juraient, par des serments solennels, qu'ils étaient de notre parti? Leurs efforts n'auront abouti à rien, et ils périront.

59. O vous qui croyez! s'il s'en trouve parmi vous qui renient leur religion, certes Dieu suscitera d'autres hommes qu'il aimera et qui l'aimeront. Humbles envers les croyants, et fiers envers les infidèles, ils combattront pour la foi, et ne craindront le blâme de qui que ce soit [2]. C'est la faveur de Dieu, qui l'accorde à qui il veut. Il est immense et savant.

60. Vos amis sont Dieu et son apôtre, et ceux qui croient, qui s'acquittent avec exactitude de la prière, qui font l'aumône et s'inclinent devant Dieu.

61. Ceux qui prennent pour ami [3] Dieu, son apôtre et les

---

[1] L'ignorance, *eldjahiliieh*, s'applique toujours à l'époque de l'idolâtrie chez les Arabes. Le passage signifie : « Aiment-ils mieux être jugés selon les lois sauvages des idolâtres, que par la loi divine? »

[2] Mot à mot : *le blâme du blâmant.* C'est un idiotisme arabe.

[3] Le mot arabe *weli*, signifie ami, patron, protecteur, allié, saint (ami de Dieu).

croyants, forment le parti de Dieu. Ce sont eux qui seront les plus forts.

62. O croyants! ne cherchez point d'appui chez les hommes qui ont reçu l'Ecriture, ni chez les infidèles qui font de votre culte l'objet de leurs railleries. Craignez Dieu, si vous êtes fidèles.

63. *N'en cherchez pas non plus auprès de ceux qui,* quand ils vous entendent faire l'appel pour la prière, font d'elle un objet de raillerie et de dérision. Ils sont dépourvus de jugement.

64. Dis à ceux qui ont reçu l'Ecriture : Allez-vous nous désavouer parce que nous croyons en Dieu, à ce qui nous a été donné d'en haut, et à ce qui a été envoyé antérieurement, et parce que la plupart d'entre vous sont impies?

65. Dis-leur encore : Vous annoncerai-je quelque rétribution plus terrible que celle que Dieu leur réserve? Ceux que Dieu a maudits, ceux contre lesquels il est courroucé, qu'il a transformés en singes et en porcs ; ceux qui adorent Thagout, ceux-là auront une détestable place et seront bien loin du droit chemin.

66. Lorsqu'ils se sont présentés devant vous, ils ont dit : Nous croyons. Ils sont entrés avec l'infidélité, et ils sont sortis avec elle. Mais Dieu connaît ce qu'ils cachaient.

67. Parmi eux tu en verras un grand nombre courir au plus pressé vers l'iniquité, vers l'injustice, vers l'avide jouissance des choses illicites. Que leurs actions sont abominables!

68. Si ce n'étaient les docteurs et les prêtres qui les empêchent de se livrer à l'impiété dans leurs discours et aux choses illicites, quelles horreurs ne commettraient-ils pas?

69. Les juifs disent : La main de Dieu est enchaînée. Que leurs mains soient enchaînées *à leur cou*[1] ; qu'ils soient maudits pour prix de leurs blasphèmes. Loin de là, les deux mains de Dieu sont ouvertes ; il distribue ses dons comme il veut, et le don que Dieu a fait descendre pour toi d'en haut ne fera qu'accroître la rébellion et l'infidélité d'un grand nombre d'entre eux. Mais nous avons jeté au milieu d'eux l'inimitié et la haine, qui dureront jusqu'au jour de la résurrection. Toutes les fois qu'ils allumeront le feu de la guerre, Dieu l'éteindra. Ils parcourent le pays pour le ravager et pour y commettre des désordres. Mais Dieu n'aime point ceux qui commettent le désordre.

70. Oh! si les hommes des Ecritures avaient la foi et la crainte du Seigneur, nous effacerions leurs péchés, nous les introduirions

---

[1] Les musulmans croient que les juifs se présenteront, au jour du jugement dernier, la main droite attachée au cou.

dans les jardins de délices. S'ils observaient le Pentateuque et l'Evangile, et les livres que le Seigneur leur a envoyés, ils jouiraient de biens qui se trouvent au-dessus de leurs têtes et sous leurs pas. Il en est parmi eux qui agissent avec droiture ; mais le plus grand nombre, oh! que leurs actions sont détestables!

71. O prophète! fais connaître tout ce qui est descendu sur toi de la part de ton Seigneur, car, si tu ne le fais pas, tu ne t'es pas acquitté de son message. Dieu te mettra à l'abri des violences des hommes ; il n'est pas le guide des infidèles.

72. Dis aux hommes des Ecritures : Vous ne vous appuierez sur rien *de solide*, tant que vous n'observerez pas le Pentateuque, l'Evangile, et ce que Dieu a fait descendre d'en haut. Le Livre que tu as reçu du ciel, *ô Mohammed!* ne fera qu'accroître la rébellion et l'infidélité d'un grand nombre d'entre eux ; mais ne t'inquiète pas du sort des infidèles.

73. Ceux qui croient[1], et les juifs, les sabéens, les chrétiens, en un mot, quiconque croira en Dieu et au jour dernier, et qui aura fait le bien, ceux-là seront exempts de toute crainte et ne seront point affligés.

74. Nous avons accepté l'alliance des enfants d'Israël, et nous leur avons envoyé des prophètes ; toutes les fois que les prophètes leur annonçaient les vérités que rejetaient leurs penchants, ils accusaient les uns d'imposture et assassinaient les autres.

75. Ils ont pensé qu'il n'en surgira aucun mal[2] ; ils sont donc devenus aveugles et sourds. Le Seigneur leur a pardonné ; un grand nombre d'entre eux devinrent sourds et aveugles de nouveau ; mais Dieu voit bien ce qu'ils font.

76. Infidèle est celui qui dit : Dieu, c'est le Messie, fils de Marie. Le Messie n'a-t-il pas dit lui-même : O enfants d'Israël, adorez Dieu qui est mon Seigneur et le vôtre? Quiconque associe à Dieu d'autres dieux, Dieu lui interdira l'entrée du Jardin, et sa demeure sera le feu. Les pervers n'auront plus de secours à attendre.

77. Infidèle est celui qui dit : Dieu est un troisième de la trinité, pendant qu'il n'y a point de Dieu si ce n'est le Dieu unique. S'ils ne cessent pas..... certes, un châtiment douloureux atteindra les infidèles.

78. Ne retourneront-ils pas au Seigneur, n'imploreront-ils pas son pardon? Il est indulgent et miséricordieux.

---

[1] Voyez le verset 59 du chapitre II, note **2**.

[2] C'est-à-dire que leurs crimes ne leur attireront aucune calamité, aucun châtiment.

79. Le Messie, fils de Marie, n'est qu'un apôtre; d'autres apôtres l'ont précédé. Sa mère était juste. Ils se nourrissaient de mets [1]. Vous voyez comme nous leur expliquons ces signes *de Dieu*, et vous voyez aussi comme ils s'en détournent.

80. Dis-leur : Adorerez-vous à côté de Dieu ce qui n'est capable ni de vous nuire ni de vous être utile, tandis que Dieu entend et sait tout?

81. Dis aux hommes des Ecritures : Ne dépassez pas la mesure dans votre religion contre la vérité [2], et ne suivez point les penchants des hommes qui étaient dans l'égarement avant vous, qui ont entraîné dans l'erreur la plupart des hommes, et qui ont quitté le beau milieu de la route.

82. Ceux qui ont été infidèles parmi les enfants d'Israël ont été maudits [3] par la bouche de David et de Jésus, fils de Marie, parce qu'ils ont été rebelles, transgresseurs, et ne cherchaient point à se détourner mutuellement des mauvaises actions qu'ils commettaient. Que leurs actions sont détestables!

83. Tu verras un grand nombre d'entre eux se lier d'amitié avec les infidèles. Qu'elles sont détestables ces actions qui leur ont été suggérées par leurs passions, et qui leur ont valu la colère de Dieu pendant qu'ils resteront éternellement dans le supplice *de l'enfer!*

84. S'ils eussent cru en Dieu, à l'apôtre et au Koran, ils n'auraient jamais recherché l'alliance des infidèles; mais la plupart d'entre eux ne sont que des pervers.

85. Tu reconnaîtras que ceux qui nourrissent la haine la plus violente contre les fidèles sont les juifs et les idolâtres, et que ceux qui sont le plus disposés à aimer les fidèles sont les hommes qui se disent chrétiens; c'est parce qu'ils ont des prêtres et des moines, et parce qu'ils sont sans orgueil.

86. Lorsqu'ils entendent les versets du Koran, tu verras des larmes s'échapper en abondance de leurs yeux, car ils ont reconnu la vérité. Ils s'écrient : O Seigneur! nous croyons. Inscris-nous au nombre de ceux qui rendent témoignage *de la vérité du Koran.*

87. Pourquoi ne croirions-nous pas en Dieu et aux vérités qu'il nous déclare? Pourquoi ne désirerions-nous pas qu'il nous donnât une place parmi les justes?

88. Pour récompense de leurs paroles, Dieu leur a accordé les

---

[1] C'est-à-dire que Jésus et Marie n'étaient que des humains qui ne pouvaient se passer de nourriture.

[2] Voyez, sur la valeur de cette expression, chap. IV, 169.

[3] David avait changé en singes les violateurs du sabbat (voy. chap. II, 64), et Jésus en porcs les méchants parmi les Israélites.

jardins arrosés de courants d'eau, où ils demeureront éternellement; c'est la récompense de ceux qui font le bien. Mais ceux qui ne croient pas, qui traitent nos signes de mensonges sont voués à l'enfer.

89. Ô croyants! n'interdisez point les choses bonnes dont Dieu vous a permis l'usage, et n'allez pas au delà, *car* Dieu n'aime pas ceux qui dépassent la limite.

90. Nourrissez-vous des aliments que Dieu vous accorde, des aliments licites et bons, et craignez ce même Dieu qui est l'objet de votre croyance.

91. Il ne vous châtiera pas pour une méprise dans vos serments, mais il vous châtiera à cause de vos engagements sérieux *que vous violeriez;* et l'expiation *d'une telle violation* sera la nourriture de dix pauvres, nourriture de qualité moyenne et telle que vous la donnez à vos familles, ou bien leur vêtement, ou bien l'affranchissement d'un esclave. Celui qui sera hors d'état de satisfaire à cette peine jeûnera trois jours. Telle sera l'expiation de vos serments *violés,* quand vous aurez juré. Observez donc vos serments. C'est ainsi que Dieu vous manifeste ses signes, afin que vous soyez reconnaissants.

92. Ô croyants! le vin, les jeux de hasard, les statues[1] et le sort des flèches[2] sont une abomination inventée par Satan; abstenez-vous-en, et vous serez heureux.

93. Satan désire exciter la haine et l'inimitié entre vous par le vin et le jeu, et vous éloigner du souvenir de Dieu et de la prière. Ne vous en abstiendrez-vous donc pas? Obéissez à Dieu, obéissez au prophète, et tenez-vous sur vos gardes; car, si vous vous détournez, sachez que l'apôtre n'est obligé qu'à la prédication.

94. Ceux qui croiront et qui auront fait le bien ne seront pas regardés comme coupables à cause de ce qu'ils mangent, s'ils ont cru et s'ils sont pénétrés de la crainte de Dieu, s'ils font le bien

---

[1] Le mot du texte *ansab,* pluriel de *nasb,* se disait de ces pierres élevées dans certains endroits sacrés, et sur lesquelles on versait quelquefois de l'huile, cérémonie commune à plus d'un peuple de l'antiquité. (Voy. la Genèse, ainsi que les Caractères de Théophraste.) Ce même mot est employé plus haut (verset 4, chap. V), en parlant des autels des idolâtres, qui n'étaient que des pierres élevées au-dessus du sol. La tradition a étendu ce mot à toutes les figures, au point que les rigoureux observateurs de la lettre du Koran ne se servent pas, dans le jeu d'échecs, de figures qui représentent des êtres animés. Les Persans et les Indiens entendent plus largement ce précepte du Koran.

[2] Les Arabes idolâtres avaient coutume de consulter le sort au moyen de flèches déposées chez les gardiens du temple de la Mecque.

et craignent Dieu, s'ils croient et craignent encore et font le bien ; et certes Dieu aime ceux qui font le bien [1].

95. O vous qui croyez ! Dieu cherchera à vous éprouver, quand il vous offrira *durant vos pèlerinages à la Mecque* quelque gibier que peuvent vous procurer vos bras et vos lances. Il fait cela pour savoir qui est celui qui le craint au fond de son cœur. Dorénavant quiconque transgressera ses lois sera livré au châtiment douloureux.

96. O vous qui croyez ! ne vous livrez point à la chasse pendant que vous êtes dans la tenue sacrée du pèlerinage [2]. Quiconque tuera un animal à la chasse avec préméditation sera tenu de le compenser par un animal domestique d'égale valeur ; deux hommes consciencieux prononceront là-dessus, et l'animal donné comme compensation sera envoyé en offrande à la Caaba, ou bien l'expiation aura lieu par la nourriture donnée aux pauvres, ou bien par le jeûne, pour que le coupable éprouve les mauvaises suites de son action. Dieu oublie le passé ; mais celui qui retombera dans le péché encourra la vengeance de Dieu ; et certes Dieu est puissant et vindicatif.

97. Il vous est permis de vous livrer à la pêche pour vous en nourrir et pour les voyageurs ; mais la chasse vous est interdite tout le temps de la tenue sacrée du pèlerinage. Craignez Dieu ; un jour vous serez rassemblés autour de lui.

98. Dieu a fait de la Caaba une maison sacrée destinée à être une station pour les hommes ; il a établi un mois sacré (*dhoulhidjdja*) et l'offrande *de la brebis*, et les ornements suspendus aux victimes, afin que vous sachiez qu'il connaît tout ce qui se passe dans les cieux et sur la terre, qu'il connaît toutes choses. Apprenez aussi que Dieu est terrible dans ses châtiments, mais *en même temps* indulgent et miséricordieux.

99. Le prophète n'est tenu qu'à la prédication. Dieu connaît ce que vous manifestez et ce que vous cachez.

100. Dis-leur : Le bon et le mauvais ne sauraient être d'un prix égal, bien que l'abondance de ce qui est mauvais vous plaise. O hommes doués de sens ! craignez Dieu et vous serez heureux.

101. O vous qui croyez ! ne nous interrogez point au sujet des choses qui, si elles vous étaient dévoilées, pourraient vous nuire. Si vous les demandez quand le Koran aura été révélé en entier,

---

[1] Pour mieux inculquer ce précepte que la vraie piété ne consiste pas dans ce qu'on mange, Mahomet répète ces mots : Quiconque croit et puis croit encore, etc.

[2] La tenue sacrée des pèlerins qui se rendent à la Mecque consiste en une pièce d'étoffe grossière jetée sur le corps, etc. (Voy. chap. II, 192.)

elles vous seront déclarées. Dieu vous pardonnera votre curiosité, parce qu'il est indulgent et miséricordieux. Avant vous, il y eut des hommes qui ont absolument voulu les connaître; leur connaissance les a rendus infidèles.

102. Dieu n'a rien prescrit au sujet de Bahira et Saïba, et de Vasila, et Hami[1]; les infidèles forgent ces mensonges et les prêtent à Dieu; mais la plupart d'entre eux sont sans intelligence.

103. Lorsqu'on leur a dit : Venez adopter ce que Dieu a envoyé d'en haut; venez à son apôtre, ils ont répondu : La croyance que nous avons trouvée à nos pères nous suffit. Eh quoi? quand même leurs pères n'eussent rien su *des choses de Dieu*, ni reçu aucun guide?

104. O croyants! c'est à vous à songer à vous-mêmes. L'égarement des autres ne vous nuira point si vous êtes guidés *par le livre sacré*. Tous tant que vous êtes, vous retournerez à Dieu, qui vous redira vos œuvres.

105. O croyants! les témoignages entre vous, lorsque quelqu'un d'entre vous se trouvera à l'article de la mort et voudra faire un testament, se feront ainsi : Prenez deux personnes droites parmi vous ou parmi d'autres[2] si vous êtes sur quelque point *éloigné* du pays et que la calamité de la mort vous surprenne; vous les renfermerez toutes les deux après la prière, et si vous doutez *encore* d'elles, vous leur ferez prêter le serment suivant : Nous ne vendrons pas notre témoignage pour quelque prix que ce soit, pas même à nos parents, et nous ne cacherons pas notre témoignage, car nous serions criminels.

106. S'il se trouvait que ces deux témoins se fussent rendus coupables d'une fausseté, deux autres, parents du testateur, et du nombre de ceux qui ont découvert le parjure, seront substitués aux deux premiers. Ils prêteront serment devant Dieu en ces termes : Notre témoignage est plus vrai que celui des deux autres; nous d'avançons rien d'injuste, autrement nous serions du nombre des criminels.

[1] Ces noms ne sont pas précisément des noms propres, mais des appellatifs, des noms donnés aux chamelles ou aux brebis que les idolâtres avaient coutume de marquer en leur fendant les oreilles, en les laissant paître librement ; et ils regardaient ces femelles comme consacrées à leurs divinités, lorsqu'elles leur avaient déjà donné cinq portées, dont la dernière était un mâle, etc. Mahomet condamne ces usages comme des superstitions.

[2] Les mots : *parmi vous* ou *parmi d'autres*, s'appliquent non pas à des non arabes ou à des idolâtres, mais à des croyants qui ne sont cependant liés entre eux par aucun degré de parenté.

107. Par cette disposition il sera plus facile d'obtenir que les hommes rendent un témoignage vrai ; car ils craindront qu'un autre ne soit rendu après le leur. Craignez donc Dieu et écoutez-le ; il ne dirige point les pervers.

108. Le jour où Dieu rassemblera les apôtres *qu'il avait envoyés*, il leur demandera : Que vous a-t-on répondu ? et ils diront : Ce n'est pas nous qui avons la science, toi seul connais les secrets.

109. Il dira à Jésus, fils de Marie : Souviens-toi des bienfaits que j'ai répandus sur toi et sur ta mère, lorsque je t'ai fortifié par l'esprit de sainteté, afin que tu parlasses aux hommes, enfant au berceau et homme fait.

110. Je t'ai enseigné le Livre, la Sagesse, le Pentateuque et l'Evangile ; tu formas de boue la figure d'un oiseau par ma permission ; ton souffle l'anima par ma permission ; tu guéris un aveugle de naissance et un lépreux par ma permission ; tu fis sortir les morts de leurs tombeaux par ma permission. Je détournai de toi les mains des Juifs. Au milieu des miracles que tu fis éclater à leurs yeux, les incrédules d'entre eux s'écriaient : Tout ceci n'est que de la magie [1] !

111. Lorsque j'ai dit aux apôtres : Croyez en moi et à mon envoyé, ils répondirent : Nous croyons, et tu es témoin que nous sommes résignés *à la volonté de* Dieu.

112. O Jésus, fils de Marie ! dirent les apôtres, ton Seigneur peut-il nous faire descendre des cieux une table toute servie ? — Craignez le Seigneur, leur répondit Jésus, si vous êtes fidèles.

113. Nous désirons, dirent-ils, nous y asseoir et y manger ; alors nos cœurs seront rassurés, nous saurons que tu nous as prêché la vérité, et nous rendrons témoignage en ta faveur.

114. Jésus, fils de Marie, adressa cette prière : Dieu, notre Seigneur, fais-nous descendre une table du ciel ; qu'elle soit un festin pour le premier et le dernier d'entre nous, et un signe de ta puissance. Nourris-nous, car tu es le meilleur nourrisseur.

115. Le Seigneur dit alors : Je vous la ferai descendre ; mais malheur à celui qui, après ce miracle, sera incrédule ! je préparerai pour lui le châtiment le plus terrible qui fut jamais préparé pour une créature.

116. Dieu dit alors à Jésus : As-tu jamais dit aux hommes, Prenez pour dieux moi et ma mère, à côté du Dieu unique ? — Par ta gloire ! non. Comment aurais-je pu dire ce qui n'est pas vrai ?

---

[1] Voyez chap. III, vers. 41-43.

Si je l'avais dit, ne le saurais-tu pas? Tu sais ce qui est au fond de mon âme, et moi j'ignore ce qui est au fond de la tienne, car toi seul connais les secrets.

117. Je ne leur ai dit que ce que tu m'as ordonné de leur dire : Adorez Dieu, mon Seigneur et le vôtre. Tant que je demeurai sur la terre, je pouvais témoigner contre eux; et, lorsque tu m'as recueilli chez toi [1], tu avais les yeux sur eux, car tu es témoin de toutes choses.

118. Si tu les punis, *tu en as le droit, car* ils sont tes serviteurs; si tu leur pardonnes, *tu en es le maître, car* tu es puissant et sage.

119. Le Seigneur dira alors : Ce jour-ci est un jour où les justes gagneront à leur justice; les jardins arrosés par des fleuves seront leur séjour éternel. Dieu sera satisfait d'eux, et ils seront satisfaits de Dieu. C'est un bonheur immense.

120. A Dieu appartient la souveraineté des cieux et de la terre, de tout ce qu'ils renferment. Il a le pouvoir sur toute chose.

CHAPITRE VI.

LE BÉTAIL.

Donné à la Mecque. — 165 versets.

Au nom du Dieu clément et miséricordieux.

1. Louange à Dieu qui a créé les cieux et la terre, qui a établi les ténèbres et la lumière! et cependant les infidèles donnent des égaux à leur Seigneur.

2. C'est lui qui vous a créés de limon et a fixé un terme *à votre vie*. Le terme marqué *d'avance* est dans sa puissance, et cependant vous doutez encore.

. Il est Dieu dans les cieux et sur la terre; il connaît ce que vous cachez et ce que vous dévoilez; il connaît ce que vous gagnez *par vos œuvres.*

4. Il ne leur apparait pas un seul signe d'entre les signes de Dieu, qu'ils ne s'en détournent.

---

[1] On verra, chap. III, 48, note, les raisons qui nous font substituer les mots : *tu m'as recueilli chez toi*, aux mots : *tu m'as fait mourir*. Voyez aussi chapitre XXXIX, 43, note.

5. Ils ont traité de mensonge la vérité qui leur était venue; bientôt il leur viendra un message concernant ce qu'ils ont pris pour objet de leurs railleries.

6. Ne voient-ils pas combien de générations nous avons anéanties avant eux? Nous les avions établies dans le pays plus solidement que vous : nous fîmes tomber du ciel des pluies abondantes; nous fîmes couler des rivières sous leurs pieds; puis nous les anéantîmes pour leurs péchés, et nous fîmes surgir à leur place une génération nouvelle.

7. Quand même nous ferions descendre du ciel le Livre *écrit tout entier* sur un rouleau, quand même les infidèles le toucheraient de leurs mains, ils diraient encore : C'est de la magie pure.

8. Ils disent : Pourquoi donc quelque ange ne descend-il pas d'en haut? Si nous avions envoyé un ange, leur affaire aurait été déjà décidée; ils n'auraient pas eu un instant de répit[1].

9. Si nous avions envoyé un ange, nous l'aurions envoyé sous la forme humaine et revêtu de vêtements semblables aux leurs[2].

10. Avant toi aussi, des apôtres ont été l'objet des railleries; le châtiment dont ils se moquaient enveloppa les moqueurs.

11. Dis-leur : Parcourez la terre, et voyez quelle a été la fin de ceux qui traitaient nos apôtres de menteurs.

12. Dis : A qui appartient tout ce qui est dans les cieux et sur la terre? Dis : C'est à Dieu. Il s'imposa à lui-même la miséricorde comme un devoir; il vous rassemblera au jour de la résurrection, il n'y a point de doute là-dessus. Ceux qui se perdent eux-mêmes sont ceux qui ne croiront pas.

13. A lui appartient tout ce qui existe dans la nuit et dans le jour; il entend et sait tout.

14. Dis : Prendrais-je pour protecteur un autre que Dieu, le créateur des cieux et de la terre, pendant que c'est lui qui nourrit et qu'il n'est point nourri. Dis : J'ai reçu l'ordre d'être le premier de ceux qui se résignent à la volonté de Dieu. Vous aussi, ne soyez point idolâtres.

15. Dis : Je crains, en désobéissant à mon Seigneur, *d'encourir* la peine du grand jour.

---

[1] Car alors il n'aurait plus été question d'avertissement, mais d'un châtiment; les apôtres et les prophètes avertissent, mais les anges sont les exécuteurs des menaces.

[2] Car les hommes ne sauraient soutenir l'éclat éblouissant d'un ange. Mahomet lui-même, disent les commentateurs, ne pouvait regarder l'ange Gabriel en face; c'est pourquoi Dieu l'envoyait sous la forme humaine.

16. Si quelqu'un l'évite dans ce jour, c'est que Dieu lui aura montré sa miséricorde, et ce sera un bonheur évident.

17. Si Dieu t'atteint d'un mal, lui seul pourra t'en délivrer ; s'il t'accorde un bien, c'est qu'il est tout-puissant.

18. Il est le maître absolu de ses serviteurs ; il est sage et instruit de tout.

19. Dis : Qui est-ce qui témoigne avec plus de poids ? Dis : Dieu est témoin entre vous et moi. Ce Koran-ci m'a été révélé, afin que je vous avertisse vous et ceux à qui il parviendra. Témoignerez-vous qu'il y a d'autres dieux à côté de Dieu ? Dis : Moi, je ne témoignerai pas. Dis : Certes il est le Dieu unique, et je suis innocent de ce que vous lui associez.

20. Ceux à qui nous avons donné les Écritures connaissent le prophète comme ils connaissent leurs enfants [1] ; mais ceux qui se perdent eux-mêmes ne croiront point en lui.

21. Qui est plus méchant que celui qui invente des mensonges qu'il met sur le compte de Dieu, que celui qui traite nos signes de mensonges ? Dieu ne fera point prospérer les méchants.

22. Un jour nous les rassemblerons tous ; alors nous dirons à ceux qui associent : Où sont les compagnons que vous associiez à Dieu et que vous aviez imaginés vous-mêmes ?

23. Et quelle autre excuse trouveront-ils que de dire : Nous jurons, par Dieu notre Seigneur, que nous n'avons point associé (*d'autres dieux à Dieu*).

24. Vois comme ils mentent contre eux-mêmes, et comme se sont dérobées les divinités qu'ils avaient inventées.

25. Il en est parmi eux qui viennent écouter ; mais nous avons mis plus d'une enveloppe sur leurs cœurs, afin qu'ils ne comprennent pas le Koran, et de la pesanteur dans leurs oreilles. Quand même ils verraient toutes sortes de miracles, ils ne croiraient pas ; ils viendront même, ces infidèles, te quereller, et diront : Ce Koran n'est qu'un amas de fables des anciens.

26. Ils écartent les autres du prophète et s'en éloignent eux-mêmes ; mais ils ne perdent qu'eux-mêmes, et ils ne le savent pas.

27. Si tu les voyais au moment où, placés sur le feu de l'enfer, ils s'écrieront : Ah ! plût à Dieu que nous fussions ramenés *sur la terre !* Nous ne traiterions plus de mensonges les signes de notre Seigneur : nous serions croyants.

28. Oui, ce qu'ils cachaient autrefois a été mis au grand jour ;

---

[1] C'est-à-dire, ils savent parfaitement bien que Mahomet est l'envoyé de Dieu.

mais, s'ils étaient renvoyés sur la terre, ils retourneraient à ce qui leur était défendu, car ils ne sont que des menteurs.

29. Ils disent : Il n'y a point d'autre vie que la vie d'ici-bas, et nous ne serons point ressuscités.

30. Si tu les voyais au jour où ils seront amenés devant leur Seigneur, il leur dira : N'était-ce pas la vérité ? — Oui, par notre Seigneur. — Goûtez donc, dira le Seigneur, le châtiment pour prix de votre incrédulité.

31. Ceux qui traitaient de mensonge la comparution devant Dieu seront perdus lorsque l'heure [1] les surprendra inopinément. Ils diront alors : Malheur à nous pour l'avoir oublié sur la terre ! Ils porteront leurs fardeaux sur leurs dos, et quel mauvais fardeau !

32. La vie de ce monde n'est qu'un jeu et un passe-temps ; la vie future vaut mieux pour ceux qui craignent : ne le comprendrez-vous pas ?

33. Nous savons, *ô Mohammed!* que leurs paroles t'affligent. Ce n'est pas toi qu'on accuse de mensonge ; les infidèles nient les signes de Dieu.

34. Avant toi, des apôtres furent aussi traités de menteurs ; ils supportèrent avec constance les accusations et l'injustice jusqu'au moment où notre assistance vint les appuyer : car qui pourrait changer les paroles de Dieu ? Mais tu connais l'histoire des envoyés *de Dieu*.

35. L'éloignement des infidèles pour la vérité te pèse ; certes, si tu le pouvais, tu désirerais pratiquer un creux dans la terre, ou une échelle pour monter au ciel, pour en tirer quelque miracle pour eux. Si Dieu voulait, ils se réuniraient tous dans la direction du chemin droit. Ne sois donc pas du nombre des ignorants.

36. Certes, il exaucera ceux qui écoutent ; les morts, Dieu les ressuscitera, et ils retourneront à lui.

37. A moins qu'un miracle ne descende vers lui, nous ne croirons pas. Dis-leur : Dieu est assez puissant pour faire descendre un miracle, mais la plupart ne le savent pas.

38. Il n'y a point de bêtes sur la terre, ni d'oiseau volant de ses ailes, qui ne forment une communauté pareille à vous [2]. Nous n'avons rien négligé dans le Livre. Toutes les créatures seront rassemblées un jour [3].

---

[1] L'heure, c'est le jour du jugement dernier.

[2] C'est-à-dire, les animaux sont tout aussi bien sous le contrôle de Dieu, que le genre humain ; Dieu s'en occupe.

[3] Non-seulement les hommes, mais les animaux et tous les êtres créés, compa-

39. Ceux qui traitent nos signes de mensonges sont sourds et muets, errants dans les ténèbres. Dieu égare celui qu'il veut, et conduit celui qu'il veut dans le sentier droit.

40. Dis : Si le supplice était là *devant vous*, si l'heure arrivait, invoqueriez-vous un autre que Dieu ? dites, si vous êtes sincères.

41. Oui, c'est lui que vous invoqueriez : s'il voulait, il vous délivrerait des peines qui vous l'auraient fait invoquer, vous oublieriez les divinités que vous lui associez.

42. Nous avions déjà envoyé des apôtres vers les peuples qui ont existé avant toi ; nous les avions atteints avec des maux et des adversités, afin qu'ils s'humiliassent.

43. Notre colère les frappa, et cependant ils ne s'humilièrent point ; bien plus, leurs cœurs s'endurcirent, Satan leur prépara leurs actions [1].

44. Et lorsqu'ils eurent oublié les avertissements qu'on leur donnait, nous ouvrîmes devant eux les portes de tous les biens, jusqu'au moment où, plongés dans la joie à cause des biens qu'ils avaient reçus, nous les saisîmes tout à coup, et les voilà dans le désespoir.

45. Ce peuple méchant fut anéanti jusqu'au dernier. Gloire en soit à Dieu, maître de l'univers !

46. Dis-leur : Que vous en semble ? Si Dieu vous privait de l'ouïe et de la vue, s'il mettait un sceau sur vos cœurs, quelle autre divinité que Dieu vous les rendrait ? Vois de combien de manières nous présentons les enseignements, et cependant ils se détournent.

47. Dis-leur : Qu'en pensez-vous ? Si le châtiment vous surprend inopinément, ou s'il tombe au grand jour, *précédé de quelque signe*, quel autre peuple sera anéanti que le peuple des méchants ?

48. Nos envoyés ne viennent que pour avertir et pour annoncer. Quiconque croit et fait le bien sera à l'abri de toute crainte et ne sera point attristé.

49. Ceux qui traitent nos signes de mensonges seront atteints par le supplice, pour prix de leurs crimes.

50. Dis-leur : Je ne vous dis pas que je possède des trésors de

---

raîtront au jour du jugement dernier pour rendre compte de leurs actions. Le livre dont il est parlé ici est le livre des arrêts éternels.

[1] Les mots du texte peuvent être traduits soit par : *Satan leur a embelli leurs actions* ; soit par : *Satan leur a préparé (disposé, arrangé comme il lui convenait) leurs actions.*

Dieu, que je connais les choses cachées ; je ne vous dis pas que je suis un ange : je ne fais que suivre ce qui m'a été révélé. Dis-leur : L'aveugle et celui qui voit, est-ce la même chose ? N'y réfléchirez-vous pas ?

51. Avertis ceux qui craignent, qu'un jour ils seront rassemblés devant leur Seigneur ; ils n'auront d'autre protecteur ni d'autre intercesseur que Dieu : peut-être le craindront-ils.

52. Ne repousse point ceux qui invoquent le Seigneur le soir et le matin, et qui désirent ses regards. Il ne t'appartient pas de juger leurs intentions, comme il ne leur appartient pas de juger les tiennes. Si tu les repoussais, tu agirais comme les méchants.

53. C'est ainsi que nous avons éprouvé les hommes les uns par les autres, afin qu'ils disent : Sont-ce là ceux que Dieu a comblés parmi nous de ses bienfaits ? — Dieu ne connaît-il pas ceux qui sont reconnaissants.

54. Lorsque ceux qui auront cru à nos signes viendront à toi, dis-leur : La paix soit avec vous ! Dieu s'est imposé la miséricorde comme un devoir. Si quelqu'un d'entre vous commet une mauvaise action par ignorance, et s'en repent ensuite, certes Dieu est indulgent et miséricordieux.

55. C'est ainsi que nous expliquons nos enseignements, afin que le sentier des criminels soit connu.

56. Dis-leur : Il m'a été défendu d'adorer ceux que vous adorez à côté de Dieu. Dis : Si je suivais vos désirs, je m'écarterais du chemin droit et je ne serais point dirigé.

57. Dis : Si je m'en tiens à l'enseignement évident de mon Seigneur, vous le traitez de mensonge. Ce que vous voulez hâter n'est pas dans mon pouvoir [1] ; le pouvoir n'appartient qu'à Dieu. Il fera connaître la vérité ; il est le plus habile à trancher les débats.

58. Dis-leur : S'il était dans mon pouvoir de hâter ce que vous voulez hâter, le différend entre vous et moi serait bientôt terminé. Dieu connaît les méchants.

59. Il a les clefs des choses cachées, lui seul les connaît. Il sait ce qui est sur la terre et au fond des mers. Il ne tombe pas une feuille qu'il n'en ait connaissance. Il n'y a pas un seul grain dans les ténèbres de la terre, un brin vert ou desséché qui ne soit inscrit dans le Livre évident [2].

60. Il vous fait jouir du sommeil pendant la nuit, et sait ce que

---

[1] Le châtiment. Les infidèles défiaient Mahomet de hâter le châtiment dont il les menaçait sans cesse.

[2] Le livre évident, appelé autrement *Table conservée*, est le livre des arrêts éternels, où se trouve inscrit tout ce qui a été, qui est et qui sera.

vous avez fait pendant le jour; il vous ressuscitera un jour, afin que le terme fixé d'avance soit accompli; vous retournerez ensuite à lui, et alors il vous redira ce que vous avez fait.

61. Il est le maître absolu de ses serviteurs; il envoie des gardiens *qui veillent* sur vous [1] jusqu'au moment où la mort vous surprend, alors nos envoyés reçoivent l'homme mourant, et il n'y font pas défaut [2].

62. Ensuite vous êtes rendus à votre véritable maître. N'est-ce pas à lui qu'appartient le jugement, à lui qui est le plus prompt à régler les comptes?

63. Dis-leur : Quel est celui qui vous délivre des ténèbres de la terre et de la mer, quand vous l'invoquez humblement et en secret, disant : Si tu nous délivres de cette infortune, nous te serons reconnaissants?

64. Dis : C'est Dieu qui vous délivre de cette infortune et de toute affliction, et néanmoins vous lui associez d'autres divinités.

65. Dis-leur : C'est lui qui peut envoyer le supplice sur vos têtes ou le faire surgir sous vos pieds, jeter parmi vous la discorde et faire éprouver aux uns les violences des autres. Voilà comment nous savons tourner les enseignements, tourner, retourner, manier, et les appliquer à propos pour qu'ils comprennent à la fin.

66. Ton peuple accuse le Koran de mensonge. Dis-leur : Je ne suis point chargé de vos affaires. Chaque prophète a sa place, et certes vous le saurez.

67. Lorsque tu vois les infidèles entamer la conversation sur nos signes, éloigne-toi d'eux jusqu'à ce qu'ils entament une autre matière. Satan peut te faire oublier ce précepte. Aussitôt que tu t'en ressouviendras, ne reste pas avec les méchants.

68. On n'en demandera pas compte à ceux qui craignent Dieu; mais ils doivent se le rappeler afin qu'ils craignent Dieu [3].

69. Eloigne-toi de ceux qui regardent leur religion comme un jeu et un passe-temps. La vie de ce monde les a aveuglés. Avertis-les que toute âme sera perdue par ses œuvres. Il n'y aura pour elle aucun autre protecteur ni intercesseur, hormis Dieu. Quand même elle offrirait toute sorte de compensation, elle sera refusée. Ceux qui seront voués à la perte éternelle en rétribution de leurs

---

[1] Des anges qui vous gardent et épient vos actions.

[2] Mot à mot : nos envoyés, les anges, recueillent chacun de vous, reçoivent son souffle, son âme. Cet ange s'appelle Israfil.

[3] Les musulmans objectaient que, s'il fallait s'éloigner des infidèles toutes les fois qu'ils raillent la nouvelle religion, on ne pourrait rester nulle part un seul instant. Mahomet compléta le précepte du verset précédent par celui-ci.

œuvres auront pour boisson l'eau bouillante, et un supplice cruel sera le prix de leur infidélité.

70. Dis : Invoquerons-nous, à côté de Dieu, ceux qui ne peuvent ni nous être utiles ni nous nuire? Retournerons-nous sur nos pas après que Dieu nous a dirigés dans le chemin droit, pareils à celui que les démons égarent dans le désert, pendant que ses compagnons l'appellent à la route droite, et lui crient : Viens à nous? Dis : La direction de Dieu, voilà la direction! Nous avons reçu l'ordre de nous résigner à la volonté de Dieu, maître de l'univers.

71. Accomplissez exactement la prière, et craignez Dieu; c'est devant lui que vous serez rassemblés.

72. C'est lui qui a créé les cieux et la terre d'une création vraie, le jour où il dit : Sois, et il fut.

73. Sa parole est la vérité. A lui seul appartiendra le pouvoir au jour où l'on embouchera la trompette. Il connaît ce qui est invisible et ce qui est visible ; il est le savant, l'instruit.

74. Abraham dit à son père Azar : Prendras-tu des idoles pour dieux? Toi et ton peuple vous êtes dans un égarement évident.

75. Voici comment nous fîmes voir à Abraham le royaume des cieux et de la terre, afin qu'il sut de science certaine.

76. Quand la nuit l'eut environné de ses ombres, il vit une étoile, et s'écria : Voilà mon maître! L'étoile disparut. Il dit alors : Je n'aime point ceux qui disparaissent.

77. Il vit la lune se lever, et il dit : Voilà mon maître! et, lorsqu'elle se coucha, il s'écria : Si mon *vrai* Seigneur ne m'avait dirigé, je me serais égaré.

78. Il vit le soleil se lever, et il dit : Celui-ci est mon maître, celui-ci est bien plus grand! Mais lorsque le soleil se coucha, il s'écria : O mon peuple! je suis innocent du culte idolâtre que vous professez.

79. Je tourne mon visage vers celui qui a formé les cieux et la terre ; je suis vrai croyant, et nullement du nombre de ceux qui associent.

80. Son peuple disputa avec lui. — Disputerez-vous, leur dit-il, avec moi au sujet de Dieu? Il m'a dirigé vers le chemin droit, et je ne crains point ceux que vous lui associez, à moins que Dieu ne veuille quelque chose, car il embrasse tout avec sa science? N'y réfléchirez-vous pas?

81. Et comment craindrais-je ceux que vous lui associez, quand vous ne craignez pas de lui associer des divinités, sans que lui,

Dieu, vous ait donné quelque pouvoir là-dessus? Lequel des deux partis est le plus sûr? Dites, si vous le savez.

82. Ceux qui croient et qui ne revêtent point leur foi de la robe de l'injustice, ceux-là jouiront de la sécurité, ceux-là sont sur le chemin droit.

83. Tels sont les arguments *de l'unité de Dieu* que nous fournîmes à Abraham contre son peuple. Nous élevons ceux qu'il nous plaît. Ton Seigneur est sage et savant.

84. Nous lui avons donné Isaac et Jacob, et nous les avons dirigés tous deux. Antérieurement nous avions déjà dirigé Noé. Parmi les descendants d'Abraham nous avons dirigé aussi David et Salomon, et Job et Joseph, et Moïse et Aaron. C'est ainsi que nous récompensons ceux qui font le bien.

85. Zacharie, Yahia (saint Jean), Jésus et Elie, tous ils étaient justes.

86. Ismaël, Elisée, Jonas et Loth, nous les avons élevés au-dessus de tous les humains.

87. De même, parmi leurs pères et leurs enfants, parmi leurs frères, nous en avons élu un grand nombre et conduit dans le chemin droit.

88. Telle est la direction de Dieu ; il dirige celui qu'il veut d'entre ses serviteurs. Si les hommes lui associent d'autres dieux, il est certain que leurs œuvres seront en pure perte.

89. Ceux-là sont les hommes à qui nous avons donné les Ecritures et la sagesse, et la prophétie. Si leur postérité n'y croit pas, nous les confions à ceux qui y croiront.

90. Ceux-là ont été dirigés par Dieu lui-même dans le chemin droit. Suis donc leur direction. Dis-leur : Je ne vous demande point de salaire *pour le Koran ;* il n'est qu'une instruction pour l'univers.

91. Ils n'apprécient point Dieu comme il le mérite, quand ils disent : Il n'a jamais rien révélé à l'homme. Dis-leur : Qui donc a révélé le Livre que Moïse apporta pour en faire la lumière et le guide des hommes ; ce Livre (*le Pentateuque*) que vous écrivez sur des feuillets, le livre que vous montrez, et dont *cependant* vous cachez une grande partie, vous avez été instruits de ce que vous ne saviez pas, non plus que vos pères. Dis-leur : C'est Dieu, et puis laisse-les se divertir par leurs frivoles discours.

92. C'est un livre que nous avons envoyé d'en haut, un livre béni, corroborant les Ecritures antérieures, afin que tu avertisses la mère des cités (*la Mecque*) et ceux qui habitent ses environs.

Ceux qui croient à la vie future croiront à ce livre et seront exacts observateurs de la prière.

93. Qui est plus méchant que celui qui invente des mensonges sur le compte de Dieu, et qui dit : J'ai reçu une révélation, lorsque rien ne lui a été révélé ; qui dit : Je ferai descendre un livre pareil à celui que Dieu a fait descendre[1] ? Oh ! si tu voyais les méchants dans les angoisses de la mort, lorsque les anges, étendant leurs bras sur eux, prononceront ces mots : Dépouillez-vous de vos personnes (*de vous-mêmes*) ; aujourd'hui vous allez subir un supplice ignominieux pour prix de vos discours mensongers au sujet de Dieu et de vos dédains pour ses miracles.

94. Vous revenez à nous, dépouillés de tout, tels que nous vous créâmes la première fois ; vous laissez derrière vous les biens que nous vous avions accordés, et nous ne voyons pas avec vous vos intercesseurs que vous aviez regardés comme compagnons de Dieu. Les liens qui vous unissaient sont rompus, et ceux que vous imaginiez *être les égaux de Dieu* ont disparu.

95. C'est Dieu qui sépare le fruit du noyau ; il fait sortir la vie de ce qui est mort, et la mort de ce qui est vivant. Tel est Dieu : pourquoi donc vous détournez-vous de lui ?

96. Il fait poindre l'aurore ; il a établi la nuit pour le repos, et le soleil et la lune pour le comput des temps. Tel est l'arrêt du Sage, du Savant.

97. C'est lui qui a placé pour vous les étoiles (*dans le ciel*) afin que vous soyez dirigés dans les ténèbres sur la terre et sur les mers. Nous avons partout fait briller des signes pour ceux qui comprennent.

98. C'est lui qui vous a produits d'un seul individu ; vous avez un réceptacle[2] *dans les reins de vos pères*, et un dépôt *dans le sein de vos mères*. Nous avons fait briller des signes pour ceux qui comprennent.

99. C'est lui qui fait descendre l'eau du ciel. Par elle nous faisons pousser les germes de toutes les plantes ; par elle nous produisons la verdure d'où sortent les grains disposés par séries, et les palmiers dont les branches donnent des grappes suspendues, et les jardins plantés de vignes, et les olives et les grenades qui se ressemblent et qui diffèrent les unes des autres. Jetez vos regards sur leurs fruits, considérez leur fructification et leur maturité.

---

[1] Ceci se rapporte à quelques faux prophètes du temps même de Mahomet, tels que Moçaïlama, El-Aswad et autres.

[2] Le mot *réceptacle* est employé ici dans un sens analogue à celui qu'il a en botanique.

Certes, dans tout ceci, il y a des signes pour ceux qui comprennent.

100. Ils ont associé les génies à Dieu, pendant que c'est lui qui les a créés; dans leur ignorance, ils lui inventent des fils et des filles. Gloire à lui ! il est trop au-dessus de ce qu'ils lui attribuent.

101. Créateur du ciel et de la terre, comment aurait-il des enfants, lui qui n'a point de compagne, qui a créé toutes choses et qui connaît toutes choses?

102. Celui-là est Dieu, votre Seigneur; il n'y a point d'autre dieu que lui. Créateur de toutes choses, adorez-le; il veille sur toutes choses.

103. Les regards *des hommes* ne sauraient l'atteindre; lui il atteint tous les regards : le Subtil, l'Instruit.

104. L'évidence vous est venue de la part de votre Seigneur. Quiconque voit, voit à son propre profit; quiconque est aveugle, l'est à son propre détriment. Moi, je ne suis point votre gardien.

105. C'est ainsi que nous nous servons de nos signes (versets), afin qu'ils te disent : Tu as de l'instruction; et afin que nous en instruisions ceux qui comprennent.

106. Suis ce qui t'a été révélé par ton Seigneur. Il n'y a point d'autre dieu que lui, et éloigne-toi de ceux qui lui associent (*d'autres dieux*).

107. Si Dieu voulait, ils ne lui en associeraient point. Nous ne t'avons point chargé d'être leur gardien, ni de veiller à leurs intérêts.

108. N'injurie point les divinités qu'ils invoquent à côté de Dieu; ils *pourraient à leur tour* dans leur extravagance injurier Dieu. C'est ainsi que nous avons tracé à chaque peuple ses actions. Plus tard ils retourneront à leur Seigneur, qui leur redira ce qu'ils faisaient.

109. Ils ont juré devant Dieu, par le serment le plus solennel, que s'il leur fait voir un miracle, ils y croiront. Dis : Les miracles sont au pouvoir de Dieu, et qu'est-ce qui pourrait vous faire comprendre que lorsque le miracle éclatera ils n'y croiront pas [1]?

110. Nous détournerons leurs cœurs et leurs yeux de la vérité, puisqu'ils n'ont point cru la première fois, et nous les laisserons errer confus dans leur égarement.

111. Quand même nous ferions descendre les anges, quand même les morts leur parleraient, quand même nous rassemble-

---

[1] C'est-à-dire : ah ! que je voudrais vous faire comprendre, à vous croyants, qu'ils (les infidèles) n'y croient pas !

CHAPITRE VI. 111

rions devant leurs yeux tout ce qui existe, ils ne croiraient pas sans la volonté de Dieu; mais la plupart d'entre eux ignorent cette vérité.

112. C'est ainsi que nous avons suscité un ennemi à chaque prophète, des tentateurs parmi les génies et parmi les hommes [1], suggérant dans leur aveuglement les uns aux autres le clinquant des discours [2]. Si Dieu avait voulu, ils ne l'auraient pas fait. Eloigne-toi d'eux et de ce qu'ils inventent.

113. Laisse les cœurs de ceux qui ne croient pas à la vie future s'arrêter sur ce sentiment et s'y complaire; laisse-les gagner ce qu'ils gagnent.

114. Chercherai-je un autre juge que Dieu, ce Dieu qui vous a fait descendre le Koran par parties? Ceux à qui nous avons donné les Ecritures savent bien qu'il a été véritablement envoyé de Dieu. Ne sois donc point de ceux qui doutent.

115. Les paroles de ton Seigneur sont le comble de la vérité et de la justice. Nul ne peut changer ses paroles. Il entend et sait tout.

116. Si tu obéis au plus grand nombre de ceux qui habitent ce pays-ci, ils t'écarteront du sentier de Dieu; ils ne suivent que des opinions et ne sont que des menteurs.

117. Dieu, ton Seigneur, connaît le mieux celui qui s'égare dans sa route; il connaît le mieux ceux qui sont dans la droite voie.

118. Mangez toute nourriture sur laquelle a été prononcé le nom de Dieu, si vous croyez à ses signes [3].

119. Et pourquoi ne mangeriez-vous pas la nourriture sur laquelle a été prononcé le nom de Dieu, quand Dieu vous a déjà énuméré les aliments qu'il vous interdit, sauf les cas où vous êtes forcés à le faire? Le plus grand nombre des hommes égarent les autres par leurs passions et sans avoir aucune connaissance *à l'appui de ce qu'ils font*, mais Dieu connaît les transgresseurs.

120. Abandonnez le dehors et le dedans du péché, car ceux qui travaillent au péché seront rétribués selon leurs œuvres [4].

121. Ne mangez point de choses sur lesquelles le nom de Dieu n'a pas été prononcé : c'est un crime. Les tentateurs exciteront

---

[1] Selon les croyances des Arabes et des mahométans en général, il existe des génies croyants et des génies rebelles, infidèles, malfaisants.

[2] Le clinquant des discours sont des paroles vaines dont l'apparence séduit et égare.

[3] C'est-à-dire, vous pouvez manger de tout animal qui a été égorgé sous l'invocation du nom de Dieu; ce qui exclut les animaux morts, etc.

[4] Le dehors et le dedans du péché, ce sont le péché et les apparences.

leurs clients à disputer avec vous *là-dessus*. Si vous les écoutez, vous deviendrez idolâtres.

122. Celui qui était mort et à qui nous avons donné la vie, à qui nous avons donné la lumière pour marcher au milieu des hommes, sera-t-il semblable à celui qui marche dans les ténèbres et qui n'en sortira point? C'est ainsi que les actions des infidèles ont été préparées d'avance.

123. C'est ainsi que dans chaque cité nous avons fait que les grands en sont les hommes criminels, afin qu'ils y tendent des piéges; mais ils n'auront tendu de piéges qu'à eux-mêmes [1].

124. Lorsqu'un miracle leur apparaît, ils disent : Nous ne croirons pas, tant que nous ne verrons pas un miracle pareil à ceux qui ont été accordés aux envoyés de Dieu, — Dieu sait le mieux où il doit placer sa mission. La honte devant Dieu et le châtiment terrible atteindront les criminels pour prix de leurs fourberies.

125. Dieu ouvrira pour l'islam le cœur de celui qu'il voudra diriger; il resserre, il rend étroit et comme cherchant à s'élever en l'air le cœur de celui qu'il voudra égarer [2]. Telle est la punition dont Dieu atteindra ceux qui ne croient pas.

126. C'est le chemin de Dieu, il est droit. Nous avons déjà expliqué en détail les enseignements à ceux qui réfléchissent.

127. Une demeure de paix leur est réservée près de Dieu; il sera leur protecteur en récompense de leurs œuvres.

128. Au jour où il les rassemblera tous, il dira aux génies : Assemblée de génies! vous avez trop abusé des hommes. — Seigneur, diront leurs clients parmi les hommes, nous nous rendions les uns aux autres des services réciproques. Nous voici parvenus au terme que tu nous as fixé. — Le feu sera votre demeure, répondra Dieu; vous y resterez éternellement, à moins qu'il ne plaise autrement à Dieu; car il est sage et savant.

129. C'est ainsi que parmi les méchants nous donnons les uns comme chefs aux autres, pour prix de leurs œuvres.

130. O assemblée d'hommes et de génies! n'avez-vous pas eu des apôtres choisis parmi vous qui vous répétaient nos enseignements, qui vous avertissaient de la comparution de ce jour? Ils répondront : Nous le reconnaissons à notre perte. La vie de ce monde les a aveuglés, et ils reconnaîtront à leur perte qu'ils avaient été infidèles.

---

[1] Ce verset s'applique aux grands, aux hommes riches de la Mecque les plus hostiles à Mahomet; ils entraînaient contre lui les faibles, le peuple.

[2] Ici, comme chez les poëtes arabes anciens, le cœur agité par quelque trouble, est comparé à un oiseau qui s'agite et bat des ailes.

131. Et cela fut ainsi¹, parce que Dieu n'est point le destructeur des cités *qui les anéantit* par méchanceté, et sans qu'elles s'y attendent.

132. Toute âme occupera un degré correspondant à ses œuvres. Ton Seigneur n'est point inattentif à ce qu'elles font.

133. Ton Seigneur est riche, plein de pitié; s'il voulait, il vous ferait disparaître, et vous remplacerait par tels autres peuples qu'il voudrait, de même qu'il vous a fait sortir des générations passées.

134. Ce dont on vous menace aura lieu, et ce n'est pas vous qui infirmerez *les arrêts de Dieu*.

135. Dis-leur : O mon peuple! agis selon tes forces, moi j'agirai aussi. — Vous apprendrez

136. A qui écherra la demeure éternelle du paradis. Dieu ne fera point prospérer les méchants.

137. Ils destinent à Dieu une portion de ce qu'il a fait naître dans leurs récoltes et dans leur bétail, et disent : Ceci est à Dieu (à Dieu selon leur invention), et ceci aux compagnons que nous lui donnons. Mais ce qui était destiné à leurs compagnons n'arrivera jamais à Dieu; et ce qui était destiné à Dieu arrivera à leurs compagnons². Que leurs opinions sont fausses³!

138. C'est ainsi que parmi un grand nombre d'idolâtres, les fausses divinités leur ont suggéré l'idée de tuer leurs propres enfants, et c'est pour les perdre et embrouiller leur culte. Si Dieu l'avait voulu, ils n'auraient jamais agi ainsi? mais laisse-les faire, et éloigne-toi de ce qu'ils inventent.

139. Ils disent : Tels animaux et telles récoltes sont défendus;

---

¹ C'est-à-dire, que Dieu, avant de punir une cité, envoyait des apôtres chargés d'y porter ses avertissements.

² Nous avons traduit *leurs compagnons* pour suivre le texte ; nous ferons cependant observer que le pronom relatif *leurs* ne veut pas dire que les autres dieux soient des compagnons des hommes ; il signifie *les compagnons du Dieu de leur invention*. Nous nous servons aussi quelquefois du mot *associant*, qui est le vrai sens du mot arabe *mouchrik*, traduit généralement par *idolâtre*.

³ Ce verset a trait à quelques pratiques religieuses en usage chez les Arabes idolâtres, telles que le partage des terrains, des fruits et des récoltes en deux portions, dont l'une était celle du Dieu suprême, l'autre consacrée aux divinités subalternes représentées par les idoles. La portion de Dieu servait à nourrir les pauvres, les voyageurs ; celle des idoles était affectée aux offrandes et à la rétribution des prêtres. Si un fruit tombait de la portion destinée à Dieu sur le terrain consacré aux idoles, on le donnait aux idoles, mais on n'agissait pas ainsi dans le cas contraire ; car Dieu, disaient les idolâtres, étant riche, pouvait se passer de tout.

nul autre que ceux que nous voulons (c'est ainsi qu'ils l'ont imaginé) ne doit s'en nourrir. Tels animaux doivent être exempts de porter des fardeaux. Ils ne prononcent pas le nom de Dieu sur eux; ils inventent tout cela sur le compte de Dieu. Il les rétribuera pour leurs inventions.

140. Ils disent : Le petit de tels animaux sera licite pour nos enfants mâles; il sera défendu à nos femmes. Mais, si le fœtus est avorté, ils sont tous de compagnie à le manger. Dieu les récompensera de leurs distinctions. Il est savant et sage.

141. Ils sont perdus ceux qui tuent leurs enfants par folie, par ignorance, ceux qui défendent les aliments que Dieu a donnés *aux hommes* par pure invention sur son compte. Ils sont égarés, ils ne sont point sur le chemin droit.

142. C'est lui qui a créé les jardins de vignes supportés par des treillis et ceux qui ne le sont pas, qui a créé les palmiers et les blés de tant d'espèces, les olives et les grenades qui se ressemblent et diffèrent entre elles. Il a dit : Nourrissez-vous de leurs fruits, et acquittez ce qui est dû au jour de la moisson; évitez la prodigalité, car Dieu n'aime point les prodigues.

143. Parmi les animaux, les uns sont faits pour porter des fardeaux, les autres pour être égorgés. Nourrissez-vous de ce que Dieu vous a accordé, et ne suivez pas les traces de Satan, car il est votre ennemi déclaré.

144. Il y a huit articles de bétail *formant des couples,* savoir : deux de race ovine (bélier et brebis) et deux de race caprine (bouc et chèvre). Demande-leur : Est-ce les mâles que Dieu vous a interdits ou bien les femelles, ou bien ce que renferment les entrailles des femelles? Instruisez-moi, si vous êtes sincères.

145. De plus, deux articles de race cameline (chameau et chamelle) et deux de race bovine (taureau et vache). Demande-leur : Est-ce les mâles que Dieu vous a interdits ou bien les femelles, ou bien ce que renferment les entrailles des femelles? Etiez-vous présents quand Dieu vous a prescrit tout cela? Et qui est plus méchant que celui qui, ignorant qu'il est, invente un mensonge sur le compte de Dieu pour égarer les hommes? Dieu ne dirige point les méchants.

146. Dis-leur : Je ne trouve, dans ce qui m'a été révélé, d'autre défense, pour celui qui veut se nourrir, que les animaux morts, le sang qui a coulé et la chair du porc[1] : car c'est une abomina-

---

[1] Le texte précise le sang fluide ; car le foie et le mou, que les Arabes regardaient comme le sang à l'état solide, n'étaient pas défendus.

tion. Il y a défense de manger, par pure prévarication, ce qui a été tué sous l'invocation d'un autre nom que celui de Dieu, sauf si l'on y est forcé, et qu'on ne le mange pas par désobéissance et intention de pécher; et certes Dieu est indulgent et miséricordieux.

147. Pour les juifs, nous leur avons interdit tous les animaux qui n'ont pas la corne du pied fendue; nous leur avons également défendu la graisse des bœufs et des moutons, excepté celle du dos et des entrailles, et celle qui est attachée aux os. C'est pour les punir de leurs iniquités. Nous sommes équitables.

148. S'ils t'accusent d'imposture, dis-leur : Votre Seigneur est d'une miséricorde immense, mais sa colère ne saurait être détournée des criminels.

149. Ceux qui associent (*d'autres divinités à Dieu*) diront : Si Dieu l'avait voulu, ni nous ni nos pères ne lui aurions associé (*d'autres divinités*) : nous n'aurions point interdit l'usage d'aucune chose. C'est ainsi que ceux qui les ont précédés accusaient d'imposture *d'autres apôtres*, jusqu'au moment où ils éprouvèrent notre colère. Dis-leur : Si vous en avez quelque connaissance, faites-la voir; mais vous ne suivez que des opinions, et vous n'êtes que des menteurs!

150. Dis : A Dieu seul appartient l'argument péremptoire. S'il avait voulu, il vous aurait dirigés tous dans le chemin droit.

151. Dis-leur : Faites venir vos témoins qui attestent que Dieu a défendu ces animaux. S'ils prêtent ce témoignage, toi, ne témoigne pas avec eux, et ne recherche point l'affection de ceux qui traitent nos signes de mensonges, qui ne croient pas à la vie future, et qui donnent des égaux à leur Seigneur.

152. Dis-leur : Venez, et je vais vous lire ce que votre Seigneur vous a défendu : Ne lui associez aucun être; traitez vos pères et mères avec générosité; ne tuez pas vos enfants à cause de l'indigence [1] : nous vous donnerons de quoi vivre ainsi qu'à eux; soyez éloignés aussi bien du dehors que de l'intérieur des turpitudes; ne tuez point les hommes, car Dieu vous l'a défendu, excepté si la justice l'exige. Voilà ce que Dieu vous recommande, pour que vous compreniez enfin.

153. Ne touchez point au bien de l'orphelin, si ce n'est en bien [2], et ce, jusqu'à l'âge de puberté. Donnez la mesure et le poids justes. Nous n'imposerons à aucune âme que la charge qu'elle peut

---

[1] Les Arabes païens avaient l'habitude de tuer leurs enfants en temps de disette.

[2] C'est-à-dire, si ce n'est pour accroître le patrimoine de l'orphelin.

porter. Quand vous prononcez un jugement, prononcez-le avec justice, dût-ce être à l'égard d'un parent. Soyez fidèles à l'alliance du Seigneur. Voilà ce que Dieu vous a recommandé, peut-être y réfléchirez-vous.

154. Voilà mon sentier; il est droit. Suivez-le, et ne suivez point plusieurs sentiers, de peur que vous ne soyez détournés de celui de Dieu. Voilà ce que Dieu vous recommande, afin que vous le craigniez.

155. Nous avons donné le Livre à Moïse, livre complet, pour celui qui fait le bien, une distinction détaillée en toute matière, livre destiné à servir de direction et de preuve de la miséricorde, afin qu'ils (*les juifs*) croient à la comparution devant leur Seigneur.

156. Et ce Koran que nous avons fait descendre, est un livre béni; suivez-le et craignez Dieu, afin que vous éprouviez sa miséricorde.

157. Vous ne direz plus : Le Livre (*les Écritures*) a été envoyé d'en haut à deux nations (*aux juifs et aux chrétiens*); quant à nous, nous n'avions aucune connaissance de leurs études.

158. Vous ne direz plus : Si l'on nous eût envoyé un livre, nous aurions été mieux dirigés qu'eux. Une déclaration patente est cependant venue vers vous de la part de votre Seigneur; elle est la direction et la preuve de la miséricorde divine. Et qui est plus méchant que celui qui traite de mensonges les signes de Dieu, et qui s'en détourne? Nous punirons ceux qui se détournent de nos signes d'un supplice douloureux, parce qu'ils se sont détournés de nos signes.

159. Attendent-ils que les anges viennent, ou que Dieu vienne lui-même, ou qu'un signe d'entre les signes de ton Seigneur les surprenne? Le jour où un signe d'entre les signes de ton Seigneur viendra vers eux, la foi ne profitera plus à l'âme qui n'aura pas cru auparavant, ou qui, avec la foi, n'aura fait aucune bonne œuvre. Dis-leur : Si vous attendez, nous attendrons aussi.

160. Tu ne seras point de ceux qui scindent leur foi et qui se partagent en sectes. Leur affaire concernera Dieu, qui leur rappellera ce qu'ils ont fait.

161. Quiconque a fait une bonne œuvre en recevra la récompense décuple; celui qui a commis une mauvaise action en recevra un prix équivalent [1]. Ils ne seront point opprimés.

---

[1] C'est le caractère général de la Théodicée mahométane, que la bonté et la miséricorde de Dieu l'emportent sur sa sévérité. Ainsi les degrés de l'enfer sont

162. Dis-leur : Le Seigneur m'a conduit dans le sentier droit, dans une religion droite, dans la croyance d'Abraham, qui était vrai croyant et qui n'associait point (*d'autres divinités à Dieu*).

163. Dis : Ma prière et mes actes de dévotion, ma vie et ma mort, appartiennent à Dieu, maître de l'univers, qui n'a point de compagnon. Ceci m'a été ordonné, et je suis le premier des musulmans (*de ceux qui se résignent à la volonté de Dieu*).

164. Désirerais-je avoir pour maître un autre que Dieu, qui est le maître de toutes choses? Toute âme ne fait des œuvres que pour son propre compte : aucune ne portera le fardeau d'une autre[1]. Vous retournerez à votre Seigneur, qui vous déclarera ce sur quoi vous étiez en désaccord les uns avec les autres.

165. C'est lui qui vous a établis sur la terre, pour remplacer vos devanciers; il assigna aux uns des degrés plus élevés qu'aux autres, afin de vous éprouver par cela même qu'il vous donne. Votre Seigneur est prompt dans ses châtiments, mais il est indulgent et miséricordieux.

CHAPITRE VII.

EL-ARAF[2].

Donné à la Mecque. — 205 versets.

1. ELIF. LAM. MIM. SAD.[3] Voici un livre qui t'a été envoyé d'en haut; qu'il n'y ait aucune inquiétude dans ton cœur au sujet de ce livre, et *n'hésite pas* à avertir à l'aide de ce livre; qu'il serve d'admonition aux croyants.

2. Suivez la loi qui vous est venue de votre Seigneur, et ne suivez point d'autres patrons que lui. Oh! que vous y pensez peu!

3. Que de villes nous avons détruites! Notre colère les a surprises, les unes dans la nuit, d'autres à la clarté du jour.

---

moins nombreux que ceux du paradis, et la récompense réservée aux justes plus grande que le châtiment des criminels n'est rigoureux.

[1] Mot à mot : *aucune porteuse de fardeau ne sera chargée du fardeau d'un autre.*

[2] *El-araf*, dont il est question dans ce chapitre, est une séparation, une ligne entre l'enfer et le paradis, et vue également par les habitants de l'un et de l'autre. C'est une espèce de purgatoire.

[3] Voy. sur ces lettres, I, note.

4. Quel était leur cri au moment où notre colère les a surpris (*les peuples impies*)? ils criaient : Oui! nous avons été impies.

5. Nous demanderons compte aux peuples à qui nous avons envoyé des prophètes; nous demanderons compte aux prophètes eux-mêmes.

6. Nous leur ferons le récit *de leurs actions*, en ayant une connaissance parfaite par devers nous, car nous n'étions pas absents.

7. Ce jour-là, il sera pesé avec justice; ceux dont le poids sera lourd, ceux-là seront heureux.

8. Ceux dont le poids sera léger, ceux-là auront perdu eux-mêmes pour avoir été iniques à l'égard de nos signes [1].

9. Nous vous avons établis sur la terre, nous vous y avons donné la nourriture. Que vous êtes peu reconnaissants!

10. Nous vous créâmes et nous vous donnâmes la forme, puis nous dîmes aux anges : Inclinez-vous devant Adam; et ils s'inclinèrent, excepté Eblis, qui n'était point de ceux qui s'inclinèrent.

11. Dieu lui dit : Qu'est-ce qui t'empêche de t'incliner devant lui, quand je te l'ordonne? Je vaux mieux que lui, dit Eblis; tu m'as créé de feu, et lui, tu l'as créé de limon.

12. Sors d'ici, lui dit le Seigneur, il ne te sied pas de t'enfler d'orgueil dans ces lieux. Sors d'ici, tu seras au nombre des méprisables.

13. Donne-moi du répit jusqu'au jour où les hommes seront ressuscités.

14. Tu l'as, reprit le Seigneur.

15. Et parce que tu m'as égaré, reprit Eblis, je les guetterai dans ton sentier droit.

16. Puis je les assaillirai par devant et par derrière; je me présenterai à leur droite et à leur gauche, et certes tu n'en trouveras que bien peu qui te seront reconnaissants.

17. Sors d'ici! lui dit le Seigneur, couvert d'opprobre et repoussé au loin, et qui te suivra... je remplirai l'enfer de vous tous.

18. Toi, Adam habite avec ton épouse le jardin, et tous deux mangez de ses fruits partout où vous voudrez; seulement n'approchez point de l'arbre que voici, de peur que vous ne deveniez coupables.

19. Satan leur fit des suggestions pour leur montrer leur nudité qui *jusqu'alors* leur était cachée. Il leur dit : Dieu ne vous inter-

---

[1] C'est-à-dire, pour ne les avoir pas appréciés à leur valeur, pour n'y avoir pas ajouté foi.

dit cet arbre qu'afin que vous ne deveniez pas deux anges, et que vous ne soyez pas immortels.

20. Il leur jura qu'il était leur conseiller fidèle.

21. Il les séduisit en les aveuglant; et lorsqu'ils eurent goûté de l'arbre, leur nudité leur apparut, et ils se mirent à la couvrir de feuilles du jardin. Le Seigneur leur cria alors : Ne vous ai-je point défendu cet arbre? ne vous ai-je point dit que Satan est votre ennemi déclaré?

22. Ils (*Adam et Ève*) répondirent : O notre Seigneur! nous sommes coupables; et si tu ne nous pardonnes pas, si tu n'as pas pitié de nous, nous sommes perdus.

23. Descendez, leur dit Dieu, vous serez ennemis l'un de l'autre [1]. Vous trouverez sur la terre un séjour et une jouissance temporaires.

24. Vous y vivrez et vous y mourrez, et vous en sortirez un jour.

25. O enfants d'Adam! nous vous avons envoyé des vêtements pour couvrir votre nudité, et des ornements précieux; mais le vêtement de la piété vaut encore mieux. Tels sont les enseignements de Dieu : peut-être les hommes les méditeront-ils.

26. O enfants d'Adam! que Satan ne vous séduise pas comme il a séduit vos pères, qu'il a fait sortir du jardin; il leur a ôté leur vêtement pour leur faire voir leur nudité. Lui et ses suppôts vous voient d'où vous ne les voyez pas. Nous les avons donnés pour patrons à ceux qui ne croient pas.

27. Quand les pervers ont commis quelque turpitude, ils disent : Nous l'avons vu pratiquer par nos pères, c'est Dieu qui le commande. Dis-leur : Dieu n'ordonne point d'actions infâmes [2]; allez-vous dire de Dieu ce que vous ne savez pas?

28. Dis-leur : Mon Seigneur ordonne l'équité. Tournez vos fronts vers le lieu où on l'adore; invoquez-le, sincères dans votre culte. De même qu'il vous a fait sortir du néant, il vous ramènera chez lui. Il dirige les uns d'entre vous, et laisse les autres dans l'égarement. Ceux-ci ont pris les suppôts de Satan pour leurs patrons plutôt que Dieu, et ils se croient dans le chemin droit.

29. O enfants d'Adam! mettez vos plus beaux habits [3] toutes les fois que vous vous rendez à quelque oratoire [4]. Mangez et bu

---

[1] C'est-à-dire, les hommes et Satan seront dans une inimitié éternelle.

[2] Le mot du texte qui répond à turpitude est : *el-fahicha*; cela s'entend surtout de tout péché contre la chasteté.

[3] Mot à mot : prenez vos ornements.

[4] Nous avons préféré le mot *oratoire*, qui répond au *mesdjid* (mosquée) du

vez, mais sans excès, car Dieu n'aime point ceux qui font des excès.

30. Dis-leur : Qui peut défendre de se parer d'ornements que Dieu produit pour ses serviteurs, ou de se nourrir d'aliments délicieux qu'il leur accorde? Ces biens appartiennent aux fidèles dans ce monde, mais surtout au jour de la résurrection. C'est ainsi que Dieu explique ses enseignements à ceux qui savent.

31. Dis-leur : Dieu a défendu toute turpitude ouverte ou secrète ; il a défendu l'iniquité et toute violence injuste. Il a défendu de lui associer quelque être que ce soit ; il ne vous a donné aucun pouvoir à ce sujet, et il vous a défendu de dire de lui ce que vous ne savez pas.

32. Chaque nation a son terme. Quand leur terme est arrivé, les hommes ne sauraient ni le reculer ni l'avancer.

33. O enfants d'Adam ! il s'élèvera au milieu de vous des apôtres, ils vous réciteront mes enseignements. Quiconque craint le Seigneur et fait le bien sera à l'abri de toute crainte et ne sera point attristé.

34. Ceux qui traitent mes signes de mensonges, ceux qui les dédaignent, seront livrés au feu et y demeureront éternellement.

35. Qui est plus impie que celui qui forge des mensonges sur le compte de Dieu, ou qui traite ses signes d'imposture? A ces hommes une part des biens de ce monde, conformément au Livre éternel, sera accordée jusqu'au moment où nos envoyés, en les recueillant [1], leur demanderont : Où sont les idoles que vous invoquiez à côté de Dieu? Ils répondront : Elles ont disparu ; et ils témoigneront ainsi eux-mêmes qu'ils étaient infidèles.

36. Dieu leur dira : Entrez dans le feu pour rejoindre les générations des hommes et des génies qui ont disparu avant vous. Toutes les fois qu'une nouvelle génération y entre, elle maudit sa sœur jusqu'au moment où elles seront toutes réunies ensemble ; la dernière dira alors en montrant la première : Seigneur, voilà ceux qui nous ont égarés, inflige-leur un double châtiment du feu ; et Dieu leur dira : Le double sera pour vous tous ; mais vous l'ignorez.

---

texte, pour éviter la confusion avec le mot *temple*, qui peut se dire de toute maison d'adoration. Nous ferons observer, en passant, que le mot *djami*, employé aujourd'hui pour toute mosquée spacieuse où par conséquent peut se faire la prière du vendredi, est inconnu dans le Koran. La mosquée de la Mecque seule a conservé jusqu'à ce jour le nom de *mesdjid*, bien que ce soit une grande mosquée.

[1] C'est-à-dire, en recueillant leur souffle, leur âme à l'heure de la mort. Il s'agit ici des anges de la mort, Nakir et Monkir, appelés envoyés de Dieu.

37. Et la première dira à la dernière : Quel avantage avez-vous sur nous? Goûtez le châtiment que vous ont valu vos œuvres.

38. Certes, ceux qui ont traité nos signes de mensonges et qui les ont dédaignés, les portes du ciel ne s'ouvriront point pour eux ; ils n'entreront au jardin que quand un chameau passera par le trou d'une aiguille [1]. C'est ainsi que nous récompenserons les criminels.

39. La géhenne sera leur lit, et au-dessus d'eux des couches *de feu les couvriront*. C'est ainsi que nous récompensons les impies.

40. Nous n'imposerons point à ceux qui auront cru et fait le bien des charges au-dessus de leurs forces. Ils seront en possession du jardin, où ils demeureront éternellement.

41. Nous ôterons tout ressentiment de leurs cœurs. Les rivières couleront sous leurs pas, et ils s'écrieront : Gloire à Dieu qui nous a conduits en ces lieux! Certes, nous nous serions égarés, si Dieu ne nous avait pas conduits. Les apôtres de notre Seigneur nous avaient bien annoncé vrai. Une voix leur fera entendre ces paroles : Voici le jardin que vous avez gagné par vos œuvres.

42. Et les habitants du jardin crieront aux habitants du feu : Nous avons éprouvé la vérité des promesses de votre Seigneur, et vous, l'avez-vous éprouvée? Et ils répondront : Oui! Un héraut qui criera parmi eux criera ces paroles : Malédiction de Dieu sur les impies ;

43. Sur ceux qui détournaient les autres du sentier de Dieu, qui voulaient le rendre tortueux, et qui ne croyaient pas à la vie future!

44. Une cloison [2] sépare les bienheureux des réprouvés. Sur

---

[1] On connaît cette comparaison appliquée dans l'Évangile aux riches ; on sait également que quelques modernes exégètes, s'appuyant sur une variante du texte grec de l'Évangile, ont cherché à substituer au mot *chameau* le mot *câble*, non-seulement parce que l'hyperbole serait en quelque sorte moins outrée, mais encore parce qu'un trou d'aiguille est destiné à recevoir plutôt un fil, un cordon, et par hyperbole un câble plutôt qu'un chameau. D'un autre côté, bien que le Koran ne puisse être invoqué comme une autorité pour l'explication de l'Évangile, l'expression du texte arabe prouverait au moins que la version du *chameau passant par le trou d'une aiguille*, pouvait seule avoir cours parmi les chrétiens du temps de Mahomet. Il n'est pas inutile cependant d'ajouter que dans l'écriture primitive arabe, dans l'écriture cufique, les mots *djémel* (chameau), et *habl* (câble), pouvaient être aisément confondus.

[2] Le mot du texte, *hidjab*, qui se dit d'un voile ou d'une portière, s'emploie aussi pour tout ce qui cache une chose à nos regards, que ce soit une muraille, une toile ou autre chose semblable.

l'*Elaraf*[1] se tiendront des hommes qui connaîtront chacun à sa marque distinctive ; ils crieront aux habitants du jardin : La paix soit avec vous ! Ils (*les réprouvés*) n'y entreront pas, bien qu'ils le désirent ardemment.

45. Et lorsque leurs regards se tourneront vers les habitants du feu, ils s'écrieront : O notre Seigneur ! ne nous place pas avec les injustes.

46. Ceux qui se tiendront sur l'*Elaraf* crieront aux hommes qu'ils reconnaîtront à leurs marques distinctives *comme des réprouvés :* A quoi vous ont servi vos richesses amassées et votre orgueil ?

47. Sont-ce là les hommes au sujet desquels vous aviez juré qu'ils n'obtiendront jamais la miséricorde de Dieu ? Entrez dans le jardin, vous serez à l'abri de toute crainte et vous ne serez point attristés.

48. Les habitants du feu crieront aux habitants du jardin : Répandez sur nous un peu d'eau ou un peu de ces délices que Dieu vous a accordées. — Dieu, répondront ceux-là, a interdit l'un et l'autre aux infidèles

49. Qui ont fait de la religion leur jouet et l'objet de leurs railleries, pendant que la vie de monde les a rendus aveugles. Nous les oublions aujourd'hui comme ils ont oublié ce jour de leur comparution, et parce qu'ils ont nié la vérité de nos signes.

50. Nous leur avions cependant apporté un livre, et nous l'avions expliqué avec science, afin qu'il servît de direction et fût une faveur de Dieu pour ceux qui croient.

51. Attendent-ils encore son interprétation ? Le jour où son interprétation sera arrivée, ceux qui l'auront négligé dans le monde s'écrieront : Les apôtres de Dieu nous avaient bien apporté la vérité. Ne trouverons-nous pas quelque intercesseur qui intercède pour nous, ou bien ne pourrons-nous pas retourner sur

---

[1] *Elaraf* est un rempart placé entre le paradis et l'enfer, et d'où les bienheureux comme les réprouvés peuvent être vus par ceux qui se tiennent sur le rempart. L'origine de ce mot est inconnue, car l'étymologie que donnent les commentateurs (ce mot, disent-ils, vient de *arafa*, connaître, parce que ceux qui sont sur l'araf reconnaissent les réprouvés à leur marque) est tirée sans aucun doute du texte même, où *elaraf* et *arafa*, connaître, sont rapprochés, et n'est ni plus vraie ni plus ingénieuse que la plupart des étymologies des auteurs orientaux. Au reste, il est impossible de se faire une idée quelconque de la manière dont Mahomet concevait le paradis et l'enfer quant à leur position, tant les détails relatifs à ce sujet, renfermés dans le Koran, sont confus, incohérents et contradictoires.

la terre? oh! nous agirions autrement que nous ne l'avons fait? Mais alors ils se seront déjà perdus *sans retour*, et les divinités qu'ils avaient inventées auront disparu.

52. Votre Seigneur est ce Dieu qui créa les cieux et la terre en six jours, et se porta avec fermeté vers le trône; il enveloppe le jour avec la nuit, et le jour la poursuit rapidement; il créa le soleil et la lune et les étoiles, soumis par son ordre à certaines lois. La création et le gouvernement de toutes choses ne lui appartiennent-ils pas? Béni soit Dieu, maître de l'univers.

53. Invoquez Dieu avec humilité et en secret. Il n'aime point les transgresseurs.

54. Ne commettez pas des désordres sur la terre, lorsque tout y a été disposé pour le mieux; invoquez Dieu par crainte et par désir, car la miséricorde de Dieu est proche de ceux qui font le bien.

55. C'est lui qui envoie les vents avant-coureurs de sa grâce [1]. Nous leur faisons porter les nuages gros de pluie, et nous les poussons vers le pays mort de sécheresse; nous en faisons descendre l'eau, et à l'aide de celle-ci nous faisons sortir tous les fruits. C'est ainsi que nous faisons sortir les morts de leurs tombeaux; peut-être y réfléchirez-vous.

56. Dans un bon pays, les plantes germent *abondamment* avec la permission de Dieu; dans un mauvais, elles viennent clair-semées. C'est ainsi que nous manions [2] nos enseignements pour les hommes qui rendent des actions de grâces.

57. Nous avons envoyé Noé vers son peuple. Il lui dit : O mon peuple! adore Dieu. Pourquoi adorer d'autres divinités que lui? Je crains pour vous le châtiment du grand jour.

58. Les grands de son peuple lui dirent : Nous voyons que tu es dans une grossière erreur.

59. O mon peuple! Je ne suis point dans l'erreur, je suis l'envoyé du maître de l'univers.

60. Je vous annonce les commandements du Seigneur, et je vous donne des conseils salutaires. Je sais de Dieu ce que vous ne savez pas.

---

[1] C'est-à-dire, avant-coureurs de la pluie, qui est un bienfait réel pour les pays tels que l'Arabie; de là le mot *grâce*, *faveur de Dieu*, est devenu en quelque sorte l'équivalent de *pluie*.

[2] Très-souvent, après une parabole amenée à la suite de ses avertissements, Mahomet ajoute cette phrase : *C'est ainsi que nous manions nos enseignements*, comme pour s'applaudir de l'adresse avec laquelle il les applique aux circonstances.

61. Vous étonnez-vous de ce que la parole de votre Seigneur vous arrive par un homme d'entre vous, chargé de vous exhorter à craindre Dieu, afin que vous éprouviez sa miséricorde?

62. Mais ces hommes le traitèrent d'imposteur. Nous avons sauvé lui et ceux qui l'ont suivi dans un vaisseau, et nous avons noyé ceux qui ont traité nos signes de mensonges. C'était un peuple d'aveugles.

63. Nous avons envoyé auprès des gens d'Ad l'un d'entre eux[1], Houd. Celui-ci leur disait de même : O mon peuple! adore Dieu, et n'adore point d'autres divinités que lui. Ne craignez-vous pas le Seigneur?

64. Ceux des grands qui étaient incrédules lui disaient : Nous voyons que tu es dans une aberration d'esprit; et, en vérité, nous croyons que tu n'es qu'un imposteur.

65. O mon peuple! leur dit Houd, ce n'est point de l'aberration d'esprit; loin de là, je suis l'envoyé de Dieu, maître de l'univers.

66. Je vous annonce les commandements de Dieu ; je suis votre conseiller sincère et fidèle.

67. Vous étonnez-vous de ce que la parole de votre Seigneur vous arrive par un d'entre vous chargé de vous exhorter? Rappelez-vous qu'il vous a fait succéder au peuple de Noé, qu'il vous a donné une taille gigantesque [2]. Souvenez-vous des bienfaits de Dieu, afin que vous soyez heureux.

68. Es-tu venu, lui dirent-ils, pour nous faire adorer un seul Dieu et abandonner les divinités de nos pères? Fais donc que tes menaces s'accomplissent, si tu es sincère.

69. Bientôt, reprit-il, la vengeance et la colère de Dieu vont fondre sur vous. Disputerez-vous avec moi sur les noms que vous et vos pères avez donnés aux divinités, au sujet desquelles Dieu ne vous a accordé aucun pouvoir? Attendez seulement, et moi j'attendrai aussi avec vous.

70. Par l'effet de notre miséricorde, nous sauvâmes Houd et ceux qui l'ont suivi, et nous exterminâmes jusqu'au dernier ceux qui avaient traité nos signes de mensonges, et qui ne croyaient pas.

---

[1] Mot à mot : *leur frère,* pour *leur concitoyen.*

[2] Mot à mot : *qu'il vous a ajouté de l'ampleur quant à votre visage.* Le eeuple d'Ad, selon la tradition, qui a longtemps eu cours en Arabie, était remarquable par sa taille gigantesque. Quelques auteurs mahométans (et nous no citerons ici que le savant et judicieux Ebn Khaldoun) font cependant observer que les habitations de cette peuplade, dont on voit encore des traces, n'ont rien qui fasse conclure à cette prétendue taille gigantesque, et qu'elles ne dépassent pas les proportions des édifices des autres peuples.

71. Nous avons envoyé vers les Thémoudites Saleh leur frère[1]. Il leur dit : O mon peuple ! adorez Dieu, pourquoi adoreriez-vous d'autres divinités que lui ? Voici un signe évident de Dieu. Cette chamelle de Dieu est pour vous un signe : laissez-la paître dans le champ de Dieu, ne lui faites aucun mal, de peur qu'un châtiment douloureux ne tombe sur vous.

72. Souvenez-vous que Dieu vous a fait succéder au peuple d'Ad, qu'il vous a établis sur la terre, où, du milieu de ses plaines, vous élevez des châteaux, où vous taillez des rochers en maisons. Souvenez-vous des bienfaits du ciel, et ne vous répandez pas sur la terre pour y commettre des désordres.

73. Mais les chefs, parmi les orgueilleux Thémoudites, disaient à ceux qu'ils regardaient comme faibles, à ceux qui croyaient : Êtes-vous sûrs que Saleh soit envoyé par son Seigneur ? — Nous croyons, reprirent-ils, à sa mission.

74. Quant à nous, *répondaient les orgueilleux*, nous n'admettons pas ce en quoi vous croyez.

75. Et ils coupèrent les jarrets de la chamelle, furent rebelles aux commandements de Dieu, et dirent ensuite à Saleh : Fais donc que tes menaces s'accomplissent, si tu es réellement un envoyé de *Dieu*.

76. Alors une commotion violente de la terre les surprit; le lendemain on les trouva gisants, morts et la face contre terre dans leurs demeures.

77. Saleh les laissa en disant : Je vous ai annoncé l'avertissement de Dieu, et je vous ai donné des conseils; mais vous n'aimez point ceux qui vous donnent des conseils.

78. Nous avons aussi envoyé Loth vers les siens. Il leur dit : Commettrez-vous des turpitudes qu'aucun peuple n'a jamais commises avant vous ?

79. Abuserez-vous des hommes au lieu de femmes pour assouvir vos appétits charnels ? En vérité, vous êtes un peuple livré aux excès.

80. Et quelle fut la réponse du peuple de Loth ? Ils se dirent les uns aux autres : Chassez-les (*Loth et sa famille*). Ce sont des gens qui se piquent d'être chastes.

81. Nous sauvâmes Loth et sa famille, excepté sa femme, qui demeura en arrière.

82. Nous fîmes pleuvoir sur eux une pluie... Regarde quelle a été la fin des coupables.

---

[1] C'est-à-dire, leur concitoyen.

83. Nous avons envoyé vers les Madianites Choaïb leur frère, qui leur dit : O mon peuple! adore Dieu ; pourquoi adorerais-tu d'autres divinités que lui? Un signe évident du ciel vous a apparu. Observez rigoureusement la mesure et le poids ; n'enlevez point aux hommes leur dû, ne commettez pas de désordres sur la terre quand tout y a déjà été disposé pour le mieux. Cela vous sera plus avantageux, si vous voulez le croire.

84. Ne vous mettez pas en embuscade à tout bout de chemin, et ne détournez point de la voie de Dieu ceux qui croient en lui ; vous voulez la rendre tortueuse. Rappelez-vous que vous n'étiez qu'un petit nombre, et qu'il vous a multipliés. Voyez plutôt quelle a été la fin des méchants.

85. Si une partie de vous croit à ma mission, tandis que l'autre la rejette, prenez patience, et attendez que Dieu juge entre nous. Il est le meilleur des juges.

86. Les chefs du peuple, enflés d'orgueil, dirent à Choaïb : O Choaïb! nous te chasserons de notre ville, ainsi que ceux qui ont cru avec toi, ou bien revenez à notre religion. — Comment? nous qui avons de l'aversion pour elle, *répondirent les Madianites croyants*.

87. Nous serions coupables d'avoir inventé des mensonges au sujet de Dieu, si nous revenions à votre religion après que Dieu nous en a délivrés une fois. Comment pourrions-nous revenir à elle autrement que par la volonté de Dieu, qui embrasse tout dans sa science? Nous avons mis notre confiance en Dieu. Seigneur, décide entre nous, car tu es le plus habile parmi ceux qui décident.

88. Les chefs d'entre ceux qui n'ont point cru dirent au peuple : Si vous suivez Choaïb, vous périrez.

89. Une commotion violente de la terre les surprit, et le lendemain on les trouva gisants, morts et la face contre terre dans leurs demeures.

90. Ceux qui traitèrent Choaïb d'imposteur disparurent, comme s'ils n'avaient jamais habité ces pays-là ; ceux qui traitèrent Choaïb d'imposteur sont perdus.

91. Choaïb s'éloigna en disant : O mon peuple! je vous prêchais les commandements de Dieu, et je vous donnais des conseils salutaires. Mais pourquoi m'affligerais-je du sort des infidèles?

92. Nous n'avons jamais envoyé d'apôtres vers une ville sans frapper ses habitants d'adversité et de calamités, afin qu'ils s'humiliassent.

93. Ensuite nous changeâmes le mal en bien (*les malheurs en*

prospérité), en sorte qu'effaçant *tout dans leur mémoire*, ils se mirent à dire : Le bonheur et le malheur arrivaient aussi à nos pères. Puis soudain nous les saisimes de châtiments au moment où ils n'y songeaient pas.

94. Si les habitants des villes avaient voulu croire et craindre Dieu, nous leur aurions ouvert les bénédictions du ciel et de la terre ; mais ils ont traité nos signes de mensonges, et nous les avons châtiés de leurs œuvres.

95. Les habitants des villes ont-ils été sûrs que notre colère ne les surprendra pas dans la nuit, pendant qu'ils dormiront?

96. Les habitants des villes ont-ils été sûrs que notre colère ne les surprendra pas à la clarté du jour, pendant qu'ils se livreront aux divertissements?

97. Se croyaient-ils à l'abri des stratagèmes de Dieu? Et qui donc se croira à l'abri des stratagèmes de Dieu, excepté le peuple condamné à la perdition?

98. N'est-il pas encore prouvé aux yeux de ceux qui ont hérité de la terre après ses anciens habitants, que, si nous voulions, nous les châtierions de leurs péchés pendant que nous imprimerions un sceau sur leurs cœurs au point qu'ils n'entendraient rien [1].

99. Nous allons te raconter quelques histoires de ces villes. Des prophètes s'y élevèrent et firent voir des miracles ; mais ces peuples ne croyaient point à ce qu'ils avaient précédemment traité de mensonge. C'est ainsi que Dieu imprime le sceau sur les cœurs des infidèles.

100. Nous n'avons trouvé chez la plupart aucune fidélité à l'alliance ; le plus grand nombre étaient des pervers.

101. A la suite de ces prophètes, nous envoyâmes Moïse, armé de nos signes, vers Pharaon et les grands de son peuple. Ils ont agi avec iniquité. Tu verras quelle a été la fin des méchants.

102. Moïse dit à Pharaon : Je suis l'envoyé de Dieu, maître de l'univers.

103. Il est juste que je ne dise de Dieu que la pure vérité. Je viens chez vous pour opérer un prodige éclatant ; laisse partir avec moi les enfants d'Israël. — Puisque tu es venu, dit Pharaon, pour opérer un prodige, fais-nous le voir, si tu es véridique.

104. Moïse jeta sa baguette, et tout d'un coup elle se changea en serpent très-distinctement.

---

[1] Imprimer un sceau sur le cœur d'un homme, c'est le rendre endurci et inaccessible à tout avertissement.

105. Moïse tira sa main de son sein, et la voilà toute blanche aux yeux des spectateurs [1].

106. Les grands du peuple de Pharaon s'écrièrent : C'est un magicien habile!

107. Il veut vous faire sortir de votre pays, dit Pharaon : que pensez-vous qu'il faille faire?

108. Ils répondirent : Temporise avec lui [2], ainsi qu'avec son frère, et envoie dans toutes les villes des hommes qui réunissent

109. Et qui t'amènent tout ce qu'il y a d'habiles magiciens.

110. Les magiciens se réunirent chez Pharaon, et dirent : Sans doute, nous aurons une récompense si nous l'emportons sur lui?

111. — Oui certes, et vous serez au nombre des familiers *de ma cour*.

112. Les magiciens demandèrent à Moïse : Est-ce toi qui jetteras le premier, ou bien nous?

113. — Jetez les premiers, dit Moïse. Et ils jetèrent, et fascinèrent les regards des spectateurs et les épouvantèrent. Ils avaient étalé là une magie surprenante.

114. Alors nous fîmes cette révélation à Moïse : Jette ta baguette; et voici qu'à l'instant elle dévore les autres baguettes changées en serpents.

115. Ce qui était vrai apparut, *dans tout son éclat*, et les opérations des magiciens s'évanouirent.

116. Ils furent vaincus, et se retirèrent humiliés.

117. Les magiciens se prosternèrent adorant Dieu

118. En disant : Nous croyons en Dieu, Seigneur de l'univers,

119. Seigneur de Moïse et d'Aaron.

120. Pharaon leur dit : Comment! vous devenez croyants avant que je vous en aie donné la permission? Vous avez arrangé d'avance cette fourberie dans la ville, pour en faire sortir les habitants. Bientôt vous verrez.

121. Je vous ferai couper les pieds et les mains alternés [3], et ensuite je vous ferai crucifier tous.

Voici ce qu'on lit à ce sujet dans les commentateurs : « Moïse avait la peau très-rouge, cuivrée, de sorte que lorsqu'il fit voir sa main tout éclatante de blancheur et resplendissante, il était naturel qu'on y vît un miracle. La main blanche de Moïse est devenue chez les musulmans le synonyme de *main puissante, puissance*. C'est l'expression *iad hazaka* du texte hébreu, la main puissante qui a délivré les israélites de l'esclavage.

[2] Littéralement : fais-le espérer, laisse-lui quelque espoir, ne lui donne pas tout de suite une réponse péremptoire.

[3] Cela veut dire un pied gauche et une main droite, ou une main gauche et un pied droit à chacun : ce genre de supplice est connu en Orient.

122. Ils répondirent : Nous devons tous retourner à notre Seigneur.

123. Tu veux te venger de nous, parce que nous avons cru aux signes de Dieu. Seigneur, accorde-nous la constance, et fais que nous mourions résignés à ta volonté (musulmans).

124. Les grands du royaume de Pharaon lui dirent : Laisseras-tu partir Moïse et sa nation, afin qu'ils commettent des désordres dans le pays, t'abandonnent toi et tes divinités? — Alors, répondit Pharaon, faisons mourir leurs enfants mâles, et n'épargnons que leurs filles ; ainsi nous aurons le dessus sur eux.

125. Moise dit alors à son peuple : Implorez l'assistance de Dieu, et attendez; car la terre est à Dieu, et il la donne en héritage à celui de ses serviteurs qu'il veut. La vie future sera la récompense de ceux qui craignent.

126. — Nous étions opprimés avant toi, répondirent-ils, et nous le sommes encore. — Dieu peut exterminer vos ennemis, reprit Moïse, et vous faire héritiers de leur terre, pour voir comment vous vous conduirez.

127. Déjà nous avons fait sentir aux peuples de Pharaon la stérilité et un déchet dans leurs denrées, afin qu'ils réfléchissent.

128. Quand ensuite nous leur avons accordé la prospérité, ils disaient : Voilà ce qui nous est dû. Qu'un malheur leur arrive, ils l'attribuent à la mauvaise fortune de Moïse et de ceux qui le suivent. Leur mauvaise fortune vient de Dieu, mais la plupart ne l'entendent guère.

129. Ils dirent à Moïse : Tu as beau nous apporter des miracles pour nous fasciner, nous ne te croirons pas.

130. Alors nous envoyâmes contre eux l'inondation, les sauterelles, la vermine, les grenouilles et le sang, signes évidents; mais ils s'enflèrent d'orgueil, car ils étaient criminels.

131. Chaque fois qu'une plaie s'appesantissait sur eux, ils disaient à Moïse : Invoque ton Dieu suivant l'alliance que tu as contractée avec lui. Si tu nous délivres de cette plaie, nous t'ajouterons foi, et nous laisserons partir avec toi les enfants d'Israël. Mais, aussitôt que nous les eûmes délivrés de la plaie, et que le terme fixé d'avance fut expiré, ils violèrent leurs promesses.

132. Nous avons tiré vengeance de ce peuple, et nous l'avons noyé dans la mer, parce qu'il a traité de mensonges nos signes, et n'y a prêté aucune attention.

133. Nous avons donné en héritage aux faibles les contrées orientales et les contrées occidentales de la terre, sur lesquelles nous avons répandu nos bénédictions. Les magnifiques promesses de ton

Seigneur aux enfants d'Israël se sont accomplies, parce qu'ils ont été constants. Nous avons détruit les ouvrages et les édifices de Pharaon et de son peuple.

134. Nous avons traversé la mer avec les enfants d'Israël, et ils trouvèrent dans le pays un peuple adorant des idoles. O Moïse! dirent les Israélites, fais-nous des dieux comme ces gens en ont. — Vous êtes un peuple d'ignorants, répondit Moïse.

135. Le culte qu'ils professent est caduc, et leurs actions sont vaines.

136. Chercherai-je pour vous une divinité autre que ce Dieu qui vous a élevés au-dessus de tous les peuples?

137. Souvenez-vous que nous vous avons délivrés des gens de Pharaon, qui vous accablaient de maux, qui tuaient vos enfants mâles et n'épargnaient que vos filles. C'était une dure épreuve de la part de votre Seigneur.

138. Nous donnâmes à Moïse un rendez-vous pour trente nuits, et nous les complétâmes par dix autres nuits, en sorte que le temps de son entretien avec Dieu fut de quarante nuits. Moïse dit alors à son frère Aaron : Remplace-moi auprès de mon peuple, agis avec justice, et ne suis point le sentier des méchants.

139. Lorsque Moïse arriva à l'heure convenue et que Dieu lui eut parlé, il dit à Dieu : Seigneur, montre-toi à moi, afin que je te contemple. — Tu ne me verras pas, reprit Dieu : regarde plutôt la montagne; si elle reste immobile à sa place, tu me verras. Et lorsque Dieu se manifesta sur la montagne, il la réduisit en poussière. Moïse tomba évanoui la face contre terre.

140. Revenu à lui, il s'écria : Gloire à toi! Je retourne à toi pénétré de repentir [1], et je suis le premier des croyants.

141. O Moïse! dit le Seigneur, je t'ai choisi de préférence à tous les hommes pour porter mes messages et ma parole. Prends ce que je te donne, et sois reconnaissant.

142. Nous avons tracé pour lui, sur des tables, des commandements sur toutes les matières et des explications détaillées de toutes choses. Reçois-les avec fermeté, et commande à ton peuple de les observer de son mieux. Je vous montrerai le séjour des criminels.

143. J'écarterai de mes enseignements ceux qui s'enorgueilliront injustement sur la terre, qui verront tous nos miracles et ne croi-

---

[1] Pour avoir voulu voir Dieu. Nul être créé ne saurait voir Dieu sans mourir sur-le-champ. Ce passage du Koran est fréquemment cité dans les ouvrages mystiques musulmans. Les ascètes, qui prétendent recevoir des manifestations de Dieu, ne voient que ses attributs et non pas son essence.

ront pas, qui verront le sentier droit et ne le prendront pas pour leur route, mais qui, apercevant le chemin de l'égarement, le prendront pour leur route.

144. Il en sera ainsi, parce qu'ils ont traité mes signes de mensonges et n'y prêtaient aucune attention.

145. Les œuvres de ceux qui traitent mes signes de mensonges et qui ne croient point à la vie future seront en pure perte. Seraient-ils récompensés autrement qu'ils n'ont agi?

146. Le peuple de Moïse prit, pendant son absence, un veau fait d'ornements d'or, un veau en corps et mugissant[1]. Ne voyaient-ils pas qu'il ne pouvait pas leur parler, ni les diriger dans le chemin droit?

147. Ils prirent ce veau *pour l'adorer*, et ils agirent avec iniquité.

148. Et lorsqu'ils se furent repentis, et qu'ils eurent reconnu leur égarement, ils s'écrièrent : Si notre Seigneur n'a pas pitié de nous, et s'il ne nous pardonne nos péchés, nous sommes perdus.

149. Moïse, revenu au milieu de son peuple, rempli de colère et de douleur, s'écria : C'est affreux ce que vous avez fait en mon absence! Voulez-vous hâter l'œuvre de Dieu[2]? Il jeta les tables *de la loi*, saisit son frère par la tête, le tirant à lui. — O fils de ma mère! dit Aaron, le peuple m'a ôté toute force : peu s'en est fallu qu'il ne m'ait tué ; ne va pas réjouir mes ennemis *par le spectacle de mon châtiment*, et ne me mets pas au nombre des pervers.

150. Seigneur! s'écria Moïse, pardonne-moi et à mon frère, donne-nous une place dans ta miséricorde, car tu es le plus miséricordieux.

151. Ceux qui adorèrent le veau encourront sa colère et l'ignominie dans ce monde. C'est ainsi que nous rétribuerons ceux qui forgent des mensonges.

152. Ceux qui, après avoir commis une mauvaise action, re-

---

[1] Les commentaires ne nous donnent aucune explication satisfaisante de ce passage. Le veau, disent-ils, a été fait d'ornements d'or que les Israélites avaient enlevés en quittant l'Égypte, et le Samaritain qui l'a fondu a jeté dans la bouche du veau une poignée de poussière ramassée sur les traces du cheval de l'ange Gabriel ; c'est par la vertu de cette poussière que le veau reçut la vie et se mit à mugir; ou bien le Samaritain a su ménager la fonte de manière que le vent, en passant par la gueule du veau, lui faisait rendre un son semblable au mugissement d'un veau vivant. Tout cela n'explique pas encore les mots *veau en corps* ou *corporel*.

[2] L'affaire de Dieu, sa vengeance.

viennent à Dieu et croient... Dieu sera pour eux indulgent et miséricordieux.

153. Lorsque le courroux de Moïse se calma, il ramassa les tables *de la loi*. Les caractères qui y étaient tracés renfermaient la direction et la grâce pour ceux qui redoutent leur Seigneur.

154. Moïse choisit dans le peuple soixante et dix hommes pour les faire comparaître devant nous [1]. Une violente commotion de terre les frappa. Moïse s'écria : Seigneur, tu aurais pu les anéantir avant ce jour, et moi avec eux. Nous feras-tu périr tous à cause des crimes de quelques insensés? Ce n'était qu'une de ces épreuves par lesquelles tu égares ou diriges ceux que tu veux. Tu es notre protecteur. Pardonne-nous nos fautes et aie pitié de nous ; tu es le meilleur de ceux qui pardonnent.

155. Assigne-nous une belle portion dans ce monde et dans l'autre ; nous voilà revenus *pleins de repentir*, à toi. — Mon châtiment, reprit Dieu, tombera sur quiconque je voudrai ; ma miséricorde embrasse toutes choses ; je la destine à ceux qui craignent, qui font l'aumône et qui croient en mes signes ;

156. Qui suivent l'envoyé, le prophète illettré qu'ils trouveront signalé dans leurs livres, dans le Pentateuque et dans l'Évangile : *le prophète*, qui leur commande le bien et leur interdit le mal ; qui leur permet l'usage des aliments excellents et leur défend les aliments impurs ; qui allége leurs fardeaux et ôte les chaînes qui les accablaient. Ceux qui croiront en lui, ceux qui le fortifient, ceux qui l'assistent et suivent la lumière descendue avec lui, ces hommes-là seront bienheureux.

157. Dis-leur : O hommes ! je suis l'apôtre de Dieu envoyé vers vous tous ;

158. De ce Dieu à qui les cieux et la terre appartiennent ; il n'y a point d'autre dieu que lui ; il donne la vie et fait mourir. Croyez en Dieu et à son envoyé, le prophète illettré, qui croit, lui aussi, en Dieu et en sa parole. Suivez-le, et vous serez dans le droit chemin.

159. Il y a dans le peuple de Moïse un certain nombre d'hommes qui prennent la vérité pour leur guide et qui pratiquent l'équité.

160. Nous avions partagé *les Israélites* en douze peuplades

---

[1] Dieu avait ordonné à Moïse de se rendre à la montagne de Sinaï avec soixante-dix hommes ; lorsque tous s'y rendirent, Dieu parla à Moïse dans un nuage. Les soixante-dix israélites, l'entendant parler, demandèrent à Moïse de leur faire voir Dieu ; c'est pour les punir de cette coupable curiosité, que la montagne trembla.

séparées, et nous révélâmes à Moïse implorant la pluie pour son peuple, ces paroles : Frappe le rocher de ta baguette ; et le rocher se fondit en douze sources. Chaque tribu savait de laquelle elle devait boire. Puis nous fîmes planer au-dessus d'eux un nuage, et nous leur envoyâmes la manne et les cailles. Nourrissez-vous d'excellentes choses que nous vous accordons. Ce n'est pas à nous qu'ils ont fait du mal ; c'est à eux-mêmes.

161. On leur disait : Habitez cette ville, et nourrissez-vous de ses produits tant qu'il vous plaira. Demandez l'absolution de vos péchés, et, quand vous entrerez par la porte de la ville, prosternez-vous *en signe* d'adoration. Alors nous vous pardonnerons vos péchés, et nous augmenterons les richesses de ceux qui font le bien.

162. Mais les méchants parmi eux ont substitué d'autres paroles à celles qui leur avaient été recommandées [1]. Alors nous envoyâmes contre eux un châtiment du ciel pour prix de leur méchanceté.

163. Interroge-les sur cette ville située sur le bord de la mer, dont les habitants transgressaient le sabbat, lorsque, le jour du sabbat, les poissons venaient paraître à la surface de l'eau et qu'ils disparaissaient les autres jours. C'est ainsi que nous les éprouvions, parce qu'ils étaient des prévaricateurs [2].

164. Une partie d'entre eux disaient alors à ceux qui exhortaient les méchants : Pourquoi prêchez-vous un peuple que Dieu exterminera ou châtiera d'un châtiment terrible ? — C'est pour avoir une excuse devant Dieu, et afin qu'ils le craignent. —

165. Et lorsque les méchants ont oublié ces exhortations, nous sauvâmes ceux qui défendaient de faire le mal, et nous surprîmes les méchants par un châtiment terrible, pour prix de leur impiété.

166. Lorsqu'ils franchirent ce qu'on leur avait défendu de franchir [3], nous leur dîmes : Soyez changés en singes refoulés *dans la mer*. Ton Seigneur déclara alors que de là au jour de la résurrection il enverra contre eux une nation qui leur fera éprouver des maux terribles ; car ton Seigneur est prompt dans ses châtiments, mais il est indulgent et miséricordieux.

167. Nous les avons morcelés sur la terre *et partagés* en peuplades [4]. Il y en a qui sont vertueux, et d'autres qui ne le sont

---

[1] Voy. chap. II, verset 51.
[2] Voy. chap. II, verset 61.
[3] C'est-à-dire, lorsqu'ils violèrent le sabbat.
[4] Il est toujours question des Israélites, mais c'est en vain qu'on chercherait à savoir à quelle époque de leur histoire ces passages se rapportent.

pas. Nous les avons éprouvés par le bien et par le mal, afin qu'ils reviennent à nous.

168. De mauvais successeurs succédèrent à ceux-là; ils sont héritiers du Livre (du Pentateuque), et ils reçoivent les biens périssables de ce vil monde *pour prix de leur perversité* ¹, et disent : Cela nous sera pardonné ; et puis, si on leur en offre de nouveaux, ils les reçoivent encore. N'a-t-on pas reçu de leur part *un engagement solennel*, le pacte des Écritures, lorsqu'on leur a recommandé de ne dire sur Dieu que la vérité? Ils (*les juifs d'aujourd'hui*) étudient cependant ce que ces Écritures contiennent ; et *d'ailleurs* le séjour de l'autre monde a plus de valeur pour ceux qui craignent Dieu, ne le comprendrez-vous pas?

169. *Il a plus de valeur* pour ceux qui s'attachent fermement au Livre, qui observent la prière ; et certes, nous ne ferons point périr la récompense des justes.

170. Quand nous élevâmes la montagne de Sinaï comme un ombrage au-dessus de leurs têtes, ils croyaient qu'elle allait tomber sur eux ; alors nous leur dîmes : Recevez ces tables que nous vous donnons, avec une ferme résolution *de les observer*, et souvenez-vous de ce qu'elles contiennent, afin que vous craigniez le Seigneur.

171. Souvenez-vous que Dieu tira un jour des reins des fils d'Adam tous leurs descendants et leur fit rendre un témoignage contre eux ². Il leur dit : Ne suis-je pas votre Seigneur? Ils répondirent : Oui, nous l'attestons. — Nous l'avons fait, afin que vous ne disiez pas au jour de la résurrection : Nous n'en savions rien.

172. Afin que vous ne disiez pas : Nos pères associaient d'autres divinités à Dieu avant nous ; nous sommes leur postérité, nous perdras-tu pour les actions de ceux qui ont menti?

173. C'est ainsi que nous expliquons nos signes ; peut-être reviendront-ils à Dieu.

174. Récite-leur (*aux juifs*) l'histoire de celui auquel nous avons fait voir un signe, et qui s'en détourna pour suivre Satan, et qui fut ainsi parmi les égarés ³.

---

¹ Comme, par exemple, des cadeaux avec lesquels on achetait leur décision ou l'altération des Écritures.

² Dieu fit comparaître un jour toutes les générations futures des hommes qui devaient naître d'Adam, pour leur faire prendre un engagement solennel d'obéissance, et afin que plus tard il pût leur rappeler ce pacte et se servir de leur propre témoignage contre eux.

³ Selon les uns, il s'agit ici d'un juif qui d'abord reconnut dans Mahomet le prophète prédit par les Écritures, mais qui ensuite, par orgueil et par jalousie, re-

CHAPITRE VII.

175. Or, si nous avions voulu, nous l'aurions élevé par ce miracle ; mais il demeura attaché à la terre et suivit ses passions. Il ressemble au chien qui aboie quand tu lui donnes la chasse, et qui aboie encore quand tu t'éloignes de lui. Voilà à quoi ressemblent ceux qui traitent nos signes de mensonges. Répète-leur ces histoires, afin qu'ils réfléchissent.

176. C'est à quelque chose de mauvais que ressemblent ceux qui ont traité nos signes de mensonges, et c'est à eux-mêmes qu'ils font du mal.

177. Celui que Dieu dirige est bien dirigé, et celui qu'il égare est perdu.

178. Nous avons créé pour la géhenne un grand nombre de génies et d'hommes qui ont des cœurs avec lesquels ils ne comprennent rien, qui ont des yeux avec lesquels ils ne voient rien, qui ont des oreilles avec lesquelles ils n'entendent rien. Ils sont comme les brutes, ils s'égarent même plus que les brutes. Tels sont les hommes qui ne prêtent aucune attention *à nos signes*.

179. Les plus beaux noms appartiennent à Dieu[1]. Invoquez-le par ces noms, et éloignez-vous de ceux qui les appliquent à tort. Ils recevront la récompense de leurs œuvres.

180. Il est, parmi ceux que nous avons créés, des hommes qui sont dans la droite voie et qui pratiquent l'équité.

181. Pour ceux qui traitent nos signes de mensonges, nous les anéantirons peu à peu et par des moyens qu'ils ne connaissent pas.

182. Je leur accorderai un long délai, car ma ruse est à toute épreuve[2].

183. *Les Arabes* ne réfléchiront-ils pas que leur compagnon Mahomet n'est pas un démoniaque, mais qu'il est un apôtre chargé d'avertir ouvertement?

fusa de croire à sa mission ; selon d'autres, il serait ici question de Balaam, le Chananéen, qui, refusant d'abord de maudire Moïse, se laissa dans la suite entraîner par les suggestions de Satan, et fut condamné à tirer la langue comme un chien.

[1] Parmi les noms de Dieu, en arabe, se trouve *rahman*, le miséricordieux. Un Arabe idolâtre, entendant ce nom appliqué par Mahomet à Dieu, se mit à rire en disant qu'il ne connaissait qu'un seul individu de ce nom dans la province de Yemama. D'autres Arabes répétaient que les noms de leurs idoles, tels que Alozza, Allat, Menat, venaient des noms que Mahomet donnait à Dieu, tels que Elaziz, Allah, Mennan. Dans le chapelet mahométan, Dieu a quatre-vingt-dix-neuf noms, parmi lesquels sont : le grand, le bon, le clément, le savant, le sage, le subtil, le bienfaisant, etc.

[2] Mot à mot : ma ruse est solide, on ne saurait la déjouer à force de temps.

184. Que ne tournent-ils leurs regards vers le royaume des cieux et de la terre, et vers toutes les choses que Dieu a créées, pour voir si leur terme n'approche pas? Et en quel autre livre croiront-ils, eux qui ne croient pas au Koran?

185. Celui que Dieu égarera ne trouvera plus de guide, Dieu le laissera errant sans connaissance.

186. Ils te demanderont à quand est fixée l'arrivée de l'Heure. Dis-leur : La connaissance en est réservée à Dieu seul. Personne ne saurait en révéler le terme, excepté lui. Elle pèse aux cieux comme à la terre [1], et elle n'arrivera qu'inopinément.

187. Ils te le demanderont comme si tu en avais la connaissance. Dis-leur : La connaissance en est chez Dieu; mais la plupart des hommes ignorent *cette vérité*.

188. Dis-leur : Je n'ai aucun pouvoir soit de me procurer ce qui m'est utile, soit d'éloigner ce qui m'est nuisible, qu'autant que Dieu le veut. Si je connaissais les choses cachées, je deviendrais riche, et aucun malheur ne pourrait m'atteindre. Mais je ne suis qu'un homme chargé d'annoncer *des promesses* et d'avertir le peuple des croyants.

189. C'est lui qui vous a créés tous d'un seul individu, qui en a produit son épouse afin qu'il demeurât avec elle, et, lorsque l'homme eut cohabité avec elle, elle porta d'abord un fardeau léger, et marchait sans peine ; puis, lorsqu'il devint plus pesant, les deux époux adressèrent cette prière à Dieu leur Seigneur : Si tu nous donnes un fils bien fait [2], nous te rendrons des actions de grâces.

---

[1] Non-seulement elle préoccupe la pensée des hommes, mais celle des anges aussi.

[2] Le mot du texte est *salihan*, qui veut dire juste, vertueux et bon. On pourrait donc traduire : *si tu nous donnes un fils vertueux*, prière toute naturelle dans la bouche de nos premiers parents; cette acception même est la plus générale et la plus fréquente. Cependant on est convenu de donner à ce mot, dans ce passage, la signification de *bien fait, de forme humaine*, d'après les commentateurs qui racontent qu'Ève étant enceinte, Satan lui prédisait qu'elle mettrait au monde une brute ; il promettait d'ailleurs de détourner d'elle ce malheur, à condition que l'enfant serait nommé *Abdolhareth* (serviteur du cultivateur), ou serviteur d'*Alhareth*, car Satan portait ce nom parmi les anges auxquels il se disait appartenir ; c'était un acte d'idolâtrie ; car, dans le nom d'un homme, le mot *serviteur* ne doit jamais se joindre à un autre nom qu'à celui de Dieu. Dieu punit nos premiers parents de cet acte de rébellion. L'enfant ne vécut point. Quelques commentateurs combattent cette explication comme incompatible avec le caractère prophétique d'Adam, et appliquent le sens des versets en question à un des ancêtres de Mahomet, qui donna à ses enfants des noms du culte ido-

190. Et lorsque Dieu leur eut donné un fils bien fait, ils donnèrent des associés à Dieu en retour de ce qu'il leur avait accordé. Mais Dieu est trop élevé pour qu'on lui donne des associés.

191. Lui associeront-ils les divinités qui ne peuvent rien créer et qui sont créées elles-mêmes, qui ne peuvent les aider en rien, ni s'aider elles-mêmes?

192. Si tu les appelles à la vraie religion, ils ne te suivront pas. Si vous les y appelez ou si vous restez muets, cela revient au même pour eux.

193. Ceux que vous invoquez à côté de Dieu sont ses serviteurs comme vous; priez-les donc pour voir s'ils vous exauceront, si vous êtes sincères.

194. Ont-ils des pieds pour marcher? ont-ils des mains pour saisir quelque chose? ont-ils des yeux pour voir? ont-ils des oreilles pour entendre? Dis-leur : Appelez vos compagnons, imaginez contre moi quelque ruse, et ne me donnez pas de répit. Je ne crains rien.

195. Car mon patron est Dieu, celui qui a fait descendre le Livre et qui protége les justes.

196. Mais ceux que vous invoquez à côté de Dieu ne peuvent vous porter aucun secours ni s'aider eux-mêmes.

197. Si tu les appelles à la vraie religion, ils ne t'entendent pas; ils te regardent, mais ils ne voient rien.

198. Sois indulgent [1], ordonne le bien et évite les ignorants.

199. Si une suggestion te vient de Satan, cherche un refuge auprès de Dieu [2], car il entend et sait tout.

200. Ceux qui craignent Dieu, lorsque quelque fantôme suscité par Satan les touche [3], se souviennent de Dieu et deviennent aussitôt clairvoyants.

---

lâtre. On pourrait objecter que les premiers mots du verset 189 ne sont applicables qu'à Adam.

[1] En traduisant mot à mot, les deux premiers mots de ce verset voudraient dire : « Prends ce qui te vient de soi-même, » c'est-à-dire prends les hommes comme ils sont et leurs actions, sois accommodant et n'exige pas ce qui est trop lourd. Ou bien, « perçois le superflu en fait d'aumônes. »

[2] C'est-à-dire, invoque la protection de Dieu en prononçant ces mots : « Je cherche un refuge auprès de Dieu contre les machinations de Satan. »

[3] Le mot *taïf* employé ici, veut dire, d'après l'étymologie, rôdeur, et se dit de toute vision, fantôme, que ce soit une apparition quelconque ou la création du cerveau surexcité ; les orientaux attribuent ces apparitions à Satan ; dans ce cas, ils ont l'habitude, comme le recommande ici le Koran, de prononcer le nom de Dieu.

301. Leurs frères¹ ne font que prolonger leur égarement, et ne sauraient se préserver eux-mêmes.

202. Quand tu ne leur apportes pas un verset du Koran, ils te disent : Tu ne l'as donc pas encore trouvé ? Dis-leur : Je ne fais que suivre ce qui m'est révélé par Dieu. Ce sont des preuves évidentes de la part de votre Seigneur, c'est une direction, une grâce et une preuve de miséricorde envers ceux qui croient.

203. Quand on fait la lecture du Koran, soyez attentifs et écoutez en silence, afin que vous obteniez la miséricorde de Dieu.

204. Pense à Dieu dans l'intérieur de toi-même, avec humilité et avec crainte ou *prononce son nom* tout haut, mais sans trop élever la voix, *pense à lui* le matin et le soir, et ne sois pas négligent.

205. Ceux qui séjournent chez Dieu ne dédaignent pas de lui adresser la prière ; ils célèbrent ses louanges et se prosternent devant lui.

CHAPITRE VIII.

LE BUTIN ¹.

Donné à Médine. — 76 versets.

Au nom du Dieu clément et miséricordieux.

1. Ils t'interrogeront au sujet du butin. Réponds-leur : Le butin appartient à Dieu et à son envoyé. Craignez le Seigneur. Cherchez à arranger vos différends entre vous, et obéissez à Dieu et à son envoyé, si vous êtes fidèles.

2. Les vrais croyants sont ceux dont les cœurs sont pénétrés de crainte lorsque le nom de Dieu est prononcé, dont la foi augmente à chaque lecture de ses enseignements, ceux qui ne mettent de confiance qu'en leur Seigneur ;

3. Qui observent la prière et font l'aumône des biens que nous leur dispensons.

4. Ceux-là sont les vrais croyants ; ils occuperont des degrés (*en rapport avec leurs œuvres*) auprès de leur Seigneur ; à eux le pardon de *leur Seigneur* et une subsistance généreuse.

---

¹ Selon les uns, le mot *frères*, qu'il faut prendre dans le sens de *compagnons*, s'applique ici aux hommes acquis à Satan ; selon d'autres, aux démons.

5. Souviens-toi du moment où Dieu te fit sortir de ta demeure [1] pour *la mission de* la vérité, et qu'une partie des croyants ne te suivait qu'à contre-cœur;

6. Qu'on se mit à discuter avec toi sur la vérité qui avait déjà clairement apparu; *ils ne te suivaient qu'à contre-cœur*, comme si on les eût conduits à la mort, comme s'ils la voyaient de leurs yeux [2].

7. Le Seigneur vous avait promis que l'une des deux troupes vous serait livrée; vous désirâtes que ce ne fût pas la plus forte. Le Seigneur cependant a voulu prouver la vérité de ses paroles, et exterminer jusqu'au dernier des infidèles,

8. Pour établir la vérité et anéantir le mensonge, dussent les coupables en concevoir du dépit.

9. Lorsque vous implorâtes l'assistance du Très-Haut, il vous exauça. Je vous appuierai, dit-il, de dix mille anges se succédant sans intervalle.

10. Il vous fit cette promesse afin de porter dans vos cœurs la joie et la confiance. Tout secours vient de Dieu, car il est puissant et sage.

11. Souvenez-vous de ce moment où, en signe de sécurité de sa part, il vous enveloppa dans le sommeil, où il fit descendre l'eau du ciel pour vous purifier, pour éloigner de vous l'abomination de Satan, pour lier vos cœurs par la foi et affermir vos pas [3].

12. Il dit alors aux anges : Je serai avec vous. Allez affermir les croyants. Moi, je jetterai la terreur dans le cœur des infidèles. Et vous, frappez-les sur les nuques et sur les extrémités des doigts [4].

---

[1] De Médine, où Mahomet s'était fixé depuis sa fuite de la Mecque.

[2] Ceci se rapporte au premier combat de Bedr. Mahomet avait appris qu'une caravane de Koreïchites revenait, chargée de marchandises, de Syrie à la Mecque, et il conçut le projet de l'attaquer. La caravane, de son côté, craignant sur sa route une attaque de Mahomet, envoya à la Mecque demander une escorte, et prit, en attendant, la route la plus rapprochée de la mer. Les Mecquois, au nombre d'environ mille hommes, se dirigèrent à la rencontre de la caravane. Ce fut alors que les avis se partagèrent dans le camp de Mahomet : les uns jugeaient qu'il était plus avantageux de se jeter sur la caravane; d'autres qu'il fallait frapper un grand coup, et, malgré la disproportion des forces, attaquer les Mecquois. Mahomet cherchait à donner du courage aux siens en leur promettant l'assistance divine.

[3] Avant le combat, les mahométans occupaient un terrain aride et dépourvu d'eau. Ils en tiraient un mauvais augure pour le succès de leur entreprise. Satan exploitait cette situation dans leurs songes, et cherchait à ébranler leur foi. Dans la nuit, Dieu envoya une pluie abondante pour les désaltérer et les purifier.

[4] *Frapper sur les extrémités des doigts*, signifie *faire administrer une correction*.

13. Ils se sont séparés de Dieu et de son envoyé. Quiconque se séparera de Dieu et de son apôtre, Dieu lui fera éprouver combien il est terrible dans ses châtiments.

14. Telle est votre rétribution, souffrez-la ; le feu est préparé pour les infidèles.

15. O croyants! lorsque vous rencontrerez l'armée ennemie marchant en ordre, ne prenez pas la fuite.

16. Quiconque tournera le dos au jour du combat, à moins que ce ne soit pour revenir à la charge ou pour se rallier, sera chargé de la colère de Dieu. Sa demeure sera l'enfer ; quel affreux séjour!

17. Ce n'est pas vous qui les tuez, c'est Dieu. Quand tu lances *un trait*, ce n'est pas toi qui le lances, c'est Dieu, pour éprouver les fidèles par une belle épreuve ; car Dieu entend et sait tout.

18. Dieu le fait, parce qu'il met au néant les ruses des infidèles.

19. Vous avez désiré la victoire, ô infidèles! et la victoire a tourné contre vous. Si vous cessez *les premiers* de nous combattre, cela vous sera plus avantageux. Si vous y revenez, nous y reviendrons aussi. Votre grand nombre ne vous servira à rien, car Dieu est avec les croyants.

20. O croyants! obéissez à Dieu et à son apôtre; ne vous éloignez jamais d'eux. Vous l'avez entendu.

21. Ne ressemblez pas à ceux qui disent : Nous vous écoutons, et qui n'écoutent pas.

22. Les plus mauvaises des bêtes *de la terre* auprès de Dieu, ce sont les sourds et les muets qui n'entendent rien.

23. Si Dieu leur eût connu quelque bonne disposition, il leur aurait donné l'ouïe ; mais, s'ils l'avaient, ils se détourneraient et s'éloigneraient de lui.

24. O croyants! répondez à l'appel de Dieu et du prophète quand il vous appelle à ce qui vous fait vivre, et sachez que Dieu se glisse entre l'homme et son cœur, et que vous serez un jour rassemblés autour de lui.

25. Redoutez la tentation : les injustes ne seront pas les seuls qu'elle atteindra, et sachez que Dieu est terrible dans ses châtiments.

26. Souvenez-vous que, faibles et en petit nombre dans cette contrée [1], vous craigniez d'être exterminés par vos ennemis ; mais Dieu vous a donné un asile, il vous a protégés de son secours, et a pourvu à votre subsistance. Peut-être lui rendrez-vous des actions de grâces.

---

[1] Savoir, à la Mecque. Mahomet s'adresse ici aux *Mohadjers*, c'est-à-dire à ceux qui avaient émigré de la Mecque.

27. O croyants! gardez-vous de tromper Dieu et le prophète. N'usez pas de fraude dans vos engagements, puisque vous êtes instruits.

28. Songez que vos richesses et vos enfants sont un sujet de tentation, et que la récompense que Dieu vous prépare est magnifique.

29. O croyants! si vous craignez le Seigneur, il vous séparera des méchants; il expiera vos fautes, il vous les pardonnera, car il est généreux dispensateur de grâces.

30. Quand les infidèles tramaient un complot contre toi, ô *Mohammed!* quand ils voulaient te saisir, te tuer ou te chasser, Dieu à son tour complota contre eux, et certes Dieu est le plus habile à nouer un complot.

31. Quand on leur relit nos enseignements, ils disent : Nous les avons déjà entendus. Il ne tiendrait qu'à nous d'en produire de semblables. Ce ne sont que des contes des anciens (*des vieux contes*).

32. Quand ils disent : Dieu! si le Koran est réellement la vérité, fais pleuvoir du ciel les pierres sur nos têtes; fais-nous éprouver quelque châtiment douloureux.

33. *Sache que* Dieu ne les punit pas, tant que tu es au milieu d'eux; il ne les punit pas non plus pendant qu'ils implorent son pardon [1].

34. Mais rien n'empêchera Dieu de les châtier quand ils éloigneront les fidèles du temple sacré de la Mecque, quoiqu'ils n'en soient pas les gardiens [2]; car les gardiens du temple sont ceux qui craignent Dieu; la plupart d'entre eux l'ignorent.

35. Leur prière à la maison sainte n'était qu'un sifflement et un battement de mains [3]. Ils entendront ces mots : Goûtez la peine de votre impiété.

36. Les infidèles dépensent leurs richesses pour détourner les autres de la voie de Dieu; ils les dépenseront toutes. Un repentir amer en sera le fruit, et ils seront vaincus.

37. Les infidèles seront réunis dans l'enfer.

---

[1] Le pronom *ils* se rapporte, selon les uns, aux fidèles mêlés aux idolâtres; selon d'autres, aux idolâtres eux-mêmes, qui, dans un accès de repentir, imploraient le pardon de Dieu.

[2] La garde du temple de la Mecque était toujours confiée à quelque famille influente, même du temps du paganisme, et on se disputait cet honneur.

[3] Les idolâtres, disent les commentaires, se promenaient tout nus, hommes et femmes, bras dessus bras dessous, et sifflaient entre leurs doigts, et faisaient du bruit pour troubler Mahomet dans ses prières.

38. Dieu séparera le mauvais d'avec le bon ; il entassera le mauvais l'un sur l'autre, il en formera un faisceau et le mettra au feu de la géhenne. Ce sont les méchants qui seront alors perdus.

39. Dis aux infidèles que, s'ils mettent fin à leur impiété, Dieu leur pardonnera le passé ; mais, s'ils y retombent, ils ont devant eux l'exemple des peuples d'autrefois.

40. Combattez-les jusqu'à ce qu'il n'y ait plus de tentation [1] et qu'il n'y ait plus d'autre culte que celui du Dieu unique ; s'ils mettent un terme à leurs impiétés, certes Dieu voit tout.

41. S'ils tournent le dos, sachez que Dieu est votre protecteur : quel protecteur et quel défenseur !

42. Sachez que, lorsque vous avez fait un butin, la cinquième part en revient à Dieu, au prophète, aux parents, aux orphelins, aux pauvres et aux voyageurs ; si vous croyez en Dieu, à ce que nous révélâmes à notre serviteur dans la journée de la Distinction [2], dans la journée où les deux armées se rencontrèrent. Dieu est tout-puissant.

43. *Souvenez-vous de ce jour* où vous étiez campés sur le passage le plus rapproché, vos ennemis sur le passage le plus éloigné de la vallée, et que la caravane était plus bas [3]. Si vous aviez pris des engagements mutuels, vous y auriez manqué, effrayés du nombre de l'ennemi [4] ; mais vous vous y êtes trouvés réunis *comme par hasard*, afin que Dieu accomplît l'œuvre décrétée dans ses destins ;

44. Afin que celui qui devait périr, pérît par un signe évident du ciel, et que celui qui devait survivre, vécût par le même signe. Dieu sait et entend tout.

45. Souviens-toi, ô Mohammed ! que Dieu te montra en songe l'armée ennemie peu nombreuse. S'il te l'eût montrée plus forte, vous auriez tous perdu courage, et vous auriez soulevé à ce propos

---

[1] C'est-à-dire, qu'il n'y ait plus de tentation de l'idolâtrie. Le mot *fitneh*, qui, dans l'origine et dans ce passage du Koran, veut dire *tentation*, s'emploie encore pour sédition, désordre, discorde, trouble, tout motif ou sujet de désordre. On l'applique aussi à un individu qui est la cause de troubles.

[2] La journée de Bedr, où les infidèles furent pour la première fois en présence des croyants, et où la séparation entre les deux cultes fut scellée par la victoire des uns et la défaite des autres.

[3] La caravane des Koreïchites suivait la route la plus rapprochée de la mer ; elle se trouvait par conséquent plus bas que les musulmans d'un côté, et les Mecquois idolâtres de l'autre.

[4] La supériorité des forces ennemies vous aurait effrayés au point de vous faire abandonner le champ de bataille ; mais, ignorant leur nombre, vous avez tenu bon.

des disputes; il a voulu vous en préserver. Il connaît ce que recèle le cœur des hommes.

46. Quand vous vous trouvâtes en face des ennemis, Dieu les fit voir peu nombreux à vos yeux; il en diminua le nombre à vos yeux, pour accomplir l'œuvre décrétée dans ses destins. Il est le terme de toutes choses.

47. O croyants! quand vous êtes en face d'une troupe armée soyez inébranlables, et répétez sans cesse le nom du Seigneur. Vous serez bénis.

48. Obéissez à Dieu et au prophète; ne soulevez point de disputes, car elles abattraient votre courage et vous enlèveraient le succès. Soyez persévérants, car Dieu est avec les persévérants.

49. Ne soyez pas comme ceux (*des Mecquois*) qui sortirent avec jactance et ostentation de leurs demeures pour détourner les hommes de la voie du Seigneur. Il voit leurs actions.

50. Satan leur avait déjà préparé leurs actions, et leur dit : Aujourd'hui vous êtes invincibles; je suis votre auxiliaire. Mais, quand les deux armées furent en présence, il leur tourna le dos en disant : Je ne m'en mêle pas; je vois ce que vous ne voyez pas, je crains Dieu dont les châtiments sont terribles.

51. Les hypocrites et ceux dont le cœur est atteint d'une infirmité disaient alors *en parlant des vrais fidèles, de vous :* Leur croyance les rend aveugles [1]. Mais celui qui met sa confiance en Dieu sait qu'il est puissant et sage.

52. Quel spectacle, lorsque les anges ôtent la vie aux infidèles! ils les frappent sur leurs visages et sur leurs reins, *et leur crient* : Allez goûter la peine du feu.

53. Ce supplice est l'œuvre de vos mains, car Dieu n'est point un oppresseur de ses serviteurs.

54. Leur sort ressemble à celui des gens de Pharaon et des incrédules qui les ont précédés. Dieu les anéantit à cause de leurs iniquités. Il est fort et terrible dans ses châtiments.

55. C'est parce que Dieu ne change point les bienfaits dont il comble les hommes, tant qu'ils ne pervertissent point leurs cœurs. Il voit et entend tout.

56. Leur sort ressemble à celui des gens de Pharaon et à ceux qui, avant eux, ont traité de mensonges les signes du Seigneur. Nous les avons anéantis à cause de leurs péchés, et nous avons submergé les gens de Pharaon; ce n'étaient que des impies.

---

[1] Pour attaquer des forces plus considérables que les leurs.

57. Les plus mauvaises des bêtes *de la terre* auprès de Dieu, ce sont ceux qui sont ingrats, qui ne croient pas;

58. Ceux avec lesquels tu as fait un pacte et qui le rompent à tout moment, et qui ne craignent point Dieu.

59. Si tu parviens à les saisir pendant la guerre, disperse par *le spectacle de leur* supplice ceux qui les suivront, afin qu'ils y réfléchissent.

60. Si tu appréhendes quelque trahison de la part d'une peuplade, rends-lui la pareille; Dieu n'aime point les traîtres.

61. Ne crois pas que les infidèles aient le dessus, car ils ne sauraient affaiblir la puissance de Dieu.

62. Mettez donc sur pied toutes les forces dont vous disposez et de forts escadrons, pour en intimider les ennemis de Dieu et les vôtres, et d'autres encore que vous ne connaissez pas et que Dieu connaît. Tout ce que vous aurez dépensé dans la voie de Dieu vous sera payé, et vous ne serez point lésés.

63. S'ils inclinent à la paix, tu t'y prêteras aussi, et tu mettras ta confiance en Dieu, car il entend et sait tout.

64. S'ils te trahissent, Dieu te suffira : c'est lui qui t'a aidé par son assistance et par celle des fidèles. Il a uni leurs cœurs. Si tu avais dépensé toutes les richesses de la terre, tu n'y serais pas parvenu. Mais Dieu les a unis, car il est puissant et sage.

65. O prophète! Dieu et ceux des croyants qui te suivent te suffisent.

66. O prophète! excite les croyants au combat. Vingt hommes fermes d'entre eux terrasseront deux cents infidèles. Cent en mettront mille en fuite, parce que les infidèles ne comprennent rien.

67. Voilà que Dieu vous allége votre tâche; il sait combien vous êtes faibles [1]. Cent hommes fermes d'entre vous vaincront deux cents ennemis, et mille triompheront de deux mille par la permission de Dieu, qui est avec les *hommes* fermes.

68. Il n'a jamais été donné à un prophète de faire des prisonniers sans commettre de grands massacres sur la terre. Vous désirez le bien de ce monde, et Dieu veut vous donner ceux de l'autre. Il est puissant et sage.

69. Si une permission de Dieu n'avait pas eu lieu précédem-

---

[1] En vous rendant capables d'être un contre deux, Dieu vous rend la tâche plus facile.

ment¹, vous auriez expié ce que vous avez pris par un châtiment douloureux².

70. Nourrissez-vous des biens licites enlevés aux ennemis, et craignez le Seigneur. Il est clément et miséricordieux.

71. O prophète! dis aux captifs qui sont entre vos mains : Si Dieu voit de la droiture dans vos cœurs, il vous donnera des richesses plus précieuses que celles qu'on vous a enlevées, et il vous pardonnera, parce qu'il est clément et miséricordieux.

72. Mais s'ils (*les captifs*) veulent être perfides ; or ils avaient déjà été perfides envers Dieu³ ; *tu sais que* Dieu te les a livrés, et Dieu est savant et sage.

73. Les croyants qui auront abandonné leurs foyers pour combattre de leurs biens et de leurs personnes dans la voie de Dieu, ceux qui ont donné asile au prophète et l'ont assisté dans ses œuvres, seront regardés comme parents les uns des autres. Ceux qui ont cru, mais qui n'ont point émigré, ne seront point compris dans vos relations de parenté, jusqu'à ce qu'eux aussi ils aient quitté leurs foyers. Mais, s'ils implorent votre appui à cause de la foi, vous le leur accorderez, à moins que ce ne soit contre ceux qui sont vos alliés. Le Très-Haut voit vos actions.

74. Les infidèles se prêtent une assistance mutuelle. Si vous n'agissez pas de même, le désordre et de grands maux envahiront le pays.

75. Ceux qui ont cru et quitté leurs foyers pour combattre dans la voie de Dieu, ceux qui ont donné asile au prophète et l'ont assisté, ceux-là sont les véritables croyants. Le pardon du Seigneur et des bienfaits généreux leur reviennent de droit.

76. Ceux qui ont cru et émigré depuis, et qui combattent dans la voie de Dieu, font partie de votre communauté. Mais les hommes unis par les liens du sang sont plus proches les uns des autres : *Voilà ce qui est écrit* dans le livre de Dieu, et Dieu sait toutes choses⁴.

---

¹ C'est-à-dire, si Dieu n'avait pas autorisé précédemment (en termes généraux) la rançon des captifs.

² C'est-à-dire, la rançon des captifs pris au combat de Bedr. Après le combat de Bedr, on amena devant Mahomet soixante-dix prisonniers. Quelques musulmans zélés opinaient pour la mort ; mais, comme il se trouvait parmi les captifs des parents de Mahomet, on les relâcha moyennant une rançon. A la suite de cet acte de faiblesse, que certaines révélations antérieures semblaient autoriser, Mahomet en reçut une qui condamnait l'élargissement des captifs.

³ Comme infidèles, virtuellement toujours en état de trahison envers Dieu.

⁴ Ce passage a été révélé pour fixer les rapports légaux entre les Arabes; il

CHAPITRE IX.

L'IMMUNITÉ OU LE REPENTIR [1].

Donné à Médine. — 130 versets.

1. Voici la déclaration d'immunité de la part de Dieu et de son prophète à ceux d'entre les idolâtres avec lesquels vous avez fait alliance.

2. Donc, *vous les fidèles*, voyagez dans le pays pendant quatre mois *avec sécurité*, et sachez que vous ne prévaudrez pas contre Dieu, mais que Dieu couvrira d'opprobre les infidèles.

3. Voici la proclamation de la part de Dieu et de son prophète adressée aux hommes pour le jour du grand pèlerinage. Dieu est libre de tout engagement envers les idolâtres, ainsi que son apôtre. Si vous vous convertissez, cela vous sera plus avantageux; si vous tournez le dos, sachez que vous ne prévaudrez pas contre Dieu. Annonce le châtiment douloureux à ceux qui ne croient pas.

4. Cela toutefois ne concerne pas les idolâtres [2] avec qui vous avez fait la paix, et qui ne l'ont point violée, ni prêté à personne aucun secours contre vous. Gardez fidèlement envers eux les engagements contractés pendant toute la durée de leur traité. Dieu aime ceux qui le craignent.

5. Les mois sacrés expirés [3], tuez les idolâtres partout où vous les trouverez, faites-les prisonniers, assiégez-les et guettez-les à

---

arrivait que les compagnons de Mahomet et ceux qui avaient émigré héritaient les uns des autres au préjudice des parents.

[1] Ce chapitre est intitulé l'*Immunité* (*elberat*) parce qu'il parle de l'immunité accordée par Mahomet aux infidèles pendant un certain temps, ou bien parce que, ce terme expiré, les fidèles seront dans une liberté complète (*berat*) d'agir avec les idolâtres comme ils voudront. Il est intitulé *le Repentir*, car il est question du repentir dans ce chapitre. C'est la seule sourate en tête de laquelle ne se trouve pas l'invocation usuelle *bismillahi rahmanirrahim* (au nom du Dieu clément et miséricordieux). On croit que cette omission vient de ce que ce chapitre a dû dans l'origine n'en former qu'un seul avec le précédent, ou bien de ce que Mahomet n'a rien décidé là-dessus, le chapitre ayant été révélé peu de temps avant sa mort. C'est encore la seule sourate qui ait été révélée, dit-on, à la fois, quelques versets exceptés.

[2] C'est-à-dire que ces mots : *Dieu est libre de tout engagement*, etc. ne concernent pas ceux avec lesquels on a fait un traité.

[3] Les quatre mois : *chawwal, dhoulcada, dhoulhiddjè* et *moharram*.

toute embuscade; mais s'ils se convertissent, s'ils observent la prière, s'ils font l'aumône, alors laissez-les tranquilles, car Dieu est indulgent et miséricordieux.

6. Si quelque idolâtre te demande un asile, accorde-le-lui, afin qu'il puisse entendre la parole de Dieu, puis fais-le reconduire à un lieu sûr. Ceci t'est prescrit, parce que ce sont des gens qui ne savent rien.

7. Comment pourrait-il y avoir quelque pacte entre Dieu, son apôtre et les idolâtres, à moins que ce ne soit avec ceux avec qui vous l'avez contracté auprès de l'oratoire sacré? Tant qu'ils agissent loyalement avec vous, agissez loyalement avec eux. Dieu aime ceux qui le craignent.

8. Comment observeraient-ils cette alliance? S'ils ont le dessus, ils n'auront aucun égard ni aux liens du sang ni à la foi jurée. Ils y consentent de leurs bouches, pendant que leurs cœurs s'y refusent. La plupart d'entre eux sont des criminels.

9. Ils vendent les enseignements de Dieu pour une valeur infime, et ils détournent les autres de son sentier. Que leurs actions sont mauvaises!

10. Ils n'auront aucun égard aux liens du sang ni à la foi jurée dans leurs rapports avec les croyants, parce qu'ils sont injustes.

11. Mais s'ils se convertissent, s'ils s'acquittent de la prière, s'ils font l'aumône, ils sont vos frères en religion. Nous expliquons distinctement nos enseignements à ceux qui comprennent.

12. S'ils violent leurs serments après avoir contracté l'alliance et s'ils attaquent votre croyance, attaquez les chefs des infidèles (parce qu'il n'y a point de serments sacrés pour eux), afin qu'ils cessent *leurs méfaits*.

13. Ne combattrez-vous pas contre un peuple qui a violé ses serments, qui s'efforce de chasser votre prophète? Ce sont eux qui ont été les agresseurs. Les craindrez-vous? Dieu mérite bien plus que vous le craigniez, si vous êtes croyants.

14. Combattez-les, afin que Dieu les châtie par vos mains et les couvre d'opprobre, afin qu'il vous donne la victoire sur eux et guérisse les cœurs des fidèles;

15. Afin qu'il anéantisse la colère dans les cœurs des infidèles. Dieu revient à celui qu'il veut, car il est savant et sage.

16. Pensez-vous que vous serez abandonnés, comme si Dieu ne connaissait pas ceux d'entre vous qui combattent, et qui ne recherchent d'autre alliance que celle de Dieu, de son apôtre et des croyants? Dieu est instruit de ce que vous faites.

17. Et pourquoi les infidèles visiteraient-ils les temples de Dieu,

lorsqu'ils sont eux-mêmes témoins de leur infidélité? Leurs œuvres deviendront nulles, et ils demeureront éternellement dans le feu.

18. Que les temples de Dieu ne soient visités que par ceux qui croient en Dieu et au jour dernier, qui observent la prière et font l'aumône, et qui ne craignent que lui; ceux-ci seront peut-être dirigés dans la droite voie [1].

19. Mettrez-vous ceux qui portent de l'eau aux pèlerins et visitent l'oratoire sacré, au même niveau que celui qui croit en Dieu et au jour dernier, qui combat dans le sentier de Dieu [2]? Non, ils ne seront point égaux devant Dieu. Dieu ne dirige point les méchants.

20. Ceux qui ont quitté leur pays, qui combattent dans le sentier de Dieu avec leurs biens et leurs personnes, occuperont un degré plus élevé devant Dieu. Ils seront bienheureux.

21. Leur Seigneur leur annonce sa miséricorde, sa satisfaction, et les jardins où ils goûteront des délices constantes.

22. Ils y demeureront éternellement, à jamais; car Dieu dispose d'immenses récompenses.

23. O croyants! n'ayez point pour amis vos pères et vos frères s'ils préfèrent l'infidélité à la foi. Ceux qui y désobéiraient seraient méchants.

24. Si vos pères et vos enfants, vos frères et vos femmes, vos parents, et les biens que vous avez acquis, et le commerce dont vous craignez la ruine, et les habitations dans lesquelles vous vous complaisez, vous sont plus chers que Dieu, son apôtre et la guerre sainte, attendez-vous à voir Dieu venir accomplir lui-même son œuvre. Dieu ne dirige point les méchants.

25. Dieu vous a secourus dans maintes occasions, à la journée de Honeïn [3] où vous vous êtes complu dans votre grand nombre qui ne vous servit de rien: quelque vaste qu'elle soit, la terre fut alors étroite pour vous, vous avez tourné le dos et pris la fuite.

[1] Ce mot peut être placé ici à dessein pour effrayer les idolâtres, puisque les croyants eux-mêmes ne sont pas sûrs d'être dirigés.

[2] Ceci s'adresse à quelques Arabes qui faisaient valoir les soins qu'ils prenaient des pèlerins comme un titre à la récompense de Dieu.

[3] La bataille de Honeïn, vallée située à trois milles de la Mecque, du côté de Taïef, fut donnée la huitième année de l'hégire. Mahomet y avait réuni jusqu'à douze mille combattants; les tribus Hawazen et Thakif, en guerre avec Mahomet, n'y étaient qu'au nombre de quatre mille. Cette supériorité de forces inspira aux musulmans une grande présomption, que Dieu punit en jetant le désordre dans leurs rangs. Les musulmans prirent d'abord la fuite. Le courage de Mahomet et de ses parents finit par rallier les fuyards et réparer la défaite.

26. Puis Dieu fit descendre sa protection sur son apôtre et sur les fidèles ; il fit descendre des armées invisibles pour vous, et il châtia ceux qui ne croyaient pas. C'est la rétribution des infidèles.

27. Après cela, Dieu reviendra à ceux qu'il voudra, car il est indulgent et miséricordieux.

28. O croyants ! ceux qui associent (*d'autres divinités à Dieu*) sont immondes ; cette année expirée, ils ne doivent point s'approcher de l'oratoire sacré. Si vous craignez l'indigence[1], Dieu vous rendra riches par les trésors de sa grâce. Il est sage et savant.

29. Faites la guerre à ceux qui ne croient point en Dieu ni au jour dernier, qui ne regardent point comme défendu ce que Dieu et son apôtre ont défendu, et à ceux d'entre les hommes des Écritures qui ne professent pas la croyance de la vérité. Faites-leur la guerre jusqu'à ce qu'ils payent le tribut, tous sans exception, et qu'ils soient humiliés[2].

30. Les juifs disent : Ozaïr est fils de Dieu[3]. Les chrétiens disent : Le Messie est fils de Dieu. Telles sont les paroles de leurs bouches, ils ressemblent en les disant aux infidèles d'autrefois. Que Dieu leur fasse la guerre[4]. Qu'ils sont menteurs !

31. Ils ont pris leurs docteurs et leurs moines, et le Messie fils de Marie, plutôt que Dieu, pour leurs seigneurs[5] ; et cependant il ne leur a été ordonné que d'adorer un seul Dieu, hormis

---

[1] A cause des pertes que vous éprouverez en cessant des relations de commerce avec ceux qui viennent à la Mecque.

[2] Ce passage établit une différence entre les idolâtres qui doivent être exterminés, et les peuples qui ont par-devers eux quelque livre sacré. Du temps de Mahomet on y joignait les mages, adorateurs du feu, comme ayant aussi quelques livres sacrés. Quant aux mots : *tous sans exception*, c'est une explication que nous hasardons, à la place de celle de *leurs propres mains* ('an yedin) du texte que les commentateurs interprètent différemment. Les uns croient que ces mots veulent dire : *de leurs propres mains, et non pas par l'entremise d'un tiers* ; d'autres pensent que ces mots veulent dire : *par les riches seulement*, explications toutes peu satisfaisantes. Peut-être les mots : *tous sans exception*, s'appliquent-ils mieux à un impôt perçu par tête, par main, à une capitation enfin.

[3] Ozaïr est le même qu'Esdras. C'est cet homme, disent les commentateurs, que Dieu avait fait mourir, et qu'il ressuscita au bout de cent ans. Ozaïr ressuscité récita aux juifs tout le Pentateuque qu'il savait par cœur avant de mourir, ce qui fit dire aux juifs que, pour le faire, il fallait qu'il fût fils de Dieu.

[4] Ou *que Dieu les combatte*, formule de malédiction.

[5] Ceci est sans doute une allusion au titre *rabbi*, seigneur, que les juifs donnaient à leurs docteurs, et les chrétiens à leurs prêtres. Chez les Arabes, depuis Mahomet, ce mot ne saurait s'appliquer qu'à Dieu seul.

lequel il n'y a point d'autre dieu. Loin de sa gloire les divinités qu'ils lui associent!

32. Ils veulent éteindre la lumière de Dieu avec leurs bouches; mais Dieu ne veut que rendre sa lumière plus parfaite, dussent les infidèles en concevoir du dépit.

33. C'est lui qui a envoyé son apôtre avec la direction et la vraie religion, pour élever celle-ci au-dessus de toutes les autres *religions*, dussent les idolâtres en concevoir du dépit.

34. O croyants! un grand nombre de docteurs et de moines consument les biens des autres[1] en choses vaines, et détournent les hommes du sentier de Dieu. Annonce un châtiment douloureux à ceux qui amassent l'or et l'argent, et ne le dépensent point dans le sentier de Dieu.

35. Le jour où le feu de la géhenne sera allumé sur leurs têtes, des marques brûlantes seront imprimées avec cet or et cet argent sur leurs fronts, sur leurs flancs et sur leurs reins, et on leur dira : Voilà ce que vous avez vous-mêmes amassé pour vous. Goûtez ce que vous avez amassé.

36. Le nombre des mois est de douze devant Dieu[2], tel il est dans le livre de Dieu, depuis le jour où il créa les cieux et la terre. Quatre de ces mois sont sacrés; c'est la croyance constante. Pendant ces mois, n'agissez point avec iniquité envers vous-mêmes, mais combattez les idolâtres dans tous les mois, de même qu'ils vous combattent dans tous les temps, et sachez que Dieu est avec ceux qui le craignent.

37. Transporter à un autre temps les mois sacrés est un surcroît d'infidélité, c'est rendre licite ce qui ne l'est pas, et *vice versa*[3]. Les infidèles sont dans l'égarement. Ils le permettent pour une année, et le défendent pour une autre, afin d'accomplir le nombre des mois déclarés sacrés par Dieu, de façon qu'ils rendent licite ce que Dieu a interdit. Leurs mauvaises actions ont été exprès préparées pour eux *par Satan*, car Dieu ne dirige point les infidèles.

---

[1] On entend par là les présents que l'on donnait aux prêtres pour obtenir des dispenses, des indulgences, etc. Mahomet appelle cela *elbatel*, ce qui est vain.

[2] Par ce passage, l'intercalation d'un mois tous les trois ans, pratique en usage chez les Arabes et les juifs pour ramener les années lunaires aux solaires, est formellement défendue.

[3] Les quatre mois sacrés, pendant lesquels toute hostilité cessait, étaient observés par les Arabes avant Mahomet; mais ils se mettaient quelquefois à leur aise, quand l'intérêt de la guerre l'exigeait, et remettaient l'observance d'un mois sacré à un autre mois.

38. O croyants! qu'avez-vous donc, lorsqu'au moment où l'on vous a dit : Allez combattre dans le sentier de Dieu, vous vous êtes montrés lourds et comme attachés à la terre? Vous avez préféré la vie de ce monde à la vie future; les jouissances d'ici-bas sont bien peu de chose, comparées à la vie future.

39. Si vous ne marchez pas au combat, Dieu vous châtiera d'un châtiment douloureux; il vous remplacera par un autre peuple, et vous ne saurez lui nuire (*à Dieu*) en aucune manière. Dieu est tout-puissant.

40. Si vous ne secourez pas votre prophète, Dieu le secourra, comme il l'a déjà secouru lorsque les infidèles l'ont chassé quand il n'avait qu'un seul homme avec lui[1]. Ils étaient tous deux dans une caverne; il dit alors à son compagnon : Ne t'afflige point, car Dieu est avec nous. Il a fait descendre d'en haut sa protection, il l'a soutenue par des armées invisibles, et il a abaissé la parole des infidèles. La parole de Dieu est bien la plus élevée. Dieu est le Puissant, le Sage.

41. Chargés ou légers[2], marchez et combattez dans le sentier de Dieu, avec vos biens et vos personnes. Cela vous sera plus avantageux, si vous le comprenez.

42. S'il se fût agi d'un succès très-proche, d'une expédition avec un but fixe, ils t'auraient suivi *sans difficulté*[3]; mais la fatigue leur parut longue, et cependant ils jureront par Dieu, et diront : Si nous l'avions pu, nous aurions fait l'expédition avec vous. Ils se perdent eux-mêmes; Dieu sait bien qu'ils mentent.

43. Que Dieu te le pardonne! pourquoi leur as-tu permis de rester, avant qu'il te fût démontré qu'ils disaient la vérité, et que tu eusses connu les menteurs?

44. Ceux qui croient en Dieu et au jour dernier ne te demanderont point la permission de ne pas combattre avec leurs biens et leurs personnes. Dieu connaît ceux qui le craignent.

45. Ceux-là t'en demanderont la permission qui ne croient point en Dieu ni au jour dernier. Leurs cœurs doutent, et dans leur doute ils chancellent.

[1] Mot à mot : *deuxième de deux*; Mahomet se sauva de la Mecque avec Abou bekr. Poursuivis par les idolâtres, ils se cachèrent dans une grotte. Dieu ordonna à une araignée d'étendre sa toile sur l'entrée de la grotte; les idolâtres en conclurent que la grotte ne contenait personne, et passèrent outre.

[2] Ces mots en arabe peuvent signifier : à cheval ou à pied, bon gré, mal gré, couverts de cuirasses ou légèrement armés.

[3] Il s'agit ici de l'expédition de Tabouk, ville située à moitié chemin entre Médine et Damas. Elle eut lieu contre les Grecs dans l'année 9 de l'hégire. Mahomet était déjà à la tête d'une armée considérable (environ trente mille hommes).

46. S'ils avaient eu l'intention d'aller à la guerre, ils auraient fait des préparatifs. Mais Dieu était dégoûté de les faire partir ; il il les a rendus paresseux, et on leur a dit : Restez avec ceux qui restent.

47. S'ils étaient allés avec vous, ils n'auraient fait qu'augmenter vos embarras ; ils auraient mis le désordre au milieu de vous, ils auraient cherché à exciter la mutinerie : or, il y a parmi vous des hommes qui les écoutent avidement. Et Dieu connaît les méchants.

48. Déjà précédemment ils ont cherché à faire du désordre ; ils ont même bouleversé tes arrangements, jusqu'au moment où la vérité fut connue et où la volonté de Dieu devint manifeste en dépit d'eux.

49. Il en est parmi eux qui disent : Exempte-nous de la guerre; ne nous expose pas à la tentation. N'y sont-ils pas déjà tombés ? Mais la géhenne environnera les infidèles.

50. Si tu obtiens un succès, ce succès les met mal à leur aise; si un revers t'atteint, ils disent : Nous avons pris nos mesures d'avance. Puis ils tournent le dos, et se réjouissent.

51. Dis-leur : Il ne nous arrivera que ce que Dieu nous a destiné ; il est notre maître, et c'est en Dieu que les croyants mettent leur confiance.

52. Dis-leur : Qu'attendez-vous ? que, sur deux belles *destinées*, il leur en arrive une : *la victoire ou le martyre ?* Quant à nous, nous attendons que Dieu vous inflige un châtiment par lui-même ou par nos mains[1]. Eh bien ! attendez ; nous attendrons aussi pour vous.

53. Dis-leur : Offrez vos biens volontairement ou à contre-cœur; ils ne seront point acceptés, car vous êtes un peuple de méchants.

54. Quel autre obstacle y a-t-il à ce que leurs dons ne soient pas acceptés, si ce n'est qu'ils ne croient pas en Dieu et à son apôtre, qu'ils ne font la prière qu'avec nonchalance, qu'ils ne font l'aumône qu'à contre-cœur.

55. Que leurs richesses et leurs enfants ne te séduisent pas. Dieu veut les punir par là dans ce monde ; il veut que leurs âmes les quittent dans leur infidélité.

56. Ils jurent par Dieu qu'ils sont de votre parti, et ils n'en sont point ; mais ils ont peur.

57. Qu'ils trouvent un asile sûr, des cavernes ou des souterrains, ils tournent le dos et y courent à toutes jambes.

---

[1] Par les mots : l'*une de deux belles choses*, les musulmans entendent le martyre ou la victoire. On l'emploie aussi pour : l'un de deux avantages quelconques.

58. Il en est parmi eux qui te calomnient touchant la distribution des aumônes. Si on leur en donne, ils sont contents; si on les leur refuse, ils s'irritent.

59. Que ne sont-ils satisfaits de ce que Dieu et son apôtre leur dispensent? Que ne disent-ils : Dieu nous suffit, Dieu nous accordera sa faveur, ainsi que son apôtre; nous ne désirons que Dieu?

60. En effet, les aumônes sont destinées aux indigents et aux pauvres[1], à ceux qui les recueillent, à ceux dont les cœurs ont été gagnés *pour l'islam*[2], au rachat des esclaves, aux insolvables, pour la cause de Dieu et pour les voyageurs. Ceci est obligatoire de par Dieu. Il est savant et sage.

61. Il en est parmi eux qui déchirent le prophète; ils disent. Il est tout oreille. Réponds-leur : Il est tout oreille pour votre bien; il croit en Dieu et il croit les croyants.

62. La miséricorde est réservée à ceux d'entre vous qui croient en Dieu. Ceux qui font du mal à l'apôtre de Dieu éprouveront un châtiment douloureux.

63. Ils jureront devant vous par *le nom de* Dieu pour vous plaire; cependant Dieu et son apôtre méritent bien plus qu'ils cherchent à leur plaire, s'ils sont croyants.

64. Ne savent-ils pas que le feu est réservé à celui qui s'oppose à Dieu et à son apôtre? Il y demeurera éternellement. C'est un grand opprobre.

65. Les hypocrites craignent qu'une sourate[3] ne descende d'en haut et ne dévoile ce qui est dans leurs cœurs. Dis : Vous riez. — Dieu fera sortir au grand jour ce que vous appréhendez.

66. Si tu leur demandes *la cause de leur rire*, ils diront : Nous étions en conversation et nous plaisantions. Dis-leur : Vous moquerez-vous de Dieu, de ses miracles et de son apôtre?

67. Ne cherchez point à vous excuser : Vous êtes devenus infidèles après avoir cru. Si nous pardonnons à une partie d'entre vous, nous en châtierons une autre, et cela parce qu'ils sont criminels.

---

[1] *Aux indigents et aux pauvres;* en arabe, ce n'est peut-être qu'un pléonasme. On veut cependant établir une distinction entre ces deux mots. Par les indigents, *fokara,* on entendrait ceux qui sont réduits à la misère et ne peuvent plus se relever, et par les pauvres, *meçakin,* ceux qui sont momentanément dans la gêne.

[2] Après la bataille de Honeïn, Mahomet avait fait distribuer des présents aux Arabes pour les gagner à sa cause. Depuis l'établissement de l'islam, cette prescription n'a plus de valeur.

[3] Chapitre du Koran.

68. Les hommes et les femmes hypocrites s'excitent mutuellement au mal et se défendent mutuellement le bien, et ferment leurs mains pour *ne pas donner* l'aumône. Ils oublient Dieu, et Dieu les oubliera à son tour. Les hypocrites sont des impies.

69. Dieu menace du feu de la géhenne les hypocrites, hommes et femmes, et les infidèles ; ils y resteront éternellement. C'est la portion qui leur est destinée. Dieu les a maudits, un supplice incessant leur est réservé.

70. Vous agissez comme ceux qui vous ont précédés. Ils étaient plus forts que vous et plus riches, et avaient plus d'enfants que vous : ils se contentaient de jouir de leur part *dans ce monde sans songer à la vie future*. Vous aussi, vous vous contentez de jouir de votre part, comme jouissaient de leur part ceux qui vous ont précédés ; vous tenez des discours pareils à ceux qu'ils tenaient. Leurs actions ont été en pure perte pour ce monde et pour l'autre. Ils sont perdus.

71. N'ont-ils point entendu l'histoire de leurs devanciers, du peuple de Noé, d'Ad, de Themoud, du peuple d'Abraham, des habitants de Madian et des villes renversées [1] ? Ils eurent des apôtres accompagnés de signes évidents. Ce n'est point Dieu qui a agi mal envers eux, ce sont eux-mêmes.

72. Les croyants, hommes et femmes, sont amis les uns des autres ; ils se recommandent mutuellement le bien et s'interdisent mutuellement le mal ; ils observent la prière, font l'aumône, obéissent à Dieu et à son apôtre. Dieu aura pitié d'eux, car Dieu est puissant et sage.

73. Dieu a promis aux croyants, hommes et femmes, les jardins arrosés par des cours d'eau ; ils y demeureront éternellement, *il leur a promis* des habitations charmantes dans les jardins d'Éden. La satisfaction de Dieu est quelque chose de plus grand encore ; c'est un bonheur immense.

74. O prophète ! combats les hypocrites et les infidèles, traite-les avec rigueur. La géhenne est leur demeure. Quel détestable séjour !

75. Ils jurent par le nom de Dieu de n'avoir pas dit telle chose, et cependant ils ont dit la parole de l'incrédulité, ils sont devenus infidèles après avoir embrassé l'islam. Ils ont formé un dessein, mais ne l'ont point accompli [2], et ils ne l'ont formé que parce que

---

[1] Les villes renversées sont *la Pentapole*, ou les cinq villes situées sur la mer Morte.

[2] Celui de tuer Mahomet.

Dieu et son apôtre les ont enrichis *par l'effet* de leur bonté. S'ils se convertissent, cela leur sera plus avantageux ; mais, s'ils tergiversent, Dieu les châtiera d'un châtiment douloureux dans ce monde et dans l'autre. Sur toute la terre ils ne trouveront ni protection ni aide.

76. Il en est parmi eux qui avaient pris cet engagement avec Dieu : S'il nous accorde des dons de sa grâce, nous ferons l'aumône et nous serons justes.

77. Et lorsque Dieu les eut comblés de ses dons, ils se sont montrés avares ; ils tergiversent, ils se détournent de la vérité.

78. Dieu a fait succéder l'hypocrisie dans leur cœur, jusqu'au jour où ils comparaîtront devant lui *pour rendre compte* d'avoir violé les promesses qu'ils avaient faites à Dieu, et d'avoir accusé les autres de mensonge.

79. Ne savent-ils pas que Dieu connaît leurs secrets et leurs entretiens cachés? Dieu connaît parfaitement les choses cachées.

80. Quant à ceux qui calomnient[1] les croyants à propos des aumônes surérogatoires, ou parce qu'ils ne peuvent les acquitter, qu'avec beaucoup de peine, — ceux qui raillent, Dieu les raillera à son tour. Un châtiment douloureux les attend.

81. Implore le pardon pour eux ou ne l'implore pas, *peu importe*. Si tu l'implores soixante et dix fois, Dieu ne leur pardonnera pas, car ils ne croient point en Dieu ni à son apôtre, et Dieu ne dirige point les impies.

82. Ceux qui restèrent dans leurs foyers *à l'époque de l'expédition de Tabouk*, étaient enchantés de rester en arrière du prophète ; il leur répugnait de combattre dans le sentier de Dieu avec leurs biens et leurs personnes. Ils disaient : *Les uns aux autres*, n'allez pas à la guerre pendant ces chaleurs. Dis-leur : La chaleur du feu de la géhenne est plus brûlante *encore*. Ah ! s'ils le comprenaient !

83. Qu'ils rient un peu, un jour ils pleureront beaucoup, en récompense de leurs œuvres.

84. Si Dieu te ramène du combat, au milieu d'une troupe de ces gens, ils te demanderont la permission d'aller en expédition. Dis-leur : Vous n'irez jamais avec moi, jamais vous n'irez avec

---

[1] Quelques musulmans firent, à l'occasion de l'expédition de Tabouk, des dons généreux, et qui dépassaient leurs moyens ; l'un d'entre eux offrit le blé qu'il avait moissonné pendant toute une nuit. Les hypocrites décriaient ces dons en les attribuant à des motifs de vanité.

moi combattre l'ennemi. La première fois vous avez préféré de rester; restez maintenant avec ceux qui restent[1].

85. S'il meurt quelqu'un d'entre eux, ne prie point pour lui, ne t'arrête point sur sa tombe, car ils n'ont point cru en Dieu et à son apôtre, et ils moururent impies.

86. Que leurs richesses et leurs enfants ne te séduisent pas. Dieu veut les punir par ces dons même dans ce monde; leurs âmes les quitteront dans leur infidélité.

87. Lorsque la *sourate*[2] qui leur enjoignait de croire en Dieu et d'aller à la guerre avec le prophète fut envoyée d'en haut, les plus aisés d'entre eux te sollicitèrent pour être exemptés; ils te dirent : Laisse-nous ici, nous resterons avec ceux qui restent.

88. Ils ont préféré rester en arrière. Le sceau a été imprimé sur leurs cœurs; ils n'entendent rien.

89. Mais le prophète et ceux qui ont cru avec lui combattent avec leurs biens et leurs personnes dans le sentier de Dieu. A eux sont réservés tous les biens, et ils seront les bienheureux.

90. Dieu a préparé pour eux des jardins arrosés de cours d'eau; ils y resteront éternellement. C'est un bonheur immense.

91. Plusieurs des Arabes du désert sont venus s'excuser et demander à être exemptés de la guerre. Ceux qui accusent de mensonge Dieu et son apôtre sont restés chez eux. Un châtiment douloureux attend ceux d'entre eux qui n'ont point de foi.

92. Les faibles, les malades, ceux qui n'ont point de moyens, ne seront point tenus d'aller à la guerre, pourvu qu'ils soient sincères envers Dieu et son apôtre. On ne s'en prendra pas à ceux qui font le bien : Dieu est indulgent et miséricordieux;

93. Ni ceux n'ont plus qui sont venus te demander de leur donner des montures, et qui, lorsque tu leur as répondu : Je n'ai point de montures à vous donner, s'en retournèrent les larmes aux yeux, de chagrin de ne pas pouvoir en faire la dépense.

94. On s'en prendra à ceux qui te demanderont l'exemption, quoiqu'ils soient riches, qui préfèrent rester avec ceux qui restent. Le sceau est imprimé sur leurs cœurs. Ils ne savent rien.

95. Quand vous revenez au milieu d'eux, ils présentent des excuses. Dis-leur : Ne vous excusez point, nous ne vous croyons pas. Dieu nous a instruits sur votre compte. Dieu et son apôtre voient vos actions. Vous retournerez un jour à celui qui connaît

---

[1] C'est-à-dire ceux qui, à cause de leur âge et de leurs infirmités, sont autorisés à rester dans leurs foyers.

[2] Chapitre du Koran.

les choses visibles et invisibles, et qui vous redira ce que vous avez fait.

96. Quand vous serez de retour au milieu d'eux, ils vous adjureront, au nom de Dieu, de vous éloigner d'eux, *et de ne pas les punir*. Oui, éloignez-vous d'eux, ils sont immondes. La géhenne leur servira de demeure, comme récompense de leurs œuvres.

97. Ils vous adjureront d'être bienveillants envers eux; si vous l'êtes, Dieu ne sera point bienveillant envers les méchants.

98. Les Arabes du désert sont les plus endurcis dans leur infidélité et dans leur hypocrisie, et il est naturel qu'ils ignorent les préceptes que Dieu a révélés à son apôtre. Dieu est sage et savant.

99. Il en est, parmi les Arabes du désert, qui regardent l'aumône comme une contribution; ils guettent les vicissitudes du sort à votre égard[1]. Une mauvaise vicissitude les attend[2], eux; car Dieu entend et sait tout.

100. Il en est, parmi les Arabes du désert, qui croient en Dieu et au jour dernier, qui regardent l'aumône comme un moyen de s'approcher de Dieu et d'obtenir les prières du prophète. Certainement l'aumône les approchera de Dieu; il (*Dieu*) les fera comprendre dans sa miséricorde, car il est indulgent et miséricordieux.

101. Les plus anciens, les premiers d'entre les Mohadjers et les Ansars[3], et ceux qui les ont imités dans leur belle conduite, seront satisfaits de Dieu comme il sera satisfait d'eux. Il leur a promis des jardins arrosés par des cours d'eau; ils y resteront éternellement. C'est un bonheur immense.

102. Il y a, parmi les Arabes du désert qui habitent autour de vous, et parmi les habitants de Médine, des hommes endurcis dans leur hypocrisie. Tu ne les connais pas, *O Mohammed*, mais nous les connaissons. Nous les punirons deux fois[4], puis ils seront livrés au châtiment douloureux.

103. D'autres ont avoué leurs fautes; ils ont ainsi mêlé une bonne action à une action mauvaise. Peut-être Dieu pardonnera-t-il à ceux-ci, car il est indulgent et miséricordieux.

104. Reçois une aumône de leurs biens pour les purifier et les

---

[1] Pour être, lors de la défaite des musulmans, délivrés de l'obligation de faire des aumônes.

[2] Mot à mot: *mauvais tour du sort contre eux*. Ces mots peuvent être, par conséquent, entendus comme une malédiction.

[3] Les *Mohadjers* sont ceux qui émigrèrent de la Mecque; les *Ansars* ou auxiliaires, sont les Médinois qui accueillirent Mahomet fugitif, et l'aidèrent dans ses entreprises.

[4] C'est-à-dire, en les punissant dans ce monde et dans l'autre.

relever de leurs péchés; prie pour eux, car tes prières leur rendront le repos, et Dieu entend et sait tout.

105. Ne savent-ils pas que Dieu accepte le repentir de ses serviteurs, qu'il agrée l'aumône? Il est indulgent et miséricordieux.

106. Dis-leur encore : Agissez; Dieu verra vos actions, ainsi que son apôtre et les croyants. Vous retournerez un jour à celui qui connaît les choses visibles et invisibles; alors il vous redira ce que vous avez fait.

107. D'autres attendent la décision de Dieu, soit qu'il les punisse, soit qu'il leur pardonne. Dieu est savant et sage.

108. Il en est qui ont bâti un temple pour nuire *aux croyants*, et par infidélité, dans le but de désunir les croyants et afin que ce temple soit un lieu d'embuscade pour ceux qui font la guerre à Dieu et à son apôtre. Ils jureront en disant : Nous n'avons voulu que le bien. Dieu est témoin qu'ils mentent[1].

109. N'y mets jamais le pied. Il est un temple[2] bâti dès le premier jour sur la crainte de Dieu; il mérite mieux que tu y entres. Il s'y rassemble des hommes qui désirent être purs. Dieu aime ceux qui aspirent à la pureté.

110. Lequel *des deux* vaut mieux; est-ce celui qui a établi les fondements d'un temple sur la crainte de Dieu et sur le désir de lui plaire, ou celui qui les a assis sur un escarpement d'argile miné par un torrent, et prêt à s'écrouler avec lui dans le feu de la géhenne? Dieu ne conduit pas les méchants.

111. Le temple qu'ils ont construit ne cessera pas d'être une occasion de doute dans leurs cœurs, jusqu'à ce que leurs cœurs soient brisés en morceaux. Dieu est savant et sage.

112. Dieu a acheté aux croyants leurs biens et leurs personnes pour leur donner le paradis en retour; ils combattront dans le sentier de Dieu, ils tueront et seront tués. La promesse de Dieu est vraie : il l'a faite dans le Pentateuque, dans l'Évangile, dans le Koran; et qui est plus fidèle à son alliance que Dieu? Réjouissez-vous du pacte que vous avez contracté; c'est un bonheur immense.

113. Ceux qui reviennent *à Dieu*, qui adorent Dieu, qui le louent, qui le célèbrent, qui font des génuflexions et des prostrations, qui recommandent le bien et défendent le mal, qui res-

---

[1] La tribu des Benou Ganem ben Awf avait construit un temple et invité Mahomet à y faire la prière. C'était dans le but, dit-on, de le détourner d'une expédition projetée, ou de tramer quelque complot contre lui.

[2] Il s'agit ici du temple de Koba, inauguré par Mahomet après sa fuite de la Mecque, et situé à deux lieues de Médine.

pectent les limites de Dieu[1], *seront récompensés*. Annonce cette bonne nouvelle aux croyants.

114. Il ne sied point au prophète ni aux croyants d'implorer le pardon de Dieu pour les idolâtres, fussent-ils leurs parents, lorsqu'il est devenu évident qu'ils seront livrés au feu.

115. Abraham n'implora le pardon de Dieu pour son père que parce qu'il le lui avait promis; mais quand il lui fut démontré que son père était l'ennemi de Dieu, il ne voulut plus s'en mêler, et pourtant Abraham était compatissant et humain.

116. Dieu n'égare un peuple, après l'avoir conduit dans le chemin droit, que lorsqu'il lui a déclaré ce qu'il devrait craindre. Dieu sait tout.

117. L'empire des cieux et de la terre appartient à Dieu; il donne la vie et la mort; hors de lui il n'y a ni patron ni protecteur.

118. Dieu revint[2] au prophète et aux Mohadjers, et aux Ansars[3] qui l'avaient suivi à l'heure d'affliction, alors que les cœurs d'une grande partie d'entre eux étaient si près de défaillir. Il retourna à eux parce qu'il est plein de bonté et de miséricorde.

119. Il revint aussi à ces trois d'entre eux qui étaient restés[4]. Toute vaste qu'elle est, la terre devint alors étroite pour eux; ils se croyaient à l'étroit dans leurs propres corps, et pensaient que le seul abri contre Dieu était chez Dieu *lui-même*. Il revint à eux, afin qu'eux aussi revinssent à lui; car Dieu aime à revenir *aux pécheurs*, et il est miséricordieux.

120. O croyants! craignez Dieu, et soyez avec les justes.

121. Quelle raison avaient les habitants de Médine et les Arabes nomades d'alentour d'abandonner l'apôtre de Dieu, et de préférer leur vie à la sienne? Quelle raison avaient-ils d'en agir ainsi, quand ni la soif, ni la fatigue, ni le besoin ne pouvaient les atteindre dans le sentier de Dieu, quand ils ne faisaient aucun pas capable d'irriter les infidèles, quand ils n'éprouvaient de la part

---

[1] Les limites de Dieu sont les préceptes, les lois, les dispositions de la loi.

[2] Le mot *revenir* s'emploie en arabe dans le sens de *pardonner* quand il est appliqué à Dieu, et dans le sens de *se repentir* quand on parle du pécheur. Il s'agit du reste, dans ce verset, du pardon que Dieu accorda aux péchés que Mahomet avait commis dans différentes circonstances.

[3] Voyez l'explication de ces deux mots dans le verset 101, note.

[4] Il s'agit ici de trois d'entre les Ansars qui, par négligence ou manque de foi, n'avaient pas suivi Mahomet à Tabouk. Il défendit aux fidèles tout commerce avec eux, et ne leva l'excommunication qu'après cinquante jours de pénitence de leur part.

de l'ennemi rien sans que cela leur fût compté comme une bonne œuvre ? Certes, Dieu ne laisse point périr la récompense de ceux qui font le bien.

122. Ils ne feront pas une aumône petite ou grande, ils ne franchiront pas un torrent (*en allant à la guerre*), sans que tout soit inscrit, afin que Dieu leur accorde la plus magnifique récompense de leurs actions.

123. Il ne faut pas que tous les croyants marchent à la fois à la guerre. Il vaut mieux qu'un certain nombre seulement de chaque tribu parte, et qu'ils s'instruisent dans la religion et enseignent leurs concitoyens à leur retour, afin que ceux-ci se tiennent sur leurs gardes.

124. O croyants ! combattez les infidèles qui vous avoisinent ; qu'ils trouvent toujours en vous un rude accueil. Sachez que Dieu est avec ceux qui le craignent.

125. Quand une nouvelle *sourate* (*chapitre du Koran*) descend d'en haut, il en est parmi eux qui disent : Cette nouvelle *sourate* peut-elle accroître la foi d'aucun de vous ? Oui, elle augmente la foi des croyants, et ils s'en réjouissent.

126. Mais, pour ceux dont les cœurs sont atteints d'une maladie, elle n'ajoute qu'abomination sur abomination, et ils meurent dans l'infidélité.

127. Ne voient-ils pas qu'ils sont éprouvés une ou deux fois par an ? Et cependant ils ne se convertissent pas, ni ne réfléchissent.

128. Lorsqu'une nouvelle *sourate* descend d'en haut, ils se regardent mutuellement, *et se disent :* Est-ce que quelqu'un nous voit ? Et puis ils tournent le dos et s'en vont. Que Dieu détourne leur cœur *de la vérité*, parce qu'ils ne la comprennent pas.

129. Un prophète est venu vers vous, un prophète pris parmi vous. Vos iniquités lui pèsent, il désire ardemment vous voir croyants. Il est plein de bonté et de miséricorde.

130. S'ils se détournent *de tes enseignements*, dis-leur : Dieu me suffit. Il n'y a point d'autre Dieu que lui. J'ai mis ma confiance en lui ; il est le possesseur du grand trône [1].

---

[1] Le grand trône, le trône désigné en arabe par *elarch*, est celui de la majesté divine ; il est placé dans le ciel le plus élevé, dans le ciel sans étoiles.

CHAPITRE X.

JONAS.

Donné à la Mecque. — 109 versets.

Au nom du Dieu clément et miséricordieux.

1. ÉLIF. LAM. RA. Voici les signes du Livre sage.
2. Les hommes s'étonnent-ils de ce que nous avons accordé la révélation à un homme pris parmi eux, en lui disant : Avertis les hommes, et annonce à ceux qui croient qu'ils ont auprès de Dieu la préséance *méritée par leur foi?* Les infidèles disent : Cet homme est un sorcier avéré.
3. Votre Seigneur est ce Dieu qui créa les cieux et la terre en six jours, et s'assit ensuite sur le trône pour traiter les affaires de l'univers. Il n'y a point d'intercesseur auprès de lui, sauf quand il le permet. C'est Dieu votre Seigneur, adorez-le. N'y réfléchirez-vous pas?
4. Vous retournerez tous à lui. Telle est la promesse véritable de Dieu ; il fait émaner la création, et puis il la fait rentrer[1], pour récompenser ceux qui croient, qui font le bien avec toute équité. Ceux qui ne croient pas auront pour breuvage l'eau bouillante, et un châtiment douloureux pour prix de leur incrédulité.
5. C'est lui qui a établi le soleil pour *répandre* la clarté et la lune pour *donner* la lumière, qui a déterminé les phases de celle-ci, afin que vous connaissiez le nombre des années et leur comput. Dieu n'a point créé tout cela en vain, mais dans un but sérieux[2] ; il explique ses signes à ceux qui comprennent.
6. Et certes, dans l'alternative du jour et de la nuit, et dans tout ce que Dieu a créé, il y a des signes d'avertissement pour ceux qui craignent.
7. Ceux qui n'espèrent point nous voir[3], qui se contentent de la vie de ce monde et s'y confient avec sécurité, ceux qui ne prêtent aucune attention à nos signes,

---

[1] Les philosophes mystiques musulmans citent fréquemment ce passage, selon lequel toute la création est une émanation, une manifestation variée et continuelle des attributs de Dieu, unique et invariable dans son essence.

[2] Mot à mot : *pour la vérité* ou *en toute vérité.*

[3] Mot à mot : *qui n'espèrent pas notre entrevue,* c'est-à-dire de comparaître devant Dieu au jour de la résurrection.

8. Ceux-là auront le feu pour demeure, comme prix de leurs œuvres.

9. Ceux qui auront cru et fait le bien, Dieu les dirigera par leur foi dans le droit chemin. Sous leurs pieds couleront des rivières dans le jardin des délices.

10. Pour toute invocation, ils répéteront dans ce séjour : Gloire à toi, ô Dieu! et le salut qu'ils recevront sera le mot : Paix !

11. La conclusion de leur prière sera : Louange à Dieu, Seigneur de l'univers !

12. Si Dieu voulait hâter le mal à l'égard des hommes, comme il hâte le bien, leur terme serait bientôt arrivé. Mais nous laissons ceux qui n'espèrent point nous voir après leur mort, s'abandonner aveuglément à leur égarement.

13. Qu'un mal quelconque frappe l'homme, il nous appelle couché sur le flanc, ou assis, ou debout; mais, aussitôt que nous l'en avons délivré, le voilà qui marche *à son aise*, comme s'il ne nous avait pas appelé pendant le mal qui l'avait atteint. Ainsi sont arrangées les actions des transgresseurs.

14. Et cependant, avant vous, nous avons déjà anéanti plusieurs générations, lorsque, à la suite de leurs iniquités, des prophètes accompagnés de signes évidents surgirent au milieu d'elles, et qu'elles n'étaient pas disposées à croire. C'est ainsi que nous récompensons les coupables.

15. Nous vous avons établis leurs successeurs dans ce pays-ci, afin de voir comment vous agirez.

16. Lorsqu'on récite nos enseignements à ceux qui n'espèrent point nous voir après leur mort, ils disent : Apporte-nous quelque autre livre, ou bien change un peu celui-ci. Dis-leur : Il ne me convient pas de le changer de mon propre chef; je sais ce qui m'a été révélé. Je crains, si je désobéis, le châtiment de mon Seigneur, au jour terrible.

17. Dis-leur : Si Dieu ne le voulait pas, je ne vous les lirais pas (*les versets du Koran*), et je ne vous les aurais jamais fait connaître. J'avais pourtant habité au milieu de vous sans le faire, de longues années [1]. Ne le comprendrez-vous donc pas ?

18. Qui est plus méchant que celui qui invente des mensonges sur le compte de Dieu, que celui qui traite ses signes d'impostures? Mais Dieu ne fera pas prospérer les coupables.

19. Ils adorent à côté de Dieu *des objets* qui ne leur servent à rien, ni ne leur nuisent, et ils disent : Voici nos intercesseurs au-

---

[1] Mahomet n'a commencé son apostolat qu'à l'âge de quarante ans.

près de Dieu. Dis-leur : Ferez-vous connaître à Dieu quelque chose, dans les cieux ou sur la terre, qu'il ne connaisse pas ? Par sa gloire, non ! Il est trop élevé pour qu'on lui associe d'autres divinités.

20. Les hommes formaient d'abord un seul peuple ; ils se divisèrent dans la suite ; et, si la parole de Dieu (*différant leur châtiment*) n'avait pas été révélée précédemment, le sujet de leur dissentiment aurait été décidé *à l'heure qu'il est*.

21. Ils disent : Si au moins quelque miracle était accordé d'en haut, *nous croirions*. Dis-leur : Les choses cachées appartiennent à Dieu. Attendez seulement, et moi j'attendrai aussi avec vous.

22. Nous avons fait goûter notre miséricorde aux hommes (*aux Mecquois*[1]) après les malheurs qui les avaient atteints, et voici qu'ils ont recours aux subterfuges par rapport à nos signes. Disleur : Dieu est plus adroit à manier le subterfuge, et nos envoyés couchent par écrit les vôtres.

23. C'est lui qui vous conduit sur la terre ferme et sur la mer. Lorsqu'ils sont montés dans les vaisseaux courant sur l'onde et poussés par un vent doux, ils se réjouissent ; qu'un vent violent s'élève, et que les flots les assaillent de tous côtés, au point qu'ils s'en croient enveloppés, ils invoquent Dieu avec une foi sincère, en criant : Si tu nous sauves de ce péril, nous te serons reconnaissants.

24. Mais, lorsqu'il les a sauvés, ils commettent des injustices sur la terre. O hommes ! l'injustice que vous commettez contre vous-mêmes n'est qu'en vue de la jouissance de ce monde, et cependant vous devez tous retourner ensuite à Dieu : là, nous vous réciterons ce que vous avez fait.

25. Le monde d'ici-bas ressemble à l'eau que nous faisons descendre du ciel ; elle se mêle aux plantes de la terre dont se nourrissent les hommes et les animaux, jusqu'à ce que la terre, l'ayant absorbée, s'en pare et s'en embellisse. Les habitants de la terre croient qu'ils en sont les maîtres ; mais nos arrêts y ont passé durant la nuit ou pendant le jour, et aussitôt il en fut des récoltes comme s'il n'y eût eu rien la veille. C'est ainsi que nous faisons paraître clairement nos signes à ceux qui réfléchissent.

---

[1] Ceci doit se rapporter aux sept années de sécheresse qui avaient affligé la Mecque. Cette calamité n'eut pas plutôt cessé, que les infidèles, naguère humbles et abattus, se mirent à tourner en ridicule la mission de Mahomet.

26. Dieu appelle au Séjour de paix[1] et dirige celui qu'il veut vers le sentier droit.

27. A ceux qui ont fait le bien, le bien et un surplus. Ni la noirceur ni la honte ne terniront l'éclat de leurs visages. Ils habiteront le paradis, et y resteront éternellement.

28. Ceux qui feront le mal, leur rétribution sera pareille au mal[2]; l'ignominie les couvrira (et il n'y aura point de protecteur contre Dieu), et leurs visages seront noirs comme un lambeau de nuit épaisse. Ils habiteront le feu, et y demeureront éternellement.

29. Un jour nous les réunirons tous, et nous crierons à ceux qui donnaient des associés à Dieu : A vos places, vous et vos compagnons! Puis nous les séparerons les uns des autres. Leurs compagnons leur diront alors : Ce n'est pas nous que vous avez adorés (*mais plutôt vos passions*).

30. Dieu est un témoin compétent entre nous et vous. Nous ne faisions pas même attention à vos adorations.

31. Ainsi toute âme recevra la rétribution de ce qu'elle aura fait; ils seront tous rendus à Dieu, leur véritable Seigneur, et les dieux qu'ils avaient inventés disparaîtront.

32. Dis-leur : Qui est-ce qui vous fournit la nourriture du ciel et de la terre? Qui est-ce qui dispose de l'ouïe et de la vue? Qui est-ce qui tire un être vivant d'un être mort, et un être mort d'un être vivant[3]? Qui est-ce qui gouverne tout? Ils répondront : C'est Dieu. Dis-leur : Pourquoi donc ne le craignez-vous pas?

33. Celui-ci est Dieu, votre Seigneur véritable. Qu'y a-t-il en dehors de la vérité, si ce n'est l'erreur? Comment se fait-il que vous vous en détourniez?

34. Ainsi s'est vérifiée cette parole de Dieu sur les criminels, qu'ils ne croiront jamais.

35. Dis-leur : Quelqu'un de vos compagnons peut-il produire un être, et le faire rentrer ensuite *dans le néant?* Dis plutôt : C'est Dieu qui produit cette création et la fait rentrer. Comment se fait-il que vous vous éloigniez de la foi?

---

[1] Le séjour de paix, *Dar esselam*, c'est le paradis.

[2] Ce n'est pas le seul passage du Koran où, pour mettre en relief la bonté de Dieu, les récompenses réservées aux justes sont représentées comme plus généreuses que ne seront sévères les châtiments des méchants.

[3] C'est-à-dire, qui fait sortir les hommes et les animaux d'une goutte de sperme, et une goutte de sperme de leurs flancs, ou bien la nature animée de la nature inanimée.

36. Dis-leur : Quelqu'un de vos compagnons¹ peut-il nous diriger vers la vérité? Dis : C'est Dieu qui dirige vers la vérité. Qui donc est plus digne d'être obéi, de celui qui dirige, ou de celui qui ne dirige qu'autant qu'il est dirigé lui-même? Quelle est donc la cause qui vous engage à juger comme vous le faites?

37. La plupart d'entre eux ne suivent qu'une opinion ; mais l'opinion ne tient aucunement lieu de la vérité, et Dieu sait ce que les hommes font.

38. Ce livre (*le Koran*) n'est point inventé par quelque autre que Dieu ; il n'est qu'une confirmation de ce qui était avant lui, et une explication des Écritures exemptes de tout doute, qui viennent du maître de l'univers.

39. Disent-ils : C'est lui (*Mohammed*) qui l'a inventé? Réponds-leur : Composez donc un seul chapitre semblable ; appelez-y même tous ceux que vous pouvez, hormis Dieu, si vous êtes sincères.

40. Mais ils accusent de mensonge ce qu'ils sont incapables d'embrasser avec leur science, bien qu'on leur en ait donné l'explication. Ainsi ont agi, avant eux, ceux qui traitaient d'imposteurs d'autres que toi. Regarde quelle a été la fin des impies.

41. Il en est parmi eux qui croient ; il en est qui ne croient pas. Dieu connaît les méchants.

42. S'ils te traitent d'imposteur, dis-leur : Mes actions m'appartiennent, et à vous les vôtres. Vous êtes innocents de ce que je fais, et moi de ce que vous faites.

43. Il est parmi eux des hommes qui viennent pour t'écouter. Peux-tu faire que les sourds t'entendent, lorsqu'ils ne comprennent rien ?

44. Il en est d'autres qui te regardent sans rien voir. Peux-tu diriger les aveugles quand ils ne voient pas?

45. Dieu ne commet pas d'injustice envers les hommes ; les hommes en commettent envers eux-mêmes.

46. Un jour il les rassemblera tous ; à les voir, on pourra croire qu'ils ne sont restés (*dans le tombeau*) qu'une heure de la journée, et ils se connaîtront tous les uns les autres. Alors ceux qui ont traité de mensonge la comparution devant Dieu, et qui n'étaient pas dirigés dans la droite voie, périront.

47. Soit que nous te fassions voir une partie des peines dont nous les menaçons, soit que nous te recueillions chez nous ² au-

¹ Le pronom *vos* ne veut pas dire les compagnons des idolâtres, mais les compagnons que les idolâtres donnent à Dieu.
² Cela veut dire : soit que nous te fassions mourir ; mais dans ce passage

paravant, tous retourneront à Dieu ; il (*Dieu*) apparaîtra alors comme témoin de leurs actions.

48. Chaque nation a eu son prophète ; et lorsqu'un prophète vint à eux aussi, le différend fut décidé avec équité, et ils ne furent pas traités injustement [1].

49. Ils disent : Quand donc ces menaces seront-elles accomplies ? Dites-le-nous, si vous êtes sincères.

50. Dis-leur : Je n'ai aucun pouvoir sur ce qui m'est utile ou nuisible, sinon autant que cela plaît à Dieu. Chaque nation a son terme ; lorsque ce terme est venu, elle ne saurait le retarder ni l'avancer d'une seule heure.

51. Dis-leur : Si le châtiment de Dieu doit les surprendre pendant la nuit ou pendant le jour, pourquoi les coupables voudraient-ils le hâter ?

52. Y croirez-vous au moment où le châtiment viendra vous surprendre ? — Oui, vous y croirez alors ; mais pourquoi l'avez-vous hâté ?

53. On dira alors aux injustes : Goûtez le châtiment éternel; seriez-vous rétribués autrement que selon vos mérites ?

54. Ils viendront s'informer chez toi s'il en sera véritablement ainsi. Dis-leur : Oui, j'en jure par mon Seigneur, c'est la vérité; et vous ne pouvez pas affaiblir la puissance de Dieu.

55. Certes, toute âme qui a commis des iniquités désirerait alors se racheter au prix de toutes les richesses de la terre. Ils (*les humains*) cacheront leur regret lorsqu'ils verront le châtiment qui les attend. Leur cause sera décidée bientôt, et ils ne seront pas lésés.

56. Tout ce qui est dans les cieux et sur la terre n'appartient-il pas à Dieu ? Les promesses de Dieu ne sont-elles pas véritables? Mais la plupart des hommes ne le savent pas.

57. Il donne la vie et il fait mourir, et vous serez ramenés auprès de lui.

58. O hommes ! il vous est venu de la part de votre Seigneur un avertissement et un remède pour le mal qui ronge vos cœurs, la direction *dans votre route*, et la miséricorde pour les croyants.

59. Dis-leur : Par la grâce de Dieu et par sa miséricorde, qu'ils s'en réjouissent, ceci leur sera plus avantageux que les richesses qu'ils amassent.

---

comme dans d'autres, le Koran évite de se servir du mot *mourir* en parlant de Mahomet et de Jésus.

[1] Nous ferons observer qu'il s'agit ici des infidèles de la Mecque, et par *les hommes* il faut entendre les Mecquois.

60. Dis-leur : Dites-moi, parmi les dons que Dieu a fait descendre sur vous d'en haut, vous avez interdit certaines choses, et vous en avez permis d'autres. Demande-leur : Est-ce Dieu qui vous l'a enseigné, ou bien le mettez-vous mensongèrement sur son compte?

61. Mais que penseront, au jour de la résurrection, ceux qui inventent des mensonges sur le compte de Dieu? Certes, Dieu est d'une bonté infinie envers les hommes; mais la plupart d'entre eux ne lui sont pas reconnaissants.

62. Tu ne te trouveras pas dans une circonstance quelconque, tu ne liras pas un seul mot du Livre, les hommes ne feront aucun acte quel qu'il soit que nous ne soyons témoin contre eux quand ils l'entreprennent. Le poids d'un atome sur la terre ou dans les cieux ne saurait échapper à ton Seigneur. Il n'y a pas de poids plus petit ou plus grand qui ne soit inscrit dans le Livre évident[1].

63. Les amis de Dieu seront à l'abri de toute crainte, et ne seront point attristés.

64. A ceux qui croient et qui craignent,

65. A ceux-là bonne nouvelle dans ce monde et dans l'autre. Les paroles de Dieu ne changent point. Ce sera un bonheur immense.

66. Que leurs discours ne t'affligent pas. Toute la gloire appartient à Dieu; il entend et sait tout.

67. Tout ce qui est dans les cieux et sur la terre n'est-il pas à Dieu? Ceux qui invoquent à côté de Dieu des compagnons *qu'ils lui donnent* ne suivent qu'une croyance vaine et commettent un mensonge.

68. C'est lui qui a établi la nuit pour votre repos, et le jour qui vous fait voir *tout*. Certes il y a dans ceci des signes pour ceux qui écoutent.

69. Ils disent : Dieu a un fils. Par sa gloire, non. Il se suffit à lui-même; à lui appartient tout ce qui est dans les cieux et sur la terre. Avez-vous reçu quelque pouvoir pour parler ainsi, ou bien dites-vous ce que vous ne savez pas?

70. Dis-leur : Ceux qui inventent des mensonges sur le compte de Dieu ne seront pas heureux.

71. Ils jouiront temporairement de ce monde, et ensuite retourneront à nous; puis nous leur ferons goûter le châtiment terrible pour prix de leur incrédulité.

72. Relis-leur l'histoire de Noé lorsqu'il dit à son peuple :

---

[1] Par le Livre évident ou Livre qui met tout en évidence, il faut entendre ici le Livre qui est au ciel et où toutes les actions des hommes sont consignées.

O mon peuple! si mon séjour au milieu de vous et le souvenir des signes de Dieu vous sont insupportables, je mets ma confiance en Dieu seul. Réunissez vos efforts et vos compagnons, et ne cachez pas vos desseins : décidez de moi, et ne me faites point attendre.

73. Si vous tournez le dos, je ne vous demande aucune rétribution, ma rétribution est à la charge de Dieu; il m'a ordonné de m'abandonner à lui.

74. On l'a traité d'imposteur, et nous l'avons sauvé, lui et ceux qui étaient avec lui dans le vaisseau. Nous les avons fait survivre aux autres; nous avons noyé ceux qui traitaient nos signes de mensonges. Voilà quelle a été la fin de ceux que Noé avertissait.

75. Nous envoyâmes dans la suite d'autres prophètes, chacun vers son propre peuple; ils leur firent voir des signes évidents; mais ces peuples n'étaient point enclins à croire en ce qu'ils avaient naguère traité de mensonge. C'est ainsi que nous imprimons le sceau sur les cœurs des injustes.

76. Nous envoyâmes ensuite Moïse et Aaron, accompagnés de nos signes, vers Pharaon et vers les grands de son empire; mais ils s'enflèrent d'orgueil et devinrent coupables.

77. Lorsque la vérité leur fut venue de notre part, ils dirent : C'est de la magie pure.

78. Moïse leur dit alors : Quand la vérité vous apparaît, pourquoi demandez-vous si c'est de la magie? Les magiciens ne prospéreront pas.

79. — Es-tu venu, répondirent-ils, pour nous détourner de ce que nous avons vu pratiquer à nos pères, et pour que la grandeur dans ce pays appartienne à vous deux? Nous ne vous croyons pas.

80. Pharaon dit alors : Faites venir tout ce qu'il y a d'habiles magiciens. Et lorsque les magiciens arrivèrent, Moïse leur dit : Jetez ce que vous avez à jeter.

81. Et lorsqu'ils eurent jeté *ce qu'ils avaient à jeter*, Moïse reprit : Ce que vous faites là n'est qu'une magie. Dieu en montrera la vanité, car Dieu ne fait point réussir les actions des méchants.

82. Dieu corrobore la vérité par ses paroles, dussent les coupables en concevoir du dépit.

83. Et personne ne crut à Moïse, excepté son propre peuple, de crainte que Pharaon et les grands ne les opprimassent (*les Égyptiens*); car Pharaon était puissant dans le pays, et il commettait des excès.

84. Moïse dit alors à son peuple : O mon peuple ! si vous avez cru en Dieu, mettez entièrement votre confiance en lui, si vous êtes réellement résignés à sa volonté.

85. Ils répondirent : Nous avons mis notre confiance en Dieu. Seigneur, ne nous fais pas victimes de la tentation d'un peuple d'oppresseurs.

86. Par ta miséricorde délivre-nous du peuple des infidèles.

87. Nous fîmes entendre alors à Moïse et à son frère cette révélation : Disposez pour votre peuple des maisons en Égypte, et faites-en des maisons d'adoration. Observez exactement la prière, et faites entendre de joyeuses nouvelles aux croyants.

88. Seigneur ! s'écria Moïse, tu as donné à Pharaon et à ses grands les richesses et la splendeur dans ce monde, afin qu'ils s'éloignent de ton chemin ; ô Seigneur ! détruis leurs richesses et endurcis leurs cœurs ; qu'ils ne croient point jusqu'à ce qu'ils éprouvent le châtiment terrible.

89. Votre prière est exaucée, répondit Dieu ; marchez dans le sentier droit, et ne suivez point ceux qui ne savent rien.

90. Nous franchîmes la mer avec les enfants d'Israël. Pharaon et ses armées les poursuivirent avec ardeur et en ennemis, jusqu'au moment où, débordé par les flots, il s'écria : Je crois qu'il n'y a point d'autre dieu que celui en qui croient les enfants d'Israël. Je suis de ceux qui s'abandonnent à lui.

91. Oui, à l'heure qu'il est ; mais naguère tu t'es montré rebelle, et tu étais du nombre des méchants.

92. Aujourd'hui nous te sauverons quant à ton corps, afin qu'il soit un signe d'avertissement pour tes successeurs, et cependant la plupart des hommes ne prêtent aucune attention à nos signes.

93. Nous avons disposé, pour les enfants d'Israël, des habitations excellentes (*en Syrie*), et nous leur avons donné des choses excellentes pour leur nourriture. Ils ne se divisèrent que lorsqu'ils eurent reçu la science de la part de ton Seigneur. Mais Dieu prononcera entre eux, au jour de la résurrection, sur leurs dissentiments.

94. Si tu es dans le doute sur ce qui t'a été envoyé d'en haut, interroge ceux qui lisent les Écritures envoyées avant toi. La vérité de la part de Dieu est descendue sur toi ; ne sois pas de ceux qui doutent.

95. Ne sois pas de ceux qui traitent de mensonges les signes de Dieu, afin que tu ne sois pas du nombre des réprouvés.

96. Ceux contre lesquels la parole de Dieu a été prononcée ne croiront pas.

97. Quand même tous les miracles auraient lieu, ils ne croiront pas, jusqu'à ce qu'ils éprouvent le châtiment terrible.

98. S'il en était autrement, une ville qui aurait cru, aurait trouvé en cela son salut; mais il n'y eut que le peuple de JONAS qui fut sauvé, après avoir cru. Nous le délivrâmes du châtiment d'opprobre dans ce monde, et nous le laissâmes subsister jusqu'à un certain temps.

99. Si Dieu voulait, tous les hommes de la terre croiraient. Veux-tu contraindre les hommes à devenir croyants?

100. Comment une âme pourrait-elle croire, sans la volonté de Dieu? Il déversera son indignation sur ceux qui ne comprennent pas.

101. Dis-leur : Contemplez ce qui est dans les cieux et sur la terre. Mais les signes et les avertissements ne seront d'aucune utilité à ceux qui ne croient pas.

102. Attendez-vous quelque autre dénoûment que celui des générations qui vous ont précédés? Dis-leur : Attendez, et moi j'attendrai avec vous.

103. Puis nous sauverons nos envoyés et ceux qui auront cru. Il est juste que nous sauvions les croyants.

104. Dis-leur : O hommes! si vous êtes dans le doute relativement à ma religion, je vous déclare que je n'adore point ceux que vous adorez à côté de Dieu; j'adore ce Dieu qui vous fera mourir. Il m'a été ordonné d'être croyant.

105. Il m'a été dit : Dirige ton front vers la vraie foi; sois pieux, et ne sois pas de ceux qui associent *d'autres divinités à Dieu*.

106. N'invoque point, à côté de Dieu, ce qui ne saurait ni t'être utile ni te nuire. Si tu le fais, tu es impie.

107. Si Dieu t'afflige d'un mal, nul autre que lui ne peut t'en délivrer; s'il t'envoie quelque bien, nul ne saurait reculer ses faveurs; il t'envoie à ceux qu'il veut d'entre ses serviteurs. Il est indulgent et miséricordieux.

108. Dis : O hommes! la vérité vous est venue de la part de votre Seigneur; quiconque prend le chemin droit, le prend pour son bien; quiconque s'égare, s'égare au détriment de son âme. Je ne suis point fondé de pouvoirs.

109. Suis donc ce qui t'a été révélé, et prends patience jusqu'au moment où Dieu aura prononcé sa sentence. Il est le meilleur des juges.

CHAPITRE XI.

HOUD[1].

Donné à la Mecque. — 123 versets.

Au nom du Dieu clément et miséricordieux

1. ELIF. LAM. RA. Le Livre dont les versets ont été d'abord établis sur une base solide, puis développés, vient du Sage, de l'Instruit.
2. Ah! n'adorez donc pas Dieu : moi, je suis de sa part votre avertisseur, votre apôtre.
3. Implorez le pardon de votre Seigneur, puis revenez à lui ; il vous fera jouir d'une belle part, jusqu'au terme fixé d'avance, et il accordera ses faveurs à tout homme digne des faveurs[2]. Mais, si vous tournez le dos, en vérité, je crains pour vous le châtiment du grand jour.
4. Vous retournerez tous à Dieu ; il est tout-puissant.
5. Ne font-ils pas des plis à leurs cœurs[3] pour cacher leurs desseins?
6. Et lorsqu'ils cherchent à se couvrir de leurs vêtements, *Dieu* ne sait-il pas ce qu'ils recèlent et ce qu'ils laissent paraître?
7. Certes, il connaît ce que leurs cœurs renferment.
8. Il n'y a point de créature sur la terre à laquelle Dieu ne se charge de fournir la nourriture ; il connaît son repaire et le lieu de sa mort[4] ; tout est inscrit dans le Livre évident.
9. C'est lui qui a créé les cieux et la terre dans l'espace de six jours ; son trône était, *avant la création*, établi sur les eaux : Dieu voulait *d'abord* savoir qui de vous agirait le mieux[5].

---

[1] *Houd* est le nom d'un prophète envoyé auprès du peuple d'Ad ; il est question de lui non-seulement dans ce chapitre mais dans plusieurs autres.

[2] Ou bien : *ses faveurs à tout possesseur de mérite*. Il est difficile de rendre autrement les paroles du texte, où le mot *fadhl* veut dire également *faveur*, appliqué à Dieu, et *mérite*, appliqué à l'homme.

[3] Le Koran représente la poitrine, comme un morceau d'étoffe que l'on ploie pour y cacher quelque chose.

[4] Ou bien, d'après un autre sens de deux mots du texte, il connaît sa place dans les reins et dans le ventre de ses parents.

[5] C'est-à-dire, laquelle des choses créées sera la plus apte à se charger de ses commandements, des hommes, ou de la terre et des cieux.

10. Quand tu leur dis : Vous serez ressuscités après vôtre mort, les infidèles répondent : C'est de la magie pure.

11. Et si nous différons le châtiment jusqu'au temps déterminé, ils disent : Qu'est-ce qui l'empêche *de le faire sur-le-champ?* — Croient-ils donc qu'il ne viendra pas un jour lorsque personne ne pourra plus le détourner ? Ce qui était l'objet de leurs railleries les enveloppera de toutes parts.

12. Si nous faisons goûter à l'homme *les fruits de* notre miséricorde, et si nous l'en privons ensuite, le voilà qui se désespère et devient ingrat (incrédule).

13. Lui faisons-nous goûter de nos bienfaits après l'adversité qui l'avait atteint, il dit : Les malheurs m'ont quitté enfin ; et le voilà joyeux et glorieux.

14. Ceux qui persévèrent et font le bien, ceux-là obtiendront l'indulgence et la récompense magnifique.

15. Il se peut que tu oublies *de faire connaître* une partie de ce qui t'a été révélé, et que ton cœur soit dans l'angoisse quand ils te diront : A moins qu'un trésor ne lui soit envoyé d'en haut, ou qu'un ange ne l'accompagne, *nous ne croirons pas.* Toi, *Mohammed,* tu n'es qu'un avertisseur, Dieu seul gère tout.

16. Diront-ils : C'est lui (*Mohammed*) qui l'a inventé, ce Koran. Réponds-leur : Eh bien ! apportez dix *sourates* pareilles[1], inventez, et appelez pour vous y aider tous ceux que vous pourrez, hormis Dieu. Faites-le, si vous êtes sincères.

17. Si vous ne l'obtenez pas, apprenez qu'il (*le Koran*) est descendu avec la science de Dieu, et qu'il n'y a de Dieu que Dieu lui-même. Êtes-vous musulmans[2] ?

18. Nous rétribuerons avec justice les œuvres de ceux qui désireront la vie de ce monde et ses plaisirs ; ils ne seront point lésés.

19. Ce sont ceux-là qui n'auront dans la vie future que le feu pour partage ; ce qu'ils ont fait ici-bas se réduira à rien ; leurs actions seront vaines.

20. *Seront-ils les égaux des infidèles,* ceux qui s'appuient sur les preuves évidentes venant de leur Seigneur, *preuves* que leur récite un témoin venant de la part de Dieu, précédé du livre de Moïse, lequel a été donné comme guide et comme signe de la grâce de Dieu ? Ceux-ci croient en lui ; mais quiconque n'y croit pas d'entre les partis (*des Arabes*), le feu sera le lieu de rallie-

---

[1] Sourat, sourate, chapitre du Koran. Ce passage mérite d'être remarqué, il prouve que les dix premiers chapitres existaient déjà à cette époque.

[2] C'est-à-dire : êtes-vous résignés à la volonté de Dieu (*moslimin*) ?

ment pour lui. Ne conserve donc aucun doute sur ce livre, il est la vérité même ; mais la plupart des hommes n'y croient pas.

21. Qui est plus méchant que celui qui invente des mensonges sur le compte de Dieu? Ces hommes comparaîtront un jour devant leur Seigneur, et les témoins diront : Voilà ceux qui ont accusé leur Seigneur de mensonge. La malédiction de Dieu ne tombera-t-elle pas sur les méchants?

22. Quels sont ceux qui détournent les autres du sentier de Dieu, et veulent le rendre tortueux? Ceux qui n'ont point cru à la vie future. Ils ne rendront point Dieu impuissant sur la terre, et ne trouveront aucun protecteur contre lui. Le châtiment qui les attend sera porté au double. Ils ne pouvaient rien écouter, et ils ne croyaient à rien.

23. Ce sont eux qui se sont perdus eux-mêmes, et les divinités qu'ils avaient inventées ont disparu.

24. Nul doute qu'ils ne soient les plus malheureux dans l'autre monde.

25. Ceux qui croient et font le bien, qui s'humilient devant leur Seigneur, seront en possession du paradis, où ils resteront éternellement.

26. Ces deux portions *des humains* ressemblent à l'aveugle et au sourd, à celui qui voit et qui entend. Sont-ils égaux les uns aux autres? N'y réfléchirez-vous pas?

27. Nous envoyâmes Noé vers son peuple : Je suis, leur dit-il, chargé de vous avertir clairement

28. De n'adorer que Dieu. Je crains pour vous le châtiment du jour terrible.

29. Les chefs du peuple incrédule lui dirent : Tu n'es qu'un homme comme nous, et nous ne voyons que la plus vile populace qui t'ait suivi sans réflexion. Vous ne possédez aucun mérite qui vous rende supérieurs à nous. Bien plus, nous vous regardons *tous* comme des imposteurs.

30. O mon peuple ! reprit Noé, qu'en pensez-vous ? Si je ne fais que suivre la révélation de Dieu et la grâce qui me vient de lui, et que vous ne voyez pas, faut-il que je vous l'impose malgré vous ?

31. O mon peuple ! je ne vous demande pas de richesses en retour; ma récompense est à la charge de Dieu, et je ne puis repousser ceux qui croient qu'un jour ils reverront le Seigneur. Mais je vois que vous êtes un peuple d'ignorants.

32. O mon peuple ! qui est-ce qui m'assistera contre Dieu, si je repousse ceux qui croient? N'y réfléchirez-vous pas?

33. Je ne vous dis pas : Les trésors de Dieu sont à ma disposition. Je ne connais pas les choses cachées. Je ne vous dis pas : Je suis un ange ; je ne dis pas à ceux que vos yeux regardent avec mépris : Dieu ne leur accordera aucun bienfait. Dieu sait le mieux ce qui est au fond de leurs âmes. Si je disais cela, je serais du nombre des méchants.

34. Ils répondirent : O Noé ! tu as déjà disputé avec nous, et tu ne fais qu'augmenter nos querelles. Fais donc arriver ce dont tu nous menaces, si tu es véridique.

35. Sans doute Dieu le fera arriver s'il le veut, et ce n'est pas vous qui le rendrez impuissant.

36. Si je donnais des conseils, ils ne vous serviraient à rien quand Dieu voudrait vous égarer. Il est votre Seigneur, et c'est à lui que vous retournerez.

37. Te diront-ils : Il l'a inventé, ce Koran ; dis-leur : Si je l'ai inventé, le crime en retombera sur moi, mais je suis innocent des vôtres.

38. Il a été ensuite révélé à Noé : Il n'y aura de croyants dans ton peuple que ceux qui ont déjà cru. Ne t'afflige point de leurs actions.

39. Construis un vaisseau sous nos yeux et d'après notre révélation, et ne nous parle plus en faveur des méchants : ils seront submergés.

40. Et il construisit un vaisseau, et chaque fois que les chefs de son peuple passaient auprès de lui ils le raillaient. — Ne me raillez pas, dit Noé, je vous raillerai à mon tour comme vous me raillez, et vous apprendrez

41. Sur qui tombera le châtiment qui le couvrira d'opprobre. Ce châtiment restera perpétuellement sur sa tête.

42. Et il en fut ainsi jusqu'au moment où notre ordre fut donné, et où la fournaise creva[1]. Nous dîmes à Noé : Emporte

---

[1] On peut traduire encore : *et la fournaise déborda*. Les commentateurs ne sont pas d'accord sur le sens du mot *fournaise*, ni sur l'endroit où elle était. On suppose que cette fournaise n'était qu'un réservoir d'eau comprimée, et qui creva pour opérer l'inondation. On le place tantôt dans l'Irak arabique, à l'endroit où était la ville de Koufa, tantôt dans la Mésopotamie, et tantôt dans l'Inde. Peut-être l'expression : *la fournaise creva*, n'est-elle qu'une locution métaphorique correspondante à cette autre : *les cataractes du ciel s'ouvrirent*. Le mot du texte *tannour*, dont on a fait aujourd'hui, dans le langage usuel, *tandour*, est un trou circulaire pratiqué ordinairement au milieu d'une chambre, se rétrécissant vers sa base. Il a deux pieds de profondeur ; on y allume le feu, et, quand il est éteint, on applique sur les parois ardentes du four la pâte ronde et mince,

dans ce vaisseau un couple de chaque espèce, ainsi que ta famille, excepté celui sur qui la sentence a été prononcée[1]. Prends aussi tous ceux qui ont cru ; et il n'y eut qu'un petit nombre qui crut.

43. Noé leur dit : Montez dans le vaisseau. Au nom de Dieu, qu'il vogue et qu'il jette l'ancre[2]. Dieu est indulgent et miséricordieux.

44. Et le vaisseau voguait avec eux au milieu des flots *soulevés comme des montagnes*. Noé cria à son fils qui était à l'écart : O mon enfant ! monte avec nous, et ne reste pas avec les incrédules.

45. — Je me retirerai, dit-il, sur une montagne qui me mettra à l'abri des eaux. Noé lui dit : Nul ne sera aujourd'hui à l'abr' des arrêts de Dieu, excepté celui dont il aura eu pitié. Les flots les séparèrent; et le fils de Noé fut submergé.

46. Et il fut dit : O terre ! absorbe tes eaux ; ô ciel ! arrête ; et les eaux diminuèrent; l'arrêt fut accompli. Le vaisseau s'arrêta sur *la montagne* Al-Djoudi[3], et il fut dit : Loin d'ici les méchants !

47. Noé cria vers son Seigneur, et dit : O mon Seigneur ! mon fils est des miens ; tes promesses sont véritables, et tu es le meilleur des juges.

48. — O Noé ! reprit Dieu, il n'est point des tiens. Ce que tu fais est une action injuste. Ne me demande point ce que tu ne sais pas. Je t'avertis, afin que tu ne sois pas du nombre des ignorants.

49. Seigneur ! je me réfugie auprès de toi ; dispense-moi de te demander ce que je ne sais pas, et si tu ne me pardonnes pas, si tu n'as point pitié de moi, je suis perdu.

50. Et il lui dit : O Noé, descends du vaisseau, accompagné de

seule espèce de pain connue en Orient. Quelques commentateurs, prenant le mot *tannour* du Koran pour un four de ce genre, se sont plu à débiter des contes ridicules, en rapportant que la fournaise qui a causé l'inondation était celle où Ève faisait le pain.

[1] Un des fils de Noé que la tradition représente comme infidèle.

[2] Mot à mot : que sa course et son mouillage au nom de Dieu !

[3] La tradition mahométane désigne cette montagne comme l'endroit où l'arche de Noé s'arrêta. Djoudi est le nom donné à une des hauteurs peu élevées et ne méritant pas le nom de montagne, dans la partie septentrionale de la Mésopotamie, et qui la séparent de l'Arménie. Elles sont à peu de distance de la ville actuelle de *Djezireh*. Nous ferons observer ici que cette tradition n'est pas seulement celle des mahométans, elle s'est toujours maintenue chez les Chaldéens. Le nom de *Djoudi* répond au *Djordi, montes Gordyæi*, et n'en est peut-être qu'une altération.

notre salut et de nos bénédictions sur toi et sur les peuples qui sont avec toi. Il est des peuples que nous ferons jouir des biens du monde ; plus tard, un châtiment terrible les atteindra.

51. Voilà une des histoires inconnues. Nous te révélons, ô *Mohammed !* cette histoire, que vous n'avez pas connue jusqu'ici, ni toi ni ton peuple. Prends patience ; la fin heureuse est pour ceux qui craignent Dieu.

52. Nous envoyâmes aux hommes d'Ad leur frère HOUD. Il leur dit : O mon peuple ! adorez Dieu. Vous n'avez point d'autre dieu que lui. Vous inventez vous-mêmes les autres.

53. O mon peuple ! je ne te demande aucun salaire ; mon salaire est à la charge de celui qui m'a créé. Ne le comprendrez-vous pas ?

54. O mon peuple ! implorez le pardon de votre Seigneur, et puis revenez à lui, il vous enverra du ciel une pluie abondante[1].

55. Il fera accroître vos forces [2]. Ne vous en allez pas coupables (*faites pénitence*) !

56. O Houd ! répondirent-ils, tu ne viens point accompagné d'un signe évident ; nous n'abandonnerons point nos divinités à ta parole seule ; nous ne te croyons pas.

57. Que dirons-nous, si ce n'est qu'un de nos dieux t'a frappé de quelque coup ? Il répondit : Je prends à témoin Dieu, et vous témoignez vous-mêmes que je suis innocent de ce que vous associez *d'autres divinités*

58. A Dieu. Mettez en œuvre vos machinations, et ne me faites point attendre ;

59. Car j'ai mis ma confiance en Dieu, qui est mon Seigneur et le vôtre. Il n'existe pas une seule créature qu'il ne tienne par le bout de la chevelure. Dieu est sur le sentier droit.

60. Si vous tournez le dos, je vous ai fait connaître ma mission. Dieu mettra un autre peuple à votre place, et vous ne pourrez lui (*à Dieu*) causer aucun mal. Mon Seigneur contient toute chose dans ses limites.

61. Notre volonté prête à s'accomplir, nous sauvâmes, par l'effet de notre miséricorde, Houd et ceux qui ont cru avec lui ; nous les avons sauvés d'un châtiment terrible.

62. Ce peuple d'Ad avait nié la vérité de son Seigneur ; il avait

---

[1] Les peuples d'Ad souffraient de la sécheresse.

[2] Les peuples d'Ad sont représentés, par la tradition populaire, combattue d'ailleurs par les historiens arabes judicieux, tels qu'Ibn Khaldoun, comme remarquables par leur taille gigantesque et leur force. Voy. chap. VII, 67, note.

désobéi à ses envoyés et avait suivi les ordres des hommes puissants et rebelles.

63. La malédiction les poursuit dans ce monde. Au jour de la résurrection, on leur criera : Ad n'a-t-il point été incrédule envers son Seigneur ? Loin d'ici, Ad, peuple de Houd !

64. Nous envoyâmes vers les Thémoudites leur frère Saleh, qui leur dit : O mon peuple ! adorez Dieu. N'ayez point d'autres dieux que lui. Il vous a produits de la terre, et il vous l'a donnée pour l'habiter. Implorez son pardon : puis revenez à lui. Mon Seigneur est proche, il exauce ceux qui le prient.

65. Ils répondirent : O Saleh ! tu étais l'objet de nos espérances[1]. Nous défendras-tu maintenant d'adorer ce que nos pères adoraient? Nous avons de grands doutes sur le *culte* auquel tu nous appelles.

66. O mon peuple ! répondit-il, songez-y. Lorsqu'une volonté manifeste de Dieu m'accompagne, lorsque sa miséricorde est descendue sur moi, qui m'assistera contre lui si je lui désobéis ? Vous ne sauriez accroître que ma perte[2].

67. O mon peuple ! la chamelle que voici est la chamelle de Dieu, elle sera un signe pour vous ; laissez-la paître tranquillement sur la terre de Dieu, ne lui faites aucun mal ; un châtiment terrible le suivrait de près.

68. Ils tuèrent la chamelle. Saleh leur dit alors : Attendez trois jours dans vos maisons. C'est une promesse qui ne sera point démentie.

69. Et dès que notre arrêt fut prononcé, nous sauvâmes, par l'effet de notre miséricorde, Saleh et ceux qui avaient cru avec lui, de l'opprobre de ce jour-là. Ton Seigneur est le Fort, le Puissant.

70. Une tempête violente surprit les méchants ; le lendemain ils furent trouvés gisants morts la face contre terre, dans leurs habitations,

71. Comme s'ils n'y avaient jamais habité. Thémoud a été incrédule envers son Seigneur. Loin d'ici, Thémoud !

72. Nos envoyés allèrent vers Abraham, porteurs d'une heureuse nouvelle. Ils lui dirent : Paix ! — Paix ! répondit-il ; et il ne fut pas longtemps à apporter un veau rôti.

73. Et lorsqu'il vit que leurs mains ne touchaient pas même *le mets préparé*, cela lui déplut, et il conçut de la frayeur. — N'aie pas peur, lui dirent-ils ; nous sommes envoyés vers le peuple de Loth.

[1] Nous avions l'intention de te proclamer notre roi.
[2] Vous qui aviez le projet de m'élire roi et d'augmenter ainsi ma considération.

74. Sa femme (*la femme d'Abraham*) se tenait là debout, et elle se mit à rire[1]. Nous lui annonçâmes Isaac, et après Isaac, Jacob.

75. Ah! malheureuse que je suis! moi, enfanter? lorsque je suis une vieille et mon mari un vieillard! Certes, c'est une chose étrange!

76. Tu t'étonneras donc de la volonté de Dieu? Sa miséricorde et ses bénédictions sont sur vous, gens de cette maison. Dieu est digne de gloire et de louanges.

77. Lorsque la frayeur d'Abraham se dissipa, et que l'heureuse prédiction lui fut faite, il disputa avec nous en faveur du peuple de Loth ; car Abraham était doux, compatissant, enclin à l'indulgence.

78. — O Abraham [2]! car l'ordre de ton Seigneur a déjà été manifesté ; le châtiment les atteindra ; il est irrévocable.

79. Nos envoyés allèrent vers Loth ; il s'affligea à cause d'eux et il était trop faible [3]. — C'est un jour difficile, dit-il.

80. Des hommes de son peuple se portèrent en foule chez lui, ils commettaient des turpitudes. Il leur dit : Voici mes filles ; il serait moins impur d'abuser d'elles. Ne me déshonorez pas dans mes hôtes. N'y a-t-il pas un homme droit parmi vous?

81. — Tu sais, lui dirent-ils, que nous n'avons pas besoin de tes filles ; tu sais ce que nous voulons.

82. — Ah! si j'avais assez de force pour vous résister, ou si je pouvais trouver asile auprès de quelque chef puissant[4]!

83. O Loth! lui dirent *les étrangers*, nous sommes les envoyés de ton Seigneur ; ils ne te toucheront pas. Sors avec ta famille cette nuit même ; mais que personne d'entre vous ne se tourne pour regarder en arrière. Ta femme seule le fera ; le châtiment qui les surprendra (*les coupables*) tombera aussi sur elle. Ce dont ils sont menacés s'accomplira avant demain. Demain n'est pas loin.

84. Un ordre émana de nous ; nous renversâmes cette ville de fond en comble ; nous fîmes pleuvoir des briques de terre cuite,

---

[1] Le mot que nous traduisons ici par *rire* est susceptible d'une autre interprétation ; il veut dire : *menstrua passa est*, ce qui lui présageait la possibilité d'enfanter.

[2] Mot à mot : détourne-toi de cela, c'est-à-dire brisons là-dessus, laisse cela là.

[3] Voyant que c'étaient des jeunes gens et que lui n'était pas assez fort pour les protéger.

[4] Mot à mot : *Si je pouvais trouver refuge auprès d'une colonne puissante*. Le mot *rokn* veut dire pilastre, et métaphoriquement *chef, grand*.

tombant continuellement et marquées par Dieu même [1]. Elles ne sont pas loin de tous les méchants !

85. Nous envoyâmes vers les Madianites leur frère Choaïb. O mon peuple ! leur dit-il, adorez Dieu; n'ayez point d'autre dieu que lui; ne diminuez pas le boisseau et le poids. Je vous vois dans l'aisance; mais je crains pour vous le châtiment du jour qui vous enveloppera tous.

86. O mon peuple ! remplissez la mesure, pesez avec justice, et ne fraudez pas les hommes dans leur avoir; ne commettez pas des iniquités sur la terre.

87. La plus petite quantité qui vous restera par la faveur de Dieu vous sera plus avantageuse, si vous êtes croyants.

88. Je ne suis point votre gardien.

89. Ils lui dirent : O Choaïb, sont-ce tes dévotions [2] qui font que tu nous ordonnes d'abandonner ce qu'adoraient nos pères, ou de ne point faire avec nos biens ce qu'il nous plaît ? Cependant tu es un homme doux et droit.

90. — O mon peuple ! répondit Choaïb, dites-le-moi : si j'ai reçu de Dieu une preuve évidente, et s'il m'accorde une belle part de ses biens, dois-je ne pas m'opposer à ce qu'il m'a défendu ? Je ne veux que vous corriger, autant que je le puis ; ma seule assistance me vient de Dieu, c'est en lui que j'ai mis ma confiance, et c'est à lui que je retournerai.

91. O mon peuple ! puisse ma séparation d'avec vous ne pas vous valoir des maux pareils à ceux qui accablèrent le peuple de Noé, le peuple de Houd, le peuple de Saleh ! Le sort du peuple de Loth n'est pas éloigné de vous.

92. Implorez le pardon de votre Seigneur, puis revenez à lui. Dieu est miséricordieux et plein d'amour.

93. — O Choaïb ! répondit le peuple, nous ne comprenons pas trop ce que tu veux dire; tu est faible parmi nous. Si nous n'avions égard à ta famille, nous t'aurions lapidé. Tu n'aurais pas eu le dessus.

94. — O mon peuple ! dit Choaïb, ma famille vous est-elle donc plus chère que Dieu ? Ferez-vous comme si vous le laissiez derrière vous ? Dieu embrasse de sa connaissance ce que vous faites.

95. O mon peuple ! agissez, faites le mal tant que vous pourrez ; j'agirai de mon côté, et vous apprendrez

---

[1] On croit que le sens de ces mots est que sur chaque brique était gravé le nom de l'individu qu'elle devait frapper.

[2] Choaïb était très-pieux et dévot.

96. Sur qui tombera le châtiment ignominieux, et qui de nous est menteur. Attendez l'heure; moi je l'attends aussi.

97. Lorsque notre arrêt fut prononcé, nous sauvâmes, par l'effet de notre miséricorde, Choaïb et ceux qui avaient cru avec lui. Une tempête violente surprit les méchants; le lendemain on les trouva *morts* gisants dans leurs demeures,

98. Comme s'ils n'avaient jamais habité le pays. Madian ne s'est-il point éloigné *du chemin droit,* dont s'était éloigné Thémoud?

99. Nous envoyâmes Moïse, accompagné de nos signes et d'un pouvoir incontestable, vers Pharaon et ses grands. Les grands suivirent les ordres de Pharaon; mais les ordres de Pharaon n'étaient pas justes.

100. Pharaon marchera à la tête de son peuple, au jour de la résurrection; il le fera descendre dans le feu. Quelle affreuse descente!

101. La malédiction les suit dans ce monde; et au jour de la résurrection quel affreux présent leur sera fait!

102. Voilà de l'histoire des cités que nous te racontons : Il y en a *qui sont encore* debout et *d'autres comme* moissonnées.

103. Ce n'est pas nous qui avons agi avec iniquité envers eux, ce sont eux-mêmes. Les divinités qu'ils invoquaient à côté de Dieu ne leur ont servi de rien au moment où l'arrêt de Dieu fut prononcé. Elles n'ont fait qu'accroître leur défaite.

104. Quand Dieu s'empare des cités criminelles, c'est ainsi qu'il s'en empare. Il s'en empare terriblement, avec violence.

105. Certes il y a dans ceci des signes pour celui qui craint le supplice de l'autre monde. Ce sera le jour où tous les hommes seront rassemblés, ce sera le jour qui sera vu *par les cieux et la terre.*

106. Nous ne le différons qu'à un terme fixé d'avance.

107. Ce jour-là, aucune âme n'élèvera la parole qu'avec la permission de Dieu. Parmi les hommes, tel sera réprouvé, tel autre bienheureux.

108. Les réprouvés seront précipités dans le feu; ils y pousseront des soupirs et des sanglots.

109. Ils y demeureront tant que dureront les cieux et la terre, à moins que Dieu ne le veuille autrement. Ton Seigneur fait bien ce qu'il veut.

110. Les bienheureux seront dans le paradis; ils y séjourneront tant que dureront les cieux et la terre, sauf si ton

Seigneur ne veut ajouter quelque bienfait qui ne saurait discontinuer.

111. Ne sois point dans le doute sur ce qu'ils (*les infidèles*) adorent. Ces hommes adorent ce qu'adoraient avant eux leurs pères. Nous leur payerons leur part sans diminution aucune.

112. Nous donnâmes le livre à Moïse; on se mit à disputer sur ce livre. Si la parole de Dieu (*différant le châtiment*) n'avait pas été prononcée, certes leurs différends auraient été bientôt terminés. Ton peuple aussi, *ô Mohammed!* est dans le doute là-dessus.

113. Dieu payera à tous le prix de leurs œuvres, car il est instruit de tout ce que vous faites.

114. Suis le chemin droit, comme tu en as reçu l'ordre; que ceux qui se convertissent avec toi ne commettent plus d'iniquités, car Dieu voit vos actions.

115. Ne vous appuyez pas sur les méchants, de peur que le feu ne vous atteigne; vous n'aurez point de protecteur contre Dieu, vous ne serez point secourus.

116. Fais la prière aux deux extrémités du jour et à l'entrée de la nuit; les bonnes actions éloignent les mauvaises. Avis à ceux qui pensent.

117. Persévère, car Dieu ne laissera point périr la récompense de ceux qui font le bien.

118. Parmi les générations qui vous ont précédés, ceux qui pratiquaient la vertu et défendaient de commettre des iniquités sur la terre n'étaient qu'en petit nombre. Nous les avons sauvés; mais les méchants suivirent leurs appétits, et furent coupables.

119. Ton Seigneur n'anéantit point injustement les cités dont les habitants sont justes.

120. Si Dieu avait voulu, il n'aurait fait de tous les hommes qu'un seul peuple. Mais ils ne cesseront de différer entre eux, excepté ceux à qui Dieu aura accordé sa miséricorde. Il les a créés pour cela, afin que la parole de Dieu s'accomplisse quand il a dit: Je remplirai l'enfer de génies et d'hommes à la fois.

121. Nous te racontons ces histoires de nos envoyés, pour affermir ton cœur. Par elles la vérité descend sur toi, ainsi que l'admonition et l'avertissement pour les croyants.

122. Dis à ceux qui ne croient pas: Agissez autant qu'il est en votre pouvoir, nous agirons aussi; mais attendez la fin, nous l'attendrons aussi.

123. A Dieu appartiennent les choses cachées des cieux et de la terre; tout retourne à lui. Adore-le et mets ta confiance en lui. Ton Seigneur n'est point inattentif à ce qu'ils font.

CHAPITRE XII.

JOSEPH.

Donné à la Mecque. — 111 versets.

Au nom du Dieu clément et miséricordieux.

1. ÉLIF. LAM. RA [1]. Voici les signes du Livre évident.
2. Nous l'avons fait descendre du ciel en langue arabe, afin que vous le compreniez.
3. Nous allons te raconter, *ô Mohammed*, la plus belle des histoires révélées dans ce Koran, une histoire dont tu ne t'es point douté jusqu'ici.
4. Un jour JOSEPH dit : O mon père! j'ai vu onze étoiles et le soleil et la lune qui m'adoraient.
5. — O mon enfant! lui répondit Jacob, garde-toi bien de raconter ton songe à tes frères, de peur qu'ils n'imaginent contre toi quelque artifice; car Satan est l'ennemi déclaré de l'homme.
6. C'est ainsi [2] que Dieu te prendra pour son élu et t'enseignera l'interprétation des événements; il te comblera de ses bienfaits, toi et la famille de Jacob, comme il en a comblé tes aïeux d'autrefois, Abraham et Isaac. Ton seigneur est instruit et sage.
7. En vérité, il y a, dans l'histoire de Joseph et de ses frères, des signes *instructifs* pour ceux qui questionnent [3].
8. Un jour ses frères se disaient l'un à l'autre : Joseph et son frère *Benjamin* sont plus chers à notre père, et pourtant nous sommes plus nombreux. En vérité, notre père est dans une erreur manifeste.
9. Tuez Joseph, ou bien éloignez-le quelque part; les regards de votre père seront exclusivement pour vous. Ensuite vous vous conduirez en hommes de bien.
10. L'un d'entre eux dit alors : Ne mettez pas à mort Joseph, jetez-le plutôt au fond d'un puits; quelque voyageur surviendra et le recueillera; si toutefois vous voulez faire quelque chose.

---

[1] Voy. II, 1.

[2] C'est-à-dire, de même que Dieu t'a élu pour t'accorder cette vision, de même il te fera son élu, etc.

[3] C'est ainsi, je pense, qu'il faut entendre le mot *sailin*, puisque cette histoire a été racontée par Mahomet aux Koreïchites, qui, pour l'embarrasser, lui demandèrent l'histoire de Joseph.

CHAPITRE XII.

11. Un jour les frères de Joseph dirent à Jacob : O notre père ! pourquoi ne veux-tu pas nous confier Joseph ? nous lui voulons cependant du bien.

12. Laisse-le partir demain avec nous ; il mangera des fruits et il jouera [1] ; nous serons ses gardiens.

13. — J'éprouverai du chagrin, dit Jacob, si vous l'emmenez ; je crains qu'un loup ne le dévore pendant que vous n'y ferez pas attention.

14. Si un loup doit le dévorer, nous qui sommes plusieurs, nous serions bien malheureux de ne pouvoir le défendre.

15. Puis ils emmenèrent Joseph avec eux, et d'un commun accord ils le jetèrent au fond d'un puits. Nous fîmes alors cette révélation à Joseph : Tu leur rediras *un jour* ce qu'ils ont fait, et ils ne le comprendront pas [2].

16. Le soir ils se présentèrent devant leur père en pleurant.

17. O notre père ! dirent-ils, nous nous sommes éloignés pour courir à qui mieux mieux, et nous avons laissé Joseph auprès de nos hardes, et voilà qu'un loup l'a dévoré. Mais tu ne nous croiras pas, quoique nous disions vrai.

18. Puis ils lui montrèrent sa chemise teinte de quelque autre sang [3]. Jacob leur dit : C'est vous-mêmes qui avez arrangé tout cela, mais la patience vaut mieux. J'implore le secours de Dieu dans le malheur que vous venez de m'apprendre.

19. Il arriva que des voyageurs vinrent à passer par là ; ils envoyèrent un homme chargé de leur apporter de l'eau. Celui-ci laissa descendre son seau dans le puits, et s'écria : Quelle heureuse rencontre ! c'est un jeune homme. Ils le cachèrent pour en faire marchandise ; mais Dieu connaissait leurs actions.

20. Ils le vendirent pour un vil prix [4], pour quelques drachmes d'argent, et comme tenant peu à le garder.

21. Celui qui l'acheta (ce fut un Égyptien) dit à sa femme [5] :

---

[1] D'après une autre leçon : nous paîtrons les troupeaux et nous jouerons.

[2] En Égypte, quand ses frères vinrent chercher des vivres.

[3] Mot à mot : *d'un sang mensonger*, c'est-à-dire, qui n'était pas le sang de Joseph.

[4] Joseph est pour les mahométans le type de la beauté. De là l'expression : « vendre Joseph pour un vil prix, » est devenue proverbiale, et revient au même que : « vendre un trésor inestimable pour un objet de nulle valeur. »

[5] Le nom de l'Égyptien, trésorier du roi, selon les commentateurs, est *Kitfir* ou *Itfir*, altération du nom de Putiphar, occasionnée par la confusion des lettres *k* et *f*, qui ne diffèrent que par les points, la lettre *p* n'existant pas en arabe. Le nom de la femme, d'après les mahométans, est *Zuleïkha*.

Donne-lui une hospitalité généreuse ; il peut nous être utile un jour, ou bien nous l'adopterons pour notre fils. C'est ainsi que nous avons établi Joseph dans ce pays-là ; nous lui apprîmes l'interprétation des événements. Dieu est puissant dans ses œuvres ; mais la plupart des hommes ne le savent pas.

22. Lorsque Joseph parvint à l'âge de puberté, nous lui donnâmes la sagesse et la science : c'est ainsi que nous récompensons ceux qui font le bien.

23. La femme dans la maison de laquelle il se trouvait conçut de la passion pour lui ; elle ferma toutes les portes de l'appartement[1], et lui dit : Viens ici. — Dieu m'en préserve ! répondit Joseph. Mon maître m'a donné une généreuse hospitalité. Les méchants ne prospèrent pas.

24. Mais elle le sollicita, et il eut la même intention, mais il reçut un avertissement de son Seigneur. Nous le lui avons donné pour le détourner du mal, d'une turpitude, car il était de nos serviteurs sincères.

25. Alors tous les deux s'élancèrent vers la porte, *lui pour fuir, elle pour le retenir*, et la femme déchira la tunique de *Joseph* par derrière. Tous deux rencontrent à la porte son maître à elle (son mari). Que mérite, dit la femme, celui qui a conçu des intentions coupables à l'égard de ta femme, sinon la prison ou une punition terrible ?

26. — C'est elle, dit Joseph, qui m'a sollicité au mal. Un parent de la femme témoigna alors contre elle, en disant : Si la tunique est déchirée par devant, c'est la femme qui dit la vérité, et c'est Joseph qui est menteur.

27. Mais, si elle est déchirée par-derrière, c'est la femme qui a menti, et c'est Joseph qui dit la vérité.

28. Le mari examina la tunique, et vit qu'elle était déchirée par derrière. — Voilà de vos fourberies ! dit le mari, et certes grandes sont vos fourberies !

29. O Joseph, ne te préoccupe plus de cette affaire[2] ; et toi, femme ! demande pardon de ta faute, car tu as péché.

30. Les femmes de la ville se racontaient l'aventure, en disant : La femme de l'Aziz[3] a eu des vues sur son jeune homme, qui l'a

---

[1] Les commentateurs ajoutent : il y en avait sept.

[2] Mot à mot : tourne le dos à cette affaire, laisse cela là.

[3] *Aziz* veut dire en arabe *puissant*, et aussi *cher*. Dans le premier sens, ce mot s'applique à Dieu. Il est employé exceptionnellement ici pour l'intendant du trésor en Égypte, et ce titre s'est conservé longtemps chez les Orientaux comme particulier aux gouverneurs de l'Égypte et aux lieutenants des califes dans ce pays.

rendue folle de lui. Nous trouvons qu'elle est dans une fausse voie manifeste!

31. Lorsque la femme de l'Aziz eut entendu ces propos, elle envoya des invitations à ces femmes, prépara un banquet, et donna à chacune d'elles un couteau; puis elle ordonna à Joseph de paraître. Dès qu'elles l'aperçurent, elles se mirent à s'extasier sur lui, et se coupaient les doigts *par distraction* [1], en s'écriant : Dieu nous garde! ce n'est pas une créature humaine, c'est un ange ravissant.

32. — Voilà, leur dit la femme de l'Aziz, celui qui m'a attiré vos blâmes. J'ai voulu le faire céder à mes désirs, mais il veut rester chaste; si *à l'avenir* il ne fait pas ce que je lui ordonnerai, il sera jeté dans un cachot et comptera parmi les plus misérables.

33. — Seigneur! s'écria Joseph, la prison est préférable au crime auquel ces femmes me convient; et si tu ne détournes pas de moi leurs artifices, je céderai à mon inclination pour elles et je serai du nombre des insensés.

34. Dieu l'exauça et détourna de lui leurs machinations, car il entend et sait tout.

35. Cependant il leur plut, même après les preuves de son innocence, de le jeter pour quelque temps dans un cachot.

36. Deux hommes furent en même temps emprisonnés avec lui. L'un d'eux dit : J'ai rêvé *cette nuit* que je pressais du raisin. Et moi, dit l'autre, j'ai rêvé que je portais sur ma tête des pains que les oiseaux venaient becqueter. — Donne-nous l'interprétation de ces songes, car nous te regardons comme un homme vertueux [2].

37. Joseph leur répondit : On ne vous aura pas encore apporté votre nourriture journalière, que je vous aurai expliqué vos songes avant qu'ils se réalisent. Cette science me vient de Dieu, qui me l'a enseignée; car j'ai abandonné la religion de ceux qui ne croient point en Dieu et qui nient la vie future.

38. Je professe la religion de mes pères, Abraham, Isaac et Jacob; nous n'associons aucune créature à Dieu. Cela vient de la faveur de Dieu envers nous comme envers tous les hommes; mais la plupart des hommes ne sont point reconnaissants.

39. O mes camarades de prison! est-ce une multitude de

---

[1] A la place des oranges que la femme de l'Aziz avait fait servir.

[2] Car il n'y a que les hommes vertueux et purs qui peuvent interpréter les songes.

seigneurs qui valent mieux, ou bien un Dieu unique et puissant?

40. Ceux que vous adorez à côté de Dieu ne sont que de vains noms que vous avez inventés, vous et vos pères. Dieu ne vous a donné aucune preuve à l'appui *de votre culte.* Le pouvoir suprême n'appartient qu'à Dieu; il vous commande de ne point adorer d'autre dieu que lui. Telle est la religion vraie; mais la plupart des hommes ne le savent pas.

41. O mes camarades de prison! l'un d'entre vous présentera la coupe de vin à son maître; l'autre sera sacrifié, et les oiseaux viendront manger de sa tête. La chose sur laquelle vous venez de m'interroger est décrétée irrévocablement.

42. Puis Joseph dit à celui auquel il prédisait son élargissement: *Quand tu seras libre,* rappelle-moi au souvenir de ton maître. Satan lui fit oublier de parler de Joseph à son maître, et Joseph resta encore quelques années en prison.

43. Le roi d'Égypte dit un jour aux grands du royaume: J'ai vu en songe sept vaches grasses dévorées par sept vaches maigres, et sept épis verts et sept autres épis desséchés. Seigneurs! expliquez-moi ma vision, si vous savez expliquer les songes.

44. — Ce n'est qu'un tas de rêves incohérents[1], des songes; nous n'entendons rien à l'explication des songes.

45. Celui des deux prisonniers qui avait été élargi leur dit (or il s'était souvenu de Joseph après quelques années): Je vous en donnerai l'explication. Laissez-moi partir *pour voir la personne qui le fera.*

46. O Joseph! homme véridique, explique-nous ce que signifient sept vaches grasses que sept vaches maigres dévorent, et sept épis verts et sept autres épis desséchés, afin que, quand je serai de retour auprès de ceux qui m'ont envoyé, ils en connaissent l'explication.

47. Joseph lui répondit: Vous sèmerez pendant sept ans, comme c'est l'habitude; le blé que vous aurez moissonné, laissez-le dans l'épi[2], excepté le peu que vous emploierez pour vos besoins.

48. Ensuite viendront sept années dures qui consumeront tout ce que vous aurez mis de côté en vue d'elles, excepté le peu que vous aurez gardé avec soin.

49. Puis viendra une année pendant laquelle les habitants de ce

---

[1] Le mot du texte *botte, fagot de rêves,* répond assez à l'acception familière du mot *fagot* en français.

[2] C'est-à-dire, dans vos magasins, sans le battre.

pays auront beaucoup de pluies et presseront *le raisin et les olives.*

50. Alors le roi dit : Amenez-moi cet homme. Lorsque le messager vint trouver Joseph, celui-ci lui dit : Retourne auprès de ton maître, et demande-lui ce que voulaient faire ces femmes qui se coupaient les doigts. — Mon Seigneur (Dieu) connaît parfaitement leurs machinations.

51. Le roi demanda alors à ces femmes : Que voulaient dire ces instances pour faire céder Joseph à vos désirs ? — Dieu nous garde ! répondirent-elles ; il ne s'est rendu coupable d'aucun péché que nous sachions. Et la femme de l'Aziz (*du gouverneur de l'Égypte*) ajouta : Maintenant la vérité est bien établie, c'est moi qui avais sollicité Joseph au mal ; lui, il a toujours dit la vérité.

52. *Lorsque Joseph apprit tout cela, il dit* : Eh bien, *que mon ancien maître* sache maintenant que je ne l'ai point trahi pendant son absence. Dieu ne mène pas à bonne fin les machinations des traîtres.

53. Je ne me dirai pas non plus *entièrement* innocent moi-même ; certes le sang entraîne au mal[1], sauf si Dieu a pitié de nous ; mais Dieu est indulgent et miséricordieux.

54. Le roi dit alors : Amenez-moi Joseph, je le prendrai à mon service particulier. Et, quand il lui eut adressé quelques paroles, il lui dit : Dès aujourd'hui tu seras auprès de nous, investi d'autorité et de notre confiance.

55. Joseph lui dit : Donnez-moi l'intendance des magasins du pays ; j'en serai le gardien intelligent.

56. C'est ainsi que nous avons établi fermement Joseph dans ce pays ; il pouvait choisir sa demeure partout où il voulait. Nous portons nos faveurs sur quiconque nous voulons, et nous ne laissons point périr la récompense des hommes qui font le bien.

57. Mais la récompense de la vie future est préférable pour ceux qui croient et craignent Dieu.

---

[1] Dans le texte arabe, les mots : *moi-même, ma personne*, et les mots : *le sang, la passion*, sont rendus par le même mot *nafs* dans les deux cas, et nous ferons observer à cette occasion que, lorsqu'on traduit en général *nafs* par âme, il faut y attacher plutôt le sens du principe de la vie, du sang, du penchant, que celui de l'âme immatérielle, esprit, *rouh*. Les commentateurs, s'appuyant sur ce verset du Koran, ainsi que sur le verset 24, et bien plus encore sur les contes des juifs, racontent que Joseph, malgré l'apparition de l'ange Gabriel, était près de céder aux sollicitations de la femme, et ne reprit l'empire sur sa passion que lorsque l'ombre de Jacob lui apparut, et, le frappant sur les extrémités des doigts, eut dissipé les désirs qui le maîtrisaient.

58. Il arriva que les frères de Joseph vinrent en Égypte, et se présentèrent devant lui : il les reconnut ; mais eux ne le reconnurent pas.

59. Et lorsqu'il les eut pourvus de leurs provisions, il leur dit: Amenez-moi votre frère qui est resté avec votre père. Ne voyez-vous pas que je vous donne une bonne mesure, et que je reçois bien mes hôtes ?

60. Si vous ne me l'amenez pas, vous n'aurez plus de blé ; sans lui ne reparaissez pas devant moi.

61. — Nous nous efforcerons, dirent-ils, de l'obtenir auprès de notre père, certes nous le ferons.

62. Puis Joseph dit à ses gens : Mettez le prix de leur blé parmi leurs bagages ; peut-être s'en apercevront-ils à leur arrivée chez eux, et ils reviendront ici *pour le restituer*.

63. Quand ils furent de retour auprès de leur père, ils lui dirent : On nous refusera à l'avenir le blé *en Égypte ;* laisse partir notre frère avec nous, et nous en obtiendrons. Nous aurons soin de lui.

64. — Vous confierai-je encore celui-ci comme je vous avais confié autrefois son frère (*Joseph*)? Dieu est le meilleur gardien ; il est le plus clément.

65. Et lorsqu'ils eurent déballé leurs bagages, ils trouvèrent que le prix de leur blé leur avait été rendu. O notre père ! dirent-ils, que pouvons-nous désirer de plus ? Voici le prix de notre blé qui nous a été rendu ; nous allons y retourner pour acheter des provisions pour nos familles ; nous aurons soin de notre frère ; cette fois-ci nous apporterons la charge d'un chameau de plus. C'est une charge de peu d'importance[1].

66. — Je ne le laisserai pas partir avec vous, dit Jacob, à moins que vous ne juriez devant Dieu que vous me le ramènerez *sain et sauf,* s'il ne vous arrive quelque événement majeur. Lorsqu'ils le lui eurent promis, Jacob s'écria : Dieu m'est caution de vos engagements.

67. Puis il leur dit : O mes enfants ! *en arrivant en Égypte,* n'entrez point tous par une seule porte, mais par plusieurs à la fois ; *toutefois* je ne saurais rien faire pour vous contre les décrets de Dieu, car le pouvoir suprême appartient à Dieu. Je mets

---

[1] Cela peut vouloir dire qu'une charge de chameau de plus pour le chameau de Benjamin sera peu de chose pour un roi d'Égypte, ou bien en attribuant ces derniers mots à Jacob, ils signifieraient : c'est trop peu de chose pour que je risque mon fils.

CHAPITRE XII.

ma confiance en lui, et c'est en lui que mettent leur confiance les hommes qui se résignent.

68. Ils entrèrent donc dans la ville en se conformant à l'ordre de leur père; mais cette précaution ne pouvait leur être d'aucune utilité contre les arrêts de Dieu, sauf qu'elle satisfaisait le désir de Jacob, qui la leur avait recommandée. Or Jacob possédait la science que nous lui enseignâmes; mais la plupart des hommes n'en ont point.

69. Et quand ils se présentèrent devant Joseph, celui-ci retint *à dîner* son frère *Benjamin*, et lui dit : Je suis ton frère, ne t'afflige plus du crime qu'ils ont commis.

70. Joseph, les ayant pourvus de leurs provisions, glissa une coupe à boire dans les hardes de son frère *Benjamin*; puis, *par ses ordres*, un héraut cria après eux : Hé! voyageurs! vous êtes donc des voleurs?

71. Les fils de Jacob retournèrent sur leurs pas, et s'écrièrent : Que cherchez-vous?

72. — Nous cherchons, leur répondit-on, la coupe du roi. Quiconque la restituera, recevra une récompense en blé de la charge d'un chameau; j'en suis garant, *dit le héraut*.

73. — Nous le jurons par Dieu, répondirent *les fils de Jacob*, vous savez que nous ne sommes point venus ici pour commettre des brigandages; nous ne sommes pas des voleurs.

74. — Et, si vous mentez, quelle sera la peine de celui qui l'a fait? dirent les autres.

75. — Celui, répondirent-ils, dans les hardes duquel sera trouvée la coupe, vous sera livré en expiation. C'est ainsi que nous punissons les coupables[1].

76. Joseph commença par *fouiller dans* leurs sacs avant *de fouiller dans* celui de son frère, puis il tira la coupe du sac de son frère. C'est nous qui suggérâmes cette ruse à Joseph; il n'aurait pas pu, d'après la loi du roi de l'Égypte, s'emparer de la personne de son frère, à moins que Dieu ne l'eût voulu. Nous élevons le rang de celui que nous voulons. Il est quelqu'un plus savant que les savants.

77. Les fils de Jacob dirent alors : Si *Benjamin* a commis ce vol, son frère en avait commis un avant lui[2]. Joseph comprima au

---

[1] C'est-à-dire, d'après l'usage en vigueur chez nous Hébreux, le voleur est retenu comme esclave.

[2] D'après les commentateurs, Joseph, étant tout petit, aurait volé une ceinture à sa tante; selon d'autres, une poule, pour la donner à un pauvre, ou enfin une idole à son grand-père Laban.

fond de son cœur la vérité et ne se fit pas connaître, il dit en lui-même : Vous êtes dans une condition plus à plaindre que nous deux. Dieu connaît mieux ce que vous racontez.

78. — O Seigneur! dirent-ils alors, il a un père âgé, respectable ; prends plutôt un d'entre nous à sa place. Nous savons que tu es généreux.

79. — A Dieu ne plaise que je prenne un autre que celui chez qui notre coupe a été trouvée! Si je le faisais, j'agirais injustement.

80. Quand ils eurent désespéré du succès de leurs demandes, ils se retirèrent pour se consulter. Le plus âgé d'eux dit : Ne savez-vous pas que votre père a reçu de vous une promesse faite devant Dieu ? Ne vous rappelez-vous pas quel crime vous avez commis à l'égard de Joseph ? Je ne quitterai pas le pays que mon père ne me l'ait permis, ou que Dieu ne m'ait manifesté ses ordres, car il est le meilleur des juges.

81. Retournez auprès de votre père, et dites-lui : O notre père! ton fils a commis un vol : nous ne pouvons témoigner, excepté de ce qui est à notre connaissance, et nous ne pouvions nous tenir en garde contre les choses imprévues.

82. Fais prendre des renseignements dans la ville où nous étions, et près de la caravane avec laquelle nous sommes arrivés, et tu verras que nous disons la vérité.

83. *De retour chez eux, Jacob leur parla ainsi :* Vous avez arrangé tout cela vous-mêmes ; mais prenons courage, peut-être Dieu me les rendra tous deux, car il est le Savant, le Sage.

84. Il s'éloigna donc d'eux et s'écria : Hélas! ô Joseph! Et ses yeux blanchirent de tristesse, et il fut oppressé par la douleur.

85. Ses fils lui dirent : Au nom de Dieu, tu ne cesseras donc de parler de Joseph jusqu'à ce que la mort te surprenne ou que la douleur termine tes jours ?

86. — Je porte mon affection et ma douleur devant Dieu, et je sais sur Dieu ce que vous ne savez pas.

87. O mes enfants! allez et informez-vous partout de Joseph et de son frère, et ne désespérez pas de la bonté de Dieu ; car les ingrats seuls désespèrent de la bonté de Dieu.

88. Ils revinrent en Égypte, et, s'étant présentés chez Joseph, ils lui dirent : Seigneur ! la misère s'est appesantie sur nous et sur notre famille ; nous n'apportons qu'une modique somme ; mais fais-nous remplir la mesure, fais-nous-en l'aumône. Dieu récompensera ceux qui font l'aumône.

89. — Savez-vous ce que vous avez fait de Joseph et de son frère, quand vous étiez plongés dans l'ignorance ?

90. — Serais-tu Joseph ? lui dirent-ils. — Oui, je suis Joseph, et celui-ci est mon frère. Dieu a été bienfaisant envers nous ; car quiconque le craint et persévère *est heureux*, et Dieu ne fera point périr la récompense des vertueux.

91. — Par le nom de Dieu, répondirent-ils, Dieu t'a permis de nous faire du bien, quoique nous ayons péché.

92. — Je ne vous ferai point de reproches aujourd'hui ; Dieu vous pardonnera vos fautes, car il est le plus miséricordieux.

93. Allez et emportez ma tunique ; couvrez-en le visage de mon père, il recouvrera la vue. Puis amenez-moi toute votre famille.

94. Quand la caravane partit d'Égypte, Jacob *dit à ceux qui l'environnaient :* Je sens l'odeur de Joseph ; vous pensez peut-être que je suis en délire ?

95. — Par le nom de Dieu, lui répondit-on, tu es dans ta vieille erreur.

96. Lorsque le messager porteur de l'heureuse nouvelle arriva, il jeta la tunique *de Joseph* sur le visage de Jacob, et Jacob recouvra la vue.

97. — Ne vous ai-je pas dit que je sais sur Dieu des choses que vous ne savez pas ?

98. — O notre père ! dirent ses fils, implore notre pardon auprès de Dieu, car nous avons péché.

99. — Oui, j'implorerai votre pardon auprès de Dieu ; il est indulgent et miséricordieux.

100. Quand Jacob, avec sa famille arrivée en Égypte, alla chez Joseph, il les reçut chez lui, et leur dit : Entrez en Egypte, s'il plaît ainsi à Dieu, et habitez ce pays à l'abri de toute crainte.

101. Il plaça sur un siége élevé ses père et mère, qui tombèrent sur leurs faces pour l'adorer. O mon père ! dit Joseph, voilà l'explication de mon songe de l'autre jour : Dieu l'a réalisé ; il a été bienfaisant envers moi, quand il me délivra de la prison, quand il vous a amené auprès de moi du désert, après que Satan nous eut séparés moi et mes frères. Le Seigneur est plein de bonté quand il le veut. Il est le Savant, le Sage.

102. Seigneur, tu m'as accordé le pouvoir et tu m'as appris l'interprétation des événements. Créateur des cieux et de la terre, tu es mon protecteur dans ce monde et dans l'autre ; fais-moi mourir résigné à ta volonté, et place-moi au nombre des vertueux.

103. Telle est cette histoire, ô *Mohammed !* du nombre des

récits inconnus que nous te révélons. Tu n'as pas été présent quand *les frères de Joseph* ourdirent en commun leur machination, et qu'ils lui tendirent un piége ; mais la plupart des hommes, quel qu'en soit ton désir, n'y croiront pas.

104. Tu ne leur demanderas pas de salaire pour ce récit : c'est un récit qui s'adresse à tous.

105. Que de miracles répandus dans les cieux et sur la terre ! Ils passent auprès d'eux et s'en détournent.

106. La plupart ne croient point en Dieu, sans mêler à son culte celui des idoles.

107. Sont-ils donc sûrs que le châtiment de Dieu ne les enveloppera pas, que l'heure ne fondra pas soudain sur eux et pendant qu'ils ne s'y attendront pas ?

108. Dis-leur : Voici mon sentier, je vous appelle à Dieu, appuyé par une preuve évidente. Moi et celui qui me suivra, par la gloire de Dieu, nous ne sommes point idolâtres.

109. Nous n'avons jamais envoyé avant toi que des hommes choisis parmi le peuple de différentes cités, auxquels nous révélions nos ordres. N'ont-ils pas voyagé dans le pays? ils y auraient vu quelle a été la fin de ceux qui ont vécu avant eux. Certes la demeure de l'autre monde est d'un plus haut prix pour ceux qui craignent Dieu. Ne le comprendront-ils pas ?

110. Lorsqu'à la fin nos apôtres désespérèrent *du succès de leurs efforts*, quand les hommes s'imaginaient qu'ils mentaient, notre assistance ne fit pas défaut aux apôtres ; nous sauvons ceux que nous voulons, et notre vengeance ne saurait être détournée des têtes des coupables.

111. L'histoire des prophètes est remplie d'exemples instructifs pour les hommes doués de sens. Ce livre n'est point un récit inventé à plaisir : il corrobore les Écritures révélées avant lui, il donne l'explication de toute chose, il est la direction et une preuve de la grâce divine pour les croyants.

CHAPITRE XIII.

LE TONNERRE[1].

Donné à la Mecque. — 43 versets.

Au nom du Dieu clément et miséricordieux.

1. ÉLIF. LAM. MIM. RA[2]. Voici les signes du Livre, et ce qui a été envoyé d'en haut est la vérité même ; cependant le plus grand nombre ne croient pas.
2. C'est Dieu qui a élevé les cieux sans colonnes visibles, et s'est établi sur le trône. Il a soumis le soleil et la lune, et chacun de ces astres poursuit sa course jusqu'à un point déterminé ; il manie les affaires de l'univers, et fait voir distinctement ses merveilles. Peut-être finirez-vous par croire avec certitude qu'un jour vous serez en présence de votre Seigneur.
3. C'est lui qui a étendu la terre, qui y a mis les montagnes et les fleuves, qui y a établi des couples dans toutes les productions, qui ordonne à la nuit d'envelopper le jour. Certes, dans tout cela il y a des signes pour ceux qui réfléchissent.
4. Et sur la terre vous voyez des portions différentes par leur nature, quoique voisines, des jardins de vignes, des blés, des palmiers isolés ou réunis sur un tronc. Ils sont arrosés par la même eau, et c'est nous qui les rendons supérieurs les uns aux autres, quant au goût. Certes, il y a dans ceci des signes pour les hommes doués de sens.
5. Si quelque chose doit t'étonner de leur part, étonne-toi quand tu les entends dire : Se peut-il qu'étant changés en poussière, nous devenions ensuite une création nouvelle ?
6. Ils ne croient point en Dieu ; des chaînes entoureront leurs cous, ils seront voués aux flammes, et y demeureront éternellement.
7. Ils te solliciteront plutôt de hâter le mal que le bien (*la colère plutôt que la miséricorde de Dieu*). De semblables exemples ont déjà eu lieu avant eux. Certes Dieu est indulgent pour les hommes, malgré leur iniquité ; mais aussi il est terrible dans ses châtiments.
8. Les incrédules disent : Est-ce que par hasard Dieu ne lui

---

[1] Le titre de cette *sourate* est pris du verset 14, qui commence par le mot *tonnerre*.
[2] Voy. II, 1.

aurait donné aucun pouvoir pour faire des miracles? Tu n'es donc qu'un avertisseur, et chaque peuple a eu un envoyé chargé de le diriger.

9. Dieu sait ce que chaque femelle porte dans son sein, de combien la matrice se resserre ou s'élargit. Tout, chez lui, a sa mesure.

10. Il connaît ce qui est caché et ce qui est manifeste. Il est le Grand, le Très-Haut.

11. Pour lui tout est égal : celui qui cache son discours et celui qui le proclame tout haut, celui qui s'enveloppe dans la nuit et celui qui se produit au grand jour.

12. *Tout homme* a des anges qui se succèdent sans cesse, placés devant lui, derrière lui ; ils veillent sur lui par ordre du Seigneur. Dieu ne changera point ce qu'il a accordé aux hommes, tant qu'ils ne le changeront pas les premiers, *ce qu'ils possèdent de bien en mal.* Quand il veut les punir, rien ne peut lui faire obstacle ; les hommes n'ont de protecteur que lui.

13. C'est lui qui fait briller l'éclair à vos regards pour inspirer la crainte et l'espérance. C'est lui qui suscite les nuages chargés de pluie.

14. Le TONNERRE célèbre ses louanges, les anges le glorifient pénétrés de frayeur. Il lance la foudre, et atteint ceux qu'il veut pendant qu'ils disputent au sujet de Dieu, car il est immense dans son pouvoir.

15. Lui seul est digne d'être invoqué, et ceux qui implorent d'autres dieux n'obtiennent rien ; semblables à celui qui étend ses deux mains vers l'eau pour la porter à sa bouche, mais qui ne parvient jamais à l'atteindre. Les cris des infidèles s'égarent dans leur route [1].

16. Tout ce qui est dans les cieux et sur la terre se prosterne devant Dieu de gré ou de force. Les ombres mêmes de tous les êtres *s'inclinent devant lui* les matins et les soirs.

17. Dis : Quel est le souverain des cieux et de la terre ? Réponds : C'est Dieu. Dis-*leur* : L'oublierez-vous donc pour chercher des patrons qui n'ont pour eux-mêmes aucun pouvoir sur ce qui leur est utile ou ce qui leur nuit ? Dis-leur : L'aveugle et celui qui voit sont-ils égaux, et les ténèbres et la lumière est-ce la même chose ? Donneront-ils pour compagnons à Dieu des divinités qui auraient créé comme a créé Dieu, en sorte que les deux

---

[1] C'est-à-dire, n'arrivent pas jusqu'à Dieu.

créations se confondent à leurs yeux? Dis plutôt : Dieu est créateur de toutes choses ; il est l'Unique, le Victorieux.

18. Il fait descendre l'eau du ciel ; les torrents coulent *dans leurs lits* dans une certaine mesure ; le courant emporte l'écume qui surnage, et *les métaux* que les hommes fondent au feu pour en retirer des ornements et des outils produisent une écume pareille. C'est ainsi que Dieu met en parabole le vrai et le faux. L'écume s'en va rapidement, mais ce qui est utile aux hommes reste sur la terre. C'est ainsi que Dieu propose des paraboles. De belles récompenses seront à ceux qui répondent à l'appel de Dieu ; mais ceux qui n'y répondent pas, quand ils auraient tout ce que la terre contient et encore une fois autant, cela ne saurait les racheter. Leur compte sera affreux, leur demeure la géhenne. Quel affreux lit de repos !

19. Celui qui sait que Dieu t'a envoyé la vérité du ciel se conduira-t-il comme un aveugle ? Les sages y réfléchiront.

20. Ceux qui remplissent fidèlement les engagement pris envers Dieu et ne brisent point son alliance ;

21. Qui unissent ce qu'il a ordonné d'unir, qui redoutent leur Seigneur et craignent la mauvaise issue de leur compte ;

22. Ceux que le désir de *contempler* la face de Dieu rend constants dans l'adversité, qui s'acquittent avec exactitude de la prière, qui donnent en secret ou en public des biens que nous leur avons dispensés, qui effacent leurs fautes par leurs bonnes œuvres, à ceux-là le dernier séjour.

23. Les jardins d'Éden, ils y entreront ainsi que leurs pères, leurs épouses et leurs enfants qui auront été justes. Là ils recevront la visite des anges, qui y entreront par toutes les portes.

24. La paix soit avec vous, leur diront-ils, parce que vous avez persévéré : qu'il est doux ce dernier séjour !

25. Ceux qui violent le pacte de Dieu après l'avoir accepté, qui séparent ce que Dieu a voulu unir, et commettent les iniquités sur la terre, ceux-là, chargés de malédictions, auront pour séjour une demeure affreuse.

26. Dieu verse à pleines mains ses bienfaits sur qui il veut, ou les resserre. Ils se réjouissent des biens de ce monde ; mais qu'est-ce donc que la vie d'ici-bas comparée à la vie future, si ce n'est un usufruit temporaire?

27. Les infidèles disent : Il n'a reçu sans doute d'en haut aucun pouvoir pour faire des miracles. Dis-leur : Dieu égare celui qu'il veut, et ramène à lui ceux qui se repentent,

28. Qui croient, et dont les cœurs se reposent en sécurité dans

la commémoration de Dieu. Eh quoi! n'est-ce pas dans la commémoration de Dieu que les cœurs *des hommes* obtiennent la quiétude! Ceux qui croient et font le bien, à ceux-là la béatitude et la plus belle retraite.

29. Nous t'avons envoyé à un peuple que d'autres ont précédé, afin que tu leur récites nos révélations. Ils ne croient point au Clément sans bornes [1]. Dis-leur : C'est mon Seigneur, il n'y a point d'autre dieu que lui. J'ai mis ma confiance en lui. C'est à lui que tout doit retourner.

30. Quand le Koran ferait mouvoir les montagnes, quand il fendrait la terre et ferait parler les morts, ils ne croiraient pas; mais c'est à Dieu qu'appartient l'empire sur tout. Les croyants doutent-ils [2] que Dieu puisse diriger dans la droite voie tous les hommes, s'il le voulait?

31. Les malheurs ne cesseront pas d'accabler les infidèles pour prix de leurs œuvres, ou s'abattront à l'entrée de leurs habitations, jusqu'à ce que les menaces de Dieu soient accomplies; et certes Dieu ne manque pas à sa parole.

32. Avant toi aussi, mes envoyés furent l'objet de la raillerie; j'ai accordé un répit aux fidèles, puis je les ai châtiés; et quels furent mes châtiments!

33. Est-ce que celui qui veille sur toutes les actions d'une âme *est comme celui qui ne l'observe pas*[3]? Ils ont donné des égaux à l'Éternel. Dis-leur : Nommez vos divinités; prétendez-vous apprendre à Dieu ce qu'il aurait jusqu'ici ignoré sur la terre, ou bien les divinités ne sont-elles qu'un vain nom? C'est plutôt que la fraude des infidèles leur a été préparée de longue main, et ils se sont égarés *loin* du vrai sentier; et certes celui que Dieu voudra égarer n'aura plus de guide.

34. Le châtiment les atteindra dans ce monde, un autre plus terrible les attend dans l'autre : ils n'auront point de protecteur qui les défende contre Dieu.

35. Voici quel sera le jardin promis à ceux qui craignent Dieu : le jardin arrosé de courants d'eau; l'aliment *de ses fruits* est iné-

---

[1] Le Clément sans bornes, *errahman*, est un des noms de Dieu dans le chapelet musulman. Ce nom, porté par quelques individus parmi les Arabes, était une innovation lorsque Mahomet l'appliqua pour la première fois à Dieu.

[2] Le mot du texte est : *ne désespèrent-ils pas*, que les commentateurs, s'appuyant sur une tradition, regardent comme équivalent de *ne savent-ils pas?*

[3] Les mots soulignés ne se trouvent pas dans le texte, la phrase n'est pas achevée; mais ici comme dans d'autres passages du Koran, il n'est pas difficile de la compléter. Ces mots s'appliquent à Dieu.

puisable, et ses ombrages permanents. Telle sera la fin des croyants ; celle des infidèles sera le feu.

36. Ceux qui ont reçu les Écritures se réjouissent de ce qui t'a été révélé. D'autres, les partis *des Arabes*, en rejettent une partie. Dis-leur : Dieu m'a ordonné de l'adorer et de ne lui associer aucun être. J'appelle les hommes à son culte, et je retournerai à lui.

37. Nous t'avons révélé ce Koran pour qu'il soit un code en langue arabe : si tu suivais leurs désirs, après avoir reçu la science, tu n'aurais ni ami, ni protecteur *qui te protége contre Dieu.*

38. Avant toi, nous avons envoyé d'autres prophètes, à qui nous avons donné des épouses et une lignée. Aucun d'eux n'a fait de miracles, si ce n'est par la permission de Dieu. A chaque époque son livre sacré.

39. Dieu efface ce qu'il veut, ou le maintient. La mère du Livre [1] est entre ses mains.

40. Soit que nous te fassions voir *l'accomplissement* d'une partie de nos menaces, soit que nous t'appellions à nous avant ce terme, ta mission est de prêcher, et à nous appartient de demander un compte sévère,

41. Ne voient-ils pas que nous avons pénétré dans leur pays et que nous le rognons tout autour [2] ? Dieu juge, et personne ne révise ses arrêts. Il est prompt à régler ses comptes.

42. Leurs pères ont agi avec ruse ; mais Dieu est maître de toute ruse : il connaît les œuvres de chacun, et les infidèles apprendront un jour qui sera en possession du séjour éternel.

43. Les infidèles te diront : Tu n'as point été envoyé par Dieu. Réponds-leur : Il me suffit que Dieu et celui qui possède la science du Livre soient mes témoins entre vous et moi.

---

[1] Le mot du texte *ommo'lkitab* (la mère du Livre), qui ordinairement sert à désigner le premier chapitre du Koran, veut dire ici le prototype du Koran, le livre des arrêts éternels de Dieu.

[2] Cela s'applique au pays habité par les Arabes idolâtres, serrés de plus en plus par les conquêtes de Mahomet.

CHAPITRE XIV.

ABRAHAM, LA PAIX SOIT AVEC LUI.

Donné à la Mecque. — 52 versets.

Au nom du Dieu clément et miséricordieux.

1. ÉLIF. LAM. RA[1]. C'est un livre que nous t'avons envoyé d'en haut pour que tu fasses sortir les hommes des ténèbres à la lumière, et que tu les conduises avec la permission de leur Seigneur vers le sentier du Puissant, du Glorieux,

2. De Dieu, à qui appartient tout ce qui est dans les cieux et sur la terre; et malheur aux infidèles, à cause du châtiment terrible *qui les attend.*

3. Ceux qui préfèrent la vie d'ici-bas à la vie future, qui éloignent les hommes de la voie de Dieu et cherchent à la rendre tortueuse, sont dans un égarement bien éloigné *de la vérité.*

4. Nous n'avons envoyé aucun apôtre qui n'ait parlé dans la langue de son peuple pour lui parler clairement. Dieu ensuite égare celui qu'il veut, et dirige celui qu'il veut. Il est le Puissant, le Sage.

5. Nous envoyâmes Moïse, accompagné de nos miracles. Nous lui dîmes : Fais sortir ton peuple des ténèbres à la lumière. Rappelle-lui les journées du Seigneur [1]. Certes il y a dans ceci des signes d'avertissement pour tout homme qui sait souffrir et faire des actions de grâces.

6. Moïse dit à son peuple : Souvenez-vous des bienfaits de Dieu, lorsqu'il vous a délivrés du joug de la famille de Pharaon, qui vous opprimait par des châtiments cruels, immolait vos enfants et n'épargnait que vos filles. C'était une dure épreuve de la part de votre Seigneur.

7. *Souvenez-vous du jour* où votre Seigneur a fait entendre *ces paroles :* Soyez reconnaissants, et j'accroîtrai mes grâces ; mais, si vous êtes infidèles... mes châtiments sont terribles.

8. Quand vous seriez infidèles, quand toute la terre le serait, Dieu est riche et plein de gloire.

---

[1] Voy. sur ces lettres, II, 1, note.
[2] Par les *journées de Dieu*, il faut entendre ici les événements marquants, les journées graves dans la mémoire des hommes par quelque victoire ou quelque faveur de Dieu. Les Arabes appelaient *journées* les combats et les batailles.

9. N'avez-vous jamais entendu l'histoire des peuples qui vous ont précédés, des peuples de Noé, d'Aad, de Thémoud?

10. Dieu seul connaît leur postérité. Ces peuples eurent des prophètes qui leur offrirent des signes évidents de leur mission ; mais ils portaient leurs mains à la bouche [1] et s'écriaient : Nous ne croyons pas à l'objet de votre mission, et nous sommes dans un grand doute sur ce *culte* auquel vous nous appelez.

11. Les prophètes leur répondaient : Y a-t-il quelque doute au sujet de Dieu, créateur des cieux et de la terre, qui vous appelle à lui pour effacer vos péchés, et vous donne un délai jusqu'au moment fixé d'avance?

12. Ils dirent : Vous n'êtes que des hommes comme nous; vous voulez nous détourner des divinités qu'adoraient nos pères. Apportez-nous un pouvoir évident, *le pouvoir des miracles à l'appui de vos assertions.*

13. Les prophètes leur disaient : Certes nous ne sommes que des hommes comme vous; mais Dieu répand ses grâces sur ceux qu'il veut d'entre ses serviteurs, et nous ne pouvons vous apporter aucun pouvoir,

14. Si ce n'est avec la permission de Dieu. Les croyants ne mettent leur confiance qu'en Dieu seul.

15. Et pourquoi ne mettrions-nous pas notre confiance en lui? Il nous guide sur notre chemin, et nous supportons avec patience le mal que vous nous faites. Les hommes résignés ne mettent leur confiance qu'en Dieu.

16. Nous vous chasserons de notre pays, disaient les idolâtres, ou bien rentrez dans notre religion. Et alors Dieu fit cette révélation aux prophètes : J'anéantirai les impies.

17. Vous habiterez leur pays après eux. C'est la récompense de ceux qui me craignent moi [2] et mes menaces.

18. Alors les prophètes demandèrent l'assistance de Dieu, et tout homme orgueilleux et rebelle fut anéanti.

19. La géhenne est derrière lui [3], et il sera abreuvé d'une eau infecte [4].

---

[1] Soit de colère et de dépit pour se mordre les doigts, soit pour ne pas éclater de rire, soit pour donner à entendre à ces prophètes qu'ils eussent à se taire.

[2] Le mot du texte arabe qui se trouve à cet endroit est *mékami*, ma place ; ce qui signifie la place, l'endroit où le genre humain comparaîtra devant Dieu au jour du jugement, ou bien la surveillance que Dieu exerce sur les actions des hommes.

[3] C'est-à-dire, l'enfer l'attend dans l'autre vie, il y sera précipité.

[4] D'un pus qui suinte de la peau des réprouvés.

20. Il l'avalera à petites gorgées, et elle aura peine à passer. La mort l'assaillira de tous côtés, et il ne mourra pas. A cela succédera un tourment terrible.

21. Les œuvres des incrédules sont semblables aux cendres dont s'empare le vent dans un jour orageux. Ils seront impuissants à cause de leurs œuvres, et certes c'est un égarement bien éloigné *de la vraie route.*

22. Ne voyez-vous pas que Dieu a créé en toute vérité [1] les cieux et la terre? S'il le veut, il peut vous faire disparaître, et faire surgir une création nouvelle.

23. Cela est facile à sa puissance.

24. Tous les hommes paraîtront devant Dieu; les faibles de la terre diront aux puissants : Nous marchions à votre suite; ne pouvez-vous pas nous ôter quelque peu du châtiment de Dieu?

25. Ils répondront : Si Dieu nous avait dirigés, nous vous aurions servi de guides. Nous plaindre de nos tourments ou les souffrir en silence, pour nous c'est tout un. Il n'y a point de refuge pour nous.

26. Et lorsque tout se sera accompli, Satan leur dira : Dieu vous avait fait une promesse véritable. Moi, je vous avais fait aussi des promesses, mais je vous ai trompés. Je n'avais aucun pouvoir sur vous.

27. Je n'ai fait que vous appeler, et vous m'avez répondu. Ne me faites point de reproches, n'en faites qu'à vous-mêmes. Je ne puis ni vous donner du secours ni en recevoir de vous. Quand vous me mettiez à côté de Dieu, je ne me croyais point son égal. Les injustes ne méritent qu'un châtiment douloureux.

28. Ceux qui auront cru et fait le bien seront introduits dans les jardins arrosés par des courants d'eau; ils y demeureront éternellement par la volonté de Dieu. Ils seront salués par ce mot : Paix!

29. Ne savez-vous pas à quoi Dieu compare la bonne parole? C'est un bon arbre, ses racines tiennent fermement au sol et ses branches s'élèvent jusqu'au ciel.

30. Il donne des fruits dans chaque saison. Le Seigneur parle aux hommes en paraboles, afin qu'ils réfléchissent.

31. La parole mauvaise est comme un arbre mauvais; elle est à fleur de terre et n'a point de stabilité.

32. Dieu affermira les croyants dans cette vie et dans l'autre par la parole immuable. Il égarera les méchants, car Dieu fait ce qu'il veut.

[1] C'est-à-dire, sérieusement, pour un but réel et non pas en vain.

33. Ne vois-tu pas ces hommes qui, payant d'ingratitude[1] les bienfaits du Seigneur, ont fa desce ndre leurs peuples dans le séjour de la perdition,

34. Dans l'enfer, où ils seront brûlés? Quel détestable séjour!

35. Ils donnent des égaux à Dieu pour éloigner les hommes de la voie du Seigneur. Dis-leur : Jouissez, jouissez, votre issue sera le feu.

36. Dis à mes serviteurs qui croient, qu'ils ont à s'acquitter de la prière, à faire l'aumône des biens que nous leur dispensons, en secret ou en public, avant qu'arrive le jour où il n'y aura plus ni trafic ni amitié[2].

37. C'est Dieu qui a créé les cieux et la terre, il fait descendre l'eau du ciel; à l'aide d'elle, il fait germer les fruits qui vous nourrissent; il vous a soumis l'esquif pour qu'il fende la mer par son ordre; il vous a soumis les fleuves; il vous a soumis le soleil et la lune, poursuivant leur course dans leurs ornières; il fait servir le jour et la nuit à vos besoins; il vous a donné tous les biens que vous lui avez demandés. Comptez les bienfaits de Dieu si vous le pouvez! Mais l'homme est injuste et ingrat.

38. ABRAHAM adressa à Dieu cette prière : Seigneur, fais jouir ce pays de la sécurité parfaite, et préserve-moi ainsi que mes enfants du culte des idoles.

39. O mon Seigneur! elles ont déjà égaré un grand nombre. Que celui qui me suivra soit des miens; celui qui me désobéit... Seigneur, tu es indulgent et miséricordieux!

40. Seigneur! j'ai établi une partie de ma famille dans une vallée stérile, près de la demeure sainte[3]. Fais qu'ils accomplissent la prière. Dispose en leur faveur les cœurs des hommes; prends soin de leur subsistance; ils te rendront des actions de grâces.

41. Tu sais ce que nous recélons et ce que nous produisons au grand jour. Rien n'est caché devant Dieu de ce qui est dans les cieux et sur la terre. Louange au Dieu qui malgré ma vieillesse m'a donné Ismaël et Isaac! il écoute nos vœux.

42. Seigneur, fais que j'observe la prière, fais que ma postérité y soit fidèle. Agrée ma prière. Pardonne-moi, à mes pères et aux croyants, au jour du jugement.

---

[1] Ou *d'incrédulité*, car le mot *kofr* a ces deux sens.

[2] Selon les commentateurs, cela veut dire : ce jour-là l'homme coupable ne pourra acheter rien pour offrir en expiation de ses fautes, et il ne trouvera pas d'amis qui intercèdent avec succès en sa faveur.

[3] Ismaël s'établit en Arabie. On sait du reste que la tradition mahométane attribue à Abraham la fondation de la Caaba, temple de la Mecque.

43. Ne pensez pas que Dieu soit inattentif aux actions des méchants. Il leur accorde un délai jusqu'au jour où tous les regards se fixeront sur le ciel.

44. Courant en toute hâte, la tête levée, leurs regards seront immobiles et leurs cœurs vides. Avertis donc les hommes du jour des châtiments.

45. Seigneur! s'écrieront les impies, accorde-nous encore un délai, jusqu'à quelque terme rapproché.

46. Nous écouterons ton appel à la foi, nous obéirons à tes apôtres. On leur répondra : Ne juriez-vous pas que vous ne changeriez jamais?

47. Vous habitiez même les lieux qu'habitaient les hommes iniques envers eux-mêmes, et vous saviez comment nous avons agi avec eux. Nous vous proposâmes des paraboles. Ils ont mis en œuvre leurs ruses. Dieu était le maître de leurs artifices, quand même ils eussent été assez puissants pour remuer les montagnes.

48. Ne vous imaginez pas que Dieu manque à la promesse faite à ses apôtres. Il est puissant et vindicatif.

49. Le jour viendra où la terre et les cieux seront changés ; les hommes comparaîtront devant Dieu, l'Unique, le Victorieux.

50. Alors tu verras les criminels pieds et poings chargés de chaînes.

51. Leurs tuniques seront de goudron, le feu enveloppera leurs visages, afin que Dieu rétribue chaque âme selon ses œuvres. Il est prompt dans ses comptes.

52. Tel est l'avis adressé aux hommes. Qu'ils y puisent leurs enseignements et sachent que Dieu est un, et que les hommes de sens y réfléchissent.

CHAPITRE XV.

HEDJR [1].

Donné à la Mecque. — 99 versets.

Au nom du Dieu clément et miséricordieux.

1. ÉLIF. LAM. RA [2]. Voici les versets du Livre et de la lecture lucide.

---

[1] *Hedjr* est le nom d'une vallée entre Médine et la Syrie. C'était autrefois le pays des Thémoudites, peuple criminel exterminé par ordre de Dieu ; il en est question vers la fin du chapitre.

[2] Voyez sur ces lettres, II, 1.

2. Plus d'une fois les infidèles souhaiteront d'avoir été musulmans [1].

3. Laisse-les se repaître et jouir; que l'espérance *d'une longue vie* les amuse [2]. Bientôt ils sauront la vérité.

4. Nous n'avons anéanti aucune ville qui n'ait eu un terme fixé [3].

5. Aucun peuple ne peut avancer ni retarder son terme.

6. Ils disent *à Mohammed* : O toi qui as reçu le Koran d'en haut ! certes tu es possédé du démon [4].

7. Ne viendrais-tu pas accompagné d'anges, si ce que tu dis était vrai ?

8. — Les anges ne viendront que pour la vérité [5]. Alors les infidèles ne seront plus attendus.

9. Nous avons fait descendre l'Avertissement [6], et nous sommes ses gardiens.

10. Déjà avant toi nous envoyâmes des apôtres parmi les sectes des anciens,

11. Et il n'y eut pas un seul apôtre qu'ils n'eussent pris pour l'objet de leurs railleries.

12. Nous mettrons les mêmes sentiments dans les cœurs des criminels *de la Mecque*.

13. Ils ne le croiront pas, bien que l'exemple des anciens soit là.

14. Si nous leur ouvrions les portes des cieux, et pendant qu'ils y monteraient,

15. Ils diraient encore : Nos yeux sont obscurcis par l'ivresse; eh ! certes nous sommes ensorcelés.

16. Nous avons établi les signes du zodiaque [7] dans les cieux, et nous les avons disposés en ordre pour ceux qui regardent.

---

[1] Quand, au jour du jugement dernier, ils verront les récompenses des justes et les peines des coupables.

[2] Qu'elle les amuse au point qu'ils ne songent pas à la vie future.

[3] Littéralement : *qui n'ait eu un livre connu*. Cependant le mot *kitab*, que l'on traduit généralement par *livre*, n'a pas souvent dans le Koran cette signification ; il s'emploie pour tout *écrit*, *acte*, *écriture*, *déclaration*.

[4] Le mot *medjnoun* du texte, veut dire : possédé d'un *djinn*, génie, démon, et se dit d'un fou, d'un idiot.

[5] C'est-à-dire, non pas pour répondre au premier défi des infidèles et satisfaire le désir ou la curiosité des hommes, mais dans un but sérieux.

[6] C'est-à-dire le Koran.

[7] Le mot arabe pour le signe du zodiaque est *bourdj*, tour, du grec πύργος.

17. Nous les défendons de l'atteinte de tout démon repoussé à coups de pierres[1].

18. A moins qu'il ne s'en glisse furtivement pour écouter, et alors il est atteint par un trait de feu visible à tous[2].

19. Nous avons étendu la terre, et nous y avons lancé des montagnes, et nous y avons fait éclore toutes choses dans une certaine proportion.

20. Nous y avons mis des aliments pour vous et pour des êtres que vous ne nourrissez pas.

21. Il n'y a pas de chose dont les trésors n'existent chez nous, et nous ne les faisons descendre que dans une proportion déterminée.

22. Nous envoyons les vents qui fécondent, nous faisons descendre du ciel l'eau dont nous vous abreuvons, et que vous ne conservez pas[3].

23. Nous faisons vivre et nous faisons mourir; nous seuls héritons de tout.

24. Nous connaissons ceux d'entre vous qui marchent en avant et ceux qui restent en arrière[4].

25. Votre Seigneur vous rassemblera un jour. Il est sage et savant.

26. Nous avons créé l'homme de boue, de cette argile que l'on façonne.

27. Avant lui nous avions déjà créé les génies d'un feu subtil.

28. Souviens-toi que Dieu dit aux anges : Je crée l'homme de boue, de cette argile qu'on façonne.

29. Lorsque je l'aurai formé et que j'aurai soufflé dans lui mon esprit, prosternez-vous devant lui en l'adorant.

30. Et les anges se prosternèrent tous, tous.

31. Excepté Éblis ; il refusa d'être avec ceux qui se prosternaient.

---

[1] Sur cette épithète, voy. chap. III, verset 31, note.

[2] Voy. le chap. XXXVII, 6 *seq.*

[3] Mot à mot : dont vous n'êtes pas les gardiens, c'est-à-dire, vous n'êtes pas obligés de vous donner la peine de la conserver.

[4] Les commentateurs interprètent différemment ce passage. Les uns croient qu'il veut dire que Dieu connaît les hommes des générations antérieures et de celles qui les suivent; d'autres qu'il s'agit ici des combattants qui s'élancent les premiers et de ceux qui viennent à la suite ; d'autres enfin croient y voir une allusion à ce qu'un jour une belle femme priant dans une mosquée tout près de Mahomet, quelques-uns sortirent avant pour éviter de la voir, d'autres au contraire restèrent pour la voir sortir.

32. Dieu lui dit alors : O Eblis ! pourquoi n'es-tu pas avec ceux qui se prosternent ?

33. Je ne me prosternerai pas devant l'homme que tu as créé de boue, de cette argile qu'on façonne.

34. Dieu lui dit : Alors sors d'ici ; tu es lapidé[1].

35. La malédiction pèsera sur toi jusqu'au jour de la rétribution.

36. Il répondit : O Seigneur ! donne-moi du répit jusqu'au jour où les hommes seront ressuscités.

37. Dieu lui dit : Le délai t'est accordé

38. Jusqu'au jour du terme marqué d'avance.

39. — Seigneur, dit Eblis, puisque tu m'as circonvenu, je comploterai contre eux sur la terre[2], et je chercherai à les circonvenir tous,

40. Excepté tes serviteurs sincères.

41. Dieu répondit : C'est précisément le chemin droit ;

42. Car tu n'as aucun pouvoir sur mes serviteurs ; tu n'en auras que sur ceux qui te suivront et qui s'égareront.

43. La géhenne est le séjour qui leur est promis à tous.

44. Elle a sept portes ; à chacune se tiendra une troupe séparée.

45. Quant à ceux qui craignent Dieu, ils seront au milieu de jardins et de sources *d'eau*.

46. *On leur dira :* Entrez en paix, et à l'abri de toute crainte.

47. Nous ôterons de leurs cœurs toute fausseté ; vivant comme frères, ils prendront leur repos sur des lits, se regardant face à face.

48. La fatigue ne les y atteindra pas, et ils ne seront jamais expulsés de cette demeure.

49. Déclare à mes serviteurs que je suis l'Indulgent, le Miséricordieux,

50. Et que mon châtiment est un châtiment douloureux.

51. Raconte-leur l'histoire des hôtes d'Abraham.

52. Lorsqu'ils entrèrent chez lui et le saluèrent, il dit : Vous nous avez fait peur.

53. Ils répondirent : N'aie pas peur, nous venons t'annoncer un fils sage.

54. Il leur répondit : Me l'annoncez-vous à moi que la vieillesse a déjà atteint ? — Et qu'est-ce donc que vous m'annoncez ?

---

[1] Voy. au sujet de cette épithète, III, 34.

[2] Mot à mot : *j'ornerai pour eux*. Ces mots peuvent signifier, soit : j'embellirai toutes leurs actions à leurs yeux, afin qu'ils ne se doutent pas de leurs propres péchés, soit : je disposerai tout de telle manière qu'ils tomberont facilement dans le piége.

55. Nous te l'annonçons en toute vérité (*sérieusement*). Ne désespère point.

56. — Et qui désespérera, dit-il, de la grâce de Dieu, si ce n'est les hommes égarés?

57. Et quel est le but de votre mission, ô messagers? dit-il.

58. — Nous sommes envoyés vers un peuple criminel, reprirent-ils, pour l'anéantir.

59. Excepté la famille de Loth que nous sauverons,

60. Sauf sa femme, que nous avons destinée à rester derrière.

61. Lorsque les envoyés vinrent chez la famille de Loth,

62. Celui-ci leur dit : Vous m'êtes inconnus.

63. Ils répondirent : Oui, sans doute, et nous venons chez toi accompagnés de ce *châtiment* qu'ils (*vos concitoyens*) révoquent en doute.

64. Nous venons avec la vérité, nous sommes véridiques.

65. Sors cette nuit avec ta famille. Marche après elle. Qu'aucun de vous ne détourne la tête. Allez où l'on vous ordonne.

66. Nous lui signifiâmes cet ordre, parce que ce peuple devait être anéanti jusqu'au dernier, avant le lendemain.

67. Des habitants de la ville vinrent tout joyeux *chez Loth*.

68. Il leur dit : Ce sont mes hôtes, ne me déshonorez pas.

69. Craignez Dieu, et ne me couvrez pas d'opprobre.

70. Ils répondirent : Ne t'avons-nous pas défendu de donner asile à qui que ce soit au monde?

71. — Voici mes filles, dit Loth, si vous voulez commettre quelque turpitude.

72. Par ta vie, *ô Mohammed!* ils étaient comme étourdis dans leur ivresse.

73. Au lever du soleil une tempête les surprit.

74. Nous avons renversé ces villes de fond en comble, et nous avons fait pleuvoir sur eux des briques cuites.

75. Il y a dans ceci des signes pour les hommes qui les examinent avec attention.

76. Ces villes étaient sur le chemin qui est là [1].

77. Il y a dans ceci des signes pour les croyants.

78. Et comme les habitants de la forêt (*de Madian*) étaient aussi des méchants,

---

[1] C'est-à-dire, sur le chemin où les voyageurs qui se rendent en Syrie peuvent voir et découvrir les traces de ces villes. Le texte porte : *elle est sur le chemin qui est là*. Ce pronom peut se rapporter à une seule ville, Sodome, ou à la réunion de cinq villes.

79. Nous en tirâmes vengeance. Nous anéantîmes ces deux cités; elles servent d'exemple frappant aux hommes.

80. Les habitants de Hedjr [1] ont traité d'imposteurs les apôtres qui furent envoyés vers eux.

81. Nous leur avons fait voir nos signes; mais ils s'en sont détournés.

82. Ils taillaient des maisons dans les rochers, et se croyaient en sûreté.

83. Une tempête les surprit au lever du matin.

84. Leurs travaux ne leur servirent de rien.

85. Nous avons créé les cieux et la terre et tout ce qui est entre eux pour la vérité, *et non pas en vain*. L'heure viendra. Toi, *Mohammed!* pardonne d'un beau pardon.

86. Car ton Seigneur est le Créateur, le Savant.

87. Déjà nous t'avons donné les sept versets qui doivent être répétés constamment [2], ainsi que le grand Koran.

88. N'étends point tes regards sur les biens dont nous faisons jouir plusieurs des infidèles, et ne t'afflige point à cause d'eux, et incline ton aile sur les croyants [3].

89. Dis-leur : Je suis l'Avertisseur incontestable.

90. Nous punirons ceux qui divisent [4],

91. Qui scindent le Koran en parties.

92. Par ton Seigneur, ô *Mohammed!* nous les interrogerons

93. Sur toutes leurs actions.

94. Fais donc connaître ce que l'on t'a ordonné, et éloigne-toi des idolâtres.

95. Nous te suffisons contre ceux qui se moquent,

96. Qui placent à côté de Dieu d'autres divinités. Ils apprendront *la vérité*.

97. Nous savons que ton cœur se serre quand tu entends ce qu'ils disent.

---

[1] Voy. la note du titre de ce chapitre.

[2] Les sept versets du chap. I. On sait que la rédaction actuelle du Koran n'est pas la rédaction primitive; cependant ce passage, ainsi que le verset 16 du chap. XI, ferait supposer qu'une partie au moins du Koran était déjà en ordre du temps de Mahomet même et formait un ensemble.

[3] Sois doux et bienveillant pour eux.

[4] Ce mot est encore interprété par les commentateurs comme une allusion aux douze idolâtres qui, pour intimider les Mecquois et les empêcher de suivre Mahomet, avaient divisé entre eux les revenus de la Mecque pendant la saison du pèlerinage.

98. Mais célèbre les louanges de ton Seigneur, et sois avec ceux qui se prosternent.

99. Adore le Seigneur avant que ce qui est certain arrive [1].

CHAPITRE XVI.

L'ABEILLE [2].

Donné à la Mecque. — 128 versets.

Au nom du Dieu clément et miséricordieux.

1. Les arrêts de Dieu s'accompliront. Ne les hâtez pas. Gloire à à lui ! il est trop au-dessus des divinités qu'on lui associe.

2. Par sa volonté il fait descendre les anges avec l'esprit *de Dieu* sur celui qu'il veut d'entre ses serviteurs. Il leur dit : Avertissez les hommes qu'il n'y a point d'autre dieu que moi. Craignez-moi.

3. Il a créé les cieux et la terre pour la vérité [3]; il est trop au-dessus des divinités qu'on lui associe.

4. Il a créé l'homme d'une goutte de sperme, et voilà que l'homme dispute ouvertement [4].

5. Il a créé sur la terre les bêtes de somme ; vous en tirez vos vêtements et d'autres avantages encore ; vous vous en nourrissez.

6. Vous y trouvez de l'éclat quand vous les ramenez le soir, et quand vous les lâchez le matin pour le pâturage [5].

7. Elles portent vos fardeaux dans des pays que vous n'atteindriez, *sans elles*, qu'avec beaucoup de peine. Certes votre Seigneur est plein de bonté et de miséricorde.

---

[1] L'heure du châtiment.

[2] Le titre de cette *sourate* est pris du verset 70.

[3] Nous dirons ici une fois pour toutes que les mots *bilhakki*, pour la vérité, qui reviennent si souvent dans le Koran, veulent dire : *en toute vérité, sérieusement*, en opposition à *bilbathili*, en vain, et comme pour s'en faire un jeu.

[4] Ceci est une allusion à un Arabe idolâtre qui apporta un os rongé par la carie, et demanda à Mahomet s'il était possible qu'un os pourri fût restitué à la vie et que les morts fussent ressuscités.

[5] Il y a dans le texte : *vous y trouvez du beau pour vous;* par là Mahomet veut dire que ceux qui possèdent des troupeaux trouvent de quoi s'enorgueillir quand ils les réunissent autour de leurs habitations.

8. Il vous a donné des chevaux, des mulets, des ânes, pour vous servir de monture et d'apparat. Il a créé des choses que vous ne connaissez pas.

9. Il se charge de la direction du chemin. Il y en a qui s'en éloignent. S'il le voulait, il vous dirigerait tous.

10. C'est lui qui fait descendre du ciel l'eau qui vous sert de boisson, et qui fait croître les plantes dont vous nourrissez vos troupeaux.

11. Au moyen de l'eau, il fait germer les blés, l'olive, le palmier, la vigne et toute sorte de fruits. Il y a dans ceci des signes pour ceux qui réfléchissent.

12. Il vous a soumis la nuit et le jour; le soleil et la lune et les étoiles vous sont soumis en vertu de ses ordres. Il y a dans ceci des signes pour ceux qui ont de l'intelligence.

13. Il en est ainsi de tout ce qu'il a créé d'espèces différentes [1] sur la terre. Il y a dans ceci des signes pour ceux qui y songent.

14. C'est lui qui vous a soumis la mer; vous en mangez des chairs fraîches, vous en retirez des ornements dont vous vous parez. Vous voyez les vaisseaux fendre les flots pour demander à Dieu des trésors de sa bonté. Peut-être serez-vous reconnaissants.

15. Il a établi de hautes montagnes sur la terre, afin qu'elles se meuvent avec vous [2]; il a tracé des fleuves et des chemins, afin que vous soyez dirigés *dans votre marche*.

16. Il a posé des signes de routes [3]. Les hommes se dirigent aussi d'après les étoiles.

17. Celui qui crée sera-t-il semblable à celui qui ne crée rien? N'y réfléchirez-vous pas?

18. Et si vous voulez compter les bienfaits de Dieu, *dites*, êtes-vous capables de les énumérer? Il est indulgent et miséricordieux.

19. Dieu connaît ce que vous cachez et ce que vous produisez au grand jour.

20. Les dieux qu'ils invoquent ne peuvent rien créer, et sont créés eux-mêmes.

21. Êtres morts, dépourvus de vie, ils ne savent point

22. Quand ils seront ressuscités.

23. Votre Dieu est le Dieu unique; ceux qui ne croient pas à la vie future ont des cœurs qui nient tout et s'enflent d'orgueil.

---

[1] *D'espèces différentes.* On peut aussi traduire: *de couleurs différentes.*

[2] Ce passage, à cause de la particule *an*, peut se traduire encore: *il a établi des montagnes (ou des bases solides), afin que la terre ne s'échappe pas.*

[3] Dans le désert, les Arabes n'ont souvent pas d'autre moyen de s'orienter que de grands blocs de pierres, des tas de pierres jetés çà et là.

24. Certainement Dieu connaît ce qu'ils cachent et ce qu'ils produisent au grand jour.

25. Il n'aime pas les orgueilleux.

26. Quand on leur demande : Qu'est-ce que Dieu vous a envoyé d'en haut? ils disent : Ce sont des contes des anciens.

27. Ils porteront tous le fardeau de leurs propres œuvres et le fardeau de ceux qu'ils ont égarés, ignorants qu'ils étaient eux-mêmes [1]. Quel insupportable fardeau que le leur !

28. Leurs devanciers avaient agi avec ruse [2]. Dieu attaqua leur édifice par les fondements ; le toit s'écroula sur leurs têtes, et le châtiment les surprit du côté où ils ne s'attendaient pas.

29. Il les couvrira d'opprobre au jour de la résurrection. Il leur demandera : Où sont donc mes associés qui ont été le sujet de vos scissions? Ceux qui ont reçu la science s'écrieront : Aujourd'hui l'ignominie et le supplice tomberont sur les infidèles.

30. Ceux que les anges *de la mort* recueilleront *à l'heure de la mort* offriront leur soumission et diront : Nous n'avons fait aucun mal. — Oui, certes, *vous l'avez fait, diront les anges,* et Dieu sait bien ce que vous avez fait.

31. Entrez dans les portes de la géhenne, vous y resterez éternellement. Qu'il est détestable le séjour des orgueilleux !

32. On dira à ceux qui ont craint Dieu : Qu'est-ce que votre Seigneur vous a accordé? — Il a accordé toute sorte de bienfaits dans ce monde à ceux qui ont fait le bien; mais la vie future en est encore un plus grand. Quel beau séjour que celui des hommes pieux !

33. Des jardins d'Éden où ils seront introduits, des rivières y coulent, et ils y trouveront tout ce qu'ils désireront. C'est ainsi que Dieu récompense ceux qui le craignent.

34. Ceux-ci seront bien à leur aise au moment où les anges, en les recueillant *à l'heure de la mort*, leur diront : Que la paix soit sur vous ! Entrez dans le paradis pour prix de vos œuvres.

35. Les infidèles attendent-ils que les anges les surprennent, ou que les arrêts de Dieu s'accomplissent? Ainsi ont agi leurs devanciers. Ce n'est pas à Dieu qu'ils ont fait du mal, mais à eux-mêmes.

---

[1] Mot à mot : *sans science*, c'est-à-dire sans avoir par devers eux la science nécessaire pour diriger les autres.

[2] Selon les commentateurs, ces mots sont une allusion à Nemrod, fils de Canaan, qui a bâti un palais à Babel, haut de cinq mille coudées, pour observer de là ce qui se passait au ciel. Dieu a détruit cet édifice par une tempête.

CHAPITRE XVI.

36. Les crimes qu'ils avaient commis retombèrent sur eux, et ce *châtiment* qui était l'objet de leurs railleries les a environnés de tous côtés.

37. Ceux qui associent d'autres divinités à Dieu disent : Si Dieu avait voulu, nous et nos pères, nous n'aurions adoré que lui seul ; nous n'aurions interdit l'usage que de ce que lui-même aurait interdit. Ceux qui les ont précédés ont agi de même. Les apôtres ne sont tenus que de prêcher ouvertement.

38. Nous avons envoyé des apôtres vers chaque peuple, en disant : Adorez Dieu et évitez le Thaghout [1]. Il y en eut parmi eux que Dieu a dirigés ; il y en eut d'autres qui ont été destinés à l'égarement. Parcourez la terre, et voyez quelle a été la fin de ceux qui ont traité les apôtres de menteurs.

39. Si tu désires qu'ils soient dirigés, sache que Dieu ne dirige plus celui qu'il a égaré. Ils n'auront aucun protecteur.

40. Ils jurent par *le nom de* Dieu, de leurs serments les plus solennels, qu'il ne ressuscitera plus celui qui sera mort une fois. — Oui, *il le fera*, en vertu de sa promesse vraie qui est à sa charge ; mais la plupart des hommes ne le savent pas.

41. *Il le fera* pour leur montrer clairement ce qui était le sujet de leurs disputes, et afin que les infidèles reconnaissent qu'ils en avaient menti.

42. Quelle est notre parole quand nous voulons qu'une chose existe ? Nous disons : Sois, et elle est.

43. Nous donnerons une habitation honorable à ceux qui ont quitté leur pays pour Dieu après avoir souffert l'oppression. Mais la récompense de la vie future est encore plus magnifique. Oh ! s'ils le savaient.

44. Ceux qui supportent *les maux* avec patience et qui mettent leur confiance en Dieu !

45. Nous n'avons envoyé avant toi que des hommes que nous avions inspirés. Demandez-le aux hommes des Écritures, si vous ne le savez pas.

46. Nous les avons envoyés avec des miracles et des livres. A toi aussi nous avons donné un livre, afin que tu expliques aux hommes ce qui leur a été envoyé, et afin qu'ils réfléchissent.

47. Ceux qui ont méchamment employé des ruses sont-ils sûrs que Dieu ne les fera pas engloutir par la terre, ou qu'un châtiment terrible ne viendra pas les surprendre là où ils ne s'y attendront pas ?

---

[1] Nom d'une divinité chez les Arabes idolâtres.

48. Qu'il ne les surprendra pas pendant leurs allées et venues, pendant qu'ils ne sauraient affaiblir son action?

49. Ou qu'il ne les châtiera pas par un dépérissement graduel[1]? Mais Dieu est plein de bonté et de miséricorde.

50. N'ont-ils pas vu que tout ce que Dieu a créé incline son ombre à droite et à gauche pour l'adorer, pour se prosterner devant lui?

51. Devant Dieu se prosterne tout ce qui est dans les cieux et sur la terre : les animaux comme les anges, tous dépouillent leur orgueil.

52. Tous craignent leur Seigneur, *de peur qu'il ne fonde* d'en haut, et font tout ce qu'il leur ordonne.

53. Dieu a dit : N'adorez point deux dieux, car lui est un Dieu unique. Craignez-moi donc.

54. A lui appartient tout ce qui est dans les cieux et sur la terre. Un culte perpétuel lui est dû. Craignez-vous un autre que Dieu?

55. Tous les biens dont vous jouissez viennent de lui. Qu'un malheur vous atteigne, c'est à lui que vous adressez vos supplications.

56. Mais aussitôt qu'il vous a délivrés du mal, une partie d'entre vous donnent des compagnons à leur Seigneur,

57. Pour nier le bien que nous leur avons fait. Jouissez; bientôt vous saurez la vérité.

58. Ils affectent une portion des biens que nous leur accordons à des êtres qu'ils ne connaissent pas. J'en jure par Dieu, on vous demandera compte de ce que vous inventez.

59. Ils attribuent des filles à Dieu[2]. Gloire à lui[3]! et ils n'en désirent pas pour eux-mêmes.

60. Si l'on annonce à quelqu'un d'entre eux la naissance d'une fille, son visage s'obscurcit, et il devient *comme* suffoqué *par la douleur*.

61. Il se cache des siens, à cause de la désastreuse nouvelle. Doit-il la garder et en subir la honte, ou l'ensevelir dans la poussière? Que leurs jugements sont déraisonnables[4]!

62. Ceux qui ne croient pas à la vie future, assimilez-les à tout

---

[1] C'est le sens du mot *tekawwouf*.

[2] Les Arabes idolâtres regardaient les anges comme des filles de Dieu.

[3] Nous avons déjà dit que les mots : *gloire à lui*, sont mis dans le Koran toutes les fois qu'on cite quelque blasphème, quelque opinion étrange sur Dieu.

[4] Les Arabes idolâtres regardaient comme un malheur la naissance d'une fille; ils avaient même coutume de les enterrer vives.

CHAPITRE XVI.

ce qui est mauvais. Mais Dieu, assimilez-le à tout ce qu'il y a de plus élevé. Il est le Sage, le Puissant.

63. Si Dieu voulait châtier les hommes de leur perversité, il ne laisserait aucune créature vivante sur la terre ; mais il leur accorde un délai jusqu'au terme marqué. Lorsque le terme sera arrivé, ils ne sauront ni le retarder ni l'avancer d'un seul instant.

64. Ils attribuent à Dieu ce qu'ils abhorrent eux-mêmes ; leurs langues profèrent un mensonge quand ils disent qu'une belle récompense leur est réservée. En vérité, ce qui leur est réservé, c'est le feu. Ils y seront précipités les premiers.

65. J'en jure par Dieu, nous avons envoyé avant toi des apôtres aux différents peuples. Satan leur avait préparé leurs actions. Aujourd'hui il est leur patron; mais un châtiment douloureux les attend.

66. Nous t'avons envoyé le Livre afin que tu expliques ce qui est le sujet de leurs controverses, afin qu'il serve de direction et de preuve de notre miséricorde envers ceux qui croient.

67. Dieu envoie du ciel l'eau par laquelle il rend la vie à la terre quand elle est morte. Il y a dans ceci un signe pour ceux qui écoutent.

68. Vous trouverez dans les animaux des signes propres à vous instruire. Nous vous faisons boire ce qui, dans leurs entrailles, est entre les aliments élaborés et le sang : *c'est* le lait pur, d'une absorption si douce pour ceux qui le boivent.

69. Parmi les fruits, vous avez le palmier et la vigne, d'où vous retirez une boisson enivrante et une nourriture agréable. Il y a dans ceci des signes pour ceux qui entendent.

70. Ton Seigneur a fait cette révélation à l'ABEILLE : Cherche-toi des maisons dans les montagnes, dans les arbres, et dans les constructions des hommes.

71. Nourris-toi de toute sorte de fruits, et chemine dans les chemins frayés par ton Seigneur. De leurs entrailles (*des entrailles des abeilles*) sort une liqueur de différentes espèces[1]; elle contient un remède pour les hommes. Certes il y a dans ceci des signes pour ceux qui réfléchissent.

72. Dieu vous a créés, et il vous recueillera chez lui. Tel d'entre vous parviendra à l'âge de décrépitude[2], au point qu'il ne saura rien de ce qu'il avait su[3]. Dieu est savant et puissant.

Ou *de différentes couleurs*, le miel étant tantôt rouge, tantôt jaune et tantôt blanc.

[2] Mot à mot : *tel d'entre vous est porté au plus bas âge*, c'est-à-dire à la vieillesse faible et impuissante.

[3] C'est-à-dire, il tombera en enfance, et oubliera tout ce qu'il avait su.

73. Dieu vous a favorisés les uns plus que les autres dans la distribution de ses dons. Mais ceux qui ont été favorisés font-ils participer à ces biens leurs esclaves [1], au point que tous y aient une part égale? Nieront-ils les bienfaits de Dieu?

74. Dieu vous a choisi des épouses de votre race. De vos épouses il vous donne des fils et des petits-fils; il vous nourrit de mets délicieux. Croiront-ils en des divinités mensongères, et seront-ils ingrats envers les bienfaits de Dieu?

75. Adoreront-ils à côté de Dieu des êtres qui ne peuvent leur procurer aucune nourriture du ciel ni de la terre, et qui ne peuvent rien?

76. Ne prenez point Dieu pour objet de vos comparaisons. Dieu sait tout, et vous ne savez rien.

77. Dieu vous propose pour objet de comparaison un homme esclave qui ne dispose de rien, et un autre homme à qui nous avons accordé une ample subsistance, et qui en distribue une partie en aumônes publiquement et secrètement; ces deux hommes sont-ils égaux? Non, grâce à Dieu; mais la plupart d'entre eux n'entendent rien.

78. Dieu vous propose encore pour objet de comparaison deux hommes, dont l'un est muet de naissance, et qui ne peut rien entendre, et qui est un fardeau pour son maître; quelque part qu'il l'envoie, celui-ci ne lui rapportera rien de bon : un tel homme peut-il aller de pair avec un homme qui commande selon toute justice et marche dans la droite voie [2]?

79. Les secrets des cieux et de la terre appartiennent à Dieu. La venue [3] de l'heure est comme un clin d'œil, ou peut-être plus proche encore, car Dieu est tout-puissant.

80. Dieu vous fait sortir des entrailles de vos mères, dénués de toute connaissance; puis il vous donne l'ouïe, la vue et l'intelligence, afin que vous soyez reconnaissants.

81. Avez-vous jeté un regard sur les oiseaux assujettis *à la volonté de Dieu* au milieu de l'espace des cieux? Quel autre que Dieu a le pouvoir sur eux? Certes il y a dans ceci des signes pour ceux qui savent comprendre.

82. Dieu vous donne vos tentes [4] pour demeures; il vous donne

---

[1] Mot à mot : *ce que leurs mains droites ont acquis.* C'est ainsi qu'on désigne les esclaves achetés et les captifs.

[2] La parabole de l'esclave du verset précédent, et de l'homme muet de celui-ci, s'appliquent aux idoles et à leur inutilité pour l'homme.

[3] Mot à mot : *l'affaire de l'heure,* c'est-à-dire du jour de la résurrection.

[4] Le mot *beït,* en arabe, veut dire tente ou toute autre habitation.

pour tentes des peaux de bestiaux, que vous pouvez porter facilement quand vous vous mettez en marche ou quand vous vous arrêtez ; il vous a créé de la laine, du poil et du crin de votre bétail, des hardes et des ustensiles, pour un usage temporaire.

83. Dieu vous a procuré, parmi les objets de sa création, des ombrages ; il vous a donné des montagnes pour retraites, des vêtements qui vous abritent contre les chaleurs, et des vêtements qui vous garantissent contre la violence *des coups que vous vous portez les uns aux autres* : c'est ainsi qu'il vous comble de ses bienfaits, afin que vous vous résigniez à sa volonté.

84. Si les Arabes te tournent le dos, *qu'importe ! O Mohammed !* tu n'es chargé que de la prédication ouverte.

85. Ils connaissent les bienfaits de Dieu, et puis les méconnaissent. La plupart d'entre eux sont infidèles.

86. Un jour nous susciterons un témoin pour chaque nation ; alors on ne permettra point aux infidèles *de faire valoir des excuses* [1], et ils ne seront point accueillis.

87. Alors les méchants verront de leurs yeux le supplice qu'ils ne sauront adoucir. Dieu ne daignera pas même jeter un regard sur eux.

88. Les idolâtres apercevront leurs compagnons, *ces divinités qu'ils associent à Dieu*, et diront : Seigneur, voici nos compagnons que nous adorions à côté de toi ; mais ceux-ci leur répondront : Vous n'êtes que des menteurs [2].

89. Ce jour-là les idolâtres offriront leur soumission à Dieu, et les divinités qu'ils avaient inventées disparaîtront.

90. Nous ferons subir châtiment sur châtiment, pour prix de leur méchanceté, à ceux qui n'ont point cru et qui ont détourné les autres du droit chemin.

91. Un jour nous susciterons du sein de chaque peuple un témoin qui déposera contre lui ; et toi, *ô Mohammed !* nous t'instituerons témoin chargé de déposer contre les Arabes, car nous t'avons donné un livre qui contient l'explication de toute chose, qui est une preuve de notre miséricorde, qui sert de direction et annonce d'heureuses nouvelles à ceux qui se résignent à la volonté de Dieu.

92. Dieu commande la justice et la bienfaisance, la libéralité

---

[1] Le texte arabe ne porte que ces mots : *et il ne leur sera pas donné de permission (de congé)* ; les commentateurs y suppléent par les mots : *de présenter des excuses*, ou *de retourner sur la terre pour mieux vivre.*

[2] C'est-à-dire : les divinités chimériques s'empresseront elles-mêmes de désavouer toute prétention de se croire égales à Dieu.

envers ses parents ; il défend la turpitude [1] et l'iniquité, et l'injustice ; il vous avertit, afin que vous réfléchissiez.

93. Soyez fidèles au pacte de Dieu, vous qui l'avez conclu ; ne violez point les serments que vous avez faits solennellement. Vous avez pris Dieu pour caution, et il sait ce que vous faites.

94. Ne ressemblez point à cette femme qui a défait le fil qu'elle avait tordu solidement, ne faites point entre vous de serments perfides, parce que vous voyez qu'une troupe d'entre vous se trouve être plus nombreuse qu'une autre [2]. Dieu cherche à vous éprouver à cet égard ; mais, au jour de la résurrection, il vous rappellera l'objet de vos différends.

95. Si Dieu avait voulu, il aurait fait de vous un seul peuple ; mais il égare celui qu'il veut, et dirige celui qu'il veut : un jour on vous demandera compte de vos actions.

96. Ne vous servez point de vos serments comme d'un moyen de fraude, de peur que vos pieds, fermement posés, ne viennent à glisser, et que vous n'éprouviez le châtiment pour avoir détourné les autres du sentier de Dieu. Un supplice terrible vous serait réservé.

97. N'allez point acheter avec le pacte de Dieu un objet d'infime valeur. Ce que Dieu tient en réserve vous sera plus avantageux, si vous avez de l'intelligence.

98. Ce que vous possédez passe, et ce qui est auprès de Dieu reste. Nous donnerons aux persévérants la récompense qui leur est due, la *récompense* plus conforme à leurs œuvres.

99. Quiconque fait une bonne action, et qui est *en même temps* croyant, qu'il soit homme ou femme, nous lui accorderons une vie heureuse, et nous lui accorderons la plus belle récompense digne de ses œuvres.

100. Quand tu lis le Koran, cherche auprès de Dieu un refuge contre Satan le maudit [3].

101. Satan n'a point de pouvoir sur ceux qui croient et qui mettent leur confiance en Dieu.

---

[1] Nous traduisons ainsi partout le mot arabe *fahcha* ou *fahicha*, qui s'applique à tout péché charnel.

[2] Mahomet reproche ici aux Arabes leur mauvaise foi dans les traités, qu'ils ne regardaient comme obligatoires que lorsqu'ils étaient les plus faibles.

[3] Mot à mot : le lapidé. Il arriva plus d'une fois à Mahomet de prononcer des blasphèmes ou des paroles futiles au milieu des plus graves discours ou des prières ; il attribuait ces écarts à l'action du diable. Pour se prémunir contre ce danger, il ordonne d'invoquer l'assistance de Dieu ; c'est ce que font les musulmans, en prononçant, avant la prière, ces mots : *Je me réfugie auprès de Dieu contre Satan le lapidé.* Au sujet de cette épithète, voy. chap. III, 34.

102. Son pouvoir s'étend sur ceux qui s'éloignent de Dieu et qui lui associent d'autres divinités.

103. Si nous remplaçons *dans ce Koran* un verset par un autre (Dieu connaît mieux que qui que ce soit ce qu'il révèle), ils disent que tu l'inventes toi-même. Non ; mais la plupart d'entre eux ne savent rien.

104. Dis-leur que l'Esprit de sainteté te l'a réellement apporté de la part de ton Seigneur pour affermir les croyants, pour les diriger, et pour annoncer d'heureuses nouvelles aux musulmans.

105. Nous savons bien qu'ils disent : Un homme l'instruit. — La langue de celui qu'ils veulent indiquer indirectement [1] est une langue barbare, tandis que le Koran est un livre arabe clair.

106. Certes Dieu ne dirige point ceux qui ne croient point en ses signes ; un châtiment cruel leur est réservé.

107. Ceux qui ne croient point aux signes de Dieu commettent un mensonge ; ils sont des menteurs.

108. Quiconque, après avoir cru, redevient infidèle, s'il y est contraint par la force, et si son cœur persévère dans la foi [2], *n'est point coupable ;* mais la colère de Dieu s'appesantira sur celui qui ouvre son cœur à l'infidélité, et un châtiment terrible l'attend.

109. Et cela pour prix de ce que les infidèles ont préféré la vie de ce monde à celle de l'autre. Dieu ne dirige point les infidèles.

110. Ce sont ceux sur les cœurs, les yeux et les oreilles de qui Dieu a apposé un sceau. Ils ne se doutent de rien, et certes ils seront les malheureux de l'autre monde.

111. Mais Dieu est indulgent et plein de miséricorde pour ceux qui ont quitté leur pays après y avoir subi des épreuves, qui depuis ont combattu pour la cause de Dieu et supporté tout avec patience.

---

[1] Cet homme qui était censé instruire Mahomet dans la Bible, était selon les uns Djebr-er-Roumi, c'est-à-dire grec, ou romain d'Orient, esclave d'Amir de Hadramaut ; selon d'autres, Mahomet était accusé par les Arabes de puiser ses prétendues révélations chez deux individus, Djebr et Yesar, fabricants de sabres établis à la Mecque, adonnés à la lecture du Pentateuque et de l'Évangile ; selon d'autres, c'était Salman le persan, un des hommes les plus dévoués à Mahomet et à sa famille. Ce passage prouve, dans tous les cas, que la personne à laquelle les Arabes faisaient allusion, était un étranger. L'expression *langue barbare* est l'équivalent du mot *adjemi*, qui se dit de tout idiome non arabe.

[2] Proprement, *rassuré, tranquillisé par la foi,* c'est l'expression dont on se sert toujours en parlant de musulmans qui par crainte ont embrassé une autre religion, quoique au fond ils soient musulmans.

112. Le jour viendra où toute âme plaidera pour elle-même, et où elle sera rétribuée selon ses œuvres, où nul ne sera lésé.

113. Dieu vous propose pour objet de comparaison une ville qui jouissait de la sécurité et de la tranquillité. Dieu lui avait donné de la nourriture en abondance; mais elle se montra ingrate envers les bienfaits de Dieu, et il l'a frappée de la faim et de la terreur pour prix des œuvres de ses habitants [1].

114. Un apôtre se leva au milieu d'eux, et ils le traitèrent d'imposteur; le châtiment *de Dieu* les saisit, parce qu'ils étaient injustes.

115. Nourrissez-vous des aliments que Dieu vous accorde, des aliments licites et bons, et soyez reconnaissants pour les bienfaits de Dieu, si c'est lui que vous adorez.

116. Il vous a défendu de vous nourrir de la chair de bêtes mortes, de sang et de la chair de porc, ainsi que de toute nourriture sur laquelle on aurait invoqué un autre nom que celui de Dieu; mais, si quelqu'un y est contraint, s'il ne le fait pas comme transgresseur *réfléchi* et comme rebelle, Dieu est indulgent et miséricordieux; *il le lui pardonnera.*

117. Ne dites point : Ceci est licite et ceci est illicite, selon que vos langues sont portées au mensonge; vous imputeriez un mensonge à Dieu; car ceux qui imputent un mensonge à Dieu ne prospèrent point.

118. C'est une jouissance de peu *de durée*, pendant que leur châtiment *sera* douloureux.

119. Nous avions défendu aux juifs les mets dont nous t'avons instruit précédemment : nous ne les avons point traités injustement; ce sont eux qui ont agi injustement envers eux-mêmes.

120. Pour ceux qui auraient commis une mauvaise action par ignorance, mais qui reviendraient à Dieu et se corrigeraient, Dieu sera indulgent et miséricordieux.

121. Abraham était un homme [2] soumis à Dieu, vrai croyant; il n'était point du nombre des idolâtres.

122. Il était reconnaissant pour ses bienfaits; Dieu l'avait élu et dirigé dans la voie droite.

123. Nous lui accordâmes une belle récompense dans ce monde, et il est au nombre des justes dans l'autre.

124. Nous t'avons révélé que tu as à suivre la religion d'Abra-

---

[1] Mot à mot : il la revêtit du vêtement de la faim, etc.

[2] Il y a dans le texte : Abraham était un peuple, c'est-à-dire la nation d'Abraham dont les Koreïchites idolâtres prétendaient tirer leur origine.

ham, qui était vrai croyant, et n'était point du nombre des idolâtres.

125. Le sabbat a été institué pour ceux qui se sont divisés à son sujet[1]. Dieu prononcera entre eux au jour de la résurrection sur leurs différends.

126. Appelle *les hommes* dans le sentier de Dieu par la sagesse et par des admonitions douces ; si tu entres en dispute avec eux, fais-le de la manière la plus honnête ; car ton Seigneur connaît le mieux ceux qui dévient de son sentier et ceux qui suivent le droit chemin.

127. Quand vous exercez des représailles, qu'elles soient pareilles aux offenses que vous avez éprouvées ; mais, si vous préférez les supporter avec patience, cela profitera mieux à ceux qui auront souffert avec patience.

128. Prends donc patience ; mais la patience ne te sera possible qu'avec *l'aide de* Dieu. Ne t'afflige point à cause d'eux ; que ton cœur ne soit pas dans l'angoisse à cause de leurs machinations, car Dieu est avec ceux qui le craignent et font le bien.

CHAPITRE XVII.

LE VOYAGE NOCTURNE [2].

Donné à Médine. — 111 versets.

Au nom du Dieu clément et miséricordieux.

1. Gloire à celui qui a transporté, pendant la nuit, son serviteur du temple sacré *de la Mecque* au temple éloigné *de Jérusalem*,

---

[1] C'est-à-dire, le sabbat a été institué pour les juifs.

[2] Le titre de cette *sourate* est emprunté à son sujet même. Il s'agit ici du voyage aérien que Mahomet aurait fait d'abord du temple de la Mecque au temple de Jérusalem, et ensuite à travers les sept cieux jusqu'au trône de Dieu. Mahomet aurait été transporté dans les régions célestes par l'ange Gabriel, sur une monture nommée *Borak*, que la tradition représente comme un être ailé, à la figure de femme, au corps de cheval, à la queue de paon. On a longtemps disputé, dans les premiers temps de l'islam, sur l'authenticité de ce fait; les uns soutenant que cette ascension nocturne eut lieu en vision seulement ; d'autres, qu'elle fut effectuée par Mahomet réellement et corporellement. Ceux qui étaient pour la première de ces deux versions s'étayaient du témoignage de Moawiah, compagnon de Mahomet (plus tard calife), qui avait toujours regardé ce voyage comme une

dont nous avons béni l'enceinte, pour lui faire voir nos miracles. Dieu entend et voit tout.

2. Nous donnâmes à Moïse le Livre *de la loi*, et nous en avons fait un guide pour les enfants d'Israël. Ne prenez point, *leur avons-nous dit*, d'autre patron que moi.

3. O postérité de ceux que nous avons portés dans l'arche avec Noé! il était un serviteur reconnaissant.

4. Nous avions annoncé cet arrêt aux enfants d'Israël dans le Livre : Vous commettrez deux fois [1] des iniquités sur la terre, et vous vous enorgueillirez d'un orgueil démesuré.

5. Lorsque l'accomplissement de la première menace arriva, nous envoyâmes contre vous nos serviteurs, hommes d'une terrible violence [2]; ils pénétrèrent jusque dans l'intérieur de votre temple, et la menace fut accomplie.

6. Ensuite nous laissâmes votre tour arriver, et votre victoire sur eux, et nous accrûmes vos richesses et vos enfants; nous fîmes de vous un peuple nombreux.

7. *Nous vous avons dit :* Si vous faites le bien, vous le ferez pour vous; si vous faites le mal, vous le faites à vous-mêmes. Lorsque le terme de la seconde menace arriva, *nous envoyâmes des ennemis* pour vous affliger, pour entrer dans votre temple, comme ils y avaient pénétré la première fois, et pour démolir tout [3].

8. Peut-être Dieu aura pitié de vous; mais si vous retournez *à vos péchés*, nous aussi, nous reviendrons *pour vous punir*.

---

simple vision, et d'Aïcha, femme du prophète, qui assurait que Mahomet n'avait jamais découché. Il ne fallait que l'intervention de ces deux personnages si odieux à quelques sectes, aux chiites, par exemple, pour faire accréditer l'opinion contraire. Aussi, c'est une des croyances universellement reçues aujourd'hui chez les musulmans, que cette ascension a eu lieu en réalité. On ajoute que ce voyage céleste, où Mahomet a vu les sept cieux et s'est entretenu avec Dieu, s'est fait si rapidement, que le prophète trouva son lit qu'il avait quitté, tout chaud, et que, le pot où il chauffait de l'eau étant près de se renverser à son départ, il revint assez à temps pour le relever sans qu'il y eût une goutte d'eau de répandue.

[1] Les commentateurs entendent par les mots : *deux fois*, les deux grands crimes commis par les juifs, d'abord l'assassinat du prophète Isaïe et l'emprisonnement de Jérémie, puis la mort de Zacharie, de Jean-Baptiste, et le complot contre la vie de Jésus-Christ.

[2] Selon les commentateurs, se souciant peu, du reste, de l'exactitude chronologique en tout ce qui regarde les peuples étrangers, il peut être question ici soit de Djalout le Philistin (Goliath), soit de Nabuchodonosor, soit de Sennachérib l'Assyrien, tous instruments de la colère de Dieu.

[3] Cette seconde punition peut se rapporter à la conquête d'Antiochus Épiphane, ou bien à la destruction de Jérusalem par les Romains.

Nous avons destiné la géhenne à être la prison des infidèles.

9. En vérité, ce Koran dirige vers le plus droit chemin ; il annonce le bonheur aux croyants

10. Qui pratiquent les bonnes œuvres. Ils recevront une récompense magnifique.

11. Nous avons préparé un supplice terrible pour ceux qui ne croient point à la vie future.

12. L'homme fait des vœux pour obtenir ce qui est mauvais, comme il en fait pour obtenir ce qui est bon. L'homme est prompt de sa nature.

13. Nous fîmes de la nuit et du jour deux signes *de notre puissance*. Nous effaçâmes[1] le signe de la nuit, et nous rendîmes visible celui du jour, afin que vous cherchiez à obtenir des bienfaits de la générosité de Dieu[2], afin que vous connaissiez le nombre des années et leur comput. Nous avons introduit la distinction parfaite dans toutes choses.

14. Nous avons attaché au cou de chaque homme son oiseau[3]. Au jour de la résurrection, nous lui montrerons un livre qu'il trouvera ouvert.

15. Lis dans ton livre, *lui dirons-nous alors*; il suffit que tu fasses toi-même ton compte aujourd'hui.

16. Quiconque suit le chemin droit, le suit pour lui-même ; quiconque s'égare, s'égare à son propre détriment. Toute âme chargée d'un fardeau ne portera pas celui d'aucune autre. Nous n'avons jamais puni sans avoir auparavant envoyé un prophète *auprès d'un peuple*.

17. Lorsque nous voulûmes détruire une cité, nous adressâmes d'abord nos ordres à ses citoyens opulents ; mais ils se montrèrent criminels. L'arrêt fut prononcé, et nous l'avons exterminée.

18. Depuis Noé, que de nations nous avons exterminées ! Il suffit que ton Seigneur voie et connaisse les péchés de ses serviteurs.

19. Quiconque a désiré ce monde si prompt à passer, à celui-là

---

[1] Cette expression figurée, qui veut dire que la nuit étant obscure ne paraît pas, pour ainsi dire, est interprétée ainsi par les musulmans : Dieu avait d'abord créé la lune aussi éclatante que le soleil, mais aurait dans la suite ordonné à l'ange Gabriel de passer une aile sur sa face. (Voy. Tabari, traduct. de M. L. Dubeux, p. 221.)

[2] Cela signifie que le jour a été donné aux hommes pour vaquer à des occupations lucratives, au commerce, etc., et pour compter les années.

[3] Expression figurée pour *destinée de l'homme*, et empruntée au langage et aux croyances des Arabes anciens.

nous avons promptement accordé dans ce monde ce que nous avons voulu; ensuite nous lui avons préparé la géhenne; il y sera brûlé, couvert de honte et privé de toute ressource.

20. Celui qui désire la vie future, qui fait des efforts pour l'obtenir, qui en outre est croyant, les efforts de celui-là seront agréables à Dieu.

21. Nous prolongeons les dons de ton Seigneur, à ceux-ci et à ceux-là. Les dons de ton Seigneur ne seront refusés à personne.

22. Vois comme nous avons élevé les uns au-dessus des autres *par les biens de ce monde*. Mais la vie future a des degrés plus élevés et des supériorités plus grandes encore.

23. Ne mets point d'autres dieux à côté de Dieu, car tu serais couvert de honte et d'avilissement.

24. Dieu a ordonné de n'adorer que lui, de tenir une belle conduite envers vos père et mère, soit que l'un d'eux ait atteint la vieillesse ou qu'ils y soient parvenus tous deux, et qu'ils restent avec vous. Garde-toi de leur montrer du mépris[1], de leur faire des reproches. Parle-leur avec respect.

25. Sois humble envers eux et plein de tendresse[2], et adresse cette prière à Dieu: Seigneur, aie pitié d'eux, de même *qu'ils ont eu pitié de moi*, qu'ils m'ont élevé quand j'étais tout petit.

26. Dieu connaît mieux que personne le fond de vos cœurs; il sait si vous êtes justes.

27. Il est indulgent pour ceux qui reviennent à lui.

28. Rends à tes proches ce qui leur est dû, ainsi qu'au pauvre et au voyageur, et ne sois point prodigue.

29. Les prodigues sont frères de Satan. Satan a été ingrat envers son Seigneur.

30. Si tu t'éloignes *de ceux qui sont dans le besoin sans les secourir*, sollicitant auprès de ton Seigneur des faveurs que tu espères obtenir, parle-leur au moins avec douceur.

31. Ne te lie pas la main au cou et ne l'ouvre pas non plus entièrement[3], de peur que tu n'encoures le blâme ou ne deviennes pauvre.

32. Dieu tantôt répand à pleines mains ses dons sur ceux qu'il veut, et tantôt il les mesure. Il est instruit de l'état de ses serviteurs, et il les voit.

33. Ne tuez point vos enfants par crainte de pauvreté; nous

---

[1] Mot à mot: de leur dire *fi!*

[2] Mot à mot: abaisse vers eux l'aile de ton humilité.

[3] Ne sois ni avare ni prodigue.

CHAPITRE XVII.

leur donnerons leur nourriture ainsi qu'à vous. Les meurtres que vous commettez sont un péché atroce.

34. Évitez l'adultère, car c'est une turpitude et une mauvaise route.

35. Ne tuez aucun homme, car Dieu vous l'a défendu, sauf pour une juste cause [1] ; quant à celui qui serait tué injustement, nous avons donné à son proche un pouvoir à ce sujet [2] ; mais que celui-ci ne dépasse pas la limite en tuant ; il est assisté [3], car il est déjà assisté *par la loi*.

36. Ne touchez point aux biens de l'orphelin, à moins que ce ne soit d'une manière louable, *pour les faire accroître*, jusqu'à ce qu'il ait atteint l'âge fixé. Remplissez vos engagements, car les engagements, on en demandera compte.

37. Quand vous mesurez, remplissez la mesure. Pesez avec une balance juste. Ceci vaut mieux, et c'est plus beau en dernier résultat.

38. Ne poursuis point ce que tu ne connais pas [4]. L'ouïe, la vue, le cœur, on vous demandera compte de tout cela. On vous demandera compte de tout.

39. Ne marche point fastueusement sur la terre ; tu ne saurais ni la fendre en deux, ni égaler la hauteur des montagnes.

40. Tout cela est mauvais et abominable devant Dieu.

41. Voilà ce que Dieu t'a révélé en fait de sagesse. Et, *de plus*,

---

[1] On ne doit tuer un homme que pour le meurtre, pour l'apostasie et l'adultère. Ce dernier cas même est controversé.

[2] Nous traduisons le mot *veli* du texte par *proche*, qui est le sens propre de ce mot, mais qui, à cause même de ce sens primitif et général, signifie : patron et client, protecteur et protégé, allié et saint (proche de Dieu). Par le *pouvoir*, il faut entendre le droit d'exiger du meurtrier une satisfaction, c'est-à-dire le prix du sang.

[3] Rien n'est plus vague que ce précepte sur un point aussi délicat du droit pénal. Les mots : *qu'il ne dépasse pas la limite*, peuvent signifier qu'en tuant le meurtrier, il s'abstienne de cruautés sur sa personne, ou bien qu'il se contente de tuer le meurtrier sans étendre sa vengeance sur sa famille. Les mots : *il est assisté*, peuvent également se rapporter au meurtrier qui serait vengé à son tour si l'on dépassait la limite, ou à l'homme tué que ce précepte cherche à protéger. Le mot du texte *mansour*, qui, selon sa forme grammaticale, veut dire *assisté*, veut dire toujours *victorieux, vainqueur* (assisté de Dieu). Le sens qui s'offre le plus naturellement à l'esprit serait : *que le proche de la victime ne dépasse pas la limite de la stricte justice sur le meurtrier ; car celui-ci serait assisté, secouru, vengé à son tour*.

[4] On explique ce passage ainsi *Ne cours pas après des choses vaines et qui ne te serviront à rien* ; ou bien : *N'accuse personne d'aucun crime si tu n'en as pas acquis la certitude*.

ne mets point d'autres dieux à côté de Dieu, car tu serais précipité dans la géhenne, couvert de réprobation et d'avilissement.

42. Dieu vous aurait-il *par hasard* choisis pour ses fils, et pris les anges pour femelles ? Vous proférez là une parole terrible.

43. Nous avons répandu *des enseignements* dans ce Koran, afin que les hommes réfléchissent ; mais il n'a fait qu'augmenter votre éloignement.

44. Dis-leur : S'il y avait d'autres dieux à côté de Dieu, comme vous le dites, ces dieux désireraient à coup sûr évincer le possesseur du trône.

45. Gloire à Dieu ! il est élevé d'une immense hauteur au-dessus de ce blasphème.

46. Les sept cieux et tout ce qu'ils renferment, ainsi que la terre, célèbrent ses louanges. Il n'y a point de chose qui ne célèbre ses louanges, mais vous ne comprenez pas leurs hymnes. Dieu est humain et indulgent.

47. Quand tu lis le Koran, nous élevons un voile entre toi et ceux qui ne croient point à la vie future.

48. Nous avons recouvert leurs cœurs d'enveloppes, afin qu'ils ne comprennent pas. Nous avons jeté la pesanteur dans leurs oreilles.

49. Quand tu prononces dans le Koran le nom du Dieu unique, ils tournent le dos pour fuir avec dégoût.

50. Nous savons mieux que qui que ce soit dans quel but les infidèles t'écoutent quand ils viennent t'écouter, quand ils se parlent à l'oreille, quand *enfin* les méchants se disent les uns aux autres : Vous suivez là un homme ensorcelé.

51. Vois à quoi ils te comparent ; mais ils sont dans l'égarement, et ne sauront retrouver le sentier.

52. Ils disent : Est-ce que, lorsque nous serons devenus os et cendres, nous serons relevés sous une forme nouvelle ?

53. Dis-leur : Oui, quand même vous seriez pierre ou fer, ou telle autre chose de celles qui paraissent impossibles à votre esprit. Ils répondront : Et qui nous fera revenir à la vie ? Dis : Celui qui vous a créés la première fois. Alors ils secoueront la tête, et te demanderont : Quand cela aura-t-il lieu ? Dis : Il se peut que cela soit prochainement.

54. Le jour où *Dieu* vous appellera *de vos tombeaux*, vous lui répondrez en le louant ; il vous semblera n'y avoir demeuré que très-peu de temps.

55. Dis à mes serviteurs de ne parler qu'avec douceur, car Satan

pourrait semer la discorde entre eux. Satan est l'ennemi déclaré de l'homme.

56. Votre Seigneur vous connaît; s'il le veut, il vous fera goûter sa miséricorde, s'il le veut, il vous punira. Nous ne t'avons pas envoyé, ô *Mohammed!* pour être leur patron.

57. Ton Seigneur connaît mieux que personne ce qui est aux cieux et sur la terre. Nous avons élevé les prophètes les uns au-dessus des autres, et nous avons donné les psaumes à David.

58. Dis : Appelez à votre secours ceux que vous vous imaginez être dieux hors lui, et vous verrez qu'ils ne peuvent ni vous délivrer d'un mal, ni le détourner.

59. Ceux que vous invoquez désirent ardemment parvenir jusqu'à leur Seigneur, c'est à qui sera plus près de lui ; ils attendent sa miséricorde et craignent son châtiment, car le châtiment de ton Seigneur est terrible [1].

60. Il n'y aura pas de cité que nous ne détruisions d'ici au jour de la résurrection [2], ou que nous ne châtiions d'un châtiment terrible. C'est écrit dans le Livre *éternel.*

61. Rien ne nous aurait empêché de t'envoyer avec le pouvoir des miracles, si les peuples d'autrefois n'avaient déjà traité de mensonges les précédents. Nous avions pourtant fait voir aux Thémoudites la femelle du chameau bien distinctement ; *c'était un avertissement,* et cependant ils l'ont maltraitée. Nous n'envoyons de prophètes avec des miracles que pour intimider.

62. Souviens-toi que nous avons dit : Dieu environne les hommes de tous côtés. Nous ne t'avons accordé la vision que tu as eue, nous ne t'avons fait voir cet arbre maudit dans le Koran [3], que pour jeter au milieu des hommes un sujet de discorde. Nous les intimidons, mais cela ne fera qu'accroître leur grande rébellion.

63. Nous dîmes aux anges : Prosternez-vous devant Adam. Et ils se prosternèrent, Éblis seul excepté. Me prosternerai-je, dit-il, devant celui que tu as créé de limon?

64. *Et puis il dit à Dieu* : Vois-tu celui que tu as honoré plus que moi ; certes, si tu m'en donnes le temps, d'ici au jour

---

[1] Il s'agit évidemment ici de saints invoqués par les chrétiens ou même de Jésus-Christ.

[2] On doit entendre par là des cités criminelles.

[3] Il s'agit ici de cette ascension aux cieux qui donne le titre à cette *sourate,* et que les musulmans croient avoir eu lieu réellement. L'arbre maudit est le Zakkoum, au sujet duquel voyez le chapitre **LVI**.

de la résurrection, j'exterminerai toute sa postérité, sauf un petit nombre.

65. Va-t-en. Ceux qui te suivront d'entre les hommes et toi, vous aurez tous la géhenne pour récompense, ample récompense *de vos crimes*.

66. Attire par ta voix ceux que tu pourras ; fonds sur eux avec tes cavaliers et tes fantassins [1] ; sois leur associé dans leurs richesses et leurs enfants, et fais-leur des promesses (Satan ne saurait faire des promesses que pour aveugler les hommes).

67. Mais quant à mes serviteurs *fidèles*, tu n'auras aucun pouvoir sur eux, et ils auront un patron suffisant dans leur Seigneur.

68. C'est votre Seigneur qui fait voguer pour vous les vaisseaux à travers les mers, afin que vous cherchiez les dons de sa générosité. Il est miséricordieux pour vous.

69. Lorsqu'un malheur vous atteint sur mer, ceux que vous invoquez vous sont introuvables. Dieu seul est là. Mais, lorsqu'il vous a sauvés et rendus à la terre ferme, vous vous éloignez de lui. En vérité, l'homme est ingrat.

70. Êtes-vous sûrs qu'il ne vous fera pas engloutir par quelque partie de la terre s'entr'ouvrant sous vos pas, ou qu'il n'enverra pas contre vous un tourbillon qui vous ensevelira sous le sable, sans que vous puissiez alors trouver un protecteur ?

71. Êtes-vous sûrs qu'il ne vous ramènera pas une seconde fois sur la mer, et qu'il n'enverra pas contre vous un vent violent, qu'il ne vous submergera pas pour prix de votre infidélité ? Alors vous ne trouverez aucun protecteur.

72. Nous honorâmes les enfants d'Adam. Nous les portâmes sur la terre et sur les mers ; nous leur donnâmes pour nourriture des aliments délicieux, et nous leur accordâmes une grande supériorité sur un grand nombre d'êtres que nous avons créés.

73. Le jour où nous appellerons tous les peuples *à comparaître devant nous* avec leurs chefs, ceux à qui on aura mis leur livre dans leur main droite liront ce livre [2], et ne seront pas lésés d'un seul brin.

4. Celui qui est aveugle dans ce monde le sera également dans l'autre, et se trouvera le plus égaré *et le plus loin* du chemin.

75. Peu s'en est fallu que les infidèles ne t'aient éloigné par leurs tentations de ce que nous t'avons révélé, et ne t'aient porté à nous prêter d'autres révélations. Oh ! alors ils t'auraient regardé comme leur ami.

[1] Expression proverbiale pour dire : Avec toutes tes forces.
[2] Ce livre c'est le livre où sont inscrites les actions de chacun.

CHAPITRE XVII.

76. Si nous ne t'avions raffermi *dans la foi, tu aurais cédé,* car tu penchais déjà un peu vers eux.

77. Alors nous t'aurions fait éprouver les malheurs de la vie et ceux de la mort, et tu n'aurais point trouvé d'assistance contre nous.

78. Peu s'en est fallu que les infidèles ne t'aient fait abandonner ce pays pour t'en chasser. Oh! alors, ils n'y auraient pas demeuré longtemps après ton éloignement.

79. C'est la voie qu'ont suivie nos apôtres envoyés avant toi. Tu ne saurais trouver de variations dans nos voies [1].

80. Acquitte-toi de la prière au moment où le soleil décline jusqu'à l'entrée des ténèbres de la nuit. Fais aussi une lecture à l'aube du jour; la lecture de l'aube du jour n'est pas sans témoins [2].

81. Et dans la nuit, consacre tes veilles à la prière. Ce sera pour toi une œuvre surérogatoire. Il se peut que Dieu t'élève dans ces veilles une place glorieuse [3].

82. Dis : Seigneur, fais-moi entrer d'une entrée favorable, et fais-moi sortir d'une sortie favorable [4], et accorde-moi une puissance protectrice.

83. Dis encore : La vérité parut, et le mensonge s'est évanoui ; le mensonge est destiné à s'évanouir.

84. Nous envoyons dans le Koran la guérison et la grâce aux fidèles. Quant aux injustes, il ne fera que mettre le comble à leur ruine.

85. Quand nous accordons quelque bienfait à l'homme, il se détourne de nous et se met à l'écart. Lorsqu'un malheur vient l'atteindre, il se désespère.

86. Dis : Chacun agit à sa manière ; mais Dieu sait qui est celui qui suit le chemin le plus droit.

---

[1] Le mot *sonnet, sonna,* que nous traduisons ici par *voie,* signifie au figuré : *usage, coutume* et *tradition.*

[2] Les mots du texte sont : *la lecture de l'aube du jour est vue,* ou *se fait en présence de témoins.* On entend par là que les anges en sont témoins.

[3] Il est à remarquer que c'est dans ce genre de veilles que les hommes adonnés à la vie spirituelle, parmi les musulmans, éprouvent leurs extases et les manifestations de Dieu. On emploie, dans le langage de ces hommes, le mot *mekam,* place, pour un des degrés de ce rapprochement de Dieu ; et nul doute que cette acception ne lui soit venue du passage qui nous occupe.

[4] On peut entendre ceci soit comme une prière à Dieu, pour qu'il accorde à l'homme une mort et une résurrection désirée, soit, en supposant qu'il s'agit ici de Mahomet, pour que Dieu lui accorde la libre entrée à la Mecque et la faculté d'en sortir libre.

87. Ils t'interrogeront au sujet de l'esprit [1]. Dis-leur : L'esprit a été créé par l'ordre du Seigneur, mais il n'y a qu'un petit nombre d'entre vous qui soient en possession de la science [2].

88. Si nous voulions, nous pourrions te retirer ce que nous t'avons révélé, et tu ne saurais trouver personne qui se chargeât de ta cause auprès de nous,

89. Excepté la grâce même qui te vient de Dieu. En vérité, la générosité de ton Seigneur à ton égard est immense.

90. Dis : Quand les hommes et les génies se réuniraient pour produire quelque chose de semblable à ce Koran, ils ne produiraient rien de pareil, lors même qu'ils s'aideraient mutuellement.

91. Nous avons répandu dans ce Koran toute sorte de paraboles pour l'*instruction* des hommes ; mais les hommes se sont refusés à tout, excepté à l'incrédulité.

92. Ils disent : Nous ne te croirons pas, à moins que tu ne fasses jaillir de la terre une source d'eau vive ;

93. Ou à moins que tu n'aies un jardin planté de palmiers et de vignes, et que tu ne fasses jaillir des torrents du milieu de ce jardin ;

94. Ou à moins qu'un fragment de ciel ne tombe sur nous, ou à moins que tu n'amènes Dieu et les anges comme garants de tes paroles ;

95. Ou à moins que tu n'aies une maison ornée de dorures, ou à moins que tu ne montes au ciel *au moyen d'une échelle*, nous ne croirons pas non plus que tu y sois monté, que lorsque tu nous feras descendre un livre que nous puissions lire tous. Réponds-leur : Par la gloire de mon Seigneur ! Suis-je donc autre chose qu'un homme et un envoyé ?

96. Qu'est-ce donc qui empêche les hommes de croire, lorsque la doctrine de la direction est venue vers eux ? C'est qu'ils ont dit : Dieu aurait-il envoyé un homme pour être son apôtre ?

97. Dis-leur ? Si les anges marchaient sur la terre et y vivaient tranquillement, nous leur aurions envoyé un ange pour apôtre.

98. Dis-leur : Dieu sera un témoin suffisant entre vous et moi, car il est instruit des actions de ses serviteurs et les voit.

99. Celui que Dieu dirige est seul *bien* dirigé ; celui que Dieu

---

[1] Soit au sujet de l'esprit qui anime les hommes, c'est-à-dire de l'âme immatérielle, soit sur l'ange Gabriel, qui est appelé esprit de Dieu. Nous ferons observer à cette occasion que le mot *rouh* répond le mieux à ce que nous sommes habitués d'appeler l'*âme immatérielle*. Quant au mot *âme*, principe de vie, esprits vitaux, tant chez les hommes que chez les animaux, il est rendu par *nafs*.

[2] C'est-à-dire, il n'y a qu'un petit nombre qui sache quelque chose là-dessus.

égare ne trouvera aucun patron hormis lui. Au jour de la résurrection, nous les réunirons tous, prosternés sur leurs faces, aveugles, muets et sourds. La géhenne sera leur demeure; nous rallumerons son feu toutes les fois qu'il s'éteindra.

100. Telle sera leur rétribution de ce qu'ils n'ont point cru à nos miracles, et de ce qu'ils avaient coutume de dire : Quand nous ne serons qu'os et poussière, nous lèverons-nous revêtus d'une forme nouvelle?

101. Ne voient-ils pas que Dieu, qui a créé les cieux et la terre, peut aussi créer des corps semblables aux leurs? Il a fixé un terme pour eux; il n'y a point de doute là-dessus; mais les injustes se refusent à tout, excepté à l'incrédulité.

102. Dis-leur : Si vous disposiez des trésors de la miséricorde divine, vous les serreriez, de peur de les dépenser. En vérité, l'homme est avare.

103. Nous avons accordé à Moïse neuf prodiges évidents; interroge plutôt les enfants d'Israël. Lorsque Moïse se présenta devant Pharaon, celui-ci lui dit : J'estime, Moïse, que tu es sous le pouvoir d'un ensorcèlement.

104. Tu sais bien, répondit Moïse, que c'est Dieu, le Seigneur des cieux et de la terre, qui envoie ces signes évidents; j'estime, ô Pharaon! que tu es voué à la perdition.

105. Pharaon voulut les expulser du pays, et nous l'avons submergé, lui et tous ceux qui l'ont suivi.

106. Nous dîmes ensuite aux enfants d'Israël : Habitez cette terre, et, lorsque le terme de la vie future sera arrivé, nous vous réunirons tous ensemble. Nous avons envoyé le Koran réellement, et il est descendu réellement. Et toi, *ô Mohammed!* nous ne t'avons envoyé que pour annoncer et pour avertir.

107. Nous avons partagé le Koran *en sections*, afin que tu le récites aux hommes petit à petit. Nous l'avons fait descendre réellement.

108. Dis-leur : Croyez en lui ou n'y croyez pas, *peu importe!* Ceux à qui la science a été donnée précédemment se prosternent et tombent sur leurs faces quand on leur en récite les versets. Gloire à Dieu! s'écrient-ils. Les promesses de Dieu sont accomplies.

109. Ils tombent sur leurs faces, ils pleurent, et leur soumission ne fait que s'accroître.

110. Invoquez Dieu ou invoquez le Miséricordieux [1]; de quelque

---

[1] Ce passage, disent les commentateurs, a été révélé lorsque les idolâtres

nom que vous l'invoquiez, les plus beaux noms lui appartiennent. Ne prononce la prière ni d'une voix trop élevée, ni d'une voix trop basse. Cherche le milieu entre les deux.

111. Dis : Gloire à Dieu, qui n'a point de fils, qui n'a pas d'associé au pouvoir. Il n'a point de protecteur chargé de le préserver de l'abaissement. Glorifie Dieu en proclamant sa grandeur.

CHAPITRE XVIII.

LA CAVERNE [1].

Donné à Médine. — 110 versets.

Au nom du Dieu clément et miséricordieux.

1. Louange à Dieu, qui a envoyé à son serviteur le Livre où il n'a point mis de tortuosités,
2. Un livre droit, destiné à menacer les hommes d'un châtiment terrible de la part de Dieu, et à annoncer aux croyants qui font le bien une belle récompense dont ils jouiront éternellement,
3. *Un livre destiné* à avertir ceux qui disent : Dieu a un fils.
4. Ils n'en ont aucune connaissance, pas plus que leurs pères. C'est un péché énorme que la parole qui sort de leurs bouches [2]. C'est un mensonge.
5. S'ils ne croient pas à ce livre (*le Koran*), tu es capable de t'anéantir de chagrin à cause d'eux.
6. Tout ce qui est sur la terre, nous en avons fait l'ornement de la terre, pour éprouver les hommes, pour savoir qui d'entre eux se conduira le mieux.
7. Mais *tous ces ornements*, nous les réduisons en poussière.
8. As-tu fait attention que l'histoire des compagnons de la CAVERNE et d'Al-Rakim [3] est un de nos signes et une chose extraordinaire ?

---

ayant entendu Mahomet dans sa prière dire : *Ya allah, ya rahman*, lui reprochèrent d'invoquer deux êtres différents tandis qu'il venait de leur dire : « N'adorez pas deux dieux. » (XVI, 53.)

[1] Ce chapitre est intitulé *la Caverne*, parce qu'il y est question de la caverne des Sept-Dormants. Voy. verset 8.

[2] C'est-à-dire, c'est un péché énorme que de dire : *Dieu a un fils*.

[3] On n'est pas d'accord sur la signification du mot *Rakim*. Les uns croient

9. Lorsque ces jeunes gens s'y furent retirés, ils s'écrièrent : Seigneur! accorde-nous ta miséricorde, et assure-nous la droiture dans notre conduite.

10. Nous avons frappé leurs oreilles de surdité dans la caverne pendant un certain nombre d'années.

11. Nous les réveillâmes ensuite pour voir qui d'entre eux saurait mieux compter le temps qu'ils y étaient restés.

12. Nous te racontons leur histoire en toute vérité. C'étaient des jeunes gens qui croyaient en Dieu, et auxquels nous avions ajouté encore des moyens de suivre la droite voie.

13. Nous fortifiâmes leurs cœurs, lorsque, *amenés devant le prince*[1], ils se levèrent, et dirent : Notre Maître est le maître des cieux et de la terre; nous n'invoquerons point d'autre Dieu que lui, autrement nous commettrions un crime.

14. Nos concitoyens adorent d'autres divinités que Dieu; peuvent-ils nous montrer une preuve évidente en faveur de leur culte? Et qui est plus coupable que celui qui a forgé un mensonge sur le compte de Dieu?

15. Ils se dirent alors l'un à l'autre : Si vous les quittiez, ainsi que les idoles qu'ils adorent à côté de Dieu, et si vous vous retiriez dans une caverne, Dieu vous accorderait sa grâce et disposerait vos affaires pour le mieux.

16. Tu aurais vu le soleil, quand il se levait, passer à droite de l'entrée de la caverne, et, quand il se couchait, s'en éloigner à gauche ; et ils se trouvaient dans un endroit spacieux de la caverne. C'est un des signes de Dieu. Celui-là est bien dirigé que Dieu dirige ; mais celui que Dieu égare, on ne saurait lui trouver ni patron ni guide.

17. Tu aurais cru qu'ils veillaient, et cependant ils dormaient; nous les retournions tantôt à droite et tantôt à gauche; et leur chien était couché, les pattes étendues, à l'entrée de la caverne. Si, arrivé à l'improviste, tu les avais vus dans cet état, tu t'en serais détourné et tu te serais enfui, tu aurais été transi de frayeur.

18. Nous les éveillâmes ensuite, afin qu'ils s'interrogeassent

que c'est le nom du chien des Sept-Dormants ; d'autres que c'est le nom d'une table sur laquelle étaient inscrits les noms des hommes qui s'étaient retirés dans la caverne, et en effet la forme de ce mot dérivé de la racine *rakama*, tracer des caractères, broder, dessiner, équivaut à *markoum* et peut s'appliquer à une table couverte de caractères.

[1] Les Sept-Dormants dont il est question ici devaient être des jeunes gens de bonne famille d'Éphèse, sous le règne de l'empereur Decius, que les commentateurs appellent à tort Decianus.

mutuellement. L'un d'entre eux demanda : Combien de temps êtes-vous restés ici ? — Un jour, répondit l'autre, ou une partie seulement de la journéee. — Dieu sait mieux que personne, reprirent les autres, le temps que vous avez passé ici [1]. Envoyez quelqu'un d'entre vous avec cet argent à la ville ; qu'il s'adresse à celui qui aura les meilleurs aliments, qu'il vous en apporte pour votre nourriture, mais qu'il se comporte avec civilité, et ne découvre à personne votre retraite.

19. Car si les habitants en avaient connaissance, ils vous lapideraient, ou bien vous forceraient à embrasser leur croyance. Vous ne pourriez plus être heureux, jamais [2].

20. Nous avons fait connaître à leurs concitoyens leur aventure, afin qu'ils apprissent que les promesses de Dieu sont véritables, et qu'il n'y a point de doute sur la venue de l'heure. Leurs concitoyens disputaient à leur sujet. Élevons un édifice au-dessus *de la caverne.* Dieu connaît mieux que personne la vérité à leur égard. Ceux dont l'avis l'emporta dans leur affaire dirent : Nous y élèverons une chapelle.

21. On disputera sur leur nombre. Tel dira : Ils étaient trois, leur chien était le quatrième. Tel autre dira : Ils étaient cinq, leur chien était le sixième. On scrutera le mystère. Tel dira : Ils étaient sept, et leur chien était le huitième. Dis : Dieu sait mieux que personne combien ils étaient. Il n'y a qu'un petit nombre qui le sait.

22. Aussi ne dispute point à ce sujet, si ce n'est pour la forme, et ne demande point (*à aucun chrétien*) des avis à cet égard.

23. Ne dis jamais : Je ferai telle chose demain, sans ajouter : Si c'est la volonté de Dieu. Souviens-toi de Dieu, si tu viens à l'oublier, et dis : Peut-être Dieu me dirigera-t-il vers la vraie connaissance de cette aventure [3].

24. Ces jeunes gens demeurèrent dans leur caverne trois cents ans, plus neuf.

25. Dis : Dieu sait mieux que personne combien de temps ils y demeurèrent : les secrets des cieux et de la terre lui appartiennent :

---

[1] Toutes les fois que dans le Koran une personne fait une question à ses compagnons, au lieu d'employer le pronom *nous*, elle parle à la seconde personne du pluriel, bien qu'elle fasse partie de la troupe. Ainsi, pour conserver cette particularité du texte arabe, nous avons traduit : *Combien de temps êtes-vous restés ici ?* pour : *sommes-nous restés ici ?*

[2] C'est-à-dire c'en serait fait du salut de vos âmes.

[3] Mahomet, questionné par les juifs au sujet des Sept-Dormants, leur promit de leur répondre le lendemain, oubliant d'ajouter : S'il plaît à Dieu. En punition de cet oubli, la révélation se fit attendre quelques jours.

CHAPITRE XVIII.

oh! qu'il voit bien! oh! qu'il entend bien! Les hommes n'ont point d'autre patron que lui ; Dieu ne s'associe personne dans ses arrêts.

26. Révèle ce qui t'a été révélé du Livre de Dieu ; il n'est personne qui soit capable de changer ses paroles ; en dehors de lui tu ne trouverais aucun refuge.

27. Sois indulgent à l'égard de ceux qui invoqnent le Seigneur le matin et le soir, par désir de voir la face de leur Seigneur [1]. Ne détourne point tes yeux d'eux par désir du brillant de ce monde, et n'obéis point à celui dont nous avons rendu le cœur insouciant de notre souvenir, à celui qui suit ses penchants, et dont toutes les actions sont un déréglement [2].

28. Dis : La vérité vient de Dieu ; que celui qui veut croire, croie, et que celui qui veut être infidèle, le soit. Quant à nous, nous avons préparé pour les impies le feu, qui les entourera de ses parois. Quand ils imploreront du secours, on leur donnera de l'eau ardente comme le métal fondu, qui leur brûlera le visage. Quel détestable breuvage ! quel détestable lieu de repos [3] !

29. Ceux qui auront cru et pratiqué le bien... certes nous ne ferons pas périr la récompense de celui qui a agi le mieux.

0. A ceux-ci les jardins d'Éden ; sous leurs pieds couleront des eaux ; ils s'y pareront de bracelets d'or, se vêtiront de robes vertes de soie forte et de satin, accoudés sur des siéges [4]. Quelle belle récompense ! quel admirable lieu de repos !

31. Propose-leur en parabole ces deux hommes : à l'un d'eux nous donnâmes deux jardins plantés de vignes ; nous entourâmes ces jardins de palmiers, et entre les deux nous plaçâmes des champs ensemencés. Les deux jardins portèrent des fruits et ne furent point stériles.

32. Nous avons fait couler une rivière au sein même de ces jardins. Cet homme a récolté quantité de fruits, et a dit à son voisin

---

[1] C'est-à-dire, qui adressent à Dieu des prières pour attirer ses regards.

[2] Le mot *fourout* employé ici, se dit de cet élan déréglé d'un cheval qui laisse tous les autres en arrière et les abandonne.

[3] Le mot du texte, dans cet endroit, est *mortefik*, qui veut dire *accoudoir*, Mahomet, ayant dit un peu plus haut que les réprouvés seront abreuvés d'eau bouillante et enveloppés de feu, s'écrie que la boisson comme l'accoudoir sont affreux.

[4] Les commentateurs disent que la couleur verte est la plus belle de toutes et la plus rafraîchissante pour l'œil. Les étoffes de soie fortes et molles sont mentionnées ici pour prévenir les fidèles qu'on y trouvera à son gré le dur et le moelleux.

en conversation : Je suis plus riche que toi, et j'ai une famille plus nombreuse.

33. Il entra dans son jardin, coupable envers lui-même, et s'écria : Je ne pense pas que ce jardin périsse jamais.

34. Je ne pense pas que l'heure arrive jamais, et si je reparais devant Dieu, j'aurai en échange un jardin encore plus beau que celui-ci.

35. Son ami lui dit, pendant qu'ils étaient ainsi en conversation : Ne crois-tu pas en celui qui t'a créé de terre, puis de sperme [1], et qui *enfin* t'a donné les proportions parfaites d'homme?

36. Quant à moi, Dieu est mon Seigneur, et je ne lui associerai qui que ce soit.

37. Que ne dis-tu plutôt, en entrant dans ton jardin : Il arrivera ce que Dieu voudra ; il n'y a point de force si ce n'est en Dieu. Bien que tu me voies plus pauvre et ayant moins d'enfants,

38. Il se peut que Dieu m'accorde quelque chose qui vaudra mieux que ton jardin ; il enverra quelques traits du ciel, et tu seras un beau matin réduit en poussière stérile.

39. Les eaux qui l'arrosent peuvent disparaître sous terre, où tu ne saurais les retrouver.

40. Les possessions de l'incrédule furent enveloppées dans la destruction avec tous ses fruits. Il se tordait les mains, regrettant ses dépenses, car les vignes se tenaient sur des échalas, dépouillées de leurs fruits, et il s'écriait : Plût à Dieu que je ne lui eusse associé aucun autre dieu !

41. Il n'avait point de troupe armée qui l'eût secouru contre Dieu ; il ne trouvera aucun secours.

42. La protection n'appartient qu'à Dieu seul, le Dieu vrai. Il sait récompenser mieux que personne, et procurer la plus heureuse fin à tout.

43. Propose-leur la parabole de la vie de ce monde. Elle ressemble à l'eau que nous faisons descendre du ciel, les plantes de la terre se mêlent à elle ; le lendemain elles sont sèches ; les vents les dispersent. Car Dieu est tout-puissant.

44. Les richesses et les enfants sont les ornements de la vie de ce monde ; mais les choses qui restent, les bonnes œuvres, produiront plus auprès de ton Seigneur comme récompense et comme espérance.

45. Le jour où nous ferons marcher les montagnes, tu verra

---

[1] On doit entendre par là la création d'abord directe d'Adam, créé de limon, ensuite la création de la race humaine par la génération.

la terre nivelée comme une plaine ; nous rassemblerons tous les hommes, sans en oublier un seul.

46. Ils paraîtront devant ton Seigneur rangés en ordre. Dieu leur dira : Vous voilà venus devant moi tels que je vous avais créés pour la première fois, et vous pensiez que je ne remplirais pas mes promesses.

47. Le livre où sont inscrites les actions de chacun sera mis entre ses mains ; tu verras les coupables saisis de frayeur, à cause de ce qui y est écrit : Malheur à nous ! Que veut donc dire ce livre ? Il ne reste ni petite *action* ni grande ; il les a comptées toutes ; *les hommes* les retrouveront là présentes *à leurs yeux*. Ton Seigneur n'agira injustement envers qui que ce soit.

48. Quand nous dîmes aux anges : Prosternez-vous devant Adam, ils se prosternèrent tous, à l'exception d'Éblis, qui était un des génies[1] ; il se révolta contre les ordres de Dieu. Prendrez-vous donc plutôt Éblis et sa race pour patrons que moi ? Ils sont vos ennemis. Quel détestable échange que celui des méchants !

49. Je ne les ai point pris pour témoins quand je créais les cieux et la terre, et quand je les créais, et je n'ai pas pris pour mes aides ceux qui s'égarent.

50. Un jour, Dieu dira aux infidèles : Appelez mes *prétendus*

---

[1] Ce passage embarrasse les commentateurs. Éblis est ici compté parmi les génies, *eldjinn*, race intermédiaire entre les hommes et les anges, et dont l'origine et la nature sont aussi vaguement définies dans le Koran que dans presque toutes les religions. Éblis était d'abord un ange, ainsi que le dit le Koran en plusieurs endroits ; sa rébellion l'a fait précipiter du ciel, il devient Satan, *echcheitan*, le tentateur, le diable, l'ennemi déclaré des humains. Les anges ne peuvent ni enfanter ni engendrer, et ne pèchent point, tandis que les génies se reproduisent, sont sujets au péché et passibles des châtiments de la vie future. Quelques commentateurs croient qu'il faut regarder Éblis comme le père de la race des génies ; mais le texte qui nous occupe dit : *il était du nombre des génies*. Quelle que soit l'affinité des êtres désignés par le nom de *cheïtan*, Satan (au pluriel *cheïatin*), avec ceux de génies (*djinn*), tous deux représentant le principe du mal, il est nécessaire de les distinguer, d'en distinguer le caractère et l'apparition dans les différents cultes. Satan appartient au culte, sinon primitif, du moins fort ancien, des peuples sémitiques ; il se rattache au mythe de la chute de l'ange et de l'homme : les génies appartiendraient plutôt aux mythes perses et indiens (*div, deva*), et n'auraient fait invasion dans les cultes des peuples sémitiques que plus tard. On voit par les passages du Koran, chap. II, 96, et chap. XIX, 69, que les mots *génies* et *Satan* sont identiques ; on peut le prouver encore par des passages analogues, chap. XXVII, 39-40, LXXII, 11. Pour mettre le lecteur français à même de s'éclairer sur cette question, nous traduisons partout le mot *cheïatin* par démons, *cheïtan* par Satan, et *djinn* par génies.

compagnons, ceux que vous croyez être dieux. Ils les appelleront, mais ceux-ci ne leur répondront pas, car nous aurons mis entre eux la vallée de la destruction.

51. Les coupables verront le feu de l'enfer, et sauront qu'ils y seront précipités ; ils ne trouveront aucun moyen d'y échapper.

52. Nous nous sommes servi dans ce Koran de toute sorte de paraboles à l'usage des hommes ; mais l'homme est la plupart du temps enclin à la dispute.

53. Qu'est-ce donc qui empêche les hommes de croire, quand la direction du droit chemin leur a été donnée? qu'est-ce qui les empêche d'implorer le pardon de Dieu? Peut-être attendent-ils le sort des hommes d'autrefois, ou que le châtiment les atteigne à la face de l'univers.

54. Nous envoyons des apôtres chargés d'avertir et d'annoncer. Les incrédules se servent d'arguments futiles pour effacer la vérité, et prennent nos miracles et les peines dont on les menace pour l'objet de leurs railleries.

55. Quel être plus coupable que celui qui se détourne quand on lui récite nos enseignements, qui oublie les actions qu'il avait commises lui-mêmes? Nous avons recouvert leurs cœurs de plus d'une enveloppe, pour qu'ils ne comprennent point le Koran, et nous avons jeté la pesanteur dans leurs oreilles.

56. Quand même tu les appellerais à la droite voie, ils ne la suivraient alors jamais.

57. Ton Seigneur est indulgent et plein de compassion ; s'il voulait les punir de leurs œuvres, il aurait avancé l'heure du châtiment. Mais ils ont un terme fixé pour l'accomplissement des menaces, et ils ne trouveront aucun refuge contre sa vengeance.

58. Nous avons détruit ces anciennes cités, à cause de leur impiété ; or nous avions précédemment prédit leur ruine.

59. Un jour Moïse dit à son serviteur[1] : Je ne cesserai de marcher jusqu'à ce que je sois parvenu au confluent des deux mers[2], ou je marcherai pendant plus de quatre-vingts ans.

---

[1] Josué, fils de Noun.
[2] Ces deux mers, disent les commentateurs, sont la mer de la Grèce et la mer de la Perse. Comme ce passage ne trouve aucune explication plausible dans le sens littéral, les commentateurs ajoutent que Moïse veut parler de sa prochaine entrevue avec Khedr, personnage mystérieux dont il sera question plus loin, dans ce cas le confluent des deux mers serait l'entrevue de Moïse, océan de la science extérieure et Khedr, océan de la science surnaturelle, intérieure. Moïse s'entretenant un jour avec Dieu, lui demanda : « Connais-tu parmi tes serviteurs (les humains) un homme plus savant que moi ? » Dieu lui répondit : « Oui. — Et où

60. Lorsqu'ils furent arrivés au confluent des deux mers, ils s'aperçurent qu'ils avaient perdu leur poisson [1], qui prit tout droit la route de la mer.

61. Lorsqu'ils passèrent en avant, Moïse dit à son serviteur : Sers-nous notre repas, nous avons éprouvé beaucoup de fatigues dans ce voyage.

62. — Qu'en dis-tu? *reprit son serviteur.* Lorsque nous nous sommes arrêtés auprès de ce rocher, je n'ai fait aucune attention au poisson. Il n'y a que Satan qui ait pu me le faire oublier ainsi, pour que je ne te le rappelasse pas; le poisson a pris son chemin vers la mer; c'est miraculeux.

63. — C'est ce que je désirais, reprit Moïse. Et ils retournèrent tous deux sur leurs pas.

64. Là ils rencontrèrent un de nos serviteurs que nous avons favorisé de notre grâce et éclairé de notre science [2].

65. Puis-je te suivre, lui dit Moïse, afin que tu m'enseignes une portion de ce qu'on t'a enseigné à toi-même par rapport à la vraie route?

66. *L'inconnu* répondit : Tu n'auras jamais assez de patience pour rester avec moi.

67. Et comment pourrais-tu supporter certaines choses dont tu ne comprendras pas le sens?

68. S'il plaît à Dieu, dit *Moïse*, tu me trouveras persévérant, et je ne désobéirai point à tes ordres.

69. Eh bien! si tu me suis, dit *l'inconnu*, ne m'interroge sur quoi que ce soit, que je ne t'en aie parlé le premier.

70. Ils se mirent donc en route tous deux [2], et tous deux montèrent dans un bateau; *l'inconnu* l'endommagea. — L'as-tu brisé, demanda *Moïse*, pour noyer ceux qui sont dedans? Tu viens de commettre là une action étrange.

71. — Ne t'ai-je pas dit que tu n'auras pas assez de patience pour rester avec moi?

---

le trouverai-je? — Tu le trouveras au confluent des deux mers. — Et comment trouverai-je cet endroit? — Prends un poisson, et à l'endroit où le poisson aura disparu, tu attendras cet homme (Khedr).

[1] Ce poisson devait être cuit et servir de repas à Moïse et à Josué. Moïse s'étant endormi, le poisson mis dans la marmite commença à se remuer, et sautant de la marmite tomba dans la mer, car on était sur le rivage de l'Océan de l'eau de la vie; à l'aide de cette eau le poisson fut rendu à la vie.

[2] Voyez la note du verset 81.

[3] Le verbe est au duel, il n'est plus question de Josué.

72. — Ne me blâme pas, reprit Moïse, d'avoir oublié tes ordres, et ne m'impose point des obligations trop difficiles.

73. Ils partirent, et ils marchèrent jusqu'à ce qu'ils eussent rencontré un jeune homme. *L'inconnu* le tua. — Eh quoi ! tu viens de tuer un homme innocent qui n'a tué personne ! Tu as commis là une action détestable.

74. — Ne t'ai-je point dit que tu n'auras pas assez de patience pour rester avec moi ?

75. — Si je t'interroge encore une seule fois, tu ne me permettras plus de t'accompagner. Maintenant excuse-moi.

76. Ils partirent, et ils marchèrent jusqu'à ce qu'ils fussent arrivés aux portes d'une ville. Ils demandèrent l'hospitalité aux habitants ; ceux-ci refusèrent de les recevoir. Les deux voyageurs s'aperçurent que le mur de la ville menaçait ruine. L'inconnu le releva. — Si tu avais voulu, lui dit Moïse, tu aurais pu te faire donner une récompense.

77. — Ici nous nous séparerons, reprit *l'inconnu*. Je vais seulement t'apprendre la signification des choses que tu as été impatient de savoir.

78. Le navire appartenait à de pauvres gens qui travaillaient sur mer ; je voulus l'endommager, parce que derrière lui il y avait un roi qui s'emparait de tous les navires.

79. Quant au jeune homme, ses parents étaient croyants, et nous avons craint qu'il ne les infectât de sa perversité et de son incrédulité.

80. Nous avons voulu que Dieu leur donnât en retour un fils plus vertueux et plus digne d'affection.

81. Le mur était l'héritage de deux garçons, orphelins, de cette ville. Sous ce mur était un trésor qui leur appartenait. Leur père était un homme de bien. Le Seigneur a voulu les laisser atteindre l'âge de puberté pour leur rendre le trésor. Ce n'est point de mon propre chef que j'ai fait tout cela. Voilà les choses dont tu n'as pas eu la patience d'attendre l'explication [2].

82. On t'interrogera, *ô Mohammed !* au sujet de Dhoul'Karneïn [2]. Réponds : Je vais vous raconter son histoire.

---

[1] L'inconnu dont il est question ici est Khedr, ou Khidr, que les mahométans regardent comme prophète, bien qu'en dehors de la lignée de prophètes envoyés soit aux Israélites, soit aux peuples de l'Arabie. C'est un personnage mystérieux qui aurait trouvé la fontaine de la vie, bu de ses eaux et acquis ainsi l'immortalité. On le croit le même que Pinchas, fils d'Éléazar, fils d'Aaron, dont l'âme aurait successivement passé dans le corps d'Élias, et ensuite dans celui de saint Georges.

[2] Possesseur de deux cornes. Sous ce nom, les mahométans entendent Alexan-

83. Nous affermîmes sa puissance sur la terre, et nous lui donnâmes les moyens d'accomplir tout ce qu'il désirait, et il suivit une route.

84. Il marcha jusqu'à ce qu'il fût arrivé au couchant du soleil; il vit le soleil se coucher dans une fontaine boueuse; auprès d'elle il trouva établie une peuplade.

85. Nous lui dîmes: O Dhoul'Karneïn! tu peux châtier ce peuple, ou le traiter avec générosité.

86. — Nous châtierons, répondit-il, tout homme impie; ensuite nous le livrerons à Dieu, qui lui fera subir un supplice affreux.

87. Mais quiconque aura cru et pratiqué le bien obtiendra une belle récompense, et nous ne lui donnerons que des ordres faciles à exécuter.

88. Dhoul'Karneïn de nouveau suivit une route,

89. Jusqu'à ce qu'il arrivât à l'endroit où le soleil se lève; il se levait sur un peuple auquel nous n'avons rien donné pour se mettre à l'abri de son ardeur.

90. Oui, il en était ainsi, et nous connaissons tous ceux qui étaient avec lui (*Dhoul'Kareïn*).

91. Il suivit de nouveau une route,

92. Jusqu'à ce qu'il arrivât entre les deux digues au pied desquelles habitait un peuple qui entendait à peine quelque langue.

93. Ce peuple lui dit: O Dhoul'Karneïn! voici que Iadjoudj et Madjouj[1] commettent des désordres sur la terre. Pouvons-nous te demander, moyennant une récompense, d'élever une barrière entre eux et nous?

94. — La puissance que m'accorde mon Seigneur, répondit-il, est pour moi une récompense plus considérable. Aidez-moi seulement avec zèle, et j'élèverai une barrière entre eux et vous.

95. Apportez-moi de grandes pièces de fer, autant qu'il en faudra pour combler l'intervalle entre les deux montagnes. Il dit *aux travailleurs:* Soufflez le feu jusqu'à ce que le fer devienne rouge

---

dre le Grand. Le mot *karn* (corne) ayant en même temps la signification d'*extrémité*, on croit que ce surnom a été donné au conquérant macédonien, parce qu'il avait soumis l'Orient et l'Occident, ainsi que le fait entendre tout le passage du Koran. D'autres veulent entendre par là un des rois arabes, également célèbre par ses conquêtes lointaines et portant le même surnom.

[1] *Iadjoudj* et *Madjoudj*, Gog et Magog de la Bible, est une dénomination vague des peuples barbares de l'Asie orientale, dont Alexandre le Grand a dû contenir les incursions, selon les croyances mahométanes, en élevant des barrières dont il est question dans le verset 95.

comme le feu. Puis il dit : Apportez-moi de l'airain fondu, afin que je le jette dessus.

96. Iadjoudj et Madjoudj ne purent ni escalader le mur ni le percer.

97. — Cet ouvrage, dit Dhoul'Karneïn, est un effet de la miséricorde de Dieu.

98. Quand l'arrêt du Seigneur sera arrivé, il le réduira en pièces; les promesses de Dieu sont infaillibles.

99. Le jour viendra où nous les laisserons se presser en foule comme les flots les uns sur les autres. On sonnera la trompette, et nous réunirons tous les hommes ensemble.

100. Ce jour-là nous disposerons la géhenne pour les infidèles,

101. Pour ceux dont les yeux étaient couverts d'un voile pour ne pas voir nos avertissements et qui n'ont pas su nous écouter.

102. Les infidèles ont-ils pensé qu'ils pourront prendre pour patrons ceux qui ne sont que nos serviteurs? Nous leur avons préparé la géhenne pour demeure.

103. Vous ferai-je connaître ceux qui ont le plus perdu à leurs œuvres;

104. Dont les efforts dans ce monde ont été en pure perte, et qui croyaient cependant avoir bien agi?

105. Ce sont les hommes qui n'ont point cru à nos signes, ni à leur comparution devant leur Seigneur ; leurs actions sont vaines, et nous ne leur donnerons aucun poids [1] au jour de la résurrection.

106. Leur récompense sera l'enfer, parce qu'ils ont fait de mes signes et de mes apôtres l'objet de leur risée.

107. Ceux qui croient et font le bien auront pour demeure les jardins du paradis [2].

108. Ils les habiteront éternellement, et ne désireront aucun changement à leur sort.

109. Dis : Si la mer se changeait en encre pour décrire les paroles de Dieu, la mer se tarirait avant les paroles de Dieu, quand même nous y emploierions une autre mer pareille.

110. Dis : Je suis un homme comme vous, mais j'ai reçu la révélation qu'il n'y a qu'un Dieu. Quiconque espère paraître un jour

---

[1] C'est-à-dire, leurs actions ne pèseront point dans la balance.

[2] Jardins du paradis. C'est un pléonasme, car le mot *djennat* (jardins) d'origine arabe, est la même chose que *ferdous* (paradisus, paradis), d'origine indienne (paradisa). Cependant les commentateurs ont soin de dire que *ferdous* est un jardin planté à la fois de vignes et de palmiers, et que c'est l'étage le plus élevé de la demeure des bienheureux.

devant son Seigneur, qu'il pratique le bien et qu'il n'associe aucune autre créature dans l'adoration due au Seigneur [1].

CHAPITRE XIX.

MARIE.

Donné à la Mecque. — 98 versets.

Au nom du Dieu clément et miséricordieux.

1. KAF. HA. YA. AÏN. SAD. [2]. *Voici* le récit de la miséricorde de ton Seigneur envers son serviteur Zacharie.
2. Le jour où il invoqua son Seigneur d'une invocation secrète,
3. Et dit : Seigneur, mes os affaiblis se dérobent sous moi, et ma tête s'allume de la flamme de la canitie [3].
4. Je n'ai jamais été malheureux dans les vœux que je t'ai adressés.
5. Je crains les miens [4] qui me succéderont. Ma femme est stérile ; donne-moi un héritier qui vienne de toi,
6. Qui hérite de moi, qui hérite de la famille de Jacob ; et fais, ô Seigneur ! qu'il te soit agréable.
7. — O Zacharie ! nous t'annonçons un fils. Son nom sera Iahia (*Jean*).
8. Avant lui, personne n'a porté ce nom [5].
9. Zacharie dit : Seigneur ! comment aurai-je un fils ? Mon épouse est stérile, et moi je suis arrivé à l'âge de décrépitude.
10. *Dieu a dit* : Il en sera ainsi. Ton Seigneur a dit : Ceci m'est facile. Je t'ai créé quand tu n'étais rien.
11. — Seigneur, donne-moi un signe *pour garant de ta pro-*

---

[1] On voit par ce passage qu'Alexandre le Grand n'est nullement aux yeux de Mahomet un idolâtre, et les musulmans ne sauraient concevoir qu'un prince dont la mémoire s'est conservée dans l'admiration traditionnelle de l'Orient, fût païen ; Alexandre le Grand est donc un envoyé de Dieu, chargé d'une mission spéciale dans les contrées lointaines, celle d'y détruire le mal.

[2] Voy. II, 1, note.

[3] C'est l'expression figurée assez commune chez les poëtes arabes pour dire : mes cheveux sont blanchis par l'âge.

[4] C'est-à-dire, je crains que mes **neveux ne s'éloignent** du culte du vrai Dieu.

[5] Mot à mot : nous ne lui **avons** pas donné d'homonyme jusqu'ici.

messe. — Ton signe sera celui-ci : Tu ne parleras pas aux hommes pendant trois nuits, quoique bien portant [1].

12. Zacharie s'avança du sanctuaire vers le peuple, et lui faisait signe de louer Dieu matin et soir.

13. O Iahia! prends ce livre [2] avec une résolution ferme. Nous avons donné à Iahia la sagesse quand il n'était qu'un enfant,

14. Ainsi que la tendresse et la pureté. Il était pieux et bon envers ses parents. Il n'était point violent ni rebelle.

15. Que la paix soit sur lui au jour où il naquit, et au jour où il mourra, et au jour où il sera ressuscité!

16. *O Mohammed!* parle dans le Koran de Marie (*Mariam*), comme elle se retira de chez sa famille et alla du côté de l'est [3].

17. Elle se couvrit d'un voile qui la déroba à leurs regards. Nous envoyâmes vers elle notre esprit. Il prit devant elle la forme d'un homme d'une figure parfaite.

18. Elle lui dit : Je cherche auprès du Miséricordieux un refuge contre toi. Si tu le crains [4]...

19. Il répondit : Je suis l'envoyé de ton Seigneur, chargé de te donner un fils saint.

20. — Comment, répondit-elle, aurais-je un fils? Aucun homme n'a jamais approché de moi, et je ne suis point une femme dissolue.

21. Il répondit : Il en sera ainsi; ton Seigneur a dit : Ceci est facile pour moi. Il sera notre signe devant les hommes, et la preuve de notre miséricorde. L'arrêt est prononcé.

22. Elle devint grosse de l'enfant, et se retira dans un endroit éloigné.

23. Les douleurs de l'enfantement la surprirent auprès d'un tronc de palmier. Plût à Dieu, s'écria-t-elle, que je fusse morte avant, et que je fusse oubliée d'un oubli éternel!

24. Quelqu'un lui cria de dessous elle [5] : Ne t'afflige point. Ton Seigneur a fait couler un ruisseau à tes pieds.

---

[1] Voy. chap. III, 37.

[2] Le Pentateuque.

[3] Du côté de l'est de Jérusalem ou du côté de l'est de la maison de ses parents. C'est à cause de cela, ajoute gravement le commentateur, que les chrétiens se tournent dans leurs prières vers l'Orient.

[4] Il faut suppléer par ces mots : Tu ne t'approcheras pas de moi. L'ange Gabriel, qui, selon les mahométans, est le Saint-Esprit, s'approcha de Marie et souffla sur son sein. Le souffle divin descendit dans son sein, et engendra Jésus.

[5] Soit l'enfant, qui, aussitôt né, se mit à parler ; soit l'ange Gabriel, qui dans ce moment l'accouchait.

CHAPITRE XIX.

25. Secoue le tronc du palmier, des dattes mûres tomberont vers toi.

26. Mange et bois et rafraîchis ton œil [1]; et, si tu vois un homme,

27. Dis-lui : J'ai voué un jeûne au Miséricordieux ; aujourd'hui je ne parlerai à aucun homme.

28. Elle alla chez sa famille, portant l'enfant dans ses bras. On lui dit : O Marie! tu as fait là une chose étrange.

29. O sœur d'Aaron! ton père n'était pas un homme méchant, ni ta mère une femme dissolue.

30. Marie leur montra du doigt l'enfant, afin qu'ils l'interrogeassent : Comment, dirent-ils, parlerons-nous à un enfant au berceau?

31. — Je suis le serviteur de Dieu, *leur dit Jésus*, il m'a donné le Livre et m'a constitué prophète.

32. Il a voulu que je sois béni partout où je me trouverai; il m'a recommandé de faire la prière et l'aumône tant que je vivrai;

33. D'être pieux envers ma mère. Il ne permettra pas que je sois rebelle et abject.

34. La paix sera sur moi au jour où je naquis et au jour où je mourrai, et au jour où je serai ressuscité [2].

35. C'était Jésus, fils de Marie, pour parler la parole de la vérité, celui sur lequel ils élèvent des doutes.

36. Dieu ne peut pas avoir d'enfants. Loin de sa gloire ce blasphème! Quand il décide d'une chose, il dit : Sois, et elle est.

37. Dieu est mon Seigneur et le vôtre. Adorez-le. C'est la voie droite.

38. Les partis diffèrent d'avis entre eux. Malheur à ceux qui ne croient pas, à cause de la comparution du grand jour!

39. Fais-leur entendre, fais-leur voir le jour où ils viendront devant nous. Aujourd'hui les méchants sont dans un égarement manifeste.

40. Avertis-les du jour des regrets, du jour où l'œuvre sera

---

[1] *Rafraîchir son œil* est une expression arabe pour dire *se consoler*. De là vient que les Orientaux, qui regardent la postérité, surtout mâle, comme le plus grand bienfait du ciel, appellent leurs enfants *korret ol'aïn*, fraîcheur des yeux.

[2] On a vu plus haut (chap. III) que Mahomet n'admettait point la Passion de Jésus-Christ. Le verset 34 a pour but de faire regarder Jésus comme simple mortel et prophète, dont la vie est à la disposition de Dieu, qui fera mourir tous les êtres pour les ressusciter ensuite. Aussi, d'après Mahomet, Jésus-Christ, qui a été enlevé au ciel, doit mourir réellement avant le jour du jugement dernier.

accomplie, quand, plongés dans l'insouciance, ils ne croient pas.

41. C'est nous qui hériterons de la terre et de tout ce qui existe sur elle; eux, ils retourneront à nous.

42. Parle aussi, dans le Livre, d'Abraham; il était juste et prophète [1].

43. Un jour il dit à son père : O mon père! pourquoi adores-tu ce qui n'entend ni ne voit, et qui ne saurait servir de rien?

44. O mon père! il m'a été révélé une partie de la science qui ne t'est point parvenue à toi. Suis-moi; je te conduirai sur un sentier égal.

45. O mon père! ne sers point Satan, car il a été rebelle envers le Miséricordieux.

46. O mon père! je crains que le châtiment du Miséricordieux ne t'atteigne, et que tu ne deviennes client de Satan.

47. Son père lui répondit : Tu as donc de l'aversion pour mes divinités? O Abraham! si tu ne cesses d'en agir de la sorte, je te lapiderai. Quitte-moi pour de longues années.

48. — Que la paix soit sur toi, répondit Abraham; j'implorerai le pardon de mon Seigneur, car il est bienveillant pour moi.

49. Je m'éloigne de vous et des divinités que vous invoquez à côté de Dieu. Moi, j'invoquerai mon Seigneur : peut-être ne serai-je pas malheureux dans mes prières au Seigneur.

50. Quand il se fut séparé d'eux et des divinités qu'ils invoquaient, nous lui donnâmes Isaac et Jacob, et nous les avons faits prophètes tous deux.

---

[1] Nous croyons nécessaire de fixer l'attention du lecteur sur les noms de *prophète* (nebi) et d'*envoyé* (reçoul), joints aux noms de personnages dont il est question dans ce chapitre. Ces mots appartenant tous les deux à Moïse, à Jésus, à Mahomet, l'on s'est habitué à se servir indistinctement de l'un ou de l'autre, et d'en confondre la signification; ils ne peuvent pas cependant s'appliquer indistinctement à tous les personnages qui ont reçu quelque révélation. Le titre de *nebi*, prophète, appartient à Abraham, à Isaac, à Jacob; ils sont dépositaires du culte du Dieu unique, mais leur ministère se renferme dans leur famille. D'autres sont des *reçouls* (*envoyés, apôtres*), chargés d'une mission spéciale auprès d'un peuple incrédule : tels étaient Houd, Saleh, Choaïb, qui prêchaient les peuples de l'Arabie. C'est à ce titre qu'Alexandre le Grand, que les mahométans ne peuvent, dans leur admiration, se figurer comme idolâtre, est un apôtre envoyé pour châtier les peuples méchants et idolâtres. (Voy. chap. XVIII, vers. 86.) Moïse, Jésus, Mahomet, qui réunissaient dans leur famille le don de prophétie à l'apostolat, réunissent ces deux titres; à ces noms de *nebi* et *reçoul*, les mahométans joignent encore celui de *veli* (ami de Dieu, ou saint). Ainsi, d'après ce que nous venons de dire, les uns sont *nebi*, *reçoul* et *veli*, et ce sont les plus grands dépositaires de la mission divine; d'autres, *nebi* et *veli* seulement; d'autres enfin, *veli* seulement, comme, par exemple, Ali, gendre de Mahomet.

CHAPITRE XIX.

51. Nous leur accordâmes *des dons* de notre miséricorde et nous avons rendu leur langue de véracité sublime.

52. Parle aussi, dans le Livre, de Moïse. Il était pur; il était envoyé et prophète.

53. Nous lui criâmes du côté droit du mont Sinaï, et nous le fîmes approcher pour nous entretenir avec lui en secret.

54. Par l'effet de notre miséricorde, nous lui donnâmes son frère Aaron, prophète.

55. Parle aussi, dans le Livre, d'Ismaël. Il était fidèle à ses promesses, envoyé et prophète.

56. Il ordonnait à son peuple de faire la prière et l'aumône. Il était agréable devant son Seigneur.

57. Parle aussi, dans le Livre, d'Édris[1]. Il était véridique et prophète.

58. Nous l'avons élevé à une place sublime.

59. Voilà ceux que Dieu a comblés de ses bienfaits, ce sont les prophètes de la postérité d'Adam, ce sont ceux que nous avons portés *dans l'arche* avec Noé, c'est la postérité d'Abraham et d'Israël, ce sont ceux que nous avons dirigés et élus. Lorsqu'on leur récitait les enseignements du Miséricordieux, ils se prosternaient la face contre terre en pleurant.

60. D'autres générations leur succédèrent; elles laissèrent la prière se perdre et suivirent leurs appétits. Elles ne rencontreront que le mal.

61. Mais ceux qui reviennent à Dieu, qui croient et font le bien, entreront dans le jardin, et ne seront point lésés pour la plus mince portion.

62. Ils entreront dans les jardins d'Éden, que le Miséricordieux a promis à ses serviteurs. Sa promesse sera accomplie.

63. Ils n'y entendront aucun discours futile, mais le mot Paix. Ils recevront la nourriture le matin et le soir.

64. Tels sont les jardins que nous donnerons en héritage à celui d'entre nos serviteurs qui nous craint.

65. Nous ne descendons du ciel[2] que par l'ordre de ton Seigneur. A lui seul appartient ce qui est devant nous et derrière nous, et ce qui est entre ces deux. Et ton Seigneur n'est point oublieux.

---

[1] Énoch. Le verset 58 fait allusion à l'enlèvement d'Énoch au ciel, comme on le lit dans la Genèse.

[2] On suppose que c'est l'ange Gabriel qui répond à Mahomet, qui se plaignait des longs intervalles entre les révélations.

66. Il est le Seigneur des cieux et de la terre, et de ce qui existe entre eux. Adore-le et persévère dans son adoration. En connais-tu quelque autre du même nom [1]?

67. L'homme dit : Quand je serai mort, sortirai-je de nouveau vivant ?

68. L'homme ne se souvient-il donc pas que nous l'avons créé quand il n'était rien ?

69. Je le jure par ton Seigneur, nous rassemblerons tous les hommes et les démons [2], puis nous les placerons autour de la géhenne agenouillés.

70. Puis nous séparerons de chaque troupe ceux qui ont été les plus rebelles envers le Miséricordieux.

71. Et c'est nous qui connaissons le mieux ceux qui méritent d'être brûlés.

72. Il n'y aura aucun d'entre vous qui n'y soit précipité; c'est un arrêt immuable, décidé chez ton Seigneur.

73. Puis nous sauverons ceux qui craignent, et nous laisserons les méchants agenouillés.

74. Lorsqu'on récite nos enseignements clairs aux incrédules, ils disent aux croyants : Lequel de nos deux partis occupe une place plus élevée ? lequel forme une plus belle assemblée ?

75. Oh! combien de générations n'avons-nous pas anéanties, qui les surpassaient cependant en richesses et en splendeur!

76. Dis-leur : Dieu prolongera la vie de ceux qui sont dans l'égarement,

77. Jusqu'au moment où ils verront de leurs yeux si le châtiment dont on les menaçait était celui de cette vie, ou bien si c'est le supplice de l'heure [3]. Alors ils apprendront qui est celui qui occupera la plus mauvaise place et qui sera le plus faible en assistance.

78. Dieu ajoutera à la bonne direction de ceux qui ont été conduits dans le chemin droit.

79. Les choses qui restent, les bonnes œuvres, valent mieux auprès de ton Seigneur *pour procurer une* récompense et une bonne fin.

80. As-tu vu celui qui n'ajoutait pas foi à nos enseignements, et qui disait : J'aurai des richesses et des enfants ?

---

[1] Car, disent les commentateurs, les idolâtres nomment bien leurs idoles *dieux* (Ilah), mais non pas *Allah*, le Dieu unique.

[2] Dans d'autres passages analogues, le Koran s'exprime ainsi : Nous rassemblerons les hommes et les génies.

[3] Le supplice de l'heure ; c'est le châtiment du jugement dernier.

81. Connaît-il les choses cachées, ou bien a-t-il stipulé avec Dieu qu'il en fût comme il dit?

82. Certes nous inscrirons ses paroles et nous accroîtrons son supplice.

83. C'est nous qui hériterons de tous ses biens, et, lui, il comparaîtra devant nous tout seul [1].

84. Ils ont pris, à côté de Dieu, d'autres divinités pour s'en faire un appui [2].

85. Ces divinités se montreront ingrates [3] du culte *qu'ils leur rendaient*, et seront leurs adversaires.

86. Ne vois-tu pas que nous envoyons vers les infidèles des démons [4] pour les exciter au mal?

87. Ne cherche donc point à hâter leur supplice; nous leur comptons nous-même *leurs jours*.

88. Le jour où nous rassemblerons devant le Miséricordieux les hommes pieux avec toutes les marques d'honneur,

89. Le jour où nous précipiterons les criminels dans l'enfer,

90. Nul ne saura faire valoir une intercession, si ce n'est ceux qui avaient fait une alliance avec le Miséricordieux.

91. Ils disent : Le Miséricordieux a des enfants. Vous venez de proférer là une énormité,

92. Peu s'en faut que les cieux ne se fendent à ces mots, que la terre ne s'entr'ouvre, et que les montagnes ne s'écroulent,

93. De ce qu'ils attribuent un fils au Miséricordieux. Il ne lui sied point d'avoir un fils.

94. Tout ce qui existe dans les cieux et sur la terre est serviteur du Miséricordieux. Il les a comptés et dénombrés tous.

95. Tous paraîtront devant lui au jour de la résurrection, seuls.

96. Il fera aimer ceux qui ont cru et fait le bien.

97. Nous avons rendu le Koran facile en te le donnant dans ta langue, afin que par lui tu annonces de belles promesses aux pieux et avertisses le peuple querelleur.

98. Combien de générations n'avons-nous pas anéanties? Peux-tu trouver un seul homme qui en reste? As-tu entendu un seul d'entre eux proférer le plus léger murmure?

---

[1] Tout seul, c'est-à-dire dépouillé de tout et tout nu.

[2] Le mot du texte peut également être traduit par *appui*, *force* et *gloire*, *honneur*.

[3] Ou bien : désavoueront le culte, etc.

[4] Dans le texte, *cheiatin*, pluriel de *cheitan*, Satan. Voyez chap. **XVIII**, verset 48.

CHAPITRE XX.

Ta Ha.

Donné à la Mecque — 135 versets.

Au nom du Dieu clément et miséricordieux.

1. Ta Ha [1]. Nous ne t'avons pas envoyé le Koran pour te rendre malheureux,
2. Mais comme admonition pour celui qui craint.
3. Il a été envoyé par celui qui a créé la terre et les cieux élevés,
4. Le Miséricordieux qui siège sur le trône.
5. A lui appartient ce qui est dans les cieux et sur la terre, ce qui est entre les deux, et ce qui est sous la terre.
6. Si tu élèves ta voix, *tu le fais inutilement;* Dieu connaît bien les *paroles dites* en secret et des choses encore plus cachées [2].
7. Dieu, il n'y a point d'autre dieu que lui [3]. Il a les plus beaux noms [4].
8. As-tu entendu raconter l'histoire de Moïse?
9. Lorsqu'il aperçut un feu, il dit à sa famille : Restez ici, je viens d'apercevoir du feu.
10. Peut-être vous en apporterai-je un tison, ou bien je pourrai, à l'aide du feu, me diriger dans la route.
11. Et lorsqu'il s'en approcha, une voix lui cria : O Moïse!
12. En vérité, je suis ton seigneur : ôtes tes souliers, tu es dans la vallée sainte de Thouwa.
13. Je t'ai élu. Écoute attentivement ce qui te sera révélé.
14. Moi, je suis Dieu, il n'y a point d'autre dieu que moi. Donc adore-moi, et fais la prière en souvenir de moi;
15. Car l'heure viendra (peu s'en est fallu que je ne te l'aie révélée),
16. Afin que toute âme soit rétribuée de ses œuvres.
17. Que celui qui ne croit pas à la venue de l'heure, et suit ses passions, ne te détourne pas de *la vérité*, car tu périrais.

---

[1] Voy. II, 1.

[2] Les mots : *si tu élèves ta voix*, doivent s'entendre de la prière que Mahomet recommande de faire à voix basse.

[3] Nous ferons observer ici, une fois pour toutes, que le mot Dieu avec un D majuscule, répond toujours au mot arabe *Allah*, le Dieu unique, tandis que dieu, divinité, rend le mot *ilah* sans article.

[4] Comme le Grand, le Bon, le Savant, etc.

CHAPITRE XX.

18. Et qu'est-ce donc que tu as dans ta main droite, ô Moïse?
19. — C'est mon bâton, dit-il, sur lequel je m'appuie et avec lequel j'approche les feuilles d'arbres pour mon troupeau, et il me sert encore à d'autres usages.
20. Dieu dit : Jette-le, ô Moïse !
21. Et Moïse le jette, et voici qu'il devient un serpent qui se met à courir.
22. Dieu dit : Prends-le et ne crains rien ; nous le rendrons à son ancien état.
23. Porte ta main dans ton sein, elle en sortira blanche, sans aucun mal. Cela te servira d'un second signe.
24. Pour te faire voir ensuite de plus grands miracles,
25. Va trouver Pharaon. Il est impie.
26. — Seigneur, dit Moïse, dilate ma poitrine [1],
27. Et rends-moi facile ma tâche,
28. Et dénoue le nœud de ma langue [2],
29. Afin qu'il comprenne ma parole.
30. Donne-moi un conseiller *choisi* dans ma famille;
31. *Que ce soit* mon frère Aaron.
32. Fortifie-moi par lui [3],
33. Et associe-le à moi dans mon œuvre,
34. Afin que nous célébrions sans cesse tes louanges, et que nous pensions à toi sans cesse;
35. Car tu nous vois.
36. Dieu répondit : O Moïse ! je t'accorde ta demande.
37. Déjà, l'autre fois, nous avons été bienveillants envers toi,
38. Lorsque nous fîmes entendre ces paroles à ta mère :
39. Mets ton fils dans une caisse, et lance-le sur la mer; la mer le ramènera au rivage. Mon ennemi et le sien l'accueillera, car j'ai jeté *dans les cœurs* de l'amour pour toi, ô *Moïse*!
40. Et j'ai voulu que tu fusses élevé sous mes yeux.
41. Un jour, ta sœur se promenait disant : Voulez-vous que je vous enseigne quelqu'un qui ait soin de lui? Nous te rendîmes alors à ta mère, pour qu'elle se consolât [5] et qu'elle cessât de s'affliger. Puis tu as tué un homme; nous te sauvâmes du malheur, et nous t'éprouvâmes par de nombreuses épreuves.

---

[1] Pour dire : fais cesser l'angoisse qui m'oppresse.
[2] On sait par le Pentateuque que Moïse avait l'élocution difficile.
[3] Mot à mot : ceins mes reins avec lui.
[4] Mot à mot : or j'ai jeté sur toi l'amour de ma part, c'est-à-dire je t'ai donné quelque charme qui te fera bien venir chez Pharaon lui-même.
[5] Mot à mot : que son œil fût rafraîchi.

42. Tu as habité plusieurs années parmi les Madianites ; ensuite tu es venu ici en vertu d'un ordre, ô Moïse !

43. Je t'ai formé pour moi-même [1].

44. Allez, toi et ton frère, accompagnés de mes miracles, et ne négligez point mon souvenir.

45. Allez vers Pharaon qui est impie.

46. Parlez-lui un langage doux : peut-être réfléchira-t-il ou craindra-t-il.

47. Ils répondirent : Seigneur, nous craignons qu'il n'use de violence envers nous, ou qu'il ne commette des impiétés.

48. Ne craignez rien, je suis avec vous, j'entends et je vois.

49. Allez et dites : Nous sommes des envoyés de ton Seigneur ; renvoie avec nous les enfants d'Israël, et ne les accable pas de supplices. Nous venons chez toi avec un signe de ton Seigneur. Que la paix soit sur celui qui suit la route droite.

50. Il nous a été révélé que le châtiment est réservé à celui qui nous traiterait d'imposteurs et qui nous tournerait le dos.

51. Qui donc est votre Seigneur, ô Moïse ! demanda Pharaon.

52. — Notre Seigneur est celui qui a donné la forme à tout ce qui existe, et qui guide.

53. *Pharaon dit à cela :* Et que voulaient donc les générations passées [2] ?

54. — La connaissance en est dans le sein de Dieu et renfermée dans le Livre [3]. Notre Seigneur ne se trompe pas et n'oublie rien,

55. Lui, qui vous a donné la terre pour berceau et qui a tracé des routes pour vous, qui fait descendre l'eau. Avec cette eau nous faisons germer des familles [4] de plantes si diverses.

56. Nourrissez-vous et paissez vos troupeaux. Il y a dans ceci des signes pour les hommes doués d'intelligence.

57. Nous vous avons créés de la terre et nous vous y ferons retourner, et nous vous en ferons sortir une seconde fois.

58. Nous lui fîmes voir nos miracles ; mais il les traita de mensonges et refusa d'y croire.

59. Pharaon dit : O Moïse ! es-tu venu pour nous chasser de notre pays par tes enchantements ?

60. Nous t'en ferons voir de pareils. Donnez-nous un rendez-

---

[1] C'est-à-dire, pour mes buts à moi.

[2] Pharaon semble ébranlé, et demande à Moïse : Alors comment expliquer les croyances de tant de siècles ?

[3] Il s'agit ici du livre éternel qui est dans le ciel.

[4] Mot à mot : des couples.

CHAPITRE XX.

vous, nous n'y manquerons pas : toi non plus, tu n'y manqueras pas. Que tout soit égal [1].

61. Moïse répondit : *Je vous donne* rendez-vous au jour des fêtes [2], que le peuple soit rassemblé en plein jour.

62. Pharaon se retira; il prépara ses artifices, et vint *au jour fixé*.

63. Moïse leur dit alors : Malheur à vous! Gardez-vous d'inventer des mensonges sur le compte de Dieu,

64. Car il vous atteindrait de son châtiment. Ceux qui inventaient des mensonges ont péri.

65. Les magiciens se concertèrent et se parlèrent en secret.

66. Ces deux hommes, dirent-ils, sont des magiciens; ils veulent vous chasser de votre pays par leurs artifices et abolir votre excellente religion [3].

67. — Réunissez, dit Moïse, vos artifices, puis venez vous ranger en ordre. Heureux celui qui aura aujourd'hui le dessus.

68. — O Moïse! dirent-ils, est-ce toi qui jetteras ta baguette le premier, ou bien nous?

69. Il répondit : Jetez les premiers. Et voici que tout d'un coup leurs cordes et leurs baguettes lui parurent courir par l'effet de leurs enchantements.

70. Moïse conçut une frayeur secrète en lui-même.

71. Nous lui dîmes : Ne crains rien, car tu es le plus fort.

72. Jette ce que tu tiens dans ta main droite (*ta baguette*); elle dévorera ce qu'ils ont imaginé; ce qu'ils ont imaginé n'est qu'un artifice de magicien, et le magicien n'est pas heureux quand il vient *subir l'examen*.

73. Et les magiciens se prosternèrent en disant : Nous avons cru au Seigneur d'Aaron et de Moïse

74. — Comment! dit Pharaon, vous avez cru en lui sans attendre ma permission? A coup sûr, il est votre chef, et c'est lui qui vous a enseigné la magie. Je vous ferai couper les mains et les pieds alternés, et je vous ferai crucifier aux tiges de palmiers. Je vous apprendrai qui de nous est plus terrible dans ses châtiments, et qui restera plus longtemps, *de Dieu ou de moi*.

75. Les magiciens reprirent : Nous ne te mettrons pas au-dessus des signes évidents, ni au-dessus de celui qui nous a créés. Accom-

---

[1] C'est-à-dire que de part et d'autre les chances soient égales.
[2] Mot à mot : *au jour de l'ornement*, c'est-à-dire au jour des réjouissances prochaines où la ville sera parée et le peuple rassemblé dans les rues.
[3] Ou bien : ils veulent vous priver de vos chefs.

plis ce que tu as résolu ; tu ne peux décider que des choses de ce monde. Quant à nous, nous avons cru en notre Seigneur, afin qu'il nous pardonne nos péchés et les artifices magiques auxquels tu nous as contraints. Dieu vaut mieux, et il restera plus longtemps *que toi.*

76. Celui qui se présentera devant Dieu chargé de crimes aura pour récompense la géhenne. Il n'y mourra pas et n'y vivra pas.

77. Mais tous ceux qui se présenteront devant lui ayant la foi et les bonnes œuvres, tous ceux-là occuperont les degrés élevés *de la vie future.*

78. Ils habiteront les jardins où coulent des rivières; ils y resteront éternellement. C'est la récompense de celui qui a été juste.

79. Nous révélâmes à Moïse ces paroles : Emmène mes serviteurs pendant la nuit, et fraye-leur à travers la mer un chemin sec.

80. Ne crains point d'être atteint et n'aie pas peur.

81. Pharaon les poursuivit avec son armée, et les eaux de la mer les couvrirent tous. Pharaon a égaré son peuple; il ne l'a pas conduit dans le chemin droit.

82. O enfants d'Israël ! nous vous avons délivrés de votre ennemi, et nous vous avons donné pour rendez-vous le flanc droit du mont Sinaï; nous vous avons donné la manne et les cailles.

83. Jouissez des mets délicieux que nous vous donnons, et évitez l'excès, de peur que ma colère ne s'appesantisse sur vous; car celui sur qui tombera notre colère périra.

84. Je suis indulgent pour celui qui se repent, qui fait le bien et suit le chemin droit.

85. — Qui t'a si tôt fait quitter ton peuple? dit Dieu à Moïse.

86. — *Les chefs de mon peuple* s'avancent sur mes pas, et je m'empressais d'aller vers toi pour t'être agréable.

87. Nous venons d'éprouver ton peuple, ô Moïse ! Depuis ton départ, le Samaritain [1] les a égarés.

88. Moïse retourna au milieu de son peuple, courroucé et affligé.

89. Et dit : O mon peuple ! Dieu ne vous a-t-il pas fait une belle promesse? L'alliance vous paraîtrait-elle déjà durer trop longtemps? ou bien avez-vous voulu que la colère de votre Seigneur tombât sur vous; est-ce pour cela que vous avez agi contrairement aux promesses faites à moi?

---

[1] Dans le texte : *essameri*, que l'on traduit par le *Samaritain*, attendu que les commentateurs font observer que ce n'était pas le nom propre, mais ethnique de cet individu. Nous avons à peine besoin de faire remarquer ici combien les docteurs mahométans sont ignorants de l'histoire des juifs, lorsqu'ils parlent des Samaritains à l'époque de Moïse.

90. — Nous n'avons point violé nos promesses de notre propre mouvement, mais on nous a commandé de porter plusieurs charges de nos ornements[1]; nous les avons réunis ensemble. Le Samaritain les jeta *dans le feu*, et en retira pour le peuple un veau corporel, mugissant. On nous a dit : Ceci est votre Dieu et le Dieu de Moïse ; seulement il (Moïse) l'a oublié *pour un autre dieu*. Il l'a oublié *pour en chercher un autre*.

91. N'ont-ils pas observé que ce veau ne pouvait pas leur répondre, et qu'il ne pouvait ni leur être utile, ni leur nuire?

92. Aaron leur disait bien : O mon peuple! on vous éprouve par ce veau. Votre Seigneur est miséricordieux! Suivez-moi, et obéissez à mes ordres.

93. — Nous ne cesserons de l'adorer, répondaient-ils, que Moïse ne soit de retour.

94. Il dit à Aaron : Qu'est-ce qui t'a empêché de me suivre lorsque tu les as vus s'égarer? Veux-tu désobéir à mes ordres?

95. — O fils de ma mère! répond Aaron, cesse de me tirer par la barbe et par la tête. J'ai craint que tu ne me disses ensuite : Pourquoi as-tu semé la scission entre moi et les enfants d'Israël? pourquoi n'as-tu pas observé mes ordres?

96. — Et toi, ô Samaritain! quel a été ton dessein? Il répondit : J'ai vu ce qu'ils ne voyaient pas. J'ai pris une poignée de poussière sous les pas de l'envoyé *de Dieu*[2], et je l'ai jetée dans le veau fondu ; mon penchant naturel m'avait suggéré cela.

97. — Éloigne-toi d'ici, lui dit Moïse. Ton châtiment dans ce monde sera celui-ci. Tu diras à quiconque te rencontrera : Ne me touchez pas[3]. En outre, il t'est réservé une comparution (*dans l'autre monde*) à laquelle tu ne saurais échapper. Jette les yeux sur ce dieu que tu as adoré avec tant de dévotion. Nous le brûlerons, nous le réduirons en poudre et le jetterons dans la mer.

98. Votre Dieu est le Dieu unique ; il n'y a point d'autre dieu que lui ; il embrasse tout de sa science.

99. C'est ainsi que nous te racontons les histoires d'autrefois ; en outre, nous t'avons envoyé de notre part une admonition.

100. Quiconque s'en détourne portera un fardeau au jour de la résurrection.

[1] Tels que les bagues, les bracelets et autres ornements que les juifs avaient enlevés aux Égyptiens.

[2] De l'ange Gabriel. La poussière sur laquelle l'ange Gabriel avait passé, avait la propriété de donner la vie aux objets inanimés.

[3] Car, disent les commentateurs, celui qui le toucherait devait et donner la fièvre au samaritain, et la gagner de lui, en sorte que le samaritain était condamné à être traité comme un pestiféré.

101. Il le portera éternellement. Quelle insupportable charge ce sera au jour de la résurrection !

102. Au jour où l'on sonnera la trompette et où nous rassemblerons les coupables, qui auront alors les yeux frappés de cécité [1]

103. Ils se diront en chuchottant : Vous n'êtes resté que dix jours *sur la terre.*

104. Nous savons bien ce que voudront dire leurs chefs quand ils répondront : Vous n'y êtes resté qu'un jour.

105. Ils t'interrogeront au sujet des montagnes. Dis-leur : Dieu les dispersera comme la poussière.

106. Il les changera en plaines égales; tu n'en trouveras plus les sinuosités, ni les terrains tantôt élevés, tantôt déprimés.

107. Puis ils (tous les hommes) suivront celui qui les appellera *au jugement*, et qui n'a pas de détours [2]; les voix s'abaisseront devant le Miséricordieux, et tu n'entendras que le bruit sourd de leurs pas.

108. Ce jour-là l'intercession de qui que ce soit ne pourra profiter, sauf l'intercession de celui à qui le Miséricordieux permettra de la faire et à qui il permettra de parler.

109. Il connaît ce qui est devant et derrière eux. Les hommes n'embrassent pas cela avec leur science.

110. Les fronts seront baissés alors devant le Vivant, l'Immuable. Malheureux alors celui qui portera sa charge d'iniquité.

111. Celui qui fait le bien, s'il est en même temps croyant, n'aura point à craindre l'injustice ni la diminution *de sa récompense.*

112. Ainsi, nous avons fait descendre un livre arabe, et nous y avons répandu des menaces; peut-être finiront-ils par craindre Dieu, peut-être ce Koran fera-t-il naître des réflexions.

113. Qu'il soit exalté ce Dieu, le Roi, la Vérité. Ne te hâte point de répéter les versets du Koran, tant que la révélation sera incomplète. Dis plutôt : Seigneur ! augmente ma science.

---

[1] Le mot arabe *zorkan* (acc. pl. de *azrak*) signifie proprement ceux qui ont les yeux bleus, et peut s'appliquer à ceux qui ont la cataracte, ou à ceux qui ont les yeux naturellement bleus. Les Arabes ont toujours eu une grande aversion pour les hommes aux yeux bleus, signe caractéristique des Grecs leurs ennemis, et Mahomet a pu réellement donner aux réprouvés cette marque ; toutefois, les versets 124 et 125 de ce même chapitre, où Satan est menacé de comparaître aveugle au jour du jugement, et où Mahomet se sert du mot *a'ma*, aveugle, font penser qu'il s'agit de la cécité dans le verset qui nous occupe.

[2] Ce doit être l'ange Israfil qui mènera les hommes tout droit au jour du jugement ; il se tiendra sur un rocher devant Jérusalem.

114. Déjà nous avions fait un pacte avec Adam, mais il l'oublia; nous ne lui avons pas trouvé de résolution ferme.

115. Et lorsque nous dîmes aux anges : Prosternez-vous devant Adam, ils le firent, excepté Éblis; il s'y refusa. Nous dîmes à Adam : Celui-ci est ton ennemi, et l'ennemi de ton épouse. Prenez garde qu'il ne vous chasse du paradis et que vous ne soyez malheureux.

116. Tu n'y souffriras ni de la faim ni de la nudité.

117. Tu n'y seras point altéré de soif, ni incommodé par la chaleur.

118. Satan lui fit des suggestions : O Adam! lui dit-il, veux-tu que je te montre l'arbre de l'éternité et d'un pouvoir qui ne s'use pas?

119. Ils mangèrent (*du fruit*) de l'arbre, et leur nudité leur apparut, et ils se mirent à coudre des vêtements de feuilles du paradis. Adam désobéit à son Seigneur, et s'égara.

120. Puis Dieu en fit son élu, revint à lui, et le dirigea sur le chemin droit.

121. Il dit *à Adam et à Ève* : Descendez du paradis tous, ennemis les uns des autres [1]. Un jour la direction du chemin droit vous viendra de moi.

122. Celui qui la suivra ne s'égarera point et ne sera point malheureux.

123. Mais celui qui se détournera de mes avertissements mènera une vie misérable.

124. Nous le ferons comparaître aveugle au jour du jugement.

125. Il dira : Seigneur! pourquoi m'as-tu fait comparaître aveugle, moi qui voyais auparavant?

126. Il en sera ainsi. Nos signes vinrent à toi, et tu les as oubliés : tu seras de même oublié aujourd'hui.

127. C'est ainsi que nous rétribuerons tout homme qui dépasse les bornes, qui ne croit pas aux signes de son Seigneur. Le châtiment de l'autre monde sera terrible et permanent.

128. *Les infidèles* ignorent-ils combien de générations nous avons anéanties avant eux? Ils foulent la terre qu'elles habitaient. Il y a dans ceci des signes pour les hommes doués d'intelligence.

129. Si une parole de ton Seigneur, *qui différait le châtiment*, n'avait pas été prononcée d'avance, le châtiment se serait attaché à eux, et le terme fixé serait déjà venu.

130. Supporte avec patience leurs discours, et célèbre les louanges de ton Seigneur avant le lever et avant le coucher du soleil,

---

[1] Les hommes seront toujours en guerre avec les démons.

et à l'entrée de la nuit; célèbre-le aux extrémités du jour pour lui plaire.

131. Ne porte point tes yeux sur les divers biens dont nous les faisons jouir, sur le clinquant de ce monde, que nous leur donnons pour les éprouver. La portion que ton Seigneur t'assigne vaut mieux et est plus durable.

132. Commande la prière à ta famille, fais-la avec application (*sans te lasser*); nous ne te demandons point de nourriture; c'est nous qui te nourrissons. La *bonne* fin est réservée à la piété.

133. Ils disent Que ne nous fait-il voir un miracle de la part de son Seigneur? N'ont-ils pas une preuve évidente *des miracles* dans ce que contiennent les pages d'anciennes annales?

134. Si nous les avions anéantis par notre châtiment avant *la venue de Mohammed*, ils auraient dit : Pourquoi ne nous as-tu point envoyé d'apôtre? Nous aurions suivi tes enseignements, plutôt que de tomber dans l'avilissement et dans l'opprobre.

135. Dis : Nous attendons tous la fin. Attendez, vous aussi, et vous apprendrez qui de nous tient le sentier droit, qui de nous est dirigé.

CHAPITRE XXI.

LES PROPHÈTES[1].

Donné à la Mecque. — 112 versets.

Au nom du Dieu clément et miséricordieux.

1. Le temps approche où les hommes rendront compte; et cependant, plongés dans l'insouciance, ils se détournent.

2. Il ne leur arrive jamais une nouvelle admonition de leur Seigneur, qu'ils ne l'écoutent *uniquement* pour s'en moquer.

3. Leurs cœurs s'en font un passe-temps. Les méchants se disent en secret : Ce *Mohammed*, est-il donc autre chose qu'un homme comme nous? Assisterez-vous à ces sorcelleries? Vous voyez cependant ce qu'il en est.

[1] Ce chapitre est intitulé : *les Prophètes*, car il y est question de plusieurs prophètes. La tradition rapporte que Mahomet, interrogé sur le nombre de tous les prophètes depuis la création du monde, répondit qu'il y en eut cent vingt-quatre mille, dont trois cent treize étaient des envoyés ou apôtres. Cette tradition vient à l'appui de la distinction que nous avons faite entre les prophètes et les apôtres, au chapitre **XIX**.

CHAPITRE XXI.

4. Dis : Mon Seigneur connaît les discours tenus au ciel et sur la terre; il entend et sait tout.

5. Bien plus, ils disent : Ce n'est qu'un amas de rêves; c'est lui qui l'a inventé (*le Koran*); c'est un poëte; qu'il nous fasse voir un miracle, comme les envoyés d'autrefois en faisaient.

6. Aucune des villes que nous avons détruites n'a cru; ils ne croiront pas non plus.

7. Avant toi nous n'avons envoyé que des hommes qui recevaient des révélations. Demandez-le aux hommes qui possèdent les Écritures, si vous ne le savez pas.

8. Nous ne leur donnâmes point un corps qui pût se passer de la nourriture; ils n'étaient point immortels.

9. Nous avons tenu envers eux notre promesse, et nous les avons sauvés, ainsi que ceux qu'il nous a plu, et nous avons anéanti les transgresseurs.

10. Nous venons de vous envoyer un livre qui contient des avertissements pour vous[1]. N'entendrez-vous pas raison?

11. Que de villes criminelles avons-nous renversées, et remplacées par d'autres populations!

12. Quand ils ont senti la violence de nos coups, ils se sont mis à fuir de leurs villes.

13. Ne fuyez pas; revenez à vos jouissances et à vos demeures. Vous serez interrogés.

14. Ils répondaient : Malheur à nous! nous avons été méchants.

15. Et ces lamentations ne cessèrent que lorsque nous les eûmes étendus comme le blé moissonné et desséché.

16. Nous n'avons pas créé le ciel, la terre, et tout ce qui est entre eux, pour nous divertir.

17. Si nous avions voulu nous divertir, nous aurions trouvé des jouets chez nous, si nous avions voulu le faire absolument.

18. Mais nous opposons la vérité au mensonge; et elle le fera disparaître. Le voilà qui disparaît; et malheur à vous, à cause de ce que vous attribuez à Dieu!

19. A lui appartient tout être dans le ciel et sur la terre. Ceux[2], qui sont auprès de lui ne dédaignent point de l'adorer, et ne s'en lassent pas.

20. Ils célèbrent ses louanges jour et nuit; ils n'inventent rien sur son compte.

---

[1] Ces mots peuvent être traduits aussi : *un livre qui fait votre renom, qui vous rendra célèbre*; car le mot *dhikr* signifie souvenir, récit, et ce qui sert à rappeler quelque chose ou à avertir quelqu'un.

[2] Les anges et les bienheureux

21. Ont-ils pris leurs dieux sur la terre, des dieux capables de ressusciter les morts?

22. S'il y avait un autre dieu que lui dans le ciel et sur la terre, ils auraient déjà péri. La gloire du maître du trône est au-dessus de ce qu'ils lui attribuent.

23. On ne lui demandera point compte de ses actions, et il leur demandera compte des leurs.

24. *Les anges* adorent-ils d'autres divinités que Dieu? Dis-leur : Apportez vos preuves. C'est l'avertissement adressé à ceux qui sont avec moi, et tel qu'il a été fait à ceux qui ont vécu avant moi ; mais la plupart d'entre eux ne connaissent point la vérité et se détournent *des avis qu'on leur donne*.

25. Nous n'avons point envoyé d'apôtres à qui il n'ait été révélé qu'il n'y a point d'autre dieu que moi. Adorez-moi donc.

26. Ils (*les infidèles, les chrétiens*) disent : Le Miséricordieux a eu des enfants; *les anges sont ses enfants*. Par sa gloire! *Non*, ils ne sont que ses serviteurs honorés.

27. Il ne lui parlent jamais les premiers, et exécutent ses ordres.

28. Il sait tout ce qui est devant eux et derrière eux ; ils ne peuvent intercéder,

29. Excepté pour celui pour lequel il lui plaît, et ils tremblent de frayeur devant lui.

30. Et quiconque dirait : Je suis un dieu à côté de Dieu, nous lui donnerions la géhenne pour récompense. C'est ainsi que nous récompensons les méchants.

31. Les infidèles ne voient-ils pas que les cieux et la terre formaient une masse compacte, et que nous les avons séparés, et qu'au moyen de l'eau nous donnons la vie à toutes choses? Ne croiront-ils pas?

32. Nous avons établi sur la terre les montagnes, afin qu'elle ne s'ébranlât pas avec les hommes. Nous y avons pratiqué des passages pour leur servir de routes, afin qu'ils puissent se diriger[1].

33. Nous avons fait du ciel une voûte solidement construite, et cependant ils se détournent des miracles qu'il renferme.

34. C'est lui qui a créé la nuit et le jour, le soleil et la lune, chacun de ces astres court dans une sphère à part.

35. Nous n'avons accordé la vie éternelle à aucun homme avant toi. Si tu meurs, eux croient-ils être immortels?

---

[1] C'est-à-dire, afin qu'ils puissent parvenir au but de leurs voyages sans s'égarer.

CHAPITRE XXI.

36. Toute âme goûtera la mort. Nous vous éprouverons par le mal et par le bien, et vous serez ramenés à nous.

37. Lorsque les infidèles te voient, ils te prennent pour l'objet de leurs railleries. Est-ce cet homme, disent-ils, qui parle de vos dieux *avec mépris?* Quant à eux, ils ne croient pas à ce qu'on dit du Miséricordieux.

38. L'homme a été créé de précipitation [1]; mais je vous ferai voir mes signes. Ne cherchez donc point à les accélérer [2].

39. Ils diront : Quand donc s'accompliront les menaces? Dites-le si vous êtes sincères.

40. Ah! si les infidèles savaient l'heure où ils ne pourront détourner le feu de leurs visages ni de leurs dos [3], où ils n'auront point de protecteur!

41. Le châtiment les saisira à l'improviste et les rendra stupéfaits; ils ne sauront l'éloigner ni obtenir du répit.

42. Avant toi aussi des apôtres ont été pris en dérision; mais le châtiment, objet des moqueries, enveloppa les moqueurs.

43. Dis-leur : Qui peut vous défendre, dans la nuit ou dans le jour, *des coups* du Miséricordieux? et cependant ils tournent le dos aux avertissements!

44. Ont-ils des dieux capables de les défendre contre nous? Ils ne sauraient s'aider eux-mêmes, et ils ne seront pas assistés contre nous par leurs compagnons [4].

45. Oui, nous avons fait jouir ces hommes, ainsi que leurs pères, des biens de ce monde, tant que durera leur vie. Ne voient-ils pas que nous venons dans le pays *des infidèles*, et que nous en resserrons les limites de toutes parts? Sont-ils donc les plus forts

46. Dis-leur : Je vous prêche ce qui m'a été révélé; mais les sourds n'entendent point quand on les prêche.

47. Qu'un seul souffle du châtiment de Dieu les atteigne, ils crieront : Malheur à nous! nous étions impies.

48. Nous établirons des balances justes au jour de la résurrection. Pas une âme ne sera traitée injustement, quand même ce

---

[1] Il est prompt et impétueux par sa nature et inconstant.

[2] C'est-à-dire, mes signes, les miracles tels que la défaite des infidèles dans ce monde et le supplice du feu dans l'autre, ne manqueront pas d'arriver.

[3] C'est-à-dire, que le feu les enveloppera de tous côtés.

[4] C'est-à-dire, par les divinités qu'ils donnent pour compagnons à Dieu.

[5] C'est une allusion au progrès que faisait l'islam en pesant de tous côtés sur les infidèles.

que nous aurions à produire de ses œuvres serait du poids d'un grain de moutarde. Il suffit que nous ayons établi ce compte.

49. Nous avons donné à Moïse et à Aaron la distinction et la lumière ¹, et un avertissement pour ceux qui craignent,

50. Qui craignent leur Seigneur dans le secret *de leurs cœurs*, et tremblent au souvenir de l'heure.

51. Et ce livre est un avertissement béni que nous avons envoyé d'en haut. Le méconnaîtrez-vous?

52. Nous avions déjà donné auparavant la direction à Abraham, et nous le connaissions.

53. Quand il dit à son père et à son peuple : Que signifient ces statues que vous adorez avec tant d'ardeur?

54. Ils répondirent : Nous avons vu nos pères les adorer.

55. — Vous et vos pères, dit Abraham, vous êtes dans une erreur évidente.

56. — Dis-tu la vérité ou plaisantes-tu?

57. — Oui, votre Seigneur est le Seigneur des cieux et de la terre qu'il a créés, et moi j'en rends le témoignage.

58. J'en jure par Dieu, je jouerai un tour à vos idoles aussitôt que vous serez partis, *se disait-il à lui-même*.

59. Et il les mit en pièces, excepté la plus grande, afin qu'ils s'en prissent à elle *de ce qui était arrivé*.

60. Ils dirent : Celui qui a agi ainsi avec nos divinités est certes méchant.

61. Nous avons entendu un jeune homme nommé Abraham médire de nos dieux.

62. — Amenez-le, dirent les autres, en présence de tous, afin que tous soient témoins *de son châtiment*.

63. Ils dirent : Est-ce toi, Abraham, qui as ainsi arrangé nos dieux?

64. C'est la plus grande des idoles que voici ; interrogez-les pour voir si elles parlent.

65. Et ils se parlèrent à eux-mêmes, en disant : En vérité, vous êtes des impies.

66. Et puis ils revinrent à leurs anciennes erreurs, et dirent à Abraham : Tu sais bien que les idoles ne parlent pas.

67. Adorerez-vous, à côté de Dieu, ce qui ne peut ni vous être utile à rien, ni vous nuire? Honte sur vous et sur ce que vous adorez à côté de Dieu ! Ne le comprendrez-vous pas?

---

¹ Tout livre divin contient la distinction, la lumière et l'avertissement, en tant qu'il distingue le licite de l'illicite, qu'il guide les hommes vers la vérité et qu'il leur annonce des peines et des récompenses.

68. — Brûlez-le! s'écrièrent-ils, et venez au secours de nos dieux, si vous voulez faire quelque chose.

69. Et nous, nous avons dit : O feu! sois-lui frais! que la paix soit sur Abraham!

70. Ils ont voulu lui tendre des piéges; mais nous leur avons fait perdre la partie.

71. Nous le sauvâmes, ainsi que Loth, et nous le transportâmes dans un pays dont nous avions béni tous les hommes.

72. Nous lui donnâmes Isaac et Jacob comme une faveur surérogatoire, et nous en fîmes des hommes justes.

73. Nous les avons institués chefs chargés de diriger les hommes d'après nos commandements, et nous leur avons inspiré la pratique des bonnes œuvres, l'accomplissement de la prière, ainsi que l'aumône, et ils nous adoraient.

74. Nous donnâmes à Loth le pouvoir et la sagesse; nous le sauvâmes de la ville qui se livrait à des turpitudes. Certes, c'était un peuple méchant et pervers.

75. Nous le comprîmes dans notre miséricorde, car il était du nombre des justes.

76. Souviens-toi de Noé quand il cria vers nous; nous l'exauçâmes et nous le sauvâmes, ainsi que sa famille, de la grande calamité.

77 Nous l'avons secouru contre son peuple, *gens* qui traitaient nos signes de mensonges; c'étaient des méchants, et nous les noyâmes tous.

78. Souviens-toi aussi de David et de Salomon quand ils prononçaient une sentence concernant un champ où les troupeaux d'une famille avaient causé des dégâts. Nous étions présent à leur jugement.

79. Nous donnâmes à Salomon l'intelligence de cette affaire [1], et à tous les deux le pouvoir et la sagesse, et nous forçâmes les montagnes et les oiseaux à chanter avec David nos louanges. Nous avons agi.

80. Nous apprîmes à David l'art de faire des cuirasses pour

---

[1] Voici l'explication de ce passage : Quelques brebis avaient fait des dégâts dans le champ d'un cultivateur; celui-ci fit comparaître le propriétaire du troupeau devant David, qui décida que le cultivateur avait à prendre les brebis comme compensation des dommages qu'elles avaient causés. Salomon, présent à ce jugement, et âgé alors de onze ans, fut d'avis qu'il était plus raisonnable de donner au cultivateur l'usufruit seulement des brebis, c'est-à-dire que la laine, le lait et les petits des brebis lui appartiendraient pendant le temps suffisant pour compenser ses pertes. David approuva le jugement de son fils.

vous[1] ; c'est pour vous mettre à l'abri des violences que vous exercez entre vous. Ne serez-vous pas reconnaissants?

81. Nous soumîmes à Salomon le vent impétueux, courant à ses ordres vers le pays que nous avons béni. Nous savions tout.

82. Et parmi les démons nous lui en soumîmes qui plongeaient pour pêcher des perles pour lui, et exécutaient d'autres ordres encore. Nous les surveillions nous-même.

83. *Souviens-toi de* Job quand il cria vers son Seigneur : Voici le malheur qui m'atteint ; mais tu es le plus compatissant des compatissants.

84. Nous l'exauçâmes, et nous le délivrâmes du mal qui l'accablait ; nous lui rendîmes sa famille et en ajoutâmes une nouvelle, par l'effet de notre miséricorde, et pour servir d'avertissement à ceux qui nous adorent.

85. *Souviens-toi d'*Israël, d'Édris, de Dhoulkefl [2], qui tous supportaient avec patience *les maux et les peines*.

86. Nous les comprîmes dans notre miséricorde, car tous ils étaient justes.

87. Et Dhoulnoun [3] aussi, qui s'en alla plein de colère, et croyait que nous n'avions plus de pouvoir sur lui. Mais il cria ensuite vers nous du sein de l'obscurité [4] : Il n'y a point d'autre dieu que toi. Gloire à toi ! gloire à toi ! j'ai été du nombre des injustes.

88. Nous l'exauçâmes, et nous le délivrâmes de l'affliction. C'est ainsi que nous délivrons les croyants.

89. Souviens-toi de Zacharie, quand il cria vers son Seigneur : Seigneur, ne me laisse point seul ; mais tu es le meilleur des héritiers [5].

90. Nous l'exauçâmes, et lui donnâmes Iahia (Jean), et nous rendîmes sa femme capable d'enfanter. Ils cherchaient à se surpasser dans les bonnes œuvres, nous invoquaient avec amour et avec crainte, et s'humiliaient devant nous.

---

[1] Selon la tradition musulmane, David aurait le premier inventé les cottes de mailles à la place des cuirasses en plaques de fer. Le fer, dit-on, devenait entre ses mains souple et ductile comme de la cire.

[2] On ne sait pas auquel des prophètes connus dans les Écritures répond Dhoulkefl ; selon les uns, c'est Élie (Élias) ; selon d'autres, c'est Zacharie ou Isaïe. *Dhoulkefl* peut signifier: homme plein de soins (pour son peuple), ou homme faible, ou homme qui a une part, un lot.

[3] Dhoulnoun, homme au poisson. Sous ce nom on reconnaît le prophète Jonas.

[4] C'est-à-dire du ventre du poisson qui l'avait avalé.

[5] Dieu ! ne me laisse pas mourir sans enfants ; toutefois, si tu ne me donnes pas d'héritiers, peu importe ; car après tout tu vaux mieux. Voy. III, 53, XIX, 1.

91. *Souviens-toi aussi de* celle qui avait conservé sa virginité, et en qui nous soufflâmes une partie de notre esprit [1] ; nous la constituâmes, avec son fils, un signe pour l'univers.

92. Cette religion, c'est la vôtre (*l'islam*) ; c'est une seule et même religion *que celle de ces prophètes.* Je suis votre Seigneur, adorez-moi.

93. Ils (*les hommes*) ont formé des scissions entre eux ; mais tous reviendront à nous.

94. Quiconque fera le bien et sera en même temps croyant, ses efforts ne seront point méconnus ; nous mettons par écrit ses œuvres.

95. Un anathème pèsera sur la cité que nous aurons anéantie ; ses peuples ne reviendront pas,

96. Jusqu'à ce que le passage soit ouvert à Iadjoudj et à Madjoudj [2] ; alors ils descendront rapidement de chaque montagne.

97. Alors l'accomplissement de la promesse véritable sera près de s'accomplir, et les regards des infidèles seront fixés avec stupéfaction. Malheur à nous ! diront-ils. Nous étions insouciants de l'heure, et nous étions impies.

98. En vérité, vous et les idoles que vous adorez à côté de Dieu, vous deviendrez la pâture de la géhenne, où vous serez précipités.

99. Si ces idoles étaient des dieux, elles n'y seraient pas précipitées. Tous y resteront pour l'éternité.

100. Ils y pousseront des sanglots et n'entendront rien.

101. Ceux à qui nous avions précédemment promis de belles récompenses seront éloignés *de ce séjour terrible.*

102. Ils n'entendront pas le moindre bruit, et jouiront éternellement des objets de leurs désirs.

103. La grande terreur ne les préoccupera pas ; les anges leur adresseront ces paroles : Voici votre jour, celui qui vous a été promis.

104. Ce jour-là nous plierons les cieux, de même que Sidjill [3]

---

[1] Il est presque inutile de rappeler qu'il s'agit ici de Marie, mère de Jésus, qui est compris parmi les prophètes.

[2] On a vu dans le chapitre XVIII, 93, qu'Iadjoudj et Madjoudj (Gog et Magog de la Bible) étaient deux peuplades barbares, terribles à leurs voisins. Dhoul'-Karneïn mit un terme à leurs invasions en élevant un mur d'airain dans le seul défilé qui pouvait leur livrer passage. Ce mur s'écroulera au jour de la résurrection, et c'est à ce temps qu'il est fait allusion ici.

[3] La signification de ce passage est très-incertaine. *Sidjill* veut dire rouleau sur lequel on écrit, de sorte que mot à mot le sens serait : Nous plierons les cieux, du pli (c'est-à-dire comme on plie un rouleau) d'un rouleau pour l'écriture

plie le livre. Comme nous avons produit la création, de même nous la ferons rentrer. C'est une promesse qui nous oblige. Nous l'accomplirons.

105. Nous avons écrit dans les psaumes, après la loi *donnée à Moïse*, que la terre sera l'héritage de nos serviteurs justes.

106. Il y a dans ce livre une instruction suffisante pour ceux qui nous adorent.

107. Nous ne t'avons envoyé, ô *Mohammed!* que par miséricorde pour l'univers.

108. Dis-leur : Il m'a été révélé que votre Dieu est le Dieu unique. Êtes-vous résignés à sa volonté (*êtes-vous musulmans*) ?

109. Mais, s'ils tournent le dos, dis-leur : Je vous ai avertis tous également, et je ne sais pas si ce dont vous êtes menacés est proche ou éloigné.

110. Certes Dieu connaît la parole prononcée à haute voix comme ce que vous recelez.

111. Je ne sais pas, mais *ce délai* est peut-être pour vous éprouver et vous faire jouir de ce monde jusqu'à un certain temps.

112. Mon Seigneur dit : Juge avec justice. Notre Seigneur, le Miséricordieux, doit être invoqué contre vos assertions *mensongères*.

CHAPITRE XXII.

LE PÈLERINAGE DE LA MECQUE.

Donné à la Mecque. — 78 versets.

Au nom du Dieu clément et miséricordieux.

1. O hommes! craignez votre Seigneur, car le tremblement de l'heure *du jugement* sera une chose terrible.

2. Le jour où vous le verrez, la nourrice laissera tomber l'enfant qu'elle allaite, et toute femme enceinte avortera, et tu verras les hommes ivres. Non, ils ne seront point ivres ; mais c'est le terrible châtiment de Dieu *qui les étourdira.*

(c'est-à-dire pour écrire). D'autres disent que *Sidjill* est l'ange qui inscrit les actions des hommes sur un rouleau, d'autres enfin que *Sidjill* est le nom d'un secrétaire de Mahomet. Il est assez étrange que les traditionnistes, qui savent tant de détails miraculeux sur la vie de Mahomet, aient à ce point laissé dans le vague certains passages du Koran.

CHAPITRE XXII.

3. Il est des hommes qui disputent de Dieu sans connaissance aucune et qui suivent tout démon rebelle.

4. Il a été décidé qu'il égarerait quiconque l'aurait pris pour allié, et le conduirait au supplice du feu.

5. O hommes! si vous doutez de la résurrection, considérez que nous vous avons créés de poussière[1], puis d'une goutte de sperme[2], qui devint un grumeau de sang ; puis d'un morceau de chair tantôt formé, tantôt informe : c'est pour vous démontrer *notre puissance*. Nous laissons demeurer dans les entrailles ce qu'il nous plaît[3] jusqu'à un terme marqué, et puis nous vous en faisons sortir tendres enfants. Vous atteignez ensuite l'âge de maturité ; les uns meurent, d'autres parviennent à l'âge décrépit, au point d'oublier tout ce qu'ils savaient autrefois. Tu as vu naguère la terre desséchée ; mais que nous y fassions descendre de l'eau, la voilà qui s'ébranle, se gonfle, et fait germer toute espèce de végétaux luxuriants.

6. C'est parce que Dieu est la vérité même, et parce qu'il ressuscite les morts, et il peut tout.

7. C'est parce que l'heure doit venir, on ne peut en douter, et que Dieu rappellera à la vie les habitants des tombeaux.

8. Il est des hommes qui disputent de Dieu sans connaissance aucune, sans avoir reçu aucune direction, sans être guidés par un livre qui les éclaire.

9. Ils se détournent *avec orgueil* pour éloigner les autres du chemin de Dieu. L'opprobre est réservé à ces hommes dans ce monde ; dans l'autre, nous leur ferons subir le supplice du feu.

10. Ce sera à cause des œuvres de leurs mains, car Dieu n'est point le tyran de ses serviteurs.

11. Tel parmi les hommes adore Dieu, mais *il l'adore* incertain et chancelant[4] ; qu'il lui arrive quelque bonheur, il se rassure ; mais que la moindre épreuve le surprenne, le voilà qui tourne le dos[5]. Il perd ainsi à la vie de ce monde et à celle de l'autre. C'est une ruine évidente[6].

12. Il invoque à côté de Dieu ce qui ne saurait lui nuire ni lui être utile. Que cet égarement est éloigné *de la vraie route !*

[1] La création d'Adam, ou la création immédiate par les mains de Dieu.
[2] La création du reste des hommes par la génération.
[3] Garçon ou fille.
[4] Mot à mot : debout sur une pointe, sur un escarpement.
[5] Revient à ses erreurs.
[6] On assimile ici la vie de ce monde et de l'autre à une marchandise sur laquelle on fait des spéculations, et qui chez ces hommes aboutit à une faillite.

13. Il invoque ce qui lui est plutôt funeste qu'avantageux. Détestables patrons et détestables clients !

14. Dieu introduira les croyants qui auront pratiqué le bien dans des jardins arrosés par des cours d'eau ; il fait ce qu'il lui plaît.

15. Que celui qui pense que Dieu ne le secourra pas (*Mohammed*) dans ce monde et dans l'autre, allonge la corde vers le ciel et la coupe ; il verra si ses artifices rendront vain ce qui l'irrite [1].

16. C'est ainsi que nous t'avons révélé le Koran en signes (*versets*) évidents. Dieu dirige ceux qu'il lui plaît.

17. Dieu prononcera, au jour de la résurrection, entre ceux qui croient et entre les juifs, les sabéens, les chrétiens, les mages, et entre ceux qui associent [2] ; car Dieu est témoin de toutes choses.

18. Ne vois-tu pas que tout ce qui est dans les cieux et sur la terre adore le Seigneur, le soleil, la lune, les étoiles, les montagnes, les arbres, les animaux et une grande partie des hommes ? Le supplice est déjà résolu pour une grande partie.

19. Et celui que Dieu rendra méprisable, qui l'honorera ? Dieu fait ce qu'il lui plaît.

20. *Les fidèles et les infidèles*, ce sont deux adversaires qui disputent au sujet de Dieu : mais les vêtements des infidèles seront taillés de feu, et l'eau bouillante sera versée sur leurs têtes.

21. Leurs entrailles et leur peau en seront consumées ; ils seront frappés de gourdins de fer.

22. Toutes les fois que, transis de douleur, ils voudront s'en évader, on les y fera rentrer, et on leur criera : Subissez le supplice du feu.

23. Dieu introduira les croyants qui auront pratiqué le bien dans des jardins arrosés par des cours d'eau ; ils y porteront des bracelets d'or et de perles ; ils s'y vêtiront de soie.

24. C'est qu'ils ont été conduits pour entendre de belles paroles, et guidés dans le glorieux chemin.

25. Les infidèles sont ceux qui éloignent les autres du chemin de Dieu et de l'oratoire sacré que nous avons établi pour tous les hommes ; ceux qui y résident comme les externes ont un droit égal *à le visiter*.

26. Et ceux qui voudraient le profaner par méchanceté éprouveront un châtiment douloureux.

---

[1] Voici quel peut être le sens de ce passage : Dieu secourra le prophète, quels que soient les artifices de ses ennemis. Mahomet leur dit en les narguant : Il ne vous reste qu'à vous pendre de désespoir et de dépit. Les mots : *vers le ciel*, veulent dire seulement : *en haut, au haut du plancher de sa maison.*

[2] Ce sont les idolâtres.

27. Souviens-toi que nous avons indiqué à Abraham l'emplacement de la maison sainte, en lui disant : Ne nous associe aucun autre dieu dans ton adoration ; conserve cette maison pure pour ceux qui viendront y faire des tours *de dévotion*[1], qui s'y acquitteront des œuvres de piété, debout, agenouillés ou prosternés.

28. Annonce aux peuples le pèlerinage *de la maison sainte*, qu'ils y arrivent à pied ou montés sur des chameaux prompts à la course, venant des contrées éloignées.

29. Qu'ils témoignent eux-mêmes des avantages qu'ils recueillent, et qu'ils répètent à des jours fixes le nom de Dieu sur la nourriture qu'il leur a accordée dans leurs troupeaux. Mangez de leur chair, et nourrissez-en l'indigent, le pauvre.

30. Mettez un terme à la négligence par rapport à votre extérieur[2] ; accomplissez les vœux que vous aviez formés, et faites les tours *de dévotion* de la maison antique[3].

31. Agissez ainsi. Celui qui respectera ces respectables préceptes de Dieu trouvera une récompense auprès de Dieu. Il vous est permis de vous nourrir de la chair des animaux, à l'exception de ceux au sujet desquels la défense vous a été lue dans le Koran. Fuyez l'abomination des idoles, évitez toute parole de mensonge,

32. Voués à Dieu et ne lui associant aucun autre être ; car celui qui lui associe *quelque chose* est comme ce qui tombe d'en haut, que l'oiseau enlève ou que le vent emporte au loin.

33. Oui, il en est ainsi. Celui qui respecte les monuments de Dieu (*qui observe ces rites*) *fait une action* qui tient de la piété du cœur.

34. Vous retirerez *d'abord* des animaux consacrés aux offrandes de nombreux avantages jusqu'au temps marqué ; puis le lieu des sacrifices sera dans la maison antique.

35. Pour chaque nation nous avons institué un rite, afin que les hommes répètent le nom de Dieu sur la nourriture qu'il leur accorde dans leurs troupeaux[4]. Votre Dieu est un Dieu unique. Abandonnez-vous entièrement à lui. Et toi, *Mohammed !* annonce des nouvelles propices aux humbles,

---

[1] Cet acte de dévotion consiste à faire le tour du temple.

[2] Par ce verset, Mahomet insinue aux musulmans de raser leurs têtes, de couper leurs ongles, etc.

[3] C'est-à-dire, de la Caaba, temple de la Mecque.

[4] Par les rites, on doit entendre ici spécialement ceux des offrandes en bestiaux dont on se nourrit.

36. Dont les cœurs sont saisis de frayeur quand ils entendent prononcer le nom de Dieu, qui supportent avec patience les maux qui les frappent, qui observent la prière et font l'aumône des biens que nous leur avons départis.

37. Nous avons destiné les chameaux pour servir aux rites des sacrifices ; vous y trouvez aussi d'autres avantages. Prononcez donc le nom de Dieu sur ceux que vous allez immoler. Ils doivent rester debout sur trois pieds, attachés par le quatrième. Quand la victime est tombée, mangez-en, et donnez-en à celui qui se contente de ce qu'on lui donne, ainsi qu'à celui qui en demande. Nous vous les avons soumis, afin que vous soyez reconnaissants.

38. La chair et le sang des victimes ne vont pas jusqu'à Dieu ; mais votre piété monte vers lui ; il vous a soumis ces animaux afin que vous le glorifiiez de ce qu'il vous a dirigés sur le droit chemin. Annoncez à ceux qui font le bien

39. Que Dieu protégera ceux qui croient, *en dépit des machinations des infidèles*, car il n'aime point les perfides et les infidèles.

40. Il a promis à ceux qui ont reçu des outrages de combattre leurs ennemis ; Dieu est capable de protéger

41. Ceux qui ont été injustement chassés de leurs foyers, uniquement pour avoir dit : Notre Seigneur est le Dieu unique. Si Dieu n'eût repoussé une partie des hommes par les autres, les monastères, les églises, les synagogues et les oratoires des musulmans, où le nom de Dieu est invoqué sans cesse, auraient été détruits. Dieu assistera celui qui l'assiste *dans sa lutte contre les impies*. Dieu est fort et puissant.

42. *Il assistera ceux* qui, mis en possession de ce pays, observent exactement la prière, font l'aumône, commandent le bien et interdisent le mal. C'est à Dieu qu'appartient la dernière issue de toutes choses.

43. S'ils t'accusent d'imposture, *ô Mohammed!* songe donc qu'avant eux les peuples de Noé, d'Ad, de Thémoud, d'Abraham, de Loth, les Madianites, en accusaient leurs prophètes. Moïse aussi a été traité de menteur. J'ai accordé un long délai aux incrédules, puis je les ai atteints de mon châtiment. Qu'il a été terrible !

44. Que de villes que nous avons détruites quand elles étaient criminelles ; elles sont là, affaissées sur elles-mêmes, et le puits comblé et le château élevé [1].

---

[1] Il peut être question ici de tout puits comblé par la succession des années dans une contrée autrefois habitée et ensuite déserte, à la destruction du peuple

45. N'ont-ils pas voyagé dans le pays? leurs cœurs sont-ils incapables de le comprendre? n'ont-ils pas des oreilles pour entendre? Leurs yeux ne sont point privés de la vue, mais leurs cœurs, ensevelis dans leurs poitrines, sont aveugles.

46. Ils te presseront de hâter le châtiment; *qu'ils attendent.* Dieu ne manque jamais à ses promesses. Un jour auprès de Dieu fait mille ans de votre comput.

47. Combien de cités criminelles avons-nous laissées prospérer pendant un certain temps! A la fin nous les frappâmes de notre châtiment. Tout retourne à nous.

48. Dis : O hommes! je suis un apôtre chargé de vous exhorter.

49. Ceux qui ont cru et pratiqué le bien obtiendront le pardon de leurs péchés, et des faveurs généreuses.

50. Ceux qui s'efforcent de prévaloir contre les signes de notre puissance habiteront l'enfer.

51. Nous n'avons pas envoyé avant toi un seul prophète ou envoyé sans que Satan n'ait jeté à travers dans ses vœux quelque désir *coupable*; mais Dieu met au néant ce que Satan jette à travers, et il raffermit ses signes (*ses versets*) [1].

52. Mais Dieu permet de le faire, afin que les suggestions de Satan soient une épreuve pour ceux dont le cœur est atteint d'une maladie, dont le cœur est endurci (les méchants sont plongés dans un schisme bien éloigné *de la vérité*).

53. Afin que ceux qui ont reçu la science sachent que le Koran est une vérité qui provient du Seigneur, afin qu'ils y croient, que leurs cœurs s'humilient devant Dieu ; car il guide ceux qui croient vers le sentier droit.

54. Les infidèles ne cesseront point d'en douter jusqu'à ce que

qui s'en servait, de tout château démoli, ou bien c'est une allusion à un puits dans la province de Hadhramout et au château situé sur cette montagne et dont il reste encore des traces.

[1] Selon quelques auteurs, le mot *temenna*, désirer, former un vœu, signifie aussi *lire, réciter le Koran*, et quelques auteurs ont pensé que ce verset contenait une allusion à une de ces hallucinations dont Mahomet n'était pas exempt. Une fois, disent-ils, qu'il récitait le verset 19, chap. LIII, où il demande ce que c'est qu'Alozza et Allat (divinités arabes), par distraction il s'empressa de répondre lui-même : « Ce sont de belles et dignes demoiselles qu'il faut adorer » ; et les idolâtres présents, de se prosterner aussitôt en signe d'adoration. C'est alors que Mahomet s'aperçut de sa méprise. D'autres pensent que, dans ce passage, il s'agit en général de toute suggestion de Satan. C'était sans doute, disent quelques auteurs, une épreuve que Dieu suscita pour éprouver les musulmans. La plupart des théologiens rejettent toute cette histoire comme apocryphe.

l'heure les surprenne soudain, ou que le jour d'un châtiment exterminateur les frappe.

55. Dans ce jour, l'empire sur toutes choses restera à Dieu, qui jugera entre les hommes ; alors ceux qui auront cru et pratiqué les bonnes œuvres iront habiter les jardins des délices,

56. Pendant que les infidèles, qui ont traité nos signes de mensonges, seront livrés au supplice ignominieux.

57. Dieu accordera une belle récompense à ceux qui ont émigré pour la cause de Dieu, qui ont succombé en combattant, ou qui moururent *éloignés de leur patrie*. Dieu sait le mieux accorder des récompenses.

58. Il les introduira *dans le paradis* d'une manière qui leur plaira. Dieu est savant et humain.

59. Il en sera ainsi. Celui qui, ayant exercé des représailles en rapport rigoureux avec l'outrage reçu, en recevra un nouveau, sera assisté par Dieu lui-même. Dieu aime à pardonner : il est indulgent.

60. C'est parce que Dieu fait entrer la nuit dans le jour et le jour dans la nuit ; il entend et voit tout [1].

61. C'est parce que Dieu est la vérité même, et que les divinités que vous invoquez à côté de lui sont un mensonge, et que Dieu est le Sublime, le Grand.

62. N'as-tu pas considéré que Dieu fait descendre l'eau du ciel ? Par elle, le lendemain, la terre se couvre de verdure. Dieu est plein de bonté et instruit de tout.

63. A lui appartient tout ce qui est dans les cieux et sur la terre ; il est le Riche, le Glorieux.

64. Ne voyez-vous pas qu'il vous a soumis tout ce que la terre contient ? Le vaisseau court à travers les mers par ses ordres ; il soutient le ciel, afin que celui-ci ne s'affaisse pas sur la terre, sauf quand il le permettra. Dieu est plein de bonté et de miséricorde pour les hommes.

65. C'est lui qui vous a fait vivre et qui vous fera mourir ; puis il vous fera revivre. En vérité, l'homme est ingrat.

66. Nous avons établi pour chaque nation des rites sacrés qu'elle suit. Qu'ils cessent donc de disputer avec toi sur cette matière. Appelle-les au Seigneur, car tu es dans le sentier droit.

---

[1] Le lecteur ne peut pas manquer d'observer qu'il n'y a aucune liaison logique entre ce verset et le verset précédent. L'expression *fait entrer le jour dans la nuit*, etc., est assez commune dans le Koran ; elle repose sur la métaphore qui représente le jour et la nuit chacun à son tour, comme un fourreau.

67. S'ils disputent encore, dis-leur : Dieu connaît vos actions.

68. Dieu prononcera au jour de la résurrection sur vos différends.

69. Ne sais-tu pas que Dieu connaît tout ce qui est dans les cieux et sur la terre? Tout est inscrit dans le Livre, et cela est facile à Dieu.

70. Ils adorent des divinités à côté de Dieu, bien que Dieu ne leur ait envoyé aucune preuve à l'appui de ce culte, des divinités dont ils ne savent rien. Mais les impies n'auront aucun protecteur.

71. Quand on lit aux infidèles nos *signes*, tu verras l'aversion se peindre sur leurs fronts ; ils sont prêts à se jeter sur ceux qui les leur récitent. Dis-leur : Vous annoncerai-je quelque chose de plus terrible? C'est le feu que Dieu a promis à ceux qui ne croient pas. Et quel affreux terme de voyage !

72. O hommes ! on vous propose une parabole ; écoutez-la. Ceux que vous invoquez à côté de Dieu ne sauraient créer une mouche, quand même ils se réuniraient tous ; et si une mouche venait leur enlever quelque objet, ils ne sauraient le lui arracher. L'adoré et l'adorateur sont également impuissants.

73. Les hommes ne savent point apprécier Dieu à sa juste valeur ; il est fort et puissant.

74. Il choisit ses messagers parmi les hommes et parmi les anges ; il entend et voit tout.

75. Il connaît ce qui est devant eux et derrière eux ; il est le terme de toutes choses.

76. O vous qui croyez ! fléchissez vos genoux, prosternez-vous, adorez votre Seigneur, faites le bien, et vous serez heureux.

77. Combattez pour la cause de Dieu comme il convient de le faire ; il vous a élus. Il ne vous a rien commandé de difficile dans votre religion, dans la religion de votre père Abraham ; il vous a nommés musulmans (*qui s'abandonnent à Dieu*).

78. *Il vous a nommés ainsi* bien avant nous et dans ce livre aussi, afin que votre prophète soit témoin contre vous et que vous soyez témoins contre le reste des hommes. Observez donc la prière, faites l'aumône, attachez-vous fermement à Dieu, il est votre patron ; et quel patron et quel protecteur !

CHAPITRE XXIII.

LES CROYANTS.

Donné à la Mecque. — 118 versets.

Au nom du Dieu clément et miséricordieux.

1. Heureux sont les croyants
2. Qui font la prière avec humilité,
3. Qui évitent toute parole déshonnête,
4. Qui font l'aumône,
5. Qui savent commander à leurs appétits charnels,
6. Et qui bornent leurs jouissances à leurs femmes et aux esclaves que leur a procurées leur main droite [1] ; dans ce cas ils ne sont point à blâmer.
7. Mais celui qui porte ses désirs au delà est transgresseur.
8. Ceux qui gardent les dépôts *confiés à leurs soins* et les engagements,
9. Qui observent les heures de la prière,
10. Ceux-là seront de véritables héritiers,
11. Qui hériteront du paradis pour y demeurer éternellement.
12. Nous avons créé l'homme de l'argile fine ;
13. Ensuite nous l'avons fait une goutte de sperme fixée dans un réceptacle solide [2] ;
14. Ensuite nous avons fait de la goutte de sperme un grumeau de sang, puis du grumeau de sang un morceau de chair ; puis nous avons fait ce morceau de chair os, et les os nous les avons revêtus de chair, ensuite nous l'avons produit *au grand jour* comme une autre création [3]. Béni soit Dieu, le plus habile des créateurs !
15. Après avoir été créés, vous mourrez ;
16. Et ensuite vous serez ressuscités le jour de la résurrection.

---

[1] Ces mots s'emploient dans le Koran pour les esclaves des deux sexes pris à la guerre ou achetés.

[2] Nous rendons ici le mot du texte par le terme correspondant, reçu en botanique.

[3] C'est-à-dire en donnant à l'homme le corps entier ou en l'animant par l'âme. C'est sur ce passage que s'appuie Abou Hanifa, pour dire que celui qui s'empare d'un œuf, si cet œuf éclot chez lui, est tenu de restituer un œuf et non pas un poulet, attendu que c'est une *autre création*, une autre forme.

17. Nous créâmes au-dessus de vous les sept voies (*les sept cieux*), et nous ne négligeons point ce que nous avons créé ¹.

18. Nous faisons descendre du ciel l'eau en certaine quantité ; nous la faisons rester sur la terre, et nous pouvons aussi l'en faire disparaître.

19. Au moyen de cette eau, nous avons fait surgir pour vous des jardins de palmiers et de vignes. Vous y trouvez des fruits en abondance, et vous vous en nourrissez.

20. Nous créâmes aussi l'arbre qui s'élève au mont Sinaï, qui produit l'huile et le suc bon à manger.

21. Vous avez aussi dans les animaux un sujet d'instruction : nous vous donnons à boire du lait contenu dans leurs entrailles ; vous y trouvez de nombreux avantages, et vous vous en nourrissez.

22. Vous voyagez tantôt montés sur leur dos, et tantôt vous voguez à travers les mers sur des navires.

23. Nous envoyâmes Noé vers son peuple. Il leur dit : O mon peuple ! adorez Dieu ; à quoi vous servent d'autres divinités ? ne le craignez-vous pas ?

24. Mais les chefs de ceux qui ne croyaient point dirent : Il n'est qu'un homme comme nous, mais il veut se distinguer de nous ; si Dieu avait voulu envoyer quelqu'un, il aurait envoyé des anges. Nous n'avons entendu rien de cela du temps de nos pères les anciens.

25. Certes, ce n'est qu'un homme possédé par un démon. Mais laissez-le tranquille jusqu'à un certain temps.

26. — Seigneur ! *s'écria Noé*, viens à mon aide contre cette accusation de mensonge.

27. Alors nous fîmes une révélation à Noé, *en disant* : Construis un vaisseau sous nos yeux et d'après notre révélation ; et aussitôt que l'arrêt sera prononcé et que la fournaise crèvera ²,

28. Embarque-toi dans ce vaisseau, et prends une paire de chaque couple, ainsi que ta famille, excepté l'individu au sujet duquel notre ordre a été donné précédemment ; et ne me parle plus en faveur des méchants, car ils seront engloutis par les flots.

29. Lorsque tu auras pris place dans le vaisseau, ainsi que ceux qui t'accompagneront, dis alors : Louange à Dieu, qui nous a délivrés des méchants !

---

¹ On peut encore traduire ces mots ainsi : *et nous n'étions pas inattentifs dans l'œuvre de la création.*

² Voy. chap. XI, 42.

30. Dis aussi : Seigneur, fais-moi descendre sur un lieu comblé de tes bénédictions, tu sais mieux que tout autre procurer une descente heureuse.

31. Il y a certes dans cet événement des signes évidents, et nous fîmes subir aux hommes nos épreuves.

32. Nous fîmes surgir d'autres générations après celle-là.

33. Et nous envoyâmes au milieu d'elles des apôtres qui leur disaient : Adorez Dieu ; à quoi vous serviront d'autres divinités? ne le craindrez-vous pas?

34. Mais les chefs des peuples infidèles, qui traitaient de mensonge la comparution devant Dieu, de ces peuples que nous avons laissés jouir des biens du monde, disaient : Cet homme n'est qu'un homme comme vous ; il mange ce que vous mangez,

35. Et il boit ce que vous buvez.

36. Si vous obéissez à un homme qui est votre égal, à coup sûr vous êtes perdus.

37. Vous prédira-t-il encore que, devenus os et poussière, vous serez de nouveau rendus à la vie?

38. Arrière, arrière avec ses prédictions!

39. Il n'y a point d'autre vie que celle dont nous jouissons ici-bas ; nous mourons et nous vivons, et nous ne serons point ressuscités.

40. Ce n'est qu'un homme qui a prêté un mensonge à Dieu, nous ne le croirons pas.

41. — Seigneur! s'écria-t-il, viens à mon aide contre cette accusation de mensonge.

42. — Encore quelques instants, et ils s'en repentiront, répondit le Seigneur.

43. Un cri *terrible de l'ange Gabriel* (*de l'ange exterminateur*) les saisit, et nous les rendîmes semblables à des débris roulés par le torrent. Arrière donc avec les méchants!

44. Nous avons fait surgir d'autres générations à leur place.

45. Nous n'avançons ni ne reculons le terme fixé à l'existence de chaque peuple.

46. Nous envoyâmes successivement des apôtres. Chaque fois qu'un envoyé se présenta devant son peuple, celui-ci le traita d'imposteur ; nous avons fait succéder un peuple à un autre, et nous avons fait celui-là la fable des nations. Arrière avec ceux qui ne croient pas!

47. Puis nous avons envoyé Moïse et son frère Aaron, accompagnés de nos signes et munis d'un pouvoir évident,

48. Vers Pharaon et les grands de son royaume ; ceux-ci s'enflèrent d'orgueil : c'était un peuple altier.

49. Croirons-nous, disaient-ils, à deux hommes comme nous, et dont le peuple est notre esclave ?

50. Ils les traitèrent donc tous deux d'imposteurs, et ils furent anéantis.

51. Nous donnâmes le Pentateuque à Moïse, afin que les Israélites fussent dirigés sur le droit chemin.

52. Nous fîmes du fils de Marie, ainsi que de sa mère, un signe pour les hommes. Nous leur donnâmes à tous deux pour demeure un lieu élevé, tranquille, et abondant en sources d'eau[1].

53. O envoyés de Dieu, nourrissez-vous d'aliments bons au goût[2] ; pratiquez le bien ; je connais vos actions.

54. Votre religion est une. Je suis votre Seigneur, craignez-moi.

55. Les peuples se sont divisés en différentes sectes, et chacune se réjouit de ce qu'elle a[3].

56. Laisse-les dans leur erreur jusqu'à un certain temps.

57. S'imaginent-ils que nous leur accorderons de longues années, en leur donnant des biens et des fils ;

58. Que nous nous empresserons de leur fournir toute sorte de biens ?

59. Ceux que la crainte de leur Seigneur rend contrits[4],

60. Qui croient aux signes que leur Seigneur leur envoie,

61. Qui n'associent point à Dieu *d'autres divinités*,

62. Qui font l'aumône et dont les cœurs sont pénétrés de crainte, parce qu'un jour ils retourneront auprès de Dieu,

63. Ceux-là courent à l'envi les uns des autres vers les bonnes œuvres, et les gagnent.

64. Nous n'imposons à aucune âme que la charge qu'elle peut supporter. Chez nous est déposé le livre qui dit la vérité ; les hommes n'y seront point traités injustement.

65. Mais leurs cœurs sont plongés dans l'erreur sur cette religion ; leurs actions sont tout autres *que celles des croyants*, et ils les pratiqueront,

66. Jusqu'au moment où nous frapperons les plus aisés d'entre eux de notre châtiment. Alors ils crieront tumultueusement.

---

[1] Par ces mots, les commentateurs entendent soit une des villes : Jérusalem, Damas, Ramla ; soit l'endroit où Marie se retira pour mettre au monde Jésus.

[2] Bons au goût, purs et licites.

[3] C'est-à-dire, de sa croyance, la croyant seule, vraie et bonne.

[4] Attendris, pénétrés de la crainte de Dieu jusqu'à l'attendrissement.

67. On leur dira : Cessez de crier aujourd'hui, vous n'obtiendrez de nous aucun secours.

68. On vous relisait autrefois nos enseignements, mais vous vous en détourniez.

69. Enflés d'orgueil, au milieu des conversations nocturnes proférant des discours insensés,

70. Ne feront-ils donc aucune attention à ce qu'on leur dit? ou bien leur est-il venu une révélation inconnue à leurs pères, les anciens?

71. Ne connaissent-ils pas leur apôtre, au point de le renier?

72. Diront-ils que c'est un possédé? Cependant il leur apporte la vérité; mais la plupart d'entre eux ont de l'aversion pour la vérité.

73. Si la vérité avait suivi leurs désirs, les cieux et la terre et tout ce qu'ils renferment seraient tombés dans le désordre. Nous leur avons envoyé un avertissement, mais ils s'en éloignent.

74. Leur demanderas-tu une récompense? La récompense de ton Seigneur vaut mieux ; il est le meilleur dispensateur des biens.

75. Tu les appelles vers le chemin droit ;

76. Mais ceux qui ne croient pas à la vie future s'en écartent.

77. Si nous leur avions témoigné de la compassion, et si nous les avions délivrés du mal qui les accablait, ils n'en auraient pas moins persévéré dans leur aveuglement criminel.

78. Nous les avons frappés d'un de nos châtiments, et cependant ils ne se sont point humiliés ni ne nous ont adressé d'humbles prières.

79. Il en fut ainsi jusqu'au moment où nous ouvrîmes la porte du supplice terrible[1] ; alors ils se sont abandonnés au désespoir.

80. C'est Dieu qui vous a donné l'ouïe et la vue, et un cœur. Que le nombre des reconnaissants est petit!

81. C'est lui qui vous a fait naître sur la terre, et vous retournerez à lui.

82. C'est lui qui fait vivre et mourir ; de lui dépend la succession alternative des jours et des nuits. Ne le comprendrez-vous pas?

83. Mais ils parlent comme parlaient les hommes d'autrefois.

84. Ils disent : Est-ce que, quand nous serons morts et qu'il ne restera de nous que poussière et os, nous serons ranimés de nouveau?

---

[1] Il s'agit ici de quelque victoire remportée sur les idolâtres, de la famine qui affligeait les Mecquois, ou de quelque autre calamité dont ils furent atteints.

85. On nous le disait déjà autrefois, ainsi qu'à nos pères; ce sont des contes des temps anciens.

86. Demande-leur : A qui appartiennent les cieux et la terre, et tout ce qui existe? Dites-le si vous le savez.

87. Ils répondront : Tout cela appartient à Dieu. Dis-leur alors : Ne réfléchirez-vous pas?

88. Demande-leur : Quel est le Seigneur des sept cieux et du trône sublime?

89. Ils répondront : C'est Dieu. Dis-leur : Ne le craindrez-vous donc pas?

90. Demande-leur : Dans la main de qui est le pouvoir sur toutes choses? Qui est celui qui protége, et qui n'a besoin de la protection de personne? dites-le si vous le savez.

91. Ils répondront : C'est Dieu. Dis-leur : Et pourquoi donc vous laissez-vous fasciner *par des mensonges?*

92. Oui, nous leur avons envoyé la vérité; mais ils ne sont que des menteurs.

93. Dieu n'a point de fils, et il n'y a point d'autre dieu à côté de lui; autrement chaque dieu s'en irait avec ce qu'il a créé, et les uns seraient plus élevés que les autres. Loin de la gloire de Dieu les mensonges qu'ils inventent;

94. *De Dieu*, qui connaît les choses visibles et invisibles; il est trop élevé au-dessus des êtres qu'on lui associe.

95. Dis : Seigneur, fais-moi voir les châtiments qui leur sont prédits,

96. Et ne me place point, ô Seigneur! au nombre des injustes.

97. Nous pouvons te faire voir les supplices dont on les a menacés.

98. Rends-leur le bien pour le mal; nous savons mieux que personne ce qu'ils disent.

99. Dis : Seigneur, je cherche un refuge auprès de toi contre les suggestions des démons.

100. Je me réfugie vers toi, afin qu'ils n'aient aucun accès auprès de moi.

101. L'impie, au moment de la mort, s'écrie : Seigneur! fais-moi retourner sur la terre,

102. Afin que je pratique le bien que j'avais négligé. — Nullement. Telle sera la parole que Dieu prononcera; et derrière eux s'élèvera une barrière jusqu'au moment où ils seront ressuscités.

103. Lorsque la trompette sonnera, oh! alors il n'y aura pas

de liens de parenté entre eux, les liens de parenté n'existeront plus. On ne se fera plus de demandes réciproques[1].

104. Ceux dont la balance penchera jouiront de la félicité.

105. Ceux pour qui la balance sera légère seront les hommes qui se sont perdus eux-mêmes, condamnés à rester éternellement dans la géhenne.

106. Le feu consumera leurs visages, et ils feront des contorsions avec leurs lèvres.

107. Ne vous a-t-on pas récité mes enseignements (*les versets du Koran*) : vous les avez traités de mensonges.

108. Ils diront : Seigneur, notre mauvaise fortune a prévalu contre nous, et nous étions dans l'égarement.

109. Seigneur! retire-nous d'ici ; si nous retombons dans nos crimes, nous serons les plus impies.

110. Soyez précipités dedans, *leur criera Dieu;* et ne m'adressez pas la parole.

111. Quand une partie de nos serviteurs s'écriaient : Seigneur! nous croyons, efface nos péchés, aie pitié de nous, tu es le plus miséricordieux,

112. Vous les avez pris pour objet de vos railleries, au point qu'elles (*ces railleries*) vous ont fait oublier mon nom. Ils (*mes fidèles serviteurs*) étaient l'objet de vos rires moqueurs.

113. Aujourd'hui je les récompenserai de leur patience, et ils seront bienheureux.

114. Dieu leur demandera : Combien d'années êtes-vous restés sur la terre?

115. Ils répondront : Nous n'y sommes restés qu'un jour, ou une partie seulement du jour. Interrogez plutôt ceux qui comptent.

116. Vous n'y êtes restés que peu de temps, mais vous l'ignorez.

117. Pensiez-vous que nous vous avions créés en vain, et que vous ne reparaîtriez plus devant nous? Qu'il soit élevé, ce Dieu, véritable roi ; il n'y a point d'autre dieu que lui. Il est le maître du trône glorieux. Celui qui invoque d'autres dieux à côté de Dieu, sans apporter quelque preuve *à l'appui de ce culte*, celui-là aura son compte auprès de Dieu, et Dieu ne fera point prospérer les infidèles.

118. Dis : Seigneur, efface mes péchés et aie pitié de moi; tu es le plus miséricordieux.

---

[1] Chacun sera tellement préoccupé de son propre sort et saisi de stupeur, qu'il ne songera pas aux autres.

CHAPITRE XXIV.

LA LUMIÈRE [1].

Donné à Médine. — 64 versets.

Au nom au Dieu clément et miséricordieux.

1. *Voici* une sourate [2] que nous avons fait descendre, et nous l'avons rendue obligatoire ; dans cette sourate nous avons fait descendre des signes évidents (*versets clairs*), afin que vous réfléchissiez.

2. Vous infligerez à l'homme et à la femme adultères cent coups de fouet à chacun. Que la compassion ne vous entrave pas dans *l'accomplissement de* ce précepte de Dieu, si vous croyez en Dieu et au jour dernier. Que le supplice ait lieu en présence d'un certain nombre de croyants.

3. Un homme adultère ne doit épouser qu'une femme adultère ou une idolâtre, et une femme adultère ne doit épouser qu'un homme adultère ou un idolâtre. Ces alliances sont interdites aux croyants.

4. Ceux qui portent des accusations contre des femmes honnêtes, sans pouvoir produire quatre témoins, seront punis de quatre-vingts coups de fouet ; au surplus, vous n'admettrez jamais leur témoignage en quoi que ce soit, car ce sont des méchants ;

5. A moins qu'ils ne se repentent de leur méfait et ne se conduisent exemplairement ; car Dieu est indulgent et miséricordieux.

6. Ceux qui accuseront leurs femmes et qui n'auront d'autres témoins à produire qu'eux-mêmes, jureront quatre fois devant Dieu qu'ils disent la vérité,

7. Et la cinquième fois pour invoquer la malédiction de Dieu sur eux, s'ils ont menti.

8. On n'infligera aucune peine à la femme, si elle jure quatre fois devant Dieu que son mari a menti,

9. Et la cinquième fois, en invoquant la colère de Dieu sur elle si ce que le mari a avancé est vrai.

10. N'était la grâce inépuisable de Dieu et sa miséricorde, il

---

[1] La lumière dont il est parlé au verset 35 sert de titre à cette sourate.
[2] *Sourate,* chapitre. Ce mot ne s'emploie qu'en parlant du Koran.

vous punirait à l'instant [1]; mais il aime à pardonner, et il est miséricordieux.

11. Ceux qui ont avancé un mensonge [2] sont en assez grand nombre parmi vous; mais ne le regardez pas comme un mal; bien plus, c'est un avantage pour vous [3]. Chacun de ceux qui sont coupables de ce crime en sera puni; celui qui l'aura aggravé éprouvera un châtiment douloureux.

12. Lorsque vous avez entendu l'accusation, les croyants des deux sexes n'ont-ils pas pensé intérieurement en bien de cette affaire? N'ont-ils pas dit : C'est un mensonge évident?

13. Pourquoi les *calomniateurs* n'ont-ils pas produit quatre témoins? et, s'ils n'ont pu les produire, ils sont menteurs devant Dieu.

14. N'était la grâce inépuisable de Dieu et sa miséricorde dans cette vie et dans l'autre, un châtiment terrible vous aurait déjà atteints en punition des bruits que vous avez propagés, quand vous les avez fait courir de bouche en bouche, quand vous prononciez de vos lèvres ce dont vous n'aviez aucune connaissance, que vous regardiez comme une chose légère, ce qui est grave devant Dieu.

15. Que n'avez-vous pas dit plutôt, en entendant ces bruits :

---

[1] D'avoir propagé ou admis des propos outrageants contre la femme du prophète. Voy. la note ci-après.

[2] C'est-à-dire, qui ont porté contre Aïécha, femme de Mahomet, l'accusation d'adultère. Voici l'historique de cet événement. Dans l'année 6 de l'hégire, Mahomet avait entrepris l'expédition contre la tribu Mostalek. Au retour de cette course, et non loin de Médine, un soir quand on levait le camp pour continuer la route, Aïécha descendit de son chameau et s'éloigna pour quelque temps. Ses gens, la croyant déjà montée dans sa chaise, emmenèrent le chameau, et toute la caravane poursuivit sa route. Aïécha, se voyant abandonnée, resta à l'endroit même où elle était descendue, attendant qu'on revînt la chercher, et finit par s'endormir. Peu de temps après, un jeune homme, Safwan Ebn el-Moattal, vint à passer par là ; voyant quelqu'un couché par terre, il s'approcha, et, reconnaissant que c'était une femme, prononça ces mots : « Nous sommes à Dieu et nous retournerons à lui. » Puis il se mit à l'écart, réveilla Aïécha, et lui offrit son chameau. Aïécha accepta l'offre. C'est ainsi que le lendemain elle parvint à rejoindre la troupe. Quand l'absence d'Aïécha et son retour avec Safwan furent connus, on tint sur elle des propos malveillants. Mahomet, ne sachant pas ce qu'il devait croire, se trouvait dans une grande perplexité, et ce ne fut qu'au bout d'un mois qu'il déclara connaître la vérité par suite d'une révélation tout à l'avantage de sa femme. Cette révélation forme le principal sujet de ce chapitre.

[3] Ces paroles doivent s'adresser à Mahomet, à sa famille et à Safwan, car la propagation de ces calomnies ne servit qu'à mieux établir l'innocence et l'honneur des uns et des autres.

CHAPITRE XXIV.

Pourquoi en parlerions-nous? Par ta gloire, *ô Dieu!* c'est une calomnie atroce.

16. Dieu vous a avertis de vous tenir, à l'avenir, en garde contre de pareilles imputations, si vous êtes croyants.

17. Dieu vous explique ses enseignements; il est savant et sage.

18. Ceux qui se plaisent à répandre des propos calomnieux sur le compte des croyants éprouveront un châtiment pénible

19. Dans ce monde et dans l'autre. Dieu sait tout, et vous ne savez rien.

20. N'était la grâce inépuisable de Dieu et sa miséricorde, *il vous punirait*, mais il est humain et miséricordieux.

21. O croyants! ne suivez pas les traces de Satan; car celui qui suit ses traces, à celui-là Satan commande la turpitude et les actions blâmables, et n'était la grâce de Dieu et sa miséricorde, pas un d'entre vous ne serait jamais innocent; mais Dieu rend innocent celui qu'il veut; il entend et voit tout.

22. Que les riches et les puissants d'entre vous ne jurent point de ne plus faire aucune largesse à leurs parents, aux pauvres et à ceux qui s'étaient *jadis* expatriés pour la cause de Dieu; qu'ils leur pardonnent plutôt *leurs fautes* et passent outre [1]. Vous, ne voudriez-vous pas *aussi* que Dieu vous pardonne? Il est indulgent et miséricordieux.

23. Ceux qui accusent les femmes honnêtes, femmes croyantes, quand, *fortes de leur conscience*, elles ne s'inquiètent pas des apparences, ceux-là seront maudits dans ce monde et dans l'autre; ils éprouveront un châtiment terrible.

24. Un jour leurs langues, leurs mains et leurs pieds témoigneront contre eux.

25. Dans ce jour, Dieu acquittera leurs dettes avec exactitude; ils reconnaîtront alors que Dieu est la vérité même.

26. Les femmes impudiques sont faites pour les hommes impudiques; les hommes impudiques sont faits pour les femmes impudiques; les femmes vertueuses pour les hommes vertueux, et les hommes vertueux pour les femmes vertueuses. Ils seront lavés des propos calomnieux; l'indulgence de Dieu leur est acquise, ainsi que des dons magnifiques.

27. O croyants! n'entrez pas dans une maison étrangère sans en demander la permission et sans saluer ceux qui l'habitent. Ceci vous vaudra mieux. Pensez-y.

---

[1] Parmi les personnes qui avaient calomnié Aïécha, il y avait un homme parent d'Aboubekr, à qui celui-ci faisait beaucoup de bien. Aboubekr, pour le punir, voulait lui retirer ses aumônes. Mahomet le lui défendit par ce verset.

28. Si vous n'y trouvez personne, n'entrez pas, à moins qu'on ne vous l'ait permis ¹. Si l'on vous dit : Retirez-vous, retirez-vous aussitôt. Vous en serez plus purs. Dieu connaît vos actions.

29. Il n'y aura aucun mal si vous entrez dans une maison qui n'est pas habitée ; vous pouvez vous y mettre à l'aise. Dieu connaît ce que vous produisez au grand jour et ce que vous cachez.

30. Commande aux croyants de baisser leurs regards et d'observer la continence. Ils en seront plus purs. Dieu est instruit de tout ce qu'ils font.

31. Commande aux femmes qui croient de baisser leurs yeux et d'observer la continence, de ne laisser voir de leurs ornements que ce qui est à l'extérieur ², de couvrir leurs seins d'un voile, de ne faire voir leurs ornements qu'à leurs maris ou à leurs pères, ou aux pères de leurs maris, à leurs fils ou aux fils de leurs maris, à leurs frères ou aux fils de leurs frères, aux fils de leurs sœurs, ou aux femmes de ceux-ci, ou à leurs esclaves ou aux domestiques mâles qui n'ont pas besoin de femmes, ou aux enfants qui ne distinguent pas encore les parties sexuelles d'une femme. Que les femmes n'agitent point les pieds de manière à faire voir leurs ornements cachés. Tournez vos cœurs vers Dieu, afin que vous soyez heureux.

32. Mariez ceux qui ne sont pas encore mariés, vos serviteurs probes à vos servantes ; s'ils sont pauvres, Dieu les rendra riches *du trésor* de sa grâce ; car Dieu est immense, il sait tout.

33. Que ceux qui ne peuvent trouver un parti *à cause de leur pauvreté* vivent dans la continence jusqu'à ce que Dieu les ait enrichis de sa faveur. Si quelqu'un de vos esclaves vous demande son affranchissement par écrit, donnez-le-lui si vous l'en jugez digne. Donnez-leur quelque peu de ces biens que Dieu vous a accordés. Ne forcez point vos servantes à se prostituer pour vous procurer des biens passagers de ce monde, si elles désirent garder leur pudicité ³. Si quelqu'un les y forçait, Dieu leur pardonnerait à cause de la contrainte ; il est indulgent et compatissant.

34. Nous venons de vous révéler des versets qui vous expliquent tout clairement par des exemples tirés de ceux qui ont

---

¹ Il faut sans doute entendre ici : A moins qu'on ne vous l'ait permis une fois pour toutes.

² Comme les bagues, et non pas les ornements qu'elles portent aux jambes.

³ Ce passage est dirigé contre un certain Abdallah Ebn Obbah, qui avait six concubines esclaves ; il les engageait à se prostituer et à lui rapporter l'argent qu'elles recueillaient de ce honteux trafic.

existé avant vous, et qui sont un avertissement pour ceux qui craignent Dieu.

35. Dieu est la LUMIÈRE des cieux et de la terre. Cette lumière est comme un foyer dans lequel se trouve un flambeau, un flambeau placé dans un cristal, cristal semblable à une étoile brillante; ce flambeau s'allume avec l'huile d'un arbre béni d'un olivier qui n'est ni de l'Orient ni de l'Occident, et dont l'huile brille quand même le feu ne la touche pas. C'est lumière sur lumière. Dieu conduit vers sa lumière celui qu'il veut, et propose aux hommes des paraboles; car il connaît tout.

36. Dans les maisons que Dieu a permis d'élever pour que son nom y soit répété chaque jour au matin et au soir,

37. Célèbrent ses louanges des hommes que le commerce et des contrats ne détournent point du souvenir de Dieu, de la stricte observance de la prière et de l'aumône. Ils redoutent le jour où les cœurs et les yeux des hommes seront en confusion;

38. *Ce jour que Dieu a fixé* pour récompenser tous les hommes selon leurs meilleures œuvres, et pour les combler de ses faveurs. Dieu donne la nourriture à qui il veut, et sans compte.

39. Pour les incrédules, leurs œuvres seront comme ce mirage du désert, que l'homme altéré de soif prend pour de l'eau jusqu'à ce qu'il y accoure et ne trouve rien. Mais il trouvera devant lui Dieu, qui réglera son compte. Dieu est prompt dans ses comptes.

40. Leurs œuvres ressemblent encore aux ténèbres étendues sur une mer profonde que couvrent des flots tumultueux; d'autres flots s'élèvent, et puis un nuage, et puis des ténèbres entassées sur des ténèbres; l'homme étend sa main et ne la voit pas. Si Dieu ne donne pas de lumière à l'homme, où la trouvera-t-il?

41. N'as-tu pas considéré que tout ce qui est dans les cieux et sur la terre publie les louanges de Dieu, et les oiseaux aussi en étendant leurs ailes? Tout être sait la prière et le récit de ses louanges; Dieu connaît leurs actions.

42. A Dieu appartient le royaume des cieux et de la terre. Il est le point où tout aboutit.

43. N'as-tu pas considéré comment Dieu pousse légèrement les nuages, comme il les réunit et les entasse par monceaux; puis tu vois sortir de leur sein une pluie abondante; on dirait qu'il fait descendre du ciel des montagnes grosses de grêle, dont il atteint ceux qu'il veut, et qu'il détourne de ceux qu'il veut. Peu s'en faut que l'éclat de la foudre n'enlève la vue aux hommes.

44. Dieu fait succéder tour à tour le jour et la nuit. Il y a certes dans ceci un exemple frappant pour les hommes doués d'intelli-

gence. Il a créé d'eau tous les animaux. Les uns marchent sur leur ventre, d'autres sur deux pieds, d'autres marchent sur quatre. Dieu crée ce qu'il veut, car il est tout-puissant.

45. Nous venons de vous révéler des versets qui vous expliquent tout clairement. Dieu dirige ceux qu'il veut vers le sentier droit.

46. *Les hypocrites* disent : Nous avons cru en Dieu et à l'apôtre, et nous obéirons. Puis une partie d'entre eux reviennent sur leurs pas, et ne sont point des croyants.

47. Quand on les appelle devant Dieu et devant son envoyé afin qu'ils (*Dieu et l'envoyé*) décident entre eux, voici qu'une partie d'entre eux s'éloignent et se détournent.

48. Si la vérité était de leur côté, ils obéiraient et viendraient à lui.

49. Une maladie siége-t-elle dans leurs cœurs, ou bien doutent-ils, ou bien craignent-ils que Dieu et son apôtre ne les trompent? — Non, mais ils sont méchants.

50. Quelles sont les paroles des croyants quand on les appelle devant Dieu et devant son envoyé afin qu'ils décident entre eux? Ils disent : Nous avons entendu et nous obéissons. Et ils seront heureux.

51. Quiconque obéit à Dieu et à son envoyé, quiconque craint Dieu, le redoute, sera du nombre des bienheureux.

52. Ils ont juré par le nom de Dieu, le plus solennel des serments, que, si tu leur ordonnais de marcher au combat, ils le feraient. Dis-leur : Ne jurez point ; c'est l'obéissance qui a du prix. Dieu connaît vos actions.

53. Dis-leur : Obéissez à Dieu et obéissez à l'envoyé. Si vous tournez le dos, *on ne lui en demandera pas compte;* on n'attend de lui que ses œuvres, comme on attend de vous les vôtres. Si vous obéissez, vous serez dirigés. La prédication ouverte est seule à la charge de l'apôtre.

54. Dieu a promis à ceux qui auront cru et fait le bien, de les constituer héritiers dans ce pays, ainsi qu'il a fait succéder vos devanciers aux infidèles qui les ont précédés ; Il leur a promis d'établir fermement cette religion qu'il lui a plu de leur donner, et de changer leurs inquiétudes en sécurité. Ils m'adoreront, et ne m'associeront dans leur culte aucun autre être. Ceux qui, après ces avertissements, demeureraient infidèles, seraient impies.

55. Observez donc exactement la prière, faites l'aumône, obéissez à l'apôtre, et vous éprouverez la miséricorde de Dieu.

56. N'allez pas croire que les infidèles puissent affaiblir la puis-

sance de Dieu sur la terre, eux qui auront le feu pour demeure. Et quel affreux séjour !

57. O croyants ! que vos esclaves, ainsi que les enfants qui n'ont point atteint l'âge de puberté, avant d'entrer chez vous, vous en demandent la permission, et ce trois fois par jour : avant la prière de l'aurore, *puis* lorsque vous quittez vos habits à midi, et après la prière du soir ; ces trois moments doivent être respectés par décence. Il n'y aura aucun mal ni pour vous ni pour eux s'ils entrent à d'autres heures sans permission, quand vous allez vous voir les uns les autres. C'est ainsi que Dieu vous explique ses signes. Or, il est savant et sage.

58. Lorsque vos enfants auront atteint l'âge de puberté, ils devront, à toute heure, demander la permission d'entrer comme l'avaient demandée ceux qui avaient atteint cet âge avant eux. C'est ainsi que Dieu vous explique ses signes. Or, il est savant et sage.

59. Les femmes qui n'enfantent plus, et qui n'espèrent plus pouvoir se marier, peuvent, sans inconvénient, ôter leurs vêtements, sans cependant montrer leurs ornements ; mais, si elles s'en abstiennent, cela leur vaudra mieux. Dieu entend et sait tout.

60. On n'impute pas à crime à un aveugle, ni à un boiteux, ni à un homme malade, de manger à vos tables ; ni à vous, si vous faites vos repas dans vos maisons, dans celles de vos pères ou de vos mères, ou de vos frères, ou de vos oncles et de vos tantes paternels, ou de vos oncles et de vos tantes maternels, dans les maisons dont vous avez les clefs, dans celles de vos amis. Il n'y a aucun inconvénient pour vous à manger en commun ou séparément [1].

61. Quand vous entrez dans une maison, saluez-vous réciproquement (*celui qui entre et celui qui reçoit*), en vous souhaitant de par Dieu une bonne et heureuse santé. C'est ainsi que Dieu vous explique ses signes, afin que vous les compreniez.

62. Les vrais croyants sont ceux qui croient en Dieu et à son apôtre, qui, lorsqu'ils se réunissent chez toi pour quelque affaire d'intérêt commun, ne s'éloignent pas sans ta permission. Ceux qui te la demandent sont ceux qui croient en Dieu et à son apôtre. S'ils te la demandent pour s'occuper de quelque autre affaire, tu l'accorderas à celui que tu voudras. Implore pour eux l'indulgence de Dieu, car il est indulgent et miséricordieux.

[1] Ce verset relève les musulmans des scrupules fondés sur quelques usages superstitieux chez les Arabes : tel était, par exemple, l'usage de ne point admettre à leur table les boiteux ou les aveugles, et de ne point faire de repas chez d'autres personnes ; quelques-uns, au contraire, se faisaient un scrupule de manger seuls.

63. N'appelez point l'apôtre comme vous vous appelez entre vous [1]. Dieu connaît ceux qui se retirent de l'assemblée à petit bruit, et se cachent les uns derrière les autres. Que ceux qui désobéissent à ses ordres redoutent un malheur ou le châtiment terrible.

64. Tout ce qui est dans les cieux et sur la terre n'appartient-il pas à Dieu? Il connaît l'état où vous êtes. Un jour les hommes seront ramenés devant lui, et il leur rappellera vos œuvres, car il connaît tout.

CHAPITRE XXV.

ALFORKAN [2] OU DISTINCTION.

Donné à la Mecque. — 77 versets.

1. Béni soit celui qui a envoyé du ciel la DISTINCTION (*Alforkan*) à son serviteur, afin qu'il avertisse les hommes.
2. Le royaume des cieux et de la terre lui appartient; il n'a point de fils, il n'a point d'associé à l'empire; il a créé toutes choses, et par un arrêt éternel a fixé leurs destinées.
3. Les idolâtres ont pris d'autres dieux que lui, dieux qui n'ont rien créé et ont été créés eux-mêmes,
4. Qui ne peuvent faire ni aucun bien ni aucun mal, qui ne disposent ni de la vie, ni de la mort, ni de la résurrection.
5. Les incrédules disent : Ce livre n'est qu'un mensonge qu'il a forgé; d'autres aussi l'ont aidé à le faire. Voici quelles sont leur méchanceté et leur perfidie.
6. Ce ne sont que des contes des anciens, *disent-ils encore*, qu'il a mis par écrit; ils lui sont dictés le matin et le soir.
7. Dis : Celui qui connaît les secrets des cieux et de la terre a envoyé ce livre. Il est indulgent et miséricordieux.
8. Ils disent : Qu'est-ce donc que cet apôtre? Il fait ses repas, il se promène dans les marchés *comme nous tous*. A moins qu'un ange ne descende et ne prêche avec lui;
9. A moins qu'un trésor ne lui soit envoyé, ou qu'il n'ait un

---

[1] C'est-à-dire, ne soyez pas trop familiers avec lui.
[2] *Alforkan*, ou la distinction, est un des noms du Koran. Voy. note 1, page 13.

jardin qui lui fournisse la nourriture, *nous ne croirons pas*. Les méchants disent : Vous ne suivez qu'un homme ensorcelé.

10. Vois quels propos ils débitent sur ton compte. Ils se sont égarés et ne peuvent trouver aucune issue.

11. Béni soit celui qui, s'il lui plaît, peut te donner quelque chose de plus précieux *que leurs biens*, des jardins où coulent des eaux, et des palais.

12. Mais ils traitent de mensonge l'arrivée de l'heure. Nous avons préparé un feu ardent pour ceux qui la traitent de mensonge.

13. Lorsqu'il les verra de loin, ils l'entendront mugir de rage et ronfler.

14. Et lorsqu'ils seront précipités dans un espace resserré, entassés les uns sur les autres, ils appelleront la mort.

15. N'en appelez pas une seulement, appelez plusieurs genres de mort, *leur dira-t-on*.

16. Dis-leur : Qu'est-ce qui vaut mieux, de ceci ou du jardin de l'éternité, qui a été promis aux hommes pieux, et qui doit leur servir de récompense et de terme *de voyage?*

17. Ils y trouveront tout ce qu'ils peuvent désirer dans leur séjour éternel. C'est une promesse qu'ils seront en droit de réclamer de Dieu.

18. Le jour où il les réunira tous, ainsi que les dieux qu'ils adoraient à côté de Dieu, il demandera à ceux-ci : Est-ce vous qui avez égaré mes serviteurs que voici, ou bien eux-mêmes ont-ils perdu la route?

19. Ils répondront : Que ton nom soit glorifié! nous ne pouvions rechercher d'autre allié que toi ; mais tu les as laissés jouir des biens de ce monde, ainsi que leurs pères, et ils ont perdu ton souvenir ; c'est un peuple perdu.

20. Il dira aux idolâtres : Voici vos dieux qui démentent vos paroles. Vous ne saurez ni détourner *le supplice*, ni obtenir du secours.

21. Quiconque de vous a agi avec iniquité éprouvera un châtiment terrible.

22. Les apôtres que nous avons envoyés avant toi se nourrissaient et se promenaient dans les marchés *comme les autres hommes*. Nous vous éprouvons les uns par les autres, pour voir si vous serez constants. Or Dieu voit tout.

23. Ceux qui n'espèrent point nous revoir *dans l'autre monde*, disent : *Nous ne croirons point*, à moins que les anges ne descendent du ciel, ou que nous ne voyions Dieu de nos yeux. Ils sont enflés d'orgueil, et commettent un crime énorme.

24. Il n'y aura point d'heureuses nouvelles pour les coupables, le jour où ils verront venir les anges; ils crieront : Arrière, arrière avec eux!

25. Alors nous produirons les œuvres de chacun, et nous les réduirons en poussière dispersée de tous côtés.

26. Ce jour-là les hôtes du paradis auront un beau lieu de repos et un endroit délicieux pour faire leur sieste.

27. Le jour où le ciel se fendra par nuages, et où les anges descendront par troupes,

28. *Ce jour-là* le véritable empire sera au Miséricordieux. Ce sera un jour difficile pour les infidèles.

29. Alors le méchant mordra le revers de sa main [1], et dira : Plût à Dieu que j'eusse suivi le sentier avec l'apôtre!

30. Malheur à moi! Plût à Dieu que je n'eusse pas pris un tel pour ami!

31. Il m'a fait perdre de vue le Livre après qu'il me fut montré. Satan est un traître pour l'homme.

32. Le prophète dira : Seigneur, mon peuple a pris ce Koran en dédain.

33. C'est ainsi que nous avons donné à tous les apôtres des criminels pour ennemis; mais Dieu te servira de guide et d'assistance.

34. Les infidèles disent : Pourquoi le Koran ne lui a-t-il pas été envoyé en un seul corps? — Nous faisons ainsi pour fortifier ton cœur; nous le récitons par refrains.

---

[1] Mordre le revers, le dos de sa main, est chez les Orientaux un signe de dépit et de désespoir. Ce passage peut tout simplement s'appliquer au dénoûment réservé aux infidèles le jour du jugement dernier; les mots des versets précédents le font entendre assez clairement. Les commentateurs rattachent cependant les paroles des versets 29, 30, 31, à un fait particulier. Un Mecquois idolâtre, nommé Okba, invita un jour Mahomet à un repas; le prophète ne voulut accepter l'invitation qu'à condition qu'Okba embrasserait l'islam. Celui-ci le fit, et Mahomet mangea avec le nouveau converti. Peu de temps après, Okba eut à essuyer des reproches amers sur son apostasie de la part d'un de ses amis. Okba allégua pour excuse que c'était seulement pour décider Mahomet à manger avec lui qu'il avait embrassé l'islam. Là-dessus l'autre engagea Okba à insulter le prophète en public, et à lui cracher au visage. Okba suivit ce conseil; cette insulte lui attira la menace de Mahomet. Quelque temps après, Okba, tombé au pouvoir de Mahomet, fut tué par Ali. Le verset 30 semble faire allusion aux instigateurs de l'ami. Comme nous l'avons dit tout à l'heure, les versets 27, 28, 29, n'ont qu'un sens général applicable au jour du jugement; mais, pendant les prédications de Mahomet, ses auditeurs croyaient trouver dans ses paroles des allusions à tel ou tel fait particulier dont on s'entretenait alors.

35. Toutes les fois qu'ils te proposeront des ressemblances (*des paraboles*), nous te donnerons la vérité et la plus parfaite explication.

36. Ceux qui seront rassemblés et précipités dans l'enfer, ceux-là auront la plus mauvaise place, ceux-là seront le plus loin du vrai chemin.

37. Nous avons donné le Livre à Moïse, et nous lui avons donné pour lieutenant son frère Aaron.

38. Nous leur dîmes : Allez vers le peuple qui traite nos signes de mensonges. Nous détruisîmes entièrement ce peuple.

39. Nous ensevelîmes dans les eaux le peuple de Noé, qui accusa ses apôtres d'imposture, et nous en fîmes un signe d'avertissement pour tous les peuples. Nous avons préparé aux méchants un supplice douloureux.

40. Nous anéantîmes Ad et Thémoud et les hommes de Rass [1], et entre ceux-ci tant d'autres générations.

41. A chacun de ces peuples nous proposions des paraboles d'avertissement, et nous les exterminâmes entièrement.

42. Les infidèles ont souvent passé près de la ville sur laquelle nous avons fait pleuvoir une pluie fatale [2]. Ne l'ont-ils pas vue? Oui ; mais ils n'espèrent point être ressuscités un jour.

43. Lorsqu'ils te voient, ils te prennent pour l'objet de leurs railleries. Est-ce cet homme, disent-ils, que Dieu a suscité pour être un apôtre?

44. Peu s'en est fallu qu'il ne nous ait fait délaisser nos dieux, si nous n'avions pas montré de la constance. — Lorsqu'ils verront approcher le châtiment, ils apprendront qui d'entre nous s'est le plus éloigné du chemin droit.

45. Que t'en semble? Seras-tu l'avocat de ceux qui ont pris leurs passions pour leur dieu?

46. Crois-tu que la plupart d'entre eux entendent ou comprennent? Ils sont comme des brutes, et même plus que les brutes, éloignés du chemin droit.

47. As-tu remarqué comme ton Seigneur étend l'ombre? S'il voulait, il la rendrait permanente. Nous avons fait du soleil son guide;

---

[1] On n'est pas d'accord sur la position de l'endroit désigné par *Rass* : les uns le placent dans le Yémama, d'autres dans le Hadramaut, d'autres enfin près d'Antioche. *Rass* veut dire aussi puits, citerne. Comme la signification de ce mot n'est pas bien établie, il vaut mieux traduire le mot arabe *ashab* par *hommes de...* que par *habitants de...*

[2] C'est Sodome, qui se trouvait sur la route de Syrie.

48. Et puis nous l'amoindrissons avec facilité.

49. C'est lui qui vous donne la nuit pour manteau et le sommeil pour le repos. Il a donné le jour pour le mouvement.

50. Il envoie les vents comme précurseurs de ses grâces. Nous faisons descendre du ciel l'eau pure,

51. Pour faire revivre par elle une contrée mourante; nous en désaltérons nos créatures, un nombre infini d'animaux et d'hommes.

52. Nous la promenons de tous côtés au milieu d'eux, afin qu'ils se souviennent de nous; mais la plupart des hommes se refusent à tout, excepté à être ingrats.

53. Si nous avions voulu, nous aurions envoyé un avertisseur dans chaque cité.

54. Ne cède point aux infidèles, mais combats-les vigoureusement avec ce livre.

55. C'est Dieu qui a rapproché les deux mers, l'une d'eau douce et rafraîchissante, l'autre salée et amère, et il a placé entre elles un intervalle et une barrière insurmontables [1].

56. C'est lui qui a créé d'eau les hommes, qui établit entre eux les liens de parenté et d'affinité. Ton Seigneur est puissant.

57. Plutôt que Dieu, ils adorent ce qui ne peut ni leur être utile ni leur nuire. L'infidèle est l'aide *du diable* contre son *propre* Seigneur.

58. Nous ne t'avons envoyé que pour annoncer et pour menacer.

59. Dis-leur : Je ne vous demande pas d'autre salaire que de vous voir prendre le sentier qui conduit à Dieu.

60. Mets ta confiance dans le Vivant qui ne meurt pas; célèbre ses louanges. Il connaît suffisamment les péchés de ses serviteurs. Il a créé les cieux et la terre, et tout ce qui se trouve entre eux, dans l'espace de six jours; puis il est allé s'asseoir sur le trône. Il est le Miséricordieux; interroge sur lui les hommes instruits.

61. Quand on leur dit (*aux infidèles*) : Prosternez-vous devant le Miséricordieux, ils demandent : Qui est le Miséricordieux [2]? Nous prosternerons-nous devant ce que tu nous dis? Et leur éloignement s'en accroît.

62. Béni soit celui qui a placé au ciel les signes du zodiaque, qui y a suspendu le flambeau [3] et la lune qui éclairent.

---

[1] Selon les uns, Mahomet aurait voulu parler ici des eaux du Tigre, qui, même après s'être jetées dans la mer, conservent leur goût jusqu'à la distance de plusieurs lieues, sans se mêler aux eaux salées de la mer.

[2] Voy. chap. XIII, 20, note.

[3] Le flambeau veut dire ici le soleil

CHAPITRE XXV.

63. Il a établi la nuit et le jour se succédant tour à tour pour ceux qui veulent penser à Dieu ou lui rendre des actions de grâces.

64. Les serviteurs du Miséricordieux sont ceux qui marchent avec modestie sur cette terre, et qui disent : Paix a vous, aux ignorants qui leur adressent la parole [1] ;

65. Qui passent leurs nuits à prier Dieu, prosternés ou debout ;

66. Qui disent : Seigneur, éloigne de nous le supplice de la géhenne, car ses tourments sont perpétuels, car c'est un mauvais lieu pour s'y reposer et pour s'y arrêter ;

67. Qui, dans leurs largesses, ne sont ni prodigues ni avares, mais qui se tiennent entre les deux ;

68. Qui n'invoquent point avec Dieu d'autres divinités ; qui ne tuent point une âme vivante, ainsi que Dieu l'a défendu, excepté pour une juste raison [2], qui ne commettent point d'adultère. Celui qui le fait recevra le prix de l'iniquité.

69. Au jour de la résurrection, le supplice lui sera doublé ; il le subira éternellement, couvert d'ignominie.

70. Mais ceux qui se repentiront, qui auront cru et pratiqué les bonnes œuvres, Dieu changera les mauvaises actions de ceux-là en bonnes ; car Dieu est indulgent et miséricordieux.

71. Celui qui se repent et qui croit, revient à Dieu et en est accueilli.

72. Ceux qui ne portent point de faux témoignages, et qui, engagés dans une conversation frivole, la traversent (*s'en tirent*) avec décence ;

73. Qui, lorsqu'on leur récite les enseignements du Seigneur, ne restent point couchés immobiles comme s'ils étaient sourds et aveugles ;

74. Qui disent : Seigneur, accorde-nous, dans nos épouses et dans nos enfants, un sujet de joie, et fais que nous marchions à la tête de ceux qui craignent ;

75. Ceux-là auront pour récompense les lieux élevés du paradis, parce qu'ils ont persévéré, et ils y trouveront le salut et la paix.

76. Ils y séjourneront éternellement. Quelle belle retraite ! quel beau séjour !

77. Dis : Dieu se soucie bien peu de vos prières, vous qui avez déjà traité son apôtre d'imposteur. Mais le supplice permanent vous atteindra.

---

[1] Par les ignorants, on entend ici les idolâtres.

[2] Cette réserve, qui se rencontre plusieurs fois dans le Koran, est une sorte d'autorisation à appliquer la peine de mort aux criminels.

CHAPITRE XXVI.

LES POËTES [1].

Donné à la Mecque. — 228 versets.

Au nom du Dieu clément et miséricordieux.

1. TA. SIN. MIM. [2]. Ce sont les signes du Livre évident.
2. Tu te consumes d'affliction de ce qu'ils ne veulent pas croire.
3. Si nous avions voulu, nous aurions envoyé du ciel (*un prodige*) devant lequel ils auraient humblement courbé leurs têtes.
4. Il ne descend aucun nouvel avertissement du Miséricordieux qu'ils ne s'éloignent pour ne pas l'entendre.
5. Ils le traitent de mensonge ; mais bientôt ils apprendront des nouvelles du châtiment dont ils se riaient.
6. N'ont-ils pas jeté les yeux sur la terre? N'ont-ils pas vu comment nous y avons produit un couple précieux en toutes choses?
7. Il y a des signes dans ceci, mais la plupart des hommes ne croient pas.
8. Certes, ton Seigneur est puissant et sage.
9. *Souviens-toi* qu'un jour Dieu appela Moïse, et lui dit : Rends-toi vers ce peuple pervers,
10. Vers le peuple de Pharaon. Ne me craindront-ils pas?
11. Seigneur, dit-il, je crains qu'ils ne me traitent d'imposteur.
12. Mon cœur est dans l'angoisse, et ma langue est embarrassée. Envoie chercher mon frère Aaron.
13. Ils ont à me faire expier un péché [3], et je crains qu'ils ne me mettent à mort.
14. — Nullement, répondit Dieu. Allez tous deux, accompagnés de mes signes ; nous serons avec vous, et nous écouterons.
15. Allez donc tous deux auprès de Pharaon, et dites-lui : Je suis Moïse, l'envoyé du maître de l'univers :
16. Laisse partir avec nous les enfants d'Israël.
17. *Ils s'y rendirent, et Pharaon dit à Moïse :* Ne t'avons-nous pas élevé parmi nous dans ton enfance? Tu as passé plusieurs années de ta vie au milieu de nous.

---

[1] Il est parlé de poëtes au verset 224 de ce chapitre.
[2] Voy. chap. II, 1, note.
[3] Le meurtre d'un Égyptien Voy. chap. XXVIII, 15, *seq.*

18. Tu as commis l'action que tu sais; tu es un ingrat.

19. — Oui, répondit Moïse, j'ai commis cette action; mais alors j'étais dans l'égarement.

20. J'ai fui du milieu de vous par crainte; ensuite Dieu m'a investi du pouvoir et m'a constitué son envoyé.

21. Le bienfait que tu me reproches, est-ce d'avoir réduit les enfants d'Israël en esclavage?

22. — Qu'est-ce donc, dit Pharaon, que le maître de l'univers?

23. — C'est le maître des cieux et de la terre, et de tout ce qui est entre eux, si vous croyez.

24. — Entendez-vous? dit Pharaon à ceux qui l'entouraient.

25. — Votre maître est le maître de vos pères les anciens, continua Moïse.

26. — Votre apôtre que l'on a envoyé vers vous est un possédé, dit Pharaon.

27. — *Moïse reprit :* C'est le maître de l'Orient et de l'Occident, et de tout ce qui est entre les deux, si vous avez de l'intelligence.

28. — Si tu prends pour dieu un autre que moi, dit Pharaon, je te ferai mettre en prison.

29. — Alors même que je te ferais voir quelque preuve évidente *de ma mission?* dit Moïse.

30. — Fais-la voir, dit Pharaon, si tu es véridique.

31. Moïse jeta son bâton, qui se changea en un véritable serpent.

32. Puis il étendit la main, et elle parut blanche à tous les spectateurs.

33. Pharaon dit aux grands qui l'entouraient : En vérité, c'est un magicien habile.

34. Par ses sorcelleries il va vous chasser de votre pays; quel est votre avis?

35. Les grands répondirent : Donnez-lui quelque espoir ainsi qu'à son frère, et envoyez, en attendant, dans les villes *du royaume* des hommes qui rassemblent.

36. Et qui t'amènent tout ce qu'il y a d'habiles magiciens.

37. Les magiciens furent appelés tous à un rendez-vous pour un jour convenu.

38. On demanda au peuple : Y assisterez-vous?

39. —*Oui*, et nous suivrons les magiciens s'ils l'emportent, *disait-on dans le peuple.*

40. Quand les magiciens furent assemblés, ils dirent à Pharaon : Pouvons-nous compter sur une récompense, si nous sommes vainqueurs?

41. — Oui sans doute, répondit Pharaon; vous serez alors du nombre de ceux qui approchent de notre personne.

42. Moïse leur dit alors : Jetez ce que vous avez à jeter.

43. Ils jetèrent leurs cordes et leurs bâtons en prononçant ces paroles : Par la puissance de Pharaon nous sommes vainqueurs.

44. Moïse jeta sa baguette, et la voici qui dévore leurs inventions mensongères.

45. Et les magiciens se prosternèrent en signe d'adoration,

46. Et s'écrièrent : Nous croyons au maître de l'univers,

47. Le Dieu de Moïse et d'Aaron.

48. —Vous avez donc cru en lui, dit Pharaon, avant que je vous l'aie permis? Il est donc votre chef? C'est lui qui vous a appris la magie. — Mais vous saurez *ce qui vous en reviendra!*

49. Je vous ferai couper les mains et les pieds dans le sens alterne, et je vous ferai crucifier tous.

50. — Nous n'y verrions aucun mal, car nous retournerions à notre Seigneur.

51. Nous désirons que Dieu nous pardonne nos péchés, car nous avons cru des premiers.

52. Nous révélâmes à Moïse cet ordre : Tu sortiras avec mes serviteurs pendant la nuit, mais vous serez poursuivis.

53. Pharaon envoya dans les villes *de son empire* des hommes chargés de rassembler *des troupes.*

54. *Les Israélites, disait-on,* ne sont qu'un ramas de gens de toute espèce, ils sont peu nombreux ;

55. Ils sont irrités contre nous.

56. Nous, au contraire, nous sommes nombreux et circonspects.

57. C'est ainsi que nous les avons fait sortir (*les Égyptiens*) du milieu de leurs jardins et de leurs fontaines,

58. De leurs trésors et de leur magnifique séjour.

59. Oui, il en fut ainsi, et nous les donnâmes en héritage aux enfants d'Israël [1].

60. Au lever du soleil, les Égyptiens les poursuivirent.

61. Et lorsque les deux armées furent à une distance telle qu'elles pouvaient se voir, des compagnons de Moïse s'écrièrent : Nous sommes atteints.

62. — Point du tout, dit Moïse. Dieu est avec moi, il me guidera.

63. Nous révélâmes à Moïse cet ordre : Frappe la mer de ta baguette. La mer se fendit en deux, et chacune de ses parties se dressait comme une grande montagne.

---

[1] Voy. chap. II, 58, note.

CHAPITRE XXVI.

64. Puis nous fîmes approcher les autres (*les Égyptiens*).
65. Nous sauvâmes Moïse et tous ceux qui le suivirent,
66. Et nous submergeâmes les autres.
67. Certes il y a dans cet événement un signe *de la puissance de Dieu;* mais la plupart des hommes ne croient pas.
68. Et cependant ton Seigneur est puissant et miséricordieux.
69. Relis-leur l'histoire d'Abraham,
70. Qui dit un jour à son père et à sa famille : Qu'est-ce que vous adorez ?
71. — Nous adorons les idoles, dirent-ils, et nous passons avec assiduité notre temps dans leurs temples.
72. — Vous entendent-elles quand vous les appelez? demanda Abraham.
73. — Vous servent-elles à quelque chose? peuvent-elles vous faire quelque mal?
74. — Non, dirent-ils; mais c'est ainsi que nous avons vu faire à nos pères.
75. — Que vous en semble? dit Abraham. Ceux que vous adorez,
76. Ceux qu'adoraient vos pères les anciens,
77. Sont mes ennemis. Il n'y a qu'un Dieu maître de l'univers,
78. Qui m'a créé, qui me dirige dans la droite voie;
79. Qui me nourrit et me donne à boire;
80. Qui me guérit quand je suis malade;
81. Qui me fera mourir, et qui me ressuscitera,
82. Qui, j'espère, me pardonnera mes péchés au jour de la rétribution.
83. Seigneur, donne-moi le pouvoir, et place-moi au nombre des justes.
84. Accorde-moi la langue de la véracité jusqu'aux temps les plus reculés [1].
85. Mets-moi au nombre des héritiers du jardin des délices.
86. Pardonne à mon père car il était égaré.
87. Ne me déshonore pas au jour où les hommes seront ressuscités,
88. Au jour où les richesses et les enfants ne seront d'aucune utilité,
89. Si ce n'est pour celui qui viendra à Dieu avec un cœur sain;
90. Quand le paradis sera rapproché pour les hommes pieux,
91. Et que l'enfer se dressera pour *engloutir* les égarés;

---

[1] C'est-à-dire, que mes paroles soient citées dans la postérité la plus reculée, et qu'on y ajoute foi.

92. Quand on dira à ceux-ci : Où sont ceux que vous adoriez

93. A côté de Dieu? vous aideront-ils? s'aideront-ils eux-mêmes?

94. Ils seront précipités tous dans l'enfer, eux les *séduits* et les séducteurs,

95. Et toutes les armées d'Éblis.

96. Ils y disputeront, et *les séduits* diront :

97. Par le nom de Dieu, nous étions dans une erreur évidente,

98. Quand nous vous mettions sur la même ligne avec le souverain de l'univers.

99. Les coupables seuls nous ont séduits.

100. Nous n'avons point d'intercesseurs,

101. Ni un ami zélé.

102. Ah! si un retour *sur la terre nous était accordé*, nous serions des croyants!

103. Il y a des signes dans ceci, mais la plupart des hommes ne croient pas.

104. Ton Seigneur est puissant et sage.

105. Le peuple de Noé a aussi traité les apôtres d'imposteurs.

106. Lorsque leur concitoyen Noé leur dit : Ne craindrez-vous pas Dieu?

107. Je viens vers vous comme un envoyé digne de confiance.

108. Craignez donc Dieu, et obéissez-moi.

109. Je ne vous demande pas de salaire, car mon salaire est à la charge de Dieu, souverain de l'univers.

110. Craignez donc Dieu, et obéissez-moi.

111. Ils répondirent : Croirons-nous en toi, que les plus vils du peuple suivent seuls?

112. — Je n'ai aucune connaissance de leurs œuvres, répondit Noé.

113. Ils ne doivent en rendre compte qu'à Dieu; puissiez-vous le comprendre!

114. *Mais* je ne repousserai pas ceux qui croient.

115. Je ne suis qu'un homme chargé d'avertir ouvertement.

116. — Si tu ne cesses d'agir de la sorte, ô Noé! tu sera lapidé.

117. Noé cria vers Dieu : Seigneur! mon peuple m'accuse de mensonge.

118. Décide entre eux et moi; sauve-moi, et ceux qui me suivent et qui ont cru.

119. Nous le sauvâmes, ainsi que ceux qui étaient avec lui dans un vaisseau tout rempli [1].

120. Ensuite nous submergeâmes le reste des hommes.

121. Certes, il y a dans ceci un signe d'avertissement; mais la plupart des hommes ne croient pas.

122. Certes, ton Seigneur est puissant et miséricordieux.

123. Les Adites [2] accusèrent leurs apôtres d'imposture.

124. Houd, leur concitoyen, leur criait : Ne craindrez-vous pas Dieu?

125. Je viens vers vous comme un envoyé digne de confiance.

126. Craignez Dieu, et obéissez-moi.

127. Je ne vous en demande aucun salaire, car mon salaire est à la charge de Dieu, souverain de l'univers.

128. Bâtirez-vous sur chaque colline des monuments pour vos passe-temps frivoles?

129. Élèverez-vous des édifices, apparemment pour y vivre éternellement?

130. Quand vous exercez le pouvoir, vous l'exercez avec dureté.

131. Craignez donc Dieu, et obéissez-moi.

132. Craignez celui qui vous a donné en abondance ce que vous savez [3].

133. Qui vous a donné en abondance des troupeaux et une nombreuse postérité;

134. Qui vous a pourvus de jardins et de fontaines.

135. Je crains pour vous le châtiment du jour terrible.

136. Ils répondirent : Il nous est égal que tu nous exhortes ou non.

137. Tes exhortations ne sont que des vieilleries des anciens.

138. Nous ne serons jamais punis.

139. Ils accusèrent Houd d'imposture, et nous les exterminâmes. Il y a dans cet événement un signe, mais la plupart ne croient pas.

140. Et certes, votre Seigneur est puissant et miséricordieux.

141. Les Thémoudites accusèrent aussi de mensonge leurs apôtres.

142. Leur concitoyen Saleh leur dit : Ne craindrez-vous pas Dieu?

143. Je viens vers vous comme un envoyé digne de confiance.

---

[1] C'est-à-dire rempli de tous les êtres qui devaient être sauvés.
[2] Les Adites ou peuple d'Ad. Voy. chap. VII et XI.
[3] Locution arabe, dont on se sert pour ne pas répéter une chose connue.

144. Craignez donc Dieu, et obéissez-moi.

145. Je ne vous en demande pas de salaire, car mon salaire est à la charge de Dieu, souverain de l'univers.

146. Pensez-vous qu'on vous laissera au milieu de tout cela éternellement en sûreté,

147. Au milieu des jardins et des fontaines,

148. Au milieu des champs ensemencés, des palmiers aux branches touffues?

149. Taillerez-vous toujours des maisons dans les rochers, insolents que vous êtes?

150. Craignez donc Dieu, et obéissez-moi.

151. N'obéissez point aux ordres de ceux qui se livrent aux excès,

152. Qui abîment la terre et ne l'améliorent pas [1].

153. Ils lui répondirent : Tu es vraiment ensorcelé.

154. Tu n'es qu'un homme comme nous : fais-nous voir un signe, si ce que tu dis est vrai.

155. Que cette femelle de chameau soit un signe; elle aura sa portion d'eau un jour, et vous la vôtre à un autre jour fixe [2].

156. Ne lui faites aucun mal, car vous éprouveriez le châtiment du grand jour.

157. Ils la tuèrent; ils s'en repentirent le lendemain.

158. Le châtiment les a atteints. C'était un signe du ciel; la plupart n'y croient pas.

159. Mais ton Seigneur est puissant et miséricordieux.

160. Et les gens du peuple de Loth traitèrent *aussi* les envoyés *de Dieu* d'imposteurs,

161. Lorsque Loth leur concitoyen leur dit : Ne craindrez-vous pas Dieu?

162. Je viens vers vous comme un envoyé digne de confiance.

163. Craignez donc Dieu, et obéissez-moi.

164. Je ne vous en demande aucun salaire; mon salaire est à la charge de Dieu, souverain de l'univers.

165. Parmi toutes les créatures de l'univers, allez-vous avoir commerce avec des hommes,

166. Abandonnant les femmes que Dieu a créées pour vous? En vérité, vous êtes un peuple transgresseur.

---

[1] Abîmer la terre, le pays, veut dire : commettre des brigandages, des désordres. Nous avons employé le mot *abîmer* pour conserver l'antithèse du texte formée par le mot *améliorer*.

[2] C'était une femelle de chameau qui buvait toute l'eau d'un jour de la fontaine, de sorte que les Thémoudites n'en avaient que le lendemain.

167. Ils lui répondirent : Si tu ne cesses pas tes exhortations, nous te chasserons de la ville.

168. — J'ai en horreur ce que vous faites.

169. Seigneur, délivrez-moi et ma famille de ce qu'ils font.

170. Nous le sauvâmes ainsi que toute sa famille,

171. Excepté une vieille qui était restée en arrière ;

172. Puis nous exterminâmes les autres.

173. Nous fîmes pleuvoir sur eux une pluie ; quelle terrib'e pluie que celle qui fondit sur ces hommes que nous exhortions!

174. C'était un signe du ciel ; mais la plupart ne croient pas.

175. Ton Seigneur, cependant, est puissant et miséricordieux.

176. Les habitants de la forêt *de Madian* ont traité les envoyés *de Dieu* d'imposteurs.

177. Choaïb leur criait : Craignez Dieu !

178. Je viens vers vous comme un envoyé digne de confiance.

179. Craignez donc Dieu, et obéissez-moi.

180. Je ne vous en demande aucun salaire ; mon salaire est à la charge de Dieu, souverain de l'univers.

181. Remplissez la mesure, et ne soyez pas des fraudeurs.

182. Pesez avec une balance exacte.

183. Ne fraudez pas les hommes dans leur avoir, et ne commettez pas d'excès dans ce pays que vous abîmez.

184. Craignez celui qui vous a créés ainsi que les générations précédentes.

185. Ils lui répondirent : En vérité, ô Choaïb! tu es ensorcelé.

186. Tu n'es qu'un homme comme nous, et nous pensons que tu n'es qu'un imposteur.

187. Fais donc tomber sur nos têtes une portion du ciel, si tu es véridique.

188. — Dieu connaît parfaitement vos actions, *reprit Choaïb*.

189. — Ils le traitaient de menteur ; le châtiment du nuage ténébreux les surprit : c'était le jour d'un châtiment terrible.

190. C'était un signe du ciel ; mais la plupart des hommes ne croient pas.

191. Ton Seigneur est puissant et miséricordieux.

192. Et ceci (*ce Koran*) est une révélation du maître de l'univers.

193. L'esprit fidèle [1] l'a apporté d'en haut,

194. *Et l'a déposé* sur ton cœur, *ô Mohammed!* afin que tu fusses apôtre.

---

[1] C'est l'ange Gabriel.

195. Il (*le Koran*) est en langue arabe claire.
196. Il est *prédit* dans les Écritures des anciens.
197. N'est-ce pas un signe *qui parle en sa faveur*, que les docteurs des enfants d'Israël en aient connaissance?
198. Si nous l'avions révélé à un homme d'une nation étrangère,
199. Et qu'il l'eût récité aux infidèles, ils n'y auraient pas ajouté foi.
200. C'est ainsi que nous avons gravé l'incrédulité dans les cœurs des coupables.
201. Ils n'y croiront pas jusqu'à ce que le châtiment cruel frappe leurs yeux.
202. Certes, ce châtiment fondra sur eux à l'improviste, quand ils ne s'y attendront pas.
203. Ils s'écrieront alors : Nous accordera-t-on un délai?
204. Eh bien! chercheront-ils aujourd'hui à hâter ce châtiment?
205. Que t'en semble? Si, après les avoir laissés jouir des biens de ce monde pendant longues années,
206. Le supplice dont on les menaçait les surprend à la fin,
207. A quoi leur serviront leurs jouissances?
208. Nous n'avons point détruit de cité qui n'ait eu ses apôtres
209. Chargés de l'avertir; nous n'avons point agi injustement.
210. Ce ne sont pas les démons qui ont apporté le Koran du ciel;
211. Cela ne leur convenait pas, et ils n'auraient pu le faire.
212. Ils sont même privés du droit de l'entendre dans le ciel [1].
213. N'invoque nul autre que Dieu, de peur que tu ne sois un jour au nombre des suppliciés.
214. Prêche tes plus proches parents.
215. Abaisse les ailes de ta protection sur les croyants qui t'ont suivi.
216. S'ils te désobéissent, tu leur diras : Je suis innocent de vos œuvres.
217. Mets ta confiance dans le Dieu puissant et miséricordieux,
218. Qui te voit quand tu te lèves,
219. Qui voit ta conduite quand tu te trouves au milieu de ses adorateurs :
220. Car il entend et sait tout.

---

[1] Voy. le chap. XXXVII, 7, 8, et chap. LXXII, 8, 9.

221. Vous dirai-je quels sont les hommes sur lesquels descendent les démons *et qu'ils inspirent?*

222. Ils descendent sur tout menteur livré au péché,

223. Et enseignent ce que leurs oreilles ont saisi [1] : or la plupart mentent.

224. Ce sont les poëtes, que les hommes égarés suivent à leur tour.

225. Ne vois-tu pas qu'ils suivent toutes les routes [2] comme des insensés?

[1] Les paroles du Koran lues au ciel, que les démons ont saisies par hasard.
[2] C'est-à-dire, ils s'abandonnent à leur imagination, et abordent toute sorte de sujets.

De tout temps, les Arabes ont cultivé avec beaucoup de soin leur langue, aimé la poésie et honoré les poëtes. A Okadh, marché du Hedjaz, indépendamment des foires hebdomadaires, se tenait tous les ans une foire qui durait un mois. Là, au milieu des affaires de commerce, des poëtes accourus de tous les points de l'Arabie venaient réciter leurs poëmes (*kasidah*), chanter leurs exploits et leurs aventures, se provoquer à qui traiterait mieux tel sujet. C'était un tournoi poétique dont les nombreux auditeurs, citadins et bédouins, étaient les juges. Au plus digne était réservée la récompense de voir ses poëmes inscrits en lettres d'or et suspendus au temple vénéré de la Caaba. De là les sept poëmes le plus en vogue avant Mahomet sont appelés *modhahhabat* (dorés) et *moallakat* (suspendus). Les Arabes du désert excellaient surtout dans la poésie ; la langue s'est toujours conservée plus pure et plus correcte sous les tentes ; souvent une mère bédouine infligeait une correction douloureuse à son enfant coupable de quelque faute de grammaire. Mahomet devait à la vigueur de son langage, souvent poétique, une grande partie du succès qui couronna ses efforts ; il a même recommandé à ses compagnons de consulter les œuvres des poëtes arabes, et d'y chercher l'interprétation des mots ou expressions obscures du Koran. D'où vient donc que le prophète arabe a supprimé cette fameuse foire d'Okadh, et lancé un anathème contre les poëtes? En voici la raison. Les Arabes du désert, en général, et parmi eux les poëtes, goûtaient fort peu le nouveau culte ; ils étaient attachés aux plaisirs de la vie nomade et accoutumés à ses peines ; indépendants, indociles à supporter un joug quelconque, braves, généreux, mais fiers et vindicatifs, toujours à la piste d'un ennemi pour venger quelque offense, ou sur les pas d'une beauté du désert, austères et sauvages comme Schanfara, aimant les plaisirs et la vie joyeuse comme Amrolkaïs, insouciants sur la vie future, sceptiques et épicuriens, ils n'étaient pas des premiers à suivre le nouveau prophète. Les poëtes cherchaient à perpétuer ces habitudes de la vie nomade ; Mahomet voyait dans ces instincts négatifs ou destructeurs un grand obstacle à l'établissement de sa doctrine morale et religieuse, et il les condamne. Si l'on ajoute à cela que la verve satirique de quelques-uns s'était exercée contre le nouveau prophète, on ne s'étonnera pas du jugement qu'il en a porté. Quelques historiens accusent Amrolkaïs d'avoir écrit des satires contre Mahomet, qui, à son tour, aurait chargé le poëte Lebid, nouveau converti, d'y répondre. M. de Slane, qui a publié les poésies d'Amrolkaïs, combat cette opinion, quant à Amrolkaïs et à Lebid ; il n'en

226. Qu'ils disent ce qu'ils ne font pas?

227. Sauf ceux qui ont cru, qui pratiquent le bien, et répètent sans cesse le nom de Dieu [1],

228. Qui se défendent quand ils sont attaqués; car ceux qui attaquent les premiers apprendront un jour quel sort leur est réservé.

CHAPITRE XXVII.

LA FOURMI [2].

Donné à la Mecque. — 95 versets.

Au nom du Dieu clément et miséricordieux.

1. TA. SAD. [3]. Ce sont les signes de la lecture et de l'Écriture évidente [4].

2. Ils servent de direction et d'heureuse nouvelle aux croyants,

3. Qui observent la prière, font l'aumône et croient fermement à la vie future.

4. Pour ceux qui ne croient point à la vie future, nous avons embelli leurs œuvres à leurs propres yeux; ils sont comme étourdis [5].

5. Ce sont eux à qui est réservé le plus cruel châtiment; ils seront les plus malheureux dans l'autre monde.

6. Tu as obtenu le Koran du Savant, du Sage.

7. *Souviens-toi que* Moïse dit un jour à sa famille: J'ai aperçu du feu. Je vais vous en apporter des nouvelles; peut-être vous

---

est pas moins vrai que Mahomet avait à ses ordres quelques poëtes dévoués, et les versets 227 et 228 y font allusion. Il disait à Caab, l'un d'entre eux: « Combats-les (les poëtes) avec tes satires, car, j'en jure par celui qui tient mon âme dans ses mains, les satires font plus de mal que les flèches. »

[1] Cette exception s'adresse à quelques poëtes qui avaient embrassé l'islam, tels que Lebid, Hassan, Caab.

[2] Le titre de cette sourate est emprunté au verset 18.

[3] Voyez, au sujet de ces lettres, la note 1 du chapitre II.

[4] Il s'agit ici du Koran, qui, comme nous l'avons dit, veut dire proprement *lecture*, de même que tout livre s'appelle *kitab*, écriture.

[5] C'est-à-dire, ils ne se rendent pas compte des peines et des récompenses de la vie future, plongés qu'ils sont dans la jouissance des choses de ce monde.

en apporterai-je un tison ardent, pour que vous ayez de quoi vous réchauffer.

8. Il y alla, et voici qu'une voix lui cria : Béni soit celui qui est dans le feu et autour du feu ! Louange au Dieu maître de l'univers !

9. O Moïse ! je suis le seul Dieu puissant et sage.

10. Jette ton bâton. *Moïse le jeta*, et lorsqu'il le vit s'agiter comme un serpent, il se mit à fuir sans se retourner. O Moïse ! *lui cria-t-on*, ne crains rien. Les envoyés n'ont rien à craindre de moi,

11. Si ce n'est peut-être celui qui a commis quelque iniquité; mais, s'il a remplacé le mal par le bien, je suis indulgent et miséricordieux.

12. Porte ta main dans ton sein, et tu la retireras toute blanche, sans que ce soit une maladie [1]. Ce sera un des neuf signes pour Pharaon et son peuple; c'est un peuple pervers.

13. Quand nos miracles frappèrent leurs yeux en toute évidence, ils dirent : C'est de la magie manifeste.

14. Quoiqu'ils aient acquis la certitude de leur vérité, ils les nièrent par orgueil et par injustice. Mais considère quelle fut la fin des méchants.

15. Nous avons donné la science à David et à Salomon [2]. Ils disaient : Louange à Dieu, qui nous a élevés au-dessus de beaucoup de ses serviteurs croyants !

16. Salomon fut l'héritier de David; il dit : O hommes ! on nous a appris à comprendre le langage des oiseaux, et on nous a comblé de toute sorte de choses. C'est une faveur évidente *de Dieu*.

17. *Un jour* les armées de Salomon, composées de génies et d'hommes, se rassemblèrent devant lui, et les oiseaux aussi, tous rangés par troupes séparées.

---

[1] C'est-à-dire que ce n'est pas la lèpre.

[2] Salomon (*Soleiman*) est regardé par les musulmans comme un prophète et comme un roi sage et puissant. La splendeur de sa cour, la magnificence de ses palais, l'empire absolu qu'il exerçait sur les vents et sur les génies, la connaissance du langage de tous les êtres créés, et, à côté de tous ces emblèmes de grandeur, son affabilité qu'il laissa aller jusqu'à s'entretenir avec la fourmi et à accueillir gracieusement une cuisse de sauterelle dont elle lui fit hommage, tout cela fournit aux auteurs orientaux un sujet éternel de comparaisons et d'allusions. Mahomet, qui aura puisé dans les contes juifs le merveilleux de l'histoire de Salomon, ne sait rien des écarts qui l'ont fait tomber dans l'idolâtrie. Voy. chap. XXXVIII, 33. Peut-être aussi le prophète arabe a-t-il jugé à propos de supprimer, dans l'intérêt du culte unitaire qu'il prêchait, l'histoire de la chute d'un prince aussi célèbre par sa sagesse. Voyez chapitre XXXIV, 11, 12, 13.

18. Lorsque tout ce cortége arriva à la vallée des FOURMIS, une d'entre elles dit : O fourmis! rentrez dans vos demeures, de peur que Salomon et ses armées ne vous écrasent sous leurs pieds sans le savoir.

19. Et Salomon sourit à ces paroles de la fourmi, et dit : Seigneur! fais que je te sois reconnaissant pour les bienfaits dont tu m'as comblé ainsi que mes pères; fais que je pratique le bien pour te plaire, et assigne-moi une part dans la miséricorde dont tu environnes tes serviteurs vertueux.

20. Il passa en revue l'armée des oiseaux, et dit : Pourquoi ne vois-je pas ici la huppe? Est-elle absente?

21. En vérité, je lui infligerai un dur châtiment, ou bien je la tuerai, à moins qu'elle ne me donne quelque excuse légitime.

22. En effet elle ne resta pas longtemps sans venir, et dit à Salomon : J'ai appris ce que tu ne sais pas; je viens de Saba avec des nouvelles certaines.

23. J'y ai trouvé une femme régnant sur les hommes; elle possède toute sorte de choses et elle a un grand trône [1].

24. J'ai vu qu'elle et son peuple adoraient le soleil à côté de Dieu : Satan a embelli leurs œuvres à leurs yeux; il les a détournés de la vraie route, en sorte qu'ils ne sont point dirigés,

25. Et qu'ils n'adorent point ce Dieu qui produit au grand jour les secrets des cieux et de la terre, qui connait ce que vous cachez et ce que vous publiez;

26. Ce Dieu hors lequel il n'y a point de Dieu, possesseur du grand trône.

27. — Nous verrons, dit Salomon, si tu as dit vrai ou si tu as menti.

28. — Va-t'en avec cette lettre de ma part; remets-la-leur, et place-toi à l'écart; tu verras quelle sera leur réponse.

29. *La huppe partit et s'acquitta de sa mission. La reine* dit aux grands de son royaume : Seigneurs, une lettre illustre vient de m'être remise.

30. Elle est de Salomon; en voici le contenu : « Au nom du Dieu clément et miséricordieux,

31. » Ne vous élevez pas contre moi; venez plutôt à moi, vous abandonnant entièrement *à Dieu* [2]. »

---

[1] Selon les mahométans, le nom de cette reine de Saba était Balkis. Le trône dont il est ici question était d'or et d'argent, long de quatre-vingts coudées, large de quarante, et haut de trente. Il était surmonté d'une couronne de perles et de pierres précieuses. Il est encore question de Saba au chap. XXXIV.

[2] Les mots : *abandonnés à la volonté...* ne peuvent s'entendre autrement

32. Seigneurs, dit la reine, conseillez-moi dans cette affaire; je ne déciderai rien sans votre concours.

33. Nous sommes forts et redoutables, reprirent-ils; mais c'est à toi qu'il appartient de donner des ordres; c'est à toi de voir ce que tu as à nous commander.

34. — Lorsque les rois entrent dans une ville, *dit la reine*, ils ravagent et font de ses plus considérables citoyens les plus misérables. C'est ainsi qu'ils agissent.

35. J'enverrai des présents, et je verrai *ensuite* ce que me rapporteront mes envoyés.

36. Lorsque l'envoyé *de la reine* se présenta devant Salomon, celui-ci lui dit : Vous voulez donc m'assister de vos trésors? Ce que Dieu m'a donné vaut mieux que ce qu'il vous a donné à vous. Mais vous tirez vanité de vos dons!

37. Retourne vers le peuple qui t'envoie. Nous irons l'attaquer avec une armée à laquelle il ne saurait résister. Nous les chasserons de leur pays, avilis et humiliés.

38. *Salomon dit aux siens* : O seigneurs! qui d'entre vous m'apportera le trône *de la reine* avant qu'ils viennent eux-mêmes s'abandonnant à la volonté *de Dieu*[1]?

39. Ce sera moi, répondit Ifrit[2], un des génies; je te l'apporterai avant que tu te sois levé de ta place. Je suis assez fort pour cela, et fidèle.

40. *Un autre génie*, celui qui avait la science du Livre[3], *dit à Salomon :* Je te l'apporterai avant que tu aies cligné de l'œil[4]. Et lorsque Salomon vit le trône placé devant lui, il dit : C'est une marque de la faveur de Dieu; il m'éprouve pour savoir si je serai reconnaissant ou ingrat. Quiconque est reconnaissant l'est à son avantage; quiconque est ingrat, Dieu *peut s'en passer, car il* est riche et généreux.

41. Rendez-lui méconnaissable ce trône, *dit Salomon aux génies*. Nous verrons si elle est sur la droite voie, ou bien du nombre de ceux qui ne sauraient être dirigés.

que par rapport à Dieu; aussi pourrait-on traduire ici : *Faites-vous musulmans*. Nous avons déjà fait observer ailleurs que Mahomet cherchait à rattacher ses dogmes à ceux des anciens prophètes d'Israël.

[1] Voyez plus haut le verset 30.

[2] Le mot *Ifrit*, dans le Koran, est expliqué dans les commentaires par le mot *vilain, affreux, rebelle*. Ce mot est devenu un nom appellatif de tout génie malfaisant.

[3] Voy. chap. XVIII, 48, et LXXII.

[4] Mot à mot : avant que ton clignement d'œil revienne à toi, c'est-à-dire, que tu fermes l'œil et le rouvres.

42. Et lorsqu'elle (*la reine*) se présenta devant Salomon, on lui demanda : Est-ce là votre trône? elle répondit : On dirait que c'est lui-même [1]. Or, nous avions reçu la science avant elle, et nous étions résignés à la volonté de Dieu.

43. Les divinités qu'elle adorait à côté de Dieu l'avaient égarée, et elle fut du nombre des infidèles.

44. On lui dit : Entrez dans ce palais. Et quand elle le vit, elle croyait que c'était une pièce d'eau, et se retroussa *autour* des jambes. C'est un palais pavé de cristal, répondit Salomon [2].

45. — Seigneur, j'avais agi iniquement envers moi-même *en adorant les idoles*; maintenant je me résigne, comme Salomon, à la volonté de Dieu, maître de l'univers.

46. Nous avons envoyé Saleh vers les Thémoudites, ses frères, pour leur faire adorer Dieu. Ils se divisèrent en deux partis.

47. O mon peuple! leur disait Saleh, pourquoi voulez-vous hâter le mal *du supplice* plutôt que le bien *des récompenses divines?* Que n'implorez-vous le pardon de Dieu, afin qu'il ait pitié de vous?

48. — Nous avons consulté sur toi et les tiens le vol des oiseaux. — Votre fortune [3] dépend de Dieu, répondit-il; vous êtes un peuple que Dieu veut éprouver.

49. Il y avait dans la ville neuf individus qui commettaient des excès dans le pays, et ne faisaient aucune bonne action.

50. Ils se dirent entre eux : Engageons-nous, par un serment devant Dieu, à tuer, pendant la nuit, Saleh et sa famille; nous dirons ensuite aux vengeurs de son sang : Nous n'avons pas été présents à la mort de sa famille; nous disons la vérité.

51. Ils mirent en œuvre leurs artifices, et nous mîmes en œuvre les nôtres pendant qu'ils ne s'en doutaient pas.

---

[1] La reine a fait là preuve de beaucoup d'esprit, disent les commentateurs, au lieu de dire : *houa houa*, c'est lui, c'est mon trône, elle s'exprime avec doute : *On dirait que c'est le même*. Quant aux mots qui suivent, les commentateurs ne sont pas sûrs si c'est la reine qui dit : « Nous avons précédemment reçu de Dieu la science, et nous savons, ô Salomon, que vous êtes un prophète, » ou bien si ce sont les grands de la cour de Salomon qui se disent ces mots entre eux. Dans la première version, les mots arabes *avant elle* voudraient dire : *avant cette circonstance, avant ce moment-ci*.

[2] Les commentateurs ajoutent que Salomon n'avait fait introduire la reine dans l'appartement pavé de cristal que pour lui procurer une illusion, et pour s'assurer, en la forçant à se retrousser, si elle avait les jambes semblables à celles d'une chèvre, comme on le lui avait rapporté.

[3] Mot à mot : votre oiseau est auprès de Dieu.

52. Considère quelle a été la fin de leurs stratagèmes ; nous les avons exterminés, ainsi que toute leur nation.

53. Leurs demeures, *que vous voyez*, sont affaissées dans le sol, parce qu'ils étaient impies. Il y a dans ceci un signe pour les hommes qui ont de l'intelligence.

54. Nous sauvâmes ceux qui avaient cru et qui craignaient Dieu.

55. Nous envoyâmes Loth, qui disait à son peuple : Commettrez-vous une turpitude? Vous le savez cependant.

56. Aurez-vous par concupiscence charnelle commerce avec des hommes plutôt qu'avec des femmes? Vous êtes dans l'égarement.

57. Et quelle a été la réponse de son peuple? Ils se dirent entre eux : Chassons la famille de Loth de notre ville ; ce sont des hommes qui veulent faire les chastes.

58. Nous sauvâmes la famille de Loth, à l'exception de sa femme, que nous avions destinée à être parmi ceux qui restaient en arrière.

59. Nous avons fait pleuvoir une pluie *de pierres*. Qu'elle fut terrible, la pluie qui tomba sur ces hommes, qu'on avertissait en vain !

60. Dis : Louange à Dieu, et paix à ceux d'entre ses serviteurs qu'il a élus ! Qui, de Dieu ou des idoles qu'ils lui associent, mérite la préférence?

61. Celui qui a créé les cieux et la terre, qui vous envoie de l'eau (à l'aide de l'eau, nous produisons pour vous ces riants jardins, car ce n'est pas vous qui faites pousser leurs arbres), est-ce quelque dieu *de compagnie* avec le Dieu unique? — Et cependant ils lui trouvent des égaux !

62. Celui qui établit solidement la terre, qui dans son intérieur a tracé des rivières, qui fixa des montagnes, qui éleva entre les deux mers une barrière [1], est-ce quelque dieu *de compagnie* avec le Dieu unique? — Et cependant la plupart ne le comprennent pas.

63. Celui qui exauce l'opprimé quand il crie vers lui, qui le délivre du malheur, qui vous a établis ses lieutenants sur la terre, est-ce quelque dieu *de compagnie* avec le Dieu unique? Oh! que vous réfléchissez peu !

64. Celui qui vous guide à travers les ténèbres de la terre ferme et de la mer, qui envoie les vents précurseurs de sa miséricorde [2],

---

[1] Voy. XXV, 55.
[2] Par la miséricorde de Dieu, il faut entendre ici la pluie.

est-ce quelque dieu *de compagnie* avec le Dieu unique? Il est trop élevé pour qu'on lui associe d'autres divinités.

65. Celui qui produit la création et la fait rentrer, qui vous nourrit *des dons* du ciel et de la terre, est-ce quelque dieu *de compagnie* avec le Dieu unique? Dis-leur : Apportez vos preuves, si vous êtes véridiques.

66. Dis : Nul autre que Dieu, au ciel et sur la terre, n'en connaît les secrets. Les hommes ne savent pas

67. Quand ils seront ressuscités.

68. Ils ont quelque connaissance de la vie future [1]; mais ils en doutent, ou plutôt ils sont aveugles à cet égard.

69. Les incrédules disent : Quand nous et nos pères deviendrons poussière, est-il possible qu'on nous en fasse sortir vivants?

70. On nous le promettait déjà, ainsi qu'à nos pères; mais ce ne sont que des histoires des anciens.

71. Dis-leur : Parcourez le pays, et voyez quelle a été la fin des coupables.

72. Ne t'afflige point du sort qui les attend, et que ton cœur ne soit pas dans l'angoisse par crainte de leurs machinations.

73. Ils vous demandent : Quand donc s'accompliront ces menaces? dites-le, si vous êtes sincères.

74. Réponds-leur : Il se peut que le supplice que vous voulez hâter soit à vos trousses.

75. Ton Seigneur est plein de bonté pour les hommes; mais la plupart d'entre eux ne sont pas reconnaissants.

76. Ton Seigneur connaît ce que leurs cœurs recèlent et ce qu'ils produisent au grand jour.

77. Il n'y a point de chose cachée, dans les cieux et sur la terre, qui ne soit inscrite dans le Livre de l'évidence [2].

78. Il (*le Koran*) déclare aux enfants d'Israël la plupart des sujets de leurs disputes.

79. Le Koran sert de direction aux croyants, et constitue une preuve de la miséricorde divine envers eux.

80. Dieu prononcera son arrêt pour décider entre vous. Il est le Puissant, le Sage.

81. Mets ta confiance en Dieu, car tu t'appuies sur la vérité évidente.

[1] C'est-à-dire, ils ont assez de science pour savoir que quelque chose de pareil existe.

[2] Le Livre de l'évidence ou le Livre évident est un livre gardé au ciel, et où sont inscrits tous les arrêts qui régissent le monde. Le Livre évident est aussi un des noms du Koran.

82. Tu ne saurais rien faire entendre aux morts : tu ne saurais faire entendre aux sourds l'appel *à la vérité,* quand ils te tournent le dos.

83. Tu n'es point le guide des aveugles pour les prémunir contre l'égarement. Tu ne saurais te faire écouter, excepté de ceux qui ont cru à nos signes et qui se résignent à la volonté de Dieu.

84. Lorsque la sentence prononcée contre eux sera près de recevoir son exécution, nous ferons sortir de la terre un monstre [1] qui leur criera : En vérité, les hommes n'ont point cru fermement à nos miracles.

85. Un jour nous rassemblerons ceux qui ont traité nos signes de mensonges; ils seront divisés par troupes.

86. Jusqu'à ce qu'ils paraissent devant Dieu, qui leur dira : Avez-vous traité de mensonges mes signes faute de les avoir pu comprendre, ou aviez-vous un autre motif d'en agir ainsi ?

87. La sentence sera exécutée en punition de leur impiété, et ils ne prononceront pas un seul mot.

88. Ne voyaient-ils pas que nous avons établi la nuit comme temps de repos, et le jour clair *pour le travail ?* Certes, il y a dans ceci des signes pour un peuple qui croit fermement.

89. Au jour où l'on sonnera la trompette, tout ce qui sera dans les cieux et sur la terre sera saisi d'effroi, à l'exception de ceux que Dieu voudra *en délivrer.* Tous les hommes viendront se prosterner devant lui.

90. Tu verras les montagnes, que tu crois solidement fixées, marcher comme marchent les nuages. Ce sera l'ouvrage de Dieu, qui dispose savamment toutes choses. Il est instruit de toutes vos actions.

91. Quiconque se présentera avec des bonnes œuvres, en retirera les avantages. Ceux-là seront à l'abri de toute frayeur.

---

[1] Le monstre, la bête dont il est question dans ce verset s'appelle en arabe *eldjessaça*, l'espion. Les commentateurs donnent des détails sur la grandeur et la forme de la bête, détails qu'ils font remonter soit à Mahomet, soit à Ali, soit à Abou Horeïra, compagnon du prophète. Ainsi, le monstre doit avoir soixante coudées de long ; il a la tête du taureau, les yeux du porc, les oreilles de l'éléphant, les cornes du cerf, le cou de l'autruche, le poitrail du lion, la queue du bélier, les pieds du chameau. On ne saurait l'atteindre dans sa marche, ni échapper à sa poursuite. Il sortira, d'après la tradition, d'une des grandes mosquées. Ce monstre doit porter le bâton de Moïse et le sceau de Salomon ; partout sur son passage il marquera les hommes de l'un ou de l'autre. Ceux qui seront touchés du bâton de Moïse auront le visage éclatant de blancheur, ce sont les bons; ceux qui porteront l'empreinte du sceau, auront le visage noir, ce sont les réprouvés.

92. Ceux qui n'apporteront que leurs péchés seront précipités la face dans le feu. Seriez-vous rétribués autrement que selon vos œuvres?

93. J'ai reçu ordre d'adorer le Seigneur de cette contrée, ce Dieu qui l'a sanctifiée et à qui tout appartient. J'ai reçu ordre d'être résigné à sa volonté,

94. De réciter le Koran aux hommes. Quiconque se dirigera dans la droite voie, le fera pour son propre bien; s'il y en a qui restent dans l'égarement, dis-leur : Je ne suis chargé que d'avertir.

95. Dis : Louange à Dieu! Bientôt il vous donnera des marques de sa puissance, et vous ne saurez les nier. Ton Seigneur n'est point inattentif à ce que vous faites.

CHAPITRE XXVIII.

L'HISTOIRE OU LES AVENTURES [1].

Donné à la Mecque. — 88 versets.

Au nom du Dieu clément et miséricordieux.

1. TA. SIN. MIM. Ce sont les signes du Livre évident.
2. Nous te réciterons en toute vérité quelques traits de l'histoire de Moïse et de Pharaon, pour *l'instruction* des croyants.
3. Pharaon s'éleva dans le pays *de l'Égypte*, et occasionna la division de son peuple en différents partis; il en opprimait une partie, il mettait à mort leurs fils et n'épargnait que leurs femmes. C'était un des méchants [2].
4. Nous avons voulu combler de nos faveurs les habitants opprimés du pays; nous avons voulu les choisir pour Imams [3] et les établir héritiers du pays.
5. Nous avons voulu établir leur puissance dans le pays [4], et

---

[1] Le titre de cette sourate est emprunté au verset 25, où nous traduisons le mot *keças* par *aventures*.

[2] Mot à mot : un des corrupteurs, dans le sens de ceux qui sèment le désordre, qui ravagent le pays, etc.

[3] Chefs spirituels des autres peuples; il s'agit ici des Israélites.

[4] C'est la manière dont Mahomet entend l'histoire des Israélites. On a vu des passages analogues à celui-ci, chap. II, 58.

faire éprouver à Pharaon, à Haman[1], et à leurs armées, les maux qu'ils redoutaient.

6. Voici ce que nous révélâmes à la mère de Moïse : Allaite-le, et si tu crains pour lui, jette-le dans la mer, et cesse de craindre ; ne t'afflige pas, car nous te le restituerons un jour, et nous en ferons un de nos envoyés.

7. La famille de Pharaon recueillit l'enfant, afin qu'un jour il devînt leur ennemi et leur affliction. Certes, Pharaon et Haman et leurs armées étaient des pécheurs.

8. La femme de Pharaon lui dit un jour : Cet enfant sera notre consolation [2] ; ne le mettez pas à mort, peut-être nous sera-t-il utile un jour ; adoptons-le pour notre fils. Ils ne savaient rien.

9. Le cœur de la mère de Moïse fut accablé de douleur ; peu s'en fallut qu'elle ne découvrît son origine ; *elle l'aurait fait* si nous n'avions pas raffermi son cœur afin qu'elle aussi fût croyante.

10. Elle dit à sa sœur : Suivez l'enfant. Elle l'observait de loin sans qu'on l'eût remarquée.

11. Nous lui avons interdit le sein des nourrices étrangères [3], jusqu'au moment où la sœur de sa mère, arrivant, dit à la famille de Pharaon : Voulez-vous que je vous enseigne une maison où l'on s'en chargera pour votre compte, et où on lui voudra du bien? *On y consentit.*

12. Ainsi nous l'avons rendu à sa mère, afin que ses yeux attristés se consolassent, qu'elle ne s'affligeât plus, et qu'elle apprît que les promesses de Dieu sont infaillibles. Mais la plupart des hommes ne le savent pas.

13. Lorsque Moïse eut atteint l'âge de maturité, et que son corps eut pris de la force, nous lui donnâmes la sagesse et la science : c'est ainsi que nous récompensons les hommes vertueux.

14. Un jour il entra dans la ville sans qu'on l'eût remarqué, et il vit deux hommes qui se battaient ; l'un était de sa nation, l'autre était son ennemi (*Egyptien*). L'homme de sa nation lui demanda du secours contre l'homme de la nation ennemie. Moïse le frappa du poing et le tua ; mais, *revenu de son emportement,* il dit : C'est une œuvre de Satan ; c'est un ennemi qui évidemment nous égare.

15. Seigneur, dit-il, j'ai mal agi envers moi-même, pardonne-

---

[1] Selon le Koran, Haman est le vizir de Pharaon.

[2] Mot à mot : c'est la fraîcheur de l'œil pour moi et pour toi. Les parents se servent des mots *fraîcheur de l'œil* comme d'un terme de caresse et d'affection en parlant de leurs enfants. Voy. chap. XIX, 26, note.

[3] C'est-à-dire, il refusait de teter toutes les nourrices qu'on lui amenait.

moi. Et Dieu lui pardonna, car il est indulgent et miséricordieux.

16. Seigneur, dit-il, puisque tu as été bienfaisant à mon égard, je ne serai jamais l'appui des coupables.

17. Le lendemain, il marchait dans la ville en tremblant et regardant de tous côtés, et voici que l'homme qu'il avait secouru la veille l'appelait à grands cris. Tu es évidemment un séditieux, lui dit Moïse.

18. Et quand il voulut repousser par la force l'homme leur ennemi commun, *son compatriote* lui dit [1] : Voudrais-tu me tuer comme tu as tué hier un homme? Tu veux donc devenir tyran dans ce pays? Tu ne veux pas, à ce qu'on voit, être des justes?

19. Un homme accouru de l'extrémité de la ville lui dit : O Moïse! les grands délibèrent pour te faire mourir. Quitte la ville, je te le conseille en ami.

20. Moïse en sortit tout tremblant et regardant autour de lui : Seigneur! s'écria-t-il, délivre-moi des mains des méchants.

21. Il se dirigea du côté de Madian. Peut-être Dieu, dit-il, me dirigera dans le droit chemin.

22. Arrivé à la fontaine de Madian, il y trouva une troupe d'hommes qui abreuvaient *leurs troupeaux*.

23. Et à côté il aperçut deux femmes qui écartaient leur troupeau. Que faites-vous ici? leur demanda-t-il. — Nous n'abreuverons nos brebis, répondirent-elles, que lorsque les bergers seront partis. Notre père est un vieillard respectable [2].

24. Moïse fit boire leur troupeau [3], et, s'étant retiré à l'ombre, s'écria : Seigneur! je manque de ce bien que tu m'as fait rencontrer ici [4].

25. Une des deux filles revint à lui, et, s'approchant modestement, lui dit : Mon père te demande afin de te récompenser de la peine que tu t'es donnée pour abreuver notre troupeau. Moïse

---

[1] Les mots : *son compatriote*, ne se trouvent pas dans le texte; on y lit seulement : *il dit*, et les commentateurs croient que c'est l'Israélite qui prononce ces paroles offensé de s'entendre appeler par Moïse *un séditieux*, et craignant que Moïse ne voulût secourir cette fois-là l'Égyptien; si l'on applique les mots : *il dit : Voudrais-tu*, etc., à l'Égyptien, il faut supposer que celui-ci entendant l'apostrophe de Moïse adressée à l'Israélite, soupçonnait quelque chose de pareil à ce qui s'était passé.

[2] On peut encore traduire ces mots de cette manière : « Notre père est un grand cheïkh, » c'est-à-dire, un chef puissant.

[3] En ôtant l'énorme pierre dont on couvre ordinairement une citerne.

[4] Moïse trahit ici le désir qu'il aurait d'épouser une femme pareille à celles qu'il venait de voir.

s'y rendit et lui raconta ses AVENTURES. *Le vieillard* lui répondit : Ne crains rien, te voici délivré des méchants.

26. Une des filles dit alors à son père : O mon père ! prends cet homme à ton service, car tu ne saurais mieux choisir pour ton service qu'en prenant un homme robuste et digne de confiance.

27. Je veux te donner en mariage, *dit le vieillard*, une de mes deux filles que voici, à condition que tu me serviras pendant huit ans. Si tu veux aller jusqu'à dix, c'est à ta volonté. Je ne veux point cependant t'imposer rien d'onéreux, et, s'il plaît à Dieu, tu me trouveras toujours équitable.

28. — C'est convenu entre nous, répondit Moïse ; et, quel que soit le terme que j'accomplisse, il n'y aura aucune faute de ma part. Dieu lui-même est caution de nos engagements.

29. Lorsque Moïse eut accompli, au service de son beau-père, un certain temps, il partit avec sa famille. Tout d'un coup il aperçut du feu du côté de la montagne, et dit à sa famille : Attendez ici un instant, j'ai aperçu du feu ; j'irai pour vous en donner des nouvelles, ou je vous en apporterai un tison ardent pour vous réchauffer.

30. Et quand il fut *à l'endroit du feu*, une voix lui cria du côté droit de la vallée, dans la plaine bénie, du fond d'un buisson : O Moïse ! je suis le Dieu maître de l'univers.

31. Jette ton bâton. Et quand Moïse, l'ayant jeté, le vit s'agiter comme un serpent, il se mit à fuir, sans se retourner. O Moïse ! lui cria une voix, approche ; ne crains rien, tu es en sûreté.

32. Mets ta main dans ton sein, elle en sortira toute blanche sans que ce soit une maladie [1], et puis retire-la à toi, *revenu* de ta frayeur. Ce seront les deux arguments de la part de ton Seigneur auprès de Pharaon et des grands de son royaume. C'est un peuple de pervers.

33. — Seigneur, répondit Moïse, j'ai tué un des leurs, et je crains qu'ils ne me mettent à mort.

34. Mon frère Aaron a l'élocution plus facile que moi ; envoie-le avec moi pour m'appuyer et confirmer mes paroles, car je crains qu'on ne me traite de menteur.

35. Nous fortifierons ton bras par ton frère, lui dit Dieu ; nous vous donnerons un pouvoir tel, que *les Égyptiens* ne sauront jamais atteindre à *la puissance de* nos miracles. Vous et ceux qui vous suivront, vous serez les plus forts.

36. Lorsque Moïse parut devant eux muni de nos signes évi-

---

[1] Voy. chap. XXVII, 12.

dents, ils s'écrièrent : Ce n'est que de la magie nouvellement inventée; nous n'en avons point entendu parler à nos pères les anciens !

37. — Dieu, mon Seigneur, leur dit Moïse, sait mieux que personne à qui il a donné la direction, et qui de nous sera en possession du séjour éternel; car il ne fait point prospérer les méchants.

38. Pharaon, s'adressant alors aux grands, leur dit : Vous n'avez, que je sache, d'autre dieu que moi; et toi, Haman, fais-moi cuire des briques de limon [1] et construis-moi un palais, afin que je monte vers le Dieu de Moïse, *et m'assure par moi-même de ce qui en est;* car je crois qu'il (*Moïse*) ment.

39. Or, Pharaon et son armée étaient pleins d'orgueil dans le pays d'Égypte, et ils l'étaient à tort; ils croyaient qu'ils ne seraient jamais ramenés devant nous.

40. Mais nous le saisîmes ainsi que son armée; nous les précipitâmes tous dans la mer. Considère donc quelle a été la fin des pervers.

41. Nous en avons fait des imams (*des chefs*) qui appellent *et mènent* au feu. Au jour de la résurrection ils ne trouveront pas de secours.

42. Dans ce monde, nous avons attaché la malédiction *à leurs noms*, et ils seront honnis au jour de la résurrection.

43. Nous donnâmes à Moïse le Livre (*le Pentateuque*), après avoir anéanti les générations précédentes; c'étaient autant d'exemples d'avertissement pour les hommes, c'étaient la direction et la preuve de notre miséricorde; peut-être les méditeront-ils.

44. Tu n'étais pas, *O Mohammed!* du côté occidental *du mont Sinaï,* quand nous réglâmes la mission de Moïse; tu n'y assistais pas en témoin.

45. Nous avons fait surgir beaucoup de générations depuis Moïse : leur vie était de longue durée; tu n'as point séjourné parmi les Madianites pour leur réciter nos enseignements (*raconter nos miracles*); mais nous, nous y envoyions des apôtres.

46. Tu n'étais point sur le penchant du mont Sinaï quand nous y appelâmes *Moïse;* c'est par l'effet de la miséricorde de ton Seigneur que tu prêches un peuple qui n'a point eu d'apôtre, avant toi, chargé de l'appeler à réfléchir;

47. Afin qu'ils ne disent pas, quand la calamité les atteindra : Seigneur, pourquoi ne nous as-tu pas envoyé un apôtre? nous aurions suivi tes signes et nous aurions cru.

---

[1] Mot à mot : allume-moi *du feu* sur de la boue *pour faire des briques.*

48. Mais lorsque la vérité, venant de nous, leur eut apparu, ils dirent : Pourquoi ne lui a-t-on pas donné ce qui a été accordé à Moïse? Eh! (*les incrédules*) n'ont-ils pas nié le livre donné autrefois à Moïse? ne disent-ils pas : Le Koran et le Pentateuque ne sont que deux œuvres de sorciers qui s'entr'aident? Nous ne croyons ni en l'un ni en l'autre.

49. Dis-leur : Apportez donc d'auprès de Dieu un autre livre qui soit un meilleur guide que ces deux-là, et je le suivrai si vous êtes véridiques.

50. Et, s'ils ne le font pas, sache qu'ils ne suivent que leurs penchants. Or, y a-t-il un homme plus égaré que celui qui suit ses penchants sans aucune direction de la part de Dieu? Et certes Dieu ne dirige point les méchants.

51. Nous leur avons fait entendre notre parole, afin qu'ils réfléchissent.

52. Ceux à qui nous avons donné les Écritures avant eux y croient.

53. Quand on les leur récite, ils disent : Nous croyons à ce livre, parce qu'il est la vérité qui vient de notre Seigneur. Nous étions musulmans résignés à la volonté de Dieu avant sa venue.

54. Ceux-ci recevront une double récompense, car ils souffrent avec patience, car ils repoussent le mal avec le bien, et font des largesses des biens que nous leur avons accordés.

55. Quand ils entendent un discours frivole, ils s'éloignent pour ne pas l'écouter, et disent *à ceux qui le tiennent* : A nous nos œuvres, à vous les vôtres. Que la paix soit avec vous; nous ne recherchons point les insensés.

56. Ce n'est pas toi qui dirigeras ceux que tu voudras, c'est Dieu qui dirige ceux qu'il lui plaît; il connaît mieux que personne ceux qui suivent la bonne voie.

57. Ils (*les Mecquois*) disent : Si nous te suivons, nous serons chassés du pays. N'avons-nous pas établi pour eux une enceinte sacrée et sûre, où les fruits de toute espèce, donnés par nous pour les nourrir, affluent de tous côtés? Mais la plupart des hommes ne savent rien.

58. Combien n'avons-nous pas détruit de cités dont les habitants vivaient dans l'abondance! Vous voyez leurs habitations; elles ne sont habitées après eux qu'en petit nombre, et c'est nous qui en avons recueilli l'héritage.

59. Ton Seigneur n'a jamais détruit de villes qu'il n'eût d'abord envoyé à leur métropole un apôtre chargé de lui rappeler ses com-

mandements. Nous n'avons exterminé que les villes dont les habitants étaient impies.

60. Les biens qui vous ont été départis ne sont qu'une jouissance *temporaire* de ce monde et *comme* sa parure; mais ce que Dieu tient en réserve vaut mieux et est plus durable. Ne le comprendrez-vous pas?

61. Celui à qui nous avons fait de brillantes promesses, et qui les obtient, sera-t-il l'égal de l'homme que nous avons fait jouir des biens de ce monde, qui, au jour de la résurrection, sera amené avec les autres *devant Dieu?*

62. Ce jour-là, Dieu leur criera : Où sont donc mes compagnons que vous vous imaginiez *exister avec moi?*

63. Alors ceux sur lesquels la sentence sera prononcée diront : Seigneur, nous avons égaré les hommes que voilà; nous les avons égarés comme nous avons été dans l'erreur nous-mêmes. Nous ne sommes pas coupables envers toi. Ce n'est pas nous qu'ils adoraient, *mais leurs propres passions.*

64. Et il sera dit *à ces hommes :* Appelez vos compagnons. Ils les appellent, mais ceux-ci ne leur répondent pas; ils verront les supplices qu'on leur réserve; ils voudraient alors avoir suivi le chemin droit.

65. Dans ce jour, Dieu leur criera et leur dira : Qu'avez-vous répondu à nos envoyés?

66. Leurs souvenirs seront confus ce jour-là; ils ne sauront pas même le demander les uns aux autres.

67. Mais celui qui se sera converti, qui aura cru et fait le bien, peut-être celui-là sera-t-il au nombre des bienheureux.

68. Ton Seigneur crée ce qu'il lui plaît, et il agit librement; mais ils (*les faux dieux*) n'ont point de volonté. Par sa gloire! il est trop au-dessus des êtres qu'on lui associe.

69. Votre Seigneur connaît ce que vos cœurs recèlent et ce qu'ils produisent au grand jour.

70. Il est le Dieu *unique,* il n'y a point d'autre dieu que lui; à lui appartient la gloire dans ce monde et dans l'autre, à lui le pouvoir suprême : c'est à lui que vous retournerez.

71. Dis-leur : Que vous en semble? Si Dieu voulait étendre sur vous la nuit éternelle, la faire durer jusqu'au jour de la résurrection, quel autre dieu que lui vous donnerait la lumière? Ne l'entendez-vous pas?

72. Dis-leur encore : Que vous en semble? Si Dieu voulait étendre sur vous le jour éternel, le faire durer jusqu'au jour de la ré-

surrection, quel autre dieu que lui vous amènerait la nuit pour votre repos? Ne le voyez-vous pas?

73. Mais Dieu, par l'effet de sa miséricorde, vous a donné la nuit et le jour, tantôt pour vous reposer, tantôt pour demander à sa bonté des richesses *par le travail*, et cela afin que vous soyez reconnaissants.

74. Un jour il leur criera: Où sont mes compagnons, ceux que vous vous imaginiez *être dieux avec moi?*

75. Nous ferons venir un témoin de chaque nation, et nous dirons: Apportez vos preuves. Et ils sauront que la vérité n'est qu'avec Dieu; les dieux qu'ils avaient inventés disparaîtront.

76. Karoun était du peuple de Moïse[1]; mais il agissait iniquement envers ses concitoyens. Nous lui avions donné tant de trésors, que leurs clefs auraient pu à peine être portées par une troupe d'hommes robustes. Ses concitoyens lui disaient: Ne te glorifie pas de tes trésors, car Dieu n'aime point les glorieux.

77. Cherche à gagner, avec les biens que Dieu t'a donnés, le séjour de l'autre monde; n'oublie point ta quote-part dans ce monde, et sois bienfaisant envers les autres comme Dieu l'a été envers toi; garde-toi de commettre des excès sur la terre, car Dieu n'aime point ceux qui commettent des excès.

78. — *Ce que j'ai,* je l'ai obtenu par la science que je possède seul[2]. — Ne savait-il pas que Dieu avait déjà détruit avant lui tant de générations d'hommes plus redoutables par leur force et plus considérables par leur nombre[3]?

79. Karoun s'avançait vers le peuple avec pompe. Ceux qui

---

[1] Karoun, Coré de la Bible, dont les richesses ont passé en proverbe chez les musulmans, avait, disent les commentateurs, construit un palais tout couvert d'or; les portes en étaient d'or massif. Ses richesses l'avaient rendu insensible aux misères de ses concitoyens, et son insolence alla jusqu'à lui faire ourdir une sédition contre Moïse. Celui-ci demanda à Dieu de l'en délivrer. Dieu accorda à Moïse la permission de donner à la terre tel ordre qu'il voudrait. Moïse ordonna à la terre d'engloutir Karoun avec ses palais et ses trésors. La tradition ajoute qu'à mesure que la terre entr'ouverte engloutissait Karoun, d'abord jusqu'aux genoux, puis jusqu'à la ceinture, et enfin jusqu'au cou, il cria quatre fois vers Moïse d'avoir pitié de lui et de lui pardonner; mais celui-ci demeura inexorable. Dieu aurait fait à Moïse des reproches sur sa cruauté. « Karoun a quatre » fois imploré ton pardon, et tu ne l'as pas écouté; s'il me l'avait seulement » demandé une seule fois, je lui aurais pardonné. »

[2] Cette science était l'alchimie.

[3] Karoun affectait un grand luxe; il montait une mule blanche, couverte d'une housse d'or. Il était lui-même vêtu de pourpre, et paraissait toujours accompagné de quatre mille hommes, tous montés et richement habillés.

27.

n'ambitionnaient que les biens de ce monde disaient : Plût à Dieu que nous eussions des richesses comme Karoun ! Il a une fortune immense.

80. Mais ceux qui avaient reçu la science leur disaient : Malheureux ! la récompense de Dieu est préférable pour celui qui croit et fait le bien ; mais ceux qui souffriront avec patience l'obtiendront seuls.

81. Nous ordonnâmes que la terre l'engloutit, lui et son palais. La multitude de ses gens n'a pu le secourir contre Dieu, et il sera privé de tout secours.

82. Ceux qui, la veille, désiraient être à sa place, disaient le lendemain : Dieu verse à pleines mains ses trésors à qui il veut, ou les départit dans une certaine mesure. Sans la faveur de Dieu, nous aurions été engloutis par la terre.

83. Cette demeure de la vie future, nous la donnerons à ceux qui ne cherchent point à s'élever au-dessus des autres ni à faire le mal. Le dénoûment heureux est réservé aux hommes pieux.

84. Quiconque aura fait une bonne action en retirera du profit ; mais celui qui aura fait le mal... ceux qui font le mal seront rétribués selon leurs œuvres.

85. Celui qui t'a donné le Koran te rendra à ton ancien séjour [1]. Dis : Dieu sait mieux que personne quel est celui qui suit la direction et celui qui est dans l'égarement.

86. Tu n'espérais point que le Livre te fût donné. Il t'a été donné par l'effet de la miséricorde divine. Ne prête point d'appui aux infidèles.

87. Qu'ils ne t'écartent jamais des signes de Dieu quand ils ont été révélés *une fois*. Invite les hommes au culte de Dieu, et ne sois pas du nombre des idolâtres.

88. N'invoque pas d'autres dieux que Dieu : il n'y a point d'autres dieux que lui ; tout périra, excepté la face de Dieu. Le pouvoir suprême lui appartient ; c'est à lui que vous retournerez tous.

---

[1] Mot à mot : à l'endroit où l'on revient à la demeure. Par ce mot les uns entendent en général une place glorieuse que Dieu aurait promise à Mahomet ; d'autres croient qu'il s'agit de son retour à la Mecque, lorsqu'il en ferait la conquête. Dans ce cas, le chapitre ne devrait pas porter dans l'inscription qu'il a été donné, c'est-à-dire révélé à la Mecque.

CHAPITRE XXIX.

L'ARAIGNÉE [1].

Donné à la Mecque. — 69 versets.

Au nom du Dieu clément et miséricordieux.

1. ÉLIF. LAM. MIM. [2]. Les hommes s'imaginent-ils qu'on les laissera tranquilles pour peu qu'ils disent : Nous croyons; et qu'on ne les mettra pas à l'épreuve?
2. Nous avons mis à l'épreuve ceux qui les ont précédés, et certes Dieu connaît parfaitement ceux qui disent la vérité et ceux qui mentent.
3. Ceux qui commettent des iniquités pensent-ils qu'ils nous gagneront de vitesse *et échapperont au châtiment?* Qu'ils jugent mal!
4. Le terme fixé viendra pour ceux qui espèrent comparaître un jour devant Dieu. Il sait et entend tout.
5. Quiconque fait des efforts, les fait pour son propre avantage; car Dieu peut se passer de tout le monde.
6. Nous effacerons les péchés de ceux qui auront cru et pratiqué les bonnes œuvres, et nous les rétribuerons selon leurs plus belles actions.
7. Nous avons recommandé à l'homme de tenir une belle conduite à l'égard de ses père et mère. S'ils t'engagent à m'associer ces êtres dont tu ne sais rien [3], ne leur obéis pas. Vous reviendrez tous devant moi, et alors je vous réciterai ce que vous avez fait.
8. Nous placerons au nombre des justes ceux qui auront cru et fait le bien.
9. Il est des hommes qui disent : Nous croyons; et quand ils éprouvent quelques souffrances pour la cause de Dieu, ils mettent la persécution des hommes à l'égal du châtiment de Dieu. Que Dieu fasse sentir son appui, ils disent : Nous étions avec vous; mais

---

[1] Ce chapitre prend son titre du mot *araignée*, qui se trouve dans le verset 40.
[2] Voy. II, 1, note.
[3] Les divinités sur le culte desquelles tu n'as reçu aucune révélation qui t'autorise à les adorer.

Dieu connaît mieux que personne ce que renferment les cœurs des hommes.

10. Dieu connaît les croyants ; il connaît aussi les hypocrites.

11. Les incrédules disent aux croyants : Suivez notre chemin, et nous porterons vos péchés. Ils ne sauront supporter quoi que ce soit de leurs péchés, mais ils mentent.

12. Ils porteront leurs propres fardeaux, et d'autres encore que les leurs. Au jour de la résurrection, on leur demandera compte de leurs inventions mensongères.

13. Nous envoyâmes Noé vers son peuple, il demeura au milieu d'eux mille ans moins cinquante. Le déluge les surprit plongés dans leurs iniquités.

14. Nous le sauvâmes et ceux qui étaient avec lui dans le vaisseau ; nous en avons fait un signe pour les hommes.

15. Nous envoyâmes ensuite Abraham. Il dit à son peuple : Adorez Dieu et craignez-le. Ceci vous sera plus avantageux, si vous avez quelque intelligence.

16. Vous adorez des idoles à côté de Dieu, et vous commettez un mensonge ; car les dieux que vous adorez à côté du Dieu unique ne sauraient vous procurer votre nourriture du jour. Demandez-la plutôt à Dieu, adorez-le et rendez-lui des actions de grâces ; vous retournerez à lui.

17. S'ils te traitent de menteur, les peuples qui ont vécu avant vous ont agi de la même manière. L'apôtre n'est tenu qu'à la prédication ouverte.

18. N'ont-ils pas considéré comment Dieu produit la création, et comment ensuite il la fera rentrer en lui-même ? Cela est facile à Dieu.

19. Dis : Parcourez la terre et considérez comment Dieu a produit les êtres créés. Il les fera renaître par une seconde création ; car il est tout-puissant.

20. Il punit celui qu'il veut, et exerce sa miséricorde envers celui qu'il veut. Vous retournerez à lui.

21. Vous ne pourrez affaiblir sa puissance ni dans le ciel ni sur la terre. Vous n'avez ni patron ni protecteur, hormis Dieu.

22. Ceux qui ne croient point aux signes de Dieu et à la comparution devant lui désespèrent de sa miséricorde. Un supplice douloureux leur est réservé.

23. Et quelle a été la réponse du peuple à Abraham ? Les uns disaient aux autres : Tuez-le ou brûlez-le vif. Dieu l'a sauvé du feu. Certes, il y a dans ceci des signes pour ceux qui croient.

24. Vous avez pris à côté de Dieu des idoles pour l'objet de

votre culte, par l'amour de ce monde, qui existe chez vous ; mais au jour de la résurrection une partie de vous reniera l'autre, les uns maudiront les autres ; le feu sera votre demeure, et vous n'aurez aucun protecteur.

25. Loth crut à Abraham, et dit : Je quitte les miens, et je me réfugie vers le Seigneur ; il est puissant et sage.

26. Nous donnâmes à Abraham Isaac et Jacob ; nous établîmes dans sa postérité la prophétie et le Livre ; nous lui accordâmes une récompense dans ce monde, et il est du nombre des justes dans l'autre.

27. Nous envoyâmes aussi Loth. Il dit à son peuple : Vous commettez une turpitude qu'aucun peuple du monde ne commettait avant vous.

28. Aurez-vous commerce avec les hommes ? les attaquerez-vous sur les grands chemins ? commettrez-vous des iniquités dans vos assemblées ? Et quelle a été la réponse de ce peuple ? Ils disaient : Si tu es véridique, attire sur nous le châtiment de Dieu.

29. — Seigneur, s'écria Loth, viens à mon secours contre le peuple méchant.

30. Lorsque nos envoyés, porteurs d'une heureuse nouvelle, vinrent trouver Abraham, ils dirent : Nous allons anéantir les habitants de cette ville ; car les habitants de cette ville sont des impies.

31. — Loth est parmi eux, dit Abraham. — Nous savons, reprirent-ils, qui est parmi eux. Nous le sauverons ainsi que sa famille, à l'exception toutefois de sa femme, qui restera en arrière.

32. Lorsque nos envoyés vinrent chez Loth, il fut affligé à cause d'eux, et son bras fut impuissant pour les protéger. Ils lui dirent : Ne crains rien, et ne t'afflige pas. Nous te sauverons ainsi que ta famille, à l'exception de ta femme, qui restera en arrière.

33. Nous ferons descendre du ciel un châtiment sur les habitants de cette ville pour prix de leurs crimes.

34. Nous n'en avons laissé que ce qui servira de signe évident (*d'exemple frappant*) pour les hommes doués d'intelligence.

35. Nous envoyâmes vers les Madianites leur frère Choaïb, qui leur dit : O mon peuple ! adorez Dieu et attendez-vous à l'arrivée du jour dernier, et ne marchez point sur la terre pour y commettre des excès.

36. Mais ils le traitèrent d'imposteur : une commotion violente

les surprit; le lendemain on les trouva gisants *morts* dans leurs demeures.

37. Nous anéantîmes Ad et Thémoud. Vous le voyez clairement aux débris de leurs demeures. Satan avait embelli leurs actions à leurs yeux et les avait éloignés de la droite voie. Ils étaient pourtant doués de pénétration.

38. Et *nous fîmes périr* Karoun [1] et Pharaon, et Haman [2], et cependant Moïse avait paru au milieu d'eux avec des preuves évidentes *de sa mission*. Ils se croyaient puissants sur la terre, mais ils n'ont pas pu nous gagner de vitesse *et échapper au châtiment*.

39. Tous furent châtiés de leurs péchés : contre tel d'entre eux nous envoyâmes un vent lançant des pierres; tel d'entre eux fut saisi soudain par un cri terrible *de l'ange Gabriel;* nous ordonnâmes à la terre d'engloutir les uns, et nous noyâmes les autres. Ce n'est pas Dieu qui a voulu les traiter avec iniquité, ce sont eux-mêmes, *qui sont iniques envers eux-mêmes*.

40. Ceux qui cherchent des protecteurs en dehors de Dieu ressemblent à l'ARAIGNÉE qui se construit une demeure; y a-t-il une demeure plus frêle que la demeure de l'araignée? S'ils le savaient!

41. Dieu connaît tout ce qu'ils invoquent *dans leurs prières*, en dehors de lui. Il est le Puissant, le Sage.

42. Voilà les paraboles que nous proposons aux hommes, mais les hommes sensés seuls les entendent.

43. Dieu a créé les cieux et la terre en toute vérité. Il y a dans ceci un signe d'instruction pour ceux qui croient.

44. Récite donc les portions du livre qui ont été révélées; acquitte-toi de la prière, car la prière préserve des turpitudes, des actions blâmables. Se souvenir de Dieu est un devoir grave [3]. Dieu connaît vos actions.

45. N'engagez des controverses avec les hommes des Écritures que de la manière la plus honnête, à moins que ce ne soient des hommes méchants. Dites : Nous croyons aux livres qui nous ont été envoyés, ainsi qu'à ceux qui vous ont été envoyés. Notre Dieu et le vôtre est le même [4], et nous nous résignons entièrement à sa volonté.

---

[1] Voy. sur Karoun le chap. XXVIII, vers. 76.

[2] Voy. chap. XXVIII, 5.

[3] Se souvenir de Dieu, penser à Dieu, rappeler le nom de Dieu, sont des expressions équivalentes à prier Dieu, faire la prière.

[4] Ceci peut se traduire également : notre Dieu et le vôtre sont un.

CHAPITRE XXIX.

46. C'est ainsi que nous t'avons envoyé le Livre. Ceux à qui nous avons donné les Écritures y croient, beaucoup d'entre les Arabes y croient, et il n'y a que les infidèles qui nient nos signes.

47. Il y eut un temps où tu n'avais aucun livre *divin* à réciter, où tu n'aurais su tracer une seule ligne de ta main droite. Oh! alors, ceux qui nient la vérité pouvaient douter.

48. Oui, *le Koran* est *un recueil de* signes évidents dans les cœurs de ceux qui ont reçu la science : il n'y a que les méchants qui nient nos signes.

49. Ils disent : Si au moins des miracles lui étaient accordés de la part de son Seigneur, *nous croirions*. Réponds-leur : Les miracles sont au pouvoir de Dieu, et moi je ne suis qu'un envoyé chargé d'avertir ouvertement.

50. Ne leur suffit-il pas que nous t'ayons envoyé le livre dont tu leur récites les versets! Certes il y a dans ceci une preuve de la miséricorde de Dieu et un avertissement pour tous les hommes qui croient.

51. Dis-leur : Il suffit que Dieu soit témoin entre moi et vous.

52. Il connaît tout ce qui est dans les cieux et sur la terre. Ceux qui croient en ce qui est faux [1] et ne croient point en Dieu, ceux-là sont les malheureux.

53. Ils te demanderont de hâter le supplice. Si un terme immuable n'avait pas été fixé précédemment, ce supplice les aurait déjà atteints soudain, quand ils s'y attendaient le moins.

54. Ils te demanderont de hâter le supplice. Déjà la géhenne enveloppe les infidèles.

55. Un jour le supplice les enveloppera par-dessus leurs têtes et par-dessous leurs pieds. Dieu leur criera alors : Goûtez *le fruit de* vos œuvres.

56. O mes serviteurs! la terre est vaste [2], et c'est moi que vous devez adorer.

57. Toute âme goûtera la mort, ensuite vous reviendrez tous à moi.

58. Nous donnerons à ceux qui auront cru et pratiqué les bonnes œuvres, des palais, des jardins arrosés par des cours d'eau. Ils y demeureront éternellement. Qu'elle est belle la récompense de ceux qui font le bien [3]!

---

[1] C'est-à-dire : les divinités des idolâtres.

[2] Le sens de ce mot est : si l'on vous défend de m'adorer dans un pays, quittez-le pour un autre.

[3] Mot à mot : de ceux qui agissent, c'est-à-dire qui font des œuvres (sous-entendu *bonnes*).

59. Qui supportent les peines avec patience, et mettent leur confiance en Dieu!

60. Que de créatures *dans le monde* qui ne prennent aucun soin de leur nourriture! C'est Dieu qui les nourrit comme il vous nourrit, lui qui entend et voit tout.

61. Si tu leur demandes qui est celui qui a créé les cieux et la terre, ils te répondront : C'est Dieu. Pourquoi donc mentent-ils *en adorant d'autres divinités?*

62. Dieu répand à pleines mains les dons sur celui d'entre ses serviteurs qu'il lui plaît, ou bien il les départit en une certaine mesure. Dieu connaît toutes choses.

63. Si tu leur demandes : Qui est-ce qui fait descendre l'eau du ciel, qui en ranime la terre naguère morte? ils te répondront : C'est Dieu. Dis : Louanges soient donc rendues à Dieu! Mais la plupart d'entre eux n'entendent rien.

64. La vie de ce monde n'est qu'un passe-temps et un jeu ; mais la demeure de l'autre monde, c'est la *véritable* vie! Ah! s'ils le savaient!

65. Montés dans un vaisseau, ils invoquent le nom de Dieu, lui vouant un culte pur et sincère ; mais, quand il les a rendus sains et saufs à la terre ferme, les voilà qui lui associent d'autres dieux.

66. Qu'ils ne croient point aux livres révélés et jouissent des biens de ce monde, un jour ils apprendront la vérité.

67. Ne voient-ils pas comment nous avons établi la sécurité dans l'enceinte sacrée (*de la Mecque*), pendant que tout autour on attaque et on dépouille? Croiront-ils aux mensonges, et méconnaîtront-ils les bienfaits de Dieu?

68. Eh! qui est plus méchant que celui qui invente des propos sur le compte de Dieu, ou traite la vérité d'imposture? N'est-ce pas dans la géhenne que sera le séjour des infidèles?

69. Nous dirigerons dans nos sentiers tous ceux qui feront des efforts dans notre cause ; et certes Dieu est avec ceux qui font le bien.

CHAPITRE XXX.

LES GRECS.

Donné à la Mecque. — 60 versets.

Au nom du Dieu clément et miséricordieux.

1. ÉLIF. LAM. MIM.[1]. Les Grecs ont été vaincus[2]
2. Dans un pays très-rapproché du nôtre[3]; mais, après cette ctoire, ils vaincront à leur tour
3. Dans l'espace de quelques années[4]. Avant comme après, les choses dépendent de Dieu. Ce jour-là les croyants se réjouiront

---

[1] Voyez II, 1, note.

[2] Le mot *Er-roum* du texte, que nous traduisons par *Grecs*, s'appliquait et s'applique encore en arabe aux Grecs d'Alexandre le Grand, à l'empire romain d'Occident et à celui d'Orient, ou aux Grecs du Bas-Empire. C'est de ces derniers qu'il s'agit dans ce chapitre. Ils avaient été défaits par les Perses, adorateurs du feu, et conséquemment idolâtres. Ce succès d'un peuple que les Arabes idolâtres pouvaient regarder jusqu'à un certain point comme leurs coréligionaires, pendant que les Grecs, comme chrétiens et peuples possédant les Écritures, étaient censés se rapprocher davantage du culte unitaire prêché par Mahomet, ce succès causa une grande sensation dans l'Arabie. La révélation contenue dans les versets 2 et 3 avait pour but de rabattre l'orgueil des idolâtres et de rassurer les mahométans. Depuis que la prédiction du succès des Grecs s'est réalisée, tout ce passage du Koran est cité par les musulmans comme une preuve évidente de l'inspiration prophétique de Mahomet. On n'est pas cependant d'accord sur les dates de ces deux événements; les uns mettent la victoire des Perses dans l'année 5 avant l'hégire, et celle des Grecs à l'an 2 de l'hégire; d'autres placent le premier de ces événements à la troisième ou quatrième année de l'hégire, et le second à la fin de la sixième ou au commencement de la septième. Sans chercher ici à établir l'exactitude de ces données, nous ferons observer que le passage qui nous occupe se rapporte à l'époque de cette longue guerre que le roi de Perse Khosrou Perwiz faisait avec tant de bonheur à l'empire d'Orient, jusqu'à ce que l'empereur Héraclius vengeât par une victoire décisive, en 625, les affronts essuyés par son prédécesseur, et poursuivît à son tour une longue carrière de succès. L'accomplissement de la prophétie tomberait donc à l'année 3 ou 4 de l'hégire. (Voy. note 3.)

[3] *Dans le pays très-rapproché.* Les commentateurs diffèrent dans l'application de ce passage. L'un des plus célèbres, Ebn-Abbas, cité par Sale, pense qu'il s'agit de la Palestine.

[4] Les mots : *espace de quelques années*, répondent au *bed'issinina* du texte. Voici ce que les commentateurs rapportent à propos de cette désignation. Quand le passage prédisant la victoire des Grecs fut révélé, Abou-Bekr (plus tard calife) fit un pari avec Obba ben Schalf, Arabe idolâtre, que la prophétie serait

4. De la victoire obtenue par l'assistance de Dieu; il assiste celui qu'il veut; il est le Puissant, le Miséricordieux.

5. C'est la promesse de Dieu. Il n'est point infidèle à ses promesses; mais la plupart des hommes ne le savent pas.

6. Ils connaissent de la vie de ce monde ce qui frappe les sens, t ne se doutent pas de l'*existence* de la vie future.

7. N'ont-ils pas réfléchi dans eux-mêmes que Dieu a créé les cieux et la terre et tout ce qui est entre eux, pour la vérité; qu'il a fixé leur durée jusqu'au terme désigné d'avance? Mais la plupart des hommes ne croient point qu'ils comparaîtront un jour devant leur Seigneur.

8. N'ont-ils point voyagé dans les pays? n'y ont-ils pas vu quelle a été la fin de leurs devanciers plus robustes qu'eux? Ils ont sillonné le pays *de routes et de digues;* ils en habitaient une partie plus considérable que ceux-ci. Des apôtres se présentèrent chez eux, accompagnés de preuves évidentes. Ce n'est pas Dieu qui les a traités durement; ils ont été iniques envers eux-mêmes.

9. Mauvaise a été la fin de ceux qui commettaient de mauvaises actions. Ils ont traité de mensonges nos signes, et ils les prenaient pour l'objet de leurs railleries.

10. Dieu produit la création et la fait rentrer *dans son sein.* Vous retournerez à lui.

---

accomplie dans l'espace de trois ans, et il gagea dix chameaux. Mahomet, ayant appris le pari, dit à Abou-Bekr que le mot *bed'* (quelques) s'appliquait à un nombre quelconque depuis trois jusqu'à dix, et lui conseilla de modifier les termes du pari dans ce sens; les deux parties fixèrent le temps à neuf ans, et la gageure à cent chameaux. On dit qu'Obba mourut en l'année 3 de l'hégire, et que, la prédiction s'étant réalisée peu de temps après, ses héritiers furent forcés de donner cent chameaux à Abou-Bekr. Une dernière observation nous reste à faire sur ce passage; elle servira à apprécier le caractère du Koran. L'on sait que dans le système graphique des Arabes, ainsi que dans toutes les langues de souche sémitique, on n'écrit que les consonnes, et on supplée les voyelles en lisant. Le Koran n'a reçu sa vocalisation actuelle que bien après sa rédaction, et après avoir passé par l'écriture coufique, par conséquent à l'époque où on a pu déjà tomber d'accord sur le sens des paroles et le fixer définitivement. Or, les mots: *les Grecs ont été vaincus*, qu'on lit maintenant, à l'aide de la vocalisation reçue *goulibatirroumou* (*les Grecs ont été vaincus*), peuvent être lus sans toucher aux consonnes, *galabatirroumou* (*les Grecs ont été vainqueurs*); et ensuite au verset 2, les mots *saiaglibouna* (*ils vaincront*), peuvent être lus, toujours en conservant les mêmes consonnes, *saiouglabouna* (*ils seront vaincus*). A voir le vague et la brièveté de ces paroles, on dirait que ce passage a été ménagé de manière à avoir toujours raison, en quelques circonstances que ce fût. Les interprétations des commentateurs ont, du reste, fixé le sens tel qu'il est donné dans le texte actuel.

CHAPITRE XXX.

11. Le jour où sera venue l'heure [1], les criminels deviendront muets.

12. Ils ne trouveront pas d'intercesseurs parmi leurs compagnons ; ils renieront leurs compagnons (*les divinités*).

13. Le jour où commencera l'heure, les hommes seront séparés les uns des autres.

14. Ceux qui auront cru et fait le bien se divertiront dans un parterre de fleurs.

15. Ceux qui ne croient point et qui traitent de mensonges nos signes et la comparution dans l'autre monde, seront livrés au supplice.

16. Célébrez donc Dieu le soir et le matin.

17. Car la gloire lui appartient dans les cieux et sur la terre ; célébrez-le à l'entrée de la nuit, et quand vous vous reposez à midi.

18. Il fait sortir le vivant de ce qui est mort, et ce qui est mort du vivant ; il vivifie la terre naguère morte ; c'est ainsi que, vous aussi, vous serez ressuscités.

19. C'est un des signes *de sa puissance* que de vous avoir créés de poussière. Puis vous devîntes hommes disséminés de tous côtés.

20. C'en est un aussi de vous avoir donné des épouses créées de vous-mêmes, pour que vous habitiez avec elles. Il a établi entre vous l'amour et la tendresse. Il y a dans ceci des signes pour ceux qui réfléchissent.

21. La création des cieux et de la terre, la diversité de vos langues et de vos couleurs, sont aussi un signe ; certes il y a dans ceci des signes pour l'univers.

22. Du nombre de ses signes est votre sommeil dans la nuit et dans le jour, et votre désir d'obtenir des richesses de la générosité *de Dieu*. Il y a dans ceci des signes pour ceux qui entendent.

23. C'est aussi un de ses signes, qu'il fait briller à vos yeux l'éclair pour vous inspirer la crainte et l'espérance ; qu'il fait descendre du ciel l'eau avec laquelle il rend la vie à la terre naguère morte. Il y a dans ceci des signes pour les hommes intelligents.

24. C'en est aussi un, que, par son ordre, le ciel et la terre soient debout. Puis, quand il vous appellera *des entrailles* de la terre, vous en sortirez tout à coup.

25. A lui appartient tout ce qui est dans les cieux et sur la terre : tout lui est soumis.

---

[1] L'heure, c'est le jugement dernier.

26. C'est lui qui produit la création et qui la fera rentrer *dans son sein :* cela lui est facile. Lui seul a le droit d'être comparé à tout ce qu'il y a de plus élevé dans les cieux et sur la terre.

27. Il vous propose des exemples tirés de vous-mêmes. Prenez-vous vos esclaves, que vos mains vous ont acquis, pour vos associés dans la jouissance des biens que nous vous avons donnés, au point que vos portions soient égales? Avez-vous à leur égard cette crainte (*cette réserve*) que vous avez *dans vos rapports* entre vous? (C'est ainsi que nous exposons nos enseignements aux hommes doués d'intelligence.)

28. Non, *cela n'est pas*, seulement les méchants suivent leurs passions sans discernement. Et qui dirigera celui que Dieu a égaré? qui peut lui servir de protecteur?

29. Redresse donc, pieux et dévoué, ton front pour cette religion, œuvre de Dieu, *œuvre* pour laquelle il a créé les hommes. La création de Dieu ne saurait être changée. Cette religion est immuable, mais la plupart des hommes ne l'entendent pas.

30. Tournez-vous vers Dieu et craignez-le; observez la prière, et ne soyez point du nombre des idolâtres;

31. Du nombre de ceux qui ont partagé leur religion, et se sont formés en sectes où chaque parti est satisfait de sa portion.

32. Lorsqu'un malheur les atteint, tournés vers leur Seigneur, ils crient vers lui; puis, qu'il leur fasse goûter sa miséricorde, un grand nombre d'entre eux lui donnent des associés.

33. C'est pour témoigner leur ingratitude des bienfaits dont nous les avons comblés. Jouissez. Bientôt vous apprendrez...

34. Leur avons-nous envoyé quelque autorité qui leur parle des divinités qu'ils associent à Dieu?

35. Quand nous faisons goûter aux hommes les bienfaits de notre grâce, ils se livrent à la joie; mais, si un malheur les surprend en punition de leurs péchés, les voilà qui se désespèrent.

36. N'ont-ils pas considéré que Dieu tantôt distribue à pleines mains la nourriture à qui il veut, et que tantôt il la mesure?

37. Donne à chacun ce qui lui est dû, à ton proche, au pauvre, au voyageur. Ceci sera plus avantageux à ceux qui veulent obtenir le regard bienveillant de leur Seigneur. Ils seront heureux.

38. *L'argent* que vous donnez à usure pour le grossir avec le bien des autres ne grossira pas auprès de Dieu; mais toute aumône que vous ferez pour obtenir les regards *bienveillants* de Dieu [1] vous sera doublée.

---

[1] Mot à mot : que vous ferez en recherchant la face de Dieu.

39. Dieu vous a créés et il vous nourrit ; il vous fera mourir et puis revivre. Y en a-t-il un seul parmi vos compagnons[1] qui puisse en faire quoi que ce soit ? Par sa gloire ! il est trop au-dessus de ce qu'on lui associe.

40. La destruction apparut sur la terre et sur la mer, à cause des œuvres des mains des hommes ; elle leur fera goûter *les fruits* d'une partie de leurs méfaits.

41. Dis-leur : Parcourez le pays, et voyez quelle a été la fin de ces peuples d'autrefois, dont la plupart ont été incrédules.

42. Élève ton front vers la religion immuable avant qu'arrive ce jour, que nul ne saura éloigner de Dieu[2]. Alors seront séparés en deux partis

43. Les incrédules portant le fardeau de leur incrédulité, et ceux qui ont fait le bien et préparé leur lieu de repos,

44. Afin que Dieu récompense de sa générosité ceux qui ont cru et fait le bien. Il n'aime point les infidèles.

45. C'est un des signes de sa puissance, qu'il envoie les vents porteurs d'heureuses nouvelles[3], pour faire goûter aux hommes les dons de sa miséricorde ; qu'à son ordre les vaisseaux fendent les vagues ; que les hommes demandent des richesses à sa générosité[4]. Peut-être serez-vous reconnaissants envers lui.

46. Avant toi nous avons envoyé des apôtres vers chacun de ces peuples ; ils se présentèrent munis de preuves évidentes. Nous avons tiré vengeance des coupables. Il était de notre devoir de secourir les croyants.

47. Dieu envoie les vents, et les vents sillonnent le nuage. Dieu l'étend dans le ciel comme il veut ; il le divise en fragments, et tu vois sortir la pluie de son sein ; et lorsqu'il la fait tomber sur ceux d'entre ses serviteurs qu'il veut, ils sont dans l'allégresse,

48. Eux qui, avant qu'elle tombât, étaient dans le désespoir.

49. Tourne tes regards vers les traces de la miséricorde de Dieu : vois comme il rend la vie à la terre morte. Ce même Dieu fera revivre les morts ; il est tout-puissant.

50. Mais, si nous envoyons un vent *brûlant*, et qu'ils voient

---

[1] L'expression *vos compagnons* a été expliquée plus haut.

[2] C'est-à-dire, que personne ne saurait l'éloigner, pour empêcher Dieu de régler le compte des hommes.

[3] C'est-à-dire, annonçant la pluie.

[4] Cette expression est toujours employée dans le Koran en parlant du commerce.

leurs récoltes jaunir [1], voyez alors comme ils se montreront ingrats.

51. Tu ne saurais, ô *Mohammed!* te faire entendre des morts ; tu ne saurais faire entendre un cri aux sourds, quand, tournant le dos, ils s'en vont.

52. Tu n'es point le guide des aveugles pour les empêcher de s'égarer. Tu ne saurais te faire écouter que de ceux qui croient en nos signes et qui se résignent à notre volonté.

53. C'est Dieu qui vous a créés de faiblesse [2] ; après la faiblesse, il vous accorde la force, et, après la force, il ramène la faiblesse et les cheveux blancs. Il crée ce qu'il veut ; il est le Savant, le Puissant.

54. Le jour où l'heure se lèvera, les coupables jureront

55. Qu'ils ne sont restés qu'une heure *dans les tombeaux.* C'est ainsi qu'ils mentaient *sur la terre.*

56. Mais ceux à qui la science et la foi furent données leur diront : Vous y êtes demeurés, selon l'arrêt du livre de Dieu, jusqu'au jour de la résurrection. Voilà ce jour, mais vous ne le saviez pas.

57. Ce jour-là les excuses des méchants ne leur serviront de rien ; ils ne seront plus invités à se rendre agréables à Dieu.

58. Nous avons proposé aux hommes dans ce Koran toutes sortes de paraboles. Si tu leur fais voir un miracle, les incrédules diront : Vous n'êtes que des imposteurs.

59. C'est ainsi que Dieu imprime le sceau sur les cœurs de ceux qui ne savent rien.

60. Et toi, ô *Mohammed!* prends patience, car les promesses de Dieu sont véritables ; que ceux qui ne croient pas avec certitude ne t'ébranlent pas.

---

[1] Mot à mot : *et qu'ils le voient jaune.*
[2] Pour dire : tout faibles dans l'enfance.

CHAPITRE XXXI.

LOKMAN [1].

Donné à la Mecque. — 34 versets.

Au nom du Dieu clément et miséricordieux.

1. ÉLIF. LAM. MIM. [2]. Voici les versets du Livre sage.
2. Il sert de direction et est une grâce *accordée par Dieu* à ceux qui font le bien,
3. Qui s'acquittent de la prière, qui font l'aumône et croient fermement à la vie future.
4. Ils sont dirigés par leur Seigneur, et ils sont les bienheureux.
5. Tel parmi les hommes *de ce pays* achètera des contes futiles pour faire dévier les autres du sentier de Dieu ; il n'a point de science, il cherche *dans ces contes* de quoi s'égayer. A de tels hommes est préparée la peine ignominieuse [3].
6. Si on lui récite nos enseignements (*les versets du Koran*), il se détourne avec dédain, comme s'il ne les entendait pas, comme s'il était sourd [4]. Eh bien ! à celui-là annonce le châtiment douloureux.
7. Ceux qui auront cru et pratiqué les bonnes œuvres habiteront es jardins de délices.
8. Ils y demeureront éternellement, en vertu de la promesse de Dieu, de la promesse vraie ; il est le Puissant, le Sage.
9. Il a créé les cieux et la terre sans colonnes visibles ; il a jeté sur la terre des montagnes *comme des pilotis,* pour qu'elle ne s'ébranlât pas quand vous y êtes ; il y a répandu des animaux de toute espèce. Nous faisons descendre du ciel l'eau, et par elle nous produisons chaque couple précieux [5].
10. C'est là la création de Dieu ; maintenant faites-moi voir ce

---

[1] Voyez sur Lokman la note du verset 11.
[2] Voyez II, 1, note.
[3] Ce verset ainsi que le suivant étaient dirigés contre un certain Nodhar ben el-Hareth, qui avait rapporté de son voyage en Perse les récits des exploits de Roustem et d'Isfendiar, deux des plus fameux héros de ce pays, et en lisait des passages aux Koreïchites, faisant observer que ces histoires étaient bien supérieures à celles du Koran.
[4] Mot à mot : comme s'il y avait de la pesanteur dans ses oreilles.
[5] C'est-à-dire, le mâle et la femelle dans tous les êtres de la création.

qu'ont fait d'autres que Dieu. Oui, les méchants sont dans un égarement évident.

11. Nous donnâmes à LOKMAN[1] la sagesse, et nous lui dîmes : Sois reconnaissant envers Dieu, car celui qui est reconnaissant le sera à son propre avantage. Celui qui est ingrat, *Dieu peut s'en passer*. Dieu est riche et plein de gloire.

12. Lokman dit un jour à son fils[2] par voie d'admonition : O

[1] Lokman, dont il est parlé ici, est un personnage renommé par sa sagesse parmi les Arabes ; c'est pourquoi on joint toujours à son nom l'épithète de *alhakim* (le sage). Parmi les faits relatifs à l'histoire des Arabes avant Mahomet, on trouve que les Adites, peuple d'Arabie, souffrant de la sécheresse, avaient envoyé un message au temple de la Mecque pour implorer la pluie. Parmi ces délégués était un certain Lokman ; mais les commentateurs ont soin de faire observer que ce Lokman ne doit pas être confondu avec le personnage nommé dans le Koran. Celui-ci, disent-ils (et cela, comme il arrive toujours, sans citer aucune autorité à l'appui), était fils de Baoûra, fils de Job ; il vécut mille ans et atteignit ainsi les temps de David, dont il apprit la sagesse. Avant ce temps-là, il donnait des consultations en matière de droit. Dieu, ajoutent d'autres, lui avait donné à choisir entre le don de la prophétie et celui de la sagesse, et c'est cette dernière qu'il aurait choisie. Une autre tradition, conservée chez les poëtes, nous apprend que Dieu lui avait accordé un âge égal à celui de la vie successive de sept faucons, ce qui le porterait à cinq cent soixante ans. Ceux qui le disent contemporain de David ajoutent que Lokman, voyant David travailler à une cotte de mailles (voy. chap. XXI, 80, et XXXIV, 10), voulut l'interroger sur ses procédés, mais que, fidèle à son esprit de sagesse, il se tut, et, à force d'attention, reconnut que Dieu rendait le fer ductile comme de la cire entre les mains de David. Tous ces détails, desquels il serait oiseux de vouloir rechercher l'origine et l'authenticité, font de Lokman un modèle de discrétion, de politesse, de réserve, et le passage du Koran qui nous occupe leur sert d'appui.

On sait qu'il existe en arabe un recueil de fables qui porte le nom de Lokman le Sage. L'analogie que l'on remarque entre les sujets de ces fables et ceux des apologues attribués à Ésope ferait conclure à l'identité des deux personnages. A l'appui de cette hypothèse viendrait la caractéristique de Lokman, rapportée par les écrivains orientaux. Lokman était, disent-ils, un noir du pays des noirs d'Égypte, et esclave; selon d'autres, il était charpentier, tailleur, cordonnier, pâtre. Un jour que quelqu'un avait l'air de le regarder avec dédain à cause de sa couleur et de ses lèvres épaisses, il aurait répondu que son visage était noir, mais que son cœur était blanc (pur), et que ses grosses lèvres distillaient des paroles subtiles. On raconte aussi qu'il avait apporté des langues quand on lui demandait ce qu'il y avait de meilleur au monde, et puis encore des langues quand on lui demandait ce qu'il y avait de pire. On veut enfin, dans le nom de son fils *Anaam*, voir *Ennus*, fils d'Ésope. Nous ne nous arrêterons pas à discuter la valeur de ces faibles indices de l'identité de ces personnages. Nous appellerons plutôt l'attention du lecteur sur la manière dont Mahomet cherche à s'emparer de tous les noms célèbres de son temps, parmi les Arabes, et met dans la bouche de ces personnages la profession de foi unitaire et musulmane.

[2] Dont le nom était *Anaam*, comme on vient de le dire dans la note ci-dessus.

mon enfant! n'associe point à Dieu d'autres divinités, car l'idolâtrie est une grande iniquité.

13. Nous[1] avons recommandé à l'homme ses père et mère (sa mère le porte dans son sein et endure peine sur peine, il n'est sevré qu'au bout de deux ans). Sois reconnaissant envers moi et envers tes parents. Tout aboutit à moi.

14. S'ils t'importunent pour que tu m'associes ce que tu ne sais pas[2], ne leur obéis point, comporte-toi envers eux honnêtement dans ce monde, et suis le sentier de celui qui revient à moi[3]. Vous reviendrez tous à moi, et je vous rappellerai ce que vous avez fait.

15. O mon enfant! ce qui n'aurait que le poids d'un grain de moutarde, fût-il caché dans un rocher, au ciel ou dans la terre, Dieu le produira au grand jour, car il est pénétrant et instruit de tout.

16. O mon enfant! observe la prière, ordonne le bien et défends le mal, et supporte avec patience les maux qui peuvent t'atteindre. C'est la résolution indispensable en toutes choses.

17. Ne fais point de contorsions avec ta bouche *par dédain* pour les hommes ; que ta démarche ne soit point orgueilleuse, car Dieu n'aime point l'homme présomptueux, glorieux.

18. Cherche à modérer ton pas[4] et à baisser ta voix, car la plus désagréable des voix est bien la voix de l'âne.

19. Ne voyez-vous pas que Dieu vous a soumis tout ce qui est dans les cieux et sur la terre? Il a versé sur vous ses bienfaits visibles et cachés. Il est des hommes qui disputent de Dieu, sans science, sans guide, sans livre qui éclaire.

20. Lorsqu'on leur dit : Suivez ce que Dieu vous a envoyé d'en haut, ils disent : Nous suivrons plutôt ce que nous avons trouvé chez nos pères. Et si Satan les invite au supplice du brasier ardent?

21. Celui qui s'abandonne entièrement à Dieu est juste, il a saisi une anse solide[5]. Le terme de toutes choses est en Dieu.

22. Que l'incrédulité de l'incrédule ne t'afflige pas ; ils reviendront tous à nous, nous leur redirons leurs œuvres. Dieu connaî ce que les cœurs recèlent.

23. Nous les ferons jouir pendant quelque temps, puis nous les contraindrons à subir un rude supplice.

[1] Dans les versets 13 et 14, c'est Dieu qui parle.
[2] Des divinités dont l'existence ne t'est confirmée par aucune autorité.
[3] Revenir à Dieu signifie se repentir.
[4] Il ne faut marcher ni trop vite ni trop lentement.
[5] C'est l'expression proverbiale arabe pour dire : il a trouvé un excellent appui.

24. Si tu leur demandes qui a créé les cieux, ils répondent : C'est Dieu. Dis-leur : Gloire à Dieu! mais la plupart d'entre eux ne le savent pas.

25. A lui appartient tout ce qui est dans les cieux et sur la terre. Il est riche et plein de gloire.

26. Quand même tout ce qu'il y a d'arbres sur la terre deviendrait autant de plumes, quand même Dieu étendrait la mer en sept mers d'*encre*, les paroles de Dieu ne seraient point épuisées ; il est puissant et sage.

27. Vous créer tous et vous ressusciter *un jour* tous, c'est pour lui comme *de créer et de ressusciter* une seule personne, car Dieu entend et voit tout.

28. Ne vois-tu pas que Dieu fait entrer le jour dans la nuit et la nuit dans le jour? Il vous a assujetti le soleil et la lune ; l'un et l'autre poursuivent leur cours jusqu'au terme marqué. Dieu est instruit de tout ce que vous faites.

29. C'est parce que Dieu est la vérité même, et que les divinités que vous invoquez à côté de lui ne sont que vanité. Certes, Dieu est le Sublime, le Grand.

30. Ne vois-tu pas le vaisseau voguer sur mer chargé de dons de Dieu pour vous faire voir ses enseignements? Il y a dans ceci des signes pour tout homme patient, reconnaissant.

31. Lorsque les flots enveloppent le vaisseau comme des ténèbres, ils invoquent Dieu avec une foi sincère; mais, aussitôt qu'il les a sauvés et rendus à la terre ferme, tel d'entre eux flotte dans le doute. Mais qui niera nos miracles, si ce n'est le perfide, l'ingrat?

32. O hommes ! craignez votre Seigneur, et redoutez le jour où, pour si peu que ce soit, le père ne satisfera pas pour son fils, ni l'enfant *pour son père*.

33. Les promesses de Dieu sont véritables. Que la vie de ce monde ne vous éblouisse pas; que l'illusion ne vous aveugle pas sur Dieu.

34. La connaissance de l'heure est auprès de Dieu. Il fait descendre du ciel l'averse. Il sait ce que portent les entrailles *des mères*. Aucune âme ne sait ce qu'elle gagnera demain [1], aucune âme ne sait dans quelle contrée elle mourra. Dieu est savant et instruit.

[1] C'est-à-dire, nul homme ne sait s'il méritera demain une récompense ou un châtiment.

CHAPITRE XXXII.

L'ADORATION [1].

Donné à la Mecque. — 30 versets.

1. ÉLIF. LAM. MIM. [2]. La révélation de ce Livre, il n'y a pas de doute là-dessus, vient du Seigneur de l'univers.
2. Diront-ils : C'est lui (*Mohammed*) qui l'a inventé ? — Non, ô *Mohammed !* c'est plutôt la vérité venue de ton Seigneur pour que tu avertisses un peuple qui n'a point eu de prophète avant toi, et afin que tous soient dirigés dans le droit chemin.
3. C'est Dieu qui créa les cieux et la terre et tout ce qui est entre eux dans l'espace de six jours ; puis il alla s'asseoir sur le trône. Vous n'avez point d'autre patron ni d'intercesseur que lui. N'y réfléchirez-vous pas ?
4. Il conduit les affaires *du monde* du ciel à la terre, puis *tout* remonte à lui dans un jour dont la durée est de mille années de votre comput [3].
5. C'est lui qui connaît les choses visibles et invisibles, le Puissant, le Compatissant.
6. Il a donné la perfection à tout ce qu'il a créé, et a formé d'abord l'homme d'argile.
7. Puis il a établi sa descendance dérivée d'une goutte, d'une vile goutte d'eau.
8. Puis il l'a formé selon certaines proportions, et jeta en lui une partie de son esprit. Il vous a donné l'ouïe et la vue, le cœur. Que vous êtes peu reconnaissants !
9. Ils disent : Quand nous disparaîtrons quelque part sous la terre, redeviendrons-nous une création nouvelle [4] !
10. Ils ne croient pas qu'ils comparaîtront devant leur Seigneur.
11. Dis-leur : L'ange de la mort, qui est chargé de vous, vous recueillera, puis vous retournerez à Dieu.
12. Si tu pouvais voir comme les coupables baisseront leurs têtes devant leur Seigneur ! Ils s'écrieront : Seigneur, nous avons

---

[1] Le titre de la sourate lui est donné de ces mots du verset 15 : *se prosternent en signe d'adoration.*
[2] Voy. II, 1, note.
[3] Voy. chap. LXX, 4, note.
[4] C'est-à-dire, reparaîtrons-nous sous une forme nouvelle ?

vu et nous avons entendu. Laisse-nous retourner sur la terre, nous ferons le bien ; *maintenant* nous croyons fermement.

13. Si nous avions voulu, nous aurions donné à toute âme la direction de son chemin ; mais ma parole immuable a été celle-ci : Je remplirai la géhenne d'hommes et de génies ensemble.

14. Goûtez la récompense de votre oubli de la comparution de ce jour. Nous aussi nous vous avons oubliés. Goûtez le supplice éternel pour prix de vos actions.

15. Ceux-là croient à nos miracles qui, lorsqu'on en fait mention, se prosternent en signe d'ADORATION et chantent les louanges de leur Seigneur, exempts de tout orgueil ;

16. Dont les flancs se dressent de leurs couches pour invoquer leur Seigneur, par crainte et par désir[1] ; qui distribuent en aumônes les dons que nous leur avons accordés.

17. *Aucune* âme ne sait (*ne saurait dire*) combien de joies[2] leur (*aux hommes vertueux*) est reservé pour prix de leurs actions.

18. Celui qui a cru sera-t-il comme celui qui s'est livré au péché ? seront-ils égaux l'un et l'autre ?

19. Ceux qui ont cru et qui pratiquent les bonnes œuvres auront les jardins du séjour éternel pour récompense de leurs œuvres.

20. Pour les criminels, le feu sera leur séjour. Chaque fois qu'ils désireront en sortir, ils y seront ramenés. On leur dira : Goûtez le supplice du feu que vous traitiez jadis de mensonge.

21. Nous leur ferons éprouver une peine légère *dans ce monde*, avant de leur faire subir le grand supplice ; peut-être reviendront-ils à nous.

22. Qui est plus coupable que celui qui, ayant été averti par des signes de Dieu, s'en détourne ? Nous nous vengerons des coupables.

23. Nous avons donné le Livre à Moïse. Ne sois pas dans le doute sur son entrevue avec le Seigneur[3]. Nous avons fait de ce livre la direction des enfants d'Israël.

24. Nous avons établi parmi eux des imams (pontifes) pour les conduire suivant nos ordres, après qu'ils se seront montrés persévérants, et croyant fermement à nos signes.

25. Certes, Dieu prononcera entre vous au jour de la résurrection au sujet de vos disputes.

26. Ignorent-ils combien de générations nous avons anéanties

---

[1] C'est-à-dire, désirant obtenir les faveurs de Dieu.
[2] Mot à mot : de fraîcheurs d'yeux.
[3] C'est l'entrevue du mont Sinaï où Dieu s'est entretenu avec Moïse.

avant eux? Ils foulent cependant les anciennes demeures de ces peuples. Il y a des signes dans ceci. Ne l'entendent-ils pas?

27. Ne voient-ils pas comme nous poussons devant nous l'eau *contenue dans les nuages* vers un pays aride, et comme nous faisons germer les blés dont ils se nourrissent, eux et leurs troupeaux? Ne le voient-ils pas?

28. Ils demanderont : Quand donc viendra ce dénoûment? Dites-le, si vous êtes sincères.

29. Dis-leur : Au jour du dénoûment, la foi des infidèles ne servira de rien [1]. On ne leur accordera plus de délai.

30. Éloigne-toi d'eux et attends. Ils attendent aussi.

CHAPITRE XXXIII.

LES CONFÉDÉRÉS [2].

Donné à Médine. — 73 versets.

Au nom du Dieu clément et miséricordieux.

1. O prophète! crains Dieu et n'obéis point aux infidèles ni aux hypocrites. Dieu est savant et sage.

2. Suivez plutôt ce qui a été révélé par Dieu. Il connaît nos actions.

3. Mets ta confiance en Dieu; il te suffit d'avoir Dieu pour patron.

4. Dieu n'a pas donné deux cœurs à l'homme [3]; il n'a pas fait que vos épouses que vous pouvez répudier soient pour vous comme vos mères, ni que vos enfants adoptifs soient comme vos *propres* enfants. Ces mots ne sont que dans votre bouche [4]. Dieu seul dit la vérité et dirige dans le droit chemin.

---

[1] Il ne servira de rien aux infidèles de croire lorsque le jugement dernier sera arrivé.

[2] L'inscription du chapitre lui vient de ce qu'il a été révélé (ou au moins une partie) à Médine, assiégée, à l'instigation des juifs de Nadhir, pendant environ vingt jours par quelques tribus confédérées. Le mot *alahzab*, que nous traduisons ici par *confédérés*, est rendu quelquefois par *partis*.

[3] Mot à mot : Dieu n'a pas placé deux cœurs dans l'intérieur de l'homme.

[4] Les Arabes avaient coutume de dire à la femme qu'ils répudiaient, sans cependant la renvoyer de la maison ni la reprendre, ces mots : « Que ton dos soit

5. Appelez vos fils adoptifs du nom de leurs pères, ce sera plus équitable devant Dieu. Si vous ne connaissez pas leurs pères, qu'ils soient vos frères en religion et vos clients; il n'y aura pas de péché si vous vous trompez à cet égard; mais ce sera un péché si vous le faites de propos délibéré. Dieu est plein de bonté et de miséricorde.

6. Le prophète est plus proche des croyants qu'ils ne le sont eux-mêmes [1]; ses femmes sont leurs mères. Selon le livre de Dieu, les hommes liés entre eux par les liens du sang sont plus proches les uns des autres que les *autres* croyants et les Mohadjers [2]; mais le peu de bien que vous ferez à vos amis sera inscrit dans le Livre.

7. Souviens-toi que nous avons contracté un pacte avec les prophètes et avec toi, avec Noé, et Abraham, et Moïse, et Jésus, fils de Marie; nous avons formé une alliance solide.

8. Afin que Dieu puisse interroger les hommes véridiques sur leur véracité [3]; car il a préparé un châtiment terrible pour les infidèles.

9. O croyants! souvenez-vous des bienfaits de Dieu envers vous, lorsque des armées fondaient sur vous, et lorsque nous envoyâmes un vent et des armées invisibles, car Dieu voit ce que vous faites.

10. Alors *les ennemis* vous assaillaient d'en haut et d'en bas [4], alors vos yeux s'égaraient, et les cœurs vous remontaient déjà à la gorge [5]; alors vous aviez sur Dieu toute sorte de pensées [6].

dorénavant pour moi comme le dos de ma mère. » Mahomet condamne cette coutume. Il lève également les scrupules de ceux qui, regardant leurs fils adoptifs comme leurs propres enfants, s'interdisaient le mariage avec les femmes que ceux-ci avaient répudiées. On verra au verset 37 les motifs de cette dispense. Par les mots: Dieu n'a pas donné deux cœurs à l'homme, on entend que l'homme ne peut pas avoir une affection égale pour ses propres enfants et pour ceux qu'il a adoptés.

[1] Mot à mot: le prophète est plus proche des croyants que leurs âmes, mais ici le mot *âme* (*nafs*) est dans le sens de: *soi-même, personne, individu*.

[2] Les *Mohadjers* sont ceux qui avaient émigré de la Mecque. Ce verset abroge ceux du chapitre VIII, où les Mohadjers et les Ansars (auxiliaires de Médine) sont désignés comme héritiers les uns des autres, à l'exclusion des autres parents alors idolâtres encore.

[3] C'est-à-dire, jusqu'à quel point ils se sont acquittés de leur mission et ont rempli leurs engagements envers Dieu.

[4] Il s'agit ici de l'engagement qui eut lieu sous les murs de Médine, où une partie des forces ennemies était au haut et une autre au bas de la vallée.

[5] C'est une locution figurée propre à la langue arabe, pour exprimer l'état d'angoisse causé par la frayeur qui suffoque.

[6] Vous l'accusiez déjà de vous avoir trahis abandonnés.

11. Les fidèles subissaient alors une rude épreuve; ils tremblaient d'un tremblement violent.

12. Lorsque les hypocrites et ceux dont le cœur est atteint d'une maladie disaient : Dieu ne nous a fait qu'une vaine promesse,

13. Lorsqu'une partie d'entre eux disaient : O habitants de Iathrib [1] ! il n'y a point ici d'asile pour vous; retournez plutôt chez vous, une partie d'entre vous demandèrent au prophète la permission de se retirer, en disant : Nos maisons sont sans défense; *non*, elles n'étaient pas sans défense, *mais* ils ne voulaient que s'enfuir.

14. Si dans cet instant l'ennemi fût entré *dans Iathrib*, si on leur eût demandé de faire du désordre *et de combattre les croyants*, ils s'y seraient livrés; mais dans ce cas ils n'y seraient restés que très-peu de temps.

15. Et cependant ils avaient précédemment promis à Dieu de ne point tourner le dos. Or le pacte conclu avec Dieu est une chose dont on demande compte.

16. Dis : La fuite ne vous servira de rien. Si vous avez échappé à la mort ou au carnage *à la guerre*, vous ne jouirez de la vie que peu de temps.

17. Dis : Quel est celui qui vous donnera un abri contre Dieu, s'il veut vous affliger d'un malheur, ou s'il veut vous témoigner sa miséricorde? Vous ne trouverez contre lui ni patron ni protecteur.

18. Dieu connaît bien ceux d'entre vous qui empêchent les autres de suivre le prophète, qui disent à leurs frères : Venez à nous, et qui ne montrent *à l'attaque* qu'une ardeur médiocre.

19. C'est par avarice à votre égard [2]; lorsque la peur s'empare d'eux, tu les vois chercher du secours, et rouler les yeux comme celui qu'environnent les ombres de la mort. Que la frayeur passe, tu verras comme ils t'assailliront de leurs langues acérées, avares qu'ils sont des biens *qui vous attendent*. Ces hommes n'ont pas de foi. Dieu rendra leurs œuvres nulles. Cela lui est facile.

20. Ils s'imaginaient que les confédérés ne s'éloigneraient pas; si les confédérés revenaient *pour la seconde fois*, ils désireraient

---

[1] Médine s'appelait autrefois Iathrib. Depuis que Mahomet en a fait le siége de son pouvoir, on l'a nommée *Medinet en-Nebi*, ville du prophète, et puis simplement *el-Medinè* (la ville).

[2] C'est-à-dire, ils sont avares de leurs personnes, ou bien ils verraient avec peine qu'une partie du butin vous échût.

vivre alors avec les Arabes nomades [1], et se contenteraient de s'informer de vous; car, quoiqu'ils fussent maintenant avec vous, ils n'ont combattu que faiblement.

21. Vous avez un excellent exemple dans votre prophète, un exemple pour tous ceux qui espèrent en Dieu et croient au jour dernier, qui y pensent souvent.

22. Quand les croyants virent les confédérés, ils s'écrièrent : Voici ce que Dieu et son apôtre vous ont promis. Dieu et son apôtre ont dit la vérité. Tout cela ne fit qu'accroître leur foi et leur abandon absolu à la volonté de Dieu.

23. Il est parmi les fidèles des hommes qui tiennent ce qu'ils avaient promis à Dieu; il y en a qui ont accompli leur terme, d'autres qui l'attendent ; ils n'ont point changé.

24. Dieu récompensera de leur loyauté les hommes loyaux ; il punira les hypocrites s'il le veut, ou bien il leur pardonnera, car Dieu est enclin à pardonner et à avoir pitié.

25. Dieu repoussa les infidèles avec leur colère. Ils n'ont retiré aucun avantage *dans cette guerre*. Dieu suffit aux croyants dans les combats, car Dieu est fort et puissant.

26. Il a fait sortir de leurs forts ceux des gens des Écritures [2] qui aidaient les confédérés; il a jeté dans leurs cœurs la terreur et le désespoir; vous en avez tué une partie, vous en avez réduit en captivité une autre.

27. Dieu vous a rendus héritiers de leur pays, de leurs maisons et de leurs richesses, du pays que vous n'aviez jamais foulé jusqu'alors de vos pieds. Dieu est tout-puissant.

28. O prophète! dis à tes femmes : Si vous recherchez la vie d'ici-bas avec sa pompe, venez, je vous accorderai une belle part et un congé honnête.

29. Mais si vous recherchez Dieu et son apôtre, et le séjour de la vie future, Dieu a préparé des récompenses magnifiques à celles qui pratiquent la vertu [3].

---

[1] Car, dans ce cas, ils se trouveraient absents et se soustrairaient ainsi à la guerre sainte.

[2] Ce passage se rapporte à l'expédition faite par Mahomet contre les juifs de Koreïdha, aussitôt qu'ils eurent levé le siége de Médine. Pour les punir de leur trahison (ils avaient les premiers rompu l'alliance conclue antérieurement avec Mahomet), on en fit un grand carnage ; une partie furent réduits en esclavage, et leurs biens donnés aux Mohadjers (émigrés de la Mecque).

[3] Les femmes de Mahomet le fatiguaient en lui demandant des vêtements plus riches et un train de maison plus considérable. Mahomet, les ayant fait venir toutes, leur donna le choix ou de rester avec lui comme par le passé, ou de le

30. O femmes du prophète! si une d'entre vous se rend coupable de la turpitude¹ qui soit prouvée, Dieu portera sa peine au double; cela est facile à Dieu.

31. Celle qui croira fermement en Dieu et en son apôtre, qui fera le bien, à celle-là nous porterons la récompense au double; nous lui avons préparé une part généreuse.

32. O femmes du prophète! vous n'êtes point comme les autres femmes; si vous craignez Dieu, ne montrez pas trop de complaisance dans vos paroles, de peur que l'homme dont le cœur est atteint d'une infirmité ne vienne à former sur vous des désirs coupables. Tenez toujours un langage décent.

33. Restez tranquilles dans vos maisons, n'affectez pas le luxe des temps passés de l'ignorance²; observez les heures de la prière; faites l'aumône; obéissez à Dieu et à son apôtre. Dieu ne veut qu'éloigner l'abomination de vous tous, de sa famille³, et vous assurer une pureté parfaite.

34. Repassez dans votre mémoire les versets du Koran que l'on récite dans vos maisons, ainsi que *les enseignements* de la sagesse. Certes, Dieu est bon, et il est instruit de tout.

35. Les hommes et les femmes qui s'abandonnent entièrement à Dieu, les hommes et les femmes qui croient, les personnes pieuses des deux sexes, les personnes justes des deux sexes, les personnes des deux sexes qui supportent tout avec patience, les humbles des deux sexes, les hommes et les femmes qui font l'aumône, les personnes des deux sexes qui observent le jeûne, les personnes chastes des deux sexes, les hommes et les femmes qui se souviennent de Dieu à tout moment, tous obtiendront le pardon de Dieu et une récompense généreuse.

36. Il ne convient pas aux croyants des deux sexes de suivre leur propre choix, si Dieu et son apôtre en ont décidé autrement. Quiconque désobéit à Dieu et à son apôtre est dans un égarement manifeste.

37. *O Mohammed!* tu as dit un jour à cet homme envers lequel Dieu a été plein de bonté, et qu'il a comblé de ses faveurs:

---

quitter en divorçant. Toutes les femmes préférèrent rester avec Dieu et l'apôtre Mahomet les remercia, et s'interdit par le verset 52 d'épouser d'autres femmes.

¹ Ce mot veut dire ici l'adultère.

² L'ignorance, *eldjahiliiè*, s'applique aux temps d'idolâtrie.

³ Dans ce passage, le mot *vous* est en arabe un pronom masculin au pluriel, tandis que, dans les phrases qui précèdent, Mahomet se sert du pronom féminin: *vous, femmes*. Les chiites (partisans d'Ali) citent ce passage à l'appui de l'union intime d'Ali et de sa postérité avec le prophète.

Garde ta femme et crains Dieu ; et tu cachais dans ton cœur ce que Dieu devait bientôt mettre au grand jour. Tu as craint les hommes, il était cependant plus juste de craindre Dieu. Mais lorsque Zéïd prit un parti, et résolut de répudier sa femme, nous l'unîmes à toi par le mariage, afin que ce ne soit pas pour les croyants un crime d'épouser les femmes de leurs fils adoptifs, après leur répudiation [1]. Et l'arrêt de Dieu s'accomplit.

38. Il n'y a point de crime de la part du prophète d'avoir accepté ce que Dieu lui accordait ; Dieu avait coutume de le faire pour ceux qui ont vécu avant toi. (Les ordres de Dieu sont fixés d'avance.)

39. Pour ceux qui remplissaient la mission dont Dieu les avait chargés, qui craignaient Dieu et ne craignaient que lui. Dieu suffit pour tous.

40. Mohammed n'est le père d'aucun homme parmi vous. Il est l'envoyé de Dieu et le sceau des prophètes [2]. Dieu connaît tout.

41. O croyants ! répétez souvent le nom de Dieu et célébrez-le matin et soir.

---

[1] On a vu plus haut (verset 4) la distinction que Mahomet voulait établir entre les enfants propres et adoptifs, pour lever les scrupules des Arabes à cet égard. Voici ce qui donna lieu à la révélation du verset 37, qui sert de complément au verset 4. Zeïd, jeune homme de la tribu de Kalb, descendant des Himyarites, fut enlevé par un parti d'Arabes et mis en vente ; Mahomet l'acheta longtemps avant son apostolat, le prit en affection et le traita comme son fils. Lorsque le vénérable père de Zeïd, Haretha, après bien des recherches, eut enfin découvert son fils, il offrit à Mahomet de le racheter ; mais le prophète déclara que, si Zeïd préférait retourner chez son père, il le renverrait sans rançon ; dans le cas contraire, il le garderait. Zeïd déclara vouloir rester avec Mahomet, qui l'adopta solennellement pour son fils devant la pierre noire de la Caaba. Plus tard, Mahomet lui fit épouser une femme nommée Zeïneb (Zénobie). Quelques années après, Mahomet étant allé un jour chez Zeïd, ne le trouva pas et vit seulement sa femme, et sa beauté le frappa au point qu'il s'écria : « Gloire à Dieu, qui tourne les cœurs des hommes comme il veut ! » Quand Zeïd rentra chez lui, sa femme lui raconta la visite de Mahomet, sans oublier l'exclamation très-significative du prophète. Zeïd comprit qu'il fallait sacrifier sa femme à son bienfaiteur ; aussi s'empressa-t-il de la répudier. Mahomet, soit sincèrement, soit en apparence seulement et de peur de scandale, chercha à en détourner Zeïd. Là-dessus, dit-on gravement, intervint la révélation du verset 37, qui légitime la passion du prophète, et permet à lui comme aux fidèles d'épouser les femmes répudiées par leurs fils adoptifs. Les musulmans font observer que Zeïd est le seul des contemporains de Mahomet nommé dans le Koran. Il faut cependant ajouter Abou-Lahab, nommé dans le chapitre CXI.

[2] Cela veut dire qu'il n'y aura plus de prophètes après Mahomet. On cite ces paroles de Mahomet : *La nebiia ba'dî*. Plus de prophètes après moi.

42. Il a de la bienveillance pour vous ; ses anges intercèdent pour vous, afin que vous passiez des ténèbres à la lumière ; il est miséricordieux envers les vrais croyants.

43. La salutation qu'ils recevront au jour où ils comparaîtront devant lui sera ce mot : Paix! (*Selam*[1]) Il leur a préparé en outre une récompense généreuse.

44. O prophète! nous t'avons envoyé pour être témoin, pour avertir, pour annoncer.

45. Tu appelles les hommes à Dieu, tu es le flambeau qui éclaire.

46. Annonce aux croyants qu'il y a auprès de Dieu de grandes faveurs en réserve pour eux.

47. N'écoute ni les infidèles ni les hypocrites. Ne leur fais pas cependant de mal. Mets ta confiance en Dieu. Dieu te suffit comme patron.

48. O croyants! si vous répudiez une femme fidèle avant d'avoir eu commerce avec elle, ne la retenez point au delà du terme prescrit. Donnez-lui ce que la loi ordonne, et un congé honnête.

49. O prophète! il t'est permis d'épouser les femmes que tu auras dotées, les captives que Dieu a fait tomber entre tes mains, les filles de tes oncles et de tes tantes maternels et paternels qui ont pris la fuite avec toi, et toute femme fidèle qui aura donné son âme (*elle-même*) au prophète, si le prophète veut l'épouser. C'est une prérogative que nous t'accordons sur les autres croyants.

50. Nous savons ce que nous vous avons prescrit au sujet de vos épouses et de vos esclaves, afin qu'il n'y ait là aucun péché de ta part. Dieu est indulgent et miséricordieux.

51. Tu peux donner de l'espoir à celle que tu voudras, et recevoir *dans ta couche* celle que tu voudras, et celle que tu désires de nouveau après l'avoir négligée. Tu ne seras pas coupable en agissant ainsi. Il sera ainsi plus facile de les consoler [2]. Qu'elles ne soient jamais affligées, que toutes soient satisfaites de ce que tu leur accordes. Dieu connaît ce qui est dans vos cœurs; il est savant et humain.

52. Il ne t'est pas permis de prendre d'autres femmes dorénavant [3], ni de les échanger contre d'autres, quand même leur beauté

---

[1] Ce mot peut se traduire aussi par salut, salutation, et par sécurité.
[2] Mot à mot : de rafraîchir leurs yeux.
[3] A cette époque Mahomet avait neuf femmes, sans compter les esclaves. De là on a conclu que le prophète était autorisé à avoir neuf femmes légitimes, sans compter les esclaves. L'exemple du prophète est regardé comme obligatoire pour les imams, censés être ses successeurs. Tous les autres croyants, on l'a vu par

te charmerait, à l'exception des esclaves que tu peux acquérir. Or Dieu observe tout.

53. O croyants! n'entrez point sans permission dans les maisons du prophète, excepté lorsqu'on vous permet de prendre un repas *avec lui* et sans vous y attendre. Mais lorsque vous y êtes invités, entrez-y, et dès que vous avez mangé, séparez-vous et n'engagez pas familièrement des entretiens, car cela lui cause de la peine; le prophète rougit *de vous le dire;* mais Dieu ne rougit point de la vérité. Si vous voulez demander quelque objet à ses femmes, demandez-le à travers un voile ; c'est ainsi que vos cœurs et les leurs se conserveront en pureté. Évitez de faire de la peine à l'envoyé de Dieu. N'épousez jamais les femmes avec qui il aura eu commerce ; ce serait grave aux yeux de Dieu.

54. Soit que vous produisiez une chose au grand jour, soit que vous la cachiez, Dieu connaît tout.

55. Vos épouses peuvent se découvrir devant leurs pères, leurs enfants, leurs neveux et leurs femmes, et devant leurs esclaves. Craignez le Seigneur, il est témoin de toutes vos actions.

56. Dieu et les anges honorent le prophète. Croyants! adressez sur son nom des paroles de vénération, et prononcez son nom avec salutation [1].

57. Ceux qui offenseront Dieu et son envoyé seront maudits dans ce monde et dans l'autre, et voués au supplice ignominieux.

58. Ceux qui font du mal aux croyants, hommes ou femmes, sans qu'ils l'aient mérité, commettent un mensonge et un énorme péché.

59. O prophète! prescris à tes épouses, à tes filles et aux femmes des croyants de laisser tomber leur voile jusqu'en bas; ainsi il sera plus facile d'obtenir qu'elles ne soient ni méconnues ni calomniées [2]. Dieu est indulgent et miséricordieux.

---

le chap. IV, ne peuvent avoir que quatre femmes légitimes. Le mot *ba'dou* (après), que nous traduisons par *dorénavant*, est entendu par les commentateurs dans ce sens que, lors même qu'une des femmes mourrait, Mahomet ne devait plus la remplacer.

[1] En conformité de ce précepte, les mahométans ne prononcent ni n'écrivent jamais le nom de Mahomet sans ajouter ces mots : *Salla allahou aleihi oua sallama*, que Dieu lui soit propice et le conserve ! Le mot *salla*, qui signifie *prier*, quand il se dit de l'homme à l'égard de Dieu, ne peut se traduire en parlant de Dieu par rapport à Mahomet, que par le mot *honorer*, ou *bénir*, et c'est ce sens que lui donnent les commentateurs ; car la signification primitive de ce verbe implique plutôt un témoignage de vénération qu'une supplication.

[2] Car en Orient il n'y a que les femmes du bas peuple, les campagnardes

CHAPITRE XXXIII.

60. Si les hypocrites, les hommes dont le cœur est atteint d'une maladie, et les propagateurs de fausses nouvelles à Médine, ne cessent leurs méfaits, nous t'exciterons contre eux pour les châtier, et nous ne les laisserons demeurer à côté de toi que très-peu de temps.

61. Maudits en quelque lieu qu'ils soient, ils seront saisis et tués dans un carnage terrible.

62. Telle a été la conduite de Dieu envers les hommes qui les ont précédés. Tu ne trouveras aucun changement dans la conduite de Dieu.

63. Ils te demanderont quand viendra l'heure. Réponds : La connaissance de l'heure est auprès de Dieu; et qui peut te dire si l'heure n'est pas proche?

64. Il a maudit les infidèles et les a menacés du feu.

65. Ils y demeureront éternellement sans intercesseurs et sans secours.

66. Le jour où ils tourneront leurs regards vers les flammes, ils s'écrieront : Plût à Dieu que nous eussions obéi à Dieu et au prophète!

67. Seigneur! nous avons suivi nos princes et nos grands, et ils nous ont écartés du droit chemin.

68. O Seigneur! porte au double leur supplice et prononce sur eux une grande malédiction.

69. O croyants! ne ressemblez pas à ceux qui offensèrent Moïse; Dieu le lava de leurs calomnies, et Moïse était considéré devant Dieu.

70. O croyants! craignez le Seigneur; parlez avec droiture.

71. Dieu fera tourner lui-même vos œuvres en bien, et effacera vos péchés, et quiconque obéit à Dieu et à son prophète jouira d'un grand bonheur.

72. Nous avons proposé au ciel, à la terre, aux montagnes, le dépôt *de la foi;* ils ont refusé de s'en charger, ils ont tremblé de le recevoir. L'homme s'en chargea, et il est devenu injuste et insensé.

73. Dieu punira les hypocrites des deux sexes et les idolâtres des deux sexes; mais il pardonnera aux croyants, hommes et femmes. Il est indulgent et miséricordieux.

---

ou les femmes de mœurs suspectes qui laissent voir leur visage entièrement ou en partie.

CHAPITRE XXXIV.

SABA [1].

Donné à la Mecque. — 54 versets.

Au nom du Dieu clément et miséricordieux.

1. Gloire à Dieu, à qui appartient tout ce qui est dans les cieux et sur la terre. La gloire dans l'autre monde lui appartient aussi; il est le Sage, l'Instruit.
2. Il sait ce qui entre dans la terre et ce qui en sort; ce qui descend du ciel et ce qui y monte. Il est le Compatissant, l'Indulgent.
3. Les incrédules disent : L'heure ne viendra pas. Réponds : Certes, elle viendra, j'en jure par le Seigneur, qui connaît les choses cachées; à sa connaissance n'échappe même pas le poids d'un atome. Il n'y a dans les cieux et sur la terre rien, qu'il soit plus petit ou plus grand qu'un atome, qui ne soit consigné dans le Livre évident,
4. Afin que Dieu récompense ceux qui ont cru et fait le bien. A eux le pardon et une subsistance généreuse.
5. Ceux qui travaillent à affaiblir nos signes (*à déprécier nos miracles*) recevront le châtiment d'un supplice douloureux.
6. Ceux qui ont reçu la science voient bien que le livre qui t'a été envoyé d'en haut par ton Seigneur est la vérité; qu'il conduit dans le sentier du Puissant, du Glorieux.
7. Les incrédules disent *à ceux qu'ils rencontrent* : Voulez-vous que nous vous montrions l'homme qui vous prédit que, lorsque vous aurez été déchirés et rongés en tout sens, vous serez ensuite revêtus d'une forme nouvelle?
8. Ou il a inventé un mensonge contre Dieu, ou il est démoniaque. Dis plutôt : Ceux qui ne croient point à la vie future seront dans le supplice et dans un égarement sans terme.
9. Ne voient-ils pas ce qui est devant eux et derrière eux? le ciel et la terre? Si nous voulions, nous pourrions les faire engloutir par la terre entr'ouverte, ou faire tomber sur leurs têtes un

---

[1] Saba est le nom d'un pays dans l'Arabie Heureuse, à trois journées de Sanaa. La reine de ce pays, Balkis, selon les mahométans, avait envoyé un message à Salomon (voy. chap. XXVII). Sur le pays de Saba et la langue qu'on y parle, voyez les articles de M. Fresnel dans le Journal asiatique.

fragment du ciel. Dans ceci il y a un signe pour tout serviteur *de Dieu* capable de se convertir.

10. Nous avons accordé à David un don qui venait de nous (*le talent de chanter*). Nous dîmes : O montagnes et oiseaux ! alternez avec lui dans ses chants. Nous avons amolli le fer entre ses mains, *et lui dîmes : * Fais-en des cottes de mailles complètes, et observe bien la proportion des mailles. Faites le bien, car je vois vos actions.

11. Nous assujettîmes le vent à Salomon. Il soufflait un mois le matin et un mois le soir. Nous fîmes couler pour lui une fontaine d'airain. Les génies travaillaient sous ses yeux, par la permission du Seigneur, et quiconque s'écartait de nos ordres était livré au supplice du brasier ardent.

12. Ils exécutaient pour lui tous les travaux qu'il voulait, des palais, des statues [1], des plateaux larges comme des bassins, des chaudrons solidement étayés. O famille de David! rendez-nous des actions de grâces. Qu'il y a peu d'hommes reconnaissants parmi mes serviteurs!

13. Et lorsque nous décrétâmes qu'il mourût, ce fut un reptile de la terre qui l'apprit le premier à tous : il avait rongé son bâton *qui soutenait le cadavre ;* et quand celui-ci tomba, les génies reconnurent que, s'ils avaient pénétré le mystère, ils ne seraient pas restés aussi longtemps dans cette peine avilissante [2]

14. Les habitants de SABA avaient, dans le pays qu'ils habitaient, un signe *d'avertissement* : deux jardins, à droite et à gauche [3]. Nous leur dîmes : Mangez de la nourriture que vous donne votre Seigneur; rendez-lui des actions de grâces. Vous avez une contrée charmante et un Seigneur indulgent.

[1] Parmi les ouvrages exécutés par les génies, on cite le trône de Salomon, supporté par deux lions couchés et surmonté de deux aigles. Quand Salomon montait sur le trône, les lions étendaient leurs pattes, et, quand il s'asseyait, les aigles l'ombrageaient de leurs ailes.

[2] On a déjà vu dans les chap. II et XXVII quelques détails sur Salomon. Chez les musulmans, Salomon est le type d'un roi sage, puissant ; sa magnificence est devenue proverbiale. Les commentateurs racontent, d'après les sources rabbiniques sans doute, que Salomon, se voyant dans un âge très-avancé, pria Dieu de cacher sa mort jusqu'à ce que les ouvrages et les édifices entrepris par lui fussent terminés. Il craignait que les génies n'abandonnassent les travaux aussitôt après sa mort. Dieu agréa la demande de Salomon, et, quand le moment de sa mort vint, il était à genoux, faisant la prière appuyé sur son bâton. Les génies, le voyant toujours en vie, achevèrent les travaux.

[3] Il faut entendre ici par les jardins tout un pays couvert de jardins, dans le pays appelé Marib, à trois journées de distance de Sanaa.

15. Mais ils se détournèrent *de la vérité*. Nous envoyâmes contre eux l'inondation des digues [1], et nous échangeâmes leurs deux jardins contre deux autres produisant des fruits amers, des tamarins et quelques fruits du petit lotus.

16. C'est ainsi que nous les rétribuâmes de leur incrédulité. Récompenserons-nous ainsi d'autres que les ingrats?

17. Nous établîmes entre eux et les villes que nous avons bénies des cités florissantes ; nous établîmes à travers ce pays une route, et nous dîmes : Voyagez-y en sûreté le jour et la nuit.

18. Mais ils dirent : Seigneur, mets une plus grande distance entre nos chemins [2]. Ils ont agi avec iniquité envers eux-mêmes. Nous les rendîmes la fable des nations, et nous les dispersâmes de tous côtés. Il y a dans ceci un avertissement pour tout homme qui sait souffrir et qui est reconnaissant.

19. Éblis reconnut qu'il les avait bien jugé. Tous l'ont suivi, sauf quelques croyants.

20. Il n'avait cependant aucun pouvoir sur eux ; seulement, nous voulions savoir qui d'entre eux croira à la vie future et qui en doutera. Ton Seigneur veille sur toute chose.

21. Dis-leur : Appelez ceux que vous croyez exister outre Dieu. Ils n'ont pas de pouvoir au ciel ni sur la terre, pas même pour le poids d'un atome. Ils n'ont eu aucune part dans leur création, et Dieu ne les a point pris pour ses aides.

22. L'intercession de qui que ce soit ne servira de rien, sauf à celui à qui Dieu le permettra. Ils attendront jusqu'au moment où la crainte sera bannie de leurs cœurs [3]. Ils diront alors : Qu'est-ce que Dieu a dit? On leur répondra : La vérité. Il est le Sublime, le Grand.

23. Dis-leur : Qui est-ce qui vous envoie la nourriture des cieux et de la terre? Dis : C'est Dieu. Moi ou vous, sommes-nous sur le droit chemin ou dans l'égarement évident?

---

[1] L'inondation des digues est une des principales époques de l'histoire de l'Arabie ; cette catastrophe occasionna une émigration des tribus, qui depuis cette époque se fixèrent tant dans les autres parties de l'Arabie qu'en Syrie. Quoiqu'il soit difficile de préciser l'époque de cet événement, les recherches de M. de Sacy permettent de la rapporter au deuxième siècle après Jésus-Christ. Voyez aussi l'histoire des Arabes, par M. Caussin de Perceval, 3 vol., 1849.

[2] Ils étaient ennuyés, disent les commentateurs, de tant de bénédictions, ils voulaient avoir l'occasion de pressurer les pauvres gens par des voyages à travers les déserts. Aussi Dieu rendit ce pays désert.

[3] Car ceux qui voudraient intercéder n'oseront pas prononcer un seul mot avant que Dieu leur en donne la permission.

24. On ne vous demandera point compte de nos fautes, ni à nous non plus de vos actions.

25. Dis : Notre Seigneur nous réunira tous, et prononcera entre nous en toute justice. Il est le Juge suprême [1], le Savant.

26. Dis : Montrez-moi ceux que vous lui avez adjoints comme associés. Il n'en a point. Il est le Puissant, le Sage.

27. Nous t'avons envoyé vers tous les hommes sans exception, ô *Mohammed!* pour annoncer et menacer à la fois. Mais la plupart des hommes ne savent pas.

28. Ils disent : Quand donc *s'accomplira* cette promesse? Dites si vous êtes sincères.

29. Dis-leur : Votre rendez-vous sera le jour que vous ne saurez ni reculer ni avancer d'un seul instant.

30. Les incrédules disent : Nous ne croirons ni à ce Koran ni aux livres envoyés avant lui. Si tu voyais les méchants, lorsqu'ils seront amenés devant leur Seigneur et se renverront mutuellement des reproches! Les faibles de la terre diront aux puissants : Sans vous, nous aurions été croyants.

31. Et les puissants répondront aux faibles : Est-ce nous qui vous avons empêchés de suivre la direction quand elle vous a été donnée? Vous en êtes coupables vous-mêmes.

32. Et les faibles répondront aux puissants : Non, ce sont vos ruses de chaque jour et de chaque nuit, lorsque vous nous commandiez de ne point croire en Dieu et de lui donner des égaux. Tous ils cacheront leur dépit à la vue des tourments. Nous chargerons de chaînes le cou des infidèles. Seraient-ils rétribués autrement qu'ils n'ont agi?

33. Nous n'avons pas envoyé un seul apôtre vers une cité, que les hommes opulents n'aient dit : Nous ne croyons pas à sa mission.

34. Ils disaient : Nous sommes plus riches en biens et en enfants; ce n'est pas nous qui subirons le supplice.

35. Dis-leur : Mon Seigneur verse à pleines mains ses dons à qui il veut, ou les mesure; mais la plupart des hommes ne le savent pas.

36. Ce n'est point par vos richesses ni par vos enfants que vous vous rapprocherez plus près de nous. Il n'y a que ceux qui croient et font le bien *qui le feront;* à eux la récompense portée au double pour prix de leurs actions. Ils se reposeront en sûreté dans les hautes galeries du paradis.

---

[1] Le mot arabe employé ici est *elfettah*, proprement qui ouvre tout, qui dénoue et tranche toutes les difficultés et tous les différends.

37. Mais ceux qui s'efforcent d'annihiler nos signes seront livrés au supplice.

38. Dis : Mon Seigneur verse à pleines mains ses dons sur celui qu'il veut d'entre ses serviteurs, ou les mesure. Tout ce que vous donnerez en aumônes, il vous le rendra. Il est le meilleur dispensateur de dons.

39. Un jour il vous rassemblera tous, puis il demandera aux anges : Est-ce vous qu'ils adoraient?

40. Et les anges répondront : Par ta gloire! tu es notre patron et non point eux. Ils adoraient plutôt les génies; le plus grand nombre croient en eux.

41. Ce jour-là aucun d'entre vous ne disposera en faveur de l'autre d'aucun bien ni d'aucun mal. Nous dirons aux infidèles : Goûtez le châtiment du feu que vous avez jadis traité de mensonge.

42. Lorsqu'on leur récite nos enseignements, ils disent : Cet homme ne veut que nous détourner des divinités qu'adoraient nos pères. Ils diront encore : Le Koran n'est qu'un mensonge forgé *récemment.* Quand la vérité se fait clairement voir à eux, les incrédules disent : Ce n'est que de la magie manifeste.

43. Avant toi nous ne leur avions donné aucun livre, ni envoyé aucun apôtre.

44. Ceux qui les ont précédés traiteront nos envoyés d'imposteurs. Ceux-ci n'ont point obtenu le dixième de ce que nous avions accordé aux autres, et ils ont traité également nos envoyés d'imposteurs. Que mon châtiment a été terrible!

45. Dis-leur : Je vous engage à une seule chose. Présentez-vous sous l'invocation de Dieu, deux à deux ou séparément [1], et considérez bien si votre compatriote est atteint de la démonomanie, s'il est autre chose qu'un apôtre chargé de vous avertir à l'approche du supplice terrible.

46. Dis-leur : Je ne vous demande pas de salaire, gardez-le pour vous. Mon salaire n'est qu'à la charge de Dieu. Il est témoin de toutes choses.

47. Dis : Dieu n'envoie que la vérité à ses apôtres. Il connaît parfaitement les choses cachées.

48. Dis : La vérité est venue, le mensonge ne paraîtra pas et ne reviendra plus.

49. Dis : Si je suis dans l'erreur, j'y suis à mon détriment; si

---

[1] Deux à deux ou un à un, et non pas ensemble, où l'on est plus facilement influencé par le jugement des autres.

je suis dans le droit chemin, c'est par suite de ce que m'a révélé mon Seigneur. Il entend tout, il est proche *partout.*

50. Ah! si tu voyais comme ils trembleront sans trouver d'asile, et comme ils seront assaillis d'un endroit proche, *en sorte qu'ils ne sauront échapper.*

51. Ils diront : Voilà! nous avons cru en lui. Mais comment y atteindraient-ils *à cette foi qu'ils affectent maintenant* quand ils sont si loin *par leur passé?*

52. Ils ne croyaient pas auparavant et lançaient des propos au sujet des choses cachées de si loin [1].

53. Un intervalle immense s'interposera entre eux et ce qu'ils désirent [2].

54. Il en fut ainsi avec leurs semblables d'autrefois, qui étaient dans le doute, remettant tout en question.

CHAPITRE XXXV.

LES ANGES [3] OU LE CRÉATEUR.

Donné à la Mecque. — 45 versets.

Au nom du Dieu clément et miséricordieux.

1. Gloire à Dieu, créateur des cieux et de la terre, celui qui emploie pour messagers les ANGES à deux, trois et quatre *paires d'ailes* [4] ! il ajoute à la création autant qu'il veut ; il est tout-puissant.

2. Ce que Dieu ouvre aux hommes *des trésors* de sa miséricorde, nul ne saurait le retenir, et ce que Dieu retient, nul ne saurait l'envoyer après lui. Il est le Puissant, le Sage.

---

[1] Les versets 50, 51, 52, contiennent une sorte de jeu de mots qui peut à peine être sensible dans la traduction ; et qui consiste dans l'emploi des mots *proche, de près, de loin, lancer, atteindre* ; le mot *lancer* (en arabe *rama*) signifie aussi au figuré : *se moquer de quelque chose.* Les choses cachées sont les mystères du paradis, de l'enfer, de la vie future ; les incrédules, dit le Koran, se moquent des mystères, ils en sont si loin ! ils sont si incapables de les comprendre!

[2] La foi ou le salut, et la délivrance du feu.

[3] Ce chapitre est encore intitulé le Créateur. Les deux mots qui lui servent de titre sont empruntés au premier verset.

[4] L'ange Gabriel, selon les commentateurs, apparut à Mahomet dans la nuit de son voyage nocturne (voy. chap. XVII) avec six cents ailes.

3. O hommes ! souvenez-vous des bienfaits dont Dieu vous a comblés ; y a-t-il un autre créateur que Dieu qui vous nourrisse des dons du ciel et de la terre ? Il n'y a point d'autre dieu que lui. Pourquoi donc vous en détournez-vous ?

4. S'ils te traitent d'imposteur, *ô Mohammed !* les apôtres qui t'ont précédé ont été traités de même ; mais toutes choses reviendront à Dieu.

5. O hommes ! les promesses de Dieu sont véritables ; que la vie de ce monde ne vous éblouisse pas ; que la vanité ne vous aveugle pas sur Dieu.

6. Satan est votre ennemi ; regardez-le comme votre ennemi. Il appelle ses alliés à lui, afin qu'ils soient *ensuite* livrés au feu.

7. Ceux qui ne croient pas éprouveront un supplice terrible.

8. Ceux qui croient et qui font le bien obtiendront le pardon de leurs fautes et une récompense magnifique.

9. Celui à qui on a présenté de mauvaises actions sous un beau jour, et qui les croit belles, *sera-t-il comme celui à qui le contraire arrive ?* Dieu égare celui qu'il veut, et dirige celui qu'il veut. Que ton âme, *ô Mohammed !* ne s'abîme donc point dans l'affliction sur leur sort. Dieu connaît leurs actions.

10. C'est Dieu qui envoie les vents qui poussent les nuages. Dès que nous avons poussé devant nous les nuages vers une contrée morte *de sécheresse*, nous en ranimons la terre naguère morte. Ainsi *se fera* la résurrection.

11. Si quelqu'un désire la grandeur, la grandeur appartient tout entière à Dieu ; vers lui montent toute bonne parole et toute bonne œuvre, et il les élève encore. Ceux qui trament de mauvais projets recevront un châtiment terrible. Leurs machinations seront mises au néant.

12. Dieu vous a d'abord créés de poussière, puis d'une goutte de sperme ; ensuite il vous a divisés en deux sexes ; la femelle ne porte et ne met rien au monde dont il n'ait connaissance ; rien n'est ajouté à l'âge d'un être qui vit longtemps, et rien n'en est retranché, qui ne soit consigné dans le Livre. Ceci est facile à Dieu.

13. Les deux mers [1] ne se ressemblent point : l'une est d'eau fraîche et douce, de facile absorption ; l'autre d'eau amère et salée. Vous vous nourrissez de viande fraîche de l'une et de l'autre, et vous en retirez des ornements que vous portez [2]. Vous voyez

---

[1] Le mot *mer*, en arabe *bahr*, s'applique non-seulement à la mer d'eau salée, mais à des grands fleuves ; comme le Nil, le Tigre, etc.

[2] Comme des perles, des coraux, etc.

les vaisseaux fendre les flots pour obtenir des richesses de la faveur de Dieu. Peut-être lui rendrez-vous des actions de grâces.

14. Il fait entrer la nuit dans le jour, et le jour dans la nuit. Il vous a assujetti le soleil et la lune ; chacun de ces astres poursuit sa course jusqu'à un terme marqué. Tel est votre Seigneur ; le pouvoir n'appartient qu'à lui. Ceux que vous invoquez en dehors de lui ne disposent pas même de la pellicule qui enveloppe le noyau de la datte.

15. Si vous les appelez, ils n'entendront point ; s'ils entendaient vos cris, ils ne sauraient vous exaucer. Au jour de la résurrection ils désavoueront votre alliance. Et qui peut t'instruire, si ce n'est celui qui est instruit?

16. O hommes! vous êtes des indigents ayant besoin de Dieu, et Dieu est riche et plein de gloire.

17. S'il le veut, il peut vous faire disparaître et former une création nouvelle.

18. Ceci n'est point difficile à Dieu.

19. Aucune âme chargée de son propre fardeau ne portera celui d'une autre, et, si l'âme surchargée demande à être allégée d'une partie, elle ne le sera point, même par son proche. Tu avertiras ceux qui craignent Dieu dans le secret *de leurs cœurs*, et qui observent la prière. Quiconque sera pur, le sera à son propre avantage ; car tout doit un jour revenir à Dieu.

20. L'aveugle et celui qui voit ne sont pas la même chose, pas plus que les ténèbres et la lumière, que la fraîcheur de l'ombre et la chaleur.

21. Les vivants et les morts ne sont pas la même chose ; Dieu se fera entendre de quiconque il voudra ; et toi, tu ne peux pas te faire entendre dans les tombeaux. Tu n'es chargé que de prêcher.

22. Nous t'avons envoyé avec une mission vraie, chargé d'annoncer et d'avertir. Il n'y a pas une seule nation où il n'y ait eu d'apôtre.

23. S'ils te traitent d'imposteur, leurs devanciers aussi ont trait d'imposteurs les apôtres qui se présentèrent munis de signes évidents, des Écritures et du livre qui éclaire [1].

24. J'ai puni ceux qui n'ont point cru ; et quel terrible châtiment!

25. Ne vois-tu pas que Dieu fait descendre l'eau du ciel? Avec cette eau nous avons tiré *de la terre* des fruits de tant d'espèces.

---

[1] Le livre qui éclaire, c'est l'Évangile.

Dans les montagnes il y a des sentiers blancs et rouges, de diverses couleurs ; il y a des corbeaux noirs, et, parmi les hommes, les reptiles et les bestiaux, il y en a de différentes couleurs [1]. C'est ainsi que les plus savants d'entre les serviteurs de Dieu le craignent. Il est puissant et indulgent.

26. Ceux qui récitent le livre de Dieu, qui observent la prière, et font l'aumône des biens que nous leur donnons, en secret et en public, doivent compter sur un fonds qui ne périra pas.

27. Dieu soldera leur salaire, et y ajoutera encore de sa grâce ; car il est indulgent et reconnaissant.

28. Ce que nous t'avons jusqu'ici révélé du Livre (*du Koran*) est la vérité même : il confirme ce qui avait été donné avant lui. Dieu est instruit de ce que font ses serviteurs, et il voit tout.

29. Ensuite [2] nous avons accordé ce Livre comme un héritage à ceux d'entre nos serviteurs que nous avons élus nous-mêmes. Tel d'entre eux se perd lui-même, tel autre flotte *entre le bien et le mal*, tel autre avec la permission de Dieu, par ses bonnes œuvres, a devancé tous les autres. C'est un mérite immense.

30. Les jardins d'Éden *aux vertueux!* ils y entreront et s'y pareront de bracelets d'or et de perles ; leurs vêtements y seront de soie.

31. Ils diront : Gloire à Dieu, qui a éloigné de nous l'affliction ! Notre Seigneur est indulgent et reconnaissant.

32. Par un effet de sa grâce, il nous a donné l'hospitalité dans l'habitation éternelle, où la fatigue ne nous atteindra plus, où la langueur ne nous saisira point.

33. A ceux qui n'ont point cru, le feu de la géhenne. L'arrêt qui les fasse mourir *et termine leurs tourments* ne sera pas porté, ni le supplice de l'enfer adouci. C'est ainsi que nous rétribuerons quiconque ne croit pas.

34. Ils crieront *du fond de l'enfer :* Seigneur! fais-nous sortir d'ici ; nous pratiquerons la vertu autrement que nous ne l'avions fait auparavant. — Ne vous avons-nous pas accordé une vie assez longue pour que celui qui devait réfléchir eût le temps de le faire? Un apôtre fut envoyé vers vous.

---

[1] Les mots : *de différentes couleurs*, peuvent se traduire toujours par : *différentes espèces*.

[2] Dieu, après avoir dit qu'il a donné le Koran à Mahomet, ajoute que le Koran devient un héritage pour tous les autres musulmans et divise les hommes en trois classes : les méchants, puis ceux qui ne sont ni tout à fait méchants ni tout à fait bons, et enfin les justes.

35. Subissez donc votre peine ; il n'y a point de protecteur pour les méchants.

36. Dieu connaît les secrets des cieux et de la terre, il connaît ce que les cœurs recèlent.

37. C'est lui qui vous constitue ses lieutenants sur la terre : quiconque ne croit pas portera la charge de son incrédulité ; elle ne fera qu'accroître la haine de Dieu contre les infidèles, elle ne fera que mettre le comble à leur ruine.

38. Dis-leur : Vous avez considéré ces divinités que vous invoquiez à côté de Dieu ; faites-moi voir quelle portion de la terre elles ont créée ; ont-elles leur part dans la création des cieux ? Leur avons-nous envoyé quelque livre qui leur serve de preuve évidente ? Non ; mais les méchants se promettent réciproquement ce qui n'est que vanité.

39. Dieu soutient les cieux et la terre, afin qu'ils ne s'affaissent pas ; s'ils s'affaissaient, quel autre que lui saurait les soutenir ? Il est humain et indulgent.

40. Ils ont juré devant Dieu, par un serment solennel, que, si un apôtre venait au milieu d'eux, ils se maintiendraient dans le chemin droit mieux que ne l'avait jamais fait aucun peuple de la terre ; mais, lorsque l'apôtre parut, sa venue ne fit qu'accroître leur éloignement,

41. Leur orgueil sur cette terre et leurs iniques fraudes ; mais ces iniques fraudes n'envelopperont que ceux qui s'en servent. S'attendent-ils à rencontrer quelque autre chose que la coutume *de Dieu à l'égard* des peuples d'autrefois ? Or tu ne trouveras pas de changement dans les coutumes de Dieu.

42. Tu ne trouveras pas de déviation dans les coutumes de Dieu[1].

43. Ne voyagent-ils pas dans ce pays ? n'ont-ils pas vu quel a été le sort de leurs devanciers, qui étaient cependant plus robustes qu'eux ? Rien aux cieux et sur terre ne saurait affaiblir sa puissance. Il est savant et puissant.

44. Si Dieu avait voulu punir les hommes selon leurs œuvres, il n'aurait pas laissé, à l'heure qu'il est, un seul reptile à la surface de la terre ; mais il vous donne un délai jusqu'au terme marqué.

45. Lorsque le terme sera arrivé... Certes, Dieu voit ses serviteurs.

---

[1] Le mot *sonnet*, que nous traduisons par coutume, veut dire chemin fréquenté et suivi constamment, ornière, voie. De là, le mot *sonnet*, *sonna*, s'ap-

CHAPITRE XXXVI.

YA SIN [1].

Donné à la Mecque. — 83 versets.

1. YA. SIN. Je jure par le Koran sage
2. Que tu es un envoyé
3. *Marchant* dans le sentier droit,
4. Par la révélation du Puissant, du Miséricordieux,
5. Afin que tu avertisses ceux dont les pères n'ont pas été avertis, et qui vivent dans l'insouciance.
6. Notre parole s'est vérifiée à l'égard de la plupart d'entre eux, et ils ne croiront pas [2].
7. Nous avons chargé leurs cous de chaînes qui leur serrent le menton ; ils ne peuvent plus redresser leurs têtes.
8. Nous leur avons attaché une barre par devant et une barre par derrière. Nous avons couvert leurs yeux d'un voile, et ils ne voient rien.
9. C'est tout un pour eux ; que tu les avertisses ou non, ils ne croiront pas.
10. Prêche plutôt ceux qui suivent le Koran et redoutent Dieu dans le secret de leurs cœurs ; annonce-leur le pardon et une récompense magnifique.
11. Nous ressusciterons les morts, et nous inscrivons leurs œuvres et leurs traces. Nous avons compté tout dans le prototype évident [3].
12. Cite-leur comme exemple les habitants d'une ville que visitèrent des envoyés *de Dieu* [4].

---

plique au recueil des usages suivis et autorisés par la tradition constante en matière de religion ou de droit. Dieu suit toujours les mêmes voies, il avertit d'abord les méchants et puis les punit.

[1] Ce chapitre, intitulé *Ias*, ou plutôt YA SIN (deux lettres dont le sens est inconnu et qui se trouvent en tête du premier verset) est récité comme prière des agonisants ou des morts. Mahomet l'avait appelé le cœur du Koran.

[2] C'est, disent les commentateurs, cette parole de Dieu : *Je remplirai la géhenne d'hommes et de génies;* aussi Dieu les a rendus inaccessibles à la foi, incapables de comprendre ses enseignements.

[3] Le prototype évident ou le Livre évident, ou la Table bien gardée, c'est le livre où sont inscrites les actions de tout homme.

[4] Tout ce passage, depuis le verset 12 jusqu'au 29, pouvait se rapporter, dans la pensée de Mahomet, à un fait particulier et réel dont il aurait entendu parler

13. Nous en envoyâmes d'abord deux, et ils furent traités d'imposteurs; nous les appuyâmes par un troisième, et tous trois dirent *aux habitants de cette cité :* Nous sommes envoyés vers vous.

14. — Vous n'êtes que des hommes comme nous. Le Miséricordieux ne vous a rien révélé; vous n'êtes que des imposteurs.

15. — Notre Seigneur, répondirent-ils, sait bien que nous sommes envoyés vers vous.

16. Nous ne sommes chargés que de vous prêcher ouvertement.

17. — Nous avons consulté le vol des oiseaux sur vous, et, si vous ne cessez pas *de nous prêcher*, nous vous lapiderons. Nous vous réservons une peine terrible.

18. Les envoyés répondirent : Votre mauvais sort [1] vous accompagne, quand même on vous avertirait. En vérité, vous êtes un peuple livré aux excès.

19. Un homme, accouru de la partie la plus éloignée de la ville, leur criait : O mes concitoyens! croyez à ces envoyés;

20. Suivez ceux qui ne vous en demandent aucune récompense, et vous serez dans la droite voie.

21. Pourquoi n'adorerais-je pas celui qui m'a créé, et à qui vous retournerez tous?

vaguement. Les commentateurs le rapportent à la mission de deux disciples de Jésus-Christ, envoyés par lui à Antioche pour prêcher l'unité de Dieu. Les idolâtres de cette ville les reçurent fort mal, et les jetèrent même dans un cachot; ce que Jésus ayant appris, il s'empressa d'envoyer Simon-Pierre. Celui-ci, en arrivant à Antioche, feignit d'abord d'être un polythéiste zélé, et, habile en même temps à opérer des miracles, il parvint ainsi à gagner la faveur du peuple et des grands. Peu après, il témoigna, comme par hasard, l'intention de voir les deux apôtres dans le but de les confondre; il eut toutefois soin de les prévenir qu'ils eussent l'air de ne pas le connaître. Quand on amena les deux apôtres devant Pierre, il les interrogea sur leur mission et sur la religion qu'ils prêchaient, puis il leur porta le défi d'opérer un miracle décisif, comme de ressusciter des morts; car, pour rendre la vue aux aveugles, il en était capable lui-même. Là-dessus, on fait apporter un enfant mort depuis sept jours, et les deux apôtres lui rendent la vie. Pierre, venu pour les confondre, s'avoue vaincu, déclare tout haut vouloir embrasser le culte unitaire, se met à briser les idoles, et entraîne ainsi une grande partie des habitants d'Antioche. Ceux qui demeurèrent incrédules furent exterminés par un seul cri de l'ange Gabriel. L'homme accouru de l'extrémité de la ville (verset 19) est un certain Habib, charpentier d'Antioche, dont les deux apôtres avaient précédemment guéri l'enfant par la simple imposition des mains. Cet homme souffrit le martyre, et son tombeau est à Antioche l'objet de la vénération des mahométans. (Voy. *Sale*, The Koran.)

[1] Mot à mot : votre oiseau est avec vous.

22. Prendrais-je d'autres dieux que lui ? Si le Miséricordieux veut me faire du mal, leur intercession ne me sera d'aucune utilité ; ils ne sauraient me sauver.

23. Je serais dans un égarement évident *si je les adorais.*

24. — J'ai cru à votre Seigneur ; écoutez-moi.

25. *Il fut lapidé ; après sa mort, on lui dit :* Entre dans le paradis. Ah ! si mes concitoyens savaient

26. Ce que Dieu m'a accordé, et comme il m'a honoré !

27. Nous n'envoyâmes point contre cette cité ni armée du ciel ni d'autres fléaux que nous envoyons *contre les autres.*

28. Un seul cri se fit entendre, et ils furent anéantis.

29. Que mes serviteurs sont malheureux ! Aucun apôtre n'est venu vers eux qu'ils ne l'eussent pris pour l'objet de leurs railleries.

30. Ne voient-ils pas combien de générations nous avons détruites avant eux ?

31. Ce n'est point à eux (*aux faux dieux*) qu'ils retourneront.

32. Tous, réunis, seront amenés devant nous.

33. Que la terre, morte de sécheresse, leur serve de signe *de notre puissance.* Nous lui rendons la vie, et nous en faisons sortir des grains dont ils se nourrissent.

34. Nous y avons planté des jardins de dattiers et de vignes ; nous y avons fait jaillir des sources,

35. Afin qu'ils mangent de leurs fruits et jouissent des travaux de leurs mains. Ne seront-ils pas reconnaissants envers nous ?

36. Gloire à celui qui a créé tous les couples, tant parmi *les plantes* que la terre produit, que parmi vous, *hommes,* et parmi les choses que les hommes ne connaissent pas.

37. C'est un signe que la nuit, lorsque nous en retirons le jour et que les hommes sont enveloppés dans les ténèbres.

38. *C'est un signe aussi que* le soleil qui court jusqu'à sa retraite. Tel a été l'arrêt du Puissant, du Sage.

39. Et la lune, nous avons établi pour elle des stations au point qu'elle devient comme une vieille branche de palmier recourbée.

40. Il n'est point donné au soleil d'atteindre la lune, ni à la nuit de devancer le jour ; chacun *de ces astres* se meut dans une sphère à part.

41. Que ce soit aussi un signe pour eux, que nous portâmes la postérité des hommes dans un vaisseau rempli *de tout* [1].

---

[1] Ou dans un vaisseau comble.

CHAPITRE XXXVI.

42. Et que nous créâmes d'autres pareils *à ce vaisseau* qu'ils montent.

43. Si nous le voulons, nous les noyons dans les mers; ils ne sont sauvés, ils ne sont délivrés

44. Que par notre grâce, et ce, pour les faire jouir quelques instants encore de ce monde.

45. Lorsqu'on leur dit : Craignez ce qui est devant vous et derrière vous [1], afin d'obtenir la miséricorde divine, *ils n'en tiennent aucun compte.*

46. Il ne leur apparut aucun signe d'entre les signes de Dieu, dont ils n'eussent détourné leurs yeux.

47. Si l'on dit : Faites l'aumône des biens que Dieu vous accorde, les infidèles disent aux croyants : Nourrirons-nous ceux que Dieu nourrirait lui-même s'il le voulait? — Certes, vous êtes dans un égarement évident.

48. Ils disent encore : Quand donc *s'accomplira* cette menace *du châtiment?* dites-le, si vous êtes sincères.

49. Qu'attendent-ils donc? Est-ce un seul cri parti du ciel pendant qu'ils seront à disputer?

50. Ils ne pourront ni disposer par leurs testaments, ni retourner auprès de leurs familles.

51. On sonnera la trompette, et ils sortiront de leurs tombeaux, et ils accourront en toute hâte auprès du Seigneur.

52. Malheur à nous! s'écrieront-ils; qui nous a extraits de ces lieux de repos? Voici venir les promesses de Dieu. Ses envoyés nous disaient bien la vérité.

53. Il n'y aura qu'un seul cri *parti du ciel*, et tous les hommes rassemblés comparaîtront devant nous.

54. Dans ce jour, pas une seule âme ne sera traitée injustement; ils ne seront rétribués que selon leurs œuvres.

55. Dans ce jour, les habitants du jardin (*du paradis*) se livreront à des transports de joie.

56. En compagnie de leurs épouses, ils se reposeront à l'ombre, assis commodément dans des fauteuils [2].

57. Ils y auront des fruits, ils y auront tout ce qu'ils demanderont.

58. Salut! sera la parole qu'on leur adressera de la part de leur Seigneur le Miséricordieux.

59. Ce jour-là, vous serez séparés, ô infidèles!

---

[1] Les châtiments de ce monde et ceux de l'autre.
[2] Siéges, trônes ou fauteuils.

60. N'ai-je point stipulé avec vous, ô enfants d'Adam! de ne point servir Satan? (Il est votre ennemi déclaré.)

61. Adorez-moi, c'est le sentier droit.

62. Il a séduit une grande partie d'entre vous. Ne l'avez-vous pas compris?

63. Voilà la géhenne qu'on vous promettait.

64. Aujourd'hui chauffez-vous à son feu, pour prix de vos œuvres.

65. Aujourd'hui nous apposerons un sceau sur leurs lèvres; leurs mains nous parleront seules, et leurs pieds témoigneront de leurs actions.

66. Si nous voulions, nous leur ôterions la vue; ils s'élanceraient alors précipitamment sur le chemin; mais comment le verront-ils?

67. Si nous voulions, nous leur ferions changer de forme; ils ne sauraient ni marcher en avant ni revenir sur leurs pas.

68. Nous courbons le dos de celui dont nous prolongeons les jours. Ne le comprennent-ils pas?

69. Nous ne lui (*à Mohammed*) avons pas enseigné la poésie, et elle ne lui sied pas, et ce livre, le Koran, n'est qu'un avertissement et une lecture claire [1],

70. Pour avertir les vivants, et pour que la sentence portée contre les infidèles soit exécutée.

71. Ne voient-ils pas que, parmi les choses formées par nos mains, nous avons créé les animaux pour eux, et qu'ils en disposent en maîtres?

72. Nous les leur avons soumis; ils en font des montures de quelques-uns, et se nourrissent d'autres.

73. Dans ces animaux ils trouvent de nombreux avantages, ils y trouvent de la boisson (*leur lait*). Ne seront-ils pas reconnaissants envers nous?

74. Ils adorent d'autres divinités que Dieu pour obtenir leur assistance.

75. Mais elles ne sauraient les secourir : ce sont plutôt eux qui servent d'armée à leurs divinités.

76. Que leurs discours donc ne t'affligent pas, ô *Mohammed!* nous connaissons ce qu'ils cachent et ce qu'ils mettent au grand jour.

---

[1] Les infidèles trouvaient que Mahomet n'était qu'un poëte. Mahomet s'en défend, il regarde la poésie comme au-dessous de lui; on a déjà vu (chap. XXVI, 225) qu'il la condamne comme dangereuse

77. L'homme ne voit-il pas que nous l'avons créé d'une goutte de sperme? et le voilà qui s'érige en véritable adversaire.

78. Il nous propose des paraboles, lui qui oublie sa propre création (*sa propre origine*). Il nous dit : Qui peut faire revivre les os une fois cariés?

79. Réponds-leur : Celui-là les fera revivre qui les a produits la première fois, celui qui sait créer tout;

80. Celui qui fait jaillir le feu d'un bois vert [1] dont vous allumez vos feux;

81. Celui qui a créé les cieux et la terre n'est-il pas capable de créer des êtres pareils à vous? Oui, sans doute; il est le créateur savant.

82. Quel est son arrêt? Lorsqu'il veut qu'une chose soit faite, il dit : Sois, et elle est.

83. Gloire à celui qui dans ses mains tient la souveraineté sur toutes choses. Vous retournerez tous à lui.

CHAPITRE XXXVII.

LES RANGS [2].

Donné à la Mecque. — 182 versets.

Au nom du Dieu clément et miséricordieux.

1. *J'en jure* par ceux qui sont rangés en ordre [3],
2. Et qui repoussent *pour réprimer*,
3. Et qui récitent *les paroles du Koran* pour exhorter.
4. Certes, votre Dieu est un,
5. Souverain des cieux et de la terre, de tout ce qui est entre eux, et souverain des orients [4].

---

[1] Il s'agit ici de la manière de faire du feu, en usage chez les Arabes : deux morceaux d'une certaine espèce de bois, frottés l'un contre l'autre, font jaillir du feu, le bois étant même vert et humide.

[2] Le titre de cette sourate est : *Qui se rangent en ordre*, mot du premier verset.

[3] D'après les commentateurs, cela s'entend des anges rangés en ordre qui chantent les louanges de Dieu, récitent le Koran et exécutent les ordres que Dieu leur donne de repousser les démons ou de réprimer les criminels en leur récitant les paroles du Koran, etc.

[4] En admettant plusieurs mondes, Mahomet admet plusieurs orients et plusieurs occidents.

6. Nous avons orné le ciel le plus proche *de la terre* d'un ornement d'étoiles.[1],

7. *Elles servent aussi* de garde contre tout démon rebelle,

8. Afin qu'ils (*les démons*) ne viennent pas écouter ce qui se passe dans l'assemblée sublime (car ils sont assaillis de tous côtés),

9. Repoussés et livrés à un supplice permanent.

10. Celui qui s'approcherait jusqu'à saisir à la dérobée quelques paroles est atteint d'un dard flamboyant [2].

11. Demande-leur (*aux infidèles*) qui est d'une création plus forte, d'eux ou de ceux que nous avons créés (*les anges et les cieux*)? Or nous avons créé les hommes de boue dure.

12. Tu admires la puissance de Dieu, et eux, ils la raillent.

13. Si on les exhorte, ils n'en tiennent aucun compte;

14. S'ils voient un signe d'avertissement, ils s'en rient.

15. Ils disent : C'est de la magie avérée.

16. Morts, devenus poussière, serions-nous ranimés de nouveau?

17. Et nos pères les anciens *le seront-ils aussi?*

18. Dis-leur : Oui, et vous serez couverts d'opprobre.

19. La trompette retentira une seule fois, et ils *se lèveront de leurs tombeaux*, et regarderont de tous côtés.

20. Malheur à nous! s'écrieront-ils; c'est le jour de la rétribution.

21. — C'est le jour de la décision, leur dira-t-on, ce jour que vous traitiez de chimère.

22. Rassemblez, *dira Dieu aux exécuteurs de ses ordres*, les impies et leurs compagnes, et les divinités qu'ils adoraient

23. A côté de Dieu, et dirigez-les sur la route de l'enfer.

24. Arrêtez-les, ils seront interrogés.

25. Pourquoi donc ne vous prêtez-vous pas secours (*vous et vos dieux*)?

26. Mais ce jour-là ils se soumettront au jugement de Dieu.

27. Alors ils s'approcheront les uns des autres, et se feront des reproches mutuels.

---

[1] Selon la cosmogonie de Mahomet, il y a sept cieux qui forment des cercles concentriques; au-dessus de ces cieux est le ciel pur, sans étoiles; c'est là qu'est le trône de la majesté divine, *elarch*.

[2] Les génies cherchent à pénétrer dans le ciel et s'en approchent pour écouter ce qui s'y dit : des traits enflammés sont lancés contre eux par des anges; c'est ainsi que les mahométans expliquent les étoiles filantes.

CHAPITRE XXXVII.

28. Vous veniez à nous du côté droit[1], *diront-ils à leurs séducteurs*.

29. — Non; c'est plutôt que vous n'avez pas voulu croire, *répondront les autres*, car nous n'avions aucun pouvoir sur vous. C'est plutôt que vous étiez des méchants.

30. La parole de notre Seigneur s'est donc vérifiée sur nous[2], et nous allons goûter *le supplice*.

31. Nous vous avons égarés, car nous étions égarés nous-mêmes.

32. C'est ainsi que ce jour-là ils seront associés *et confondus* dans un même supplice.

33. C'est ainsi que nous traiterons les coupables.

34. Car lorsqu'on leur disait : Il n'y a point de Dieu, si ce n'est Dieu, ils s'enflaient d'orgueil,

35. Et disaient : Abandonnerons-nous nos dieux pour un fou de poëte ?

36. Non. — Il vous apporte la vérité et confirme les apôtres précédents.

37. Certes, vous éprouverez le châtiment douloureux.

38. Vous ne serez rétribués que selon vos œuvres.

39. Mais les fidèles serviteurs de Dieu

40. Recevront certains dons précieux,

41. Des fruits délicieux, et ils seront honorés

42. Dans les jardins des délices,

43. Se reposant sur des sièges, et se regardant face à face.

44. On fera circuler à la ronde la coupe remplie d'une eau

45. Limpide, *vrais délices* pour ceux qui la boiront.

46. Elle n'offusquera point leur raison et ne les enivrera pas.

47. Ils auront des vierges au regard modeste[3], aux grands yeux noirs, et semblables par leur teint aux œufs *d'autruche* cachés *avec soin*[4].

48. Les uns s'approcheront des autres, et se feront des questions.

49. Tel d'entre eux dira : J'avais un ami *sur la terre*.

---

[1] Le côté droit étant le côté de bon augure, ces mots peuvent être entendus ainsi : Vous veniez à nous avec l'apparence de la vérité.

[2] C'est la parole : *Je remplirai l'enfer d'hommes et de génies*.

[3] Mot à mot : *courtes de regard*, c'est-à-dire leurs regards ne se porteront pas au delà, en dehors de leurs époux.

[4] Le teint de ces beautés est comparé aux œufs d'autruche, à cause de la blancheur mêlée d'une teinte paille, mélange qui constitue la plus belle carnation, et qui, comme les œufs d'autruche cachés avec soin dans le sable, n'est ternie ni par l'air ni par la poussière.

50. Il me demandait *souvent* : Regardes-tu *la résurrection* comme une vérité?

51. Serait-il possible que nous soyons jugés quand une fois nous serons morts et devenus os et poussière?

52. Il dira ensuite : Voulez-vous regarder *là-bas?*

53. Ils regarderont et ils verront au fond de l'enfer.

54. Le juste dira : J'en jure par Dieu, tu as failli causer ma perte [1].

55. Sans la miséricorde de Dieu, j'aurais été au nombre de ceux que l'on amène devant lui.

56. Subirons-nous encore une autre mort,

57. Outre celle que nous avons subie? Serons-nous livrés au supplice [2]?

58. En vérité, c'est un grand bonheur *que celui dont nous jouissons.*

59. A l'œuvre, travailleurs! pour en gagner un pareil.

60. Ceci vaut-il mieux comme repas, ou bien l'arbre de Zakkoum?

61. Nous en avons fait un sujet de dispute pour les méchants.

62. C'est un arbre qui pousse du fond de l'enfer.

63. Ses cimes sont comme si c'étaient des têtes de démons.

64. Les réprouvés en seront nourris et s'en rempliront le ventre.

65. Là-dessus ils boiront de l'eau bouillante;

66. Et puis ils retourneront au fond de l'enfer

67. Ils voyaient leurs pères égarés,

68. Et se précipitaient sur leurs pas.

69. Une grande partie des peuples anciens s'étaient déjà égarés avant eux.

70. Nous envoyâmes chez eux des avertisseurs.

71. Regarde et vois quelle a été la fin de ceux que l'on avertissait,

72. Et qui n'étaient point nos serviteurs fidèles.

73. Noé cria vers nous, et certes nous sommes prompt à exaucer.

74. Nous le délivrâmes avec sa famille de la grande calamité.

75. Nous laissâmes subsister ses descendants,

76. Et nous lui conservâmes dans la postérité *cette salutation:*

---

[1] Cela veut dire que souvent nos amis dans ce monde nous entraînent à la perte du salut éternel.

[2] Cet homme, un des bienheureux, doute presque de son bonheur, et voyant son ami dans l'enfer, se demande : Suis-je donc réellement en possession d'un séjour éternel, ne faudra-t-il plus mourir ni subir de supplice ?

77. Que la paix soit avec Noé dans l'univers entier¹!
78. C'est ainsi que nous récompenserons ceux qui font le bien.
79. Il était du nombre de nos serviteurs fidèles.
80. Nous submergeâmes les autres.
81. C'est de sa secte qu'était Abraham.
82. Il apporta à son Seigneur un cœur intact.
83. Il dit un jour à son père et à son peuple : Qu'adorez-vous
84. Préférez-vous de fausses divinités à Dieu?
85. Que pensez-vous du maître de l'univers?
86. Il jeta un regard sur les étoiles.
87. Je suis malade, *je n'assisterai pas aujourd'hui à vos cérémonies.*
88. Ils s'en allèrent et le laissèrent.
89. Il se déroba pour aller voir leurs idoles, et leur cria : Mangez-vous?
90. Pourquoi ne parlez-vous pas?
91. Et là-dessus il leur porta un coup de sa droite.
92. Son peuple² accourut précipitamment.
93. Adorerez-vous ce que vous taillez vous-mêmes dans le roc? leur dit Abraham.
94. C'est Dieu qui vous a créés, vous et les œuvres de vos mains.
95. Ils se disaient les uns aux autres : Dressez-lui un bûcher, et jetez-le dans le feu ardent.
96. Ils voulurent lui tendre un piège; mais nous les humiliâmes.
97. Je me retire, dit Abraham, auprès de mon Dieu; il me montrera le sentier droit.
98. Seigneur! donne-moi *un fils* qui compte parmi les justes.
99. Nous lui annonçâmes la naissance d'un fils d'un caractère doux.
100. Lorsqu'il fut parvenu à l'âge de l'adolescence,
101. Son père lui dit : Mon enfant, j'ai rêvé comme si je t'offrais en sacrifice à Dieu. Réfléchis un peu, qu'en penses-tu?
102. — O mon père! fais ce que l'on te commande; s'il plaît à Dieu, tu me verras supporter *mon sort* avec fermeté.
103. Et quand ils se furent résignés tous deux à la volonté de Dieu, et qu'Abraham l'eut déjà couché le front contre terre,

---

¹ Les musulmans ne manquent jamais d'ajouter, après le nom du prophète, ces mots : *Que la paix soit sur lui!*
² Par les mots : *son peuple*, il faut entendre les gens de sa famille, les voisins, les gens de la même tribu ayant les mêmes divinités.

104. Nous lui criâmes : O Abraham !

105. Tu as cru à ta vision, et voici comment nous récompensons les vertueux.

106. Certes, c'était une épreuve décisive.

107. Nous rachetâmes *son fils*[1] par une grande victime.

108. Nous lui conservâmes dans la postérité *cette salutation* :

109. Que la paix soit avec Abraham !

110. C'est ainsi que nous récompensons les vertueux.

111. Il est de nos serviteurs fidèles.

112. Nous lui annonçâmes un prophète dans Isaac le juste.

113. Nous répandîmes notre bénédiction sur Abraham et sur Isaac. Parmi leurs descendants, tel fait le bien, tel autre est d'une iniquité manifeste envers lui-même.

114. Nous avons comblé de nos bienfaits Moïse et Aaron.

115. Nous les avons délivrés tous deux, ainsi que leur peuple, d'une grande misère.

116. Nous les avons secourus, et ils ont été les plus forts.

117. Nous avons donné à eux deux (*Moïse et Aaron*) le Livre clair,

118. Et nous les avons dirigés dans le sentier droit.

119. Et nous leur conservâmes à tous deux dans la postérité *cette salutation* :

120. Que la paix soit avec Moïse et Aaron !

121. C'est ainsi que nous récompensons les vertueux.

122. Ils étaient tous deux de nos serviteurs fidèles.

123. Élie était aussi un de nos envoyés.

124. Quand il dit à son peuple : Ne craindrez-vous pas ?

125. Invoquerez-vous Baal, et abandonnerez-vous le plus habile des créateurs,

126. Dieu, votre Seigneur, et Seigneur de vos pères, les anciens ?

127. Ils (*les incrédules*) le traitèrent d'imposteur, et ils ont été amenés devant Dieu.

---

[1] Selon les musulmans, ce n'est point Isaac qui devait être offert en sacrifice ; c'est Ismaël. Ils appuient cette version sur les paroles de Mahomet, qui avait coutume de dire que, parmi ses ancêtres, il y en eut deux qui devaient être sacrifiés à Dieu ; l'un Ismaël, dont il prétendait descendre, l'autre son père Abdallah. Abdol-Mottalib, grand-père de Mahomet, demandait à Dieu de lui découvrir l'ancienne source de Zemzem (à la Mecque) et de lui donner dix fils, et, s'il l'obtenait, il fit vœu d'en offrir un en sacrifice à Dieu. Ses vœux furent exaucés, et l'un de ses dix fils, Abdallah, père de Mahomet, fut racheté par un sacrifice de cent chameaux. De là, selon la sonna, le prix du sang humain est porté à cent chameaux.

128. A l'exception de nos serviteurs fidèles *parmi ce peuple rebelle*.
129. Et nous lui conservâmes dans la postérité cette *salutation* :
130. Que la paix soit avec Éliasin [1] !
131. C'est ainsi que nous récompensons les vertueux.
132. Il était de nos serviteurs fidèles.
133. Loth aussi fut un de nos apôtres,
134. Celui que nous sauvâmes avec toute sa famille,
135. A l'exception de la vieille qui était restée en arrière.
136. Nous exterminâmes les autres.
137. Vous passez auprès de leurs habitations le matin
138. Et la nuit ; ne réfléchissez-vous pas ?
139. Et Jonas aussi fut un de nos envoyés.
140. Il se retira sur un vaisseau chargé.
141. On jeta le sort, et il fut condamné *à être jeté dans la mer*.
142. Le poisson l'avala ; or il avait encouru notre blâme.
143. Et s'il n'avait point célébré nos louanges,
144. Il serait resté dans les entrailles du poisson jusqu'au jour où les hommes seront ressuscités.
145. Nous le rejetâmes sur une plage nue (*aride*) ; il était malade.
146. Nous fîmes pousser à ses côtés un arbuste [2].
147. Nous l'envoyâmes ensuite vers un peuple de cent mille âmes, ou davantage.
148. Ils crurent en Dieu ; nous leur avons accordé la jouissance de ce monde jusqu'à un certain temps.
149. Demande *aux Mecquois* qu'ils te disent si Dieu a des filles, pendant qu'ils ont des fils.
150. Aurions-nous par hasard créé les anges femelles ? En ont-ils été témoins ?
151. Non ; mais ils forgent eux-mêmes des mensonges.
152. Ils disent : Dieu a eu des enfants. Ils mentent.
153. Aurait-il préféré les filles aux fils ?
154. Quelle raison avez-vous de penser ainsi ?
155. Ne réfléchirez-vous pas ?

[1] Ce mot embarrasse les commentateurs ; c'est sans doute le pluriel d'Élias, applicable à Élie et à ceux qui l'ont suivi, quoique, selon l'usage en pareil cas, le mot devrait être précédé de l'article.

[2] Le mot *iaktin*, qui suit le mot arbuste, est expliqué tantôt par *citrouille*, tantôt par *figuier* ou *bananier*.

156. Ou bien avez-vous quelque preuve évidente à l'appui?
157. Faites voir votre livre, si vous êtes sincères.
158. Ils établissent une parenté entre Dieu et les génies; mais les génies savent qu'un jour ils seront amenés devant Dieu.
159. Par sa gloire, il est trop au-dessus de leurs imputations
160. Il n'en sera pas ainsi avec les fidèles serviteurs de Dieu
161. Mais vous et les divinités que vous adorez,
162. Vous ne saurez exciter contre Dieu
163. Que l'homme qui s'égare sur la route qui conduit à l'enfer
164. Chacun de nous a sa place marquée.
165. Nous nous rangeons en ordre,
166. Et nous célébrons ses louanges.
167. Si ces infidèles disent :
168. Si nous avions un livre qui nous fût transmis par les anciens,
169. Nous serions les fidèles serviteurs de Dieu;
170. Ils ne croient pas au Koran; mais ils sauront *la vérité un jour*.
171. Nous promîmes à nos envoyés
172. De leur prêter notre assistance.
173. Nos armées leur procurent la victoire.
174. Éloigne-toi d'eux un moment, ô *Mohammed!*
175. Vois *quels seront leurs malheurs*. Ils verront aussi.
176. Veulent-ils donc hâter notre châtiment?
177. Quand il fondra au milieu de leur enclos, qu'elle sera terrible la matinée des hommes exhortés *en vain!*
178. Éloigne-toi d'eux pour un moment.
179. Vois *quelle sera leur fin;* ils le verront aussi.
180. Gloire à Dieu, Dieu de grandeur; il est trop au-dessus de leurs imputations!
181. Que la paix soit avec les apôtres!
182. Gloire à Dieu, maître de l'univers!

CHAPITRE XXXVIII.

SAD.

Donné à la Mecque. — 88 versets.

Au nom du Dieu clément et miséricordieux.

1. SAD[1]. J'en jure par le Koran rempli d'avertissements, les infidèles *vivent* dans l'orgueil et dans la rébellion *envers Dieu et envers le prophète.*

2. Que de générations avons-nous anéanties avant eux! Tous ils criaient secours; mais il n'était plus temps d'échapper *au châtiment.*

3. Les infidèles s'étonnent de ce qu'un apôtre s'est tout à coup élevé au milieu d'eux; ils disent : C'est un magicien, un imposteur.

4. Veut-il faire de tous ces dieux un seul dieu? En vérité, c'est quelque chose d'extraordinaire.

5. Leurs chefs se séparèrent en leur disant : Allez et persévérez dans le culte de vos dieux. *Vous faire abandonner ce culte, voilà ce que l'on veut.*

6. Nous n'avons entendu rien de pareil dans la dernière religion[2]. La religion de *Mohammed* n'est qu'une imposture.

7. Un livre d'avertissement serait-il donc envoyé à lui seul d'entre nous? — Oui, ils doutent de nos avertissements, car ils n'ont point encore éprouvé mes châtiments.

8. Ont-ils à leur disposition les trésors de Dieu le puissant, le dispensateur des biens?

9. Possèdent-ils donc le royaume des cieux et de la terre, et des choses qui sont entre eux deux? Qu'ils essayent donc d'y monter au moyen de cordes.

10. De quelques armées que les *différents* partis disposent, elles seront mises en fuite.

11. Avant eux aussi, le peuple de Noé, les Adites et Pharaon possesseur de pieux[3], traitèrent leurs prophètes d'imposteurs.

---

[1] La lettre *Sad*, ou S.

[2] C'est-à-dire, dans une des religions établies immédiatement avant Mahomet, entre autres parmi les chrétiens qui ont trois dieux, et non pas un seul. Ces mots sont une ironie.

[3] Cette épithète est donnée ici à Pharaon à cause des châtiments qu'il infli-

12. Les Thémoudites, le peuple de Loth, les habitants de la forêt (*de Madian*), ont agi de la même manière: ils formaient un parti hostile aux envoyés de Dieu.

13. Tous ceux qui avaient traité nos apôtres d'imposteurs, mon châtiment vint les en punir.

14. Qu'attendent-ils donc (*les Mecquois*)? Est-ce un seul cri *qui partira du ciel* et qui les saisira sans leur donner de répit?

15. Ils disent : Seigneur! donne-nous donc au plus tôt ce qui nous revient, et avant le jour du compte.

16. — Souffre avec patience leurs discours, ô *Mohammed!* et rappelle-toi notre serviteur David, homme puissant, et qui revenait souvent à nous.

17. Nous avons assujetti les montagnes à célébrer nos louanges avec lui, au soir et au lever du soleil;

18. Et les oiseaux aussi, qui se rassemblaient autour de lui et qui revenaient souvent à lui.

19. Nous affermîmes son empire. Nous lui donnâmes la sagesse et l'habileté à trancher les différends.

20. Connais-tu l'histoire de ces deux plaideurs qui, ayant franchi le mur, se présentèrent dans l'oratoire[1]?

21. Quand ils se présentèrent devant David, il fut saisi de frayeur en les voyant. Ne crains rien, lui dirent-ils. Nous sommes deux adversaires. L'un de nous a agi iniquement envers l'autre. Prononce entre nous comme la justice l'exige, sans partialité, et dirige-nous sur le chemin le plus égal.

22. Celui-ci est mon frère; il avait quatre-vingt-dix-neuf brebis, et moi je n'en avais qu'une. Il me dit un jour : Donne-la-moi à garder. *Il me l'a ravie*, et il a prévalu contre moi dans la dispute.

23. David lui répondit : Il a commis une injustice à ton égard en te demandant une brebis pour l'ajouter aux siennes; un grand nombre d'hommes qui s'associent abusent les uns des autres;

---

geait aux coupables, et qui consistaient à les faire attacher à quatre pieux et à leur faire subir divers tourments. V. LXXXIX, 9.

[1] Les mots arabes du texte peuvent signifier aussi *la séparation du discours*, c'est-à-dire l'éloquence qui sait choisir ses expressions et produire de l'effet. Cependant, ce qui suit dans le verset 20 autorise à traduire comme nous l'avons fait. Les deux plaideurs étaient deux anges qui feignirent d'en appeler au jugement de David ; en réalité, c'était pour lui faire sentir ses propres péchés. L'étonnement et la frayeur de David venaient de ce que, ayant partagé ses heures entre ses différentes occupations, il consacrait une partie de la journée à la prière ou à ses affaires, et ne recevait personne. Or, c'est à cette heure de la journée que les plaideurs se présentèrent.

ceux qui croient et pratiquent le bien n'agissent pas ainsi ; mais leur nombre est si petit ! David s'aperçut que nous voulions l'éprouver par cet exemple ; il implora le pardon de Dieu [1], se prosterna et se repentit.

24. Nous lui pardonnâmes ; nous lui accordâmes dans le paradis une place auprès de nous, et une belle demeure.

25. O David ! nous t'avons établi notre lieutenant sur la terre ; prononce donc dans les différends des hommes avec équité, e garde-toi de suivre tes passions : elles te détourneraient du sentier de Dieu. Ceux qui en dévient éprouveront un châtiment terrible, parce qu'ils n'ont point pensé au jour du compte [2].

26. Nous n'avons point créé en vain le ciel et la terre, et tout ce qui est entre eux. C'est l'opinion des incrédules, et malheur aux incrédules, ils seront livrés au feu.

27. Traiterons-nous ceux qui croient et font le bien à l'égal de ceux qui propagent le mal sur la terre ? Traiterons-nous les hommes pieux à l'égal des impies ?

28. C'est un livre béni que celui que nous t'avons envoyé ; que les hommes doués d'intelligence méditent ses versets, et y puisent des avertissements.

29. A David nous donnâmes Salomon. Quel excellent serviteur ! il aimait à revenir à Dieu [3].

30. Un jour sur le soir, on amena devant lui des chevaux magnifiques, debout sur trois de leurs pieds, et touchant à peine la terre avec l'extrémité du quatrième.

31. Il dit : J'ai préféré les biens de ce monde au souvenir du Seigneur ; *je n'ai pu me rassasier de la vue de ces chevaux*, jusqu'à ce que le jour ait disparu sous le voile *de la nuit*. Ramenez-les devant moi.

32. Et *lorsqu'on les ramena devant lui*, il se mit à leur couper les jarrets et la tête [4].

---

[1] Ceci se rapporte à David convoitant la femme d'Urie.

[2] Jour du jugement dernier.

[3] Revenir à Dieu, veut dire se repentir.

[4] Salomon avait pris dans les pays de Damas et de Nisibis une grande quantité de chevaux ; d'autres disent que c'étaient des chevaux que David avait pris sur les Amalécites, et laissés en héritage à son fils ; d'autres, enfin, que les chevaux étaient nés des vagues de la mer et avaient des ailes. Quand on amena ces mille chevaux devant Salomon, il fut si longtemps à les examiner, qu'il oublia l'heure de la prière ; mais, s'étant aperçu de sa faute, il en fit immoler en sacrifice la plus grande partie, ne conservant qu'une centaine des plus beaux. Pour le consoler de la perte de ses chevaux, Dieu lui soumit les vents.

33. Nous éprouvâmes Salomon, et nous plaçâmes sur son trône un corps informe [1]. Salomon, *pénétré de repentir*, retourna à nous.

34. Seigneur ! s'écria-t-il, pardonne-moi mes fautes, et accorde-moi un pouvoir tel que nul autre après moi ne puisse en avoir de pareil. Tu es le dispensateur suprême.

35. Nous lui soumîmes le vent, dégagé dans son essor et courant partout où il le dirigeait.

36. *Nous lui soumîmes* aussi les démons, tous architectes ou plongeurs,

37. Et d'autres attachés les uns aux autres avec des chaînes.

38. Tels sont nos dons, lui dîmes-nous; répands tes faveurs ou refuse-les, tu n'en rendras pas compte.

39. Salomon aussi occupe une place auprès de nous, et jouit de la plus belle demeure.

40. Souviens-toi aussi de notre serviteur Job, lorsqu'il adressa à son Seigneur ces paroles : Satan m'a accablé de maladies et de tourments.

41. Une voix lui cria : Frappe la terre de ton pied. *Il le fit, et il en jaillit une source d'eau.* Cette eau te servira pour les ablutions; elle est fraîche, et tu en boiras.

42. Nous lui rendîmes sa famille, en y ajoutant une fois autant. C'était une preuve de notre miséricorde et un avertissement pour les hommes doués de sens.

43. Nous lui dîmes : Prends un faisceau [2], frappes-en, et ne viole point ton serment [3]. Nous avons trouvé Job doué de patience.

---

[1] Salomon, après avoir conquis Sidon et mis à mort le roi de cette ville, prit sa fille pour concubine. Celle-ci obtint la permission d'avoir la statue de son père dans ses appartements; elle s'en fit un objet d'adoration, et introduisit ainsi sous le toit du roi Salomon le culte idolâtre. Dieu voulut le punir de cette faiblesse. Salomon avait coutume de laisser chez une de ses femmes, toutes les fois qu'il se rendait au bain, son anneau, emblème du pouvoir et talisman à l'aide duquel il gouvernait les génies. Un de ces génies parvint à s'en rendre maître, et s'assit sur le trône; Salomon, dépossédé de son anneau, perdit le royaume, et fut obligé d'errer sur la terre, méconnu et renié par ses sujets, jusqu'à ce que l'anneau, que le démon avait jeté dans la mer, retiré par un pêcheur et restitué à Salomon, lui fit recouvrer son autorité.

[2] On sous-entend *d'herbes* ou *de jonc*.

[3] Les commentateurs disent que la femme de Job (Lia, fille de Jacob ou d'Éphraïm, fils de Joseph) étant allée quelque part et ayant resté trop longtemps absente, Job, qui avait sans doute besoin de son aide, jura de lui donner cent coups de fouet dès qu'il guérirait. Dieu lui ordonna de prendre un faisceau d'herbes ou de joncs, et de frapper, sans lui dire quoi, et cela afin qu'il restât

44. Quel excellent serviteur *que Job!* il aimait à retourner à Dieu.

45. Souviens-toi aussi de nos serviteurs Abraham, Isaac et Jacob, hommes forts et intelligents [1].

46. Nous les avons rendus purs par un moyen ; c'est en leur rappelant la demeure à venir.

47. Ils sont devant nous au nombre des élus privilégiés.

48. Souviens-toi aussi d'Ismaël, d'Élisa (*Élisée*) et de Dhoul-kefl : tous ils étaient justes.

49. Voici l'avertissement : Ceux qui craignent Dieu auront un heureux séjour,

50. Les jardins d'Éden dont les portes s'ouvriront devant eux.

51. Ils s'y reposeront accoudés, et demanderont de toute espèce de boissons.

52. Auprès d'eux seront des femmes au regard modeste, et leurs égales en âge [2].

53. Voici, leur dira-t-on, ce qu'on promettait pour le jour du compte.

54. — Voici, diront-ils, la provision qui ne nous manquera jamais.

55. Oui, il en sera ainsi. Mais le plus affreux séjour est réservé aux pervers.

56. C'est la géhenne, où ils seront brûlés. Quel affreux lieu de repos !

57. *Oui, et il en sera ainsi.* Goûtez, *leur dira-t-on*, l'eau bouillante et le pus,

58. Et autres supplices divers.

59. *On dira aux chefs :* Cette troupe qui vous a suivis sera précipitée avec vous. On ne leur dira point : Soyez les bienvenus, car ils seront brûlés au feu.

60. Ceux-ci diront à leurs chefs : Non, on ne vous dira pas : Soyez les bienvenus ; c'est vous qui nous avez préparé le feu. Quel affreux séjour !

61. Et ils diront en *s'adressant à Dieu :* Seigneur ! porte au double le supplice du feu à ceux qui nous ont attiré ce châtiment.

---

fidèle à son serment et dégager sa parole. Ce passage du Koran autorise cette manière de dégager un serment fait inconsidérément et que l'on préférerait ne pas remplir dans toute sa rigueur. Dans le texte, le mot *frappes en* n'est suivi d'aucun régime.

[1] Mot à mot : possesseurs de mains et de la vue.
[2] De trente à trente-trois ans, selon les commentateurs.

62. Pourquoi ne voyons-nous pas, diront les infidèles, des hommes que nous regardions comme des méchants,

63. Et dont nous nous moquions? échapperaient-ils à nos regards?

64. — C'est bien la vérité, c'est ainsi que les hommes condamnés au feu disputeront entre eux.

65. Dis-leur, ô *Mohammed* : Je ne suis qu'un avertisseur ; il n'y a point d'autre dieu que Dieu, l'Unique, le Tout-Puissant ;

66. Souverain des cieux et de la terre et de tout ce qui est entre eux, le Puissant, l'Indulgent.

67. Dis-leur : Le message est un message grave,

68. Et vous dédaignez de l'entendre!

69. Je n'avais aucune connaissance de l'assemblée sublime [1] où l'on disputait *sur la création de l'homme*

70. (Ceci ne m'a été révélé que parce que je suis un apôtre véritable),

71. Lorsque Dieu dit aux anges : Je vais créer l'homme d'argile.

72. Quand je lui aurai donné la forme parfaite et que j'aurai jeté en lui *une partie* de mon esprit, vous aurez à vous prosterner devant lui.

73. Les anges, tous tant qu'ils étaient, se prosternèrent devant lui,

74. A l'exception d'Éblis. Il s'enfla d'orgueil et fut du nombre des ingrats.

75. O Éblis! lui cria Dieu, qui est-ce qui t'empêche de te prosterner devant l'être que j'ai créé de mes mains?

76. Est-ce par orgueil, ou bien parce que tu es plus élevé?

77. Éblis répondit : Je vaux mieux que lui. Tu m'as créé de feu, et lui de boue.

78. — Sors d'ici! lui cria Dieu ; tu es lapidé [2].

79. Mes malédictions resteront sur toi jusqu'au jour de la rétribution.

80. Seigneur, dit Éblis, accorde-moi un répit jusqu'au jour où les hommes seront ressuscités.

81. Tu l'as obtenu, répondit Dieu,

82. Jusqu'au jour du terme fixé d'avance.

83. — J'en jure par ta grandeur, répondit Éblis, je les séduirai tous,

84. Sauf tes serviteurs sincères.

85. — Il en sera ainsi ; et je dis la vérité, que je comblerai la géhenne de toi et de tous ceux qui t'auront suivi.

Les anges.

[1] Ce mot est ordinairement ajouté au nom de Satan, il veut dire *maudit*.

86. *O Mohammed!* dis-leur : Je ne vous demande point de salaire, et je ne suis point de ceux qui se chargent de plus qu'ils ne peuvent supporter.

87. Le Koran est un avertissement pour l'univers.

88. Au bout d'un certain temps, vous apprendrez la nouvelle.

CHAPITRE XXXIX.

TROUPES [1].

Donné à la Mecque. — 75 versets.

Au nom du Dieu clément et miséricordieux.

1. La révélation du Livre vient du Dieu puissant et sage.
2. Nous t'avons envoyé le Livre en toute vérité. Adore donc Dieu, et sois sincère dans ton culte.
3. Un culte sincère n'est-il pas dû à Dieu?
4. Quant à ceux qui prennent d'autres patrons que Dieu, en disant : Nous ne les adorons qu'afin qu'ils nous rapprochent de Dieu, Dieu prononcera sur l'objet de leurs disputes.
5. Dieu ne dirige point le menteur ni l'incrédule.
6. Si Dieu avait voulu avoir un fils, il l'aurait choisi parmi les êtres qu'il a voulu créer. Mais sa gloire est bien au-dessus de cela. Il est unique et puissant.
7. Il a créé les cieux et la terre pour la vérité [2]. Il roule la nuit sur le jour et le jour sur la nuit; il a soumis le soleil et la lune : l'un et l'autre poursuivent leur course jusqu'au terme marqué. N'est-il pas le Fort, l'Indulgent?
8. Il vous créa tous d'un seul individu dont il tira ensuite sa compagne. Il vous a donné en bestiaux huit [3] couples. Il vous crée dans les entrailles de vos mères, en vous faisant passer d'une forme à une autre, dans les ténèbres d'une triple enveloppe [4]. C'est lui qui est Dieu votre Seigneur ; c'est à lui qu'ap-

---

[1] Le titre de cette sourate est le mot : *par troupes*, qu'on lit dans le verset 71.

[2] C'est-à-dire, pour un but sérieux, et non pour s'en faire un jeu.

[3] Mot à mot : il a fait descendre pour vous, en fait de troupeaux, huit couples.

[4] Les entrailles, l'estomac, et la membrane qui enveloppe le fœtus. Les différentes formes ou phases de l'homme sont : goutte de sperme, grumeau de sang, morceau de chair, etc.

partient l'empire. Il n'y a point d'autre dieu que lui; pourquoi donc vous détournez-vous de lui?

9. Si vous êtes ingrats, il est assez riche pour se passer de vous. Mais l'ingratitude de ses serviteurs lui déplaît [1]; il lui plairait de vous voir reconnaissants. L'âme chargée du fardeau *de ses œuvres* ne portera pas celui d'aucune autre. Vous reviendrez tous à votre Seigneur, et il vous montrera vos œuvres.

10. Car il connaît ce que vos cœurs recèlent.

11. Lorsque quelque mal atteint l'homme, il crie vers son Seigneur et revient à lui; à peine Dieu lui a-t-il accordé une faveur, qu'il oublie celui qu'il invoquait naguère; il lui donne des égaux pour égarer les autres. Dis *à un tel homme :* Jouis quelques instants de ton ingratitude, tu seras un jour livré au feu.

12. L'homme pieux qui passe la nuit à adorer Dieu, prosterné ou debout, qui appréhende la vie future, et espère dans la miséricorde de Dieu, serait-il traité comme l'impie? Dis : Ceux qui savent et ceux qui ignorent seront-ils traités de la même manière? Que les hommes doués de sens réfléchissent.

13. Dis : O mes serviteurs qui croyez! craignez votre Seigneur! Ceux qui font le bien dans ce monde obtiendront une belle récompense. La terre du Seigneur est vaste; les persévérants recevront leur récompense; on ne comptera point avec eux.

14. Dis : J'ai reçu l'ordre d'adorer Dieu d'un culte sincère; j'ai reçu l'ordre d'être le premier de ceux qui se résignent à sa volonté (*musulmans*).

15. Dis : Si je désobéis au Seigneur, je crains d'éprouver le châtiment du grand jour.

16. Dis : J'adorerai Dieu d'un culte sincère.

17. Et vous, adorez les divinités que vous voulez, à côté de Dieu. Dis-*leur encore :* Ceux-là seront vraiment malheureux au jour de la résurrection, qui se perdent eux-mêmes et les leurs. N'est-ce pas une ruine évidente?

18. Au-dessus de leur tête s'étendra une couche de feu, et une couche de feu sous leurs pieds. Voilà de quoi Dieu menace ses serviteurs. Craignez-moi donc, ô mes serviteurs!

19. Bonnes nouvelles à ceux qui fuient le culte de Thaghout pour revenir à Dieu. Annonce le bonheur à ceux de mes serviteurs qui écoutent avidemment mes paroles, et suivent ce qu'elles contiennent de plus beau. Ce sont eux que Dieu dirigera; ce sont les hommes doués de sens.

---

[1] Les mots *ingrat* et *ingratitude*, veulent dire aussi *infidèle* et *infidélité*.

20. Sauveras-tu celui sur qui la sentence du châtiment aura été prononcée? sauveras-tu celui qui sera une fois livré au feu?

21. Quant à ceux qui craignent leur Seigneur, ils auront *dans le paradis* des galeries au-dessus desquelles seront construites d'autres galeries au bas desquelles couleront des eaux. C'est une promesse de Dieu; or Dieu ne manque pas à ses promesses.

22. N'as-tu pas vu comment Dieu fait tomber du ciel l'eau, et la conduit aux sources cachées dans les entrailles de la terre; comment il fait germer les plantes de diverses espèces; comment il les fait faner et jaunir; comment enfin il les réduit en brins desséchés? Certes, il y a dans ceci un avertissement pour les hommes doués de sens.

23. Celui dont Dieu a dilaté le cœur pour recevoir l'islam, en sorte qu'il suit la lumière venant de son Seigneur, *sera-t-il comme celui dont le cœur est endurci?* Malheur à ceux dont les cœurs sont endurcis *et fermés* au souvenir de Dieu! ils sont dans un égarement manifeste.

24. Dieu a fait descendre d'en haut la plus belle parole qui fut jamais donnée; *il en a fait* un livre dont les parties se ressemblent et se répètent; ceux qui craignent Dieu sentent à sa lecture leur peau se roidir et se contracter sur leurs corps; *peu à peu*, leurs peaux et leurs cœurs s'adoucissent au souvenir et à la parole de Dieu. Telle est la direction de Dieu : par elle il dirige ceux qu'il veut; mais celui que Dieu égare, où trouvera-t-il un guide?

25. Celui qui, avec son visage seul, cherchera à se prémunir contre les souffrances du châtiment[1], au jour de la résurrection, *sera-t-il comme celui qui n'aura rien à craindre*[2]? On dira aux méchants : Goûtez ce que vous avez gagné.

26. Leurs devanciers ont aussi traité nos signes de mensonges. Le châtiment fondit sur eux d'où ils ne s'attendaient pas.

27. Dieu leur a fait goûter l'avilissement de la vie de ce monde; mais le supplice de l'autre est encore plus dur. Ah! s'ils le savaient!

28. Nous avons déjà proposé aux hommes dans ce Koran toute sorte de paraboles, afin qu'ils réfléchissent.

29. *Ce livre est* un livre arabe dont la parole n'est pas tortueuse, afin que les hommes craignent Dieu.

[1] Cela signifie que les réprouvés, ayant les mains liées au cou, ne pourront en couvrir leurs visages, et les présenteront sans défense au feu.

[2] La seconde partie de la phrase, dans ce passage comme dans beaucoup d'autres analogues, n'est pas exprimée dans le texte, elle est sous-entendue.

30. Dieu vous offre pour exemple *d'abord* un homme sur lequel plusieurs associés ont droit et qu'ils s'arrachent, et puis un homme appartenant exclusivement à un seul *maître*. Ces deux hommes vont-ils de pair? *Non*, Dieu merci! Mais la plupart des hommes ne savent rien.

31. Tu mourras, ô *Mohammed!* et ils mourront aussi.

32. Ensuite vous disputerez devant Dieu au jour de la résurrection.

33. Et qui est plus méchant que celui qui invente un mensonge sur le compte de Dieu, et qui a traité d'imposture la vérité lorsqu'elle lui apparut! N'est-ce pas la géhenne qui est la demeure réservée aux infidèles?

34. Celui qui apporte la vérité, et celui qui y croit, tous deux sont pieux;

35. Ils trouveront auprès de Dieu tout ce qu'ils désireront. Telle sera la récompense de ceux qui font le bien.

36. Dieu effacera leurs plus mauvaises œuvres, et les récompensera pour les meilleures de leurs actions.

37. Dieu seul ne suffit-il pas à protéger son serviteur? Les infidèles chercheront à t'effrayer au nom de leurs idoles; mais celui que Dieu égare ne trouvera plus de guide.

38. Celui que Dieu dirige, qui peut l'égarer? Dieu n'est-il pas puissant et vindicatif?

39. Si tu leur demandes qui a créé les cieux et la terre, ils répondront : C'est Dieu. Dis-leur : Si Dieu voulait m'atteindre d'un mal, pensez-vous que les divinités que vous invoquez à côté de lui sauraient m'en délivrer? et si Dieu voulait m'accorder quelque bienfait, pourraient-elles l'arrêter? Dis : Dieu me suffit; que les hommes ne placent donc leur confiance qu'en Dieu.

40. Dis-leur : O mon peuple! agis comme tu peux; moi j'agirai aussi, et nous verrons.

41. Qui de nous éprouvera un supplice ignominieux, sur qui d'entre nous descendra le supplice permanent?

42. Nous t'avons envoyé, ô *Mohammed!* le Livre pour le salut des hommes et dans un but sérieux. Celui qui suit le chemin droit le fait pour son avantage; quiconque s'égare, s'égare à son détriment. Tu n'es point chargé de leur cause.

43. Dieu reçoit les âmes au moment de la mort, il reçoit aussi celles qui sont en sommeil sans mourir [1]; il garde celles dont il

---

[1] D'après ce passage, les âmes des hommes qui dorment sont auprès de Dieu; Dieu les reçoit, et tantôt les garde, tantôt les renvoie, selon que le terme de la vie est expiré ou non. L'emploi du mot *teveffa*, dans ce passage, vient à l'appui

CHAPITRE XXXIX.

a décrété la mort, et renvoie les autres jusqu'au terme fixe. Dans ceci il y a certes des signes pour ceux qui méditent.

44. *Les infidèles* vont-ils prendre pour intercesseur quelqu'un à côté de Dieu? Dis : Est-ce quoique ces divinités ne possèdent rien et ne comprennent rien?

45. Dis-leur : L'intercession appartient exclusivement à Dieu [1] ; l'empire des cieux et de la terre est à lui ; vous serez tous ramenés devant lui.

46. Quand le nom du Dieu unique est prononcé, les cœurs des hommes qui ne croient pas à la vie future se contractent *de dépit*. Mais qu'on fasse mention de ceux *qu'ils adorent* à côté de Dieu, les voilà qui s'épanouissent de joie.

47. Dis : O mon Dieu! créateur des cieux et de la terre, toi qui connais les choses visibles et invisibles, tu prononceras entre tes serviteurs dans leurs différends.

48. Si les méchants possédaient tout ce que la terre contient, et une fois autant que cela, ils le donneraient, au jour de la résurrection, pour se racheter des souffrances du supplice. Alors ils verront venir de la part de Dieu des choses qu'ils ne s'imaginaient pas.

49. Leurs mauvaises actions leur apparaîtront clairement, et le *supplice* dont ils se riaient les enveloppera de tous côtés.

50. Si quelque mal atteint l'homme, il nous appelle; la changeons-nous contre quelque faveur, il dit : Je savais bien que cela devait m'échoir. C'est plutôt une épreuve de la part de Dieu ; mais la plupart des hommes ne le savent pas.

51. Ainsi parlaient leurs devanciers : mais à quoi leur ont servi leurs œuvres?

52. Les crimes qu'ils avaient commis retombèrent sur eux ; les crimes de ceux-là (*les Mecquois*) aussi retomberont sur eux ; ils ne sauront prévaloir contre Dieu.

53. Ne savent-ils pas que Dieu donne à pleines mains la nourriture à qui il veut, ou la départit dans une certaine mesure. Il y a dans ceci des signes pour ceux qui croient.

54. Dis : O mes serviteurs! vous qui avez agi iniquement envers vous-mêmes, ne désespérez point de la miséricorde divine,

---

de ce que nous avons dit, chap. III, vers. 48, note. Nous ferons observer à cette occasion que le mot *enfous*, pluriel de *nafs*, âme, signifie personne, individu, et doit être distingué de *rouh*, âme, esprit, bien que les *rouh*, pluriel *erwah*, meurent aussi, et que les anges doivent mourir également pour être ensuite ressuscités.

[1] C'est-à-dire que personne ne pourra intercéder sans la permission de Dieu.

car Dieu pardonne tous les péchés ; il est l'Indulgent, le Miséricordieux.

55. Retournez donc à Dieu, et livrez-vous entièrement à lui avant que le châtiment vous atteigne là où vous ne trouverez aucun secours.

56. Suivez ces beaux commandements que Dieu vous a révélés, avant que le châtiment vous saisisse subitement et quand vous ne vous y attendrez pas ;

57. Et avant que l'âme s'écrie : Malheur à moi, qui me suis rendue coupable envers Dieu, et qui me riais *de la vérité!*

58. Avant qu'elle s'écrie : Si Dieu m'avait dirigée, j'aurais été au nombre de ceux qui craignent ;

59. Avant qu'elle s'écrie, à la vue du supplice : Ah ! s'il m'était donné de retourner *sur la terre,* certes je ferais le bien.

60. Oui ; — mes signes t'apparurent cependant, et tu les as traités de mensonges, tu as été orgueilleuse et ingrate.

61. Au jour de la résurrection, ceux qui ont menti contre Dieu auront le visage noir. La géhenne n'est-elle pas une demeure destinée aux orgueilleux ?

62. Dieu sauvera ceux qui l'ont craint, et les introduira dans un lieu sûr ; aucun mal ne les atteindra, et ils ne seront point affligés.

63. Dieu est le créateur de toutes choses ; il a soin de toutes choses ; il a les clefs des cieux et de la terre. Ceux qui n'ont point cru à ses signes, ceux-là sont réellement malheureux.

64. Dis : M'ordonnerez-vous d'adorer un autre que Dieu, ô ignorants !

65. Il a été déjà révélé, à toi et à tes prédécesseurs, que vos œuvres seront vaines si vous êtes idolâtres, et que vous serez malheureux.

66. Adore plutôt Dieu, et sois reconnaissant.

67. Mais ils ne savent point apprécier Dieu comme il doit l'être. Au jour de la résurrection, toute la terre ne sera qu'une poignée *de poussière entre ses mains,* et les cieux seront ployés comme un rouleau dans sa droite. Louange à lui ! il est trop élevé au-dessus des divinités qu'on lui associe.

68. Et l'on sonnera la trompette, et tout ce qui est dans les cieux et sur la terre expirera, excepté ceux que Dieu voudra *laisser vivre*[1] ; puis on sonnera une seconde fois, et voilà que tous les êtres se dresseront et attendront.

---

[1] On pense que les anges Gabriel, Michel et Izrafil, ainsi que Israïl, l'ange

69. Et la terre brillera de la lumière de son Seigneur, et voilà que le Livre est déposé, et que les prophètes et les témoins sont mandés, et que la sentence sera prononcée avec justice, et que nul ne sera lésé.

70. Et toute âme sera payée de ses œuvres. Or, Dieu sait le mieux ce que les hommes font.

71. Les infidèles seront poussés par TROUPES vers la géhenne, et, lorsqu'ils y arriveront, ses portes s'ouvriront devant eux, et leurs gardiens leur crieront : Des apôtres choisis parmi vous ne sont-ils pas venus vous réciter les miracles de votre Seigneur, et vous avertir que vous comparaîtrez devant lui dans ce jour ? — Oui, répondront-ils. Mais déjà l'arrêt du supplice enveloppera les infidèles.

72. Entrez, leur dira-t-on, dans ces portes de la géhenne, vous y resterez éternellement. Qu'elle est affreuse la demeure des orgueilleux !

73. On fera marcher les croyants par troupes vers le paradis, et, lorsqu'ils y arriveront, ses portes s'ouvriront devant eux, et leurs gardiens leur diront : Que la paix soit avec vous ! Vous avez été vertueux, entrez dans le paradis pour y demeurer éternellement.

74. Louange à Dieu ! diront-ils ; il a accompli ses promesses, et il nous avait accordé l'héritage de la terre, afin que nous pussions ensuite habiter le paradis partout où nous voudrions. Qu'elle est belle la récompense de ceux qui ont fait le bien !

75. Tu verras les anges faisant cercle autour du trône ; ils célébreront les louanges du Seigneur. L'arrêt sera prononcé avec équité, et l'on dira : Gloire à Dieu, maître de l'univers !

---

de la mort, ne mourront pas à ce moment même, mais qu'ils mourront plus tard, afin que la parole de Dieu qui annonce la mort de tout être soit réalisée. Tous, du reste, seront ressuscités ensuite.

CHAPITRE XL.

LE CROYANT [1].

Donné à la Mecque. — 85 versets.

Au nom du Dieu clément et miséricordieux.

1. HA. MIM. [2]. La révélation du Koran vient du Dieu puissant et sage,
2. Qui efface les péchés, agrée la pénitence, et qui est terrible dans ses châtiments.
3. Il est doué de longanimité. Il n'y a point d'autre dieu que lui ; il est le terme de toutes choses.
4. Il n'y a que les infidèles qui soulèvent des disputes sur les signes de Dieu ; mais que leur prospérité dans ces pays ne t'éblouisse pas [3].
5. Avant eux, le peuple de Noé l'a traité d'imposteur ; après ceux-là, tant d'autres partis en ont fait autant. Chaque peuple tramait des machinations contre ses prophètes, et voulait s'en saisir par force ; on combattait avec le mensonge pour en étouffer la vérité ; mais je les ai saisis tous, et voyez quel a été mon châtiment.
6. C'est ainsi que s'est accomplie cette sentence de ton Seigneur contre les incrédules : Ils seront livrés au feu.
7. Ceux qui portent le trône et ceux qui l'entourent [4] célèbrent les louanges du Seigneur ; ils croient et implorent son pardon pour les croyants. Seigneur, disent-ils, tu embrasses tout de ta miséricorde et de ta science ; pardonne à ceux qui reviennent à toi et suivent ton sentier ; sauve-les du châtiment des flammes.
8. Seigneur, introduis-les dans les jardins d'Éden, que tu leur as promis, ainsi que leurs parents, leurs épouses et leurs enfants qui auront bien vécu. Tu es le Puissant, le Sage.

---

[1] Ce chapitre est intitulé *Croyant*, car il est fait mention d'un croyant de la famille de Pharaon.

[2] Voy. II, 1.

[3] Mot à mot : leur mouvement en tout sens dans ce pays. Mahomet entend par là leurs allées et venues à cause du commerce qu'ils faisaient en Arabie et en Syrie, et du bien-être qu'ils en recueillaient. Voy. III, 196.

[4] On entend par là les Chérubins, anges de l'ordre le plus élevé et créés les premiers.

9. Préserve-les des mauvaises actions. Or celui qui se garantira contre les mauvaises actions, tu auras pitié de lui, et c'est un bonheur immense.

10. Les infidèles entendront dans ce jour une voix qui leur criera : La haine de Dieu contre vous est plus grande que *n'a été* votre haine contre vous-mêmes, quand, invités à la foi, vous n'avez point cru.

11. Seigneur, répondront-ils, tu nous as fait mourir deux fois et tu nous as ranimés deux fois [1]. Nous confessons nos péchés. Eh bien ! n'y a-t-il pas quelque moyen de sortir d'ici ?

12. Voilà ce que vous aurez, vous qui n'avez point cru quand on vous prêchait le Dieu unique, et qui vous montriez croyants toutes les fois qu'on lui donnait des compagnons [2]. Mais la décision suprême appartient à Dieu, le Haut, le Grand.

13. C'est lui qui vous fait voir ses miracles, qui vous envoie la nourriture du ciel ; mais celui-là seul profite de l'avertissement, qui se tourne vers Dieu.

14. Priez donc Dieu en lui offrant un culte pur et sincère, dussent les infidèles en concevoir du dépit.

15. *Ce Dieu* qui occupe les degrés les plus élevés, possesseur du trône *de la majesté* [3] ; de sa volonté seule il lance *le souffle* de son esprit en celui qu'il veut de ses serviteurs, pour l'avertir du jour de l'entrevue [4].

16. A leur jour *les hommes* sortiront de *leurs tombeaux*, et aucune de leurs actions ne sera dérobée aux yeux de Dieu. Ce jour-là, à qui appartiendra le pouvoir suprême ? Au Dieu unique et fort.

17. Ce jour-là, toute âme sera rétribuée selon ses œuvres. Ce jour-là, point d'injustice. Dieu est prompt à régler les comptes.

18. Avertis-les du jour prochain, du jour où les cœurs, remontant à leur gorge, seront près de les étouffer.

---

[1] Les commentateurs entendent différemment ce passage. Selon les uns, la première mort est cet état d'insensibilité dans lequel l'homme est avant sa naissance ; la seconde est la mort par suite de laquelle il quitte le monde ; on renaît deux fois, l'une pour le monde, une autre pour le jugement dernier. Selon d'autres, la première mort, c'est la mort naturelle ; la seconde, c'est quand le défunt, après avoir été interrogé dans le tombeau, meurt jusqu'au jour de la résurrection.

[2] Vous ne croyiez pas à l'unité de Dieu, mais vous étiez disposés à croire à la pluralité de Dieu.

[3] Le mot *arch* du texte veut dire le trône de la majesté, qui est au-dessus de tous les cieux et bien au-dessus du *korsi*, qui est le trône de la justice

[4] Le jour de l'entrevue (avec Dieu) est le jour du jugement dernier.

19. Les méchants n'auront ni ami ni intercesseur que l'on écoute.

20. Dieu connaît les yeux perfides et ce que les cœurs recèlent [1].

21. Dieu décide de tout avec justice. Ceux que les infidèles invoquent à côté de lui ne sauraient décider de quoi que ce soit, car Dieu seul entend et voit tout.

22. N'ont-ils pas voyagé dans ces pays? n'ont-ils pas vu quelle a été la fin des peuples qui les ont précédés? *Ces peuples* valaient mieux qu'eux par leur force et par les monuments qu'ils ont laissés dans ce pays. Mais Dieu les a saisis pour leurs péchés, et nul n'a pu les défendre contre Dieu.

23. Car les apôtres vinrent au milieu d'eux, accompagnés de signes évidents, et ils nièrent leur mission. Dieu s'empara d'eux. Il est terrible dans ses châtiments.

24. Nous envoyâmes Moïse, accompagné de nos miracles et d'un pouvoir évident,

25. Vers Pharaon et Haman, et Karoun [2]; mais ils dirent : C'est un magicien, c'est un imposteur.

26. Lorsqu'il vint à eux, leur apportant la vérité qui venait de nous, ils s'écrièrent : Mettez à mort ceux qui le suivent, n'épargnez que leurs femmes; mais les stratagèmes des incrédules s'égarèrent *et échouèrent*.

27. Laissez-moi tuer Moïse, dit Pharaon; qu'il invoque alors son Dieu; je crains qu'il ne vous fasse changer votre religion, ou ne sème le désordre dans le pays.

28. Moïse répondit : Je cherche un abri auprès de celui qui est mon Seigneur et le vôtre, contre les orgueilleux qui ne croient point au jour du compte.

29. Un homme croyant de la famille de Pharaon, mais qui cachait sa croyance, leur dit : Tuerez-vous un homme, parce qu'il dit : J'adore Dieu, qui est mon maître, et qui vient accompagné de signes évidents? S'il est menteur, son mensonge retombera sur lui; s'il dit la vérité, il fera tomber sur vous un de ces malheurs dont il vous menace, car Dieu ne dirige pas les transgresseurs ni les menteurs.

30. O mon peuple! *disait-il encore,* aujourd'hui le pouvoir est à vous, pendant que vous êtes puissants dans ce pays-ci (en

---

[1] Littéralement : *Dieu connaît des perfides d'yeux,* c'est-à-dire ces hommes qui ont des yeux perfides, et qui jettent un regard de connivence coupable, ou un regard de convoitise sur ce qui est illicite.

[2] Sur Karoun, qui est le Coré de la Bible, voy. chap. XXVIII, 76, note.

CHAPITRE XL.

Égypte); mais qui nous défendra contre la colère de Dieu si elle nous atteint? Je ne vous fais voir, répondit Pharaon, que ce que je vois moi-même, et je vous guide sur un chemin droit.

31. L'homme croyant leur dit alors : O mon peuple! je crains pour vous le jour pareil au jour des partis [1],

32. Le jour pareil à celui du peuple de Noé, d'Ad et de Thémoud,

33. Et de ceux qui leur succédèrent. Dieu cependant ne veut point opprimer ses serviteurs.

34. O mon peuple! je crains pour vous le jour où les hommes s'appelleront les uns les autres [2],

35. Le jour où vous serez forcés de rebrousser chemin et refoulés *dans l'enfer*. Vous n'aurez alors personne qui vous protége contre Dieu; car celui que Dieu égare, qui lui servira de guide?

36. Joseph était déjà venu au milieu de vous, accompagné de signes évidents; mais vous n'avez cessé de douter de leur vérité, jusqu'au moment où il mourut. Vous disiez alors : Dieu ne suscitera plus de prophète après sa mort. C'est ainsi que Dieu égare les transgresseurs et ceux qui doutent.

37. Ceux qui disputent sur les miracles de Dieu sans avoir reçu aucun argument à l'appui, s'attirent une grande haine de Dieu et des croyants. Dieu imprime un sceau sur le cœur de tout homme orgueilleux et violent.

38. Pharaon dit à Haman : Construis-moi un palais pour que je puisse atteindre ces régions,

39. Les régions du ciel, et que je monte auprès du Dieu de Moïse, car je le crois menteur.

40. C'est ainsi que les actions *criminelles* de Pharaon parurent belles à ses yeux; il fut repoussé du *bon* chemin, et les machinations de Pharaon furent mises au néant.

41. L'homme croyant *parmi les Égyptiens* leur disait : O mon peuple! suivez mes conseils, je vous conduirai sur la route droite.

42. O mon peuple! la vie de ce monde n'est qu'un usufruit; celle de l'autre est une demeure durable.

43. Quiconque aura fait le mal ne recevra en retour que le mal; quiconque aura fait le bien (qu'il soit homme ou femme) et qui

---

[1] Le mot *elahzab*, pluriel de *hizb*, que nous traduisons par *partis*, et qui est rendu dans d'autres traductions par *confédérés*, s'applique dans le Koran aux anciennes peuplades de l'Arabie, telles qu'Ad, Thémoud, etc., et, du temps de Mahomet, aux diverses tribus qui formaient des alliances temporaires.

[2] C'est le jour du jugement dernier, où les méchants s'appelleront les uns les autres, soit pour s'accuser réciproquement, soit pour invoquer le secours les uns des autres.

aura cru sera au nombre des élus qui entreront dans le paradis, et jouiront de tous les biens sans compte.

44. Je vous appelle au salut, et vous m'appelez au feu.

45. Vous m'invitez à ne point croire en Dieu, et à lui associer des divinités dont je n'ai aucune connaissance, et moi je vous appelle au Puissant, à l'Indulgent.

46. En vérité, les divinités auxquelles vous m'appelez ne méritent point d'être invoquées ni dans ce monde ni dans l'autre, car nous retournerons tous à Dieu, et les transgresseurs seront livrés au feu.

47. Vous vous souviendrez alors de mes paroles ; quant à moi, je me confie tout entier en Dieu, qui voit les hommes

48. Dieu préserva cet homme des mauvais desseins qu'ils avaient imaginés contre lui, et la famille de Pharaon fut enveloppée des peines du châtiment.

49. C'est le feu où on la mène le matin et le soir, et le jour où surgira l'heure [1], *on lui criera :* Famille de Pharaon, allez au plus terrible des châtiments.

50. Lorsque, au milieu du feu, les impies disputeront entre eux, les faibles *de ce monde* diront aux orgueilleux (*aux grands*) : Nous vous avions suivis sur la terre, pouvez-vous nous servir à quelque chose dans ce feu qui nous est échu en partage ?

51. Et les orgueilleux répondront : Nous y voilà tous. Dieu vient de prononcer son arrêt sur les hommes.

52. Les réprouvés livrés au feu diront alors aux gardiens de la géhenne : Priez votre Seigneur de nous adoucir pendant un jour *au moins* ce supplice.

53. Mais *les gardiens* leur répondront : N'avez-vous pas eu vos prophètes qui vous ont fait voir des preuves évidentes *de leur mission ?* — Oui, répondront-ils. — Alors, appelez-les à votre secours. — Mais le cri des infidèles se perdra sur sa route.

54. Assurément nous prêterons secours à nos envoyés et à ceux qui auront cru à la vie future, le jour où des témoins se lèveront ;

55. Le jour où les excuses des méchants ne leur serviront de rien ; à eux *alors* la malédiction et un affreux séjour.

56. Nous donnâmes à Moïse la direction (*notre révélation pour guide*), et nous mîmes les enfants d'Israël en possession du Livre. C'était pour le faire servir de direction et d'avertissement aux hommes doués de sens.

57. Prends donc patience, *ô Mohammed !* car les promesses

[1] C'est-à-dire, lorsque sonnera l'heure, lorsque se lèvera le jour du jugement dernier.

de Dieu sont la vérité même ; implore auprès de lui le pardon de tes péchés, et célèbre les louanges de ton Seigneur le soir et le matin

58. Ceux qui disputent au sujet des signes de Dieu sans avoir reçu aucun argument à l'appui, qu'ont-ils dans leurs cœurs, si ce n'est l'orgueil? Mais ils n'atteindront point leur but. Toi, *Mohammed*, cherche ton refuge auprès de Dieu, car il entend et voit tout.

59. La création des cieux et de la terre est quelque chose de plus grand que la création du genre humain ; mais la plupart des hommes ne le savent pas.

60. L'aveugle et l'homme qui voit, les hommes aux bonnes œuvres et le méchant ne sauraient être égaux. Que les hommes réfléchissent peu!

61. L'heure viendra, il n'y a point de doute là-dessus, et cependant la plupart des hommes n'y croient pas.

62. Dieu a dit : Appelez-moi, et je vous répondrai, car ceux qui par orgueil se refusent à m'adorer entreront dans la géhenne couverts d'ignominie.

63. C'est Dieu qui vous donne la nuit pour vous reposer, et le jour qui fait voir. Certes, Dieu est plein de bonté envers les hommes, mais la plupart d'entre eux ne lui sont pas reconnaissants.

64. Ce Dieu est votre Seigneur, créateur de toutes choses ; il n'y a point d'autre dieu que lui ; pourquoi donc vous détournez-vous de lui ?

65. Ainsi se détournaient ceux qui niaient ses miracles.

66. C'est Dieu qui vous a donné la terre pour fondations et le ciel pour édifice ; c'est lui qui vous a formés, et quelles admirables formes il vous a données! qui vous nourrit de mets délicieux ; ce Dieu est votre Seigneur. Béni soit Dieu, le maître de l'univers!

67. Il est le Dieu vivant, il n'y a pas d'autre Dieu que lui. Invoquez-le donc, en lui offrant un culte pur. Gloire à Dieu, maître de l'univers!

68. Dis : Il m'a été défendu d'adorer les divinités que vous invoquez à côté de Dieu, depuis que des preuves évidentes me sont venues de la part de Dieu. J'ai reçu l'ordre de m'abandonner au maître de l'univers.

69. C'est lui qui vous a créés de poussière, puis d'une goutte de sperme, puis d'un grumeau de sang coagulé ; il vous fait naître enfants, il vous laisse atteindre la force de l'âge, et puis vous laisse devenir vieillards. Tel d'entre vous meurt avant cette époque :

ainsi vous atteignez le terme fixé d'avance pour chacun ; tout cela, afin que vous compreniez.

70. C'est lui qui fait vivre et qui fait mourir ; quand il a résolu quelque chose, il dit : Sois, et elle est.

71. As-tu vu ceux qui disputaient au sujet des signes de Dieu? que sont-ils devenus?

72. Ceux qui traitent d'imposture le Livre et les autres révélations que nous avions confiées à nos envoyés connaîtront la vérité un jour.

73. Alors les colliers aux cous et enchaînés, ils seront traînés dans l'enfer, puis livrés en pâture au feu.

74. On leur criera alors : Et où sont ceux que vous associiez à Dieu? Ils répondront : Ils se sont égarés quelque part; du reste, nous n'avons jamais rien invoqué. C'est ainsi que Dieu égare les infidèles.

75. Voici la rétribution de votre injuste insolence sur la terre et de vos joies immodérées.

76. Entrez dans les portes de la géhenne pour y rester éternellement. Quelle affreuse demeure que celle des orgueilleux!

77. Prends patience, ô *Mohammed!* Les promesses de Dieu sont la vérité même, et, soit que nous te fassions voir quelques-unes de ces peines dont nous les menaçons, soit que nous te recueillions chez nous avant ce terme, ils retourneront auprès de nous.

78. Avant toi aussi nous avions envoyé des apôtres; nous t'avons raconté l'histoire de quelques-uns d'entre eux, et il y en a d'autres dont nous ne t'avons rien dit. Ce n'est pas à un envoyé qu'il appartient de faire un miracle, excepté si Dieu le permet; mais, quand l'ordre de Dieu arrive, alors il s'accomplit en toute vérité, alors ceux qui le traitaient de chimère périssent.

79. C'est Dieu qui a créé pour vous les bestiaux; les uns pour vous servir de montures, d'autres pour vous nourrir de leur chair.

80. Vous y trouvez de nombreux avantages : à l'aide d'eux vous réalisez le projet que vous nourrissiez dans votre cœur. Vous êtes portés par les bestiaux, vous êtes portés aussi par des navires.

81. Dieu vous fait voir ses signes; lequel des signes de Dieu nierez-vous?

82. N'ont-ils pas voyagé dans le pays? n'ont-ils pas remarqué quelle a été la fin de leurs prédécesseurs, plus nombreux qu'eux, plus remarquables par leur force et les monuments qu'ils ont laissés dans le pays? Mais leurs travaux ne leur ont servi de rien.

83. Quand les envoyés, munis de preuves évidentes *de leur mis-*

sion, parurent au milieu d'eux, ils se réjouissaient *avec orgueil* de la science qu'ils possédaient; mais le *supplice* dont ils se riaient les enveloppa de tous côtés.

84. Et quand ils eurent éprouvé la violence de nos coups, ils se mirent à crier : Voilà, voilà! nous avons cru au Dieu unique; voilà, voilà! nous ne croyons plus aux divinités que nous lui associions.

85. Mais leur foi *soudaine* ne leur servit de rien, quand déjà ils eurent reconnu notre violence. Telle a été la coutume constante [1] de Dieu à l'égard des hommes qui ne sont plus. Ainsi périssent les infidèles.

CHAPITRE XLI.

LES DÉVELOPPÉS [2].

Donné à la Mecque. — 54 versets.

Au nom du Dieu clément et miséricordieux.

1. HA. MIM. [3]. Voici le Livre envoyé par le Clément, le Miséricordieux;
2. Un livre dont les versets ont été clairement développés et *forment* un Koran arabe pour les hommes qui ont de l'intelligence;
3. *Un livre* qui annonce et qui avertit; mais la plupart s'en éloignent et ne veulent pas l'entendre.
4. Ils disent : Nos cœurs sont *enveloppés* dans des replis *et fermés* pour le culte auquel vous nous appelez; une pesanteur siége dans nos oreilles; un voile nous sépare de vous; agis *comme il te plaît*, et nous agirons *comme il nous plaira*.
5. Dis-leur : Oui sans doute, je suis un homme comme vous, à qui il a été révélé que votre Dieu est le Dieu unique; acheminez-vous droit vers lui, et implorez son pardon. Malheur à ceux qui associent *d'autres dieux à Dieu;*
6. Qui ne font point l'aumône et nient la vie future!

---

[1] Telle a été la voie, l'usage, la *sonna* de Dieu.
[2] Le titre de cette sourate lui vient des mots *ont été développés*, qui se trouvent dans le second verset.
[3] Voy. II, 1, note.

7. Ceux qui auront cru et pratiqué la vertu recevront une récompense éternelle.

8. Dis-leur : Ne croirez-vous pas à celui qui a créé la terre dans l'espace de deux jours ? lui donnerez-vous des égaux ? C'est lui qui est le maître de l'univers.

9. Il a établi les montagnes sur sa surface, il l'a bénie, il y a distribué dans l'espace de quatre jours [1] dans de certaines proportions des aliments *qu'elle fournit* également pour tous ceux qui demandent [2].

10. Puis il est allé s'établir au ciel, qui était *alors un amas de* fumée, et il a crié au ciel et à la terre : Venez à moi, obéissants ou malgré vous. — Nous venons à vous en toute obéissance, *répondirent les cieux et la terre.*

11. Alors il arrangea le ciel en sept cieux dans l'espace de deux jours : à chaque ciel il révéla ses fonctions. Nous ornâmes de flambeaux le ciel le plus voisin *de la terre*, et nous le pourvûmes de gardiens. Tel était le décret du Puissant, du Savant.

12. S'ils s'éloignent pour ne pas entendre, dis-leur : Je vous annonce une tempête pareille à la tempête d'Ad et de Thémoud.

13. Lorsque les apôtres s'élevaient de tous côtés au milieu d'eux et leur criaient : N'adorez que Dieu, ils répondaient : Si Dieu avait voulu *nous convertir*, il nous aurait envoyé des anges. Nous ne croyons pas à votre mission.

14. Ad s'était injustement enflé d'orgueil sur la terre ; ses enfants disaient : Qui donc est plus fort que nous ? N'ont-ils pas réfléchi que Dieu, qui les avait créés, était plus fort qu'eux ! Et ils niaient nos signes !

15. Nous envoyâmes contre eux un vent impétueux, pendant des jours néfastes, pour leur faire subir le châtiment de l'ignominie dans ce monde. Le châtiment de l'autre est encore plus ignominieux ; ils ne trouveront personne qui les en défende.

16. Nous avions d'abord dirigé Thémoud, mais il préféra l'aveuglement à la direction. Une tempête du châtiment ignominieux fondit sur ses peuples en punition de leurs œuvres.

17. Nous sauvâmes ceux qui croyaient et craignaient Dieu.

18. Avertis-les du jour où les ennemis de Dieu seront rassemblés devant le feu et marcheront en foule serrée.

19. Jusqu'au moment où, étant placés devant le feu, leurs oreilles et leurs yeux et leurs peaux témoigneront contre eux de leurs actions.

---

[1] En comptant les deux jours employés à la création de la terre.
[2] Qui cherchent de la nourriture.

20. Ils diront à leurs peaux : Pourquoi témoignez-vous contre nous ? et leurs peaux répondront : C'est Dieu qui nous fait parler, ce Dieu qui a donné la parole à tout être. Il vous avait déjà créés une fois, et vous retournerez encore à lui.

21. Vous ne pouviez vous cacher au point que vos oreilles, vos yeux et vos peaux ne témoignassent contre vous, et vous vous êtes imaginé que Dieu ignorera une grande partie de vos actions.

22. C'est cette fausse opinion de Dieu, dont vous vous êtes bercés, qui vous a ruinés ; vous voilà perdus.

23. Qu'ils supportent le feu avec constance, il n'en restera pas moins leur demeure ; qu'ils implorent le pardon de Dieu, ils n'en seront pas plus exaucés.

24. Nous leur avions attaché des compagnons inséparables[1] qui ont tout embelli à leurs yeux. La sentence accomplie sur des générations qui les ont précédés, hommes et génies, sera aussi accomplie sur eux, et ils seront perdus.

25. Les infidèles disent : N'écoutez pas la lecture du Koran, ou bien : Parlez haut pour couvrir la voix de ceux qui le lisent.

26. Nous ferons subir aux infidèles un châtiment terrible.

27. Nous les rétribuerons selon les plus mauvaises de leurs actions.

28. La récompense des ennemis de Dieu, c'est le feu ; il leur servira d'éternelle demeure, parce qu'ils ont nié nos signes.

29. Ils crieront alors : Seigneur, montre-nous ceux qui nous avaient égarés, hommes ou génies ; nous les jetterons sous nos pieds, afin qu'ils soient abaissés.

30. Mais ceux qui s'écrient : Notre Seigneur est Dieu, et qui s'acheminent vers lui, reçoivent les visites des anges, qui leur disent : Ne craignez rien et ne vous affligez pas ; réjouissez-vous du paradis qui vous a été promis.

31. Nous sommes vos protecteurs dans ce monde et dans l'autre ; vous y aurez tout ce que vos cœurs désirent, tout ce que vous demanderez.

32. Ce sera une hospitalité[2] de l'Indulgent, du Miséricordieux.

33. Qui est-ce qui tient un plus beau langage que celui qui invoque Dieu, qui fait le bien et s'écrie : Je suis de ceux qui s'abandonnent à Dieu ?

34. Le mal et le bien ne sauraient marcher de pair. Rends le

---

[1] Ce sont les tentateurs, les démons, les suppôts de Satan.

[2] Le mot du texte *nouzoul*, signifie ce que l'on offre à son hôte, ce qu'on lui fait prendre, repas, rafraîchissement, etc.

bien pour le mal, et tu verras ton ennemi se changer en protecteur et en ami.

35. Mais nul autre n'atteindra cette perfection, excepté le persévérant; nul autre ne l'atteindra, excepté celui qui est le plus favorisé [1].

36. Si le démon te sollicite au mal, cherche un refuge auprès de Dieu, car il entend et sait tout.

37. Au nombre de ses signes sont la nuit et le jour, le soleil et la lune; ne vous prosternez donc ni devant le soleil ni devant la lune, mais devant ce Dieu qui les a créés, si vous voulez le servir.

38. Sont-ils trop orgueilleux *pour le faire?* Ceux qui sont auprès de Dieu (*les anges et les élus*) célèbrent ses louanges la nuit et le jour, et ne se lassent jamais.

39. C'est encore un de ses signes, quand tu vois la terre comme abattue, et qu'elle s'émeut et se gonfle aussitôt que nous lui envoyons de l'eau *du ciel*. Celui qui l'a ranimée ranimera les morts, car il est tout-puissant.

40. Ceux qui méconnaissent nos signes ne sauront se soustraire à notre connaissance. L'impie condamné au feu sera-t-il mieux partagé que celui qui se présentera en toute sûreté au jour de la résurrection? Faites ce que vous voulez, Dieu voit vos actions.

41. Ceux qui ne croient point au livre qui leur a été donné *sont coupables :* c'est un livre précieux.

42. Le mensonge ne l'atteindra pas, de quelque côté qu'il vienne; c'est une révélation du Sage, du Glorieux.

43. On ne dit rien qui n'eût été dit aux envoyés tes prédécesseurs; mais Dieu, qui pardonne, inflige aussi des supplices terribles.

44. Si nous avions fait de ce Koran un livre écrit en langue étrangère, ils auraient dit : Si au moins les versets de ce livre étaient clairs et distincts? langue étrangère et peuple arabe [2]?... Réponds-leur : C'est une direction *vers la vérité*, et un remède *pour les cœurs qui doutent* à ceux qui croient; pour les infidèles, une pesanteur siège dans leurs oreilles, et ils ne voient pas : ils ressemblent à ceux que l'on appelle de loin.

45. Nous avions déjà donné le Livre à Moïse; il s'éleva des disputes à son sujet. Si la parole *de délai* n'avait pas été prononcée antérieurement, on eût *sur-le-champ* décidé entre eux, car ils étaient dans un doute inquiet au sujet de ce livre.

[1] Mot à mot: possesseur du grand bonheur.
[2] Le texte porte : *quoi ! barbare et arabe ?* le sens est : Ils diraient alors : Comment adresser un livre en langue étrangère au peuple arabe ?

46. Quiconque fait le bien, le fait à son avantage ; celui qui fait le mal, le fait à son détriment, et Dieu n'est point le tyran des hommes.

47. La connaissance de l'heure est auprès de lui seul ; aucun fruit ne sort de son noyau, aucune femelle ne porte et ne met bas, qu'il n'en ait connaissance. Le jour où Dieu leur criera : Où sont mes compagnons, ces dieux que vous m'associiez? ils répondront : Nous n'avons entendu rien de pareil parmi nous.

48. Les divinités qu'ils invoquaient autrefois auront disparu de devant leurs yeux ; ils reconnaîtront qu'il n'y aura plus de refuge pour eux.

49. L'homme ne se lasse pas de solliciter le bien auprès de Dieu ; mais qu'un malheur l'atteigne, le voilà qui se désespère et doute.

50. Si, après l'adversité, nous lui faisons goûter les bienfaits de notre miséricorde, il dit : C'est ce qui m'était dû ; je ne pense pas que l'heure arrive jamais ; et si je retourne à Dieu, il me réserve une belle récompense. Nous ferons connaître aux infidèles leurs actions, et nous leur ferons éprouver un châtiment dur.

51. Lorsque nous avons accordé une faveur à l'homme, il s'éloigne, il nous évite ; lorsqu'un malheur l'atteint, il *nous* adresse une prière bien longue.

52. Dis-leur : Que vous en semble? Si le Koran vient de Dieu, et vous ne croyez pas en lui, dites-moi alors : Y a-t-il un homme plus égaré que celui qui fait une longue scission?

53. Nous ferons éclater nos signes sur les différentes contrées de la terre et sur eux-mêmes, jusqu'à ce qu'il leur soit démontré que *le Koran* est une vérité. Ne te suffit-il pas du témoignage de ton Seigneur?

54. Ne doutent-ils pas de la comparution devant Dieu? Et Dieu n'embrasse-t-il pas toutes choses?

CHAPITRE XLII.

LA DÉLIBÉRATION [1].

Donné à la Mecque. — 53 versets.

Au nom du Dieu clément et miséricordieux.

1. HA. MIM. AÏN. SIN. KAF. [2]. C'est ainsi que Dieu, le Puissant, le Sage, te donne la révélation, comme il la donnait *aux envoyés* qui t'ont précédé.

2. Tout ce qui est dans les cieux et sur la terre lui appartient. Il est le Très-Haut, le Grand.

3. Peu s'en faut que les cieux ne se fendent à leur voûte, *de respect devant lui;* les anges célèbrent ses louanges et implorent son pardon pour les habitants de la terre. Certes, Dieu est l'Indulgent, le Miséricordieux.

4. Dieu surveille ceux qui prennent pour patrons d'autres que lui. Et toi, *ô Mohammed!* tu n'es point chargé de leurs affaires.

5. C'est ainsi que nous t'avons donné la révélation en un livre arabe, afin que tu avertisses la mère des cités [3] et les peuplades d'alentour, afin que tu les avertisses du jour de la réunion [4], *jour* sur lequel il n'y a point de doute, *jour* où une partie des hommes sera dans le paradis, et une autre dans le brasier *de l'enfer.*

6. Si Dieu avait voulu, il n'aurait établi qu'un seul peuple *professant la même religion;* mais il donnera aux uns une place dans sa miséricorde, pendant que les méchants n'auront ni patron ni protecteur.

7. Prendront-ils pour patrons d'autres que lui? Cependant c'est Dieu qui est le véritable patron; il fait vivre et il fait mourir, et il est tout-puissant.

8. Quel que soit l'objet de leurs disputes, la décision en appartient à Dieu seul. C'est Dieu mon Seigneur; j'ai mis ma confiance en lui, *par le repentir* je reviens à lui.

---

[1] L'inscription de ce chapitre lui vient de la recommandation faite aux croyants de se consulter sur leurs affaires. On lui donne aussi pour titre les lettres placées en tête du premier verset.

[2] Voy. II, 1, note.

[3] Mère des cités, métropole, c'est la Mecque.

[4] Le jour de la réunion est le jour du jugement dernier, où tous les êtres seront assemblés devant le tribunal de Dieu.

9. Créateur des cieux et de la terre, il a créé des couples dans votre espèce, comme il a créé des couples dans l'espèce des bestiaux; il vous multiplie par ce moyen. Rien ne lui ressemble; il entend et voit tout.

10. Il a les clefs du ciel et de la terre; il répand ses dons à pleines mains sur qui il veut, ou les mesure, car il sait tout.

11. Il a établi pour vous une religion qu'il recommanda à Noé; c'est celle qui t'est révélée, *ô Mohammed!* c'est celle que nous avions recommandée à Abraham, à Moïse, à Jésus, en leur disant : Observez cette religion, ne vous divisez pas en sectes. Il (*Dieu*) est insupportable aux idolâtres,

12. Ce culte auquel tu les appelles, Dieu choisit pour ce culte celui qu'il veut, et conduit à lui (*à ce culte*) celui qui, *par son repentir*, revient à Dieu.

13. Ils ne se sont divisés en sectes que depuis qu'ils ont reçu la science, et c'est par jalousie. Si la parole de Dieu, qui fixe le châtiment à un terme marqué d'avance, n'avait pas été prononcée antérieurement, il eut déjà été décidé entre eux, bien que ceux qui ont hérité des Écritures après eux soient dans le doute à cet égard.

14. C'est pourquoi invite-les à cette religion, et marche droit, comme tu en as reçu l'ordre; n'obéis point à leurs désirs, et dis-leur : Je crois au livre que Dieu a révélé; j'ai reçu l'ordre de prononcer entre vous en toute justice. Dieu est mon Seigneur et le vôtre; j'ai mes œuvres et vous avez les vôtres; entre nous et vous, point d'argument *à faire valoir*. Dieu nous réunira tous, car il est le terme de toutes choses.

15. Quant à ceux qui cherchent à argumenter au sujet de Dieu après s'être soumis à lui, leurs raisons seront mises au néant. A ceux-là sa colère, à ceux-là un rude châtiment.

16. C'est Dieu *lui-même* qui a envoyé réellement le Livre et la balance [1]. Et qui peut te faire savoir? L'heure est peut-être proche.

17. Ceux qui ne croient pas veulent la hâter; ceux qui croient tremblent à son souvenir, car ils savent qu'elle est vraie. Oh! que ceux qui doutent de l'heure sont égarés!

18. Dieu est plein de bonté envers ses serviteurs; il donne la nourriture à qui il veut; il est le Fort, le Puissant.

19. Celui qui veut cultiver le champ de la vie future, nous l

---

[1] Par la balance on entend ici soit la loi divine contenue dans le Koran, soit la justice distributive.

lui agrandirons; celui qui désire cultiver le champ de ce monde, l'obtiendra également, mais il n'aura aucune part dans l'autre.

20. Auraient-ils *par hasard* des compagnons qui aient prescrit en fait de religion quelque chose que Dieu n'eût pas permis? N'était la parole de la décision [1], il aurait déjà été prononcé entre eux; certes les méchants subiront un supplice terrible.

21. Un jour tu verras les méchants trembler à cause de leurs œuvres, et le châtiment les atteindra; mais ceux qui croient et pratiquent le bien habiteront les parterres des jardins; ils auront chez leur Seigneur tout ce qu'ils désireront. C'est une faveur immense.

22. Voilà ce que Dieu annonce à ses serviteurs qui croient et font le bien. Dis-leur : Je ne vous demande pour récompense de mes prédications que l'amour envers vos parents. Quiconque aura fait une bonne action, à celui-là nous en rehausserons la valeur. Dieu est indulgent et reconnaissant.

23. Diront-ils : Il (*Mohammed*) a forgé un mensonge sur le compte de Dieu? Certes, Dieu, si cela lui plaît, peut apposer un sceau sur ton cœur [2], effacer lui-même le mensonge, et établir la vérité par ses paroles; car il connaît l'intérieur des cœurs.

24. C'est lui qui accueille le repentir de ses serviteurs, qui pardonne leurs péchés; il sait ce que vous faites.

25. Il exauce ceux qui croient et pratiquent le bien; il les comble de ses faveurs. Le châtiment terrible est réservé aux incrédules.

26. Si Dieu versait à pleines mains ses dons sur les hommes, ils deviendraient insolents sur la terre; il les leur donne dans la mesure qu'il lui plaît, car il est instruit *de la condition* de ses serviteurs, et il les voit.

27. C'est lui qui a envoyé une pluie abondante quand les hommes désespéraient de l'avoir; il répand ainsi sa miséricorde. Il est le Protecteur, le Glorieux.

28. Du nombre de ses miracles est la création des cieux et de la terre, et tous ces animaux qu'il a disséminés sur la terre. Il peut les réunir aussitôt qu'il le voudra.

29. Si quelque calamité vous frappe, c'est à cause de l'œuvre de vos mains, et Dieu pardonne beaucoup.

---

[1] C'est-à-dire, l'arrêt qui différait le châtiment.

[2] Il peut apposer un sceau sur ton cœur, c'est-à-dire il peut t'ôter ta mission d'apôtre et te priver de la faculté de prêcher.

30. Vous ne prévaudrez pas contre lui sur la terre; vous n'avez point de protecteur ni d'appui hormis Dieu.

31. Du nombre de ces miracles sont ces navires qui fendent rapidement les flots et s'élèvent comme des montagnes; s'il voulait, il calmerait le vent, les navires resteraient immobiles à la surface des eaux (certes, il y a dans ceci des signes pour tout homme constant et reconnaissant),

32. Ou bien il les briserait; mais il pardonne tant de péchés!

33. Ceux qui disputent sur nos miracles apprendront un jour qu'il n'y aura point de refuge pour eux.

34. Tous les biens que vous avez reçus ne sont qu'une jouissance temporaire; ce que Dieu tient en réserve vaut mieux et est plus durable aux yeux de ceux qui croient et mettent leur confiance en Dieu;

35. Qui évitent les grands péchés et l'impudicité; qui, emportés par la colère, savent pardonner;

36. Qui obéissent à leur Seigneur, s'acquittent de la prière; qui décident de leurs affaires communes en se consultant [1], et font des largesses des biens que nous leur avons dispensés;

37. Qui, ayant éprouvé un tort, le redressent eux-mêmes,

38. Et rendent pour le mal un mal égal. Celui cependant qui pardonne et se réconcilie *avec son adversaire*, Dieu lui devra une récompense; car il n'aime pas les oppresseurs [2].

39. On ne pourra s'en prendre à l'homme qui venge une injustice qu'il aura éprouvée.

40. On s'en prendra à ceux qui oppriment les autres, qui agissent avec violence et contre toute justice; à ceux-là est réservé un supplice douloureux.

41. C'est la sagesse de la vie que de supporter avec patience et de pardonner.

42. Celui que Dieu égare, comment trouvera-t-il un autre protecteur? Tu verras comment les méchants,

43. A la vue des supplices, s'écrieront : N'y a-t-il plus moyen de retourner sur la terre?

---

[1] Mot à mot : leurs affaires *est* délibération entre eux.

[2] Voici ce que les commentateurs disent au sujet de ce précepte : « Dieu leur ordonne de repousser l'injustice à cause de l'horreur qu'ils ont de s'avilir; et après avoir parlé des autres vertus principales, il parle du courage (des hommes de Dieu). Cette manière d'agir n'est pas contraire à l'indulgence qu'il leur inculque; la bonté envers le faible est digne d'éloge, elle est blâmable à l'égard du fort, car elle l'encourage à l'injustice. Le verset 37 peut être traduit littéralement ainsi : « Qui, lorsque la violence les atteint, s'aident eux-mêmes. »

44. Tu les verras amenés devant le lieu du supplice, les yeux baissés et couverts d'opprobre; ils jetteront des regards furtifs. Les croyants diront : Voilà ces malheureux qui ont perdu eux-mêmes et leurs familles. Au jour de la résurrection, les méchants ne seront-ils pas livrés au supplice éternel?

45. Pourquoi ont-ils cherché d'autres protecteurs que Dieu? Celui que Dieu égare, comment retrouvera-t-il le chemin?

46. Obéissez donc à Dieu avant que le jour arrive que nul ne saurait faire reculer, lorsque Dieu le fera venir. Ce jour-là vous n'aurez point d'asile. Vous ne pourriez nier vos œuvres.

47. S'ils se détournent *avec dédain*, tu n'es point leur gardien, *ô Mohammed!* Tu n'es chargé que de porter le message [1]. Si nous accordons quelque faveur à l'homme, il se réjouit; mais qu'un malheur, rétribution de ses propres œuvres, l'atteigne, il blasphème.

48. Le royaume des cieux et de la terre appartient à Dieu. Il crée ce qu'il veut; il accorde aux uns des filles, il donne aux autres des enfants mâles;

49. A d'autres il accorde des enfants des deux sexes, des fils et des filles; il rend aussi stérile celui qu'il veut. Il est savant et puissant.

50. Il n'est point donné à l'homme que Dieu lui adresse la parole; s'il le fait, c'est par la révélation, ou à travers un voile [2].

51. Ou bien il envoie un apôtre, afin que celui-ci par sa per mission lui révèle ce que Dieu veut.

---

[1] C'est-à-dire, il ne t'appartient que de porter la révélation reçue à la connaissance des hommes.

[2] Dieu n'a jamais adressé la parole à aucun homme. Mahomet dit pourtant, en plusieurs endroits du Koran, que Dieu a réellement adressé la parole à Moïse. Moïse n'a cependant pu obtenir de voir Dieu, et c'était une croyance généralement reçue parmi les Hébreux et probablement parmi tous les peuples sémitiques, que Dieu ne se faisait pas voir à un homme sans que celui-ci mourût sur-le-champ. Les mystiques, secte philosophique éclose au sein de l'islam, prétendent que la pratique constante de la vie spirituelle peut élever l'homme à un degré de perfection tel, que, dans les extases, il parle à Dieu et le voit. Tous leurs efforts tendent par conséquent à lever, par la force de l'amour divin et l'anéantissement de l'individualité, le voile qui les sépare de l'essence de Dieu. De là le mot : *lever le voile*, a acquis dans le langage des Orientaux la valeur du plus haut degré d'intimité. Nous avons parlé au chap. XVIII du désaccord des mahométans (du moins dans les premiers temps de l'islam) sur le voyage nocturne et l'ascension de Mahomet; ceux qui l'admettent comme un fait réel sont encore partagés d'avis sur la manière dont Mahomet a contemplé Dieu : les uns soutiennent qu'il l'a vu des yeux de sa tête, c'est-à-dire matériellement; d'autres, que c'était *des yeux de son cœur*, c'est-à-dire par une vue intérieur de l'esprit.

52. C'est ainsi que nous t'avons révélé l'esprit par notre ordre [1], à toi qui ne savais pas ce que c'était que le Livre ou la foi. Nous en avons fait une lumière à l'aide de laquelle nous dirigeons ceux d'entre nos serviteurs qu'il nous plaît. Toi aussi, dirige-les vers le sentier droit,

53. Vers le sentier de Dieu, de celui à qui appartient tout ce qui est dans les cieux et sur la terre. Toutes choses ne retourneront-elles pas à Dieu?

CHAPITRE XLIII.

ORNEMENTS D'OR [2].

Donné à la Mecque. — 89 versets

Au nom du Dieu clément et miséricordieux.

1. HA. MIM. Par le Livre évident,
2. Nous l'avons envoyé en langue arabe, afin que vous le compreniez.
3. Il est renfermé dans la mère du Livre qui est chez nous ; il est élevé, rempli de sagesse [3].
4. Éloignerons-nous de vous l'admonition, parce que vous êtes un peuple transgresseur?
5. Que de prophètes avons-nous envoyés vers les peuples d'autrefois!
6. Aucun prophète n'a paru au milieu d'eux qu'ils ne l'aient pris pour l'objet de leurs railleries.
7. Nous anéantîmes des peuples plus forts que ceux-ci (*les Mecquois*); l'exemple des hommes d'autrefois est là.

---

[1] Telle est la traduction littérale de ce passage, qui laisse dans le vague ce que le Koran veut proprement dire. Le commentateur Beïdhawi se contente de dire : C'est Gabriel. Et le sens de ces mots est celui-ci : « Nous t'avons envoyé Gabriel avec la révélation. »

[2] Voy. le verset 34.

[3] La mère du Livre est le prototype, l'original du Koran, ainsi que de tous les livres révélés. Ce prototype est immuable ; ses développements cependant peuvent varier selon les siècles et les hommes auxquels s'adresse un livre sacré ; c'est dans ce sens probablement qu'il faut entendre la distinction des versets du Koran, donnée chapitre III, 3.

8. Si tu leur demandes qui est le créateur du ciel et de la terre, ils répondront : C'est le Puissant, le Sage, qui les a créés.

9. Qui a fait de la terre un lit pour vous, et y a tracé des routes afin de vous guider.

10. Qui fait descendre du ciel de l'eau dans une certaine mesure. Par cette eau, nous ressuscitons la terre morte. C'est ainsi que vous aussi vous serez ressuscités.

11. Qui a créé pour vous des couples dans toutes les espèces; pour vous porter il a créé des bestiaux et établi des vaisseaux;

12. Afin que vous y soyez commodément, le corps en équilibre, et afin que vous vous souveniez de ce bienfait de votre Seigneur, lorsque vous y êtes commodément et le corps en équilibre ; afin que vous disiez : Gloire à celui qui nous a soumis ces choses (*ces animaux et ces vaisseaux*) ! nous n'en serions jamais venus à bout.

13. Nous retournerons à notre Seigneur.

14. Cependant ils lui ont attribué des enfants parmi ses serviteurs[1]. L'homme est vraiment ingrat !

15. Dieu aurait-il pris des filles parmi ses créatures, et vous aurait-il choisis pour ses fils ?

16. Et cependant, quand on annonce à l'un d'entre eux la naissance d'un être qu'il attribue à Dieu, son visage s'assombrit, et il est comme suffoqué.

17. *Attribueront-ils à Dieu comme enfant* un être qui grandit dans les ornements et les parures, et qui est toujours à disputer sans raison[2] ?

18. Ils regardent les anges, qui sont serviteurs de Dieu, comme des femmes. Ont-ils été témoins de leur création? Leur témoignage sera consigné, et on les interrogera un jour là-dessus.

19. Si Dieu avait voulu, *disent-ils*, nous ne les aurions jamais adorés. Ils n'en savent rien, et ils mentent impudemment.

20. Leur avons-nous jamais donné *à l'appui de cela* quelque document qu'ils gardent par devers eux ?

21. Point du tout. — Mais ils disent : Nous avons trouvé nos pères pratiquant ce culte, et nous nous guidons sur leurs pas.

22. Il en a été ainsi avant toi, toutes les fois que nous avons

---

[1] Les mots du texte emportent une expression de mépris ; littéralement on devrait les traduire ainsi : « Cependant ils lui donnent des petits bouts, des parcelles en fait de serviteurs. » C'est-à-dire ils croient que ces êtres créés sont des parcelles de lui-même, ses enfants.

[2] La femme, à cause de sa raison défectueuse, est toujours disposée à chercher querelle sans motif.

envoyé quelque avertisseur vers une cité, ses plus riches habitants leur disaient : Nous avons trouvé nos pères suivant ce culte, et nous marchons sur leurs pas.

23. Dis-leur : *Avions-nous dit à un tel apôtre :* Et si je vous apporte un culte plus droit que celui de vos pères? Ils répondaient : Non, nous ne croyons pas à ta mission.

24. Nous avons tiré vengeance de ces peuples. Vois quelle a été la fin de ceux qui ont traité nos envoyés d'imposteurs.

25. Souviens-toi de ce que dit Abraham à son père et à son peuple : Je suis innocent de votre culte.

26. Je n'adore que celui qui m'a créé; il me dirigera sur le chemin droit.

27. Il (*Abraham*) a établi cette parole comme une parole qui devait rester éternellement après lui parmi ses enfants, afin qu'ils revinssent sans cesse à Dieu.

28. J'ai permis à ceux-ci (*aux Arabes idolâtres*) et à leurs pères de jouir des biens terrestres jusqu'à ce que la vérité et l'apôtre véritable viennent au milieu d'eux.

29. Mais, lorsque la vérité leur apparut, ils s'écrièrent : Ce n'est que de la sorcellerie, nous n'y croyons pas.

30. Ils disent : Si au moins le Koran avait été révélé à quelque homme considérable des deux villes (*la Mecque et Médine*), nous aurions pu y croire.

31. Sont-ils donc distributeurs des faveurs divines? C'est nous qui leur distribuons leur subsistance dans ce monde; nous les élevons les uns au-dessus des autres, en sorte que les uns prennent les autres pour serviteurs. Mais la miséricorde de Dieu vaut mieux que les biens qu'ils ramassent.

32. Sans la crainte que tous les hommes ne devinssent un seul peuple *d'infidèles*, nous aurions donné à ceux qui ne croient point en Dieu des toits d'argent à leurs maisons, et des escaliers pour y monter;

33. Et des portes *d'argent* et des siéges pour qu'ils s'y reposent à leur aise;

34. Et des ORNEMENTS D'OR. Tout ceci n'est qu'une jouissance passagère de cette vie, car la vie future, ton Seigneur la réserve aux pieux.

35. Celui qui cherchera à se soustraire aux exhortations du Très-Haut, nous lui attacherons Satan avec une chaîne; il sera son compagnon inséparable.

36. *Les démons* détourneront *les hommes* du sentier de Dieu, et ils croiront cependant suivre le droit chemin,

37. Jusqu'au moment où, arrivé devant nous, l'homme s'écriera : Plût à Dieu qu'il y eût entre moi et Satan la distance des deux levers du soleil[1] ! Quel détestable compagnon que Satan !

38. Mais *ces regrets* ne vous serviront de rien dans ce jour ; si vous avez été injustes, vous serez encore compagnons dans le supplice.

39. Saurais-tu, ô *Mohammed !* faire entendre le sourd, et diriger l'aveugle et l'homme engagé évidemment dans une fausse route ?

40. Soit que nous t'éloignions du milieu d'eux, nous en tirerons vengeance.

41. Soit que nous te rendions témoin de l'accomplissement de nos menaces, nous les tenons en notre pouvoir.

42. Attache-toi fermement à ce qui t'a été révélé, car tu es sur le sentier droit.

43. Le Koran est une admonition pour toi et pour ton peuple. Un jour on vous en demandera compte.

44. Interroge les apôtres que nous avons envoyés devant toi, si nous leur avons choisi d'autres dieux que Dieu pour les adorer.

45. Nous envoyâmes Moïse, accompagné de nos signes, vers Pharaon et les grands de son royaume. Je suis, leur dit-il, l'envoyé du maître de l'univers.

46. Lorsqu'il se présenta devant eux avec nos signes, ils s'en moquèrent.

47. (Tous ces miracles étaient plus surprenants les uns que les autres.) Nous leur infligeâmes des châtiments, afin qu'ils se convertissent.

48. Ils dirent une fois à Moïse : O magicien ! prie ton Seigneur de faire ce qu'il a promis, car nous voilà sur la droite voie.

49. Et à peine les avons-nous délivrés du malheur, qu'ils ont violé leurs engagements.

50. Pharaon fit proclamer à son peuple ces paroles : O mon peuple ! le royaume d'Égypte et ces fleuves qui coulent à mes pieds ne sont-ils pas à moi, ne le voyez-vous pas ?

51. Ne suis-je pas plus fort que cet homme méprisable,

---

[1] On veut entendre par cette expression la distance du lever du soleil en été à celui d'hiver ; mais il est plus exact d'entendre par ce mot la distance entre le lever et le coucher du soleil, l'usage autorise l'emploi d'un duel dans un nom qui ne doit pas en avoir par lui-même, mais qui fait deux avec un autre mot même d'un sens opposé ou tout à fait différent. C'est ainsi qu'en parlant de deux fils d'Ali, Hassan et Houssein, on dit en arabe *Hassanein*, les deux Hassan.

CHAPITRE XLIII.   403

52. Et qui à peine peut s'exprimer [1]?

53. Si au moins on lui voyait des bracelets d'or, s'il venait en compagnie des anges?

54. Pharaon inspira de la légèreté à ses peuples [2], et ils lui obéirent, car ils étaient pervers.

55. Mais quand ils provoquèrent notre colère, nous tirâmes vengeance d'eux, et nous les submergeâmes tous.

56. Nous en avons fait un exemple et la fable de leurs successeurs.

57. Si l'on propose à ton peuple le fils de Marie pour exemple, ils ne veulent pas en entendre parler.

58. Ils disent : Nos dieux valent-ils mieux que le fils de Marie [3], ou le fils de Marie que nos dieux? Ils ne proposent cette question que par esprit de dispute. Oui, certes ils sont chicaniers.

59. Jésus n'est qu'un serviteur (*homme*) que nous avons comblé de nos faveurs, et que nous proposâmes comme exemple aux enfants d'Israël.

60. (Si nous avions voulu, nous aurions produit de vous-mêmes [4] des anges pour vous succéder sur la terre.)

61. Il sera l'indice de l'approche de l'heure. N'en doutez donc pas; suivez-moi, car c'est le chemin droit.

62. Que Satan ne vous en détourne pas, car il est votre ennemi déclaré.

63. Quand Jésus vint au milieu des hommes, accompagné de signes, il dit : Je vous apporte la sagesse, et je viens vous expliquer ce qui est l'objet de vos disputes. Craignez donc Dieu, et obéissez-moi.

64. Dieu est mon Seigneur et le vôtre, adorez-le, c'est le chemin droit.

65. Les différents partis [5] se mirent à disputer entre eux. Malheur au méchant le jour du châtiment douloureux!

66. Qu'attendent-ils donc? Est-ce l'heure qui les surprendra à l'improviste, quand ils ne s'y attendront pas?

---

[1] Car Moïse avait l'élocution difficile.

[2] Il fit perdre à son peuple le jugement sain et rassis.

[3] Ceci a trait à l'objection artificieuse que faisaient les idolâtres à Mahomet, quand il leur disait que leurs idoles seraient précipitées dans le feu. Ils lui demandèrent si Jésus, regardé par les chrétiens comme Dieu, aurait le même sort.

[4] Comme nous avons fait naître Jésus sans père.

[5] Par ces mots, Mahomet entend ici les différentes sectes, soit juives, soit chrétiennes.

67. Les amis les plus intimes deviendront ennemis dans ce jour; il en sera autrement avec ceux qui craignent.

68. O mes serviteurs! vous n'aurez rien à redouter en ce jour, vous ne serez point affligés.

69. A vous qui croyez à nos signes, à vous qui vous étiez résignés à ma volonté (*qui avez été musulmans*), on vous dira :

70. Entrez dans le paradis, vous et vos compagnes; réjouissez-vous.

71. On leur présentera à la ronde des écuelles d'or et des gobelets remplis de choses que les sens désirent tant, et qui font les délices des yeux. Vous y demeurerez éternellement.

72. Voici le jardin que vous recevrez en héritage pour prix de vos œuvres.

73. Vous y avez des fruits en abondance : nourrissez-vous-en.

74. Les méchants éprouveront éternellement le supplice de la géhenne.

75. On ne le leur adoucira pas, ils seront hors de tout espoir du salut.

76. Ce n'est pas nous qui les avons traités injustement, ils ont été iniques envers eux-mêmes.

77. Ils crieront : O Malek[1]! que ton Seigneur mette un terme à nos supplices! — Non, répondra-t-il, vous y resterez.

78. Nous vous apportâmes la vérité; mais la plupart d'entre vous conçurent de la répugnance pour la vérité.

79. Si les infidèles tendent des piéges, nous leur en tendrons aussi.

80. S'imaginent-ils que nous ne connaissons pas leurs secrets, les paroles qu'ils se disent à l'oreille? Oui, nos envoyés qui sont au milieu d'eux couchent tout par écrit.

81. Dis : Si Dieu avait un fils, je serais le premier à l'adorer.

82. Gloire au souverain des cieux et de la terre, au souverain du trône! loin de lui ce qu'ils lui attribuent!

83. Laissez-les tenir des discours frivoles, et se divertir jusqu'à ce qu'ils se trouvent face à face avec leur journée, cette journée qui leur est promise[2].

84. Il est celui qui est Dieu dans le ciel, Dieu sur la terre. Il est le Savant, le Sage.

85. Béni soit celui à qui appartient tout ce qui est dans les

---

[1] Malek est l'ange qui préside aux tourments des réprouvés. Au lieu de *ïa Malekou* (ô Malek!), quelques-uns lisent : *ïa Mali*, comme pour peindre les souffrances des réprouvés qui ne seront pas en état d'achever le mot.

[2] C'est la terrible journée du jugement dernier.

cieux, sur la terre, et dans l'intervalle qui les sépare! lui seul a la connaissance de l'heure; c'est à lui que vous retournerez.

86. Ceux que vous invoquez à côté de Dieu ne pourront intercéder en faveur de personne[1] ; celui-là seul le pourra, qui a témoigné de la vérité. Les infidèles l'apprendront.

87. Si tu les interroges en leur disant : Qui vous a créés? ils répondront : C'est Dieu. Pourquoi donc mentent-ils?

88. Dieu a entendu ces paroles de *Mohammed : Seigneur, le peuple ne croit pas, et il a répondu :*

89. Eh bien! laisse-les faire[2], et dis-leur : Salut! — Et ils apprendront *ce qui en est.*

CHAPITRE XLIV.

LA FUMÉE[3].

Donné à la Mecque. — 59 versets.

Au nom du Dieu clément et miséricordieux.

1. HA. MIM.[4]. J'en jure par le Livre évident,
2. Nous l'avons fait descendre dans une nuit bénie, nous qui avons voulu avertir les hommes ;
3. Dans une nuit où toute affaire sage est décidée une à une[5] ;
4. En vertu d'un ordre émané de notre part. Nous envoyons *réellement* des apôtres
5. Comme preuve de la miséricorde de ton Seigneur (il entend et voit tout),
6. Du maître des cieux et de la terre, et de tout ce qui est entre eux, si vous y croyez fermement.

---

[1] Selon les commentateurs, Jésus et Esdras, quoiqu'ils eussent été admis comme dieux, l'un par les chrétiens, l'autre par les juifs (selon Mahomet), pourront cependant intercéder auprès de Dieu.

[2] Détourne-toi d'eux en désespoir de les voir croyants.

[3] L'inscription de ce chapitre lui vient du mot *fumée*, qui se trouve dans le verset 9.

[4] Voy. II, 1, note.

[5] Dans cette nuit, que les musulmans croient être celle du 23 et 24 du ramadan, tout ce qui doit arriver l'année suivante est décidé et fixé. L'expression *affaire sage* signifie : affaire qui vient de Dieu, qui est la sagesse absolue, et qui ne peut pas être une affaire futile, sans but.

7. Il n'y a point d'autre Dieu que lui, qui fait vivre et qui fait mourir. C'est votre Seigneur, et le Seigneur de vos pères, les anciens.

8. Mais, plongés dans le doute, ils s'en font un jeu.

9. Observe-les au jour où le ciel fera surgir une FUMÉE visible à tous,

10. Qui enveloppera tous les hommes. Ce sera le châtiment douloureux.

11. Seigneur! s'écrieront-ils, détourne de nous ce fléau; nous sommes croyants.

12. Qu'ont-ils fait des avertissements, lorsqu'un apôtre véritable vint vers eux,

13. Et qu'ils lui tournèrent le dos en disant : C'est un homme instruit par d'autres, c'est un possédé?

14. Que nous ôtions seulement quelque peu du supplice *prêt à les anéantir*, ils retourneront à *l'infidélité*.

15. Le jour où nous agirons avec une terrible violence, nous en tirerons vengeance.

16. Déjà, avant eux, nous éprouvâmes le peuple de Pharaon, et un apôtre glorieux fut envoyé vers ce peuple.

17. *Il leur disait :* Laissez partir avec moi les serviteurs de Dieu ; je viens vers vous comme envoyé digne de confiance.

18. Ne vous élevez pas au-dessus de Dieu ; je viens vers vous muni d'un pouvoir incontestable.

19. Je chercherai un refuge auprès de celui qui est mon Seigneur et le vôtre pour que vous ne me lapidiez pas.

20. Si vous n'êtes pas croyants, séparez-vous de moi.

21. Il (*Moïse*) adressa alors des prières à Dieu. C'est un peuple coupable, disait-il.

22. *Dieu lui dit alors :* Emmène mes serviteurs avec toi pendant la nuit. Vus serez poursuivis *par les Égyptiens*.

23. Laisse les flots de la mer béants, leur armée sera noyée.

24. Combien de jardins et de fontaines n'ont-ils pas abandonnés?

25. De champs ensemencés et d'habitations superbes?

26. De délices où ils passaient agréablement leur vie?

27. *Oui, il en fut* ainsi ; mais nous en avons donné l'héritage à un autre peuple.

28. Les cieux ni la terre n'ont point pleuré sur eux, et ils n'ont pas eu de répit.

29. Nous délivrâmes les enfants d'Israël de supplices avilissants,

30. De Pharaon, prince orgueilleux, livré aux excès.

31. Nous les choisîmes, à bon escient, d'entre tous les peuples de l'univers.

32. Nous leur fîmes voir des miracles qui étaient pour eux une épreuve évidente.

33. Ces gens-ci (*les infidèles*) disent :

34. Il n'y a qu'une seule mort, la première [1], et nous ne serons point ressuscités.

35. Faites donc revenir nos pères, si ce que vous dites est vrai, *disent les incrédules*.

36. Valent-ils mieux que le peuple de Tobba [2]

37. Et les générations qui les ont précédés? Nous les exterminâmes, parce qu'ils étaient coupables.

38. Nous n'avons point créé les cieux et la terre, et tout ce qui est entre eux, pour nous en faire un jeu.

39. Nous les avons créés en toute vérité (*sérieusement*), mais la plupart d'entre eux ne le savent pas.

40. Le jour de la décision sera le rendez-vous de tous.

41. Dans ce jour le maître ne saura satisfaire pour le serviteur; ils n'auront aucun secours à attendre.

42. Le secours ne sera accordé qu'à ceux dont Dieu aura eu pitié. Il est puissant et miséricordieux.

43. L'arbre de Zakkoum

44. Sera la nourriture du coupable.

45. Il bouillonnera dans leurs entrailles comme un métal fondu,

46. Comme bouillonne l'eau bouillante.

47. On criera *aux exécuteurs des œuvres de Dieu :* Saisissez le méchant, et précipitez-le au fond de l'enfer,

48. Et versez sur sa tête le tourment d'eau bouillante.

49. Goûte ceci, *lui dira-t-on,* tu es le Puissant, l'Illustre [3].

50. Voilà les tourments que vous révoquiez en doute.

51. Les hommes pieux seront dans un lieu sûr,

52. Au milieu des jardins et des sources d'eau,

53. Revêtus d'habits de soie et de satin, et placés les uns en face des autres.

54. *Oui, il en sera* ainsi, et nous leur donnerons pour compagnes des *femmes* aux yeux noirs, aux grands yeux.

55. Ils s'y feront servir toutes sortes de fruits, et ils en jouiront en sûreté.

---

[1] Celle qui atteint tout homme dans ce monde
[2] Tobba était le titre des rois du Yémen, de la race Himiar, avant Mahomet.
[3] Ces mots sont ironiques.

56. Ils n'y éprouveront plus de mort après l'avoir subie une fois. Dieu les préservera des tourments.

57. C'est une faveur que Dieu vous accorde ; c'est un bonheur immense.

58. Nous avons rendu *le Koran* facile à *comprendre* en te le donnant dans ta langue. Peut-être les hommes réfléchiront-ils.

59. Veille donc, *ô Mohammed!* car eux aussi veillent et épient *les événements*.

CHAPITRE XLV.

L'AGENOUILLÉE [1].

Donné à la Mecque. — 36 versets.

Au nom du Dieu clément et miséricordieux.

1. HA. MIM. La révélation du Livre vient du Dieu puissant et sage.

2. Il y a dans les cieux et sur la terre des signes pour les croyants.

3. Dans votre création, dans toutes les bêtes répandues sur la terre, il y a des signes pour les gens qui croient fermement.

4. Dans la succession de la nuit et du jour, dans les bienfaits que Dieu envoie du ciel, et par lesquels il vivifie la terre naguère morte ; dans la direction qu'il imprime aux vents, il y a des signes pour les hommes qui ont de l'intelligence.

5. Ce sont des enseignements de Dieu [2], nous te les récitons en toute vérité : à quoi donc croiront les *infidèles*, s'ils rejettent Dieu et ses signes?

6. Malheur à tout menteur criminel,

7. Qui entend la lecture des enseignements de Dieu, et persévère néanmoins dans l'orgueil, comme s'il ne les entendait pas ! Annonce donc à celui-là un châtiment cruel.

---

[1] On lit dans le verset 27 de ce chapitre ces mots : *Tu verras toute nation agenouillée* (tu verras tous les peuples à genoux). Le chapitre en a reçu son titre.

[2] Le mot *aiè*, pluriel *aiat*, comme nous l'avons déjà fait observer, veut dire en arabe *miracle, signe* et *verset du Koran* ; c'est pourquoi il peut se joindre avec les verbes *lire, réciter*. Dans ce dernier cas, nous traduisons *aiat* par enseignements.

8. Et s'il apprend quelques-uns de ces enseignements (*versets du Koran*), il les tourne en dérision. Ces hommes-là auront le supplice ignominieux pour partage.

9. Derrière eux est la géhenne ; les biens qu'ils ont ramassés ne leur serviront de rien, pas plus que ceux qu'ils ont pris pour patrons à côté de Dieu. Un grand supplice les attend.

10. Telle est la direction *de Dieu*. Le châtiment douloureux des tourments est préparé pour ceux qui ne croient pas aux signes de Dieu.

11. C'est Dieu qui vous a soumis la mer, afin que les vaisseaux la parcourent par ses ordres, que vous obteniez *des dons* de la générosité de Dieu, et que vous lui soyez reconnaissants.

12. Il vous a soumis tout ce qui est dans les cieux et sur la terre ; tout vient de lui. Il y a dans ceci des signes pour les hommes qui réfléchissent.

13. Dis aux croyants qu'ils pardonnent à ceux qui n'espèrent point dans les jours de Dieu institués pour récompenser les hommes selon leurs œuvres [1].

14. *Car* quiconque fait le bien, le fait pour soi-même ; quiconque fait le mal, le fait contre soi-même (*à son détriment*). Vous retournerez tous à Dieu.

15. Nous avons donné aux enfants d'Israël le Livre (le Pentateuque), la sagesse et les prophètes ; nous leur accordâmes pour nourriture d'excellentes choses, et nous les élevâmes au-dessus de tous les peuples.

16. Nous leur avons fait voir des preuves évidentes de nos ordres, et ils ne commencèrent à se diviser entre eux que depuis qu'ils furent mis en possession de la science, et ce, par méchanceté les uns envers les autres. Au jour de la résurrection, ton Seigneur décidera entre eux sur les points de leurs disputes.

17. Depuis, nous t'avons établi porteur d'une loi divine. Suis-la, et ne suis point les désirs de ceux qui ne savent rien [2].

18. Car ils ne sauraient te servir en rien contre Dieu. Les méchants sont amis les uns des autres ; mais Dieu est ami de ceux qui le craignent.

19. Ce *Koran* est comme la lumière pour les hommes ; il est la

---

[1] Par les jours de Dieu, on entend les jours de victoires et de succès promis aux croyants sur leurs ennemis. Ce passage est en contradiction avec l'esprit de tant d'autres passages où l'on recommande de poursuivre les infidèles à outrance.

[2] De ceux qui ne savent rien, c'est-à-dire des Arabes qui n'ont par devers eux aucun livre divin, qui n'ont pas reçu de révélation.

direction et une *preuve de la* miséricorde *de Dieu* pour ceux qui croient fermement.

20. Ceux qui font le mal pensent-ils que nous les traiterons à l'égal de ceux qui croient, qui pratiquent le bien, en sorte que la vie et la mort des uns et des autres soient les mêmes? Qu'ils jugent mal !

21. Dieu a créé les cieux et la terre en toute vérité; il récompensera tout homme selon ses œuvres, et personne ne sera lésé.

22. Qu'en penses-tu? Celui qui a fait son dieu de ses passions; celui que Dieu fait errer sciemment, sur l'ouïe et le cœur duquel il a apposé le sceau, dont il a couvert la vue avec un bandeau, qui pourrait diriger un tel homme, après que Dieu l'a égaré? N'y réfléchirez-vous pas?

23. Ils disent : Il n'y a point d'autre vie que la vie actuelle. Nous mourons et nous vivons, le temps seul nous anéantit. Ils n'en savent rien, ils ne forment que des suppositions.

24. Lorsqu'on leur récite nos miracles évidents (*nos versets clairs*), que disent-ils? Ils disent : Faites donc revenir à la vie nos pères, si vous dites la vérité.

25. Dis-leur : Dieu vous fera revivre, et puis il vous fera mourir; ensuite il vous rassemblera au jour de la résurrection. Il n'y a point de doute là-dessus; mais la plupart des hommes ne le savent pas.

26. A Dieu appartiennent les cieux et la terre; au jour où l'heure viendra, les hommes qui nient la vérité seront perdus.

27. Tu verras tous les peuples à genoux. Chaque peuple sera appelé devant son livre [1]. Ce jour-là vous serez récompensés selon vos œuvres.

28. C'est notre livre à nous; il parlera sur vous en toute vérité, car nous couchons par écrit tout ce que vous faites.

29. Dieu comprendra dans sa miséricorde ceux qui ont cru et pratiqué le bien. C'est un bonheur évident.

30. Pour les incrédules, on leur dira : Ne vous a-t-on pas fait le récit de nos miracles? Mais vous vous êtes enflés d'orgueil, et vous étiez un peuple criminel.

31. Quand on vous disait : Les promesses de Dieu sont la vérité même, et l'arrivée de l'heure ne souffre pas de doute, vous disiez : Nous ne savons pas ce que c'est que l'heure; nous n'en avons qu'une opinion vague, et nous n'en avons aucune certitude.

32. Alors leurs mauvaises actions se présenteront à leurs yeux,

---

[1] Devant le livre où sont inscrites les œuvres de chacun.

et *le châtiment* dont ils se riaient les enveloppera de tous côtés.

33. Ce jour-là on leur dira : Nous vous oublierons comme vous avez oublié le jour de la comparution devant votre Seigneur ; le feu sera votre demeure, et vous n'aurez point de secours.

34. Et c'est parce que vous aviez pris les signes de Dieu pour l'objet de vos railleries, et que la vie de ce monde vous a éblouis. Ce jour-là on ne les fera plus revenir sur la terre pour mériter, *par une vie exemplaire*, la satisfaction de Dieu.

35. La gloire appartient toute à Dieu, à Dieu, maître des cieux et de la terre, maître de l'univers.

36. La grandeur lui appartient aux cieux comme sur la terre ; il est le Puissant, le Sage.

CHAPITRE XLVI.

ALAHKAF [1].

Donné à la Mecque. — 35 versets.

Au nom du Dieu clément et miséricordieux.

1. HA. MIM. [2]. *Voici* la révélation du Livre de la part du Dieu puissant et sage.

2. Nous avons créé les cieux et la terre, et tout ce qui est dans l'intervalle qui les sépare, d'une création vraie, et pour un temps déterminé ; mais les infidèles s'éloignent des avertissements qu'on leur donne.

3. Dis-leur : Que vous en semble ? Montrez-moi donc ce que les dieux invoqués par vous ont créé sur la terre. Ont-ils leur part au ciel ? Apportez-moi, si vous êtes véridiques, un livre révélé avant celui-ci (*le Koran*), ou seulement quelques traces de la science (*révélation divine*) qui le prouvent.

4. Y a-t-il un être plus égaré que celui qui invoque, à côté de Dieu, une divinité qui ne lui répondra rien jusqu'au jour de la résurrection ? C'est que ces dieux ne font pas attention à leur appel.

---

[1] *Alahkaf* veut dire *monticules de sable.* Ce nom désigne une contrée dans le Hadramaut, en Arabie, habitée jadis par les Adites (Ad), dont il est souvent fait mention dans le Koran.

[2] Voy. II, 1, note.

5. Quand les hommes seront rassemblés *pour être jugés*, ces dieux seront leurs ennemis et se montreront ingrats.

6. Quand on relit aux infidèles nos versets clairs (*nos miracles évidents*), ils disent à cette vérité qui est venue au milieu d'eux que c'est une magie avérée.

7. Diront-ils : C'est lui (*Mohammed*) qui l'a inventé (*le Koran*); dis-leur : Si c'est moi qui l'ai inventé, faites que je n'obtienne rien de Dieu. Mais Dieu sait le mieux ce que vous en dites. Il me suffit de l'avoir pour témoin entre vous et moi. Il est l'Indulgent, le Miséricordieux.

8. Dis : Je ne suis pas le seul apôtre qui ait jamais existé, et je ne sais pas ce que Dieu fera de moi ni ce qu'il fera de vous; je ne fais que suivre ce qui m'a été révélé, je ne suis qu'un apôtre chargé d'avertir ouvertement.

9. Dis-leur : Que vous en semble? Si *ce livre* vient de Dieu et que vous n'y croyiez pas, qu'un témoin, *un homme* choisi parmi les enfants d'Israël [1] atteste sa conformité *au livre de Moïse* et y croie pendant que vous le rejetez avec orgueil; dites : *Quel sort méritez-vous?* Mais Dieu ne dirige pas les méchants.

10. Les infidèles disent des croyants : Si *le Koran* était quelque chose de bon, ce n'est pas eux qui nous auraient devancés pour l'embrasser [2]. Et comme ils ne le prennent point pour leur guide, ils disent que c'est une imposture de vieille date.

11. Avant le Koran, il existait le livre de Moïse, donné pour être le guide *des hommes* et la preuve de la bonté de Dieu; or celui-ci (*le Koran*) confirme *l'autre* en langue arabe, afin que les méchants soient avertis, et afin que les vertueux apprennent d'heureuses nouvelles.

12. Ceux qui disent : Notre Seigneur, c'est Dieu, et agissent avec droiture, ceux-là seront à l'abri de toute crainte et ne seront point affligés.

13. Ils seront en possession du paradis, ils y demeureront éternellement et y recevront la récompense de leurs œuvres.

14. Nous avons recommandé à l'homme de bien agir envers ses père et mère; sa mère l'a porté avec peine et l'a mis au monde avec peine, et la grossesse et *l'allaitement* jusqu'au sevrage durent trente mois. Il parvient enfin à la maturité, il parvient à qua-

---

[1] Ceci doit se rapporter à un juif, Abdallah ben Salma, qui embrassa l'islam en disant qu'il trouvait la venue de Mahomet prédite par Moïse.

[2] C'était le langage que tenaient les hommes riches et considérables parmi les Arabes, croyant au-dessous d'eux d'embrasser une religion qui comptait parmi ses premiers adeptes des gens humbles, pauvres et obscurs.

rante ans, et alors il adresse à Dieu cette prière : Seigneur, inspire-moi de la reconnaissance pour les bienfaits dont tu m'as comblé ; fais que je pratique le bien qui te plaît ; rends-moi heureux dans mes enfants. Je reviens à toi, et je suis du nombre de ceux qui se résignent à ta volonté [3].

15. Ce sont les hommes dont nous accueillerons les plus belles œuvres, en passant outre sur les mauvaises ; ils compteront parmi les habitants du paradis. Les promesses qui leur ont été faites sont des promesses infaillibles.

16. Celui qui dit à ses parents : Nargue de vous! allez-vous me promettre que je renaîtrai de mon tombeau ? *pendant que* tant de générations ont passé *et disparu* avant moi... Ses parents imploreront Dieu en sa faveur. Malheur à toi! lui diront-ils ; crois, car les promesses de Dieu sont véritables. Mais il dira : Ce sont des fables des anciens.

17. Celui-là sera de ceux au sujet desquels la parole de Dieu s'est réalisée, *parole* prononcée contre ces peuples qui les ont précédés, peuples de génies et d'hommes ; ils seront perdus.

18. Il y a des degrés pour tous, degrés de leurs œuvres, afin que Dieu paye exactement les actions de tous, et qu'ils ne soient point lésés.

19. Le jour où on livrera les infidèles au feu, on leur dira : Vous avez dissipé dans la vie terrestre les dons précieux qui vous furent donnés ; vous avez voulu en jouir au plus pressé ; aujourd'hui vous serez soldés avec le châtiment d'ignominie, car vous vous êtes injustement montrés orgueilleux sur la terre, et vous vous êtes livrés aux excès.

20. Rappelle (*dans le Koran*) le frère d'Ad [2], qui prêcha son peuple dans l'ALAHKAF, où il y eut avant lui et après lui d'autres apôtres ; il leur disait : N'adorez pas d'autres dieux que Dieu ; car je crains pour vous le châtiment du grand jour.

21. — Viens-tu, lui dirent-ils, pour nous éloigner de nos divinités ? Si tu es véridique, fais venir *ces malheurs* dont tu nous menaces.

22. Dieu seul en a la connaissance, répondit-il ; je ne fais que vous exposer ma mission ; mais je vois que vous êtes un peuple plongé dans l'ignorance.

---

[1] Les paroles de ce verset se rapportent indirectement, selon les commentateurs, à Aboubekr, plus tard calife, qui n'embrassa la nouvelle religion qu'à l'âge de quarante ans. Son père embrassa aussi l'islam.

[2] Le texte dit frère d'Ad, ce qui signifie un homme du peuple d'Ad, concitoyen des Adites. Sur le mot Alahkaf, voyez la note du titre de ce chapitre.

23. Et quand ils virent un nuage qui s'avançait vers leurs vallées, ils se disaient : Ce nuage nous donnera de la pluie. — Non, c'est ce que vous vouliez hâter : c'est le vent porteur d'un châtiment cruel.

24. Il va tout exterminer par l'ordre du Seigneur. Le lendemain, on ne voyait plus que leurs habitations. C'est ainsi que nous rétribuons les coupables.

25. Nous les avions placés dans une condition pareille à la vôtre, ô *Mecquois!* nous leur avions donné l'ouïe, la vue, et des cœurs *faits pour sentir;* mais ni l'ouïe, ni la vue, ni leurs cœurs, ne leur servirent de rien, car ils niaient les signes de Dieu; le châtiment dont ils se riaient les enveloppa à la fin.

26. Nous avons détruit des villes autour de vous; nous avons promené partout nos signes d'avertissement, afin qu'ils revinssent à nous.

27. Et pourquoi ceux qu'ils s'étaient choisis à côté de Dieu pour être leurs divinités et l'objet de leur culte, ne les ont-ils pas secourus? Loin de là, ils ont disparu de leurs yeux. Voilà leurs impostures, voilà ce qu'ils (*les infidèles*) inventent.

28. Un jour nous avons amené une troupe de génies pour leur faire écouter le Koran [1]; ils se présentèrent, et se dirent les uns aux autres : Écoutez; et quand la lecture fut terminée, ils retournèrent apôtres au milieu de leur peuple.

29. O notre peuple! dirent-ils, nous avons entendu un livre descendu du ciel depuis Moïse, et qui confirme les livres antérieurs; il conduit à la vérité et dans le sentier droit.

30. O notre peuple! écoutez le prédicateur de Dieu, et croyez en lui; il effacera vos péchés et vous sauvera d'un supplice cruel.

31. Celui qui ne répondra pas à l'appel du prédicateur *de Dieu,* le prédicateur de Dieu ne prévaudra pas sur la terre, et ne trouvera pas d'autre protecteur que Dieu. De tels hommes sont dans un égarement évident.

32. Ne voient-ils pas que c'est Dieu qui a créé les cieux et la terre? Il n'a point été fatigué de leur création, et il peut ressusciter les morts; oui, il peut tout.

33. Le jour où les infidèles seront amenés devant le feu de l'enfer, on leur demandera : Est-ce vrai? — Oui, diront-ils, par notre

---

[1] C'est une allusion sans doute à ce que dit l'histoire de Mahomet sur la conversion d'un certain nombre de génies à Taïef. Mahomet, voyant combien sa mission rencontrait d'obstacles à la Mecque, se rendit à Taïef, ville du Hedjaz; il y fut très-mal accueilli par les habitants, mais une troupe de génies de Nisibis, qui s'y trouvait, goûta la doctrine du Koran et l'embrassa.

Seigneur, c'est vrai. — Subissez donc, leur dira-t-on, le supplice pour prix de votre incrédulité.

34. Et toi, *Mohammed*, prends patience, comme prenaient patience les hommes de résolution parmi les envoyés *de Dieu*; ne cherche point à hâter leur châtiment. Un jour, lorsqu'ils apercevront l'accomplissement des menaces,

35. Au moment où ils seront appelés à voir ce qui leur a été promis, il leur semblera qu'ils n'ont demeuré qu'une heure de la journée dans les tombeaux. Telle est l'exhortation. Et qui donc sera anéanti si ce n'est les méchants?

CHAPITRE XLVII.

MOHAMMED.

Donné à la Mecque. — 40 versets.

Au nom du Dieu clément et miséricordieux.

1. Dieu égarera [1] les œuvres de ceux qui ne croient pas et qui détournent les autres de son chemin.

2. Quant à ceux qui ont la foi, pratiquent le bien et croient en ce qui a été révélé à Mohammed (or, ceci est la vérité venant du Seigneur), Dieu effacera leurs péchés et rendra leurs cœurs droits.

3. Il en sera ainsi, parce que les infidèles ont suivi le mensonge, et que les croyants ont suivi la vérité qui leur venait de leur Seigneur. C'est ainsi que Dieu propose des exemples aux hommes.

4. Lorsque vous rencontrez des infidèles [2], eh bien! tuez-les au point d'en faire un grand carnage, et serrez fort les entraves *des captifs* [3].

---

[1] C'est-à-dire, leur fera manquer leur but qui est la récompense, et les rendra nulles.

[2] Bien qu'il soit question ici des infidèles contemporains de Mahomet, et en particulier des Mecquois, ce passage est appliqué depuis Mahomet à tous les infidèles et fait partie du droit de guerre musulman.

[3] On procède à l'égard des infidèles par voie de massacre, de captivité, de rançon ou de mise en liberté. Les mots *serrez fort les entraves* veut dire: enchaînez vos captifs pour les empêcher de fuir.

5. Ensuite vous les mettrez en liberté, ou les rendrez moyennant une rançon, lorsque la guerre aura cessé [1]. Agissez ainsi. Si Dieu voulait, il triompherait d'eux lui-même; *il les exterminerait; mais il vous fait combattre* pour vous éprouver les uns par les autres. Ceux qui auront succombé dans le chemin de Dieu, Dieu ne fera point périr leurs œuvres.

6. Il les dirigera et rendra leurs cœurs droits.

7. Il les introduira dans le paradis qu'il leur a déjà fait connaître.

8. O croyants! si vous assistez Dieu *dans sa guerre contre les méchants*, lui il vous assistera aussi, et il affermira vos pas.

9. Pour les incrédules, puissent-ils périr, et puisse Dieu rendre nulles leurs œuvres!

10. Ce sera la rétribution de leur aversion pour les révélations de Dieu ; puisse-t-il anéantir leurs œuvres!

11. N'ont-ils jamais traversé ces pays? N'ont-ils pas vu quelle a été la fin de leurs devanciers que Dieu extermina? Un sort pareil attend les infidèles *de nos jours*.

12. C'est parce que Dieu est le patron des croyants, et que les infidèles n'en ont point.

13. Dieu introduira ceux qui croient et font le bien dans les jardins baignés par des cours d'eau; pour les infidèles, qu'ils jouissent, qu'ils mangent comme mangent les brutes; leur demeure sera le feu.

14. Que de villes ont été anéanties, villes plus puissantes que la tienne qui t'a chassé! *que de villes anéanties* sans que personne soit venu à leur secours!

15. Celui qui suit les signes évidents du Seigneur sera-t-il traité comme celui à qui ses mauvaises actions ont paru belles, et qui a suivi ses passions?

16. Voici le tableau du paradis qui a été promis aux hommes pieux : des ruisseaux dont l'eau ne se gâte jamais, des ruisseaux de lait dont le goût ne s'altérera jamais, des ruisseaux de vin, délices de ceux qui en boiront [2].

17. Des ruisseaux de miel pur, toutes sortes de fruits, et le pardon des péchés. En sera-t-il ainsi de celui qui, condamné au séjour du feu, sera abreuvé d'une eau bouillante qui lui déchirera les entrailles?

18. Il est parmi eux des hommes qui viennent t'écouter; mais

---

[1] Mot à mot : lorsque la guerre aura mis bas sa charge.

[2] Le texte se sert ici du mot vin (*khamr*) ; dans d'autres passages on se sert du mot boisson (*cherab*).

à peine t'ont-ils quitté, qu'ils vont dire à ceux qui ont reçu la science : Qu'est-ce qu'il débite? Ce sont ceux sur lesquels Dieu a apposé le sceau, et qui ne suivent que leurs passions.

19. Dieu ne fera qu'augmenter la bonne direction de ceux qui suivent le chemin droit, et leur enseignera ce qu'ils doivent éviter.

20. Les infidèles, qu'attendent-ils donc? Est-ce l'heure qui surgira subitement? Déjà quelques signes de ce jour ont paru; mais à quoi leur serviront les avertissements?

21. Sache qu'il n'y a point d'autre dieu que Dieu ; implore de lui le pardon de tes péchés, des péchés des hommes et des femmes qui croient. Dieu connaît tous vos mouvements et le lieu de votre repos.

22. Les vrais croyants disent : Ah! si au moins une sourate descendait d'en haut *qui ordonnât la guerre contre les infidèles!* — Mais qu'une sourate péremptoire descende d'en haut, et qu'il y soit parlé de la guerre, tu verras les hommes dont le cœur est atteint d'une infirmité te regarder comme regarde un homme que la vue de la mort fait tomber en défaillance. Cependant l'obéissance et un langage convenable leur siéraient mieux.

23. S'ils tenaient leurs engagements envers Dieu quand l'affaire (*la guerre*) est résolue, cela leur serait plus avantageux.

24. Voudriez-vous, en retournant à vos erreurs, commettre des désordres dans le pays et violer les liens du sang?

25. Ce sont ces hommes que Dieu a maudits et rendus sourds et aveugles.

26. Ne méditeront-ils pas le Koran, ou bien leurs cœurs ne seraient-ils pas fermés par des cadenas?

27. Pour ceux qui reviennent sur leurs pas [2], depuis que la direction de la vraie route leur eut clairement apparu, c'est Satan qui leur suggère et leur dicte leur conduite.

28. Ce sera le prix de ce qu'ils disent aux hommes qui ont en aversion le Livre révélé par Dieu : Nous vous suivrons dans certaines choses. Dieu connaît leurs secrètes pensées.

29. Quelle sera leur condition lorsque les anges, leur ôtant la vie, les frapperont sur le visage et sur le dos?

30. Ce sera pour prix de ce qu'ils ont suivi ce qui indigne Dieu, et dédaigné ce qui lui plaît, au point qu'il anéantira le fruit de leurs œuvres.

[1] *Sourate*, chapitre du Koran.
[2] C'est-à-dire, qui reviennent à leurs anciennes erreurs, qui apostasient.

31. Ceux dont le cœur est atteint d'une infirmité pensent-ils que Dieu ne mettra pas leur méchanceté à nu ?

32. Si nous voulions, nous te les ferions voir, nous te les ferions connaître, ô *Mohammed!* par certains signes qui les caractérisent; mais tu les reconnaîtras à leur langage tortueux [1]. Mais Dieu connaît vos actions.

33. Nous vous mettrons à l'épreuve jusqu'à ce que nous connaissions les hommes qui combattent pour la religion et qui persévèrent. Nous examinerons votre conduite.

34. Ceux qui ne croient point et qui détournent les autres de la voie de Dieu, ceux qui se sont séparés de l'apôtre de Dieu après que la vraie direction leur eut clairement apparu, ceux-là ne sauraient nuire aucunement à Dieu, mais Dieu peut anéantir leurs œuvres.

35. O croyants! obéissez à Dieu, obéissez au prophète, ne rendez point nulles vos œuvres.

36. Dieu n'accordera point le pardon aux infidèles qui ont cherché à détourner les autres du chemin de Dieu, et qui sont morts dans leur infidélité.

37. Ne montrez point de lâcheté, et n'appelez point les infidèles à la paix quand vous êtes les plus forts, et que Dieu est avec vous; il ne vous privera point du prix de vos œuvres.

38. La vie de ce monde n'est qu'un jeu et un passe-temps. Si vous croyez en Dieu et le craignez, il vous donnera votre récompense et ne vous demandera rien de vos biens.

39. S'il vous les demandait et vous pressait, vous vous montreriez avares; alors il mettrait au grand jour votre méchanceté.

40. Voyez un peu : vous êtes appelés à dépenser vos richesses pour la cause de Dieu, et il est des hommes parmi vous qui se montrent avares; mais l'avare n'est avare qu'à son détriment, car Dieu est riche, et vous êtes pauvres, et, si vous tergiversez, il suscitera un autre peuple à votre place, un peuple qui ne vous ressemblera point.

---

[1] Ou à leur langage inintelligible et barbare qu'ils affectent par dédain ou persiflage.

CHAPITRE XLVIII.

LA VICTOIRE [1].

Donné à la Mecque. — 29 versets.

Au nom du Dieu clément et miséricordieux.

1. Nous avons remporté pour toi une VICTOIRE éclatante [2],
2. Afin que Dieu *prouve qu'il* te pardonne les fautes anciennes et récentes ; afin qu'il accomplisse ses bienfaits envers toi, et te dirige vers le chemin droit ;
3. Afin qu'il t'assiste de son puissant secours.
4. C'est lui qui fait descendre la tranquillité dans les cœurs des fidèles, afin qu'ils augmentent sans cesse leur foi (les armées des cieux et de la terre sont à Dieu, plein de savoir et de sagesse);
5. Afin *que Dieu à son tour* introduise les croyants, hommes et femmes, dans les jardins arrosés par des cours d'eau pour y rester éternellement ; afin qu'il efface leurs mauvaises actions. C'est un bonheur immense que Dieu tient en réserve.
6. Il punira les hypocrites, hommes et femmes, les idolâtres, hommes et femmes ; tous ceux qui pensent mal de Dieu [3]. La roue du malheur tourne contre eux. Dieu est courroucé contre eux, et les maudit ; il a préparé pour eux la géhenne ; et quelle affreuse issue !
7. Les armées des cieux et de la terre lui appartiennent ; il est puissant et sage.
8. Nous t'avons envoyé, ô *Mohammed!* comme un témoin *qui déposera contre eux*, comme un apôtre qui annonce et qui avertit,
9. Afin que vous, ô hommes ! croyiez en Dieu et à son prophète, afin que vous l'assistiez, que vous l'honoriez, et que vous célébriez ses louanges matin et soir.
10. Ceux qui, en te donnant la main, te prêtent serment de fidélité, le prêtent à Dieu [4] ; la main de Dieu est posée sur leurs

---

[1] Le titre de ce chapitre est tiré du premier verset.
[2] On n'est pas d'accord sur l'événement auquel doit s'appliquer ce mot. Les uns pensent que cette phrase, quoique au prétérit, doit se rapporter, dans le sens prophétique, à la prise de la Mecque, et qu'elle a été révélée deux ans avant la conquête de cette ville. D'autres croient qu'il s'agit de la prise de Khaïber, place forte des juifs, ou de celle de Monta, ville de l'empire romain.
[3] C'est-à-dire, qui désespèrent de son assistance.
[4] C'était la manière de prêter serment ou de contracter tout engagement chez les Arabes.

mains. Quiconque violera le serment le violera à son détriment, et celui qui reste fidèle au pacte, Dieu lui accordera une récompense magnifique.

11. Les Arabes du désert qui restèrent derrière vous *et ne vont pas à la guerre*, viendront te dire : Nos troupeaux et nos familles nous ont empêchés de te suivre ; prie Dieu qu'il nous pardonne nos péchés. Leurs langues prononceront ce qui n'est point dans leurs cœurs. Dis-leur : Qui pourra lutter contre Dieu, s'il veut vous affliger d'un malheur ou vous accorder quelque bien ? Dieu connaît vos actions.

12. Mais vous vous êtes imaginé que l'apôtre et les croyants ne retourneront jamais auprès de leurs familles, et cette pensée plaisait à vos cœurs ; vous avez conçu de mauvaises pensées, vous avez été des gens perdus *auprès de Dieu*.

13. Nous avons préparé un brasier ardent pour les infidèles qui n'ont point cru en Dieu et à son apôtre.

14. Le royaume des cieux et de la terre appartient à Dieu ; il pardonne à qui il veut, et inflige le châtiment à qui il veut. Il est indulgent et miséricordieux.

15. Allez-vous enlever un butin sûr, *oh! alors*, les Arabes qui sont restés dans leurs maisons vous diront : Laissez-nous marcher avec vous. Ils veulent changer la parole de Dieu [1]. Dis-leur : Vous ne marcherez point avec nous. Dieu l'a ainsi décidé d'avance. Ils te diront que vous le faites par jalousie : point du tout, mais peu d'entre eux ont de l'intelligence.

16. Dis encore aux Arabes du désert qui sont restés chez eux : Nous vous appellerons à marcher contre un peuple doué d'une puissance terrible, vous combattrez ces gens jusqu'à ce qu'ils se fassent musulmans. Si vous obéissez, Dieu vous accordera une belle récompense ; mais, si vous tergiversez comme vous l'avez déjà fait une fois, il vous infligera un châtiment douloureux.

17. Si l'aveugle, le boiteux, l'infirme ne vont point à la guerre [2], on ne le leur imputera pas à crime. Quiconque obéit à Dieu et à son apôtre sera introduit dans les jardins arrosés de cours d'eau ; mais Dieu infligera un châtiment douloureux à ceux qui auront tourné le dos à ses commandements.

---

[1] Car Dieu n'avait promis la victoire qu'à ceux qui avaient constamment combattu à côté de Mahomet.

[2] On n'est pas d'accord si cette *dénomination* de guerre se rapporte à quelque grand empire comme la Perse ou l'empire romain, ou bien aux Benou Honeïfa, tribu puissante dans l'Yémama.

18. Dieu a été satisfait de ces croyants qui t'ont donné la main en signe de fidélité sous l'arbre[1] ; il connaissait les pensées de leurs cœurs ; il y a versé la tranquillité, et les a récompensés par une victoire immédiate,

19. Ainsi que par un riche butin qu'ils ont enlevé. Dieu est puissant et sage.

20. Il vous avait promis que vous feriez un riche butin, et il s'est hâté de vous le donner ; il a repoussé de vous le bras de vos ennemis, afin que cet événement fût un signe pour les croyants, et pour vous conduire dans le chemin droit.

21. Il vous avait promis d'autres dépouilles dont vous n'avez pu vous emparer encore ; mais Dieu les cerne déjà et il est tout-puissant.

22. Si les infidèles vous combattent, ils ne tarderont pas à prendre la fuite, et ils ne trouveront ni protecteur ni secours.

23. C'est la coutume de Dieu, telle qu'il l'a pratiquée à l'égard des générations passées. Tu ne trouveras pas de variation dans les coutumes de Dieu.

24. C'est lui qui a repoussé de vous le bras de vos ennemis, comme il les a mis à l'abri de vos coups dans la vallée de la Mecque, après vous avoir accordé la victoire sur eux. Dieu voit vos actions.

25. Ce sont eux qui ne croient pas et qui vous éloignent de l'oratoire sacré, ainsi que des offrandes qu'ils retiennent et ne laissent point parvenir à leur destination. Si les croyants des deux sexes, que vous ne connaissez pas, ne s'étaient pas mêlés parmi eux ; s'il n'y avait pas eu à redouter, dans la mêlée, un crime de ta part, et que Dieu n'eût pas désiré d'accorder sa grâce à qui il voudrait, *si cela n'avait pas eu lieu*, s'ils avaient été séparés (*les croyants des infidèles*), nous aurions infligé aux infidèles un châtiment douloureux.

26. Tandis que les infidèles ont mis dans leurs cœurs la fureur, la fureur des ignorants, Dieu a fait descendre la tranquillité dans le cœur de l'apôtre. Dans ceux des croyants, il a établi la parole de la dévotion ; ils en étaient dignes et les plus propres à la recevoir. Or Dieu connaît tout.

27. Dieu a réalisé ce songe de l'apôtre quand il lui fit entendre

---

[1] C'était le serment que beaucoup d'entre les musulmans avaient prêté à Mahomet, sous un arbre, lors de son expédition d'Alhodéïbiya, quand les Mecquois s'opposaient à l'accomplissement du pèlerinage de la Mecque, que Mahomet leur annonçait vouloir faire dans un but tout pacifique.

ces paroles : Vous entrerez dans l'oratoire sacré, s'il plaît à Dieu, sains et saufs, la tête rasée et les cheveux coupés court ; vous y entrerez sans crainte. Dieu sait ce que vous ignorez [1]. En outre, il vous a réservé une victoire qui suivra sans retard.

28. C'est lui qui a envoyé son apôtre muni de la direction et de la véritable religion, pour l'élever au-dessus de toutes les religions. Le témoignage de Dieu te suffit.

29. *Mohammed* est l'envoyé de Dieu ; ses compagnons sont terribles aux infidèles et pleins de tendresse entre eux ; tu les verras agenouillés, prosternés, rechercher la faveur de Dieu et sa satisfaction ; sur leurs fronts *vous verrez* une marque, trace de leur dévotion [2]. Voici à quoi les comparent le Pentateuque et l'Évangile : ils sont comme cette semence qui a poussé ; elle grandit, elle grossit et s'affermit sur sa tige ; elle réjouit le laboureur. Tels ils sont, afin que les infidèles en conçoivent du dépit. Dieu a promis à ceux qui croient et pratiquent les bonnes œuvres, le pardon des péchés et une récompense généreuse.

CHAPITRE XLIX

LES APPARTEMENTS.

Donné à Médine. — 18 versets.

Au nom du Dieu clément et miséricordieux.

1. O vous qui croyez ! n'anticipez point sur *les ordres de* Dieu et de son envoyé ; craignez Dieu, car il entend et sait tout.

2. O vous qui croyez ! n'élevez point la voix au-dessus de celle du prophète ; ne lui parlez pas aussi haut que vous le faites entre vous, afin que vos œuvres ne deviennent pas infructueuses à votre insu.

---

[1] Mahomet avait rêvé qu'il entrait en conquérant à la Mecque, rasé et ayant les cheveux coupés, avec ses compagnons (*ashab*) ; il leur raconta ce songe, et tous croyaient qu'il se réaliserait dans le courant de l'année ; mais lorsque l'année se passa sans que le songe se réalisât, les compagnons de Mahomet commencèrent à douter des promesses de Dieu. Alors le verset 27 fut révélé à Mahomet.

[2] Quoique les musulmans se servent pour faire leurs prières de tapis ou de nattes, il est de rigueur que le front touche la dure, le sol nu. Ils portent souvent sur eux de petites briques rondes ou carrées, sur lesquelles ils portent leur front en se jetant par terre.

3. Ceux qui baissent leur voix en présence du prophète sont précisément ceux dont Dieu a disposé les cœurs pour la dévotion. Ils obtiendront le pardon de leurs péchés et une récompense généreuse.

4. Ceux qui t'appellent à haute voix, pendant que tu es dans l'intérieur de tes APPARTEMENTS, sont pour la plupart des hommes dépourvus de sens.

5. Que n'attendent-ils plutôt le moment où tu en sortiras toi-même pour leur parler? Cela vaudrait beaucoup mieux. Mais Dieu est indulgent et miséricordieux.

6. Si quelque homme méchant vous apporte quelque nouvelle, cherchez d'abord à y voir clair [1], de peur que vous ne fassiez du mal à quelqu'un par ignorance et que vous n'en ayez ensuite des regrets.

7. Sachez que l'envoyé de Dieu est au milieu de vous. S'il vous écoutait dans beaucoup de choses, vous tomberiez dans le péché. Mais Dieu vous a fait préférer la foi, il l'a embellie dans vos cœurs; il vous a inspiré de la répugnance pour l'infidélité, pour l'impiété, pour la désobéissance. De tels hommes sont dans la droite voie,

8. Par la grâce de Dieu et par l'effet de sa générosité. Dieu est savant et sage.

9. Lorsque deux nations de croyants se font la guerre, cherchez à les réconcilier. Si l'une d'entre elles agit avec iniquité envers l'autre, combattez celle qui a agi injustement, jusqu'à ce qu'elle revienne aux préceptes de Dieu. Si elle reconnaît ses torts, réconciliez-la avec l'autre selon la justice; soyez impartiaux, car Dieu aime ceux qui agissent avec impartialité.

10. Car les croyants sont tous frères; arrangez donc les différends de vos frères et craignez Dieu, afin qu'il ait pitié de vous!

11. Que les hommes ne se moquent pas des hommes: ceux que l'on raille valent peut-être mieux que leurs railleurs; ni les femmes des autres femmes: peut-être celles-ci valent mieux que les autres [2]. Ne vous diffamez pas entre vous, ne vous donnez point de sobriquets. Que ce nom: Méchanceté, vient mal après la foi

---

[1] C'est-à-dire, de discerner, si cette nouvelle a quelque garantie de vérité.

[2] Ceci doit se rapporter à Safia, une des femmes de Mahomet, à laquelle d'autres femmes auraient dit avec mépris: Juive, fille d'un juif et d'une juive. Safia étant venue s'en plaindre à Mahomet, celui-ci aurait répondu: « Ne peux-tu pas leur dire: Aaron est mon père, Moïse est mon oncle, et Mahomet est mon époux. »

que vous professez! Ceux qui ne se repentent pas, ceux-là seront véritablement méchants.

12. O vous qui croyez! évitez le soupçon trop fréquent; il y a des soupçons qui sont des péchés; ne cherchez point à épier les pas des autres, ne médisez point les uns des autres; qui de vous voudrait manger la chair de son frère mort? — Cela vous répugne? — Craignez donc Dieu. Il aime à revenir aux hommes [1], et il est miséricordieux.

13. O hommes! nous vous avons procréés d'un homme et d'une femme; nous vous avons partagés en familles et en tribus, afin que vous vous connaissiez entre vous. Le plus digne devant Dieu est celui d'entre vous qui le craint le plus. Or, Dieu est savant et instruit de tout.

14. Les Arabes du désert disent : Nous avons cru. Réponds-leur : Point du tout. Dites plutôt : Nous avons embrassé l'islam, car la foi n'a pas encore pénétré dans vos cœurs. Si vous obéissez à Dieu et à son apôtre, aucune de vos actions ne sera perdue, car Dieu est indulgent et miséricordieux.

15. Les vrais croyants sont ceux qui ont cru en Dieu et à son apôtre, et qui ne doutent plus, qui combattent de leurs biens et de leurs personnes dans le sentier de Dieu. Ceux-là seuls sont sincères dans leurs paroles.

16. Pensez-vous apprendre à Dieu quelle est votre religion? Mais il sait tout ce qui est dans les cieux et sur la terre. Il connaît tout.

17. Ils te reprochent, *comme un bienfait de leur part*, d'avoir embrassé l'islam. Dis-leur : Ne me reprochez point votre islam. Dieu pourrait bien vous reprocher comme un bienfait de vous avoir conduits vers la foi. *Convenez-en*, si vous êtes sincères.

18. Dieu connaît les secrets des cieux et de la terre; il voit toutes vos actions.

---

[1] C'est-à-dire, Dieu aime à pardonner.

CHAPITRE L.

KAF [1].

Donné à la Mecque. — 45 versets.

Au nom du Dieu clément et miséricordieux.

1. KAF [2]. Par le Koran glorieux,
2. Ils s'étonnent de ce que de leur sein s'éleva un homme qui les avertit. Ceci est surprenant, disent les infidèles.
3. Une fois morts et réduits en poussière, *devrions-nous revivre? Ce retour est trop éloigné* [3].
4. Nous savons combien la terre en a déjà dévoré; nous avons un livre que nous avons conservé, *et qui en instruit.*
5. Ils ont traité de mensonge la vérité qui leur est venue. Ils sont dans une affaire inextricable.
6. Ne porteront-ils pas leurs regards vers le ciel élevé au-dessus de leurs têtes? *Ils verraient* comment nous l'avons construit, comment on n'y voit pas de fissures.
7. Et la terre, nous l'avons étendue et nous y avons jeté des montagnes, nous y avons produit des couples précieux *de toutes espèces.*
8. Sujet de réflexion, et avis à tout serviteur qui aime à retourner vers nous.
9. Nous faisons descendre du ciel l'eau bienfaisante; par elle, nous faisons germer les plantes des jardins, et les grains que l'on moissonne.
10. Et les palmiers élevés dont les cimes sont chargées de rangées de fruits,
11. Pour servir de nourriture aux hommes. Au moyen de l'eau du ciel, nous rendons la vie à une contrée morte. C'est ainsi que s'opérera la résurrection.
12. Le peuple de Noé, les hommes de Rass [4], et les Thémoudites, ont avant ceux-ci traité de menteurs leurs prophètes.

---

[1] Ce chapitre reçoit son titre de la lettre *Kaf*, placée en tête du premier verset.

[2] Voyez II, 1, note.

[3] C'est-à-dire, que la mort anéantit trop l'existence de l'homme pour qu'il se relève dans sa forme primitive, et revienne pour ainsi dire de si loin.

[4] Voy. chap. XXV, 40.

13. Ad et Pharaon, le peuple de Loth et les habitants de la forêt[1], le peuple de Tobba[2], tous ont traité leurs prophètes d'imposteurs, et ont mérité le châtiment dont nous les menacions.

14. Sommes-nous donc fatigué par la première création, pour qu'ils soient dans le doute sur la création nouvelle de la résurrection?

15. Nous avons créé l'homme, et nous savons ce que son âme lui dit à l'oreille; nous sommes plus près de lui que sa veine jugulaire.

16. Lorsque les deux anges[3] chargés de recueillir les paroles de l'homme se mettent à les recueillir, l'un assis à sa droite, et l'autre à sa gauche,

17. Il ne prononce aucune parole sans qu'il y ait un observateur tout prêt *à la noter*.

18. L'étourdissement de la mort certaine le saisit. Voici le terme que tu voulais reculer.

19. On sonne la trompette. Voici le jour promis.

20. Toute âme s'y achemine, et avec elle un conducteur qui la pousse et un témoin.

21. Tu vivais dans l'insouciance de ce jour, *lui dira-t-on*. Nous avons ôté le voile qui te couvrait les yeux. Aujourd'hui ta vue est perçante.

22. Celui qui l'accompagne[4] lui dira : Voilà ce que j'ai préparé contre toi.

23. Jetez dans l'enfer tout infidèle endurci,

24. Qui s'opposait au bien, violait les lois et doutait;

25. Qui plaçait à côté de Dieu d'autres dieux. Précipitez-le dans le tourment affreux.

26. Celui qui l'accompagne dira *à Dieu* : Seigneur, ce n'est pas moi qui l'ai séduit; cet homme était dans une fausse route, bien éloignée de la vraie.

27. — Ne disputez pas devant moi, *dira Dieu*. Je vous avais bien menacés avant ce jour-ci.

28. Ma parole ne change pas, et je ne suis point l'oppresseur des hommes.

29. Alors nous crierons à l'enfer : Es-tu rempli? et il répondra : En avez-vous encore?

---

[1] Cette forêt était dans le pays des Madianites.

[2] Voy. chap. XLIV, 36.

[3] Au lieu du mot *anges*, dont il s'agit bien ici, d'après les commentaires, le texte porte seulement ces mots : *lorsque deux recueillants recueillent*.

[4] L'ange de la mort.

30. Non loin de là est préparé pour les justes le jardin des délices.

31. Voilà ce qui a été promis à tout homme qui faisait la pénitence, et observait les lois de Dieu,

32. A tout homme qui craignait le Clément, et qui vient avec un cœur contrit.

33. Entrez-y en paix, voici le jour de l'éternité.

34. Vous y aurez tout à votre gré, et nous pouvons augmenter encore ses bénédictions.

35. Combien n'avons-nous pas anéanti de peuples plus forts *que les habitants de la Mecque!* Parcourez les pays, et voyez s'il est un abri contre notre colère!

36. Avis à tout homme qui a un cœur, qui prête l'oreille et qui voit.

37. Nous avons créé les cieux et la terre et tout l'espace qui les sépare, en six jours. La fatigue n'a pas eu de prise sur nous.

38. Supporte avec patience leurs discours, et récite les louanges de ton Seigneur avant le lever du soleil et avant son coucher.

39. Récite aussi ses louanges dans la nuit et après les *deux* prosternements [1].

40. Prête attentivement l'oreille au jour où le crieur criera du lieu voisin [2].

41. Le jour où les hommes entendront réellement ce cri, sera celui de la sortie *des tombeaux*.

42. Nous faisons vivre et nous faisons mourir. Nous sommes le terme de toutes choses.

43. Le jour où la terre s'entrouvrira sous leurs pas sera le jour du rassemblement. Il nous est facile de le faire.

44. Nous savons le mieux ce qu'ils (*les infidèles*) disent, et toi tu ne saurais les y contraindre.

45. Avertis par le Koran ceux qui craignent mes menaces.

[1] Prosternement. C'est l'action de se jeter de tout son corps par terre. Cette attitude, si l'on peut s'exprimer ainsi, est une des parties essentielles de la prière ; le mot *adoration*, dont on pourrait à la rigueur se servir, ne rend pas avec autant de précision le mot arabe *soudjoud*.

[2] C'est-à-dire, d'où toutes les créatures pourront l'entendre.

CHAPITRE LI.

QUI ÉPARPILLENT [1].

Donné à la Mecque. — 60 versets.

Au nom du Dieu clément et miséricordieux.

1. J'en jure par celles qui éparpillent [2],
2. Et qui portent un fardeau,
3. Et qui courent avec légèreté [3],
4. Et qui distribuent d'après les ordres reçus.
5. Ce qu'on nous annonce est vrai [4].
6. Et le jugement aura réellement lieu.
7. *J'en jure* par le ciel traversé de raies [5].
8. Vous êtes divisés d'opinions.
9. On se détournera de celui qui se détourne *de la vraie foi.*
10. Que les menteurs périssent;
11. *Les menteurs* qui s'égarent dans la profondeur *de l'ignorance.*
12. Ils demandent quand viendra le jour de la rétribution [6].
13. Ce jour-là ils seront brûlés au feu.
14. On leur dira : Subissez la peine que vous hâtiez.
15. Ceux qui craignent Dieu *seront* au milieu des jardins et des sources,
16. Jouissant de ce que leur Seigneur leur a donné, parce qu'ils avaient pratiqué le bien.
17. Ils dormaient peu la nuit (*ils en passaient la plus grande partie en prières*),

---

[1] Voy. le verset 1.
[2] Le texte ne porte que le participe féminin : *qui éparpillent, qui disséminent, en disséminant*; cela peut s'entendre aussi bien des femmes qui, en donnant des enfants aux hommes, multiplient leur postérité et la disséminent sur la terre, que des vents qui dispersent la poussière. Si l'on tient compte des versets suivants, on est plutôt porté à admettre cette dernière explication, car les mots : *qui portent un fardeau, qui courent avec légèreté et distribuent,* se rapportent mieux aux nuages qui portent dans leur sein la pluie, et, la versant sur la terre, font germer les plantes.
[3] On peut entendre par ces mots les bateaux qui voguent sur la mer.
[4] C'est-à-dire : les promesses et les menaces que l'apôtre vous fait.
[5] Les raies ou routes tracées dans le ciel pour la marche des étoiles.
[6] Le jour de la rétribution, c'est le jour du jugement dernier.

18. Et au lever de l'aurore ils demandaient pardon de leurs péchés.

19. Dans leurs biens il y avait une part pour le mendiant et pour l'infortuné.

20. Il y a sur la terre des signes *de la puissance de Dieu* pour ceux qui croient fermement.

21. Il y en a dans vous-mêmes : ne le voyez-vous pas ?

22. Le ciel a de la nourriture pour vous ; il renferme ce qui vous a été promis.

23. *J'en jure* par le Seigneur du ciel et de la terre, c'est la vérité, *c'est aussi vrai qu'il est vrai* que vous parlez.

24. As-tu entendu l'histoire des hôtes d'Abraham ? Reçus en tout honneur,

25. Lorsqu'ils entrèrent chez lui, ils lui dirent : Paix ! et Abraham leur dit : Paix. — Ce sont des étrangers,

26. *Dit-il à part aux siens ;* et il apporta un veau gras.

27. Il le présenta à ses hôtes, et leur dit : N'en mangerez-vous pas un peu ?

28. Et il conçut quelque crainte d'eux ; ils lui dirent : Ne crains rien ; et ils lui annoncèrent un fils sage.

29. Sa femme survint là-dessus ; elle poussa un cri, et se frappa le visage, en disant : Moi, femme vieille et stérile [1] !

30. Ainsi le veut, reprirent les hôtes, Dieu ton Seigneur, l'Instruit, le Sage.

31. Quel est votre but (*le but de votre voyage*), ô messagers ?

32. Ils répondirent : Nous sommes envoyés vers un peuple criminel,

33. Pour lancer contre lui des pierres

34. Destinées chez ton Seigneur pour quiconque commet des excès,

35. Nous en avons compté les croyants,

36. Et nous n'y avons trouvé qu'une seule famille d'hommes voués à Dieu.

37. Nous y avons laissé des signes pour ceux qui craignent le châtiment terrible.

38. Il y avait des signes dans *la mission de* Moise, lorsque nous l'envoyâmes vers Pharaon, muni d'un pouvoir patent.

39. Mais il tourna le dos, apppuyé sur ses forces [2] *en disant de Moïse* : C'est un sorcier ou un possédé.

---

[1] Il faut suppléer par ces mots : *Comment pourrai-je enfanter ?*

[2] Mot à mot : *il tourne le dos avec son pilastre*, c'est-à-dire en se confiant à ses richesses et à ses armées, qui étaient comme une colonne solide.

40. Nous l'avons saisi lui et son armée, et nous les avons précipités dans la mer. Il est couvert de réprobation.

41. Il y avait des signes chez le peuple d'**Ad**, lorsque nous envoyâmes contre lui un vent de destruction.

42. Il ne passa sur aucun être qu'il ne l'eût aussitôt converti en poussière.

43. Il y avait des signes chez les Thémoudites, lorsqu'on leur dit : Jouissez jusqu'à un certain terme.

44. Ils furent rebelles aux ordres du Seigneur, et la tempête les surprit pendant qu'ils la voyaient *venir à la clarté du jour*.

45. Ils ne pouvaient se soutenir debout ni se sauver.

46. Le peuple de Noé, avant eux, était aussi un peuple de pervers.

47. Nous avons bâti le ciel avec nos mains et certes nous le fîmes à notre aise [1].

48. Nous avons étendu la terre comme un tapis. Que nous l'avons étendue avec habileté !

49. En toute chose nous avons créé un couple, afin que vous réfléchissiez.

50. Cherchez donc refuge auprès de Dieu. Je viens de sa part pour avertir ouvertement.

51. Ne placez point d'autres dieux à côté de Dieu. Je vous en avertis clairement de sa part.

52. C'est ainsi qu'il n'y eut point d'apôtre envoyé vers leurs devanciers, qu'ils ne l'aient traité de sorcier ou de possédé.

53. Se seraient-ils transmis cette conduite comme un legs? En vérité, c'est un peuple rebelle.

54. Laisse-les donc, tu n'encourras aucun reproche;

55. Seulement ne cesse pas de prêcher. L'avertissement profitera aux croyants.

56. Je n'ai créé les hommes et les génies qu'afin qu'ils m'adorent.

57. Je ne leur demande point de pain quotidien; je ne leur demande point qu'ils me nourrissent.

58. Dieu seul est le dispensateur de la nourriture, le Fort, l'Inébranlable.

59. Ceux qui agiront injustement auront la portion pareille à

---

[1] Ces mots peuvent encore être traduits ainsi : *nous bâtîmes le ciel par notre puissance seule, et nous l'étendîmes dans l'espace.*

ceux qui ont agi autrefois de la même manière. Qu'ils ne me provoquent pas [1].

60. Malheur aux infidèles, à cause du jour qui leur est réservé!

CHAPITRE LII.

LE MONT SINAÏ.

Donné à la Mecque. — 49 versets.

Au nom du Dieu clément et miséricordieux.

1. *J'en jure* par le mont Sinaï,
2. Par un livre écrit
3. Sur un rouleau déployé,
4. Par la maison peuplée [2],
5. Par la voûte élevée,
6. Par la mer gonflée,
7. Le châtiment de Dieu est imminent.
8. Nul ne saurait le détourner.
9. Au jour où le ciel flottera d'une ondulation *réelle*,
10. Les montagnes marcheront d'une marche *réelle*,
11. Ce jour-là, malheur à ceux qui accusent les apôtres d'imposture,
12. Qui sont plongés dans les choses vaines [3].
13. Ce jour-là ils seront précipités dans le feu de la géhenne.
14. C'est le feu que vous avez traité de mensonge, *leur dira-t-on*.
15. Est-ce un enchantement ou bien ne voyez-vous rien?
16. Chauffez-vous à ce feu. Supportez-le patiemment ou ne le supportez pas, l'effet en sera égal pour vous. Vous êtes rétribués de ce que vous avez fait.
17. Ceux qui craignaient Dieu seront dans les jardins et dans les délices,
18. Se réjouissant de ce dont les a gratifiés leur Seigneur. Leur Seigneur les a préservés du supplice du feu.

---

[1] Ou *qu'ils ne me pressent pas de hâter le jour de la rétribution.*
[2] *La maison peuplée* ou *le temple visité*; c'est le temple de la Caaba, visité et peuplé par des milliers de pèlerins. Nous passons sous silence les autres sens figurés et trop recherchés que donnent à ce mot les commentateurs.
[3] Mot à mot : *qui jouent dans le gouffre,* sous-entendu *des frivolités.*

19. Mangez et buvez en bonne santé, *leur dira-t-on*, c'est le prix de vos actions.

20. Accoudés sur des lits rangés en ordre, nous les avons mariés à des filles aux grands yeux noirs.

21. Ceux qui ont cru et dont les enfants ont suivi les traces dans la foi, seront réunis à leurs enfants. Nous n'ôterons pas la moindre chose de leurs œuvres. Tout homme sert d'otage à ses œuvres.

22. Nous leur donnerons en abondance des fruits et des viandes qu'ils désireront.

23. Ils s'y prêteront mutuellement la coupe qui ne fera naître ni propos indécent ni occasion de péché.

24. Autour d'eux circuleront de jeunes serviteurs, pareils à des perles renfermées *dans leur conque*.

25. S'abordant les uns les autres, les bienheureux se feront réciproquement des questions.

26. Nous étions jadis, diront-ils, pleins de sollicitude pour notre famille.

27. Dieu a été bienveillant envers nous; ils nous a préservés du châtiment pestilentiel.

28. Nous l'invoquions jadis; il est bon et miséricordieux.

29. *O Mohammed! prêche les infidèles;* tu n'es, grâce à Dieu, ni un devin ni un possédé.

30. Diront-ils : C'est un poëte; épions avec lui les vicissitudes de la fortune;

31. Dis-leur : Épiez, et moi j'épierai avec vous [1].

32. Sont-ce leurs songes qui les inspirent, ou bien sont-ils un peuple pervers?

33. Diront-ils : Il a forgé lui-même *le Koran?* — C'est plutôt qu'ils ne croient pas.

34. Qu'ils produisent donc un discours semblable, s'ils sont sincères.

35. Ont-ils été créés sans rien [2], ou bien sont-ils créateurs eux-mêmes?

36. Ont-ils créé les cieux et la terre? — *Non,* c'est plutôt qu'ils ne croient pas.

37. Les trésors de Dieu seraient-ils en leur puissance? Sont-ils les dispensateurs suprêmes?

---

[1] Épier avec quelqu'un les vicissitudes du sort, est la traduction littérale d'une expression arabe qui veut dire : « Attendons tranquillement le premier revers du sort pour nous venger de lui. »

[2] C'est-à-dire, sans qu'il y ait eu un créateur, et comme éclos par hasard.

38. Ont-ils une échelle pour entendre *ce qui se passe au ciel?* Que celui qui l'a entendu produise donc une preuve évidente.

39. Dieu a-t-il des filles pendant que vous vous avez des fils?

40. Leur demanderas-tu un salaire? — *Mais* ils sont accablés de dettes.

41. Ont-ils la connaissance des choses cachées¹? Écrivent-ils *dans le livre comme Dieu le fait?*

42. Veulent-ils te tendre des piéges? — Les infidèles y seront pris les premiers.

43. Ont-ils une autre divinité que Dieu? — Par la gloire de Dieu, il est bien au-dessus des divinités qu'ils lui associent.

44. S'ils voyaient tomber un fragment du ciel, ils diraient : C'est un nuage amoncelé.

45. Laisse-les jusqu'à ce qu'ils se trouvent en face de leur jour, de ce jour où ils seront frappés,

46. Le jour où leurs fourberies ne leur serviront de rien, où ils ne recevront aucun secours.

47. Les méchants éprouveront encore d'autres supplices ; mais la plupart d'entre eux l'ignorent.

48. Attends avec patience le jugement de ton Seigneur ; tu es sous nos yeux. Célèbre les louanges de ton Seigneur quand tu te lèves,

49. Et, dans la nuit, célèbre ses louanges quand les étoiles s'en vont.

CHAPITRE LIII.

L'ÉTOILE.

Donné à la Mecque. — 62 versets.

Au nom du Dieu clément et miséricordieux.

1. J'en jure par l'étoile quand elle se couche,
2. Votre compatriote, *ô Koreïchites*, n'est point égaré, il n'a point été séduit.
3. Il ne parle pas par suite de quelque mouvement de ses passions.

---

¹ On peut entendre par ces mots *le commencement et la fin,* ou bien *la vie future et la vie d'ici-bas.*

4. *Le Koran* est une révélation qui lui a été faite.

5. C'est le Terrible par sa force qui l'a instruit.

6. C'est le Vigoureux ; il se maintint en équilibre [1]

7. Dans la sphère la plus élevée,

8. Puis il s'abaissa et resta suspendu dans les airs.

9. Il était à la distance de deux arcs, ou plus près encore,

10. Et il révéla au serviteur de Dieu ce qu'il avait à lui révéler.

11. Le cœur *de Mohammed* ne ment pas, il l'a vu.

12. Élèverez-vous des doutes sur ce qu'il a vu?

13. Il l'avait déjà vu dans une autre descente [2],

14. Près du lotus de la limite [3],

15. Là où est le jardin du séjour *éternel*.

16. Le lotus était tout masqué [4].

17. L'œil du prophète ne se détourna ni ne dépassa le tout un seul instant.

18. Il a vu la plus grande merveille de son Seigneur.

19. Que vous semble d'El-Lat et d'Al-Ozza?

20. Et de cette autre, Menat, la troisième idole [5]?

21. Auriez-vous des mâles et Dieu des femelles?

22. Ce partage est injuste.

23. Ce ne sont que des noms ; c'est vous et vos pères qui les avez ainsi nommés. Dieu ne vous a révélé aucune preuve à ce sujet ; vous ne suivez que vos idées et vos penchants, et cependant vous avez reçu une direction de votre Seigneur.

24. L'homme aura-t-il tout ce qu'il désire?

25. C'est à Dieu qu'appartient la dernière comme la première.

26. Que d'anges dans les cieux dont l'intercession ne servira de rien,

27. Sauf, si Dieu permet d'intercéder, à celui qu'il voudra, à celui qu'il lui plaira.

28. Ceux qui ne croient pas à la vie future désignent les anges sous des noms de femmes.

---

[1] Le fort, le vigoureux, est l'ange Gabriel qui communique la révélation à Mahomet. L'expression : *la distance de deux arcs*, sert ordinairement, chez les musulmans, à indiquer la distance à laquelle Mahomet approche Dieu.

[2] C'est-à-dire, dans ce voyage nocturne dont il est question dans le chap. XVII.

[3] C'est l'arbre qui sert de limite au paradis.

[4] Mot à mot : *lorsque le lotus était couvert par ce qui le couvrait*. On croit que Mahomet, sans préciser ce qui couvrait cet arbre, veut insinuer que c'étaient des troupes d'anges qui masquaient le lotus de la limite.

[5] El-Lat, Al-Ozza et Menat, sont des noms de divinités adorées par les Arabes.

29. Ils n'en savent rien, ils ne suivent que des opinions. Les opinions ne sauraient nullement tenir lieu de la vérité.

30. Éloigne-toi de celui qui tourne le dos quand on parle de nous, qui ne désire que la vie de ce monde.

31. Voilà jusqu'où va leur science. Ton Seigneur sait mieux que personne quel est celui qui s'égare et *s'éloigne* de son sentier; il sait le mieux qui est dans la droite voie.

32. Tout ce qui est dans les cieux et sur la terre appartient à Dieu; il rétribuera ceux qui font le mal selon leurs œuvres; il récompensera d'une belle récompense ceux qui ont pratiqué le bien.

33. Ceux qui évitent les grands crimes et les turpitudes ¹, et tombent dans de légères fautes, pour ceux-là Dieu est d'une vaste indulgence. Il vous connaissait bien quand il vous produisait de la terre; il vous connaît quand vous n'êtes qu'un embryon dans les entrailles de vos mères. Ne cherchez donc pas à vous disculper; il connaît mieux que personne celui qui le craint.

34. As-tu considéré celui qui tourne le dos,

35. Qui donne peu et qui lésine?

36. Celui-là a-t-il la connaissance des choses cachées, et les voit-il?

37. Ne lui a-t-on pas récité ce qui est consigné dans les feuillets de Moïse

38. Et d'Abraham, fidèle à ses engagements?

39. L'âme qui porte sa propre charge ne portera pas celle d'une autre.

40. L'homme n'aura que ce qu'il a gagné.

41. Ses efforts seront appréciés *à leur juste valeur.*

42. Il en sera récompensé par une rétribution scrupuleuse.

43. Ton Seigneur n'est-il pas le terme de tout?

44. Il fait rire et il fait pleurer.

45. Il fait mourir et il fait revivre.

46. Il a créé le couple, le mâle et la femelle,

47. D'une goutte de sperme quand il est répandu (*dans la matrice*).

48. Une seconde création est à sa charge ².

49. Il enrichit et fait acquérir.

50. Il est le Seigneur de la canicule ³.

---

¹ Les grands crimes et les turpitudes, ce sont les péchés capitaux.
² Par la seconde création ou production, il faut entendre la résurrection.
³ La constellation de la canicule, ou le Syrius, était adorée par les Arabes païens.

51. Il a fait périr le peuple d'Ad, l'ancien.

52. Et le peuple de Thémoud, et il n'en a pas laissé un seul ;

53. Et avant ceux-ci le peuple de Noé, qui était le plus méchant et le plus pervers ;

54. Et les villes renversées, c'est lui qui les a renversées [1] ;

55. Et le châtiment du ciel les enveloppa entièrement.

56. Et quel bienfait de Dieu révoqueras-tu en doute?

57. Cet apôtre qui vous avertit est de ceux d'autrefois.

58. *L'heure* qui doit venir approche, et point de remède contre elle, excepté en Dieu.

59. Est-ce à cause de ces paroles que vous êtes dans l'étonnement,

60. Et que vous riez au lieu de pleurer,

61. Et que vous passez votre temps à vous divertir [2] ?

62. Prosternez-vous plutôt devant Dieu, et adorez-le.

CHAPITRE LIV.

LA LUNE [3].

Donné à la Mecque. — 55 versets.

Au nom du Dieu clément et miséricordieux.

1. L'heure s'approcha, et la LUNE se fendit ;

2. Mais *les infidèles*, tout en voyant un miracle, se détournent et disent : C'est une magie continuelle.

3. Et ils ont traité *ces avertissements* de mensonges : ils ont suivi leurs appétits, mais toute chose est fixée invariablement.

4. On leur a *cependant* fait entendre des récits [4] où il y avait de quoi les saisir de terreur.

---

[1] Les villes renversées sont les cinq villes de la Pentapole, savoir : Sodome, Gomorrhe, etc.

[2] Les mots du texte sont aussi interprétés par : *à vous enorgueillir, à lever la tête ou à chanter.*

[3] Le mot *lune*, qui se trouve au premier verset, sert de titre à cette sourate. Dans ce premier verset, il s'agit de la venue de l'heure, c'est-à-dire du jour du jugement. Parmi les signes qui doivent précéder ce moment terrible, est celui de la lune qui se fendra. Les commentateurs veulent cependant voir dans ces mots : *la lune se fendit*, une allusion au miracle fait par Mahomet. Un jour, disent-ils, il fendit avec son doigt la lune en deux.

[4] Des récits sur les peuples exterminés en punition de leur impiété.

5. C'est la sagesse suprême; mais les avertissements ne leur servent de rien.

6. Quitte-les donc, ô *Mohammed!* Le jour où *l'ange* chargé d'appeler *tous les hommes*[1] les appellera à quelque chose d'horrible,

7. Les yeux baissés, ils sortiront de leurs tombeaux, semblables aux sauterelles dispersées,

8. Courant à pas précipités auprès de *l'ange* qui les a appelés Les incrédules diront alors : Voici le jour difficile.

9. Avant eux, le peuple de Noé traita la vérité d'imposture; il traita notre serviteur (*Noé*) de menteur. On disait : C'est un possédé, et il fut repoussé.

10. Il (*Noé*) cria vers son Seigneur *en disant:* Je suis opprimé, viens à mon secours.

11. Nous ouvrîmes les portes du ciel avec l'eau tombant en torrents.

12. Nous fendîmes la terre en fontaines, et l'eau *du ciel* se réunit *à l eau des sources*, d'après l'arrêt fixé d'avance.

13. Nous le (*Noé*) portâmes dans un *vaisseau* fait de planches et de clous.

14. Il voguait sous nos yeux. C'était une récompense due à celui envers lequel on s'était montré ingrat (*incrédule*).

15. Nous en avons fait un signe *d'avertissement.* N'y a-t-il personne qui réfléchisse?

16. Eh bien! quels ont été notre châtiment et nos menaces?

17. Nous avons rendu le Koran facile *à entendre*, propre à servir d'admonition. N'y a-t-il personne qui réfléchisse?

18. Ad a traité la vérité d'imposture. Eh bien! quels ont été notre châtiment et nos menaces?

19. Nous envoyâmes contre eux (*les Adites*) un vent impétueux dans un jour néfaste, *soufflant* sans relâche.

20. Il enlevait les hommes comme des chicots de palmier arrachés avec violence.

21. Eh bien! quels ont été notre châtiment et nos menaces?

22. Nous avons rendu le Koran facile *à entendre*, propre à servir d'admonition. N'y a-t-il personne qui réfléchisse?

23. Les Thémoudites ont traité nos menaces de mensonges.

24. Écouterons-nous un homme comme nous? disaient-ils; en vérité, nous serions plongés dans l'égarement et dans la folie.

25. Les avertissements du ciel lui seraient-ils donnés à lui seul d'entre nous? Non, mais c'est un imposteur insolent.

[1] C'est l'ange Israfil qui sera chargé de cette mission.

26. — Demain ils apprendront qui de nous était l'imposteur insolent.

27. Nous leur enverrons une femelle de chameau comme tentation [1] ; nous épierons leurs démarches, et toi, *Saleh* [2], prends patience.

28. Annonce-leur que l'eau de leurs citernes doit être partagée entre eux et la chamelle, et que leurs rations *d'eau* doivent se suivre alternativement.

29. Les Thémoudites appelèrent un de leurs concitoyens ; il tira son sabre et tua la chamelle.

30. Eh bien! quels ont été notre châtiment et nos menaces?

31. Nous envoyâmes contre eux un seul cri *de l'ange* ; et ils devinrent comme des brins de paille sèche qu'on mêle à la boue [3].

32. Nous avons rendu le Koran facile *à entendre*, propre à servir d'admonition. N'y a-t-il personne qui réfléchisse?

33. Et le peuple de Loth traita les menaces de mensonges.

34. Nous envoyâmes contre ce peuple un orage lançant des pierres. Nous ne sauvâmes que la famille de Loth au point du jour.

35. C'était une faveur de notre part ; ainsi nous récompensons quiconque est reconnaissant.

36. Il (*Loth*) les menaçait de notre violence, mais ils se mirent à révoquer en doute les menaces.

37. Ils voulaient abuser de ses hôtes, nous leur avons ôté la vue, et nous dîmes : Éprouvez mon châtiment et mes menaces.

38. Le lendemain un châtiment sévissant sans relâche les surprit.

39. Éprouvez mes châtiments et mes menaces, *disions-nous*.

40. Nous avons rendu le Koran facile *à entendre*, propre à servir d'admonition. N'y a-t-il personne qui réfléchisse?

41. Et la famille de Pharaon aussi eut des avertissements.

42. Et tous nos miracles ils les traitèrent de mensonges. Nous les saisîmes donc comme saisit le Fort, le Puissant.

43. Et vos incrédules, ô *Mecquois!* valent-ils mieux que ceux-là? Ou bien avez-vous quelque brevet d'immunité dans les Écritures?

---

[1] Le mot *tentation* est employé ici dans le sens qu'il a souvent dans la Bible et qui doit se traduire par *épreuve*. Voyez, du reste, au sujet de la chamelle dont il est question, le chap. XXXVI, vers. 155.

[2] Saleh est, d'après le Koran, le nom du prophète envoyé pour prêcher les Thémoudites.

[3] Que l'on pétrit pour construire des huttes, etc.

44. Diront-ils : Nous sommes en grand nombre nous aidant les uns les autres?

45. Bientôt ce grand nombre sera dispersé ; ils tourneront tous le dos.

46. L'heure *du jugement* sera leur rendez-vous. Oh! que l'heure sera douloureuse et amère!

47. Les coupables sont plongés dans l'égarement et dans la folie.

48. Le jour où ils seront traînés leurs fronts par terre dans le feu de l'enfer, on leur criera : Éprouvez le contact de l'enfer.

49. Nous avons créé toutes choses d'après une certaine mesure.

50. Notre ordre n'était qu'un seul mot, rapide comme un clignement d'œil.

51. Nous avons exterminé des peuples semblables à vous. N'y a-t-il personne qui réfléchisse?

52. Tout ce qu'ils font *est consigné* dans ce Livre.

53. Toute chose petite et grande, tout y est écrit.

54. Les justes habiteront au milieu de jardins et de cours d'eau,

55. Dans le séjour de la vérité, auprès du Roi puissant.

CHAPITRE LV.

LE MISÉRICORDIEUX.

Donné à la Mecque. — 78 versets.

Au nom du Dieu clément et miséricordieux.

1. Le MISÉRICORDIEUX a enseigné le Koran.
2. Il a créé l'homme ;
3. Il lui a enseigné l'éloquence.
4. Le soleil et la lune *se meuvent* d'après un calcul.
5. Les plantes et les arbres se prosternent devant Dieu.
6. Et le ciel, il l'a élevé, et il a établi la balance,
7. Afin que vous ne fraudiez pas dans le poids.
8. Pesez juste et ne faites pas perdre à la balance.
9. Et la terre, il l'a posée pour les *différents* peuples.
10. Sur la terre se trouvent les fruits et le palmier au fruit couvert d'enveloppe.
11. Et les céréales avec leur paille, et les plantes odoriférantes.

12. Lequel des bienfaits de Dieu nierez-vous [1] ?
13. Il a formé l'homme de terre, comme celle du potier
14. Il a créé les génies de feu pur sans fumée.
15. Lequel des bienfaits de Dieu nierez-vous?
16. Il est le souverain des deux orients ;
17. Il est le souverain des deux occidents [2].
18. Lequel des bienfaits de Dieu nierez-vous?
19. Il a séparé les deux mers qui se touchent [3].
20. Entre elles s'élève une barrière, et elles ne débordent pas l'une dans l'autre.
21. Lequel des bienfaits de Dieu nierez-vous?
22. L'une et l'autre fournissent des perles et du corail.
23. Lequel, etc.
24. A lui appartiennent les vaisseaux qui traversent les mers comme des montagnes.
25. Lequel, etc.
26. Tout ce qui est sur la terre passera.
27. La face seule de Dieu restera environnée de majesté et de gloire.
28. Lequel, etc.
29. Tout ce qui est dans les cieux et sur la terre lui adresse ses vœux. Chaque jour il est occupé à quelque œuvre nouvelle [4].
30. Lequel, etc.
31. Nous vaquerons un jour à votre jugement, ô hommes et génies!
32. Lequel, etc.
33. Assemblée d'hommes et de génies, si vous pouvez pénétrer au delà des limites des cieux et de la terre, faites-le; mais vous n'y pénétrerez qu'en vertu d'un pouvoir *réel*.
34. Lequel, etc.

[1] Le verbe *nierez-vous* est dans le texte au duel, parce qu'il doit se rapporter aux génies et aux hommes.

[2] C'est-à-dire, le lever et le coucher d'été et d'hiver.

[3] Les mots : *des deux mers*, comme nous l'avons déjà vu (XXVII, 62), peuvent s'entendre de deux masses d'eau, l'une salée, l'autre douce.

[4] La dernière phrase de ce verset peut être traduite plus littéralement ainsi : *chaque jour il est dans une autre condition*. Ces mots qui, selon les commentateurs, veulent dire que Dieu s'occupe tour à tour de l'exécution de ses arrêts, de la mort et de la vie des êtres créés, de l'abaissement des uns ou de l'élévation des autres ; ces mots ont chez les mystiques musulmans un sens différent ; ils veulent dire que Dieu, un et indivisible, invariable dans son essence, est multiple dans ses attributs, et prend à chaque moment une face nouvelle, qu'il varie à l'infini, qu'il produit la création et l'absorbe, se manifeste et se voile.

CHAPITRE LV.

35. Une averse de feu sera lancée contre vous, et de l'airain fondu. Vous ne triompherez pas.
36. Lequel, etc.
37. Quand le ciel se fendra, quand il sera rouge¹ comme le cuir teint.
38. Lequel, etc.
39. Ce jour-là on n'interrogera plus les hommes et les génies sur leurs péchés ².
40. Lequel, etc.
41. Les criminels seront reconnus à leurs marques; on les saisira par les chevelures et par les pieds.
42. Lequel, etc.
43. Voilà la géhenne que les criminels traitaient de fable.
44. Ils tourneront autour des flammes et de l'eau bouillante.
45. Lequel, etc.
46. Ceux qui craignent la majesté de Dieu auront deux jardins ³.
47. Lequel, etc.
48. Tous deux ornés de bosquets.
49. Lequel, etc.
50. Dans tous deux, deux sources vives.
51. Lequel, etc.
52. Dans tous deux, deux espèces de chaque fruit.
53. Lequel, etc.
54. Ils se reposeront accoudés sur des tapis dont la doublure sera de brocart ⁴. Les fruits des deux jardins seront à la portée de quiconque voudra les cueillir.
55. Lequel, etc.
56. Là seront de jeunes vierges au regard modeste, que n'a jamais touchées ni homme ni génie.

¹ Mot à mot : quand il sera comme une rose, une fleur rouge. Le mot *dihan*, que l'on traduit par *cuir teint en rouge*, peut aussi se traduire par *graisse fondue*.
² On n'interrogera ni les uns ni les autres au moment où ils seront ressuscités, l'examen n'aura lieu qu'au moment même du jugement.
³ Selon les uns, de ces deux jardins, l'un sera pour les génies, l'autre pour les hommes; selon d'autres, deux jardins pour chaque individu, l'un comme récompense de ses œuvres, l'autre comme une gratification en sus de la récompense. Quant aux deux espèces de chaque fruit, on entend par là une espèce pareille pour le goût aux fruits de la terre, l'autre d'un goût céleste inconnu à la terre.
⁴ Lorsque les doublures ou l'envers, disent les commentateurs, sont en brocart, que sera-ce du dessus, du bon côté de ces tapis?

57. Lequel, etc.
58. Elles ressemblent à l'hyacinthe et au corail.
59. Lequel, etc.
60. Quelle est la récompense du bien, si ce n'est le bien?
61. Lequel, etc.
62. Outre ces deux jardins, deux autres s'y trouveront encore [1].
63. Lequel, etc.
64. Deux jardins couverts de verdure.
65. Lequel, etc.
66. Où jailliront deux sources.
67. Lequel, etc.
68. Là il y aura des fruits, des palmiers et des grenades.
69. Lequel, etc.
70. Là il y aura de bonnes, de belles *femmes*.
71. Lequel, etc.
72. Des *femmes* vierges aux grands yeux noirs, renfermées dans des pavillons.
73. Lequel, etc.
74. Jamais homme ni génie ne les a touchées.
75. Lequel, etc.
76. Leurs époux se reposeront sur des coussins verts et des tapis magnifiques.
77. Lequel des bienfaits de Dieu nierez-vous?
78. Béni soit le nom du Seigneur, plein de majesté et de générosité.

CHAPITRE LVI.

L'ÉVÉNEMENT [2].

Donné à la Mecque. — 96 versets.

Au nom du Dieu clément et miséricordieux.

1. Lorsque L'ÉVÉNEMENT arrivera,
2. Il ne se trouvera pas *une seule âme* qui révoque en doute sa venue.

---

[1] Ces deux jardins sont, comme on peut le voir par leur description, inférieurs aux deux autres mentionnés plus haut ; ils sont destinés aux habitants du paradis d'un degré inférieur.

[2] L'*événement*, mot qui sert d'inscription à ce chapitre, se trouve dans le premier verset ; il sert à désigner le jour du jugement dernier.

3. Il (*cet événement*) abaissera et il élèvera[1].
4. Lorsque la terre tremblera d'un tremblement *violent,*
5. Que les montagnes voleront en éclats,
6. Et deviendront comme la poussière dispersée de tous côtés ;
7. Lorsque vous, hommes, serez partagés en trois troupes.
8. *Alors il y aura* des hommes de la droite (oh ! les hommes de la droite!),
9. Et des hommes de la gauche (oh ! les hommes de la gauche!)[2];
10. Et les premiers *seront* les premiers[3].
11. Ceux-ci seront les plus rapprochés de Dieu.
12. Ils habiteront le jardin des délices.
13. (Il y aura un grand nombre de ceux-ci parmi les anciens (*depuis Adam jusqu'à Mohammed*),
14. Et un petit nombre seulement parmi les modernes (*depuis la venue de Mahomet*),
15. Se reposant sur des siéges ornés d'or et de pierreries,
16. Accoudés et placés en face les uns des autres.
17. Autour d'eux circuleront des jeunes gens éternellement jeunes.
18. Avec des gobelets, des aiguières et des coupes remplies d'une boisson limpide[4],
19. Dont ils n'éprouveront ni maux de tête ni étourdissements,
20. Avec des fruits qu'ils choisiront à leur goût,
21. Et de la chair de ces oiseaux qu'ils aiment tant.
22. Ils y auront des *beautés* aux grands yeux noirs, *des beautés* pareilles aux perles soigneusement cachées[5].
23. Telle sera la récompense de leurs œuvres.
24. Ils n'y entendront ni discours frivoles ni paroles qui mènent au péché ;
25. On n'y entendra que les paroles : Paix, paix.
26. Les hommes de la droite (qu'ils seront heureux les hommes de la droite!)
27. Séjourneront parmi des arbres de lotus sans épines,

---

[1] Il élèvera les vertueux et abaissera les méchants.

[2] L'exclamation dans le verset 8 veut dire : Oh ! qu'ils seront heureux ! Celle du 9 : Oh ! quel terrible état que le leur !

[3] C'est-à-dire, ceux qui ont été sur la terre les premiers à faire le bien ou à embrasser la vraie foi, qui ont servi de modèles et de guides aux autres, prendront dans la vie future aussi le pas sur les autres.

[4] Le mot *ma'in* peut signifier *eau limpide et froide,* ou toute autre boisson bonne et fraîche.

[5] C'est-à-dire mises à l'abri de la poussière, etc.

28. Et des bananiers chargés de fruits du sommet jusqu'en bas,
29. Sous des ombrages qui s'étendront au loin,
30. Près d'une eau courante,
31. Au milieu de fruits en abondance,
32. Que personne ne coupera, dont personne n'interdira l'approche ;
33. Et ils se reposeront sur des lits élevés.
34. Nous créâmes les *beautés du paradis* d'une création à part[1] ;
35. Nous avons conservé leur virginité[2].
36. Chéries de leurs époux, et d'un âge égal au leur,
37. Elles seront destinées aux hommes de la droite.
38. Il y en aura un grand nombre parmi les anciens,
39. Et un grand nombre parmi les modernes[3].
40. Et les hommes de la gauche (oh ! les hommes de la gauche !)
41. *Seront* au milieu d'un vent pestilentiel et de l'eau bouillante,
42. Dans l'ombre d'une fumée noire,
43. *Dans l'ombre* qui n'est ni fraîche ni agréable.
44. Autrefois ils menaient une vie pleine d'aisance.
45. Ils persévéraient dans une haine implacable,
46. Et disaient :
47. Quand nous serons morts, quand nous serons devenus poussière et os, serons-nous ranimés de nouveau,
48. Ainsi que nos pères les anciens ?
49. Dis : Les anciens comme les modernes
50. Seront infailliblement rassemblés au rendez-vous du jour fixé d'avance.
51. Puis, vous, hommes plongés dans l'erreur, vous qui ne croyez point,
52. Vous mangerez *le fruit* d'un arbre, *le fruit* du Zakkoum.
53. Vous vous en remplirez le ventre.
54. Ensuite vous boirez de l'eau bouillante,
55. Comme boit un chameau altéré de soif.
56. Tel sera leur festin au jour de la rétribution.

---

[1] C'est-à-dire, d'une substance plus fine que les femmes d'ici-bas.

[2] Ces femmes, vierges du paradis, ne seront pas exposées à perdre leur virginité par la cohabitation avec leurs époux du paradis.

[3] On a vu plus haut (versets 13 et 14) que les élus seront en grand nombre parmi les anciens, et en petit nombre parmi les modernes. Ces versets sont en contradiction avec les 38 et 39. Le commentateur Beïdhawi pense qu'il n'y a pas de contradiction entre ces versets, car, dit-il, le grand nombre n'exclue pas l'idée de la majorité de l'une de ces deux troupes.

CHAPITRE LVI.

57. Nous vous avons créés; et pourquoi ne croiriez-vous pas à la résurrection?

58. La semence dont vous engendrez,

59. Est-ce vous qui la créez, ou bien nous?

60. Nous avons décidé qu'il y ait des morts parmi vous [1], et ce n'est pas nous qui serons devancés *par qui que ce soit*, si nous voulons

61. Vous remplacer par d'autres hommes qui vous ressemblent, ou vous reproduire sous une forme que vous ne connaissez pas.

62. Vous connaissez la première création [2], pourquoi ne réfléchissez-vous pas?

63. Avez-vous remarqué votre travail de labourage?

64. Est-ce vous qui ensemencez les champs, ou bien nous qui sommes les semeurs?

65. Si nous voulions, nous réduirions *vos récoltes* en brins de paille sèche, et vous ne cesseriez pas de vous étonner et de crier:

66. Nous voilà endettés, nous voilà déçus dans nos espérances, perdus.

67. Avez-vous fait attention à l'eau que vous buvez?

68. Est-ce vous qui la faites descendre des nuages, ou bien nous?

69. Si nous voulions, nous pourrions la changer en eau saumâtre. Pourquoi n'êtes-vous donc pas reconnaissants?

70. Avez-vous porté vos regards sur le feu que vous obtenez par le frottement?

71. Est-ce vous qui créez l'arbre qui vous le donne, ou bien ous [3]?

72. C'est nous qui avons voulu en faire un enseignement et un objet d'utilité pour les voyageurs du désert.

73. Célèbre le nom du Dieu très-haut.

74. Je ne jurerai pas par les couchers des étoiles [4]

75. (Et c'est un grand serment, si vous le saviez)

---

[1] C'est-à-dire, que les hommes fussent mortels.

[2] Vous voyez bien comment la première création, celle par la reproduction, a lieu.

[3] Voyez, sur le bois dont les Arabes se servent en guise de briquet, le chapitre XXXVI, verset 80.

[4] Cette expression: *je ne jurerai pas*, se retrouve fréquemment dans les derniers chapitres du Koran; elle ajoute à la force du serment. C'est comme si l'on disait: *Ce que je dis est tellement vrai, qu'il serait superflu de jurer*. C'est ainsi du moins que les commentateurs l'entendent.

76. Que le Koran ¹ est un Koran
77. *Conservé* dans un livre caché ².
78. Nul ne le touchera, si ce n'est les purs ³.
79. Il est la révélation du maître de l'univers.
80. Est-ce ce livre que vous regarderez avec dédain?
81. Ferez-vous consister votre pain quotidien dans les accusations de mensonge *portées contre ce livre?*
82. Pourquoi donc, au moment où vos cœurs remonteront jusqu'à vos gorges,
83. Où vous jetterez des regards de tous côtés,
84. Où nous serons près de vous sans que vous le voyiez ;
85. Pourquoi donc, si vous ne devez jamais être jugés et rétribués,
86. Ne ramenez-vous pas l'âme *prête à s'envoler?* Dites-le, si vous êtes sincères ⁴ !
87. A celui qui sera au nombre des plus rapprochés de Dieu,
88. A celui-là *sont réservés* le repos. le plaisir et le jardin des délices.
89. A celui qui sera au nombre des hommes de la droite,
90. *On dira :* Salut à toi de la part des hommes de la droite.
91. Celui qui aura été parmi les hommes qui traitent les prophètes d'imposteurs,
92. Parmi les égarés,
93. Aura pour repas l'eau bouillante.
94. Nous le brûlerons au feu.
95. C'est la vérité infaillible.
96. Célèbre donc le grand nom de ton Seigneur.

¹ On se rappelle que le mot Koran veut dire *lecture ;* et l'on pourrait ici traduire : Que cette lecture-ci est une lecture conservée dans un volume serré.

² C'est-à-dire, que le prototype, l'original immuable du Koran, est conservé dans un livre gardé avec soin chez Dieu.

³ Ces mots, qui s'appliquent ici au prototype conservé au ciel, se trouvent ordinairement inscrits sur les tranches des exemplaires du Koran, comme un avertissement qu'on ne doit pas le toucher si l'on est en état de souillure.

⁴ Voici le sens du passage renfermé dans les versets 82-86 : *Si vous ne devez pas être ressuscités, jugés et rétribués, et si vous êtes sincères, si vous en êtes convaincus, pourquoi, quand vous voyez l'âme prête à vous quitter, ne la ramenez-vous pas et ne la fixez-vous pas dans vos corps?*

CHAPITRE LVII.

LE FER [1].

Donné à Médine. — 29 versets

Au nom du Dieu clément et miséricordieux.

1. Tout ce qui est dans les cieux et sur la terre chante les louanges de Dieu. Il est puissant et sage.
2. A lui appartient l'empire des cieux et de la terre; il fait vivre et il fait mourir, et il peut tout.
3. Il est le premier et le dernier; visible et caché [2], il connaît tout.
4. C'est lui qui créa les cieux et la terre dans l'espace de six jours, puis alla s'asseoir sur le trône *de la majesté*, il sait ce qui entre dans la terre et ce qui en sort, ce qui descend du ciel et ce qui y monte, il est avec vous; en quelque lieu que vous soyez, il voit vos actions.
5. L'empire des cieux et de la terre lui appartient ; toutes choses retournent à lui.
6. Il fait succéder la nuit au jour, et le jour à la nuit ; il connaît ce que les cœurs renferment.
7. Croyez en Dieu et à son apôtre, et donnez en aumônes une portion des biens dont Dieu vous accordera l'héritage. Ceux d'entre vous qui croient et font l'aumône recevront une récompense généreuse.
8. Qu'avez-vous pour ne pas croire en Dieu et en son envoyé, qui vous invite à croire en votre Seigneur, celui qui a reçu votre alliance; *qu'avez-vous pour ne pas croire,* si vous êtes *de vrais croyants?*
9. C'est lui qui fait descendre sur son serviteur des signes évidents pour vous conduire des ténèbres à la lumière. Certes, Dieu est pour vous tendre et miséricordieux.
10. Qu'avez-vous pour ne point dépenser votre avoir dans le sentier de Dieu [3], quand l'héritage des cieux et de la terre appartient à Dieu seul? Celui d'entre vous qui a donné de son avoir

---

[1] Les mots *le fer* se lisent dans le verset 25.
[2] Mot à mot : *extérieur et intérieur.*
[3] On a déjà dit que cette expression : *le sentier de Dieu,* veut dire la cause de Dieu.

avant la victoire, et qui a combattu de sa personne, ne sera point traité à l'égal *de celui qui n'en a rien fait*. Celui-là occupera un degré plus élevé que ceux qui auront offert leurs richesses après la victoire et combattu depuis. Mais Dieu a promis aux uns et aux autres une belle récompense. Il est instruit de vos actions.

11. Qui est-ce qui fera à Dieu un prêt généreux, pour que Dieu le lui porte au double, et lui donne en sus une récompense généreuse?

12. Un jour tu verras les croyants, hommes et femmes; leur lumière courra devant eux, et à leur droite[1]. Aujourd'hui, leur dira-t-on, nous vous annonçons une heureuse nouvelle, celle des jardins baignés de cours d'eau, et où vous resterez éternellement. C'est un bonheur immense.

13. Ce jour-là les hypocrites, hommes et femmes, diront aux croyants : Regardez-nous ; attendez un instant[2] que nous vous empruntions quelques parcelles de votre lumière; mais on leur dira : Retournez sur la terre et demandez-en là. Entre eux s'élèvera une muraille qui aura une porte, en dedans de laquelle siégera la Miséricorde, en dehors et en face le Supplice. Les hypocrites crieront aux croyants : N'avons-nous pas été avec vous? — Oui, *répondront ceux-ci*, mais vous vous laissiez aller à la tentation en attendant le moment propice; vous vous êtes jetés dans le doute, et les vanités du monde vous ont aveuglés, jusqu'à ce que l'arrêt de Dieu vînt s'accomplir. Le Séducteur vous a aveuglés sur Dieu.

14. Aujourd'hui on ne recevra plus de rançon ni de vous ni des infidèles. Le feu sera votre demeure : voilà ce que vous avez gagné. Quelle affreuse fin !

15. Le temps n'est-il pas déjà venu pour les croyants d'humilier leurs cœurs devant l'avertissement de Dieu et devant le Livre de la vérité qu'il a envoyé? Qu'ils ne ressemblent pas à ceux qui avaient précédemment reçu le Livre, dont les cœurs s'endurcissent avec le temps, et parmi lesquels une grande partie sont des pervers.

16. Sachez que Dieu rend la vie à la terre morte. Nous vous avons déjà expliqué ces miracles, afin que vous les compreniez.

17. Ceux qui font l'aumône, hommes et femmes, ceux qui font

---

[1] Les élus courront avec précipitation pour recevoir la récompense, et la lumière les éclairera sur la route.

[2] Le passage des élus sera très-rapide ; ils courront avec la promptitude de l'éclair pour recevoir la récompense de leurs œuvres.

CHAPITRE LVII.

à Dieu un prêt généreux en recevront le double, et ils auront en sus une récompense généreuse.

18. Ceux qui croient en Dieu et à ses apôtres sont des hommes véridiques; ils seront témoins devant leur Seigneur, ils auront leur récompense et leur lumière [1]. Ceux qui n'ont point cru et qui ont traité nos signes de mensonges seront livrés au feu de l'enfer.

19. Sachez que la vie de ce monde n'est qu'un jeu et une frivolité; c'est une parure, *c'est un sujet de* vaine gloire parmi vous. L'accroissement de biens et un grand nombre d'enfants sont comme la pluie; les plantes qu'elle anime plaisent aux infidèles, mais bientôt elles se fanent, et tu les verras jaunir et devenir des fétus desséchés. Et *au bout de tout cela,* dans l'autre monde, le supplice terrible,

20. Ou le pardon de Dieu et sa satisfaction. La vie de ce monde n'est qu'une jouissance temporaire qui éblouit.

21. Luttez donc de vitesse pour obtenir le pardon de Dieu et le paradis, dont l'étendue égale celle du ciel et de la terre, et qui a été préparé pour ceux qui croient en Dieu et à ses apôtres. C'est une faveur de Dieu qu'il accordera à qui il voudra, car Dieu est d'une bienfaisance immense.

22. Aucune calamité ne frappe soit la terre, soit vos personnes, qui n'ait été écrite dans le Livre avant que nous les ayons créées. C'était facile à Dieu.

23. Ne vous affligez donc pas de ce qui vous échappe (*en fait de bien*), ni ne vous réjouissez outre mesure de ce qui vous arrive. Dieu n'aime point les présomptueux, les glorieux,

24. Qui, avares eux-mêmes, excitent les autres à l'avarice. Si l'avare se soustrait *aux actes de générosité,* eh! Dieu est assez riche et digne de gloire, *il peut s'en passer.*

25. Nous avons envoyé des apôtres, accompagnés de signes évidents; nous leur avons donné le Livre et la balance [2], afin que les hommes observent l'équité. Nous avons fait descendre d'en haut le FER. En lui il y a un mal terrible, mais aussi de l'utilité pour les hommes. *Il vous l'a donné* pour savoir qui d'entre vous l'assistera ainsi que son apôtre avec sincérité [3]. Dieu est puissant et fort.

---

[1] Voyez ci-dessus le verset 12.

[2] La balance, dit-on, a été apportée du ciel par l'ange Gabriel, et donnée à Noé pour qu'il en propageât l'usage parmi ses descendants.

[3] Le texte porte: *en secret* ou *en absence,* c'est-à-dire même quand personne ne le voit ni ne l'entend.

26. Nous envoyâmes Noé et Abraham, et nous établîmes le don de la prophétie dans leurs descendants, ainsi que le Livre (*les Écritures*). Tel parmi eux suit la droite voie; mais la plupart sont des pervers.

27. Nous envoyâmes sur leurs traces d'autres apôtres, comme Jésus, fils de Marie, à qui nous donnâmes l'Évangile; nous mîmes dans les cœurs des disciples qui les ont suivis la douleur, la compassion; la vie monastique, ce sont eux-mêmes qui l'ont inventée [1]. Nous n'avons prescrit que le désir de plaire à Dieu; mais ils ne l'ont point observé comme ils le devaient. Nous avons donné la récompense à ceux d'entre eux qui ont cru, mais la plupart sont des pervers.

28. O vous qui croyez! craignez Dieu et croyez à son apôtre; il vous donnera deux portions de sa miséricorde; il vous donnera la lumière, afin que vous marchiez à l'aide d'elle, et il effacera vos péchés, car il est indulgent et miséricordieux;

29. Afin que les hommes qui ont reçu les Écritures sachent qu'ils ne disposent d'aucune des faveurs de Dieu, que la grâce de Dieu est toute entre ses mains, et qu'il l'accorde à qui il veut. Dieu est d'une bonté immense.

CHAPITRE LVIII.

LA PLAIDEUSE [2].

Donné en partie à la Mecque et en partie à Médine. — 22 versets.

1. Dieu a entendu les paroles de celle QUI A PLAIDÉ chez toi contre son mari et qui a élevé des plaintes vers Dieu [3]. Il a entendu vos entretiens, car Dieu entend et voit tout.

---

[1] Mahomet condamne, comme on le voit, la vie monacale; c'est un aphorisme répété souvent par les musulmans: *La rahbaniïeta fil-islami*, point de vie monacale dans l'Islam.

[2] Le verset 1 explique l'inscription de ce chapitre. Le mot *elmoudjadilè*, que nous traduisons par *plaideuse*, signifie proprement: *celle qui soulève une dispute*.

[3] Voici à quelle occasion les versets 1 et 2 ont été révélés. Khaùla fille de Talaba, femme d'un Arabe nommé Aûs Ebn es-Samat, fut répudiée par son mari avec cette formule: « Que ton dos soit désormais pour moi comme le dos de ma mère; » formule qui entraînait une séparation perpétuelle, et après laquelle on ne pouvait plus reprendre la femme répudiée. Elle vint trouver Mahomet, et lui

CHAPITRE LVIII.

2. Ceux d'entre vous qui répudient leurs femmes en disant qu'ils les regarderont comme leurs mères [1] (elles ne sont pas leurs mères ; leurs mères sont celles qui les ont enfantés), profèrent une parole blâmable et une fausseté.

3. Certes, Dieu est porté au pardon et à l'indulgence.

4. Ceux qui répudient leurs femmes avec la formule de séparation perpétuelle [2] et reviennent ensuite sur leur parole, affranchiront un esclave avant qu'il y ait une nouvelle cohabitation entre les deux *époux divorcés*. C'est ainsi qu'on vous le prescrit, et Dieu est instruit de ce que vous faites.

5. Celui qui ne trouvera point de captif à racheter, jeûnera deux mois de suite avant qu'il y ait cohabitation entre les deux époux *divorcés*, et, s'il ne peut supporter ce jeûne, il nourrira soixante pauvres. On vous le commande, afin que vous croyiez en Dieu et à son envoyé. Ce sont les commandements de Dieu. Un supplice douloureux est réservé aux infidèles.

6. Ceux qui luttent contre Dieu et contre son envoyé seront culbutés comme ont été culbutés ceux qui les ont précédés. Or, nous avons déjà fait descendre des signes évidents *de notre pouvoir*, et le supplice ignominieux *est seul* réservé aux infidèles,

7. Au jour où Dieu les ressuscitera tous et où il leur redira leurs actions. Dieu a tout compté, pendant qu'ils ont tout oublié. Dieu est témoin de tout.

8. Ne vois-tu pas que Dieu connaît tout ce qui est dans les cieux et sur la terre? Il n'est point d'entretien secret entre trois individus qu'il ne soit le quatrième, ni entre cinq qu'il ne soit le sixième. Il ne s'en réunit ni moins ni plus [3], qu'il ne soit avec eux, en quelque lieu qu'ils se trouvent. Et ensuite, au jour de la résurrection, il leur rappellera leurs œuvres, car il est instruit de tout.

demanda s'il ne lui était plus permis de rester avec son mari qui, malgré la répudiation, ne la forçait pas de quitter la maison. Sur les observations de Mahomet, que la formule en question impliquait une séparation complète et définitive, la femme désespérée, car elle avait des enfants en bas âge, se retira, et dans ses prières se plaignit à Dieu de son sort. Mahomet revint sur sa décision, et, s'autorisant de la révélation contenue dans les versets 1-2, permit de reprendre les femmes répudiées même avec la solennité de la formule citée plus haut, en enjoignant toutefois de faire quelque offrande ou quelque œuvre de charité pour expier l'infraction du serment.

[1] C'était une manière solennelle de répudiation. Voyez le verset précédent.

[2] C'est-à-dire, en se servant de ces paroles : « Que ton dos soit désormais pour moi comme le dos de ma mère. » Voy. le vers. 1, note.

[3] C'est-à-dire, soit en petit, soit en grand nombre.

9. N'as-tu pas remarqué ceux à qui les entretiens clandestins ont été défendus, et qui reviennent cependant à ce qui leur a été défendu, et qui parlent entre eux péché, inimitié et désobéissance au prophète? Puis, quand ils se présentent chez toi, ils te saluent en des termes que Dieu ne t'a point accordés [1], et disent en eux-mêmes : Pourquoi Dieu ne nous punit-il pas de ce que nous disons ? *Ne t'en inquiète pas.* Ce qui leur revient, c'est la géhenne; ils seront chauffés à son feu. Quel détestable dénoûment !

10. O croyants ! lorsque vous conversez ensemble, que le péché, l'inimitié, la désobéissance aux ordres du prophète, ne soient point le sujet de vos discours; parlez entre vous justice et crainte de Dieu ; craignez Dieu devant lequel vous serez tous rassemblés.

11. Les entretiens clandestins viennent de Satan, qui veut vous affliger ; mais il ne saurait vous causer aucun mal, si ce n'est avec la permission de Dieu. Que les croyants donc mettent leur confiance en Dieu.

12. O croyants ! lorsqu'on vous dit : Faites place dans vos réunions [2], faites place. Dieu vous fera une place *immense dans le paradis*. Et quand on vous dit : Levez-vous, levez-vous, Dieu élèvera à des degrés *éminents* ceux qui auront cru parmi vous, et qui auront reçu la science ; car Dieu voit bien ce que vous faites.

13. O vous qui croyez ! quand vous allez entretenir le prophète en particulier, avant de le faire, donnez quelque aumône, cela vous vaudra mieux et sera plus convenable ; mais, si vous n'en avez pas les moyens, Dieu est indulgent et compatissant.

14. Hésiterez-vous à faire quelque aumône avant de vous entretenir en particulier avec le prophète? Si vous ne le faites pas, ce que Dieu vous pardonnera, acquittez-vous *au moins* de la prière, payez l'aumône légale (le tribut), et obéissez à Dieu et à son apôtre. Dieu est instruit de ce que vous faites.

15. N'as-tu pas remarqué ceux qui ont pris pour ami ce peuple contre lequel Dieu est courroucé [3] ? Ils ne sont de leur parti ni

---

[1] Mot à mot: *avec des paroles autres que celles par lesquelles Dieu te salue* Les commentateurs disent que les hypocrites et les infidèles, au lieu de saluer Mahomet avec ces mots : *Es-selam aleïka,* paix sur toi, disaient, comme par élision : *Es-sam aleïka,* malheur sur toi.

[2] C'est-à-dire, dans les endroits publics, ou dans les maisons, partout où l'on se réunit et où l'on s'assied pour s'entretenir, faites place, écartez-vous, rangez-vous !

[3] Par le peuple contre lequel Dieu est courroucé, Mahomet entend les juifs. Voyez chap. I, vers. 6.

du vôtre ; quand ils font un serment, c'est à faux, et ils le font sciemment.

16. Dieu leur a préparé un châtiment terrible, car leurs œuvres sont détestables.

17. Ils se couvrent du manteau de leur *prétendue* foi, et éloignent les autres du sentier de Dieu ; mais un châtiment ignominieux les attend.

18. Ni leurs richesses ni leurs enfants ne leur serviront de rien auprès de Dieu ; ils seront les victimes d'un feu éternel.

19. Le jour où Dieu les ressuscitera tous, ils jureront, comme ils jurent devant vous, *qu'ils croyaient ;* ils s'imagineront que cela leur servira d'appui. Oh ! qu'ils sont menteurs !

20. Satan s'est emparé d'eux et leur a fait perdre le souvenir de Dieu. Ils forment le parti de Satan ; c'est le parti de Satan qui est perdu.

21. Ceux qui luttent contre Dieu et le prophète seront livrés au mépris. Dieu a écrit *d'avance cet arrêt :* J'aurai le dessus et mes envoyés aussi. Dieu est fort et puissant.

22. Vous ne verrez aucun de ceux qui croient en Dieu et au jour dernier aimer l'infidèle qui est rebelle à Dieu et au prophète, fût-ce un père, un fils, un frère, un allié. Dieu a gravé la foi dans leurs cœurs, ils les inspire. Il les introduira dans les jardins de délices arrosés par des cours d'eau. Ils y demeureront éternellement. Dieu est satisfait d'eux, et ils sont satisfaits de Dieu ; ils forment le parti de Dieu : c'est le parti de Dieu qui doit prospérer.

CHAPITRE LIX.

L'ÉMIGRATION [2].

Donné à Médine. — **24** versets.

1. Tout ce qui est dans les cieux et sur la terre chante les louanges de Dieu. Il est le Puissant, le Sage.

[2] Le mot *hachar*, qui sert d'inscription à ce chapitre, signifie *réunion, rassemblement ;* il désigne souvent le rassemblement du genre humain au jour de la résurrection. Il veut dire aussi *émigration ;* et c'est dans ce sens qu'il est employé ici par rapport aux juifs de Nadhir (bourg situé à trois milles de Médine), qui, pour avoir rompu le traité conclu avec Mahomet, furent attaqués dans leurs forts

2. C'est lui qui a fait sortir de leurs demeures les infidèles parmi les gens des Écritures. C'est le commencement de leur émigration. Vous ne croyiez pas qu'ils en sortissent, et eux ils pensaient que leurs forteresses les protégeraient contre Dieu. Eh bien ! Dieu les attaqua du côté d'où ils ne s'y attendaient pas, il jeta la terreur dans leurs cœurs ; ils démolissaient leurs maisons de leurs propres mains, et avec les mains des croyants. Profitez de cet exemple, hommes doués d'intelligence !

3. Si Dieu n'avait point écrit d'avance *dans ses arrêts* leur exil, il les aurait châtiés dans ce monde. Le supplice du feu les attend toujours dans l'autre,

4. Et ce, parce qu'ils ont rompu avec Dieu et avec son apôtre. Or, quiconque rompt avec Dieu, *qu'il sache que* Dieu est terrible dans ses châtiments.

5. Vous avez coupé quantité de leurs palmiers, et vous en avez laissé un certain nombre debout. Ce fut avec la permission de Dieu, pour apaiser les impies.

6. Le butin qu'il a accordé au prophète, vous ne l'avez disputé ni avec vos chameaux ni avec vos chevaux, c'est Dieu qui donne le pouvoir à ses envoyés sur qui il lui plaît. Il est tout-puissant [1].

7. Ce que Dieu a accordé à son envoyé des biens des habitants de *différents* bourgs appartient à Dieu et au prophète, à ses proches, aux orphelins, aux pauvres et aux voyageurs ; il ne doit rien en revenir aux riches d'entre vous. Prenez ce que le prophète vous donne, et abstenez-vous de ce qu'il vous refuse. Craignez Dieu, car il est terrible dans ses châtiments.

8. Il en appartient une partie (*du butin*) aux pauvres parmi les Mohadjers qui ont été chassés de leurs demeures et privés de leurs biens, qui recherchaient la faveur de Dieu et sa satisfaction, qui assistent Dieu et son apôtre. Ce sont des hommes vertueux.

9. Ceux qui étaient *toujours* en possession de leurs demeures et ont embrassé la foi précédemment [2], chérissent les hommes qui se réfugient chez eux. Leurs cœurs sont exempts de toute convoi-

---

et chassés de leurs demeures. A la suite de cette défaite, ils se dispersèrent en Syrie, en Arabie, et allèrent jusqu'à Hira.

[1] Les juifs de Nadhir étant à peu de distance de Médine, l'expédition eut lieu sans cavalerie ni chameaux : c'est à cause de cela que le butin, au lieu d'être partagé entre les combattants, les droits du prophète réservés, est ici en entier dévolu au prophète.

[2] Ce sont les Médinois.

tise, ils ne désirent point ce qui échoit aux autres; ils leur donnent même la préférence dans leur générosité, bien que l'indigence soit aussi parmi eux. Or, ceux qui prémunissent leurs cœurs contre l'avarice seront les bienheureux.

10. Ceux qui sont venus après eux¹ disent : Seigneur, pardonne-nous comme à nos frères qui nous ont devancés dans la foi, et ne mets point dans nos cœurs de malveillance envers ceux qui croient. Seigneur, tu es compatissant et miséricordieux.

11. N'as-tu pas remarqué les hypocrites disant à leurs frères², à ces infidèles parmi les gens des Écritures : Si l'on vous chasse, nous sortirons avec vous; nous n'obéirons jamais à personne quand il s'agira de vous; si l'on vous fait la guerre, nous vous assisterons. — Dieu est témoin qu'ils mentent.

12. *Non;* si on chasse ceux-là, ils ne sortiront pas avec eux; si on leur fait la guerre, ils ne les assisteront pas; s'ils viennent *d'abord* à leur secours, ils finiront par tourner le dos et s'enfuir, et ne trouveront eux-mêmes aucun secours.

13. Vous, *Musulmans*, vous jetez dans leurs cœurs une terreur plus forte que Dieu, et c'est parce qu'ils ne comprennent rien³.

14. Ils ne vous combattront en masse que dans leurs villages fortifiés ou derrière des remparts. Leur violence entre eux est extrême : tu les croirais unis; non, leurs cœurs sont divisés, parce que c'est un peuple insensé.

15. Ils agissent comme ceux qui les ont précédés, et peu s'en faut qu'ils n'eussent déjà goûté les mauvais fruits de leurs actions; car un supplice douloureux les attend.

16. Ils agissent comme Satan, quand il dit à l'homme : Sois incrédule; et lorsque l'homme devint incrédule, il s'écria : Je ne suis pour rien dans ce que tu fais, car je crains Dieu, maître de l'univers.

17. Leur fin à tous deux, c'est le feu; ils y resteront éternellement. Telle est la récompense des méchants.

18. O vous qui croyez, craignez Dieu. Que toute âme voie bien ce qu'elle se prépare pour le lendemain. Craignez Dieu, car il est instruit de vos actions.

¹ C'est-à-dire, ceux qui ont embrassé l'islam après les autres.
² Le mot *frères* est ici dans le sens figuré et ironique.
³ Le sens de ce verset est : les hypocrites devraient avant tout craindre Dieu, suivre sa loi, et ne rien faire secrètement qui lui déplaise; mais ils ne le craignent pas. Mais ils craignent vos armes; c'est pourquoi, à la moindre démonstration de votre part, ils prendront la fuite.

19. Ne soyez pas comme ceux qui ont oublié Dieu, et que Dieu a conduits à l'oubli d'eux-mêmes ; ce sont des impies.

20. Les habitants du feu et les hôtes du paradis ne sauraient être égaux. Ceux-ci seront des bienheureux.

21. Si nous eussions fait descendre ce Koran sur une montagne, tu l'aurais vue s'abaisser et se fendre par la crainte de Dieu. Telles sont les paraboles que nous proposons aux hommes afin qu'ils réfléchissent.

22. Il est ce Dieu hors lequel il n'y a point de dieu. Il connaît le visible et l'invisible. Il est le Clément, le Miséricordieux.

23. Il est ce Dieu hors lequel il n'y a point de dieu, le Roi, le Saint, le Sauveur, le Fidèle, le Gardien, le Fort, le Puissant, le Très-Élevé, Gloire à Dieu ! et loin de lui ce que les hommes lui associent !

24. Il est le Dieu *unique*, le producteur, le Créateur, le Formateur [1]. Les plus beaux noms lui appartiennent. Tout dans les cieux et sur la terre célèbre sa gloire. Il est le Fort, le Sage.

CHAPITRE LX.

MISE A L'ÉPREUVE [2].

Donné à Médine. — 13 versets

Au nom du Dieu clément et miséricordieux.

1. O vous qui croyez ! ne prenez point mes ennemis et les vôtres pour amis. Vous leur témoignez de l'amitié après *qu'ils ont témoigné* qu'ils ne croyaient pas à la vérité qui vous a été révélée ; ils vous repoussent vous et le prophète de leur sein, parce que vous croyez en Dieu votre Seigneur. Quand vous sortez *de vos foyers* pour la guerre sainte, pour combattre dans ma voie et pour obtenir ma satisfaction, leur témoignerez-vous de l'amitié ? Mais, moi, je sais le mieux ce que vous cachez et ce que vous produisez au grand jour, et quiconque d'entre vous le fait s'écarte de la vraie route [3].

---

[1] Ces mots sont des participes présents des verbes *créer, faillir, façonner, donner une forme.*

[2] L'inscription de ce chapitre est empruntée au verset 10.

[3] Ce verset est dirigé surtout contre un musulman nommé Hateb ben Abi Baltaa qui, sachant qu'une expédition contre la Mecque se préparait, en instrui-

2. S'ils vous rencontraient seulement quelque part, ils feraient voir combien ils vous sont hostiles, ils étendraient sur vous leurs bras et leurs langues pour vous nuire; ils désireraient vous rendre *de nouveau* infidèles.

3. Au jour de la résurrection, vos parents ni vos enfants ne vous serviront de rien. Dieu vous séparera les uns des autres; il voit vos actions.

4. Vous avez un bel exemple dans Abraham et dans ceux qui le suivaient, lorsqu'ils dirent à leurs concitoyens : Nous n'avons rien de commun avec vous, nous sommes innocents *du culte* des divinités que vous adorez à côté de Dieu. Nous vous renions, et l'inimitié et la haine s'élèvent entre nous pour toujours, à moins que vous ne croyiez au Dieu unique : sauf *que vous n'imiterez pas* le langage d'Abraham quand il dit à son père : J'implorerai le pardon de Dieu en ta faveur, mais je ne saurais rien obtenir de lui pour toi [1]. Seigneur, nous mettons notre confiance en toi, nous revenons à toi ; le terme de tout est dans toi.

5. Seigneur, ne nous induis pas en tentation de ceux qui ne croient pas ; pardonne-nous, tu es puissant et sage.

6. Vous avez un bel exemple dans ceux-là (*dans Abraham et dans les siens*); *c'est un bel exemple* pour ceux qui espèrent en Dieu et croient au jour dernier. Mais quiconque tourne le dos, *Dieu peut se passer de lui*. Il est le Riche, le Glorieux.

7. Il se peut qu'un jour Dieu établisse entre vous et vos ennemis la bienveillance réciproque. Dieu peut tout, il est indulgent et miséricordieux.

8. Dieu ne vous défend pas d'être bons et équitables envers ceux qui n'ont point combattu contre vous à cause de votre reli-

---

sit les Koreïchites. Mahomet intercepta sa missive, et fit à Hateb d'amers reproches auxquels celui-ci répondit que son but n'était point de faire manquer l'entreprise, qui, du reste, étant décrétée par Dieu, était infaillible, mais d'obtenir de la part des idolâtres quelques ménagements pour sa famille laissée à la Mecque. Mahomet admit l'excuse de Hateb, mais il s'empressa de publier la révélation ci-dessus.

[1] Dieu a blâmé Abraham d'avoir voulu parler en faveur de son père idolâtre (chapitre IX, 115). D'après une légende mahométane (Hammer, *Gemäldesaal*, I, 74), Abraham voudra intercéder encore une fois pour son père au jour du jugement; mais, au moment où il voudra ouvrir la bouche, un lézard hideux s'approchera de lui, et Abraham, dans un mouvement d'horreur et de dégoût, frappera le lézard du pied et le fera tomber dans l'enfer. Ce lézard sera son père métamorphosé. Abraham accomplira ainsi les décrets de Dieu sans manquer à la piété filiale.

gion, et qui ne vous ont point bannis de vos foyers. Ils aiment ceux qui agissent avec équité.

9. Mais il vous interdit toute liaison avec ceux qui vous ont combattus pour cause de religion, qui vous ont chassés de vos foyers, ou qui ont aidé les autres à le faire. Ceux qui les prendraient pour amis seraient des méchants.

10. Lorsque des femmes croyantes, fuyant l'idolâtrie, viennent à vous, mettez leur foi à L'ÉPREUVE. Dieu connaît bien leur foi ; mais vous, *éprouvez-les*, et, si vous êtes sûrs qu'elles sont croyantes, ne les laissez plus retourner auprès des infidèles ; il n'est pas légitime qu'elles soient à eux, ni qu'eux soient leurs maris ; mais restituez ce qu'ils leur ont donné (*leur dot*). Il n'y a pas de crime pour vous à les épouser, mais assurez-leur leur dot. Ne gardez point les femmes infidèles, mais demandez la restitution de ce que vous leur avez donné à titre de dot, de même que les infidèles vous redemanderont ce qu'ils auront donné aux leurs. C'est un précepte que Dieu établit entre vous ; il est savant et sage.

11. O vous qui croyez ! si quelqu'une de vos femmes disparaissait pour se rendre chez les infidèles, et que vous preniez un butin, restituez à ceux dont les femmes auraient fui la dot égale à celle de la femme qui a fui.

12. O prophète ! si des femmes fidèles prêtent serment de fidélité entre tes mains, et s'engagent à ne point associer *d'autres divinités* à Dieu, à ne point dérober, à ne point commettre d'adultère, à ne point tuer leurs enfants, à ne point tenir de propos calomnieux, à ne point te désobéir en rien de ce qui est bon, accueille leur pacte, et implore le pardon de Dieu pour elles. Il est indulgent et miséricordieux.

13. O croyants ! n'ayez aucun commerce avec ceux contre lesquels Dieu est courroucé[1] ; ils désespèrent de la vie future, comme les infidèles ont désespéré de ceux qui sont dans les tombeaux.

---

[1] Ce verset contient ce que les Mahométans appellent *le serment des femmes*. Les hommes prêtaient serment d'après la même formule avant l'hégire (fuite de la Mecque), avant que Mahomet y eût inséré l'obligation de l'assister dans la guerre contre les idolâtres. Le serment en question, comme d'ailleurs tout contrat, se faisait, chez les Arabes, en donnant la main à la personne envers laquelle on s'engageait. Après Mahomet, on reconnaissait l'autorité du calife en lui présentant la main.

CHAPITRE LXI.

ORDRE DE BATAILLE [1].

Donné à Médine. — 14 versets.

Au nom du Dieu clément et miséricordieux.

1. Tout ce qui est dans les cieux et sur la terre chante les louanges de Dieu. Il est le puissant, le sage.
2. O croyants! pourquoi dites-vous ce que vous ne faites pas [2]?
3. Grande est la haine de Dieu contre ceux qui disent ce qu'ils ne font pas.
4. Il aime ceux qui combattent en ORDRE dans son sentier, et qui sont fermes comme un édifice solide.
5. Moïse disait à son peuple : O mon peuple! pourquoi me causez-vous de la peine? Je suis l'apôtre de Dieu envoyé vers vous, vous le savez bien. Mais, lorsqu'ils devièrent de la droite voie, Dieu fit dévier leurs cœurs, car Dieu ne dirige pas les transgresseurs.
6. Jésus, fils de Marie, disait *à son peuple* : O enfants d'Israël! je suis l'apôtre de Dieu envoyé vers vous, pour confirmer le Pentateuque qui vous a été donné avant moi, et pour vous annoncer la venue d'un apôtre après moi, dont le nom sera Ahmed [3]. Et lorsqu'il (*Jésus*) leur fit voir des signes évidents, ils disaient : c'est de la magie manifeste.

---

[1] Le titre de cette sourate est emprunté au verset 4.

[2] Les musulmans disaient entre eux : Si nous savions quelle est l'œuvre la plus agréable à Dieu, nous l'accomplirions au prix de nos biens et de nos personnes. Dieu fit à Mahomet la révélation qu'il aime ceux qui combattent pour la foi ; les musulmans ayant montré peu d'empressement à prendre part à la bataille d'Ohod, ce verset fut révélé à Mahomet.

[3] Mahomet porte plusieurs noms chez les musulmans ; indépendamment des épithètes répondant à quelque vertu ou à quelque qualité, et dont le nombre est porté jusqu'à environ cent, il est nommé *Ahmed*, le glorieux; *el-Moustafa*, l'élu; *Mahmoud*, le glorifié, etc. Nous avons fait Mahomet de *Mohammed*, le glorifié ; ce mot vient de la même racine et a le même sens qu'*Ahmed*, qui à son tour répond au mot grec *Periclytos*, le glorieux. Les mahométans prétendent que Jésus-Christ a prédit la venue de *Mohammed*, *Ahmed*, du *Periclytos* (Évang. Joann., XVI, 17), et que le Paraclet (*Paracletos*), que l'on sait s'appliquer à la descente du Saint-Esprit, n'est qu'une altération du *Periclytos*, imaginée par la mauvaise foi des chrétiens.

7. Et qui est plus impie que celui qui forge un mensonge sur le compte de Dieu, pendant qu'on l'appelle à l'islam (*à se résigner à la volonté de Dieu*)? Dieu ne dirige pas les méchants.

8. Ils voudraient de leur souffle éteindre la lumière de Dieu, tandis que Dieu ajoute à sa lumière (*à la lumière qu'il donne*), dussent les infidèles en concevoir du dépit.

9. C'est lui qui a donné à son apôtre la direction et la vraie religion, pour l'élever au-dessus de toutes les autres, dussent les idolâtres en concevoir du dépit.

10. O croyants! vous ferai-je connaître un capital capable de vous racheter des tourments de l'enfer?

11. Croyez en Dieu et à son apôtre, combattez dans le sentier de Dieu, faites le sacrifice de vos biens et de vos personnes; cela vous sera plus avantageux, si vous le comprenez.

12. Dieu vous pardonnera vos offenses. Il vous introduira dans les jardins arrosés par des cours d'eau, dans les habitations charmantes des jardins d'Éden, c'est un bonheur immense!

13. Il vous accordera encore d'autres biens que vous désirez, l'assistance de Dieu et la victoire immédiate. Annonce aux croyants d'heureuses nouvelles.

14. O croyants! soyez les aides de Dieu, ainsi que Jésus, fils de Marie, dit à ses disciples: Qui m'assistera dans la cause de Dieu? — C'est ainsi qu'une portion des enfants d'Israël a cru, et que l'autre n'a point cru. Mais nous avons donné aux croyants la force contre leurs ennemis, et ils ont remporté la victoire.

CHAPITRE LXII.

L'ASSEMBLÉE.

Donné à Médine. — 11 versets.

Au nom du Dieu clément et miséricordieux.

1. Tout ce qui est dans les cieux et sur la terre chante les louanges de Dieu, le Roi, le Saint, le Puissant, le Sage.

2. C'est lui qui a suscité au milieu des hommes illettrés un apôtre pris parmi eux, afin qu'il leur redît les miracles du Seigneur, afin qu'il les rendît plus purs, leur enseignât le Livre et la sagesse, à eux qui étaient naguère dans un égarement manifeste.

3. Il en est parmi eux d'autres qui n'ont pas rejoint les premiers dans la foi. Dieu est puissant et sage.

4. C'est une faveur de Dieu; il l'accorde à qui il veut, et Dieu est plein d'immense bonté.

5. Ceux qu'on a chargés du Pentateuque et qui ne le portent pas (*qui ne l'observent pas*) ressemblent à l'âne qui porte des livres. C'est à quelque chose de vil que ressemblent les hommes qui traitent les signes de Dieu de mensonges. Dieu ne guidera point les impies.

6. Dis : O Juifs! si vous vous imaginez être les alliés de Dieu à l'exclusion de tous les hommes, désirez la mort, si vous dites la vérité.

7. Non, ils ne la désireront jamais, à cause de leurs œuvres; car Dieu connaît les méchants.

8. Dis-leur : La mort que vous redoutez vous surprendra un jour. Vous serez ramenés devant celui qui connaît les choses visibles et invisibles; il vous rappellera vos œuvres.

9. O croyants! lorsqu'on vous appelle à la prière du jour de L'ASSEMBLÉE[1], empressez-vous de vous occuper de Dieu. Abandonnez les affaires du négoce; cela vous sera plus avantageux. Si vous saviez!

10. Lorsque la prière est finie, allez où vous voudrez, et recherchez les dons de la faveur divine[2]. Pensez souvent à Dieu, et vous serez heureux.

11. *Mais ils agissent autrement.* Qu'ils voient seulement quelque vente ou quelque divertissement, ils se dispersent et te laissent là debout et seul[3]. Dis-leur : Ce que Dieu tient en réserve vaut mieux que le commerce et le divertissement. Dieu est le meilleur dispensateur des subsistances.

---

[1] Cette prière est devenue la principale de la semaine; c'est celle du vendredi, qui s'appelle à cause de cela jour de l'Assemblée.

[2] C'est-à-dire, vaquez à vos affaires dont vous retirez du gain.

[3] Il arriva qu'un vendredi où Mahomet prêchait le peuple, le tambour se fit entendre, annonçant quelque vente : à l'exception de douze individus, tout le monde quitta la mosquée.

CHAPITRE LXIII.

LES HYPOCRITES

Donné à Médine. — 11 versets.

Au nom du Dieu clément et miséricordieux.

1. Lorsque les HYPOCRITES viennent chez toi, ils disent : Nous attestons que tu es l'envoyé de Dieu. Dieu sait bien que tu es son apôtre, et il est témoin que les hypocrites mentent.
2. Ils prennent leur serment pour manteau [1] et détournent les autres du sentier de Dieu. Quelle détestable conduite que la leur !
3. Ils ont d'abord cru, puis ils retournèrent à l'incrédulité. Le sceau a été apposé sur leur cœur, et ils ne comprennent rien.
4. Quand tu les vois, leur extérieur te plaît ; quand ils parlent, tu les écoutes volontiers ; ils sont comme des soliveaux appuyés contre la muraille [2] ; qu'ils entendent un cri ils croient que c'est contre eux [3]. Ce sont tes ennemis. Évite-les. Que Dieu leur fasse la guerre ! Qu'ils sont faux !
5. Quand on leur dit : Venez, l'apôtre de Dieu implorera Dieu pour vous, ils détournent leurs têtes, ils s'éloignent avec dédain.
6. Peu leur importe si tu implores le pardon de Dieu pour eux ou non. Dieu ne leur pardonnera pas, car Dieu ne dirige point les pervers sur la droite voie.
7. Ce sont eux qui disent aux *Médinois* : Ne donnez rien à ceux qui sont avec le prophète, et ils seront forcés de l'abandonner. Les trésors des cieux et de la terre appartiennent à Dieu ; mais les hypocrites n'entendent rien.
8. Ils disent : Si nous retournions à la ville (*à Médine*), le

---

[1] Pour se garantir contre la mort, la vengeance, l'inimitié des fidèles. Au lieu de *aimanahom*, leur serment, on lit *imanahom*, leur foi, c'est-à-dire leur profession de foi.

[2] Cette comparaison s'applique à quelques Arabes, tous beaux hommes, distingués par leurs manières, beaux parleurs, qui venaient aux réunions des musulmans, mais uniquement pour faire ensuite de ce qui s'y passait un sujet de railleries.

[3] Le mot que nous traduisons ici par cri, est *saïkat*, dont le Koran se sert toujours en parlant du cri parti du ciel comme signal de l'extermination des méchants.

plus fort chasserait le plus faible. La force appartient à Dieu ; elle est avec son apôtre, avec les croyants ; mais les hypocrites ne savent rien.

9. O croyants! que vos richesses et vos enfants ne vous éloignent pas du souvenir de Dieu ; ceux qui le feraient deviendraient véritablement malheureux.

10. Faites l'aumône des biens que nous vous avons accordés, avant que la mort vous surprenne *à ce moment où* l'homme dira : Seigneur, si tu m'avais accordé seulement un court délai, j'aurais fait des largesses, j'aurais été du nombre des justes.

11. Dieu ne donne point de délai à une âme dont l'heure est venue. Il connaît vos actions.

CHAPITRE LXIV.

DÉCEPTION MUTUELLE [1].

Donné à la Mecque. — 18 versets.

Au nom du Dieu clément et miséricordieux.

1. Tout ce qui est dans les cieux et sur la terre chante les louanges de Dieu. A lui appartient le pouvoir, à lui appartient la gloire ; lui seul peut tout.

2. C'est lui qui vous a créés. Tel parmi vous est infidèle, tel autre croyant. Dieu voit ce que vous faites.

3. Il a créé les cieux et la terre en toute vérité [2] ; il vous a formés, il vous a donné de plus belles formes, et vous retournerez tous à lui.

4. Il connaît tout ce qui se passe dans les cieux et sur la terre ; il connaît ce que vous cachez et ce que vous produisez au grand jour. Dieu connaît ce que les cœurs renferment.

---

[1] Le jour de la déception mutuelle, c'est le jour du jugement dernier, où les justes et les méchants sont censés se supplanter réciproquement ; car, si les justes avaient été méchants, ils auraient pris la place des réprouvés, et ceux-ci auraient été mis en possession du paradis, s'ils avaient été justes.

[2] Cette expression, qui revient très-souvent dans le Koran, veut dire que c'est dans un certain but et sérieusement, et non pas comme par divertissement, que Dieu a créé toutes choses.

5. Avez-vous entendu l'histoire des incrédules des temps anciens ? Ils subirent leur dure destinée [1], et un châtiment douloureux sera leur part.

6. Car, lorsque des apôtres vinrent à eux, accompagnés de signes évidents, ils disaient : Un homme *comme nous* nous enseignerait la voie! Et ils ne croyaient pas, et ils tournaient le dos aux avertissements. Dieu peut bien se passer d'eux ; il est riche et plein de gloire.

7. Les infidèles prétendent qu'ils ne seront pas ressuscités. Dis-leur : Dieu vous ressuscitera et vous dira ce que vous avez fait. Cela lui sera facile.

8. Croyez en Dieu et à son apôtre, et à la lumière que Dieu vous a envoyée. Dieu est instruit de toutes vos actions.

9. Le jour où il vous rassemblera pour la journée de la réunion, ce jour-là sera celui de la DÉCEPTION MUTUELLE. Celui qui aura cru en Dieu, et fait le bien, obtiendra le pardon de ses péchés. Il sera introduit dans les jardins baignés par des cours d'eau. Ces hommes y demeureront éternellement. Ce sera un bonheur immense.

10. Les incrédules, ceux qui traitèrent nos signes de mensonges, seront livrés au feu et y demeureront éternellement. Quel détestable voyage !

11. Aucun malheur n'atteint l'homme sans la permission de Dieu. Dieu dirigera le cœur de celui qui croira en lui. Dieu voit tout.

12. Obéissez à Dieu, écoutez son apôtre ; mais, si vous tournez le dos, *notre envoyé n'en sera pas coupable :* il n'est chargé que de vous prêcher ouvertement.

13. Dieu. — Il n'y a point d'autre dieu que lui ; que les croyants mettent donc leur confiance en Dieu.

14. O vous qui croyez ! vous avez des ennemis dans vos épouses et dans vos enfants. Si vous pardonnez, si vous passez outre, sachez que Dieu est indulgent et miséricordieux [2].

15. Vos richesses et vos enfants sont votre tentation, pendant que Dieu tient en réserve une récompense magnifique.

16. Craignez Dieu de toutes vos forces ; écoutez, obéissez, et

---

[1] Mot à mot : ils ont goûté (éprouvé) la pesanteur de leur affaire.

[2] Le sens de ce verset est : *vos femmes et vos enfants vous détournent quelquefois de vos devoirs ; pour leur donner vos soins, vous abandonnez souvent la cause de Dieu, la guerre sainte. Cependant, si par leur trop grande affection ils vous font souffrir, pardonnez-leur,* etc.

faites l'aumône dans votre propre intérêt. Celui qui se tient en garde contre son avarice sera heureux.

17. Si vous faites à Dieu un prêt généreux, il vous payera le double; il vous pardonnera, car il est reconnaissant et plein de longanimité.

18. Il connaît les choses visibles et invisibles. Il est le Puissant, le Sage.

CHAPITRE LXV.

LE DIVORCE.

Donné à la Mecque. — 12 versets.

Au nom du Dieu clément et miséricordieux.

1. O prophète! ne répudiez vos femmes qu'au terme marqué[1]; comptez les jours exactement. Avant ce temps vous ne pouvez ni les chasser de vos maisons, ni les en laisser sortir, à moins qu'elles n'aient commis un adultère prouvé. Tels sont les préceptes de Dieu; celui qui les transgresse se perd lui-même. Vous ne savez pas si Dieu ne fera pas surgir quelque circonstance *qui vous réconciliera avec elles.*

2. Lorsqu'elles auront attendu le terme prescrit, vous pouvez les retenir avec bienveillance ou vous en séparer avec bienveillance. Appelez des témoins équitables, choisis parmi vous; que le témoignage soit fait devant Dieu. Voilà ce qui est prescrit à ceux qui croient en lui ainsi qu'au jour du jugement. Dieu procurera à celui qui le craint une issue favorable, et le nourrira de dons qu'il ne s'imaginait pas.

3. Dieu suffira à celui qui met sa confiance en lui. Dieu mène ses arrêts à bonne fin. Dieu a assigné un terme à toutes choses.

4. Quant aux femmes qui n'espèrent plus (*à cause de leur âge*) d'avoir leurs règles, quoique vous n'en soyez pas sûrs, le terme est également de trois mois; le même est prescrit pour celles qui n'ont point encore eu leurs mois; pour les femmes grosses, attendez qu'elles aient accouché. Dieu aplanira ces difficultés à celui qui le craint.

---

[1] C'est-à-dire, quand elles auront eu trois fois leurs règles, afin de s'assurer si elles ne sont point grosses.

5. Tel est l'ordre de Dieu qu'il vous a envoyé. Dieu effacera les péchés de ceux qui le craignent, et il augmentera leur récompense.

6. Logez les femmes que vous avez répudiées là où vous logez vous-mêmes et selon les moyens que vous possédez ; ne leur causez pas de peine en les mettant trop à l'étroit. Ayez soin de celles qui sont enceintes, tâchez de pourvoir à leurs besoins jusqu'à ce qu'elles aient accouché ; si elles allaitent vos enfants, donnez-leur une récompense ; consultez-vous là-dessus, et agissez généreusement. S'il se trouve des obstacles, qu'une autre femme allaite l'enfant.

7. Que l'homme aisé donne selon son aisance ; que l'homme qui n'a que le strict nécessaire donne en proportion de ce qu'il a reçu de Dieu. Dieu n'impose que des charges proportionnées aux forces de chacun. Il fera succéder l'aisance à la gêne.

8. Combien de villes se sont écartées des préceptes de Dieu et de ses apôtres ! Nous leur avons fait rendre un compte rigoureux, et nous leur avons infligé un rude châtiment.

9. Elles ont subi leur dure destinée, et leur fin a été leur ruine.

10. Dieu leur réserve des châtiments cruels. Craignez le Seigneur, ô hommes doués de sens !

11. A ceux qui croient, Dieu a envoyé un avertissement, un prophète qui leur récite les enseignements évidents pour faire sortir les croyants et les justes des ténèbres à la lumière. Dieu introduira les croyants et les justes dans les jardins baignés de courants d'eau ; ils y demeureront éternellement. Quelle belle part Dieu réserve au juste !

12. C'est Dieu qui a créé les sept cieux et autant de terres ; les arrêts de Dieu y descendent, afin que vous sachiez qu'il est tout-puissant et que sa science embrasse tout.

CHAPITRE LXVI.

LA DÉFENSE.

Donné à Médine. — 12 versets.

Au nom du Dieu clément et miséricordieux.

1. O prophète ! pourquoi défends-tu ce que Dieu a permis[1] ?

---

[1] Voici à quelle occasion fut révélé le verset 1 de ce chapitre. Mahomet, comme

Tu recherches la satisfaction de tes femmes. Le Seigneur est indulgent et miséricordieux.

2. Dieu vous a permis de délier vos serments, il est votre patron. Il est le Savant, le Sage.

3. Un jour le prophète communiqua certain secret à une de ses femmes, celle-ci en instruisit une autre [1] ; Dieu le fit savoir au prophète [2], qui, *à son tour*, fit connaître une partie de cette révélation et se tut sur l'autre ; et, quand le *prophète* le fit connaître à cette femme, elle lui demanda : Qui donc t'a instruit de tout cela ? — C'est le Savant, l'instruit, répondit le *prophète*.

4. Si vous revenez à Dieu (*si vous vous repentez*), car vos cœurs (*à vous, Hafsa et Aïcha*), ont gauchi, *Dieu vous pardonnera* ; mais, si vous vous joignez toutes deux contre le prophète, *sachez que* Dieu est son patron, que Gabriel, que tout homme juste parmi les croyants et les anges, lui prêteront assistance.

5. S'il vous répudie, Dieu peut lui donner des épouses meilleures que vous ; des femmes musulmanes et croyantes [3], pieuses, aimant à se repentir, soumises, observant le jeûne, tant femmes mariées précédemment à d'autres que vierges.

6. O vous qui croyez ! sauvez vos familles et vous-mêmes du feu, dont l'aliment sera les hommes et les pierres. Au-dessus *planeront* des anges durs et terribles qui ne sont point rebelles aux ordres de Dieu, qui exécutent ce qu'il leur ordonne.

7. O infidèles ! n'ayez point aujourd'hui recours à de vaines excuses. Vous serez récompensés selon vos œuvres.

---

on sait, avait plusieurs femmes à la fois, et passait alternativement la nuit chez une d'elles. Il arriva qu'une nuit réservée à Hafsa, il avait couché avec Marie la Copte, qui lui avait été envoyée par Mokawkas, gouverneur de l'Égypte. Cette conduite offensa vivement Hafsa, qui lui en fit des reproches tellement durs, que le prophète, pour la calmer, lui jura de rompre tout à fait avec Marie. La révélation contenue dans ce verset a pour but de dégager Mahomet de son serment qu'il avait fait à la légère, surtout lorsque par des révélations précédentes Dieu avait accordé aux maris une grande latitude dans leurs rapports avec leurs femmes.

[1] Hafsa a dû raconter l'aventure à Aïcha, autre femme de Mahomet, avec laquelle elle était très-liée.

[2] Mahomet reprocha à Hafsa de n'avoir pas gardé le silence sur ce qui s'était passé, et de l'avoir raconté à Aïcha ; et lorsque Hafsa, étonnée de se voir trahie à son tour, demanda au prophète qui avait pu l'instruire de son indiscrétion, Mahomet lui répondit que c'était Dieu lui-même. En réalité, il l'avait deviné par la conduite d'Aïcha à son égard.

[3] En arabe, *mouslimat, mouminât* ; voyez, sur la nuance entre ces deux mots, chap. II, p. 17, note 4.

8. O croyants! repentez-vous d'un repentir sincère; peut-être Dieu effacera-t-il vos péchés et vous introduira-t-il dans les jardins arrosés de cours d'eau; au jour où il ne couvrira pas de honte le prophète et ceux qui l'ont suivi. Leur lumière courra devant eux et à leur droite [1]. Ils diront : Seigneur, rends parfaite cette lumière, et pardonne-nous nos péchés, car tu es tout-puissant.

9. O prophète! fais la guerre aux infidèles et aux hypocrites, sois sévère à leur égard. La géhenne sera leur demeure. Quel détestable séjour !

10. Dieu propose pour exemple aux infidèles la femme de Noé et celle de Loth; elles étaient sous l'empire de deux hommes justes d'entre nos serviteurs; toutes deux ont été perfides envers leurs maris, mais cela ne leur servit de rien contre Dieu. On leur a dit : Entrez au feu avec ceux qui y entrent.

11. Quant aux croyants, Dieu leur propose pour modèle la femme de Pharaon [2]. Seigneur! s'écriait-elle, construis-moi une maison chez toi, dans le paradis, et délivre-moi de Pharaon et de ses œuvres; délivre-moi des méchants.

12. Et Marie, fille d'Imran, qui conserva sa virginité [3], nous lui inspirâmes une partie de notre esprit. Elle crut aux paroles du Seigneur, à ses livres; et elle était du nombre des personnes pieuses.

CHAPITRE LXVII.

L'EMPIRE.

Donné à la Mecque. — 30 versets

Au nom du Dieu clément et miséricordieux.

1. Béni soit celui dans la main de qui est l'empire et qui est tout-puissant.

2. C'est lui qui a créé la mort et la vie pour voir qui de vous agira le mieux. Il est le Puissant, l'Indulgent.

---

[1] Voy. chap. XXIV, v. 35, et LVII, v. 3, 7, 12, 18.

[2] Le nom de la femme de Pharaon, dont il s'agit ici, est, selon les mahométans, Asia. Mahomet avait coutume de dire qu'il n'y avait que quatre femmes parfaites : Asia, femme de Pharaon ; Marie, mère de Jésus ; Khadidja, première femme de Mahomet, et Fatima, sa fille, mariée à Ali.

[3] Mot à mot : et Maria filia Imrani, quæ rimam suam tuita est, in quam (rimam) inflavimus spiritûs nostri partem.

3. Il a formé les sept cieux posés les uns au-dessus des autres. Tu ne trouveras aucune imperfection dans la création du Miséricordieux. Lève les yeux vers le firmament; y vois-tu une seule fissure?

4. Lève-les encore deux fois, et tes regards retourneront à toi frustrés et fatigués [1].

5. Nous avons orné le ciel le plus proche de ce monde de flambeaux; nous les y avons placés afin de repousser les démons [2], pour lesquels nous avons préparé les brasiers de l'enfer.

6. Ceux qui ne croient pas en Dieu recevront le châtiment de la géhenne. Quel affreux séjour!

7. Lorsqu'ils y seront précipités, ils l'entendront rugir, et le feu brûlera avec force.

8. Peu s'en faut que l'enfer ne crève de fureur : toutes les fois qu'on y précipitera une foule d'infidèles, les gardiens de l'enfer leur crieront : Aucun apôtre n'était-il allé vous prêcher?

9. — Oui, répondront-ils, un apôtre parut au milieu de nous; mais nous l'avons traité d'imposteur, nous lui avons dit : Dieu ne t'a rien révélé. Vous êtes dans une erreur grossière.

10. Ils diront : Si nous avions écouté, si nous avions réfléchi, nous ne serions pas jetés dans ce brasier.

11. Ils feront l'aveu de leurs crimes. Loin d'ici, ô vous, habitants de l'enfer!

12. Ceux qui craignent leur Seigneur au fond de leur cœur obtiendront le pardon de leurs péchés et une récompense généreuse.

13. Communiquez vos paroles en secret, ou livrez-les à tous, Dieu connaît ce que les cœurs renferment.

14. Et comment ne le connaîtrait-il pas, celui qui a créé *tout*, le Subtil (*qui pénètre tout*), l'Instruit?

15. C'est lui qui pour vous a rendu la terre aplanie et basse. Marchez à travers ses plages, et nourrissez-vous de ce que Dieu vous accorde. Vous serez ressuscités *pour retourner* vers lui.

16. Êtes-vous sûrs que celui qui est dans les cieux n'ouvrira point la terre sous vos pas? Déjà elle tremble.

17. Êtes-vous sûrs que celui qui est dans les cieux n'enverra pas contre vous un ouragan lançant des pierres? Alors vous apprendrez ce que c'est que mes avertissements.

---

[1] Frustrés pour avoir cherché en vain un défaut et fatigués par l'effort.
[2] Les étoiles filantes sont les traits que les gardiens du ciel lancent contre les démons qui veulent écouter et voir ce qui se passe au ciel.

18. D'autres peuples avant eux accusaient leurs prophètes de mensonge. Que mon courroux fut terrible !

19. Ne voient-ils pas les oiseaux planer sur leurs têtes, déployer et resserrer leurs ailes ? Qui les soutient dans les airs, si ce n'est le Miséricordieux ? Il voit tout

20. Quel est celui qui peut vous tenir lieu d'une armée et vous secourir contre le Miséricordieux ? En vérité, les infidèles sont dans l'aveuglement.

21. Quel est celui qui vous donnera la nourriture, si Dieu la retient ? Et cependant ils persistent dans leur méchanceté et fuient la vérité.

22. L'homme qui rampe labourant la terre de son front est-il mieux guidé que celui qui marche droit sur le sentier droit ?

23. Dis : C'est lui qui vous a créés, qui vous a donné l'ouïe, la vue, et des cœurs *capables de sentir*. Peu d'hommes lui rendent des actions de grâces !

24. Dis : C'est lui qui vous a disséminés sur la terre et qui vous rassemblera un jour.

25. Quand donc s'accompliront ces menaces ? demandent-ils ; dites-le, si vous êtes véridiques.

26. Réponds : Dieu seul en a la connaissance ; je ne suis qu'un avertisseur *chargé d'avertir* ouvertement.

27. Mais, lorsqu'ils verront *le châtiment* de près, leurs visages s'obscurciront. On leur dira : Voici ce que vous demandiez.

28. Dis : Que vous en semble ? Soit que Dieu me fasse mourir, moi et ceux qui me suivent, soit qu'il ait pitié de nous, qui est-ce qui protégera les infidèles contre le châtiment terrible ?

29. Dis : Il est le Miséricordieux ; nous croyons en lui et nous mettons en lui notre confiance. Vous apprendrez un jour qui de nous est dans l'erreur.

30. Dis : Que vous en semble ? si demain la terre absorbe toutes les eaux, qui fera jaillir de l'eau courante et limpide ?

CHAPITRE LXVIII.

LA PLUME.

Donné à la Mecque. — 52 versets.

Au nom du Dieu clément et miséricordieux.

1. Noun [1]. J'en jure par la PLUME et par ce qu'ils (*les hommes*) écrivent.
2. Tu n'es point, ô *Mohammed !* par la grâce de ton Seigneur, un possédé.
3. Il t'est réservé une récompense parfaite [1].
4. Tu es d'un caractère élevé.
5. Tu verras et ils (*les infidèles*) verront
6. Lequel de vous est atteint de démence.
7. Dieu sait le mieux qui s'égare, et il connaît le mieux ceux qui suivent le droit chemin.
8. N'obéis point à ceux qui traitent les *révélations* de mensonges.
9. Ils voudraient que tu les traitasses avec douceur ; alors ils te traiteraient avec douceur.
10. Mais toi, n'écoute pas celui qui jure à tout propos [3], et qui est méprisable.
11. N'écoute point le calomniateur, qui va médisant des autres,
12. Qui empêche le bien ; le transgresseur, le criminel,
13. Cruel et de naissance impure,
14. Quand même il aurait des richesses et beaucoup d'enfants.
15. Cet homme qui, à la lecture de nos versets, dit : Ce sont des contes des anciens,
16. Nous lui imprimerons une marque sur le nez.
17. Nous les avons éprouvés (*les Mecquois*) comme nous avions éprouvé jadis ces possesseurs du jardin quand ils jurèrent qu'il en cueilleraient les fruits le lendemain matin [4] (*de grand matin*).

[1] Voy. II, 1, note.
[2] Mot à mot : un salaire ou une récompense qu'on ne te reprochera pas.
[3] Grand faiseur de serments qui jure sur ce qui est vrai et sur ce qui est faux.
[4] Un homme pieux possédait un jardin planté de palmiers ; il avait coutume de prévenir les pauvres de son endroit du jour où il couperait les dattes ; les fruits qui tombaient en dehors du drap étendu sous l'arbre, ceux que le vent abattait ou ceux que le couteau manquait, revenaient aux pauvres. Après sa mort, ses fils, moins charitables que leur père, décidèrent un jour de ne plus prévenir les pauvres de la récolte des dattes, et de les couper de grand matin. Mais la nuit une tempête détruisit leur jardin, et il n'en resta aucune trace.

18. Ils jurèrent sans aucune restriction [1].

19. Une calamité de nuit survint pendant qu'ils dormaient.

20. Le lendemain matin, le jardin fut détruit comme si on avait coupé tout.

21. Le matin ils s'entr'appelaient :

22. Allez avec le jour à votre champ, si vous voulez couper (*cueillir*) vos dattes.

23. Ils s'en allaient se parlant à l'oreille.

24. Qu'aujourd'hui *au moins* pas un seul pauvre n'entre dans votre jardin [2].

25. Ils y allèrent avec le jour, bien décidés *à ne rien donner*.

26. Et quand ils virent ce qu'était devenu le jardin, ils s'écrièrent : Nous étions dans l'erreur.

27. Nous voilà frustrés dans notre espoir.

28. Le plus raisonnable d'entre eux leur dit : Ne vous ai-je pas répété : Que ne pensez-vous à Dieu ?

29. — Louange à Dieu ! répondirent-ils, nous avons commis une iniquité.

30. Et ils se mirent à se blâmer l'un l'autre.

31. Malheureux que nous sommes! nous étions méchants.

32. Peut-être Dieu nous donnera-t-il en échange un autre jardin meilleur que celui-ci : nous désirons ardemment la grâce de Dieu.

33. Tel a été notre châtiment ; — mais le supplice de l'autre monde sera plus terrible. Ah! s'ils le savaient !

34. Les jardins de délices attendent les hommes qui craignent Dieu.

35. Traiterons-nous également ceux qui se résignent à la volonté de Dieu (*les musulmans*) et les coupables ?

36. Qu'avez-vous pour en juger ainsi ?

37. Avez-vous quelque pièce écrite où vous lisez

38. Que vous obtiendrez ce que vous voudrez ?

39. Avez-vous reçu de nous un serment qui nous oblige pour toujours, et jusqu'au jour de la résurrection, à vous fournir ce que vous jugerez à propos d'avoir ?

40. Demande-leur : Qui d'entre vous en est garant ?

---

[1] C'est-à-dire, ils jurèrent qu'ils feraient le lendemain la récolte, sans ajouter *s'il plaît à Dieu, si Dieu le veut.*

[2] Nous avons fait remarquer ailleurs (chap. XVIII, 18, 19, note) cette particularité de la phraséologie arabe, d'après laquelle la personne qui fait partie d'une troupe, au lieu de se servir du pronom *nous*, emploie, en parlant à ses compagnons, le pronom *vous.*

CHAPITRE LXVIII.

41. Ont-ils des compagnons? qu'ils les amènent, s'ils disent la vérité.

42. Le jour où les jambes seront à nu[1], on les appellera à l'adoration ; mais ils n'auront pas les forces nécessaires

43. Les yeux baissés et les visages couverts de honte, on les appelait à l'adoration pendant qu'ils étaient sains et saufs, *et ils ne venaient pas.*

44. Ne me parle donc plus en faveur de ceux qui accusent ce livre de mensonge. Nous les amènerons par degrés à leur perte sans qu'ils sachent *par quelles voies.*

45. Je leur accorderai un long délai, car mon stratagème est solide[2].

46. Leur demanderas-tu une récompense *de ta mission?* Mais ils sont accablés de dettes !

47. Ont-ils la connaissance des choses cachées ? les transcrivent-ils du livre de Dieu?

48. Attends donc avec patience le jugement de ton Seigneur, et ne sois pas comme l'homme au poisson[3], qui, suffoqué *par la colère,* criait vers Dieu.

49. Si la faveur de son Seigneur ne l'avait embrassé, il aurait été jeté sur la côte aride, couvert de blâme.

50. Mais Dieu l'avait pris pour son élu, et il l'a rendu juste.

51. Peu s'en faut que les infidèles ne t'ébranlent par leurs regards, quand ils entendent *réciter* le Koran, et qu'ils ne disent : C'est un possédé.

52. Non, ce (*le Koran*) n'est qu'un avertissement pour l'univers.

---

[1] C'est-à-dire, au jour où l'on se préparera pour une affaire grave, qui est le jugement dernier.

[2] Il n'en sera pas moins efficace après un long délai.

[3] Il s'agit ici du prophète Jonas dévoré par la baleine. Nous traduisons le mot *hout* du texte par poisson; c'est un nom générique pour tout gros poisson; les Arabes ne connaissaient pas la classification des naturalistes, qui rangent les baleines parmi les mammifères cétacés, etc. ; il est du reste inutile de soulever ici la question de savoir si un cétacé quelconque pouvait se trouver dans les eaux du Tigre.

CHAPITRE LXIX.

LE JOUR INÉVITABLE.

Donné à la Mecque. — 52 versets.

Au nom du Dieu clément et miséricordieux.

1. LE JOUR INÉVITABLE.
2. Qu'est-ce que le jour inévitable ?
3. Qui te fera comprendre ce que c'est que le jour inévitable ?
4. Thémoud et Ad traitèrent de mensonge le jour de la décision [1].
5. Thémoud a été détruit par un cri terrible *parti du ciel.*
6. Ad a été détruit par un ouragan rugissant, impétueux.
7. Dieu s'en est servi contre eux [2] pendant sept nuits et huit jours consécutifs : tu aurais vu alors ce peuple renversé par terre comme des tronçons de palmiers creux en dedans.
8. As-tu vu une seule âme échapper *à la destruction ?*
9. Pharaon, les peuples qui ont vécu avant lui, et les villes renversées [3], avaient commis des péchés.
10. Ils avaient désobéi à l'envoyé de Dieu, et Dieu les châtia avec usure [4].
11. Lorsque les eaux débordèrent (*pendant le déluge*), nous vous portâmes dans un navire.
12. Afin que *cet événement* [5] vous servît d'avertissement, et que l'oreille attentive en gardât le souvenir.
13. Lorsqu'on sonnera la trompette la première fois,
14. Lorsque la terre et les montagnes seront emportées dans les airs, et l'une comme les autres broyées d'un seul broiement,
15. Ce jour-là l'événement aura lieu [6].
16. Le ciel se fendra ce jour-là et tombera en pièces.

---

[1] *Elkari'at* veut dire *sort*, et se dit aussi de tout événement majeur, et du jour du jugement dernier.

[2] Mot à mot : Dieu s'est soumis le cri terrible du ciel et l'ouragan pour l'employer contre Ad et Thémoud.

[3] Les villes renversées, *almotefikat*, sont les cinq villes situées sur la mer Morte, Sodome, Gomorrhe, etc.

[4] Mot à mot : d'un châtiment surabondant.

[5] C'est-à-dire, afin que la destruction des uns et la délivrance des autres soit un avertissement.

[6] L'événement, *elwakia*, se dit du jour du jugement dernier.

17. Et les anges se tiendront sur ses côtés (*sur les côtés du ciel*); ce jour-là huit anges porteront le trône de ton Seigneur [1].

18. Ce jour-là vous serez amenés *devant Dieu*, et aucune de vos actions secrètes ne sera cachée.

19. Celui à qui on donnera son livre dans la main droite dira : Tenez, lisez-moi mon livre.

20. Je pensais toujours qu'il me faudrait un jour rendre compte.

21. Cet homme jouira d'une vie agréable

22. Dans le jardin élevé,

23. Dont les fruits seront près *du sol* et aisés à cueillir.

24. Mangez et buvez, grand bien vous fasse, *leur dira-t-on*, pour prix de vos actions dans les jours écoulés.

25. Celui à qui son livre sera donné dans la main gauche s'écriera : Plût à Dieu qu'on ne m'eût pas présenté mon livre,

26. Et que je n'eusse jamais connu ce compte !

27. Plût à Dieu que la mort eût terminé ma vie !

28. A quoi me servent mes richesses ?

29. Ma puissance s'est évanouie.

30. Dieu dira alors aux gardiens de l'enfer : Saisissez-le et liez-le,

31. Puis chauffez-le au feu de l'enfer.

32. Chargez-le ensuite de chaînes de soixante-dix coudées,

33. Car il n'a pas cru en Dieu le Très-Haut.

34. Il n'a pas été jaloux de nourrir le pauvre.

35. Aussi aujourd'hui il n'a pas ici de protecteur,

36. Ni d'autre nourriture que le pus,

37. Les coupables seuls s'en nourriront.

38. Je ne jurerai pas par ce que vous voyez [2],

39. Ni par ce que vous ne voyez pas.

40. Que c'est la parole de l'apôtre honoré.

41. Ce n'est point la parole d'un poëte. Oh ! que vous croyez peu !

42. Ce n'est pas la parole d'un devin. Oh ! que vous réfléchissez peu !

43. C'est la révélation du maître de l'univers.

44. Si *Mohammed* avait forgé quelque discours sur notre compte,

45. Nous l'aurions saisi par la main droite,

---

[1] Selon la croyance des mahométans, le trône de Dieu est porté ordinairement par quatre anges.

[2] Voyez sur l'expression : *je ne jurerai pas*, le chap. LVI, 74.

46. Et nous lui aurions coupé la veine du cœur,
47. Et nous ne l'aurions défendu contre aucun d'entre vous.
48. Ce livre est une admonition pour ceux qui craignent Dieu.
49. Nous savons qu'il en est parmi vous qui le traitent d'imposture.
50. Ce livre est le désespoir des infidèles;
51. Car le Koran est la vérité même.
52. Célèbre le nom de Dieu le Très-Haut.

CHAPITRE LXX.

LES DEGRÉS [1].

Donné à la Mecque. — 44 versets.

Au nom du Dieu clément et miséricordieux.

1. Un tel demande [2] un châtiment sans délai
2. Pour les infidèles. Nul n'est capable d'empêcher
3. Dieu de l'accomplir, Dieu, maître des DEGRÉS,
4. *Degrés* par lesquels les anges et l'esprit montent vers lui *dans l'espace d'*un jour, dont l'espace est de cinquante mille ans [3].

[1] Le titre de cette *sourate* est pris du verset 3.
[2] Mot à mot : un demandant demande ; c'est un idiotisme arabe employé toutes les fois qu'on ne nomme pas la personne.
[3] Ce passage, traduit littéralement comme nous l'avons fait, veut dire simplement que les anges ont besoin d'un jour long de cinquante mille ans pour monter au trône de Dieu. On a vu, chap. XXXII, 4, que tout remontait vers Dieu dans l'espace d'un jour long de mille ans. Pour concilier ces deux passages, le savant traducteur anglais Sale pense que dans le chapitre XXXII il s'agit de l'ascension depuis la terre, tandis que, dans celui-ci, il peut être question de l'ascension à partir de la dernière échelle de la création. Cette explication est arbitraire ; dans tout le Koran il n'y a rien qui l'autorise, et l'on doit s'étonner que le traducteur anglais veuille y trouver autre chose qu'une expression hyperbolique. Mahomet n'était pas plus embarrassé pour donner aux journées de Dieu la durée de cinquante mille ans que celle de mille ans, et ce n'est pas sur des contradictions de ce genre que devrait s'exercer la critique du Koran. Les commentateurs, d'un autre côté, pensent que, dans le verset qui nous occupe, le jour de cinquante mille ans est le jour du jugement dernier : nouvelle contradiction avec ce qu'ils disent sur la promptitude que Dieu mettra à juger le genre humain, savoir que la

5. Attends donc avec une belle patience

6. Eux (*les infidèles*) regardent le jour *du* jugement comme éloigné.

7. Et nous, nous le voyons proche.

8. Le jour où le ciel sera comme l'airain fondu,

9. Où les montagnes seront comme des flocons de laine teinte en rouge,

10. Et où l'ami ne questionnera pas son ami,

11. Bien qu'on les fasse voir les uns aux autres; alors le coupable désirera se racheter du châtiment au prix de ses enfants,

12. De sa compagne et de son frère,

13. Au prix des parents qui lui témoignaient de l'affection,

14. Au prix de tous ceux qui sont sur la terre. *Il désirera* être sauvé.

15. Point du tout, — car le feu *de l'enfer*,

16. Saisissant par les crânes,

17. Revendiquera tout homme qui tournait le dos et s'en allait,

moitié d'une journée suffira à Dieu pour prononcer sur le sort des hommes. Dans ce cas-là les cinquante mille ans, selon les uns, sont les jours d'attente ; selon d'autres, c'est le jugement des nations infidèles qui absorbera tout ce temps ; il y en a cinquante, et chaque nation sera jugée pendant mille ans : les fidèles seront toujours expédiés dans une demi-journée. On peut juger, par cet exemple, choisi entre cent autres, de quelle valeur sont les commentaires, et il est incontestable que, pour tout ce qui ne regarde pas les pratiques religieuses, les coutumes des Arabes anciens et quelques points de l'histoire de Mahomet, les commentateurs n'ont fait souvent qu'embrouiller le sens du Koran et le charger d'une foule d'absurdités. Selon nous, il ne s'agit point, dans notre passage, du jour du jugement, mais bien de toute journée de Dieu. On n'a qu'à comparer ce verset avec le verset 4 du chap. XXXII, et voici ce qu'on y lit : « Dieu dirige toutes les affaires du ciel (du haut des cieux) à la terre (c'est-à-dire sans descendre sur la terre), et *tout* monte à lui dans le jour dont la durée est de mille ans de votre comput. » On voit que ces deux passages se tiennent, tant les expressions des deux sont analogues, tant ils s'expliquent mutuellement. Au chapitre XXXII, le sujet n'est pas nommé, il l'est au chapitre LXX. Ce sont les anges et l'esprit qui montent vers Dieu, et ce n'est pas au jour du jugement, car au chapitre XXXII il est dit : « Dieu dirige les affaires (de l'univers) du haut des cieux ; il les dirige par ses ministres, les anges, et c'est ce que dit plus explicitement le verset 4 du chapitre LXX. » Toute la différence entre ces deux passages gît donc dans les mots cinquante mille ans ; mais cette expression, comme nous l'avons dit tout à l'heure, est simplement hyperbolique et ne saurait conduire à aucune autre induction. On peut comparer le verset qui est l'objet de cette note avec le verset 4, chapitre XCVII, où il est dit que les anges et l'Esprit (Gabriel) descendent avec les ordres de Dieu dans la nuit Alkadr.

18. Qui thésaurisait et se montrait avare.

19. L'homme a été créé avide,

20. Abattu quand le malheur l'atteint,

21. Insolent lorsque quelque bien lui arrive.

22. Il n'en sera pas ainsi des hommes pieux,

23. Qui ne cessent jamais d'accomplir leurs prières;

24. Dans les biens desquels il y a toujours une part

25. Pour celui qui demande et pour le pauvre honteux [1].

26. Ceux qui regardent le jour de la rétribution comme une vérité,

27. Que la pensée du châtiment de Dieu saisit d'effroi

28. (Car nul n'est à l'abri du châtiment de Dieu);

29. Ceux qui vivent avec continence,

30. Et n'ont de commerce qu'avec leurs femmes et les esclaves qu'ils ont acquises, car alors ils n'encourent aucun blâme;

31. Et quiconque porte ses désirs au delà est transgresseur.

32. Ceux qui gardent fidèlement les dépôts qui leur sont confiés et remplissent leurs engagements,

33. Qui sont inébranlables dans leurs témoignages,

34. Qui observent exactement *les heures de* la prière,

35. Ceux-là seront dans les jardins *du paradis* l'objet des honneurs.

36. Qu'ont-ils donc ces infidèles qui courent haletants devant toi,

37. Partagés en troupes, à droite et à gauche?

38. Ne serait-ce pas parce que chacun d'eux voudrait entrer dans le jardin de délices?

39. Nullement. — Nous les avons créés, ils savent de quoi [2].

40. Je ne jure point par le souverain de l'Orient et de l'Occident que nous pouvons *les*

41. Remplacer par un peuple qui vaudra mieux qu'eux; et ce n'est pas nous qui laisserons prendre le pas sur nous *dans l'accomplissement* de nos arrêts.

42. Laisse-les agir et se divertir jusqu'à ce qu'ils se trouvent en face de leur jour, de ce jour qui leur a été promis,

43. Ce jour où ils s'élanceront de leurs tombeaux en toute hâte comme s'ils se ralliaient sous les étendards,

---

[1] Celui qui n'hésite pas à demander est un mendiant; mais autre chose est un *mahroum*, qui veut dire proprement frustré dans son espoir, et qui a ici, d'après les commentaires, le sens de pauvre honteux.

[2] Ils ont été créés avec des défauts et des péchés qui les excluent du paradis.

44. Les yeux baissés, couverts d'ignominie. — Tel est le jour qu'on leur promet.

CHAPITRE LXXI.

NOÉ.

Donné à la Mecque. — 29 versets.

Au nom du Dieu clément et miséricordieux.

1. Nous envoyâmes NOÉ vers son peuple, et nous lui dîmes : Va avertir ton peuple avant que le châtiment douloureux tombe sur lui.
2. Noé dit : O mon peuple! je viens vous avertir ouvertement.
3. Adorez le Dieu unique, craignez-le, et obéissez-moi.
4. Il effacera vos péchés et vous laissera subsister jusqu'au terme fixé; car, lorque le terme fixé par Dieu arrive, nul autre ne saurait le retarder. Puissiez-vous le comprendre!
5. *Noé cria ensuite vers Dieu*, et dit : Seigneur, j'ai appelé mon peuple vers toi nuit et jour, mais mon appel n'a fait qu'augmenter leur éloignement.
6. Toutes les fois que je les appelais *à se repentir*, afin que tu pusses leur pardonner, ils se bouchaient les oreilles de leurs doigts et s'enveloppaient de leurs vêtements; ils persévérèrent *dans leur erreur* et s'enflèrent d'orgueil.
7. Puis je les ai appelés. Et puis encore ouvertement à ton culte.
8. Je les ai prêchés en public et en secret.
9. Je leur disais : Implorez le pardon du Seigneur; il est très-enclin à pardonner.
10. Il fera pleuvoir du ciel des pluies abondantes.
11. Il accroîtra vos richesses et le nombre de vos fils; il vous donnera des jardins, il vous donnera des cours d'eau.
12. Qu'avez-vous pour ne pas croire à la bonté de Dieu?
13. Il vous a cependant créés sous différentes formes [1].

---

[1] C'est-à-dire, comme les commentateurs l'expliquent, il vous a d'abord créés d'argile, puis, par génération, il vous forme d'une goutte de sperme qu'il change en grumeau de sang, puis en chair, etc.

14. Ne voyez-vous pas comment Dieu a créé les sept cieux, posés par couches s'enveloppant les unes les autres?

15. Il y a établi la lune pour servir de lumière, et y a placé le soleil en guise de flambeau.

16. Il vous a fait surgir de la terre comme une plante.

17. Il vous y fera rentrer et vous en fera sortir de nouveau.

18. Il vous a donné la terre pour tapis,

19. Afin que vous y marchiez par des routes spacieuses.

20. Noé cria vers Dieu : Seigneur, les voilà qui sont rebelles à ma voix, et suivent ceux dont les richesses et les enfants ne font qu'aggraver la ruine.

21. Ils ont imaginé *contre Noé* un artifice insigne.

22. *Leurs chefs leur criaient :* N'abandonnez pas vos divinités, n'abandonnez pas Wedd et Sowa',

23. Ni Iaghouth, ni Iaouk, ni Nesr [1].

24. Ces idoles en ont égaré un grand nombre, et ne font qu'accroître l'égarement des méchants.

25. En punition de leurs péchés, ils ont été noyés et puis précipités dans le feu.

26. Ils ne purent trouver de protecteurs contre Dieu.

27. Noé *cria vers Dieu*, et dit : Seigneur, ne laisse pas subsister un seul d'entre les infidèles ;

28. Car, si tu en laissais, ils séduiraient tes serviteurs, et n'enfanteraient que des impies et des incrédules.

29. Seigneur, pardonne-moi, ainsi qu'à mes enfants, aux fidèles qui entreront dans ma maison, aux hommes, aux femmes qui croient, et extermine les méchants.

CHAPITRE LXXII.

LES GÉNIES.

Donné à la Mecque. — 28 versets.

Au nom du Dieu clément et miséricordieux.

1. Dis : Il m'a été révélé que quelques GÉNIES s'étant mis à

---

[1] Quelques-uns lisent Wodd. Selon les commentateurs, ce sont des noms de quelques hommes vertueux qui auraient vécu entre Adam et Noé; le respect qu'on avait témoigné pour leur mémoire aurait ensuite dégénéré en grossière idolâtrie.

écouter *la lecture du Koran,* s'écrièrent : Nous avons entendu une lecture extraordinaire [1].

2. Elle conduit à la vérité ; nous croyons en elle, et nous n'associerons plus aucun être à notre Seigneur.

3. Notre Seigneur (que sa majesté soit élevée !) n'a ni compagne ni enfant.

4. Un d'entre nous, insensé qu'il était, a proféré des extravagances au sujet de Dieu.

5. Nous pensions que ni les hommes ni les génies n'auraient jamais proféré un mensonge sur Dieu.

6. Quelques individus d'entre les humains ont cherché leur refuge auprès de quelques individus d'entre les génies, mais cela ne fit qu'augmenter leur démence.

7. Ces hommes croyaient comme vous, ô *génies* [2], que Dieu ne ressusciterait personne.

8. Nous avons touché le ciel *dans notre essor,* mais nous l'avons trouvé rempli de gardiens forts et de dards flamboyants.

9. Nous y avons été assis sur des siéges pour écouter *ce qui s'y passait;* mais quiconque voudra écouter désormais, trouvera le dard flamboyant qui le guettera pour le frapper.

10. Nous ne savons si c'était un malheur qu'on destinait aux habitants de la terre, ou bien si le Seigneur voulait par là les diriger sur la droite voie.

11. Parmi nous, il est des génies vertueux, il en est qui ne le sont pas ; nous sommes divisés en diverses espèces.

12. Nous avons reconnu que nous ne saurions affaiblir la puissance de Dieu sur la terre, que nous ne saurions l'affaiblir par notre fuite [3].

---

[1] Peu de temps avant sa fuite de la Mecque, Mahomet, désespérant de convertir les Mecquois, s'était rendu à Taïef pour y prêcher le nouveau culte ; les habitants de Taïef le reçurent très-mal ; mais en revanche, disent les historiens musulmans, une troupe de génies qui s'y trouvait alors, ayant entendu les enseignements du Koran, y crut et propagea sa doctrine parmi d'autres génies. Nous avons déjà dit que, selon les croyances des Arabes, les génies étaient une race intermédiaire entre l'homme et les anges. Les commentaires sur ce passage, en s'appuyant sur la circonstance que Mahomet n'avait pas vu ces génies, mais que leur présence lui avait été révélée par Dieu, croient que les génies sont les âmes des hommes ; ce qui rendrait le mot *génies* synonyme d'*esprits*. Cette interprétation ne s'accorderait guère avec les autres passages du Koran et avec la croyance que les génies se reproduisent comme les autres êtres créés.

[2] Ce sont les génies convertis par le Koran qui parlent ainsi à leur race.

[3] C'est-à-dire, même en fuyant du ciel, nous sentions toute la puissance de Dieu.

13. Aussitôt que nous avons entendu le Livre de la direction (*le Koran*), nous y avons cru, et quiconque croit en Dieu ne doit craindre ni dommage ni affront.

14. Il en est parmi nous qui s'abandonnent à Dieu (qui sont *mouslimoun*, musulmans), il en est qui dévient ; — quiconque s'abandonne à Dieu poursuit la vraie route.

15. Ceux qui s'en éloignent serviront d'aliment au feu de la géhenne.

16. Que ne se maintiennent-ils sur la droite voie ? Nous les abreuverions d'eau abondante.

17. Nous les éprouverions par là [1] ; quiconque se détourne du souvenir de Dieu, Dieu lui fera subir un châtiment rigoureux.

18. Les temples sont *consacrés* à Dieu ; n'invoquez qui que ce soit à côté de Dieu.

19. Lorsque le serviteur de Dieu [2] se leva pour l'adorer, peu s'en est fallu qu'ils [3] ne l'aient étouffé, *tant ils se pressaient autour de lui.*

20. Dis-leur : J'invoque le Seigneur, et je ne lui associe *dans l'adoration* qui que ce soit.

21. Dis-leur : Je ne dispose à votre égard ni d'aucun mal ni d'aucun bien.

22. Dis-leur : Personne ne saurait me protéger contre Dieu.

23. En dehors de Dieu je ne trouverai point de refuge.

24. Je n'ai point d'autre pouvoir que celui de vous prêcher ce qui vient de Dieu, et de vous porter ses messages. Quiconque est rebelle à Dieu et à son envoyé aura le feu de la géhenne pour récompense, et y restera éternellement.

25. Ils seront pervers jusqu'à ce qu'ils aient vu de leurs yeux ce dont on les menaçait. Ils apprendront alors qui de nous est plus faible en appui et plus petit en nombre.

26. Dis-leur : J'ignore si les peines dont vous êtes menacés sont proches, ou bien si Dieu leur a assigné un terme éloigné. Dieu seul connaît les choses cachées et il ne les dévoile à personne,

27. Excepté à l'envoyé dans lequel il s'est complu [4] ; il marche devant lui et derrière lui en épiant ses pas,

---

[1] Le verset 16 et les premiers mots du 17 doivent se rapporter aux infidèles, aux Mecquois.

[2] Il s'agit ici de Mahomet.

[3] Selon les commentateurs, ce sont des génies se pressant en foule pour entendre Mahomet prier.

[4] On veut par ces mots entendre Mahomet, ce qui serait en contradiction avec beaucoup d'autres passages du Koran dans lesquels le prophète arabe avoue hu

28. Afin qu'il sache si ses envoyés ont rempli la mission de leur Seigneur.

CHAPITRE LXXIII.

L'ENVELOPPÉ [2].

Donné à la Mecque. — 20 versets.

Au nom du Dieu clément et miséricordieux.

1. O *prophète* ENVELOPPÉ de *ton* manteau !
2. Sois debout *en prière toute* la nuit, ou un peu moins
3. De la moitié, ou retranches-en un peu,
4. Ou ajoutes-y quelque chose [2], et psalmodie le Koran en psalmodiant.
5. Nous allons te révéler des paroles d'un grand poids.
6. La *dévotion* [3] à l'entrée de la nuit a plus de vigueur et elle a la parole plus ferme;
7. Car, dans la journée, tu as une longue besogne.
8. Répète le nom de ton Seigneur, et dévoue-toi à lui d'un dévouement entier;
9. A Dieu, maître du levant et du couchant. Il n'y a point d'autre dieu que lui; prends-le donc pour ton patron.
10. Supporte avec patience les discours des infidèles, et sépare-toi d'eux d'une manière convenable.
11. Laisse-moi seul *aux prises* avec les incrédules qui jouissent des biens de ce monde. Accorde-leur un peu de répit.
12. Nous avons pour eux de lourdes chaînes et un brasier ardent,
13. Un repas qui les suffoquera [3], et un supplice douloureux.

---

blement qu'il ignore les choses cachées. Le sens le plus raisonnable de ces deux versets (27 et 28) est que Dieu ne dévoile ses secrets à personne, et, quand il charge de ses ordres celui de ses ministres (ange ou prophète) qu'il lui a plu de choisir, il le suit partout pour voir s'il s'en est acquitté.

' Ce chapitre est, selon les commentateurs, un des premiers de la révélation; il suit immédiatement le chapitre du Sang coagulé (chap. XCVI).

² Dans ces trois versets, Mahomet, enveloppé dans son manteau et presque endormi, reçoit la révélation qu'il lui faut vaquer à la prière soit toute la nuit soit plus ou moins de la moitié de la nuit.

³ Le texte ne porte pas le mot *dévotion*, de sorte qu'on l'applique aussi à l'âme de l'homme, qui se trouve à l'entrée de la nuit, et a alors plus de vigueur. Pour traduire mot à mot, il faudrait dire : *plus vigoureuse d'empreinte et plus ferme en parole.*

14. Le jour où la terre sera ébranlée et les montagnes aussi, les montagnes deviendront des amas de sable dispersé.

15. Nous vous avons envoyé un apôtre chargé de témoigner contre vous, ainsi que nous en avions envoyé un auprès de Pharaon.

16. Pharaon a été rebelle à la voix de l'apôtre, et nous l'avons puni d'un châtiment terrible.

17. Si vous demeurez infidèles, comment vous garantirez-vous du jour qui des enfants fera des vieillards aux cheveux blancs [2]?

18. Le ciel se fendra de frayeur ; les promesses de Dieu seront accomplies.

19. Voilà l'avertissement : que celui qui veut s'achemine vers le Seigneur.

20. Ton Seigneur sait bien, *ô Mohammed!* que tu restes en prière, tantôt environ les deux tiers de la nuit, tantôt jusqu'à la moitié, et tantôt jusqu'à un tiers *de la nuit*, une grande partie de ceux qui te suivent le font également. C'est Dieu qui sait partager le jour et la nuit ; il sait que vous ne le comptez pas *avec exactitude*, il vous le pardonne. Lisez donc dans le Koran tout juste ce qu'il vous sera facile de lire. Dieu sait qu'il y a parmi vous des malades, qu'il y en a d'autres qui voyagent dans le pays pour se procurer des biens par la faveur de Dieu ; il sait que d'autres combattent dans le sentier de Dieu. Lisez donc du Koran ce qui vous en sera le moins pénible. Observez la prière, faites l'aumône, et faites un large prêt à Dieu. Tout bien (*bonnes œuvres*) que vous avancerez pour vous-mêmes (*dans votre intérêt*), vous le retrouverez auprès de Dieu. Cela vous vaudra mieux, cela vous vaudra une récompense plus grande. Implorez le pardon de Dieu, car il est indulgent et miséricordieux.

---

[1] Mot à mot : *une nourriture suffisante*, comme le fruit de l'arbre zakkoum et le pus.

[2] C'est une expression assez fréquente en arabe que la frayeur fait blanchir les cheveux ; *celle qui fait blanchir les cheveux* sert aussi d'épithète à la guerre.

CHAPITRE LXXIV.

COUVERT DE SON MANTEAU [1].

Donné à la Mecque. — 55 versets.

Au nom du Dieu clément et miséricordieux.

1. O toi qui es COUVERT D'UN MANTEAU !
2. Lève-toi et avertis *les hommes*.
3. Ton Seigneur, glorifie-le.
4. Tes vêtements, entretiens-les proprement.
5. Et l'abomination [2], fuis-la.
6. Ne donne pas pour amasser [3].
7. Attends avec patience ton Seigneur.
8. Lorsqu'un souffle fera sonner la trompette,
9. Ce jour-là sera un jour difficile,
10. Un jour pénible pour les infidèles.
11. Laisse-moi seul avec l'homme que j'ai créé [4].
12. Je lui ai accordé des richesses infinies,
13. Et des fils florissant sous ses yeux.
14. Je lui ai aplani tout,
15. Et le voilà qui désire que j'accroisse tous ces biens.
16. Point du tout, car il s'est endurci en présence de nos miracles.
17. Je le forcerai à gravir une montée pénible.
18. Il a médité et disposé tout *pour combattre le Koran*.

[1] Le mot *elmoddeththir*, qui sert de titre à ce chapitre, signifie à peu près la même chose que *elmozzammil* du chapitre précédent, *qui s'enveloppe de son manteau*. Ces deux chapitres sont regardés comme les premiers de la révélation. Selon la tradition, Mahomet racontait ceci : « Un jour je me trouvais à Hera et j'entendis une voix qui m'appelait ; je regardais à droite et à gauche, et je ne voyais personne ; je levai les yeux en haut et je l'aperçus sur le trône entre le ciel et la terre (c'était l'ange Gabriel) ; j'eus peur, je rentrai auprès de Khadidja (ma femme), et je lui dis : Enveloppez-moi de mon manteau. C'est alors que l'ange Gabriel descendit de nouveau et m'appela. « O toi qui es enveloppé de ton manteau. »

[2] Par l'abomination, on doit entendre le culte des idoles.

[3] Ne fais pas des dons, des largesses intéressées ou des actes de dévotion avec l'intention d'être payé par Dieu avec usure.

[4] On croit que Mahomet parle ici de Walid ben Moghaïra, personne de marque parmi les idolâtres.

19. Qu'il soit tué comme il avait tout disposé.

20. Encore une fois, qu'il soit tué comme il avait tout disposé [1].

21. Il a porté ses regards autour de lui.

22. Puis il a froncé le sourcil et pris un air sombre.

23. Il s'est détourné de la vérité, et s'est enflé d'orgueil,

24. Et il a dit : Le Koran n'est qu'une sorcellerie d'emprunt.

25. Ce n'est que la parole d'un homme.

26. — Nous le ferons chauffer au feu du sakar.

27. Qu'est-ce qui tera connaître le sakar (*le feu de l'enfer*).

28. Il ne laisse rien *qu'il ne consume*, et ne laisse rien intact, rien échapper.

29. Il brûle la chair de l'homme.

30. Au-dessus se tiennent dix-neuf *anges*.

31. Nous n'avons établi pour gardiens du feu que les anges [2]; nous n'avons énoncé leur nombre que pour en faire un sujet de tentation (*d'épreuve*) pour les infidèles [3]; un sujet de tentation (*pour les mettre à l'épreuve*), pour que les hommes des Écritures croient à la vérité du Koran, et que la foi des croyants en soit accrue,

32. Et que les hommes des Écritures et les croyants n'en doutent pas ;

33. Afin que ceux dont le cœur est atteint d'une maladie, et les infidèles, disent : Que veut dire Dieu par cette parabole ?

34. Il en est ainsi. Dieu égare ceux qu'il veut, et dirige ceux qu'il veut. Nul autre que lui ne connaît le nombre de ses armées. Ce n'est qu'un avertissement pour les hommes.

35. Oui, et j'en jure par la lune,

36. Et par la nuit quand elle se retire,

37. Et par la matinée quand elle se colore,

38. Que l'enfer est une des choses les plus graves,

39. Que c'est un avertissement pour les hommes,

40. Pour ceux d'entre vous qui marchent en avant, comme pour ceux qui restent en arrière [4].

---

[1] Ces mots sont ici des exclamations.

[2] Car les anges, étant d'une autre nature que les hommes, sont inaccessibles à tout sentiment de pitié.

[3] Ce verset et les suivants signifient : Dieu a des serviteurs, des anges innombrables ; mais ce nombre de dix-neuf n'a été énoncé que pour provoquer les incrédules au persiflage.

[4] C'est-à-dire, ceux qui croient et ceux qui ne croient pas.

41. Toute âme répond de ses œuvres ¹ ; mais les hommes de la droite

42. Entreront dans les jardins et s'interrogeront au sujet des coupables. *Ils les interrogeront aussi eux-mêmes, en disant:*

43. Qui vous a conduits dans le sakar (*l'enfer*)?

44. Ils répondront : Nous n'avons jamais fait la prière.

45. Nous n'avons jamais nourri le pauvre.

46. Nous passions notre temps à des discours frivoles avec ceux qui en débitaient.

47. Nous regardions le jour de la rétribution comme un mensonge,

48. Jusqu'au moment où nous en acquîmes la certitude.

49. L'intercession des intercesseurs ne leur servira de rien.

50. Pourquoi fuyaient-ils l'avertissement,

51. Comme des ânes épouvantés fuient devant un lion?

52. Chacun d'entre eux voudrait qu'il lui arrivât de Dieu un édit spécial.

53. Il n'en sera pas ainsi ; mais ils ne craignent pas la vie future.

54. Il n'en sera pas ainsi. Le Koran est un avertissement; quiconque veut est averti.

55. Ceux que Dieu voudra écouteront seuls ses avertissements. Dieu mérite qu'on le craigne. Il aime à pardonner.

CHAPITRE LXXV.

LA RÉSURRECTION.

Donné à la Mecque. — 40 versets.

Au nom du Dieu clément et miséricordieux.

1. Je ne jurerai point par le jour de la RÉSURRECTION ².
2. Je ne jurerai point par l'âme qui fait des reproches ³.

---

¹ Mot à mot : est un otage de ses œuvres.

² *Je ne jurerai point.* Cette expression, qui se répète plusieurs fois dans les derniers chapitres du Koran, veut dire : Ce que je dis est tellement certain, que je pourrais m'abstenir de l'affirmer par un serment.

³ Le mot *lawwam*, veut dire *qui blâme beaucoup et souvent*. Cela peut s'entendre de toute âme en général qui trouvera au jour de la résurrection sujet de s'adresser à elle-même des reproches.

3. L'homme croit-il que nous ne réunirons pas ses os ?

4. Bien plus, nous pouvons replacer exactement les extrémités de ses doigts.

5. Mais l'homme veut nier ce qui est devant lui.

6. Il demande : Quand donc viendra le jour de la résurrection ?

7. Lorsque l'œil sera ébloui,

8. Lorsque la lune s'éclipsera,

9. Lorsque le soleil et la lune seront réunis,

10. L'homme criera alors : Où trouver un refuge ?

11. Non, il n'y a pas de refuge.

12. *Ce jour-là,* la dernière retraite sera auprès de ton Seigneur.

13. On apprendra alors à l'homme les œuvres qu'il a commises et celles qu'il a omises [1].

14. L'homme sera un témoin oculaire *déposant* contre lui-même,

15. Quelques excuses qu'il présente.

16. N'agite point ta langue, *ô Mohammed ! en répétant la révélation,* en te pressant trop, *de peur que ce qui t'est révélé ne t'échappe.*

17. C'est à nous d'en réunir les parties et de la réciter *comme il convient.*

18. Quand nous te lisons *le Livre par la bouche de Gabriel,* suis la lecture avec nous.

19. C'est à nous aussi de t'en donner ensuite l'explication.

20. Ne le faites pas *dorénavant.* Mais vous, *hommes, vous* aimez *tous* la prompte *actualité (le monde d'ici-bas).*

21. Et vous laissez là l'avenir (*la vie future*).

22. Ce jour-là, il y aura des visages qui brilleront d'un vif éclat,

23. Et qui tourneront leurs regards vers leur Seigneur.

24. Il y aura ce jour-là des visages ternes,

25. Qui se douteront qu'une grande calamité va fondre sur eux.

26. Oui, sans doute. Lorsque l'âme remontera jusqu'à la gorge,

27. Quand *tout autour* on s'écriera : Qui est-ce qui peut porter remède ?

28. Quand l'homme comprendra que le moment du départ est venu,

29. Quand la cuisse s'enlacera dans la cuisse [2],

30. A ce moment-là on le fera marcher vers ton Seigneur.

31. Il ne croyait point et ne priait pas.

---

[1] Mot à mot : ce qu'il a mis en avant et ce qu'il a laissé en arrière.

[2] A cause de la frayeur qui saisira l'homme à l'approche du jugement dernier.

32. Il traitait *le Livre* de mensonge et se détournait.
33. Puis, rejoignant les siens, il marchait avec orgueil.
34. L'heure cependant arrive, elle est proche.
35. Elle est toujours plus proche, et puis encore plus proche.
36. L'homme pense-t-il qu'on le laissera libre?
37. N'était-il pas d'abord une goutte de sperme qui se répand aisément?
38. N'était-il pas ensuite un grumeau de sang, dont Dieu le forma?
39. Il en a formé un couple, l'homme et la femme.
40. Ce Dieu n'est-il pas assez puissant pour faire revivre les morts?

CHAPITRE LXXVI.

L'HOMME.

Donné à la Mecque. — 31 versets.

Au nom du Dieu clément et miséricordieux.

1. S'est-il écoulé beaucoup de temps sur *la tête de* L'HOMME sans qu'on se soit souvenu de lui [1]?
2. Nous avons créé l'homme du sperme contenant le mélange *de deux sexes :* c'était pour l'éprouver. Nous l'avons doué de vue et d'ouïe.
3. Nous l'avons dirigé sur la droite voie, dût-il être reconnaissant ou ingrat.
4. Nous avons préparé aux infidèles des chaînes, des colliers et un brasier ardent.
5. Les justes boiront des coupes remplies d'un mélange de cafour [2].
6. C'est une source à laquelle boiront les serviteurs de Dieu (ils la conduiront en rigoles *où ils voudront*),

---

[1] Les commentateurs expliquent ce passage de cette manière : Dieu avait formé l'homme d'argile, et l'a laissé dans cet état pendant quarante ans avant de lui souffler son esprit.

[2] *Cafour* veut dire en arabe *camphre*. On en met dans les boissons pour les rafraîchir. Ici *Cafour* est le nom d'une source au paradis. La construction de ce passage fait supposer qu'il y a dans le paradis des sources de camphre d'où l'on en puisera pour le mêler au vin. Ce sens est appuyé par le verset 17.

7. *Les justes* qui accomplissent leurs vœux[1], et craignent le jour dont les calamités s'étendront au loin,

8. Qui, quoique eux-mêmes soupirant après le repas, donnent de quoi manger au pauvre, à l'orphelin et au captif,

9. En disant : Nous vous donnons cette nourriture pour être agréables à Dieu, et nous ne vous en demanderons ni récompense ni actions de grâces.

10. Nous craignons de la part de Dieu un jour terrible et calamiteux.

11. Aussi Dieu les a préservés du malheur de ce jour ; il a donné de l'éclat à leurs fronts et les a comblés de joie.

12. Pour prix de leur constance, il leur a donné le paradis et des vêtements de soie,

13. Où, appuyés sur des siéges, ils n'éprouveront ni *la chaleur* du soleil, ni froid glacial.

14. Des arbres avoisinants les couvriront de leur ombrage et leurs fruits s'abaisseront pour être cueillis sans peine.

15. Pour eux on fera courir à la ronde des vases d'argent et des gobelets comme des cruches,

16. Des cruches d'argent qu'ils rempliront dans une certaine mesure.

17. Ils y seront abreuvés avec des coupes remplies d'un mélange de zendjébil,

18. D'une source qui s'y trouve, appelée Selsebil [2].

---

[1] Selon les commentateurs, les deux versets 7 et 8 s'appliquent à Ali et à sa famille. Hassan et Housseïn, fils d'Ali, étant tombés malades, Ali et Fatima sa femme firent un vœu de jeûner pendant trois jours si les enfants guérissaient. Dès le premier jour (le jeûne chez les musulmans consiste à ne manger qu'après le coucher du soleil), Ali, n'ayant pas de quoi faire du pain, emprunte de la farine à un juif, et Fatima en cuit cinq pains au four. Là-dessus se présente un pauvre qui demande à manger ; les cinq pains lui sont donnés, et la famille passe la nuit sans rien manger : le lendemain, le pain préparé est donné à un orphelin, et le troisième jour à un captif. L'ange Gabriel vint par la révélation de ce passage féliciter Mahomet de cette bonne œuvre de sa famille. C'est à cause de cet incident que nous avons traduit *quoique soupirant eux-mêmes après le repas, malgré le désir qu'ils ont d'en manger ; ala houbbihi, malgré l'amour de lui*. Les mots du texte sont *ala houbbihi, avec l'amour de lui*, ce qui peut être ici entendu de deux manières, soit *avec l'amour du pain*, c'est-à-dire *malgré l'envie qu'ils en aient étant pressés par la faim*, soit *avec l'amour de lui*, c'est-à-dire *de Dieu, à cause de Dieu, pour lui plaire*. Cette latitude dans l'interprétation vient ici de l'emploi de la préposition *ala*, qui signifie *malgré* et *avec*.

[2] Le mot *zendjébil* veut dire gingembre ; en Orient, on a l'habitude de le mâcher et de le mêler aux boissons et à la nourriture.

19. Ils seront servis à la ronde par des enfants d'une éternelle jeunesse; en les voyant, tu les prendrais pour des perles défilées.

20. Si tu voyais cela, tu verrais un séjour de délices qui est un vaste royaume.

21. Ils seront revêtus d'habits de satin vert et de brocart, et parés de bracelets d'argent. Leur Seigneur leur fera boire une boisson pure.

22. Tout cela vous sera donné à titre de récompense. Vos efforts seront reconnus.

23. Nous t'avons envoyé le Koran d'en haut.

24. Attends avec patience les arrêts de ton Seigneur, et n'obéis point aux criminels parmi eux et aux ingrats (*incrédules.*)

25. Répète le nom de Dieu au matin et au soir,

26. Et pendant la nuit aussi; adore Dieu, et célèbre son nom toute la longue nuit.

27. Ces hommes-ci aiment le présent, qui s'écoule promptement, et négligent la journée difficile *de l'autre monde.*

28. Nous les avons créés, et nous leur avons donné de la force; si nous voulions, nous pourrions les remplacer par d'autres hommes.

29. Voilà l'avertissement; que celui donc qui veut, prenne la route qui mène vers son Seigneur.

30. Mais ils ne peuvent vouloir que ce que Dieu voudra; car il est savant et sage.

31. Il embrassera de sa miséricorde ceux qu'il voudra; il a préparé aux méchants un supplice douloureux.

CHAPITRE LXXVII.

LES ENVOYÉS.

Donné à la Mecque. — 50 versets.

Au nom du Dieu clément et miséricordieux.

1. *J'en jure* par ceux qui sont ENVOYÉS l'un après l'autre [1],

---

[1] Le texte porte par les envoyés (ou envoyées). Ce mot peut donc s'appliquer à plusieurs choses. Quelques-uns entendent par là les versets du Koran envoyés

2. Par ceux qui se meuvent avec véhémence,
3. Par ceux qui dispersent,
4. Par ceux qui établissent la distinction,
5. Par ceux qui jettent la parole
6. D'excuse ou d'avertissement,
7. Ce qu'on vous promet est sur le point de venir [1],
8. Lorsque les étoiles auront été effacées,
9. Lorsque le ciel se fendra,
10. Lorsque les montagnes seront éparpillées comme la poussière,
11. Lorsque les apôtres seront assignés à un terme fixe.
12. Jusqu'à quel jour remettra-t-on le terme?
13. Jusqu'au jour de la décision.
14. Qu'est-ce qui te fera connaître le jour de la décision!
15. Malheur dans ce jour aux incrédules!
16. N'avons-nous pas exterminé des peuples d'autrefois?
17. Ne les avons-nous pas remplacés par des peuples plus récents?
18. C'est ainsi que nous traitons les coupables.
19. Malheur dans ce jour aux incrédules!
20. N'est-ce pas d'une goutte d'eau vile que nous vous avons créés,
21. Et établis dans un endroit sûr [2],
22. Jusqu'au terme fixé d'avance?
23. Nous avons pu le faire. Que nous sommes puissant!
24. Malheur dans ce jour aux incrédules!
25. N'avons-nous pas constitué la terre pour renfermer
26. Les vivants et les morts?
27. Nous y avons établi des montagnes élevées, et nous vous faisons boire de l'eau douce.
28. Malheur dans ce jour aux incrédules!
29. Allez au supplice que vous avez traité de mensonge.
30. Allez sous l'ombre qui fourche en trois colonnes [3],
31. Qui n'ombrage pas; elle ne vous servira nullement pour vous garantir des flammes;

---

du ciel se succédant continuellement, et établissant la distinction entre la vérité et le mensonge ; ces mots peuvent aussi s'appliquer aux anges porteurs des ordres de Dieu et de la révélation.

[1] Les châtiments du jour du jugement dernier.
[2] C'est-à-dire dans le ventre de vos mères.
[3] Cette ombre, c'est la fumée qui se partagera en trois colonnes.

32. Elle lancera des étincelles comme des tours,
33. Semblables à des chameaux roux,
34. Malheur dans ce jour aux incrédules!
35. Ce jour-là les coupables seront muets;
36. On ne leur permettra point d'alléguer des excuses.
37. Malheur dans ce jour aux incrédules!
38. Ce sera le jour où nous vous rassemblerons, vous et vos devanciers.
39. Si vous disposez de quelque artifice, mettez-les œuvre.
40. Malheur dans ce jour aux incrédules!
41. Les hommes pieux seront au milieu des ombrages et des sources d'eau.
42. Ils auront des fruits qu'ils aiment.
43. On leur dira: Mangez et buvez; grand bien vous fasse, pour prix de vos actions.
44. C'est ainsi que nous récompensons ceux qui ont pratiqué le bien.
45. Malheur dans ce jour aux incrédules!
46. Mangez et jouissez ici-bas quelque temps encore. Vous êtes des criminels.
47. Malheur dans ce jour aux incrédules!
48. Quand on leur dit: Fléchissez le genou, ils ne le fléchissent pas [1].
49. Malheur dans ce jour aux incrédules!
50. En quel autre livre croiront-ils ensuite?

CHAPITRE LXXVIII.

LA GRANDE NOUVELLE.

Donné à la Mecque. — 41 versets.

Au nom du Dieu clément et miséricordieux.

1. Ils s'interrogent
2. De la GRANDE NOUVELLE (*de la résurrection*)
3. Qui fait le sujet de leurs controverses.
4. Ils la sauront infailliblement;
5. Oui, ils la sauront.

[1] La génuflexion (*rik'a*) fait partie de la prière mahométane.

6. N'avons-nous pas établi la terre comme un lit,
7. Et les montagnes comme des pilotis?
8. Nous vous avons créés.
9. Nous avons établi dans votre sommeil votre repos.
10. Nous vous avons donné la nuit pour manteau.
11. Nous avons établi le jour comme moyen de vivre [1].
12. Nous avons bâti au-dessus de vos têtes sept cieux solides.
13. Nous y avons suspendu un flambeau lumineux.
14. Nous faisons descendre des nuages de l'eau en abondance,
15. Pour faire germer par elle le grain et les plantes,
16. Et des jardins plantés d'arbres.
17. Le jour de la décision est un terme fixé d'avance.
18. Un jour on sonnera la trompette, et vous viendrez en foule.
19. Le ciel s'ouvrira et présentera des portes nombreuses.
20. Les montagnes seront mises en mouvement et paraîtront comme un mirage.
21. La géhenne sera toute formée d'embûches,
22. Retraite des méchants,
23. Pour y demeurer des siècles.
24. Ils n'y goûteront ni la fraîcheur ni aucune boisson,
25. Si ce n'est l'eau bouillante et le pus,
26. Comme récompense conforme *à leurs œuvres;*
27. Car ils n'ont jamais pensé qu'il faudra régler le compte,
28. Et ils niaient nos signes, les traitant de mensonges.
29. Mais nous avons compté et inscrit tout.
30. Goûtez-*en* donc la récompense, nous n'augmenterons que vos supplices.
31. Un séjour de bonheur est réservé à ceux qui craignent *Dieu.*
32. Des jardins et des vignes,
33. Des filles au sein arrondi et d'un âge égal au leur,
34. Des coupes remplies.
35. Ils n'y entendront ni discours frivoles ni mensonges.
36. C'est une récompense de ton Seigneur (elle est suffisante),
37. Du maître des cieux et de la terre et de tout ce qui est entre eux, du Clément; mais ils ne lui adresseront pas la parole.
38. Au jour où l'esprit [2] et les anges seront rangés en ordre, personne ne parlera, si ce n'est celui à qui le Miséricordieux le permettra, et qui ne dira que ce qui est juste.

[1] C'est-à-dire que le jour est consacré aux affaires de la vie, aux occupations et aux travaux qui procurent aux hommes les moyens de subsistance.
[2] C'est-à-dire, l'ange Gabriel.

89. Ce jour est un jour infaillible; quiconque veut, prend la route *qui conduit* à son Seigneur.

40. Nous t'avons averti de la venue prochaine du supplice,

41. Au jour où l'homme verra les œuvres de ses mains, et où l'infidèle s'écriera : Plût à Dieu que je fusse poussière!

CHAPITRE LXXIX.

LES ANGES QUI ARRACHENT LES AMES.

Donné à la Mecque. — 46 versets.

Au nom du Dieu clément et miséricordieux.

1. *J'en jure* par ceux qui arrachent avec violence [1],
2. Par ceux qui retirent doucement,
3. Par ceux qui nagent *dans les airs,*
4. Par ceux qui devancent dans la course,
5. Par ceux qui conduisent les affaires de l'univers,
6. Le jour où retentira la trompette au son tremblant,
7. Que suivra un second coup,
8. Ce jour-là, les cœurs saisis d'épouvante,
9. Les regards baissés,
10. Les *incrédules* diront : Serons-nous rendus à la terre?
11. Est-ce que devenus os pourris... [2] ?
12. Dans ce cas, disent-ils, ce serait un instant de perdu [3].
13. Un seul son se fera entendre,
14. Et déjà ils seront au fond de l'enfer.
15. Connais-tu l'histoire de Moïse?
16. Lorsque Dieu lui cria du fond de la vallée de Touwa :

---

[1] Cela doit s'entendre des anges qui ôtent la vie aux hommes, tantôt avec violence comme aux méchants, et tantôt avec douceur comme aux gens vertueux.

[2] La phrase n'est pas achevée. Les infidèles qui ne croyaient pas à la résurrection avaient coutume de répondre aux prédications de Mahomet : Est-il possible que nous reprenions nos corps et nos formes quand une fois nous serons devenus os et poussière? Dans le verset 11, les infidèles sont représentés au jour du jugement, et dans leur trouble ils prononcent encore cette phrase sans la finir.

[3] C'est-à-dire, nous deviendrions à rien, nous rentrerions dans le néant, cet instant ne nous mènerait à aucun état désirable.

17. Va trouver Pharaon, il est impie,
18. Et dis lui : Veux-tu devenir juste ?
19. Je te guiderai vers Dieu; crains-le.
20. Moïse fit éclater à ses yeux un grand miracle.
21. Pharaon le traita d'imposteur, et fut rebelle.
22. Il tourna le dos et se mit à agir.
23. Il rassembla des hommes et fit proclamer ses ordres,
24. En disant : Je suis votre maître suprême.
25. Dieu lui fit subir le supplice de ce monde et de l'autre.
26. Il y a dans ceci un enseignement pour quiconque a de la crainte *de Dieu*.
27. Est-ce vous qu'il était plus difficile de créer, ou bien de bâtir le ciel ?
28. C'est Dieu qui l'a construit ; il éleva haut son sommet, et lui donna une forme parfaite.
29. Il a donné les ténèbres à sa nuit, et il fit luire son jour [1],
30. Et puis il étendit la terre.
31. Il en a fait jaillir ses eaux et germer ses pâturages.
32. Il a amarré les montagnes,
33. *Tout* pour votre jouissance et celle de vos troupeaux.
34. Et lorsque le grand bouleversement arrivera,
35. Quand l'homme aura réfléchi sur ce qu'il avait fait,
36. Quand le brasier de l'enfer se montrera à nu à quiconque voit,
37. *Alors* tout homme rebelle
38. Qui a préféré la vie d'ici-bas
39. Aura l'enfer pour demeure.
40. Mais celui qui tremblait devant la majesté du Seigneur, et maîtrisait son âme dans ses penchants,
41. Celui-là aura le paradis pour demeure.
42. Ils t'interrogeront au sujet de l'heure : Quand viendra-t-elle ?
43. Qu'en sais-tu ?
44. Son terme n'est connu que de Dieu.
45. Tu n'es chargé que d'avertir ceux qui la redoutent.
46. Le jour où ils la verront, il leur semblera qu'ils ne sont restés dans *les tombeaux* que la soirée ou la matinée de ce jour-là.

[1] Le pronom possessif qui forme partout dans le texte arabe une rime à la fin de chacun de ces versets, se rapporte au ciel, dans le verset 31 il se rapporte à la terre.

CHAPITRE LXXX.

LE FRONT SÉVÈRE.

Donné à la Mecque. — 42 versets.

Au nom du Dieu clément et miséricordieux.

1. Il (*Mohammed*) a montré un FRONT SÉVÈRE et a tourné le dos,
2. Parce qu'un aveugle s'est présenté chez lui [1].
3. Et qui t'a appris qu'il ne deviendra plus vertueux,
4. Qu'il ne réfléchira pas sur les avertissements au point qu'il en profite ?
5. Mais *quant à* l'homme riche, *qui se passe des autres,*
6. Tu t'en occupes ;
7. Et cependant tu n'en pâtiras pas, s'il n'est pas rendu plus pur [2].
8. Mais celui qui vient à toi, animé du zèle *pour la foi,*
9. Qui craint le Seigneur,
10. Tu le négliges.
11. Garde-toi d'en agir ainsi : le Koran est un avertissement.
12. Quiconque veut, le retiendra dans sa mémoire.
13. Il est écrit sur des pages honorées,
14. Sublimes, pures ;
15. Tracé par les mains des écrivains honorés et justes [3].
16. Puisse l'homme périr ! Qu'il est ingrat !
17. De quoi Dieu l'a-t-il créé ?
18. D'une goutte de sperme.
19. Il l'a créé et l'a façonné d'après certaines proportions.
20. Il lui a facilité la voie *pour le faire sortir des entrailles.*

---

[1] Un jour que Mahomet était en conversation avec quelques Koreïchites de marque qu'il voulait convertir, Abdallah Ebn Omm Maktoum, aveugle, se présenta chez lui, et voulut l'interroger sur quelque point de religion. Mahomet contrarié de cette interruption, lui fit un accueil froid et lui tourna le dos. C'est de quoi il est blâmé dans ce chapitre. Depuis, Mahomet témoigna toujours beaucoup de respect à Ebn Omm Maktoum.

[2] Tu n'es chargé que de prêcher, et si cet homme riche ne se convertit pas, tu n'en seras pas responsable.

[3] Par des anges qui le copient au ciel d'après la table du prototype.

21. Il le fait mourir et il l'ensevelit dans le tombeau;
22. Puis il le ressuscitera quand il voudra.
23. Assurément l'homme n'a pas encore accompli les commandements de Dieu.
24. Qu'il jette les yeux sur sa nourriture.
25. Nous versons l'eau par ondées;
26. Nous fendons la terre par fissures,
27. Et nous en faisons sortir le grain,
28. La vigne et le trèfle,
29. L'olivier et le palmier,
30. Les jardins aux arbres touffus,
31. Les fruits et les herbes,
32. Qui servent à vous et à vos troupeaux.
33. Lorsque le son assourdissant de la trompette retentira,
34. Le jour où l'homme fuira son frère,
35. Son père et sa mère,
36. Sa compagne et ses enfants,
37. Ce jour-là à tout homme suffira sa propre occupation [1].
38. Ce jour-là il y aura des visages brillants,
39. Riants, épanouis,
40. Et ce jour-là aussi il y aura d'autres visages poudreux couverts de poussière,
41. L'obscurité les ternira :
42. Ce sont les infidèles, les libertins.

CHAPITRE LXXXI.

LE SOLEIL PLOYÉ.

Donné à la Mecque. — 29 versets.

Au nom du Dieu clément et miséricordieux.

1. Lorsque le soleil sera ployé [2],
2. Que les étoiles tomberont,

---

[1] Il sera tellement préoccupé de son propre sort, qu'il ne songera pas à ses père et mère, etc.

[2] Le mot *kawwara* (il a ployé) s'emploie en parlant d'un turban ; il faut alors se figurer le soleil comme un disque fait de quelque matière souple ; le mot *kawwara* signifie aussi décrocher quelque objet et le jeter en bas ; ce sens serait peut-être plus naturel.

3. Que les montagnes seront mises en mouvement,
4. Que les femelles de chameaux seront abandonnées,
5. Que les bêtes sauvages seront réunies en troupes,
6. Que les mers bouillonneront,
7. Que les âmes seront accouplées [1];
8. Lorsqu'on demandera à la fille enterrée vivante [2]
9. Pour quel crime on l'a fait mourir;
10. Lorsque la feuille du Livre sera déroulée;
11. Lorsque les cieux seront mis de côté;
12. Lorsque les brasiers de l'enfer brûleront avec bruit [3];
13. Lorsque le paradis s'approchera;
14. Toute âme reconnaîtra alors l'œuvre qu'elle avait faite.
15. Je ne jurerai pas par les *étoiles* rétrogrades
16. Qui courent rapidement et se dérobent,
17. *J'en jure* par la nuit quand elle survient,
18. Par l'aurore quand elle s'épanouit,
19. Que le Koran est la parole de l'envoyé illustre [4],
20. Puissant auprès du maître du trône, ferme,
21. Obéi [5] et fidèle.
22. Votre concitoyen n'est pas un possédé.
23. Il l'a vu distinctement au sommet du ciel,
24. Et il ne soupçonne pas les mystères qui sont révélés.
25. Ce ne sont pas les paroles du démon le lapidé.
26. Où donc allez-vous? (*A quelles pensées vous abandonnez-vous?*)
27. Le Koran est un avertissement pour l'univers,
28. Pour ceux d'entre vous qui recherchent la voie droite.
29. Mais vous ne pouvez vouloir que ce que veut Dieu, le souverain de l'univers.

---

[1] Accomplies et réunies aux corps, ou bien les âmes des individus justes réunies aux beautés du paradis, et celles des réprouvés aux démons. Ces diverses interprétations sont données par les commentateurs.

[2] Les Arabes idolâtres regardaient la naissance des filles comme un malheur, et souvent s'en débarrassaient en les enterrant vivantes.

[3] Mot à mot: quand le brasier de l'enfer sera remué avec un fourgon pour mieux brûler.

[4] L'ange Gabriel.

[5] Obéi des anges placés sous ses ordres.

CHAPITRE LXXXII.

LE CIEL QUI SE FEND.

Donné à la Mecque. — 19 versets.

Au nom du Dieu clément et miséricordieux.

1. Lorsque le ciel se fendra,
2. Que les étoiles seront dispersées,
3. Que les mers confondront leurs eaux [1],
4. Que les tombeaux seront sens dessus dessous,
5. L'âme verra ses actions anciennes et récentes.
6. O homme! qu'est-ce qui t'a aveuglé pour ne pas voir ton maître généreux,
7. Ton maître qui t'a créé, qui t'a donné la perfection et la justesse dans tes formes,
8. Qui t'a façonné d'après la forme qu'il a voulu?
9. Mais vous traitez sa religion de mensonge,
10. Certes, il a des gardiens *qui vous surveillent*,
11. *Des gardiens* illustres qui écrivent *vos actions.*
12. Ils savent ce que vous faites.
13. Certes, les justes seront dans le séjour des délices,
14. Et certes, les libertins seront dans l'enfer.
15. Au jour de la rétribution, ils seront brûlés au feu.
16. Ils ne pourront s'y soustraire.
17. Qu'est-ce qui te fera connaître ce que c'est que le jour de la rétribution?
18. Encore une fois, qu'est-ce qui te fera connaître ce que c'est que le jour de la rétribution?
19. C'est le jour où une âme ne pourra rien pour une âme [2]. Ce jour-là tout sera dévolu à Dieu.

---

[1] Il faut sans doute entendre par cette confusion des mers le mélange des eaux douces avec les eaux salées qui sont, d'après le Koran, séparées jusqu'ici par une barrière.

[2] C'est-à-dire que toute âme répondra de ses propres œuvres et ne pourra pas intercéder pour une autre.

CHAPITRE LXXXIII.

LES FRAUDEURS [1].

Donné à la Mecque. — 36 versets.

Au nom du Dieu clément et miséricordieux.

1. Malheur à ceux qui faussent la mesure ou le poids,
2. Qui en achetant exigent une mesure pleine,
3. Et qui, quand ils mesurent ou pèsent aux autres, les trompent !
4. Ne savent-ils pas qu'un jour ils seront ressuscités
5. Pour le grand jour (*de la résurrection*) ?
6. Ce jour-là les hommes paraîtront devant le maître de l'univers.
7. Oui, la liste des prévaricateurs est dans le Siddjin,
8. Qu'est-ce qui te fera connaître ce que c'est que le Siddjin ?
9. C'est un livre couvert de caractères.
10. Dans ce jour, malheur à ceux qui traitent *nos signes* de mensonges,
11. Qui regardent le jour de la rétribution comme un mensonge.
12. Le transgresseur, le coupable, peuvent seuls traiter de mensonge,
13. Eux qui, lorsqu'on leur récite nos versets, disent : Ce sont des contes des anciens.
14. Non. — Mais leurs mauvaises œuvres ont jeté un voile sur leurs cœurs.
15. Assurément, ce jour-là ils seront séparés de la vue de leur Seigneur par un voile ;
16. Ensuite ils seront précipités dans l'enfer.
17. On leur dira : Voilà le châtiment que vous traitiez de mensonge.
18. Assurément, la liste des justes est dans l'Illioun [2].
19. Qu'est-ce qui te fera connaître ce que c'est que l'Illioun ?
20. C'est un livre couvert de caractères.

---

[1] Il s'agit de ceux qui fraudent ou trompent sur la mesure et sur le poids.
[2] Illioun comme Siddjin est, selon l'explication du Koran même, un livre où les actions des hommes sont inscrites. *Illioun*, selon quelques-uns, sert aussi à désigner un endroit élevé auprès du trône de Dieu, destiné au séjour des bienheureux.

21. Ceux qui approchent de l'Éternel sont témoins de ce qu'on y trace.

22. Certes, les justes seront dans le séjour des délices.

23. *Étendus* sur des siéges, ils porteront leurs regards çà et là.

24. Sur leurs fronts tu reconnaîtras l'éclat de la félicité.

25. On leur présentera à boire du vin exquis, cacheté.

26. Le cachet sera de musc. Que ceux donc qui veulent lutter à le conquérir luttent.

27. Ce vin sera mêlé avec l'eau de Tasnim.

28. C'est une fontaine où se désaltéreront ceux qui approchent de l'Éternel.

29. Les criminels se moquaient des croyants.

30. Quand ils passaient auprès d'eux ils se faisaient avec les yeux des signes d'intelligence.

31. Et lorsqu'ils retournaient au milieu de leurs familles, ils s'égayaient à leurs dépens (*aux dépens des croyants*).

32. Quand ils les voyaient, ils disaient : Ce sont des hommes égarés.

33. *Et cependant* ils n'ont pas été envoyés pour veiller sur eux.

34. Aujourd'hui les croyants riront des infidèles,

35. *Étendus* sur des siéges et portant leurs regards çà et là.

36. Les infidèles ne seront-ils pas récompensés selon leurs œuvres ?

CHAPITRE LXXXIV.

L'OUVERTURE OU LE CIEL QUI S'ENTR'OUVRE [1].

Donné à la Mecque. — 25 versets.

Au nom du Dieu clément et miséricordieux.

1. Lorsque le ciel se fendra,

2. Qu'il aura obéi au Seigneur, et se chargera d'exécuter ses ordres ;

3. Lorsque la terre sera étendue à plat,

---

[1] Le titre de ce chapitre consiste, comme celui du LXXXII, en un nom d'action formé du mot *se fendre, s'entr'ouvrir*. La traduction précédente de ce chapitre est intitulée *l'ouverture*, et c'est pour ne pas créer de confusion que nous avions conservé ce titre dans les éditions précédentes.

CHAPITRE LXXXIV.

4. Qu'elle aura rejeté *de son sein*[1] tout ce qu'elle portait et qu'elle restera déserte,

5. Qu'elle aura obéi au Seigneur, et qu'elle se chargera d'exécuter ses ordres,

6. Alors, ô toi, homme ! toi qui désirais voir ton Seigneur, tu le verras.

7. Celui à qui on donnera le livre *de ses œuvres* dans la main droite

8. Sera jugé avec douceur.

9. Il retournera joyeux à sa famille.

10. Celui à qui on donnera le livre *de ses œuvres* derrière le dos [2],

11. Invoquera la mort,

12. Pendant qu'il brûlera au feu.

13. Sur la terre il se réjouissait au sein de sa famille ;

14. Il s'imaginait qu'il ne comparaîtrait jamais devant Dieu.

15. Mais Dieu voyait tout.

16. Je ne jurerai pas par le crépuscule,

17. Par la nuit et par ce qu'elle rassemble,

18. Par la lune quand elle se complète *et est dans son plein*,

19. Vous passerez de degré en degré.

20. — Pourquoi donc ne croient-ils pas ?

21. Pourquoi, lorsqu'on leur récite le Koran, ne se prosternent-ils pas ?

22. Bien plus : les infidèles le traitent d'imposture.

23. Mais Dieu connaît leur haine secrète.

24. Annonce le châtiment terrible,

25. Excepté à ceux qui ont cru, qui pratiquent le bien ; car ils recevront une récompense parfaite [3].

---

[1] C'est-à-dire, les morts des tombeaux et les trésors qu'elle renferme.

[2] C'est-à-dire, dans la main gauche, car les infidèles auront la droite attachée au cou, et la main gauche retournée derrière le dos.

[3] Mot à mot : une récompense qui ne sera pas accompagnée de reproche, car la valeur d'un bienfait est toujours amoindrie lorsqu'on le rappelle ou reproche à celui à qui on le fait.

CHAPITRE LXXXV.

LES SIGNES CÉLESTES [1].

Donné à la Mecque. — 22 versets.

Au nom du Dieu clément et miséricordieux.

1. *J'en jure* par le ciel orné de *douze* signes *du zodiaque,*
2. Par le jour promis,
3. Par le témoin et le témoignage [2],
4. Périssent (*maudits soient*) les maîtres du fossé [3]
5. Rempli d'un feu entretenu sans cesse,
6. Quand ils étaient assis tout autour,
7. Pour être eux-mêmes témoins de ce qu'ils faisaient souffrir aux croyants.
8. Ils ne les ont tourmentés que parce que ceux-ci croyaient en Dieu puissant et glorieux,
9. En Dieu à qui appartient l'empire des cieux et de la terre, et qui est témoin de toutes les actions.
10. Ceux qui faisaient subir des tourments aux fidèles des deux sexes, qui n'ont pas fait pénitence, subiront les tourments de la géhenne, les tourments du feu.
11. Ceux qui auront cru et pratiqué le bien auront pour récompense les jardins baignés de cours d'eau. Ce sera un bonheur immense.
12. La vengeance de ton Seigneur sera terrible.
13. Il produit *tout* et fait rentrer *tout en lui.*
14. Il est indulgent et plein d'amour ;
15. Il est le possesseur du trône glorieux ;

---

[1] Le titre de ce chapitre est proprement les signes du Zodiaque, *elbouroudj,* pluriel de *bordj,* du grec *pyrgos,* tour, tourelle. Ce mot grec a donné naissance au mot *bourg.*

[2] On diffère sur le sens de ces paroles ; les uns pensent que par le témoin on doit entendre Mahomet, et par le témoignage, ou plutôt, selon la signification grammaticale du mot, la chose sur laquelle on témoigne, la foi. D'autres appliquent ces mots à d'autres gardiens, témoins des actions des hommes, et aux actions des hommes qui sont vues.

[3] L'histoire des Arabes, avant Mahomet, parle d'un roi de l'Yémen, nommé Dhou-Nowas, juif de religion, qui faisait précipiter les chrétiens dans un fossé rempli de feu, pour les contraindre à renoncer à leur foi.

16. Il fait ce qu'il lui plaît.
17. N'as-tu jamais entendu l'histoire des armées
18. De Pharaon et des Thémoudites?
19. Mais les infidèles nient tout.
20. Dieu est derrière eux ; il les cerne.
21. Ce Koran glorieux
22. Est écrit sur une table gardée *avec soin.*

CHAPITRE LXXXVI.

L'ÉTOILE NOCTURNE.

Donné à la Mecque. — 17 versets.

Au nom du Dieu clément et miséricordieux.

1. *J'en jure* par le ciel et par L'ÉTOILE NOCTURNE,
2. Qui te fera connaître ce que c'est que l'étoile nocturne?
3. C'est l'étoile qui lance des dards.
4. Toute âme a un gardien qui la surveille.
5. Que l'homme considère de quoi il a été créé :
6. D'une goutte d'eau répandue,
7. Sortie des reins et des os de la poitrine[1].
8. Certainement Dieu peut le ressusciter,
9. Le jour où tout ce qui est caché sera dévoilé,
10. Et où il n'y aura ni puissance ni appui, *excepté en Dieu.*
11. *J'en jure* par le ciel qui accomplit ses révolutions,
12. Par la terre qui se fend *pour faire germer les plantes,*
13. En vérité, *le Koran* est une parole qui décide ;
14. Ce n'est point un discours frivole.
15. Ils mettent en œuvre leurs stratagèmes,
16. Et moi je mettrai en œuvre les miens.
17. Accorde un délai aux infidèles ; laisse-les en repos pour quelques instants.

[1] Les os de la poitrine de la femme qui reçoit la fécondation.

CHAPITRE LXXXVII.

LE TRÈS-HAUT.

Donné à la Mecque. — 19 versets.

Au nom du Dieu clément et miséricordieux.

1. Célèbre le nom de ton Seigneur le TRÈS-HAUT
2. Qui a créé *tout* et établi l'équilibre *en tout,*
3. Qui a fixé les destinées de tout et qui dirige *tout vers un but,*
4. Qui fait germer l'herbe des pâturages,
5. Et la réduit en foin desséché.
6. Nous t'enseignerons à lire le Koran, et tu n'en oublieras rien,
7. Excepté ce qu'il plaira à Dieu; car il connaît ce qui paraît au grand jour et ce qui est caché.
8. Nous te rendrons nos voies faciles.
9. Avertis, car tes avertissements sont salutaires.
10. Quiconque craint Dieu y réfléchira.
11. Le réprouvé seul s'en éloignera,
12. Celui qui sera exposé au feu terrible;
13. Il n'y mourra pas, et il n'y vivra pas.
14. Heureux celui qui se conserve pur,
15. Qui répète le nom de Dieu et prie.
16. Mais vous préférez la vie de ce monde;
17. Et cependant la vie future vaut mieux et est plus durable.
18. Cela se trouve dans les livres anciens,
19. Dans les livres d'Abraham et de Moïse.

CHAPITRE LXXXVIII.

LE JOUR QUI ENVELOPPE [1].

Donné à la Mecque. — 26 versets.

Au nom du Dieu clément et miséricordieux.

1. N'as-tu jamais entendu parler du jour qui enveloppera tout,
2. Du jour où des visages seront baissés,

---

[1] Le titre de cette sourate est *Elghachiïè*; ce mot, en tant que participe, se

3. Travaillant et accablés de fatigue,
4. Brûlés au feu ardent,
5. Abreuvés à une source ?
6. Ils n'auront pas d'autre nourriture que le fruit de *Dari*¹,
7. Qui ne leur donnera pas d'embonpoint, et n'apaisera pas leur faim.
8. Ce jour-là d'autres visages seront joyeux ;
9. Satisfaits de leurs labeurs *d'autrefois,*
10. Ils séjourneront dans un jardin sublime,
11. Où l'on n'entendra aucun discours frivole.
12. On y trouvera des sources d'eaux courantes,
13. Des siéges élevés *au-dessus du sol,*
14. Des coupes préparées,
15. Des coussins disposés par rangées,
16. Des tapis étendus.
17. N'ont-ils pas jeté les yeux sur le chameau, comme il a été créé ;
18. Sur le ciel, comme il a été élevé ;
19. Et sur les montagnes, comme elles ont été plantées dans la terre ;
20. Et sur la terre, comme elle a été étendue ?
21. Avertis les hommes, car tu n'es qu'un avertisseur ;
22. Tu n'as pas le pouvoir absolu sur eux ;
23. Mais quiconque tourne le dos et ne croit pas,
24. Dieu lui fera subir le grand châtiment.
25. C'est à moi qu'ils retourneront.
26. Et puis, c'est moi qui me charge de leur compte.

CHAPITRE LXXXIX.

LE POINT DU JOUR.

Donné à la Mecque. — 30 versets.

Au nom du Dieu clément et miséricordieux.

1. *J'en jure* par LE POINT DU JOUR et les dix nuits ²,

dit de tout ce qui couvre ou enveloppe ; il se dit de la couverture des chevaux. Ici il se dit du jour de la résurrection qui enveloppera tout le genre humain.

¹ *Dari* est un arbrisseau épineux qui porte un fruit d'un goût très-âcre. Ce mot veut dire aussi, en général, les chardons et les épines.

² Il s'agit ici des dix nuits sacrées du mois de *dhoulhiddja*.

2. Par ce qui est double et ce qui est simple,
3. Par la nuit quand elle poursuit sa course,
4. N'est-ce pas là un serment qui sied à un homme sensé ?
5. Ne vois-tu pas à quoi Dieu a réduit le peuple d'Ad,
6. Qui habitait Irem aux grandes colonnes [1];
7. *Ville* dont il n'existait pas de pareille dans aucun pays ?
8. A quoi il a réduit les Thémoudites qui taillaient leurs maisons en roc dans la vallée [2],
9. Et Pharaon, inventeur du supplice des pieux [3] ?
10. Tous ils opprimaient la terre,
11. Et y propageaient le mal.
12. Dieu leur infligea à tous le fouet du châtiment,
13. Car ton Seigneur est sans cesse en observation.
14. Quand, pour éprouver l'homme, Dieu le comble de bienfaits,
15. L'homme dit : Le Seigneur m'a témoigné des égards.
16. Mais que Dieu, pour l'éprouver, lui mesure ses dons,
17. L'homme s'écrie : Le Seigneur m'a fait un affront !
18. Point du tout; mais vous n'avez aucun égard pour l'orphelin?
19. Vous ne vous excitez pas mutuellement à nourrir le pauvre.
20. Vous dévorez l'héritage *des autres* avec une avidité aveugle [4],
21. Et vous aimez les richesses d'un amour sans bornes.
22. Oui, lorsque la terre sera réduite en menues parcelles;
23. Lorsque ton Seigneur viendra, et que les anges formeront les rangs ;
24. Lorsqu'on avancera la géhenne *qui doit engloutir les criminels* [5]; oh! alors l'homme réfléchira; mais à quoi lui servira alors de réfléchir?

[1] Un des rois de ce peuple, nommé Cheddad, ayant entendu parler du paradis et de ses délices, imagina de construire dans ses États des palais, et de faire des jardins qui, par leur magnificence et leur beauté, donneraient une idée du paradis. Les écrivains orientaux, les poëtes surtout, comparent souvent des sites charmants et de beaux palais aux jardins d'Irem. Ces jardins et ces édifices ont été détruits, dit-on, par un cri parti du ciel, en punition des crimes des peuples de ce pays-là.

[2] C'est la vallée nommée Wadi'lkora, située à une journée de distance d'Elhedjr.

[3] Le texte porte : Et Pharaon maître des pieux ; ce qui, selon les commentateurs, peut signifier qui faisait infliger aux croyants de son temps le supplice des pieux, c'est-à-dire de l'empalement, ou bien maître d'une suite nombreuse, par conséquent ayant besoin de beaucoup de pieux pour dresser les tentes. Voy. XXXVIII, 11.

[4] C'est-à-dire, sans vous soucier de savoir si l'acquisition est licite ou illicite.

[5] La traduction ne reproduit que très-imparfaitement la terrible image ren-

25. Il s'écrira : Plût à Dieu que j'eusse fait le bien durant ma vie ! Ce jour-là, nul ne saurait punir *comme Dieu.*

26. Nul ne saurait charger de chaînes *comme Dieu.*

27. *Et quant à toi,* ô âme *du fidèle !* rassurée *sur ton sort,*

28. Retourne auprès de Dieu, satisfaite de *ta récompense,* et agréable à Dieu ;

29. Entre au nombre de mes serviteurs ;

30. Entre dans mon paradis.

CHAPITRE XC.

LE PAYS.

Donné à la Mecque. — 20 versets.

Au nom du Dieu clément et miséricordieux.

1. Je ne jurerai pas par ce PAYS-ci,
2. Le territoire que tu es venu habiter ;
3. Ni par le père, ni par l'enfant.
4. Nous avons créé l'homme dans la misère.
5. S'imagine-t-il que nul n'est plus fort que lui [1] ?
6. Il s'écrie : J'ai dépensé d'énormes sommes !
7. Pense-t-il que personne ne le voit ?
8. Ne lui avons-nous pas donné deux yeux,
9. Une langue et deux lèvres ?
10. Ne l'avons-nous pas conduit sur les deux grandes routes (*du bien et du mal*) ?
11. Et cependant il n'a pas encore descendu la pente [2].
12. Qu'est-ce qui peut apprendre ce que c'est que la pente ?
13. C'est de racheter les captifs,
14. De nourrir, aux jours de la disette,
15. L'orphelin qui est notre proche,

fermée dans l'expression très-concise du texte ; pour la rendre plus sensible, nous nous permettrons de comparer la géhenne qui apparaît au milieu de l'épouvantable cataclysme de l'univers, à une immense locomotive que l'on fait avancer avec fracas sur des rails, et qui ouvre ses flancs vomissant le feu.

[1] Les uns croient que dans ce passage il est fait allusion à Walid ben el-Moghaïra, un des plus terribles adversaires de Mahomet ; d'autres, que ce passage concerne un certain Aboul-Achadd ebn el-Kalda, doué d'une force herculéenne.

[2] Le mot arabe est *akaba*, colline, côte que l'on monte et que l'on descend.

16. Ou le pauvre qui est plongé dans le dénûment,

17. Et qui en outre est du nombre de ceux qui croient et se recommandent mutuellement la patience, qui se recommandent la compassion.

18. Tous ceux-là seront les hommes de la droite *au jour du jugement dernier.*

19. Ceux qui ne croiront pas à nos signes seront les hommes de la gauche ;

20. Au-dessus d'eux s'étendra le feu.

CHAPITRE XCI.

LE SOLEIL.

Donné à la Mecque. — 15 versets.

Au nom du Dieu clément et miséricordieux.

1. *J'en jure* par le SOLEIL et sa clarté,
2. Par la lune, quand elle le suit de près,
3. Par le jour, quand il le laisse voir dans tout son éclat,
4. Par la nuit, quand elle le voile,
5. Par le ciel, et par celui qui l'a bâti,
6. Par la terre et celui qui l'a étendue *comme un tapis,*
7. Par l'âme et celui qui l'a formée,
8. Et qui lui a inspiré sa méchanceté et sa piété ;
9. Celui qui la conserve pure sera heureux ;
10. Celui qui la corrompt sera perdu.
11. Thémoud, *égaré* par son esprit de rébellion, a traité de mensonge *la mission de Saleh.*
12. Lorsque les plus factieux accoururent *pour tuer la chamelle,*
13. L'apôtre de Dieu *Saleh* leur dit : C'est la chamelle de Dieu, laissez-la boire.
14. Ils le traitèrent d'imposteur et tuèrent la chamelle. Le Seigneur les châtia de leur crime, et étendit son châtiment sur tous [a] ;
15. Et il n'en redoute point les suites.

[a] Personne n'échappa au châtiment.

CHAPITRE XCII.

LA NUIT.

Donné à la Mecque. — 21 versets.

Au nom du Dieu clément et miséricordieux.

1. *J'en jure* par la NUIT, quand elle étend son voile,
2. Par le jour, quand il brille de tout son éclat,
3. Par celui qui a créé le mâle et la femelle,
4. Vos efforts ont des fins différentes.
5. Mais celui qui donne et qui craint,
6. Qui ajoute foi à la belle *parole de la révélation,*
7. A celui-là nous rendrons facile la route du bonheur.
8. Mais celui qui est avare de ses biens et dédaigne *tout le reste,*
9. Qui regarde comme un mensonge la belle *parole de la révélation,*
10. A celui-là nous rendrons pénible la route qui conduit à l'adversité.
11. Ses richesses ne lui serviront de rien, lorsqu'il périra misérablement *dans la fosse* de l'enfer?
12. C'est nous qui nous chargeons de diriger *les hommes.*
13. A nous appartiennent la vie future et la vie d'ici-bas.
14. Je vous ai déjà avertis du feu qui flamboie.
15. Il n'y sera jeté que le misérable,
16. Qui traite de mensonge la révélation et tourne le dos.
17. L'homme pieux y échappera,
18. Celui qui dépense ses richesses pour se rendre plus pur,
19. Et non pas pour qu'un bienfait de sa part lui soit rémunéré,
20. Mais par le seul désir d'obtenir des regards du Dieu sublime;
21. Et assurément il sera satisfait.

CHAPITRE XCIII.

LA MATINÉE.

Donné à la Mecque. — 11 versets.

Au nom du Dieu clément et miséricordieux.

1. *J'en jure* par la MATINÉE [1],
2. Par la nuit, quand ses ténèbres s'épaississent,
3. Ton Seigneur ne t'a point oublié, il ne t'a pas pris en haine [2].
4. La vie future vaut mieux pour toi que la vie présente.
5. Dieu t'accordera des biens et tu seras satisfait.
6. N'étais-tu pas orphelin, et ne t'a-t-il pas accueilli?
7. Il t'a trouvé égaré, et il t'a guidé.
8. Il t'a trouvé pauvre, et il t'a enrichi.
9. N'use point de violence envers l'orphelin.
10. Garde-toi de repousser le mendiant.
11. Raconte plutôt les bienfaits de ton Seigneur.

CHAPITRE XCIV.

N'AVONS-NOUS PAS OUVERT ?

Donné à la Mecque. — 8 versets.

Au nom du Dieu clément et miséricordieux.

1. N'AVONS-NOUS PAS OUVERT ton cœur [3],
2. Et ôté le fardeau

---

[1] Le mot du texte signifie soit le jour en général, soit cette heure de l'avant-midi où le soleil est déjà assez élevé au-dessus de l'horizon.

[2] Ce verset, dit-on, fut révélé à Mahomet quand il se plaignit à Dieu d'une longue interruption dans les révélations célestes, pendant que les idolâtres le pressaient de questions et interprétaient son silence en sa défaveur.

[3] Les versets 1, 2, 3, renferment une allusion à une légende sur la vie de Mahomet, si toutefois ils ne lui ont pas donné naissance. D'après cette légende, Mahomet, étant encore avec sa nourrice, fut abordé par deux inconnus qui, l'ayant couché par terre, lui ouvrirent le cœur, le lavèrent et en retirèrent une tache noire. Ces deux inconnus étaient deux anges, et la tache noire était le péché originel dont ils délivrèrent le cœur de Mahomet.

3. Qui accablait tes épaules?
4. N'avons-nous pas élevé haut ton nom?
5. Mais à côté de l'adversité est le bonheur;
6. Certes, à côté de l'adversité est le bonheur.
7. Quand tu auras achevé l'œuvre, prends de la peine [1],
8. Et recherche-le avec ferveur.

CHAPITRE XCV.

LE FIGUIER.

Donné à la Mecque. — 8 versets.

Au nom du Dieu clément et miséricordieux.

1. *J'en jure* par le FIGUIER et par l'olivier,
2. Par le mont Sinaï,
3. Par ce territoire sacré *de la Mecque,*
4. Nous avons créé l'homme de la plus belle façon [2];
5. Puis nous le précipiterons vers le plus bas degré de l'échelle,
6. Excepté ceux qui auront cru et fait le bien; car ceux-là auront une récompense parfaite.
7. Qu'est-ce qui peut te faire dorénavant traiter la vraie religion de mensonge?
8. Dieu n'est-il pas le meilleur des juges?

CHAPITRE XCVI.

LE SANG COAGULÉ [3].

Donné à la Mecque. — 19 versets.

Au nom du Dieu clément et miséricordieux.

1. Lis, au nom de ton Seigneur qui a créé *tout,*

---

[1] Quand tu auras fini d'appeler les autres à la prière, mets-toi toi-même à prier Dieu.

[2] C'est-à-dire, d'une taille droite, au visage beau et réunissant les avantages de tous les êtres créés; c'est un microcosme.

[3] On croit que ce chapitre a été révélé le premier à Mahomet, quand il était sur la montagne Harra, solitaire et plongé dans la méditation.

2. Qui a créé l'homme de SANG COAGULÉ¹.
3. Lis, car ton Seigneur est le plus généreux.
4. C'est lui qui a appris (à l'homme) à se servir de la plume (de kalem);
5. Il a appris à l'homme ce que l'homme ne savait pas.
6. Oui. — Mais l'homme devient rebelle
7. Aussitôt qu'il se voit riche².
8. Tout doit retourner à Dieu.
9. Que penses-tu de celui qui empêche
10. Le serviteur de prier Dieu?
11. Que t'en semble, s'il suivait plutôt la droite voie,
12. Et recommandait la piété?
13. Que t'en semble, si l'homme traite la vérité de mensonge et tourne le dos?
14. Ignore-t-il que Dieu le voit?
15. Oui, et, s'il ne cesse, nous le saisirons par les cheveux de son front,
16. De son front menteur et coupable.
17. Qu'il rassemble son conseil,
18. Et nous rassemblerons nos gardiens.
19. Ne lui obéis pas; mais adore Dieu et cherche à t'approcher de lui.

CHAPITRE XCVII.

ALKADR ³.

Donné à la Mecque. — 5 versets.

Au nom du Dieu clément et miséricordieux.

1. Nous avons fait descendre le Koran dans la nuit d'ALKADR ⁴.
2. Qui te fera connaître ce que c'est que la nuit d'Alkadr?

---

¹ Voy. XXII, 5.
² Les versets 6 et 7, qui peuvent, dans le premier chapitre révélé, s'appliquer à l'homme en général, sont rapportés par les commentateurs à un certain Abou Djahl, ennemi acharné de Mahomet, et qui avait dit que s'il voyait Mahomet faire sa prière et se prosterner, il lui mettrait le pied sur la nuque.
³ C'est-à-dire arrêts immuables.
⁴ Kadr signifie arrêts immuables. On peut comparer ce passage avec les versets 2 et 3 du chapitre XLIV. C'est dans la nuit d'Alkadr, qu'on croit être celle du

3. La nuit d'Alkadr vaut plus que mille mois.

4. Dans cette nuit les anges et l'esprit descendent dans le monde avec la permission de Dieu, pour régler toutes choses [1].

5. La paix accompagne cette nuit jusqu'au lever de l'aurore.

CHAPITRE XCVIII.

LE SIGNE ÉVIDENT [2].

Donné à la Mecque. — 8 versets.

Au nom du Dieu clément et miséricordieux.

1. Les infidèles, parmi ceux qui ont reçu les Écritures, ainsi que les idolâtres, n'ont fait scission [3] que lorsqu'eut apparu le SIGNE ÉVIDENT *de la bonté de Dieu,*

2. Un envoyé venant de la part de Dieu, et qui leur lit des pages renfermant les Écritures vraies.

3. Ceux qui ont reçu les Écritures ne se sont divisés en sectes que lorsque le signe évident leur fut offert.

4. Que leur commande-t-on, si ce n'est d'adorer Dieu d'un culte sincère, d'être dévoués à Dieu, d'observer la prière, de faire l'aumône? C'est la religion vraie.

5. Les infidèles, parmi ceux qui ont reçu les Écritures, et les idolâtres, resteront éternellement dans le feu de la géhenne. Ils sont les plus méchants de tous les êtres créés.

6. Ceux qui croient et pratiquent le bien sont les meilleurs de tous les êtres créés.

7. Leur récompense auprès de Dieu, ce sont les jardins d'Éden [4] baignés de courants d'eau, et ils y demeureront éternellement.

8. Dieu sera satisfait d'eux, et eux seront satisfaits de lui. Voilà ce qui est réservé à celui qui craint le Seigneur.

---

23 ou du 24 du mois de ramadhan, que le Koran a été révélé en entier à Mahomet. Dans cette nuit les affaires de l'univers sont fixées et résolues pour toute l'année.

[1] Voy. le chap. LXX, 4, note.

[2] Ce chapitre porte aussi en arabe le titre *Lam yahoun* des premiers mots du premier verset de ce chapitre.

[3] Car, disent les commentateurs, avant la venue de Mahomet, tous attendaient un prophète et se promettaient de croire à sa mission.

[4] Voy. chap. IX, vers. 73, note.

CHAPITRE XCIX.

LE TREMBLEMENT DE TERRE.

Donné à la Mecque. — 8 versets.

Au nom du Dieu clément et miséricordieux.

1. Lorsque la terre tremblera, de ce TREMBLEMENT qui lui est réservé [1],
2. Lorsqu'elle secouera sa charge [2],
3. L'homme demandera : Qu'a-t-elle ?
4. Alors elle contera sa chance [3],
5. D'après ce que ton Seigneur lui révélera.
6. Dans ce jour, les hommes s'avanceront par troupes pour voir leurs œuvres.
7. Celui qui aura fait le bien du poids d'un atome le verra,
8. Et celui qui aura commis le mal du poids d'un atome le verra aussi.

CHAPITRE C.

LES COURSIERS.

Donné à la Mecque. — 11 versets.

Au nom du Dieu clément et miséricordieux.

1. *J'en jure* par les COURSIERS haletants,
2. Par les coursiers qui font jaillir le feu sous les coups *de leurs fers*;
3. Par ceux qui attaquent les ennemis au matin,
4. Qui font voler la poussière sous leurs pas,
5. Qui se frayent le chemin à travers les colonnes ennemies ;
6. En vérité, l'homme est ingrat envers son Seigneur.
7. Et certes il le voit lui-même.
8. Il est ardent dans son amour des biens de ce monde.

---

[1] Au premier ou au second coup de trompette.
[2] Lorsqu'elle aura vomi les morts qui reposent dans ses entrailles, c'est-à-dire dans les tombeaux.
[3] Elle racontera toute son histoire et pourquoi elle tremble.

9. Ignore-t-il, lorsque ce qui est dans les tombeaux sera bouleversé [1],

10. Lorsque les secrets du cœur paraîtront au grand jour,

11. Que Dieu sera instruit alors de ses actions?

CHAPITRE CI.

LE COUP.

Donné à la Mecque. — 8 versets.

Au nom du Dieu clément et miséricordieux.

1. LE COUP. Qu'est-ce que le coup [2]?
2. Qui est-ce qui t'apprendra ce que c'est que le coup?
3. Le jour où les hommes seront dispersés comme des papillons,
4. Où les montagnes voleront comme des flocons de laine teinte,
5. Celui dont les œuvres pèseront lourdement dans la balance aura une vie agréable.
6. Celui dont les œuvres seront légères aura pour demeure la fosse (*El-hawiye*).
7. Qui est-ce qui peut t'apprendre ce que c'est que cette fosse?
8. C'est le feu ardent.

CHAPITRE CII.

LE DÉSIR DE S'ENRICHIR.

Donné à la Mecque. — 8 versets.

Au nom du Dieu clément et miséricordieux

1. Le désir d'augmenter vos richesses vous préoccupe
2. Jusqu'au moment où vous descendez dans la tombe ;
3. Certes vous apprendrez,

---

[1] C'est-à-dire, lorsque les morts, à l'approche du jugement dernier, seront remués, secoués et sortiront des tombeaux.

[2] Le coup, le grand coup qui sera frappé c'est le jour du jugement dernier.

4. Encore une fois, vous apprendrez *ce qui en est.*
5. Ah! si vous le saviez de science certaine!
6. Vous verrez *alors* l'enfer;
7. Vous le verrez avec la plus parfaite certitude :
8. Alors vous serez interrogés au sujet des plaisirs *de ce monde.*

CHAPITRE CIII.

L'HEURE DE L'APRÈS-MIDI.

Donné à la Mecque. — 3 versets.

Au nom du Dieu clément et miséricordieux.

1. *J'en jure* par l'heure de l'APRÈS-MIDI,
2. L'homme travaille à sa perte.
3. Tu en excepteras ceux qui croient et pratiquent les bonnes œuvres, qui se recommandent mutuellement la vérité et la patience.

CHAPITRE CIV.

LE DIFFAMATEUR.

Donné à la Mecque. — 9 versets.

Au nom du Dieu clément et miséricordieux.

1. Malheur à tout DIFFAMATEUR médisant,
2. Qui ramasse des richesses et les garde pour l'avenir!
3. Il s'imagine que ses trésors le feront vivre éternellement.
4. Assurément il sera précipité dans *Al-hotama*[1].
5. Qui est-ce qui t'aprendra ce que c'est qu'*Al-hotama!*
6. C'est le feu de Dieu, le feu allumé
7. Qui envahira les cœurs *des réprouvés.*
8. Il les entourera comme une voûte
9. *Qui repose* étendue sur des colonnes.

[1] *Al-hotama* est un des noms de l'enfer, et spécialement de l'un des lieux où tout ce qui y sera jeté sera brisé en morceaux et réduit en fétus.

CHAPITRE CV.

L'ÉLÉPHANT.

Donné à la Mecque. — 5 versets.

Au nom du Dieu clément et miséricordieux.

1. As-tu vu comment le Seigneur a traité les hommes à L'É-LÉPHANT [1] ?
2. N'a-t-il pas dérouté leurs stratagèmes ?
3. N'a-t-il pas envoyé contre eux les oiseaux ababils,
4. Qui leur lançaient des pierres portant des marques imprimées au ciel.
5. Il en a fait *comme* de la balle dont le grain a été mangé.

CHAPITRE CVI.

LES KOREÏCHITES.

Donné à la Mecque. — 4 versets.

Au nom du Dieu clément et miséricordieux.

1. A l'union des KOREICHITES ;
2. A leur union, pour envoyer des caravanes pendant l'hiver et l'été !

---

[1] Dans l'année même de la naissance de Mahomet, Abraha, prince de race éthiopienne, régnant en Arabie, entreprit une expédition contre la Mecque, dans le but de démolir le fameux temple de la Caaba, et de faire refluer les peuples qui s'y portaient, vers Sanaa, capitale de son royaume. Selon les traditions du pays, conservées religieusement par les Arabes et sanctionnées par ce chapitre, Abraha perdit toute son armée attaquée par des oiseaux *ababils* qui lançaient des traits mortels contre les envahisseurs. L'éléphant blanc que montait Abraha s'agenouilla en signe d'adoration quand on arriva en vue de la Mecque. Abraha reçut le nom de maître de l'Éléphant ou d'homme à l'Éléphant, son armée celui d'hommes à l'Éléphant, et l'année de l'expédition, celui de l'année de l'Éléphant. Sprengel (*Hist. de la médec.*) a conjecturé que les oiseaux ababils, si funestes à l'armée d'Abraha, n'étaient autre chose que les pustules et la petite vérole. M. de Hammer (*Gemaldesaal*, I, 24) cite, à l'appui de cette conjecture, un des biographes de Mahomet, d'après lequel la petite vérole se serait montrée en Arabie pour la première fois, dans l'année même de l'Éléphant.

3. Qu'ils servent le Dieu de ce temple, le Dieu qui les a nourris et préservés de la famine,

4. Et qui les a délivrés des alarmes.

CHAPITRE CVII.

L'AUMÔNE [1].

Donné à la Mecque. — 7 versets.

Au nom du Dieu clément et miséricordieux.

1. Que penses-tu de celui qui traite cette religion de mensonge?
2. C'est celui qui repousse l'orphelin,
3. Qui ne stimule pas les autres à nourrir le pauvre.
4. Malheur à ceux qui font la prière,
5. Et la font négligemment;
6. Qui la font par ostentation,
7. Et refusent d'acquitter L'AUMONE *nécessaire à ceux qui en ont besoin!*

CHAPITRE CVIII.

LE KAUTHER.

Donné à la Mecque. — 3 versets

Au nom du Dieu clément et miséricordieux.

1. Nous t'avons donné le KAUTHER [2].
2. Adresse ta prière au Seigneur, et immole-lui des victimes.
3. Celui qui te hait périra sans laisser même une trace de lui [3].

---

[1] Quelques-uns traduisent le mot *ma'oun* du texte par ustensiles, choses nécessaires; les commentaires le rendent par *zekat*, dîme, aumône légale. Ce chapitre est aussi intitulé *El din*, la religion.

[2] Kauther est le nom d'un fleuve ou d'un bassin du paradis.

[3] Le mot du texte signifie : un animal qui a la queue coupée ou un homme qui ne laisse après lui ni enfants, ni même le souvenir de son nom.

CHAPITRE CIX.

LES INFIDÈLES.

Donné à la Mecque. — 6 versets.

Au nom du Dieu clément et miséricordieux.

1. Dis : O INFIDÈLES !
2. Je n'adorerai point ce que vous adorez.
3. Vous n'adorerez pas ce que j'adore.
4. Je n'adore pas ce que vous adorez.
5. Vous n'adorez pas ce que j'adore.
6. Vous avez votre religion, et moi j'ai la mienne.

CHAPITRE CX.

L'ASSISTANCE.

Donné à la Mecque. — 3 versets.

Au nom du Dieu clément et miséricordieux.

1. Lorsque L'ASSISTANCE de Dieu et la victoire nous arrivent,
2. Et que tu vois des hommes entrer par légions dans le sein de la religion de Dieu,
3. Chante les louanges de ton Seigneur et implore son pardon, et certes il aime à pardonner.

CHAPITRE CXI.

ABOU-LAHAB [1].

Donné à la Mecque. — 5 versets.

Au nom du Dieu clément et miséricordieux.

1. Que les deux mains d'ABOU-LAHAB périssent, et qu'il périsse lui-même [2] !

---

[1] Ce chapitre est proprement intitulé *Tabbat* (périsse), du premier mot du premier verset.

[2] Abou-Lahab était oncle de Mahomet et, en même temps un de ses ennemis les plus acharnés. Les commentateurs font observer que par les mots *les deux mains*, on doit entendre *les biens, la fortune*.

2. Ses richesses et ses œuvres ne lui serviront de rien.
3. Il sera brûlé au feu flamboyant,
4. Ainsi que sa femme, porteuse de bois [1].
5. A son cou sera attachée une corde de filaments de palmier.

CHAPITRE CXII.

L'UNITÉ DE DIEU [2].

Donné à la Mecque. — 4 versets.

Au nom du Dieu clément et miséricordieux.

1. Dis : Dieu est un.
2. C'est le Dieu à qui tous les êtres s'adressent dans leurs besoins.
3. Il n'a point enfanté, et n'a point été enfanté.
4. Il n'a point d'égal en qui que ce soit.

CHAPITRE CXIII [3].

L'AUBE DU JOUR.

Donné à la Mecque. — 5 versets.

Au nom du Dieu clément et miséricordieux.

1. Dis : Je cherche un refuge auprès du Seigneur de L'AUBE DU JOUR,

---

[1] La femme d'Abou-Lahab, nommée Omm Djemil, excitait son mari contre Mahomet ; on dit même qu'elle jetait des épines sur le chemin où Mahomet devait passer : c'est pourquoi il l'appelle *porteuse de bois*. Elle descendra dans l'enfer chargée d'une ramée.

[2] Ou plus exactement : *la reconnaissance du dogme de l'unité de Dieu*.

[3] Ce chapitre et celui qui le suit sont appelés *elmouauwwidhetani*, c'est-à-dire les deux chapitres préservatifs, parce qu'ils commencent par les mots : *Je cherche un préservatif, je me réfugie*, et parce qu'à cause de cela on les porte sur soi en guise d'amulettes. Le chap. CXIII est destiné à prémunir contre les malheurs qui peuvent atteindre le corps, et le chap. CXIV contre les dangers qui menacent l'âme.

2. Contre la méchanceté des êtres qu'il a créés [1],
3. Contre le mal de la nuit sombre quand elle nous surprend [2],
4. Contre la méchanceté de celles qui soufflent sur les nœuds [3],
5. Contre le mal [4] de l'envieux qui nous porte envie.

CHAPITRE CXIV.

LES HOMMES.

Donné à la Mecque. — 6 versets.

Au nom du Dieu clément et miséricordieux.

1. Dis : Je cherche un refuge auprès du Seigneur des HOMMES,
2. Roi des hommes,
3. Dieu des hommes ;
4. Contre la méchanceté de celui qui suggère les mauvaises pensées et se dérobe,
5. Qui souffle le mal dans les cœurs des hommes ;
6. Contre les génies et contre les hommes [5].

[1] Contre toute espèce d'êtres que Dieu a créés et qui peuvent faire du mal à l'homme.

[2] Une nuit très-sombre est ordinairement grosse de malheurs, de crimes, d'incursions.

[3] Quelques commentateurs croient que par *celles qui soufflent dans les nœuds*, on doit entendre les femmes en général qui par leurs ruses déconcertent les plans et les résolutions des hommes, tout comme on défait du fil embrouillé en y soufflant. D'autres prétendent qu'il s'agit ici de ces sorcières juives qui faisaient des nœuds et soufflaient sur eux pour ensorceler quelqu'un. Mahomet a été dit-on ensorcelé ainsi par un juif qui avait fait onze nœuds sur un fil qu'il suspendit dans un puits ; l'ange Gabriel révéla alors à Mahomet et le secret de l'ensorcellement et les deux chapitres (CXIII, CXIV). A chaque lecture de ces chapitres un nœud s'évanouit, et Mahomet guérit.

[4] Le mal d'une nuit obscure, le mal d'un envieux ce sont les suites funestes, les malheurs que fait naître une nuit obscure, que produit l'envie.

[5] C'est-à-dire, je cherche auprès de Dieu un refuge pour me garantir tant contre les hommes méchants que contre les génies malfaisants.

FIN DU KORAN.

TABLE DES MATIÈRES.

Les chiffres romains indiquent les chapitres, les versets sont indiqués par les chiffres arabes.

A

AARON, frère de Moïse, II, 249; IV, 161; VI, 84; VII, 119, 138; X, 76; XIX, 29; XX, 31, 73, 92; XXI, 49; XXIII, 47; XXV, 37; XXVI, 12; XXVIII, 34; XXXVII, 114.

ABABILS, oiseaux qui détruisent l'armée d'Abraha, CV, 3.

ABEILLE (l'), ce que Dieu lui a révélé, XVI, 70.

ABEL et CAÏN, V, 30.

ABLUTIONS (les), V, 8, 9. Voy. Purifications.

ABOU-DJAHL, ennemi de Mahomet, XCVI, 7, note.

ABOU-LAHAB, ennemi de Mahomet, est maudit, CXI.

ABRAHA, prince éthiopien; son expédition contre la Mecque, CV, note.

ABRAHAM, II, 120, 127-134; III, 30; IV, 57, 161; VI, 162; IX, 71; XI, 72; XV, 51; XVI, 121; XXIX, 15, 23 et suiv.; XXXVIII, 45; XLIII, 25; LIII, 38; LVII, 26; LX, 4; LXXXVII, 19.

— Il est établi imam ou pontife des peuples, II, 118, 119.

— Ce qui lui arriva avec Nemrod, II, 260, 262.

— Sa station à la Mecque, III, 89, 91.

— Il professe le culte unitaire; il est muslim (musulman), III, 58, 60.

— Il est l'ami de Dieu, IV, 125.

— Il arrive à n'adorer qu'un seul Dieu, VI, 74-84.

— Il cherche à convertir son père, IX, 115; XIX, 42, 43.

— Il prie pour sa race, XIV, 38, 40, 41.

— Il brise les idoles de sa famille, VI, 76, 83; XXI, 52, 59; XXXVII, 81 et suiv.

— Il combat l'idolâtrie de sa famille, XXVI, 69 et suiv.

— Il est condamné au feu, XXI, 68.

— Il bâtit la maison sainte à la Mecque, XXII, 27, 43.

— Il est prêt à immoler son fils, XXXVII, 101 et suiv.

— Il reçoit la visite des anges, XI, 72-74.

ABROGATION de versets du Koran, II, 100; XVI, 103.

ACTIONS des hommes (les) sont toutes inscrites chez Dieu, IX, 122.

AD ou ADITES (les), peuplade de l'Arabie, détruite par la colère de Dieu, VII, 63; IX, 71; XI, 52; XIV, 9; XXII, 43; XXV, 40; XXVI, 123-140 : XXIX, 37; XXXVIII, 11; XL, 32; XLI, 12, 14; XLVI, 20-24; L, 13; LI, 41; LIII, 51; LIV, 18; LXIX, 46; LXXXIX, 5.

ADAM, père du genre humain, II, 28-35; III, 30-52; V, 30; XVII, 63, 72; XIX, 59; XX, 114-120.

— Son péché, VII, 18.

— Il reçoit les adorations des anges, XVIII, 48.

ADOPTIFS (enfants), XXXIII, 4, 5, 37.

ADULTÈRE (l') IV, 19, 30; XVII, 34; XXIV, 2-10; XXXIII, 30.

AFFRANCHISSEMENT des esclaves, XXIV, 33.

AHMED, LXI, 6.

AÏCHA ou Aïecha, femme de Mahomet, calomniée, XXIV, 10, 11, note.

ALEXANDRE LE GRAND. Voy. DHOUL-KARNEIN, XVIII, 82.

ALFORKAN, XXV, 1.

ALIMENTS défendus, VI, 146; XVI, 116. Voy. aussi METS, NOURRITURE.

ALLAH, XX, 7, 14.

ALLAH et ILAH, différence entre ces mots, XIX, 66, note.

ALLIANCES avec les infidèles, LX, 1-9.

AME (l'), quel sens faut-il attacher au mot AME, quand on traduit par ce mot le mot arabe nefs? XII, 53 et note; XCI, 7.

AMEN (Amin), I, 7, note.

AMULETTES, chapitres du Koran portés en guise d'amulettes, CXIII, note.

ANGES (les), II, 28, 92; 156, 172, 206, 249; XXI, 26, 27; XXII, 74.

— Ils sont les messagers de Dieu et ont plusieurs paires d'ailes, XXXV, 1.

— Ils portent le trône de Dieu, LXIX, 17.

— Ils intercèdent pour les hommes, XL, 7; XLII, 3.

— Ils mourront aussi avant le jour du jugement dernier, XXXIX, 68, note; XXXIX, 75.

— Ils sont quelquefois envoyés au secours des croyants, III, 120; VIII, 9, 12.

TABLE DES MATIÈRES.

— Ils se prosternent devant Adam, VII, 10; XVIII, 48; XX, 115; XXXVIII, 71.
— Ils ne doivent pas être adorés, III, 74.
— Ils désavoueront les idolâtres, XXXIV, 40.
— Ils sont regardés par les idolâtres comme des filles de Dieu, XVI, 59 ; XVII, 42 ; XXXVII, 150; XLIII, 18; LIII, 28.
— Gardiens de l'enfer, il y en a dix-neuf, LXXIV, 30.
— Tout homme en a pour gardiens, VI, 61; XIII, 12.
— De la mort, VI, 61; VII, 35; VIII, 52 ; XVI, 30, 34, 35 ; XXXII, 11 ; XLVII, 29 ; L, 16.
— Du supplice. Voy. MALEK.
— Rebelles, XV, 28; XVII, 63.
ANGES (les deux) de Babel, II, 96.
ANSARS (les), IX, 101.
APÔTRE. Voy. PROPHÈTE, ENVOYÉ.
APOSTASIE, XVI, 108.
ARABES (les) sont une nation intermédiaire dans le genre humain, II, 137.
— Leur conduite, IX, 121.
— Ils n'avaient jamais eu d'apôtre avant Mahomet, XXVIII, 46.
— Ils ne vont pas à la guerre, IX, 82. XLVIII, 11 ; XLIX, 14.
— Du désert sont les plus endurcis, IX, 98-100.
— Idolâtres, XLIII, 30.
A'RAF ou le Purgatoire, VII, 44, 46.
ARAFAT (montagne), II, 194.
ARAIGNÉE (l'), XXIX, 40.
ARCHE d'alliance (l'), II, 249, 250.
ASIA, femme de Pharaon, LXVI, 11.
ASILE, IX, 6.
ASTRES, l'adoration des astres est défendue, XLI, 37.
AUMÔNE (l'), II, 211, 255, 265, 266, 268, 269-275; III, 86, 128; IX, 60, 68, 99, 100; XXX, 38; LVII, 7, 10; LVIII, 13, 14; LXIII, 10; LXIV, 16, 17.
AVARES (les), leur supplice aux enfers, IX, 34, 35; LVII, 24.
— Dieu ne les aime pas, IV, 40, 41.
AVARICE (l') condamnée, XLVII, 40; LIX, 9.
AZAR, père d'Abraham, VI, 74; LX, 4, note.

B

BABEL (les deux anges de), II, 96.
BALANCE (la), XXI, 48; LVII, 25.
BAPTÊME (le vrai), II, 132.
BEDR (bataille de), III, 11, 118, 119, 120 ; VIII, 5 et suiv.; 42, 43.
BEKKA. Voy. MECQUE (la).
BÊTE de l'Apocalypse, XXVII, 84, note.
BIENHEUREUX (les), III, 102, 103; VII, 40, 41, 42; X, 26, 29; XI, 109; XV, 45; XVIII, 107 ; XXI, 101; XXII, 23 ; XXV, 26; XXXI, 7; XXXII, 15, 16; XXXV, 30; XXXVI, 54 et suiv.; XXXIX, 71, 72, 73; XLIV, 51; XLVII, 16; LII, 17; LV, 46-78; LXIX, 19; LXXVI, 11-23; LXXVII, 41; LXXVIII, 31; LXXXIII, 21-35; LXXXVIII, 8.

BOIS qui donne du feu par le frottement, XXXVI, 80; LVI, 71.
BRIGANDAGES, V, 37.
BUTIN, VIII, 1, 42; XLVIII, 18, 19; LIX, 7.

C

CAABA. Voy. KA'BA.
CAÏN, V, 30-34.
CALOMNIE contre les femmes vertueuses, XXIV, 23.
CAROUN. Voy. KAROUN.
CAVERNE (la) des sept dormants, XVIII, 8.
CHAMEAUX, XXII, 37.
CHAMELLE sacrée (la) des Thémoudites, VII, 71; XI, 67; XXVI, 155 et suiv.; LIV, 27.
CHASSE (la), V, 95, 96.
CHASTETÉ (la) recommandée, XXIV, 30.
CHÉRUBINS (les), XL, 7, note.
CHO'AIB, prophète des Madianites, beau-père de Moïse, VII, 83; XI, 85-98; XXVI, 177; XXIX, 35.
CHRÉTIENS (les), II, 59, 107, 129; IX, 30, 31; LVII, 27.
— Ils sont moins hostiles aux musulmans que les juifs et les idolâtres, V, 85.
— Ils ont aussi falsifié les Écritures, V, 18.
CIEUX. Il y en a sept, LXVII, 3 ; LXXVIII, 12.
CIRCONCISION (la). Il n'en est pas parlé dans le Koran.
CIVILITÉ (préceptes de), XXIV, 27-29, 57, 61-63; XXXI, 18; XXXIII, 53; LXIX, 2, 3; LVIII, 12.
COLÈRE (la), III, 129.
COMMANDEMENTS (les) de Dieu, VI, 152. Voy. MORALE (préceptes), VII, 31 ; LX, 12; LXXIV, 3, 4, 5.
COMMERCE (le), II, 194.
CONTINENCE (la), LXX, 29.
CRAINTE de Dieu, II, 179.
CRÉANCES et dettes, II, 282.
CRÉATION (la) du monde, XVI, 67, 68, 69 ; L, 37. — (Variété de la), XIII, 3, 4; XXXV, 25.
— Des cieux et de la terre, XLI, 8-11.
— Ce que Dieu a créé pour l'homme, XVI, 4-14, 81, 82, 83.
— De l'homme, XX, 5 ; XCVI, 2. Voy. HOMME (l').
CROYANTS (les), IX, 72 ; XXV, 64 et suiv.; XXXII, 15-17; XXXIII, 21, 36 ; XLIX, 14.

D

DAVID, II, 252 ; IV, 161; V, 82 ; VI, 84 ; XVII, 57 ; XXI, 78 ; XXVII, 15.
— Fait des cottes de mailles, XXI, 78 ; XXXIV, 11.
— Chante les louanges de Dieu, XXXIV, 10; XXXVIII 16, 17.
— Son jugement, XXXVIII, 20.
DÉBITEURS. Comment on doit les traiter, II, 280.

DÉCENCE, XXIV, 57-59 ; XXV, 72. Voy. CIVILITÉ.
DÉLUGE (le), LIV, 9; LXIX, 11 Voy. NOÉ.
DÉMONS (les) écoutent ce qui se dit dans le ciel, XV, 17; XXXVII, 7; XVIII, 48; XIX, 69, 86; LXVII, 5; LXXII Voy. GÉNIES.
DÉPÔTS (les), IV, 61 ; LXX, 32.
DESTINÉE. Tout homme a sa destinée. Voy. OISEAU.
DHOUL-KARNEÏN, XVIII, 82.
DHOUL-KEFL, prophète, XXI, 85; XXXVIII, 48.
DHOUL-NOUN, XXI, 87. Voy. JONAS.
DIEU unique, Allah, XX, 7, 14.
— Les noms qu'il a, VII, 179.
— Les plus beaux noms lui appartiennent, XVII, 110; XX, 7.
— Quelques-uns de ses noms, LIX, 23, 24.
— Omniscient, VI, 59; LVIII, et *passim*.
— Créateur, VI, 95, 96, 97, et *passim*.
— A créé tout sans éprouver la moindre fatigue, L, 37.
— Sa puissance, II, iii, 159; VI, 99-103; XVI, 43; XXII, 62-65; XXIV, 43, 44; XXV, 47-53; XXVII, 61-66; XXVIII, 70-74; XXX, 17-45; XXXI, 9; XXXV, 11-13; XXXVI, 33-44; XXXIX, 22; L, 6, 7; LI, 47-60; LIII, 43 et suiv.; LIV, 50; LVI, 60; LVII, 1-6; LVIII, 8; LIX, 21; LXVII, ; LXXIX, 27; LXXXV, 12 et suiv.; LXXXVI, 1 et suiv.
— Est la lumière, XXIV, 35.
— Tout cherche à le glorifier, XIII, 14-16; XVII, 46; XXIV, 41.
— Est parfait dans ses œuvres, LXVII, 3.
— A soin de tous, XXIX, 60 et suiv.
— A pourvu à tout, XV, 19 et suiv.
— Il distribue ses dons comme il veut XVII, 21-32.
— Ses paroles sont innombrables, XVIII, 109.
— Ses œuvres ne sauraient être comptées, XXXI, 29.
— Est vindicatif, III, 3 ; V, 96; X, 99, 400; XIV, 48.
— N'a pas d'enfants, c'est un blasphème de le croire, II, 110; VI, 100. 101 ; XIX, 36, 91-93; XXI, 26; XXXVII, 149; XXXIX, 6 ; LXXII. 3.
— Invariable dans sa manière d'agir, XLVIII, 23.
— A créé tous les êtres pour qu'ils l'adorent, LI, 56.
— Ne se laisse voir à qui que ce soit, VII, 139.
— Comment il parle à l'homme et se manifeste à lui, XLII, 50, 51.
— Égare et dirige ceux qu'il veut, XXXV, 9.
— Il égare lui-même les méchants, XIII, 30; LXI, 5.
— Veut que les hommes s'entre-tuent, II, 254.
— Ses arrêts, XIV, 4, 32.
— Il aurait pu créer tous les hommes professant la même religion, V, 53 ; XVI, 95.
— Souffre lui-même l'infidélité et les infidèles, VI, 35.
— Il a lui-même créé les réprouvés pour la géhenne, VII, 178.
— Fait lui-même que les grands sont les plus grands criminels, VI, 122.
— A établi lui-même l'inégalité et la servitude parmi les hommes, XLIII, 31.
— Le bien vient de lui, le mal vient de l'homme, IV, 81.
— Est l'auteur des bonnes et des mauvaises actions, XCI, 8.
— Contient les peuples les uns par les autres. II, 252; XXII, 41. Voy. HOMME, THÉODICÉE.
DIFFAMATION (la) condamnée, XLIX, 11.
DIRECTION que l'on doit observer dans la prière. Voy. KEBLA.
DISPUTES, controverses, XXIX, 45.
DISCIPLES (les) de Jésus-Christ, LVII, 27.
DIVINITÉS des idolâtres, il ne faut pas les injurier, VI, 108.
— Elles désavoueront elles-mêmes les idolâtres, XXV, 18, 20. Voy. IDOLES, IDOLATRIE.
DIVORCE, IV, 24; XXXIII, 48; LVIII, 4; LXV, 1, 2, 6, Voy. RÉPUDIATION.
DJALOUT ou Goliath, II, 250-252.
DJIBT, nom d'une idole, IV, 54.
DJESSASA, ou la bête de l'Apocalypse, XXVII, 84.

E

EBLIS ou Satan, II, 32 ; VII, 10 ; XV, 31-33; XVII, 63, 65 ; XVIII, 48 ; XX, 115 ; XXVI, 95 ; XXXIV, 19 ; XXXVIII, 74.
ECRITURES (les Saintes) falsifiées par les juifs et les chrétiens, II, 39, 73.
— Les hommes aux Écritures, gens des Écritures sont les chrétiens et les juifs, XXIX, 45 ; ils ne sont pas tous également méchants, III, 109, 110.
EDEN, IX, 73 ; XIII, 23 ; XVIII, 30 ; XXXV, 30 ; LXI, 12. Voy. aussi PARADIS.
EDRIS (prophète), XIX, 57 ; XXI, 85.
EGYPTE. Voy. PHARAON, MOÏSE, MAGICIENS.
— (Palais de l'), VII, 130.
ELÉPHANT (l'), CV.
ELIE (Prophète), VI, 85 ; XXXVII, 123.
ELISÉE (Prophète), VI, 86, XXXVIII, 48.
ENDURCISSEMENT des idolâtres, XXXVI, 6 et suiv.
ENFANTS (les), XXXI, 13.
— Mahomet défend de les tuer, XVII, 33.
— de Dieu, XLIII, 14.
ENFER (l') et ses supplices, IV, 59 ; VII, 36 ; XI. 120; XIV, 19, 50; XXXVII, 53-60 ; XXXVIII, 57; XXXIX, 48 ; XLI, 24 ; XLVII, 17 ; LXVII, 8 ; LXXIV, 26, 38.
— Est destiné aussi bien pour les hommes que pour les génies, VII, 36 ; XI, 120.
— Dieu lui demande s'il est plein ? L, 27.
— Dieu peut en retirer les réprouvés, VI, 128.
— Les peines de l'Enfer, comme les délices du Paradis, peuvent ne pas être éternels, XI, 109, 111.
ENNEMIS. Comment il faut agir à leur égard, CLI, 34.
ENOCH. Voy. EDRIS.

ENVOYÉ, Apôtre. Voy. PROPHÈTE.
ÉPOUSES et mères, XXXIII, 4.
ESDRAS, IX, 30. Voy. OZAÏR.
ESCLAVES. Voy. AFFRANCHISSEMENT, XXIV, 32, 33.
ESPRIT (l') est créé par Dieu, XVII, 87.
— De Dieu jeté dans la Vierge Marie, IV, 169.
— De la Sainteté ou le Saint-Esprit, II, 81. Ce que c'est selon le Koran, II, 254; XVI, 104.
ÉTOILES filantes. Ce que c'est? XV, 16, 17; XXXVII, 10 note; LXVII, 5; LXXII, 8.
ÉVANGILE (l'), III, 2, 43, 58; V, 50, 70, 110; VII, 156; IX, 112; XLVIII, 29; LVII, 27.

F

FAIBLES (les) seront pardonnés, IV, 99, 100.
FATALISME, III, 139; VIII, 17; XIII, 30; XIV, 4; XLII, 6. Voy. PRÉDESTINATION, et chap. XVIII.
FATIHA ou le premier chapitre du Koran, 1, note.
FAUSSE imputation, IV, 112, 113.
FEMMES (les), IV, 1 et suiv. ;XXIV, 2, 6, 10, 26, 31, 59; LXV, 1-6; LXVI, 1-5.
— (Les) sont créées pour les hommes, XXX, 20.
— (Préceptes relatifs aux), II, 226, 242.
— Sont inférieures aux hommes, II, 228; IV, 38. Des êtres imparfaits, XLIII, 17.
— Devant qui elles peuvent se découvrir, XXXIII, 55.
— Inconvénients auxquels elles sont sujettes, II, 222.
— Leurs ruses sont grandes, XII, 28.
— Celles de la cour d'Egypte, XII, 31.
— Comment on doit les traiter, IV, 23.
— Celles qu'on n'aime pas, IV, 23.
— Elles peuvent être battues, IV, 38.
— Coupables d'adultère, IV, 19.
— Croyantes et infidèles, LX, 10.
— Celles que le Prophète peut épouser, XXXIII, 49-51.
— Du Prophète, XXXIII, 59. Leurs exigences, XXXIII, 28, 29, 32.
— Infidèles ou incrédules, LXVI, 11, 12.
MODÈLES de vertus. LXVI, 11. 12,
FEU obtenu par le frottement, XXXVI, 80 ; LVI, 70, 71.
FILLE. La naissance d'une fille regardée comme un malheur, XVI, 59-64; XLIII, 16.
— On les enterrait vivantes, LXXXI, 8.
FIDÉLITÉ aux traités, IX, 5.
FOI et bonnes œuvres, XVI, 99; LXII, 4.
FORNICATION, IV, 19.
FORTS (les) et les faibles au jour du jugement, XXXIV, 30-36.
FOSSÉ (les maîtres du), LXXXV, 4.
FOURMI (la), XXVII, 17.
FRAUDEURS qui trompent sur les poids et mesures, LXXXIII, 1-3.
FUMÉE (la), XLIV, 9.

G

GABRIEL (l'Ange), XVI, 104 ; LXVI, 4 ; LXXXI, 22.
— Il est l'ennemi des juifs, II, 91, 92.
— Il est le porteur de la révélation, LIII, 5, 6.
GAGES, nantissements, II, 283.
GÉHENNE (la), l'enfer, III, 10; IX, 35; XIII, 18; XV, 43; XVIII, 100; XXXV, 33; XXXIX, 71; XL, 52, 76; XLV, 9; LV, 43; LXVII, 8; LXXVIII, 21; LXXXIX, 24.
— Elle a sept portes, XV, 43, 44.
— (Gardiens de la), XL, 52, 53. Voy. ENFER.
GÉNÉROSITÉ (la) recommandée, II, 271.
GÉNIES (les), VI, 100, 128; XXXVIII, 157; XLI, 24, 29.
— Ils sont créés de feu, XV, 27; LV, 14.
— Il y en a de bons et de mauvais, XI, 120.
— Sont aux ordres de Salomon, XXVII, 39; XXXVIII, 36.
— Écoutent le Koran et l'admirent, XLVI, 28.
— Écoutent ce qui se passe au ciel, XXVI, 212.
Voy. DÉMONS.
GENRE humain (le) a appris avant la création à obéir à Dieu, VII, 171.
Voy. HOMME (l'), HOMMES (les).
GOG et MAGOG. Voy. YADJOUDJ et MADJOUDJ.
GOLIATH. Voy. DJALOUT.
GRECS (les), XXX, 1.
GUERRE (la), IV, 103; VIII, 47, 59, 60; IX, 123; XLVII, 4, 5, 37; XLVIII, 16, 17; LX, 6.
— Ceux qui en sont exemptés, IX, 82-92; XLVIII, 17.
— Entre deux peuples musulmans, XLIX, 9.
GUERRE sainte (la), II, 186, 187, 212-215; IV, 76; IX, 36, 38, 40-52; XLVII, 5, 37, 39, 40; XLVIII, 25.

H

HABIL (Abel), V, 30.
HAMAN, ministre de Pharaon, selon le Koran, XXVIII, 5; XXIX, 38; XL, 25, 38.
HAROUT et MAROUT, anges de Babel, II, 96.
HEDJR, pays, XV, 80.
HEURE (l'), ou jour du jugement dernier, XVIII, 20; XXIV, 3; XLIII, 66. Voy. JUGEMENT DERNIER, IV, 94.
HOMICIDE (l'), IV, 94.
HOMME (l'), sa création, II, 28; VI, 98; XXII, 5; XXIII, 13, 14; XXXII, 6 et suiv.; XXXVI, 77, 78; XL, 69; LXXX, 18; LXXXVI, 5.
— Sa nature, XXI, 38; LXX, 19.
— Il a été créé faible, IV, 32.
— Créé d'argile, XV, 26.
— Est inconstant, XXII, 11.

TABLE DES MATIÈRES.

— Est ingrat, XVII, 69, 85; XXIX, 65, XXX, 35; LVI, 61 et suiv.; LXXX, 17.
— Est prompt de sa nature, XVII, 12.
HOMMES (les) sont tous issus d'un seul individu, IV, 1.
— Se chargent du dépôt de la foi, XXXIII, 72.
— N'adoraient d'abord qu'un seul Dieu, X, 20.
— Ne formaient qu'un seul peuple, II, 209.
HONEÏN (bataille de), IX, 25.
HOTAMA, partie de l'enfer, CIV, 4, 5.
HOUD, prophète, VII, 63; XI, 52; XXVI, 139.
HUPPE (la), XXVII, 21.
HYPOCRITES (les), II, 9-19; IV, 137-142; V, 57; IX, 65-74; LIX, 11; LXIII, 1 et suiv.
— Leur conduite à Médine, XXXIII, 9-15.
— Comment il faut les traiter, XXXIII, 47.
— Leur sort dans l'autre monde, LVII, 13.

I

IDOLATRES (les), ceux qui associent d'autres divinités à Dieu, II, 107, 112; XIX, 66; XXV, 2, 13, 15; XXVIII, 62-74; LII, 34-49.
— Ils sont immondes, IX, 28.
— Certains usages des idolâtres condamnés, VI, 137, 138, 139.
— On n'implorera pas Dieu en leur faveur, IX, 114, 115.
— Il faut les combattre tous, IX, 36
IDOLATRIE (l'), II, 187, 214, 220; VII, 193, 194; X, 19.
— Ne sera jamais pardonnée, IV, 51, 116.
IDOLES adorées par les Arabes, IV, 54.
IFRIT, génie, XXVII, 39.
ILLIOUN, LXXXIII, 18, 19.
IMAM, chef spirituel, guide, modèle, prototype, II, 118; XI, 20; XXV, 74; XLVI, 11; IX, 12.
IMMUNITÉ, IX, 1.
IMRAN, III, 30, 31; LXVI, 12.
INCRÉDULES (les), LXXIII, 11-13 et passim. Voy. INFIDÈLES.
INÉGALITÉ parmi les hommes, XLIII, 31.
INFIDÈLES (les), II, 165; VI, 19; LXXIV, 40, et passim. Voy. IDOLATRES.
— Ils nient la vie future, VI, 29; XIX, 67.
— Leur sort, III, 8, 112.
— Leur endurcissement, VI, 109-iii; XIII, 30.
— Leurs sentiments à l'égard des croyants, III, 114, 115.
— Ils n'ont que des opinions, LIII, 29.
— Comment il faut agir à leur égard, III, 187; VIII, 40; IX, 5, 6; XLVII, 4.
— Ceux qui meurent infidèles, III, 85.
— Ceux qui méritent ce nom, V, 77.
— Ils n'ont qu'à se pendre, XXII, 15.
INGRATITUDE de l'homme, XLI, 49-51.
INTERCALATION, IX, 36, 37.
INTERROGATOIRE des morts dans le tombeau, VII, 35.
IREM, ville des Adites, LXXXIX, 6.
ISAAC (Ishak), II, 127, 130, 134; VI, 84; XI, 74; XIX, 50; XXI, 72; XXXVII, 112.

ISLAM ou ISLAMISME (l'), ce que c'est, II, 122, 127, 134; III, 78; XII, 78; XLIX, 14.
— La foi (Imau) et l'islam sont deux, XLIX, 14.
ISMAEL, II, 119, 121, 123, 127; VI, 86; XIX, 55; XXXVII, 107, note; XXXVIII, 48.
ISRAEL, XIX, 59.
— Les douze tribus d'Israël, II, 130.
ISRAÉLITES, II, 38-85, 86, 87, 244; V, 74, 82; XVII, 102 et suiv.; XX, 81, 82; XXXII, 23; XLIV, 29; XLV, 15.
— Ils ont été élevés au-dessus du reste des hommes, II, 116.
— Comment Dieu les punit, XVII, 4-7.
— Demandent un roi, II, 247-253.
— Passent la mer Rouge, XXVI, 63.
— Leurs chefs, V, 15.
— Leur endurcissement, V, 16, 24-27.
— Ne veulent pas combattre contre leurs ennemis, V, 24-27.
— Leur conduite envers Moïse, VII, 170
— En Égypte, XXVIII, 2, 3.
— Voy. JUIFS.
IVRESSE (l'), IV, 46.

J

JACOB, II, 126, 127, 130, 134; III, 87; VI, 84; XI, 74; XII, 6, 11, 18, 63, 66, 73, 83, 94-100; XIX, 50; XXXVIII, 45.
JARDIN (le) ou le PARADIS; ces mots, voy. PARADIS, sont employés indistinctement l'un pour l'autre.
JEAN (St), VI, 85. Voy. YAHIA.
JÉSUS, fils de Marie, II, 81, 254; V, 50; VI, 85; XXIII, 52; LVII, 27; LXI, 6, 14.
— Son histoire, III, 40-52.
— Il n'est pas Dieu, III, 73.
— Il n'a pas été mis à mort, IV, 156.
— Il n'est qu'un serviteur de Dieu, V, 109, 110, 116 et suiv.; XLIII, 50, 63.
— Sa naissance, XIX, 23, 24.
— Sa profession de foi, XIX, 31. Voy. MESSIE.
JEUNE (le), II, 179-183.
JEUX de hasard, II, 216; V, 92, 93.
JOB (Aïoub), VI, 84; XXI, 83; XXXVIII, 40.
JONAS (Jounis), VI, 86; X, 98; XXXVII, 139; LXVIII, 48.
JOSEPH, VI, 84; XII, 1-iii; XL, 36.
JOSUÉ, XVIII, 59.
JUGEMENT, IV, 63; VI, 153.
— On le prononce d'après les livres sacrés de chaque peuple, V, 49-52.
— Dernier. Signes qui le précéderont, et ce qui s'y passera, XXII, 2; XXIII, 103-105; XXVIII, 84-90; XXXIV, 20; XXXVII, 19 et suiv.; XXXIX, 67-69; XLIV, 9-10; L, 19; LIV, 6; LV, 41 et suiv.; LXVIII, 42; LXIX, 14 et suiv.; LXX, 8; LXXI, 8 et suiv; LXXVII, 7 et suiv.; LXXX, 33; LXXXI, 1-14; LXXXII, 1; LXXXIV, 1-6; LXXXVIII, XCIX, C, 9; CI, 3.
JUIFS (les) ou Israélites contemporains de Mahomet, II, 59-70-88; III, 61; IX, 30; LVIII, 15.
— Châtiments qui leur sont réservés, IV, 50; V, 69.

— Leur conduite, III, 184, 185.
— Leurs questions insidieuses, III, 117-179.
— Ils falsifient les Ecritures. II, 98; IV, 48.
— Leur égoïsme, IV, 56.
— Ils sont plus attachés à la vie que tous les autres hommes, II, 90.
— Se haïssent mutuellement, V, 69.
— Sont très-hostiles aux musulmans, V, 85.
— Loi du talion chez eux, V, 48, 49, 69.
— Ils ont calomnié la Vierge Marie, IV, 155.
— Leur conduite, VII, 168.
— Se disent alliés et amis de Dieu, LXII, 6.
— Comment Mahomet doit prononcer entre eux, V, 45, 46, 47.
— Et chrétiens, II, 107, 129.

K

KABA ou maison sainte de la Mecque, sa construction, II, 119-121.
KABIL ou Caïn, V, 30.
KADR (nuit d'À), XLIV, 2, 3; XCVII, 1-5.
KAROUN, XXVIII, 76; XXIX, 38; XL, 25.
KAUTHER, fleuve du Paradis, CVIII, 1.
KEBLA ou direction dans laquelle il faut faire la prière, II, 109, 136.
— Définitivement établie, II, 138-145.
KHEDR, XVIII, 62 et suiv., note.
KORAN (le), VI, 92; XI, 16; XVII, 47-49; XIX, 97; XX, 112, 113; XXV, 32, 34; XXVII, 78; XXVIII, 48, 84, XXIX, 46-50; XXXVI, 69; XLV, 19; LXIX, 50; LXXXI, 19, 27; LXXXIV, 21; LXXXVI, 13; LXXXVII, 6.
— Il est réellement une œuvre divine, IV, 84; XLVI, 2-7; LIII, 4.
— Il est conservé avec soin au ciel, XIII, 39; LXXXV, 21.
— N'est pas l'œuvre des démons, XXVI, 210.
— Il est révélé par portions, XVII, 107.
— Personne ne saurait produire rien de pareil, II, 21, 22; X, 39; LII, 33, 34.
— C'est la plus belle parole qu'il y eut, XXXIX, 24, 28, 29.
— Admiré par les génies, XLVI, 28.
— Ce que les infidèles en disent, XXV, 5, 6.
— Il n'est qu'une confirmation des Ecritures, X, 38.
— Certains versets y sont abrogés, II, 100; XVI, 103.
KOREÏCHITES (les), CVI, 1.

L

LETTRES qui se trouvent en tête d'un grand nombre de chapitres et dont la signification est inconnue, II, III, VII, X, XI, XII, XIII, XIV, XV, XVIII, XIX, XXVI, XXVII, XXIX, XXX, XXXI, XXXII, XXXVI, XXXVIII, XL, XLI, XLII, XLIII, XLIV, XLV, XLVI, L, LVIII.
LIBRE arbitre, XXXIII, 72. Voy. FATALISME, PRÉDESTINATION, DIEU, THÉODICÉE.

LIVRE évident, III, 139; X, 72; XI, 8; XXXIV, 3.
— Dans lequel sont inscrites les actions de chacun, XVII, 73; XVIII, 217; LXXXIII, 9-19; LXXXIV, 7-10.
LIVRES sacrés, XIII, 38. Voy. ÉCRITURES.
LOKMAN, XXXI, 11, 12.
LOTH prophète, VI, 86; VII, 78; XI, 73, 79-84; XV, 58, 59; XXI, 71-74; XXII, 43; XXVI, 160 et suiv.; XXVII, 55; XXIX, 24 et suiv.; XXXVII, 133; XXXVIII, 13; L, 13; LIV, 33.
LOTUS de la limite, LIII, 14.

M

MADIAN, Madianites, VII, 83; IX, 71; XI, 85, 98; XV, 78; XXII, 43; XXVI, 176; XXVIII, 24; XXIX, 35; XXXVIII, 12; L, 13.
MAGES (les), XXII, 17.
MAGICIENS d'Égypte, X, 78-81; XX, 60-75; XXVI, 37.
MAHOMET ou Mohammed, XXXII, 2, XLVIII, 29.
— Prophète illettré, VII, 156, 158; LXII, 2.
— Il est prédit par les Écritures, VII, 156; XLVI, 9; LXI, 6.
— est le sceau des Prophètes, XXXIII, 40.
— Il reçoit la révélation par l'intermédiaire de l'ange Gabriel, LIII, 9-11.
— Il a vu distinctement l'ange Gabriel, LX, 1, 22.
— Commence son apostolat n'étant plus jeune, X, 17.
— Est l'objet de la médisance et des railleries, IX, 61; XVI, 105; XXI, 27, XXV, 5.
— Il n'est ni un poète, ni un démoniaque, ni un devin, VII, 183-188; XXI, 3, 5; LVIII, 2; LXIX, 40, 42, LXXXI, 22.
— Il n'a aucune connaissance de l'avenir, CLVI, 8.
— Il est sujet aux hallucinations, XVI, 100.
— Il est réprimandé, LXXX, 1-11.
— Sa dévotion, LXXIII, 20.
— Révélations personnelles à lui, XXIV, note; XXXIII, 37; LXVI, 1, note.
— Quelques événements de son apostolat, XLVIII, 24-27. Voy. BEDR, HONEIN, TABOUK, AÏCHA.
— Son voyage nocturne, XVII, 1.
— Égards qu'on lui doit, XXIV, 68; XLIX, 2-7; LVIII, 9-13.
MAHOMÉTANS douteux, IX, 43-58.
MAISON sainte, I, 119. Voy. KABA.
MALEK, ange qui préside aux supplices, XLIII, 77.
MANNE (la) et les CAILLES, I, 54; VII, 160; XX, 82.
MARIAGE (le), XXXIII, 50.
— Mixtes, licites et illicites, I, 220; V, 7; IV, 26-30.
— Des pauvres, XXIV, 33.
MARIE ou MARIAM, mère de Jésus, III, 31, 37-42; IV, 169; V, 79; XIX, 16; XXI, 91: LXVI, 12.
— Calomniée par les Juifs, IV, 155.

MAROUT, ange, II, 96.
MECQUE ou BEKKA. III, 90; XLVII, 14; XLVIII, 24.
MECQUOIS (les) et les MÉDINOIS, XLIII, 30.
MÉDINE, XXXIII, 13.
MÉDISANCE (la), condamnée, XLIX, 11.
MERS (les deux), XXV, 55; XXVII, 62; LV, 19; LXXXII, 3.
— Voyages sur mer, XVII, 68-70.
MERWA, II, 153.
MESSAGERS de Dieu, hommes ou anges, XXII, 74.
MESSIE (le), IV, 156, 170; V, 77-79.
— Dieu pourrait l'anéantir s'il le voulait, V, 20.
METS défendus. Voy. NOURRITURE, ALIMENTS.
MEURTRE, IV, 95; V, 35-37.
MICHEL (l'Ange), II, 92.
MINA, II, 199.
MISÉRICORDE de Dieu, il ne faut pas en désespérer, XXXIX, 54.
MISÉRICORDIEUX (le), XIII, 20; XXV, 61.
MOHADJERS (les), IX, 101; LIX, 8.
MOIS sacré, II, 214; IX, 5, 36.
MOIS de l'année, IX, 36.
MOÏSE ou MOUÇA, II, 48-58, 81, 86, 249; IV, 152; V, 23; VI, 84, 91, 155; X, 76 et suiv.; XI, 99; XIX, 5; XVII, 103; XXI, 49; XXII, 43; XXIII, 47; XXV, 37; XXIX, 38; XXXII, 23; XXXIII, 69; XXXVII, 114; XL, 24; XLI, 45; XLIV, 16; LI, 38; LIII, 37; LXI, 5; LXXII, 15; LXXXVII, 19.
— Tire l'eau du rocher, VII, 160.
— Son entrevue avec Dieu, VII, 101, 138; XX, 8, 9; XXVII, 7-10.
— Paroît devant Pharaon, XX, 60-75; XXVI, 9; XXVII, 12; XXVIII, 30 et suiv.
— Son histoire, XX, 36 et suiv.
— Son éducation et ses aventures, XXVIII, 2-30.
— Il se rend jusqu'au confluent de deux mers, XVIII, 59.
— Son entrevue avec un personnage mystérieux, XVIII, 62 et suiv.
— Courroucé contre Aaron, XX, 95. Voy. ISRAÉLITES, VEAU D'OR.
— Il est prophète et envoyé, XIX, 52.
MONASTIQUE (vie), LVII, 27.
MONOTHÉISME. Voy. ISLAM.
MONTAGNES. Ce qu'elles deviendront au jour du jugement, XX, 105. Voy. JUGEMENT DERNIER.
MOQUERIES condamnées, XLIX, ii.
MORALE (préceptes de), II, 77, 147-150, 263-267; XXIII, 98; XXXI, 13, 14; XLI, 34; XLII, 37; XLVI, 14-16; XLIX, 10-13; LVIII, 10.
MORT (la) atteindra l'homme partout, IV, 80.
— (l'âme à l'article de la), L, 18, 19.
MOUTEFIKAT. Voy. PENTAPOLE.
MUSULMANS (les), éloge de ce peuple, III, 106; XLVIII, 29.

N

NOÉ (prophète), III, 30; IV, 161; VI, 84; VII, 57; IX, 71; X, 72; XI, 27; XIV, 9; XVII, 3, 18; XXI, 76; XXII, 43; XXIII, 23-31; XXV, 39; XXVI, 105; XXIX, 13; XXXVII, 73; XXXVIII, 11; L, 32; XLII, ii; L, 12; LI, 46; LIII, 53; LIV, 9; LVII, 26; LXXI, 1-29.
NOURRICE, II, 233.
NOURRITURE, aliments permis et défendus, II, 168; V, 1, 4; VI, 118.
NOUVELLES. Il est défendu de répandre des fausses nouvelles, IV, 85.

O

OFFRANDES, V, 2.
OISEAU. Tout homme a son oiseau attaché à son cou, c'est-à-dire tout homme a sa destinée, VII, 128; XVII, 14; XXVII, 48; XXXVI, 18.
OISEAUX ABABILS, CV, 3.
OMBRE (l'), XXV, 47.
ORNEMENTS, parure, VII, 29, 30.
ORGUEIL, XVII, 39.
ORPHELINS, II, 218; IV, 2-6, 126; VI, 153; XVII, 36.
OZAÏR ou ESDRAS, IX, 30.

P

PARABOLES, comparaisons, similitudes que l'on rencontre dans le Koran, II, 16, 18, 24, 166, 169, 263, 266-268; III, 113; VII, 38, 56; X, 25; XI, 26; XIII, 18; XIV, 24, 29; XVI, 77, 78, 94; XVIII (celle de deux jardins), 32-42; XXIII, 72; XXIV (celle de la lumière de Dieu), 35, 39; XXX, 27; XXXIX, 30; XLI (celle de la résurrection), 39; XLV, 22; LVI, 63; LVII, 19; LIX, 21; LXIII, 4; LXVII, 22; LXVIII, 17-32.
PARACLET, LXI, 6, note.
PARADIS terrestre, II, 33.
PARADIS (Firdous) ou JARDIN (Djennet), séjour des bienheureux et ses délices, II, 23; III, 13; IV, 60; IX, 22-34; XIX, 61-63; XXXV, 30; XXXVI, 54 et suiv.; XXXVII, 38 et suiv.; XXXVIII, 50; XXXIX, 21; XLI, 33; XLIII, 70; XLVII, 16; LV, 46-78; LVI, 14-39; LVII, 21; LXXVI, 11-23.
PARENTS (les), père et mère; devoirs envers eux, XVII, 24, 25; XXIX, 7; XXXI, 13; XLVI, 14-16.
PAUVRES (les), II, 274; XVII, 28; XXIV, 32.
PÊCHE (la), V, 97.
PÉCHÉS capitaux et véniels, LIII, 33.
PÈLERINAGE à la Mecque, II, 153, 154, 192, 193; III, 91; V, 2, 95, 96; XXII, 25.
PENTAPOLE (la) ou les VILLES RENVERSÉES (el-Moutefikat), IX, 71; LIII, 54; LXIX, 9.
PENTATEUQUE (le), III, 2, 43, 58, 87; V, 47, 48, 70, 72, 110; VII, 156; IX, 112; XXVIII, 43, 48; XLVIII, 29; LXI, 6; LXII, 5.
PHARAON, II, 46; III, 9; VIII, 54; X, 76-92; XI, 99; XIV, 6; XVII, 103; XX, 25; XXVI, 9; XXVII, 12; XXVIII, 2; XXIX, 38; XXXVIII, 12; XL, 25-48; XLIII, 45-55;

XLIV, 16; L, 13; LI, 36; LIV, 41; LXIX, 9; LXXIII, 15; LXXIX, 17; LXXXV, 18.
— Il veut escalader le ciel, XL, 38.
— Épithète qui lui est donnée dans le Koran, XXXVIII, 11; LXXXIX, 9.
— Dans sa famille il y avait un croyant, XL, 29.
PIÉTÉ, crainte de Dieu, en quoi elle consiste, II, 172.
— recommandée, XXX, 29.
PLUIE (la), XXX, 47.
POÈTES (les); qui les inspire, XXVI, 224 et note.
PRÉDESTINATION, passages qui autorisent à y croire, III, 148; VI, 35; XVI, 38, 39; XXXII, 13; XXXIII, 38; XXXIV, 19; XXXV, 9; XXXVI, 6 et suiv.; LIII, 33 et suiv.; LVII, 22.
PRÊTEZ à Dieu, LVII, 11.
PRIÈRE (la), II, 109, 136-140, 239; IV, 46; V, 8; VII, 204; XI, 116; XVII, 80, 81, 100; XXIX, 44; L, 39.
— A la guerre, IV, 102-104.
— Versets qui peuvent servir de prière, II, 286; III, 191, 192; XII, fin.
PRISONNIERS de guerre, VIII, 68-72.
PROCHES, parents, devoirs envers eux, XVII, 28.
PRODIGUES (les), XVII, 29-31.
PROPHÈTE (le) Mahomet. Voy. MAHOMET.
— Ses prérogatives et devoirs des croyants envers lui, XXIV, 63; XXXIII, 49-52 et suiv.; XLVIII, 8, 9, 10.
PROPHÈTES et ENVOYÉS ou APOTRES, distinction à établir entre ces mots, XIX, 42, note.
— Ce qu'ils sont, XXI, 7, 8.
— Tous ils ont reçu la révélation d'un Dieu unique, XXI, 24.
— Il y en a de différents degrés, II, 254; XVII, 57.
— Les croyants ne doivent pas mettre de différence entre eux, II, 285.
— On ne doit pas les adorer, III, 74.
— (Les anciens), XXXIII, 39.
— (Les faux), VI, 93.
PSAUMES (les), XVII, 57; XXI, 105.
PURGATOIRE (le), VII, 44.
PURIFICATIONS, ablutions, II, 269; IV, 46; V, 9.
PUTIPHAR, XII, 21, note.

R

RAKIM (al), XVIII, 8.
RAMADHAN (le), II, 181.
RASS (el), XXV, 40; L, 12.
RÉCOMPENSES (les) des justes l'emportent sur les châtiments des réprouvés, VI, 161; X, 28.
— Des justes, LVII, 12. Voy. BIENHEUREUX (les), PARADIS (le).
RELIGION unitaire (la) date d'Abraham, II, 124-134; XLII, 11. Voy. MONOTHÉISME, ISLAM.
RELIGION (la), ne connaît pas la contrainte, II, 257.

REPENTIR (le), IV, 21, 22.
REPRÉSAILLES. Voy. TALION.
RÉPROUVÉS (les), III, 80-82, 102; VI, 69; VII, 42-48; XI, 109; XVIII, 28, 100; XXI, 45 et suiv.; XXII, 20 et suiv.; XXXI, 5, 6; XXXIX, 18, 61; XLIV, 43-48; LIV, 43 et suiv.; LVI, 40-57; LXI, 19, 20; LXIX, 25; LXXVII, 7-40; LXXXVIII, 1-7; LXXXIX, 22 et suiv.; XCVIII, 5 et suiv.; CIV, 4.
RÉPUDIATION (la), II, 226-233; IV, 24. Voy. DIVORCE.
RÉSURRECTION des morts (la), inculquée dans le Koran, II, 261-263; III, 102; VII, 55; XIII, 5; XVI, 40; XVII, 52; XVII, 100, 101; XIX, 69; XXII, 5; XXIII, 37, 82; XXVII, 67, 84; XXX, 49; XXXII, 9; XXXIV, 7, 8 XXXV, 10; XXXVI, 80, suiv.; XXXVII, 16; XLIII, 10; XLV, 23-27; L, 2, 11, 14; LVI, 52; LXIV, 7; LXXV, 3, 4; LXXV, 37-40; XCIX, 2.
RÉVÉLATION (la), VI, 91.
ROMAINS, voy. GRECS.

S

SABA, pays, XXVII, 22-24.
— La reine de ce pays, XXXIV, 14.
SABÉENS, II, 59; V, 73; XXII, 17.
SABBAT (violation du), II, 61; VII, 163.
SACRIFICES, offrandes, XXII, 34-38; voyez OFFRANDES.
SAFA, II, 152.
SAKAR, enfer, LXXIV, 26, 27.
SALEH, prophète, VII, 71; XI, 64; XXVI, 142 suiv.; XXVII, 46; LIV, 27.
SALOMON, II, 60; VI, 84.
— Son jugement, sa sagesse, et sa puissance, XXI, 78-82.
— Commande aux génies et aux vents, XXI, 81; XXVII, 17-28; XXXIV, 11, 13; XXXVIII, 29, 38.
SALUT, salutations, civilité, IV, 88.
SAMARITAIN (le), (el Sameri) fait le veau d'or pour les Israélites, XX, 87, 96.
SATAN, XVI, 100; XVII, 29, 55-65; XVIII, 48; XIX, 69-86; XXIV, 21; XXV, 31; XXXV, 6; XXXVI, 60, suiv.; XLVII, 27; LVIII, 11, 20; LIX, 16.
— Sa haine implacable envers l'homme, IV, 118; VII, 10-17.
— Il séduit Adam, XX, 118.
— Il comparaîtra aveugle au jour du jugement, XX, 124; voy. EBLIS.
— Sur qui il a le pouvoir, XVI, 100.
SAUL, voy. TALOUT ou THALOUT.
SELSEBIL, source dans le paradis, LXXVI, 18.
SEPT dormants (les), XVIII, 8, 9, 12, 13-21, 24.
SERMENTS, V, 91; LXVIII, 17, 18.
SIDJDJIN, LXXXIII, 7, 0.
SIDJILL, XXI, 104.
S'IL plaît à Dieu, XVIII, 23; LXVIII, 17, 18, note.
SINAÏ, mont, II, 87; IV, 153; XX, 82; XXVIII, 44-46; LII, 1.

TABLE DES MATIÈRES.

SOBRIQUETS, il est défendu d'en donner, XLIX, 12.
SORTILÉGES, défendus, V, 92.
STATUES et autres représentations d'êtres vivants, V, 92.
SUCCESSIONS, IV, 8, 9, 12-16, 175.
SUICIDE (le) défendu, IV, 33, note.
SUPERSTITIONS, II, 185.
SUPPOSITIONS (certaines) sont un péché, XLIX, 12.

T

TABOUK (expédition de), IX, 80, 82.
TABLE toute dressée descendue du ciel, V, 113.
TALION (loi du) II, 173 ; V, 48, 49 ; XXII, 59.
TASNIM, LXXXIII, 27, 28.
TÉMOIGNAGES, II, 282 ; IV, 134 ; V, 11.
TÉMOINS (faux), II, 177.
TENTATION, VIII, 25, 40.
TESTAMENTS, II, 476-187 ; V. 105-107.
TERRE (la) créée en deux jours, XLI, 8.
TERRE sainte ou Palestine, V. 24, 29.
THAGOUT, II, 25?-259 ; IV, 54, 78 ; V. 65 ; XVI, 38 ; XXXIX, 19 ; voy. IDOLES.
THALOUT ou Saül, II, 248-250.
THEMOUD ou Thémoudites, peuplade (de l'Arabie) exterminée, VII, 71 ; IX, 71 ; XI, 64, 98 ; XIV, 9 ; XV, 80 ; XXII, 43 ; XXV, 40 ; XXVI, 149 ; XXVII, 76 ; XXIX, 37 ; XXXVIII, 12 ; XL, 32 ; XLI, 12-16, L, 12 ; LI, 43 ; LIII, 52 ; LIV, 23 ; LXIX, 4-7 ; LXXXV, 18 ; LXXXIX, 8 ; CXI, 11.
THÉODICÉE (passages relatifs à la), justice divine, II, 286 ; VI, 110, III, 112 ; VI, 132, 161 ; VII, 28, 178 ; XVI, 38 ; XVIII, 64-82 ; XXI, 36 ; XXIV, 21 ; XXXIII, 71, 72 ; XXXV, 19 ; XXXIX, 12 ; XLVI, 17 ; LIII, 33, 41.
THOUBA, béatitude (la), XIII, 29.
THOWWA, vallée où Dieu parla à Moïse, XX, 12 ; LXXIX, 16.
Voy. aussi DIEU.
TOBBA', surnom de certains rois d'Arabie, XLIV, 36 ; L, 13.
TONNERRE (le), XIII, 14.
TRAITÉS faits avec les infidèles, IX, 4.
— (Il faut observer les), XVI, 94, 96.

TRINITÉ, dogme des chrétiens, IV, 169 ; V 77.
TROMPETTE du jugement dernier (la), XXIII, 103 ; XXXVI, 51 ; XXXVII, 19 ; LXIX, 13 ; LXXIX, 6 ; LXXX, 33.
TRONE (le verset du), II, 256.

U

USURE (l'), II, 276, 277 ; III, 127 ; XXX, 38.

V

VACHE (chapitre de la), II, 63.
VAISSEAUX, XVII, 68-71 ; XXXI, 30.
VEAU d'or (le), II, 48, 51, 85, 87 ; IV, 152 ; VII, 146 ; XX, 90.
VENTS (les) sont soumis à Salomon, XXXVIII, 33.
VERBE (le) de Dieu, IV, 169.
VILLES renversées, LXIX, 9. Voy. PENTAPOLE.
VIE future, VI, 32 ; XLII, 19. Voy. RÉSURRECTION.
VIE de ce monde, LVII, 19.
VIN (le), II, 216 ; V, 92, 93.
— (Fleuves de), XLVII, 16.
VISAGES blancs et visages noirs, III, 102.
VISITE des lieux saints, IX, 18.
VOL, V, 42.
VOYAGEURS (les), XVII, 28.

Y

YADJOUDJ et MADJOUDJ, peuples barbares, XVIII, 93 ; XXI, 96.
YAHIA (St Jean), XIX, 7 ; XXI, 90.
YATHRIB, XXXIII, 13. Voy. MÉDINE
YOUNIS, YOUNOUS. Voy. JONAS.
YOUSOUF. Voy. JOSEPH.

Z

ZACHARIE, III, 32 ; VI, 85 ; XIX, 1 ; XXI, 88.
ZAKKOUM (le), XXXVII, 60-65 ; XLIV, 43 ; LVI, 52.
ZEÏD, fils adoptif de Mahomet, XXXIII, 37, et note.
ZENDJEBIL, LXXVI, 17.

FIN DE LA TABLE DES MATIÈRES.

Paris. — Imprimerie de P.-A. BOURDIER et Cⁿ, rue des Poitevins, 6.

www.ingramcontent.com/pod-product-compliance
Lightning Source LLC
Chambersburg PA
CBHW050422240426
43661CB00055B/2246